Texte, Themen und Strukturen

Neue Ausgabe B

Handbuch für den Unterricht

Herausgegeben von
Wolfgang Häring und Bernd Schurf

Erarbeitet von
Heinrich Biermann, Lisa Böcker, Gerd Brenner, Dietrich Erlach, Karlheinz Fingerhut, Margret Fingerhut, Cordula Grunow, Wolfgang Häring, Hans-Joachim Helmich, Christoph Kunz, Elvira Langbein, Rosemarie Lange, Angela Mielke, Bernd Schurf und Andrea Wagener

Cornelsen

Inhalt

B Literatur und Medien

C Sprachbetrachtung

Vorwort

1 Zur Grundkonzeption des Lehrwerks

Texte, Themen und Strukturen, das „Deutschbuch“ für die Oberstufe, ist ein **Lehrwerk, das eine fachsystematische Darstellung der Gegenstände des Deutschunterrichts mit dem Prinzip des integrativen Arbeitens verbindet.** Es geht von der Erfahrung vieler Lehrer/innen aus, dass die Binnengliederung des Fachunterrichts in die Teildisziplinen Sprache und Literatur weder von der breiten Vielfalt der behandelten Gegenstände (Literatur, Medien, Sachtexte, theoretische Texte, historische Dokumente) her gerechtfertigt ist noch dem Spektrum von zu lernenden Tätigkeiten (Sprechen, Schreiben, Analysieren oder historisches Situieren von Texten, Anwenden von linguistischen Kategorien, Entwickeln eigener Gedanken zu vorgegebenen Konzepten) noch dem pädagogischen Grundsatz entspricht, dass alles erfolgreiche Lernen sich aus komplexen und realitätsnahen Lernsituationen heraus entwickelt. Gebrauchs- oder Sachtexte eröffnen die Möglichkeit, ihre sprachliche Verfasstheit zu thematisieren sowie die Bedingungen sprachlichen Handelns zu reflektieren. Literarische Texte sind Texte, in denen sich ein Überschuss an Sprache geltend macht. Insofern sind sie besonders geeignete Objekte, um Sprachaufmerksamkeit zu erzeugen. Bei aller notwendigen Vernetzung gibt es jedoch auch Kernbereiche des Deutschunterrichts, in denen die Schüler/innen der Oberstufe ein Orientierungs- und Überblickswissen erwerben müssen. Dazu gehören Kenntnisse über literarische Gattungen und Epochen, die Fähigkeit, einen Text sprachlich und inhaltlich zu analysieren und die eigenen Leseerfahrungen und Analyseergebnisse überzeugend mündlich zu vertreten und schriftlich darzustellen.

Die **Gliederung von *Texte, Themen und Strukturen*** in die Kapitel A („Sprechen und Schreiben“), B („Literatur und Medien“) und C („Sprachbetrachtung“) orientiert sich zum einen an den grundlegenden Themen und Inhalten des Deutschunterrichts in den Klassen 11 bis 13 der gymnasialen Oberstufe, zum anderen sind die entsprechenden Lehrpläne der allgemeinen und beruflichen Gymnasien (in der Entwurfsphase) genau berücksichtigt worden. Es werden alle dort genannten Inhalte mit angemessenen Primär- und Sekundärquellen abgedeckt, so dass die Arbeit mit dem Buch eine durchgängige, lehrplanorientierte Bearbeitung aller Themen ermöglicht. In diesem Sinne soll das Buch eine nützliche Hilfe für die Deutschlehrer/innen bei der Planung und Vorbereitung des Unterrichts darstellen, aber auch eine übersichtliche Arbeitshilfe für die Schülerinnen und Schüler, indem sie den gesamten Lehrstoff des Faches Deutsch der Oberstufe klar strukturiert in einem Band vor sich haben. Somit soll *Texte, Themen und Strukturen* mit seinen nach bewährten didaktischen und methodischen Kriterien ausgewählten Texten, Bildern und Überschriften, seinen differenzierten Aufgabenstellungen und den Möglichkeiten, das Buch als Nachschlagewerk zu nutzen, nicht nur zur Arbeit im Unterricht dienen, sondern auch zur fundierten und selbstständigen Vorbereitung auf Klausuren und auf die Abiturprüfung. *Texte, Themen und Strukturen* kann also als Lehrbuch **Leitmedium** für den gesamten Oberstufenunterricht sein.

Integration findet in *Texte, Themen und Strukturen* über die Aufgabenstellungen in den einzelnen Kapiteln statt. Integration heißt **Integration von den Gegenstandsstrukturen her** und zugleich **Integration von den intendierten Lernprozessen her**. Ausgangspunkte sind im Sinne eines erfahrungsbezogenen Unterrichts Problemstellungen und Themen, die sich an der Alltagsrealität der Schüler/innen orientieren. Zielpunkte sind der Einbezug sprachlicher Fragestellungen in die literarischen Analysen und literarischer Texte in sprachliche Teilkapitel. Auch die unterschiedlichen Schreibanregungen dienen dazu, das Prinzip der Integration praktisch werden zu lassen. Die Anknüpfung an die Lebenswelt der Schüler/innen und an gesell-

schaftliche Schlüsselprobleme verlangt, dass innerhalb der Unterrichtseinheiten Brücken zwischen Lernstoff und Lebenswirklichkeit geschlagen werden, z. B. indem an die rhetorische Analyse von öffentlichen Reden (A 6.2) ein Teilkapitel „Praktische Rhetorik" angeschlossen wird (A 3), in dem es um die Vorbereitung der mündlichen Abiturprüfung und um Bewerbungsschreiben und Vorstellungsgespräche geht. Der Lebensweltbezug verlangt zweitens, dass das Integrationsprinzip an manchen Stellen auch die Fachgrenzen überschreitet. Dies gilt vor allem dann, wenn Unterricht handlungsorientiert (bis hin zum Projekt) angelegt werden soll und der zu erarbeitende oder zu erforschende Bereich nicht nur Sprache und Literatur, sondern ein Gegenstandsfeld wie Medien umfasst. Hier schließt das fachimmanente Integrationsprinzip nahtlos an das **fachübergreifende** bzw. **fächerverbindende Prinzip** an. Das ist gerade im Deutschunterricht auch insofern gerechtfertigt, als in den Sachfächern ja häufig sprachlich und an Texten gearbeitet wird. Deswegen wird man Aufgabenstellungen finden, die auf Gegenstände, Textbeispiele oder Arbeitsergebnisse anderer Fächer zurückgreifen. Mit der Berücksichtigung der sprachlichen Dimension in den Sachfächern versucht *Texte, Themen und Strukturen* einen Beitrag zur Überwindung der Aufsplitterung des schulischen Lernens im künstlichen System der „Fächer" zu leisten.
Das Deutschbuch *Texte, Themen und Strukturen* wird der Integrationsforderung über Aufgabenstellungen und Projektvorschläge hinaus durch ein weiteres Organisationsprinzip gerecht: Zentrale Unterrichtsvorhaben, wie z. B. die literarischen Epochenumbrüche, die Grundlagen der Reflexion von Sprache und Medien sowie die Einführung in die Bereiche des Deutschunterrichts (Jahrgangsstufe 11), sind integrativ nach der **Dreischritt-Methode** entfaltet.

Unterrichtsvorhaben: Prinzip des Dreischritts

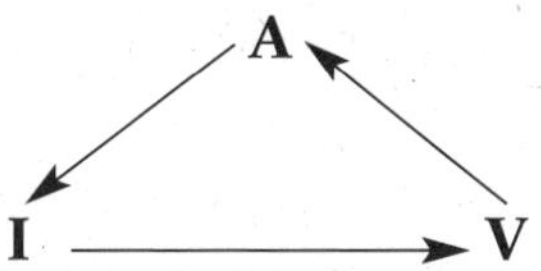

Dreischritt-Methode

Schritt 1:
Erarbeiten des dominanten **A**rbeitsbereichs

Schritt 2:
Integration eines weiteren Arbeitsbereichs bzw.
Verknüpfung verschiedener Aspekte des Hauptlernbereichs

Schritt 3:
Vertiefung/Anwendung des Gelernten; Projektarbeit; fächerverbindenes Arbeiten

Flexible Handhabung des Dreischritts: Praxisnaher Aufbau der Kapitel
zu den zentralen Unterrichtsvorhaben der Oberstufe

Die Teilkapitel verknüpfen einerseits unterschiedliche Arbeitsbereiche des Faches und fokussieren andererseits wichtige Vertiefungs- und Anwendungsfunktionen. Leitende Prinzipien des Kapitelaufbaus sind: 1. Systematisches Erarbeiten des Themas im Rahmen des zentralen Arbeitsbereichs; 2. Integrativer Transfer auf einen weiteren Arbeitsbereich; 3. Handlungsorientiertes Anwenden (oft in fächerverbindender und projektorientierter Funktion) bzw. Vertiefen des Gelernten und Methodenreflexion.
Die neuen Lehrpläne des Faches setzen gegenüber den stark literarisch geprägten Traditionen des Deutschunterrichts neue Akzente. Sie heben die Spracharbeit hervor, den Umgang mit Me-

dien, die vielfältigen Tätigkeiten des Schreibens und des kombinierten mündlichen und schriftlichen Präsentierens eigener fachspezifischer Ergebnisse. Sie betonen dazu den Erwerb der zur Erarbeitung des erweiterten Gegenstandsfeldes notwendigen methodischen Kompetenzen, allgemeine Qualifikationen, die weit über das „Interpretieren" literarischer Werke und das „Erörtern" von Problemen anhand vorgegebener Texte hinausreichen.
Die Entscheidung für eine angemessene Berücksichtigung der neuen Leitprinzipien bei der Neukonzeption von *Texte, Themen und Strukturen* als Oberstufenband des *Deutschbuchs* wurde so getroffen, dass in jedem Einzelfall überlegt wird: „So viel Situations- und Erfahrungsanbindung wie möglich – in einer erweiterten und flexibilisierten Fachsystematik." Das durchgehend geforderte Prinzip „Lernen in Zusammenhängen" hat zur Folge, dass das Lehrgangsprinzip in *Texte, Themen und Strukturen* nur noch dort Gültigkeit für die Organisation von Lernprozessen hat, wo fachlichem Klärungsbedarf so am besten zu entsprechen ist, z. B. beim Aufbau eines literarhistorischen oder textsortenspezifischen Orientierungswissens im Teilbereich Literaturunterricht. Aber selbst dort geht es um das operative Erarbeiten und „(sprach-) entdeckende" Lernen, das z. B. die Behandlung einer Ganzschrift vorspurt oder begleitet. Die beiden für den zeitgemäßen Literaturunterricht besonders wichtigen **„Epochenumbrüche" beim Übergang vom 18. zum 19. und vom 19. zum 20. Jahrhundert** sind deshalb auch nicht mehr als „Überblicke", sondern **als Unterrichtseinheiten konzipiert,** in denen – unter thematischen Schwerpunkten – Entwicklungen in der Literatur mit solchen in der Sprache korreliert werden können. Die Gleichzeitigkeit des Ungleichzeitigen in der Literatur der Vergangenheit, das in diesen literatur- und sozialgeschichtlichen Umbrüchen zu Tage tritt, dient den Schülerinnen und Schülern dazu, Vergleiche anzustellen, Kontraste zu formulieren, historisch unterschiedliche Antworten zu Problemstellungen nebeneinander stehen zu lassen, Pluralismus der Perspektiven und inhaltliche Offenheit der Kanonwerke einer vergangenen Zeit konkret auszuhalten. Formale Arbeitsschritte wie Einheiten des Rechtschreibunterrichts, der Argumentationslehre oder der Begriffssemantik oder aber Formen der Sprachreflexion können sich im Gefolge einer solchen literarhistorischen Einheit ergeben. Ihr Zusammenhang mit den literarischen Arbeitsschritten ist aber kontingent, d. h. sie können, müssen nicht planungsrelevant sein.
Überall im Teil B von *Texte, Themen und Strukturen* gibt es immer wieder Angebote, die Sprachreflexion in Beobachtungen an historischen literarischen Texten einzubeziehen, durch Schreibaufgaben (vorwiegend aus dem Bereich des „Produktiven Literaturunterrichts") ästhetische Beobachtungen in Überlegungen zu anderen Bereichen des Deutschunterrichts einzubetten: Begriffsbildungen im Bereich des Gefühlswortschatzes etwa ermöglichen zugleich einen Blick in die Genese der für uns heute gültigen Vorstellungen (Mentalität) in der frühen bürgerlichen Gesellschaft des „Sturm und Drang".

2 Weitere Besonderheiten des Konzepts

Die Devise des Deutschunterrichts der 80er-Jahre „Zurück zur Literatur!", durch die die einseitig pragmatisch ausgerichtete Konzeption eines Deutschunterrichts als „Informatorium der Wirklichkeit" abgelöst worden war, hat in der Zwischenzeit zu erheblichen Verwerfungen im Unterricht geführt. Die Arbeitsbereiche Sprachreflexion und der Inhaltsbereich Medien wurden deutlich zu gering geachtet. Während die qualifikationsorientierte Bildungsforschung vor allem sprachliche Defizite der Schüler/innen feststellte, hielt der Unterricht an einer literarischen Sozialisation fest. Neue Lehrpläne verlangten daher die Wiedereinsetzung der Sprachreflexion (erweitert um die neu entwickelten Fragestellungen aus dem Bereich der Semantik, der Soziolinguistik, der Rhetorik und der Kommunikationsanalyse) als Arbeitsbereich des Deutschunterrichts der Oberstufe und die exakte Beschreibung methodischer Kompetenzen, die es im

Deutschunterricht zu erwerben gilt. Das gegenwärtig dominierende Konzept eines integrierten Deutschunterrichts versucht in die gleiche Richtung zu steuern. Sprachliches und literarisches Lernen werden aufeinander bezogen und dabei jeweils selbst erweitert. Neben dem klassischen Interpretationsaufsatz als Abschluss einer Textanalyse treten daher Formen freien Schreibens, die sprachanalytische Auseinandersetzung, dekonstruktive Arbeitsverfahren des „Wörtlichnehmens" von Formulierungsentscheidungen des Autors/der Autorin, das Rekonkretisieren von Metaphern oder das produktive „Eingreifen" in literarische Texte in Form von fiktiven Dialogen, Tagebuchaufzeichnungen oder aufgefundenen „Briefen". Neben „klassische", von der Sprachphilosophie inspirierte Themen im Arbeitsbereich „Sprache" treten neue Arbeitsfelder wie „Spracherwerb", „Schriftspracherwerb", „Jugendsprache", „Fachsprachen", „Männersprache – Frauensprache" usw. Ähnlich neue Arbeitsbereiche werden im Kapitel „Medien" erschlossen. Neben der Filmanalyse und der vergleichenden Analyse von Literaturverfilmungen finden sich auch Blicke über den „Tellerrand des Deutschunterrichts" hinaus in Richtung empirische Befragung und Untersuchung von Medienverhalten und Mediensozialisation. Kritische Erkenntnis- und Reflexionsfähigkeit bietet dieser Unterricht, weil er die Sprachlichkeit der Texte auch der Vergangenheit ernst nimmt, weil er aus literarischen Konstellationen heraus Schreibaufgaben entwickelt und weil auch so „praktische" Qualifikationen wie die angemessene Darstellung und Präsentation von Ergebnissen eingefordert werden.

Literaturdidaktische Orientierung

Die besondere Funktion des ästhetischen Lernens für die Ich-Entwicklung der Jugendlichen ist bisher immer wieder herangezogen worden, wenn es darum ging, dem Arbeitsbereich „Literatur und Literaturgeschichte" seine Sonderstellung im Deutschunterricht zu bezeugen. Inzwischen raten Forschungen zur Lesesozialisation und Beobachtungen im Deutschunterricht selbst eher zur Zurückhaltung mit derart weit reichenden Versprechungen. Sicher scheint nur noch zu sein, dass für viele Jugendliche die Schule der einzige Ort ist, an dem sie so etwas wie eine literarische Primärsozialisation erfahren. Daraus ist der Schluss zu ziehen, dass vielfältige Formen der Begegnung mit Literatur und die unterschiedlichsten Arbeitsweisen angeboten werden müssen, damit der fremde Lernstoff in den Köpfen seiner Adressaten lebendig werden kann. Die Konzeption von *Texte, Themen und Strukturen* sucht das zu berücksichtigen, indem sie neben der „Interpretation" von literarischen Texten (die es nach wie vor zu lernen gilt) zahlreiche andere Formen der Analyse und der produktiven Verarbeitung anbietet. Dazu gehören nicht nur produktive Formen der Parodie oder des „Weiterschreibens", sondern auch eher „philologische" Tätigkeiten wie das Aufsuchen und Vergleichen von Quellen, Fassungen oder Texten produktiver Rezeption bei anderen Autorinnen und Autoren.

Didaktische Positionen zur Literaturinterpretation

Position 1: Der Lehrer/die Lehrerin unterstellt, dass der Text eine für die Schüler/innen bedeutsame „Botschaft" enthält, die er/sie im Gespräch mit ihnen als Textexeget entfaltet. Diese Haltung der „richtigen" Leseweise ist aus dem modernen Deutschunterricht nahezu verschwunden. Lediglich bei der Korrektur von „Interpretationsaufsätzen" kommt sie noch vor und produziert das Vorurteil zum Literaturunterricht, der Schüler/die Schülerin müsse sich zuerst und möglichst immer nach der „Meinung des Lehrers/der Lehrerin" richten.

Position 2: Der Lehrer/die Lehrerin sieht in dem Text mehrere, einander ergänzende oder miteinander konkurrierende Leseweisen kodiert, die auch in den modernen „Interpretationen für die Hand des Lehrers" nicht mehr verschwiegen werden. Er/sie weiß, dass er/sie eine Kafka-Parabel sowohl auf den historischen Kontext der untergehenden Donaumonarchie als auch auf die seinerzeit kulturbestimmende Diskussion um eine „Sprachkrise" wie auf die Frage des assimilationswilligen Westjuden oder aber allgemeinpsychologisch auf Ablösungsprozesse zwischen den Generationen beziehen kann. Je nach Kontextuierung entfaltet der literarische Text einen anderen „Sinn". Diese Lehrperson wird ihre Schüler/innen ermuntern, den je eigenen Sinn des literarischen Textes auszuarbeiten, indem sie ihnen zeigt, wie sie ihn in die ihnen wichtigen Kontexte rücken können.

Position 3: Der Lehrer/die Lehrerin achtet vor allem auf die konstruktive Tätigkeit der Leser/innen, die ihre subjektive Lektüre aufbauen und mit derjenigen anderer Leser/innen abgleichen. Er/sie zeigt seinen/ihren Schülerinnen und Schülern, wie literarische Texte der Vergangenheit ganz unterschiedliche Lektüren hervorbrachten und wie sie (Dramentexte z. B. in unterschiedlichen Inszenierungen) das auch heute noch tun. Er/sie wird ihnen auch zeigen, dass die Vielfalt möglicher Lektüren keineswegs Willkür gegenüber dem Text bedeutet. Jede neue Leseweise muss sich vor dem Wortlaut des Textes rechtfertigen und verständigen Leserinnen und Lesern plausibel gemacht werden können. Geschieht das nicht, so sind Missverständnisse im Spiel, die als solche auch genau zu klären sind.

Sprachdidaktische Orientierung

Sprachdidaktik in der Oberstufe ist keineswegs nur Syntax, Semantik und Pragmatik. Einerseits sind ganz konkrete sprachliche Aufgaben zu bewältigen (festgelegte Textsorten wie Bewerbungsschreiben sind abzufassen), andererseits ist die Rolle der Sprache in zahlreichen Lebensbereichen zu klären (Werbung, Medien, Sprache in Gruppen Jugendlicher und geschlechtsspezifische Sprache, Textsorten der Presse und Präsentationsformen der Medien, Begriffs- und Gesprächsanalyse, Kommunikations- oder Gesprächstraining). Gerade hier werden in der interessierten Öffentlichkeit gravierende Defizite der Abiturientinnen und Abiturienten beklagt. Im Anschluss an die Ergebnisse neuerer Sprachwissenschaft geht *Texte, Themen und Strukturen* von einem erweiterten Begriff der „Sprachreflexion" aus. Auf einer eher sprachhistorisch und sprachphilosophisch konzipierten „Basis" (C 3 „Sprache – Denken – Wirklichkeit" und C 4 „Sprache und Entwicklung") entwickeln sich aktuellere Fragestellungen wie „Sprachwandel" am Beispiel der Anglizismen (C 4.2.2) und „Sprachvarietäten" (C 4.2.3) sowie „Sprache und Rhetorik" (C 2). Innerhalb dieser Teilkapitel versuchen die Autorinnen und Autoren von *Texte, Themen und Strukturen* jeweils von Texten auszugehen, induktiv zu arbeiten und transferierbares Wissen als Lernergebnisse sicherzustellen. In anderen Teilkapiteln wird in Aufgabenstellungen immer wieder auf das hier systematisch entfaltete Wissen zurückgegriffen.

Schreibdidaktische Orientierung

Der qualitative Sprung aus der Mündlichkeit in die Schriftlichkeit bereitet den Sprachteilnehmerinnen und -teilnehmern mannigfache Probleme. Vor allem die in der mediengeprägten Erlebnisgesellschaft aufgewachsenen Jugendlichen sehen nicht immer ein, warum und zu welchem Zweck sie in der Schule so viel schreiben sollen. Die traditionelle Aufsatzdidaktik setzte auf fest umgrenzte Textsortenmuster, die lehr-, lern- und bewertbar waren. Die Tatsache, dass dieser Unterricht nicht sehr erfolgreich, von den Betroffenen negativ bewertet und von der Wirklichkeit des Schriftsprachgebrauchs weit entfernt war, führte zu den neuen Schreibformen des „produktiven Deutschunterrichts", in dem vor allem literarische, aber auch feuilletonistische Formen (wie Dialog, Glosse, Essay) Verwendung finden.

Inzwischen ist der Bereich des Schreibens noch einmal ausgeweitet worden. Die Deutschdidaktik zählt auch **Formen des Beschaffens und des schriftlichen Aufbereitens von Informationen** für Adressaten dazu (philologische Kompetenz). Schreiben ist hilfreich, wenn es gilt, diese Informationen übersichtlich und vollständig zu erfassen und vorzustellen (Präsentationskompetenz). Schreiben kann aber auch dazu genutzt werden, dass Schreibende sich selbst über einen Sachverhalt Klarheit verschaffen (heuristisches Schreiben), es dient der einfachen Verständigung (kommunikatives Schreiben), Schreiben dient auch ästhetischen Bedürfnissen

(Entdecken und Ausarbeiten „metaphorischer“ Bedeutungen von Szenen oder Formulierungen).
In der Praxis des Unterrichts (und zunehmend auch in der Praxis der schriftlichen Prüfungsaufgaben in den Kursarbeiten) werden diese Vorschläge der neuen **prozess-** und **produktionsorientierten Schreibdidaktik** aufgegriffen. *Texte, Themen und Strukturen* geht grundsätzlich von diesem neuen prozessorientierten Ansatz aus, versäumt es aber nicht, etwa im Fall der Problemerörterung und der Argumentation, auch standardisierte Aufsatzformen vorzustellen und schrittweise zu erarbeiten.
Hinzu kommen **Formen des funktionalen Schreibens**. Es handelt sich um Arbeitstechniken der Schriftlichkeit, die nicht zu abgeschlossenen Texten führen, wohl aber im Alltag zur Bewältigung von Lernsituationen große Bedeutung besitzen. Dazu gehören nicht nur die bekannten „Notizzettel“ und „Stichpunktsammlungen“, sondern auch die schriftlichen Entwürfe von Argumentationsskizzen, die Mitschriften in Gesprächen und die Entwicklung gedanklicher Gliederungen für umfangreichere Ausführungen.
Eine besondere Art des funktionalen Schreibens ist das Verbessern von Geschriebenem. Der Arbeitsschwerpunkt **Textoptimierung** (mit und ohne Benutzung von Schreibprogrammen der PCs) besitzt ein großes Gewicht in der gegenwärtigen Deutschdidaktik. Er reicht bis zu dem Vorschlag, Texte von Schülerinnen und Schülern erst nach der „gezielt vorgenommenen Textverbesserung“ zu bewerten. Hier versucht *Texte, Themen und Strukturen* durch Hinweise in den Projektbeschreibungen innovativ zu wirken.

Lernbereich Schreiben

Information	Interpretation/Analyse	Argumentation	Kreativität
– Notizen anfertigen, Protokollieren (A 1.2) – Lesen/Markieren/ Exzerpieren (A 1.3) – Dokumentieren, Facharbeit anfertigen (A 1.4) – Visualisieren, Präsentieren, Referieren (A 1.5) – Bewerbungsschreiben, Lebenslauf (A 3.3)	– Arbeitstechniken und Methoden der Interpretation (A 5.1; A 5.2; A 5.4) – Analyse narrativer Texte (B II 1) – Analyse lyrischer Texte (B II 3) – Dramenanalyse (B II 2) – Sachtexte analysieren, z. B. Fachtexte, journalistische Texte, Reden, Essays (A 4.4; A 6,1; A 6.2; C 2) – Filmanalyse (B IV 3)	– Glossen, kommentierende Texte verfassen (A 6.1) – Textgebundene Erörterung (A 4.1) – Freie Erörterung, Essays schreiben (A 4.2; A 4.4) – Praktische Rhetorik (A 3)	– Veränderung literarischer Vorlagen/ Schreibversuche (A 7) – Produktive Gedichtinterpretation (A 5.2; A 7.1) – Produktiver Umgang mit Prosatexten (A 7.2) – Freies Schreiben, z. B. Tagebuch, Zettellawine, Augenblickstexte, Sprachwerkstatt (A 7.4)

Umgang mit Medien
Eine wichtige Forderung der Lehrpläne beim „Umgang mit Texten“ ist die Berücksichtigung der Tatsache, dass Texte Schülerinnen und Schülern nicht nur in schriftlicher Form begegnen, sondern auch als Kombination von Bildern und gesprochener Rede im Fernsehen. Der hier auftretenden Schwierigkeit, dass Filmtexte nicht ausführlich dokumentiert werden können, begegnet *Texte, Themen und Strukturen* dadurch, dass es in den einschlägigen Medienkapiteln mit Standbildern arbeitet, in den Aufgabenstellungen häufig auf einzubeziehendes Material (Video und Angebote der Filmbildstellen) hinweist. Die Integration der Medien und der nichtliterarischen Texte in den „Umgang mit Texten“ ist am besten in projektartigen Unterrichtsformen zu gewährleisten, für die in den einzelnen Teilkapiteln Vorschläge gemacht werden.

Eine zweite Forderung bezieht sich auf das kreative Schreiben in Medien-Formaten. Gemeint sind unterschiedliche Formen des Wechsels der Schüler/innen aus der Rezipienten- in die Produzentenrolle. *Texte, Themen und Strukturen* entwickelt hier zahlreiche Vorschläge, bis hin zur Einbeziehung von produktiven mediendidaktischen Aufgabenstellungen in Klassenarbeiten (z. B. Drehbuchtexte, Dialoge und Regieanweisungen). Der Sinn dieses didaktischen Ansatzes ist es, den Schülerinnen und Schülern das Recht auf subjektive Formen des Verstehens zu belassen und ihnen nahe zu bringen, dass das fantasievolle Weiterdenken und das experimentierende Eingreifen in Gegenstände des Medienkonsums nicht deren Zerstörung bedeutet, sondern ein Weg zu besserem Verstehen sein kann. Produktionsorientierte Arbeitsweisen beim Umgang mit Medien stellen eine wesentliche Ergänzung analytisch-hermeneutischer Methoden dar, die selbstverständlich ihre Berechtigung behalten.

Arbeitstechniken und Methoden

Texte, Themen und Strukturen widmet dem Arbeitsbereich „Methodenlernen" einen besonderen Schwerpunkt. Der Erwerb von Techniken des zielgerichteten und selbstständigen Arbeitens hat eine grundlegende Funktion für wissenschaftspropädeutisches Lernen und für die persönliche Entfaltung und die Wahrnehmung von gesellschaftlicher Verantwortung im öffentlichen Leben. Methoden des Textverstehens, der sprachanalytischen Arbeit, der schriftlichen Darstellung, der mündlichen Verständigung, des kreativ-produktiven Arbeitens, des Präsentierens und Visualisierens, der Teamfähigkeit und des vernetzenden fachübergreifenden Arbeitens sowie der Projektarbeit sind in allen Kapiteln von *Texte, Themen und Strukturen* entfaltet. Grundlegende Bedeutung hat die differenzierte Einführung in Kapitel A 6 „Arbeitstechniken und Methoden: Tipps zum selbstständigen Lernen".

Arbeitstechniken und Methoden –
Einsatz von *Texte, Themen und Strukturen* im Unterricht

Methoden des Textverstehens
- Verfahren der Sachtextanalyse (Fachtexte, Essays, journalistische Texte, Reden etc.) [A 6; C 2]
- Analytischer und interpretativer Umgang mit literarischen Texten [A 5; B I 1/2; B II 2/3]
- Produktions- und handlungsorientierte Verfahren, z. B. Perspektivwechsel, Weiterschreiben, Textsortenwechsel, szenische Interpretation [A 7; B II 2.3]

Methoden der Medienanalyse
- Filmanalyse, Filmvergleich und Literaturverfilmung [B IV 3]
- Medienkritische Analysemethoden am Beispiel von Fernsehen, Computer und Internet [B IV 1/2]

Sprachanalytische Arbeitsweisen
- Strukturale und funktionale Sprachanalyse [C 1]
- Kommunikationspsychologische, sprachsoziologische, sprachphilosophische und varietätenlinguistische Verfahren [C 1; C 3; C 4.2.3]
- Sprachanalyse in ontogenetischer, historischer und interlingualer Hinsicht [C 4.1/2]
- Rhetorische Analyse [A 6.2; C 2]

Methoden des mündlichen Arbeitens
- Regeln des Gesprächsverhaltens und der Gesprächsführung [A 2]
- Referieren und Vortragen, Reden halten [A 1.5]
- Verfahren der Diskussion und Argumentation [A 2.1; A 4.1]
- Training: Mündliches Abitur [A 3.2]

Methoden des schriftlichen Arbeitens
- Klausur- und Abiturtraining: Analysieren, Interpretieren und Erörtern [A 1.3; A 4–6]
- Produktives und kreatives Schreiben [A 7]
- Verfahren informierenden und funktionalen Schreibens [A 1; B I 1]
- Textoptimierungsverfahren/Schreibkonferenz [A 1.1]

Übergreifende Arbeitstechniken
- Visualisieren und Präsentieren: Mindmapping, Cluster, Tabellen etc. [A 1.5]
- Arbeit im Team: Gesprächsführung in Gruppen, Schreiben im Team [A 1.1]
- Projekte planen und durchführen [A 1.1]
- Lesen, Markieren, Exzerpieren [A 1.3]
- Arbeitstagebuch/Lernjournal erstellen [A 1.1]
- Facharbeit planen und verfassen [A 1.4]
- Fachübergreifendes und fächerverbindendes Arbeiten [A 4.3; C 2]

Orientierungswissen und Präsentation von Sachverhalten in Grafiken, Tabellen und Schaubildern
Eine wichtige Rolle für das selbstständige Lernen der Schüler/innen spielt das Orientierungswissen. Dort, wo das in den Kapiteln erarbeitete Wissen gesichert werden muss, weil es die Grundlage für das weitere Vorgehen bildet, wird es zur Orientierung zusammenfassend dargestellt. Auf diese Weise festigt sich auch die eingeführte Terminologie, sodass den Schülerinnen und Schülern die notwendigen Begriffe für ihre weiteren Lernaktivitäten zur Verfügung stehen. In keinem Fall sollen die in Form von Grafiken oder Tabellen angelegten Orientierungshilfen das Prinzip des entdeckenden Lernens beeinträchtigen.

Hinweise zur Arbeitsorganisation
Die Arbeitsorganisation bleibt weitgehend offen. Ob etwas als Gruppenarbeit oder Einzelaufgabe gelöst werden soll, ist zunächst einmal Angelegenheit der Lehrpersonen und der Lerngruppen. Aber *Texte, Themen und Strukturen* macht Vorschläge, die sinnvoll sein könnten und praxiserprobt sind.
Arbeitsschritte, Materialien und Aufgabenstellungen sind – wie überall in den Bänden des *Deutschbuchs* – so organisiert, dass Lehrerinnen und Lehrer phasenweise eine stärker moderierende und prozessbegleitende Rolle einnehmen können. Diese Lehrmethoden erlauben den Schülerinnen und Schülern zunehmend ein selbsttätiges und mitverantwortliches Arbeiten, das ihre sozialen und kommunikativen Kompetenzen stärkt.
Die Kapitel in *Texte, Themen und Strukturen* sind nicht darauf angelegt, vollständig erarbeitet zu werden. Je nach Lernsituation und vorgesehenem Zeitrahmen können einzelne Teilkapitel oder auch nur wenige Abschnitte aus ihnen unter der gewünschten Schwerpunktsetzung sinnvoll behandelt werden.

Arbeitsanregungen
Die pädagogischen Prinzipien der Schüler-, Gegenstands- und Methodenorientierung kommen in besonderer Weise in den Arbeitsanregungen und den dort impliziten Tendenzen zum Ausdruck. Es wird den Benutzern von *Texte, Themen und Strukturen* vor allem die Mischung aus kreativen, handlungsorientierten und analytischen Aufgabenstellungen auffallen.
Eigenverantwortliches und handlungsorientiertes Arbeiten der Schüler/innen fördert die Effizienz des Lernprozesses und stärkt die Selbstständigkeit. Diese Zielsetzung wurde bei der Formulierung der Arbeitsanregungen besonders berücksichtigt. Oftmals kann die Aufgabenstellung von der Lehrkraft je nach Unterrichtskontext problemlos modifiziert werden; sie enthält Alternativen oder sie lädt ein, einen Versuch zu unternehmen, der nicht unbedingt zu einem vor-

zeigbarem „Ergebnis“ führen muss. Insgesamt ist der Prozess des Lernens wichtiger als das jeweils entstehende Produkt.
Aufgabenstellungen haben in *Texte, Themen und Strukturen* oft einladenden Charakter, sie enthalten mehrere Vorschläge, von denen sinnvollerweise nur einer realisiert werden sollte. Darin liegt auch eine Aufforderung an die Schüler/innen, selbst mitzuentscheiden, welche Variante der vorgeschlagenen Tätigkeiten sie für sich aussuchen. Besonders bei Anregungen für Gruppenarbeit und in den projektartig angelegten Teilen des Unterrichts ist es wünschenswert, dass die Lerngruppe aushandelt und selbst organisiert, was jetzt von wem zu tun ist.

Projektarbeit
Projektarbeit ist den Schülerinnen und Schülern vielfach schon aus der Sekundarstufe I vertraut. In der Sekundarstufe II wird diese Lernorganisation in allen Jahrgangsstufen, verbunden mit fachübergreifenden bzw. fächerverbindenden Verfahren, eingesetzt. *Texte, Themen und Strukturen* lässt sich in doppelter Weise für solche Formen des eigenverantwortlichen Lernens nutzen.

- Das Schülerbuch bietet an zahlreichen Stellen Möglichkeiten des Einsatzes von Projektarbeit im Rahmen des themengebundenen Unterrichtsvorhabens. Übungsbezogene Materialien, Hinweise für Projektschritte und vielfältige Impulse für Einzelarbeit finden sich schwerpunktmäßig jeweils in den Teilkapiteln „Projektideen“.
- Das Handbuch für den Unterricht liefert zahlreiche Zusatzmaterialien, die zur Akzentuierung einzelner Aspekte oder auch zur Förderung eigenverantwortlichen Arbeitens genutzt werden können.

Hinweis zur Benutzung:
Seitenangaben, denen dieses Zeichen ▷ voransteht, beziehen sich immer auf das Schülerbuch.

A Sprechen und Schreiben

1 Arbeitstechniken und Methoden: Tipps zum selbstständigen Lernen

Konzeption des Kapitels

Das Kapitel trainiert eine Reihe grundlegender Fähigkeiten, die im Unterricht der Sekundarstufe II unabdingbar sind, und stärkt zugleich die Methodenkompetenz der Schüler/innen.
Durch die Teilkapitel 1.1 bis 1.4 werden Aufgabenschwerpunkte fachmethodischer und fachübergreifender Arbeit für die Sekundarstufe II so umgesetzt, dass das Erarbeitete sowohl für das Lernen in der Gruppe als auch für den individuellen Arbeits- und Lernprozess bedeutsam wird.
Die spezifizierende Kapitelüberschrift „Tipps zum selbstständigen Lernen" verdeutlicht, dass das gesamte Kapitel darauf angelegt ist, den Schülerinnen und Schülern

- relevante Methoden mündlicher und schriftlicher Arbeit vorzustellen
- durch die Anordnung der Methoden zu ermöglichen, sie im Unterricht und bei der häuslichen Arbeit effektiv anzuwenden
- auch das wiederholende Lernen zu ermöglichen und/oder Orientierung zu bieten, wenn mit den Lernaufgaben aus anderen Buchkapiteln methodisch auf dieses Grundlagenkapitel verwiesen wird.

Mit den teilweise einen Arbeitsprozess abbildenden, teilweise eher baukastenartig angelegten Methodenhinweisen und Übungen kann folglich im Unterricht unterschiedlich gearbeitet werden. Wird auf die verstärkte Einübung von Formen selbstständigen Arbeitens abgezielt und soll hier die Grundlegung von Methoden wissenschaftlichen Arbeitens für die nachfolgenden Kurshalbjahre geleistet werden, so sind die Teilkapitel je für sich geeignet, Gegenstand von Unterricht zu werden. Situativ sind sie im Unterricht aller Kurshalbjahre zu nutzen, wenn in Unterrichtsvorhaben **(arbeitsteilige/arbeitsgleiche) Teamarbeit** ansteht und/oder eine Schreibkonferenz durchgeführt werden soll (Teilkapitel 1.1); wenn das **Mitschreiben** und **Protokollieren** zu üben ist (Teilkapitel 1.2); wenn Verfahren (neu/wieder) ins Bewusstsein gehoben werden, die man zur **Texterschließung** braucht (Teilkapitel 1.3) und wenn die Voraussetzungen für das Abfassen einer **Facharbeit** gelegt werden und besonders die Prozesse der **Informationsbeschaffung und -verarbeitung** durchgespielt werden sollen (Teilkapitel 1.4).
Schließlich erhalten die Schüler/innen Gelegenheit, wichtige **Visualisierungs- und Präsentationstechniken** (Teilkapitel 1.5) zu trainieren. Während dieser Übungen dürften sie die Einsicht gewinnen, dass die Aufbereitung von Informationen für Visualisierungen und Präsentationen zugleich die kognitive Verarbeitung der Informationen voranbringen kann.
Die beiden abschließenden Teilkapitel 1.6 **(„Texte überarbeiten")** und 1.7 **(„Wiederholungskurs: Grammatik, Rechtschreibung, Zeichensetzung")** gehen auf Problemfelder schriftlicher Darstellung ein und geben den Schülerinnen und Schülern Gelegenheit, individuelle Fehlerbereiche in einem kollektiven Arbeitsprozess gezielt anzugehen.
Alle Lernangebote des Kapitels sind auch dann zu nutzen, wenn sich im Fortgang der Oberstufe zeigt, dass es jeweils weiterer Methodenschulung bedarf (z. B. bei der Anfertigung von Protokollen, beim Zitieren, beim Referieren) und dass Selbstständigkeit noch nicht erreicht ist.

Literaturhinweise siehe S. 26.

Texte/Gegenstände	Intentionen
S. 10 1.1 Arbeiten im Team – Projekte planen und durchführen S. 10 Das Gespräch in der Gruppe S. 12 Schreiben zur Unterstützung der Gruppenarbeit S. 14 Schreibkonferenz: Schreiben als Teamarbeit	– verschiedene Formen von Gesprächen führen und dabei Prozesse auf der Sach- und Beziehungsebene reflektieren – die Gruppenarbeit unterstützende Verfahren kennen lernen (z. B. Kartenabfrage, Ideenbörse) – spezifische Schreibformen für die Gruppenarbeit entwickeln und einüben – das Instrument der Schreibkonferenz, deren Phasen und Zielsetzungen kennen lernen – die Projektmethode als eine besondere Lernform reflektieren
S. 15 1.2 Notizen anfertigen – Protokollieren S. 15 Beim Zuhören mitschreiben S. 16 Die Mitschrift bearbeiten S. 16 Ein Protokoll verfassen	– Schwierigkeiten beim Mitschreiben im Unterricht bewältigen lernen – wichtige Ansprüche an ein Unterrichtsprotokoll wiederholen und Funktionen des Protokollierens unterscheiden
S. 17 1.3 Texte erschließen: Lesen – Markieren – Exzerpieren	– mit texterschließenden Verfahren so arbeiten lernen, dass auch komplexere Textinhalte verfügbar werden
S. 19 1.4 Facharbeit: Informationen beschaffen und verarbeiten S. 20 Formen der Informationsbeschaffung S. 24 Eine Bibliothek nutzen S. 25 Bücher und Datenbanken nutzen S. 25 In elektronischen Medien recherchieren S. 27 Quellenprotokolle anfertigen S. 28 Zitieren S. 29 Bibliografieren S. 30 Dokumentieren	– Zielsetzungen und Formen der Facharbeit kennen und ihre methodischen Anforderungen durchschauen lernen – verschiedene Informationsquellen und Methoden ihrer Erschließung kennen lernen – sich einen Überblick über die Arbeitsschritte bei der Erstellung einer Facharbeit verschaffen – Formen des Zitierens wiederholen und Ansprüche an das Bibliografieren kennen lernen
S. 33 1.5 Visualisieren – Präsentieren – Referate halten S. 33 Visualisieren und präsentieren S. 36 Referate halten	– Visualisierungsverfahren anwenden lernen – Verfahren der Informationsbeschaffung und -verarbeitung sowie der Präsentation in Form eines Referats trainieren
S. 38 1.6 Texte überarbeiten	– in Form einer Schreibkonferenz Texte stilistisch überarbeiten
S. 41 1.7 Wiederholungskurs: Grammatik, Rechtschreibung, Zeichensetzung S. 41 Wortarten S. 42 Satzglieder und Gliedsätze S. 44 Rechtschreibung S. 48 Zeichensetzung	– Fehlerschwerpunkte im Bereich von Grammatik, Rechtschreibung und Zeichensetzung erkennen und gezielt angehen

1.1 Arbeiten im Team – Projekte planen und durchführen

Das Gespräch in der Gruppe

▷ S. 12 3. a/b) Der Querverweis auf Watzlawick, Schulz von Thun sowie auf R. Cohn bietet die Möglichkeit, die Ebenen und Schwierigkeiten der Gruppenkommunikation auch kommunikationstheoretisch aufzuarbeiten und zusätzlich „Tipps" bzw. Gesprächsregeln kennen zu lernen, die aus „psychologischer" (therapeutischer) Sicht formuliert sind und der Aufarbeitung von Selbsterfahrung sowie der Erleichterung von Metakommunikation dienen. Wenn „Kommunikationstheorie" schon Unterrichtsgegenstand war, kann hieran leicht angeschlossen werden. Ansonsten sollte man mit den Schülerinnen und Schülern insbesondere die Seiten 476–479, 481–483 und 488–491 erarbeiten. In den Aufgabenstellungen wird immer wieder auf lerngruppenbezogene Kommunikationsfragen und -prozesse selbst eingegangen (z. T. Transfer von Erkenntnissen).

4. Beispiele für „Sprechakte", die als beleidigend oder spöttisch empfunden werden:
   - Das ist doch Blödsinn!
   - So etwas kann auch nur dir einfallen.
   - Du hältst das wohl für eine gute Idee?!

   Beispiele für Wendungen/Sätze, die als konstruktiv und unterstützend empfunden werden:
   - Das ist eine interessante Idee. Was meinen die anderen dazu?
   - Wir drehen uns im Kreis. Wir sollten nochmal genau nach der Ausgangsthese fragen.

1.2 Notizen anfertigen – Protokollieren

▷ S. 15 Alle Arbeitsaufträge dieses Teilkapitels beziehen sich auf die angebotenen Materialien und/oder können nur im konkreten Nachvollzug im Unterricht selbst erfüllt werden.

1.3 Texte erschließen: Lesen – Markieren – Exzerpieren

▷ S. 18 1. Das Markieren im Text von Birgit Weißenborn wird fortgesetzt (ab Z. 55) und bezieht sich themenabhängig besonders auf die „Lebensbedingungen der Autorin" und auf die „Briefkultur". In den Randbemerkungen, die die Schüler/innen vornehmen, könnten weitere Symbole auftreten (s. Lex./nachschlagen: weitere Namen von Dichterinnen/Dichtern; welcher Krieg ist gemeint?; Einzelheiten aus der Biographie K. v. Günderodes: Pseudonyme; Werktitel ...). Es mag auch Verweise (siehe S. xy) geben, besonders dann, wenn andere (oder die genannten) romantische Autorinnen und Autoren mit dem Lehrwerk schon erarbeitet und/oder wenn die Themen „Briefkultur in der Zeit der Empfindsamkeit" (▷ S. 270 ff.) und/oder „Sehnsucht als Motiv in der Romantik" (▷ S. 303 ff.) schon thematisiert wurden.

Das Exzerpt zum Text von Birgit Weißenborn über die Briefe der Karoline von Günder(r)ode
(Anm.: Weißenborn benutzt die Schreibung mit Doppel-r)

<table>
<tr><td>K. v. Günderodes Leben als typisches Frauenschicksal in der Romantik – herauszulesen aus ihren Briefen</td><td>Inhalte/Funktion der Briefe (typisch für die damalige Zeit):</td></tr>
<tr><td>Aussagen in Karolines Briefen:
– bedrückende Situation (Sorgen, Nöte); Existenzängste, da zukünftige Ehe nicht sicher
– schmerzlich empfundener Unterschied im Männer- und im Frauendasein:
junge Männer: Reisen/Mobilität
junge Frauen: Vorbereitung auf Ehe und Hausfrauendasein

Karoline: verarmte Adelige;
später: Stiftsdame</td><td>– Fantasien, Träume aufschreiben
– Austausch über Freuden/Leiden
– Neuigkeiten (aus der Welt, die nicht zugänglich ist) erfahren

D. h.: Briefe sind für Frauen wichtigstes Kontaktmittel zur Außenwelt und Medium der Kommunikation mit Gleichgesinnten.
Zitat: „... das einzige Mittel, aus der Enge ihrer realen Welt auszubrechen“ (Z. 45 f.)
Form: z. T. notizenhaft, z. T. literarisch gestaltet</td></tr>
<tr><td colspan="2">Zeitgenössischer Bezug/Folge für die Günderode: Da es wenige als Schriftstellerinnen anerkannte Frauen gibt (siehe S. von La Roche als ihr Vorbild), veröffentlicht Karoline unter männlichem Pseudonym „Gedichte; Dramen, philosophische Abhandlungen, Dialoge, Prosa“ (Z. 94 f.) und wird deshalb heftig kritisiert.</td></tr>
</table>

1.4 Facharbeit: Informationen beschaffen und verarbeiten

Eine Bibliothek nutzen

2. Weitere Recherche-Möglichkeiten zum Thema „Dichterinnen und Dichter in ihrer Region“: ▷ S. 24
   - Christoph Martin Wieland in Biberach a. d. Riß
   - Christian Friedrich Daniel Schubart in Blaubeuren
   - Hermann Hesse in Calw
   - Martin Luther in Heidelberg
   - Dichter der Romantik in Heidelberg
   - Die „Schwäbische Schule der Romantik“ in Ludwigsburg
   - Friedrich Schiller in Ludwigsburg
   - Friedrich Hölderlin in Tübingen

   Eine Fülle weiterer Angaben zum Thema findet sich in: *Gerd Brenner (Hg.):* Die Fundgrube für den Deutschunterricht ab Klasse 5. Cornelsen Scriptor, Frankfurt/Main 1995, Kap. „Ideen für Klassen-, Kurs- und Studienfahrten, S. 156–211.

3. Schülerinnen und Schüler übersehen oft zunächst die Problematik der Themenabgrenzung. Erst in der konkreten Arbeit stellt sich die „Uferlosigkeit“ eines Themas heraus. Besonders im Hinblick auf Facharbeiten ist es sinnvoll, verschiedene Grade thematischer Einengung durchzuspielen, damit schließlich ein handhabbarer Analysegegenstand festgelegt werden kann.

Bücher und Datenbanken nutzen

▷ S. 25 4./5. Mit Hilfe einiger Indices von Fachbüchern kann die Festlegung gezielter Suchbegriffe für Internet-Recherchen geübt werden.

In elektronischen Medien recherchieren

▷ S. 27 6./7. Zur Vorbereitung auf diese Aufgaben können die Schülerinnen und Schüler angeregt werden, zunächst aktuelle Erfahrungen mit verschiedenen Suchmaschinen auszutauschen und sich gegenseitig Tipps für deren Nutzung zu geben.

Quellenprotokolle anfertigen

▷ S. 28 8./9. Quellenprotokoll zum Text von Birgit Weißenborn (▷ S. 18 f.):

Art des Materials:	Text (Einleitung zu einer Briefsammlung)
	Verfasserin: Weißenborn, Birgit *Titel:* „Ich sende dir ein zärtliches Band“. Die Briefe der Karoline von Günderrode (Einleitung) *Verlag:* Insel Verlag *Erscheinungsort:* Frankfurt/M. und Leipzig *Jahr:* 1992 *Seite(n):* 10–20 (Auszüge)
Brauchbar für: (s. u.) *Exzerpt (s. o.)* *Zitate (im Exzerpt)*	*Kommentar:* Die Autorin stellt Karolines Leben offenbar aus feministischer Sicht dar (s. Z. 17 ff., 40 f., 88 ff.). Sie erarbeitet vor allem die ökonomischen und sozialgeschichtlichen Hintergründe für ein (um 1800) typisches Frauenleben. Der gesamte Einleitungstext enthält wichtige biografische Details zu Karolines Leben und Hinweise auf ihre Bedeutung für die Literaturgeschichte.

Thematische Kontexte
Der Text von Birgit Weißenborn gibt Auskunft über folgende Fragen, an die sich wiederum mögliche Aufgabenstellungen für eine Facharbeit anknüpfen könnten:
- Lebensstationen der Autorin Karoline v. Günderode
- literarische Vorbilder und wichtige Kontaktpersonen
- Karoline v. Günderode – ein exemplarisches Frauenschicksal
- Leben von Männern und Frauen zur Zeit der Romantik
- Lebensentwürfe von Frauen; unerfüllbare Sehnsüchte und tatsächliche Emanzipationsbestrebungen
- literarische Formen des Selbstausdrucks und der Kommunikation mit Gleichgesinnten
- Was schreibt Karoline v. Günderode und wie reagiert man auf ihr Werk?
- Karoline und die Bedingungen schriftstellerischer Existenz

Der Bezug auf die Günderode könnte auch hergestellt werden, wenn man in Christa Wolfs Günderode-Essay „Der Schatten eines Traumes“ (1978) und/oder in ihrem Roman „Kein Ort. Nirgends“ (1979) nach der Auseinandersetzung der Autorin mit der „Romantikerin“ und mit den Bedingungen für weibliches Schreiben forschen lässt.

Weitere Angaben zu den Themenvorschlägen (▷ S. 20–24)

- Clemens Brentano
  Über die Begegnung zwischen Clemens Brentano und der Augustinerin Anna Katharina Emmerick erzählt der Roman von *Kai Meyer* „Das Gelübde" (Heyne Verlag, München 1998). Führungen durch das Anna-Katharina-Emmerick-Haus sind zu vereinbaren unter der Adresse: Fam. Steens, Emmerick-Weg 20, 48653 Coesfeld.
- Brigitte Reimann
  Informationen über Brigitte Reimann erhält man beim Brigitte-Reimann-Literaturhaus, Gartenstraße 6, 17033 Neubrandenburg, Tel. 03 95/57 19 18-0.
  Zu Motiven des Romans „Franziska Linkerhand" gibt es einen Film aus dem Jahr 1981 (DDR) mit dem Titel „Unser kurzes Leben".
- Literatur türkischer Autorinnen/Autoren
  Das ▷ S. 28 in Anmerkung 1 bibliografierte und ▷ S. 32 (Dok. 4) dokumentierte Heft ist zu beziehen über: RAA-Hauptstelle, Tiegelstraße 27, 45141 Essen. Es wurde im Rahmen eines Comenius-Projekts zum interkulturellen Lernen bei der Regionalen Arbeitsstelle für ausländische Kinder und Jugendliche entwickelt und enthält u. a. Einschätzungen zur türkischen Literatur, die in Deutschland entstanden ist, sowie Textbeispiele weiterer Autorinnen und Autoren, die auch analysiert werden.
  Über „Literatur und Migration" informieren auch Heft 143/1995 der Zeitschrift „Diskussion Deutsch" sowie Heft 5/1993 der Zeitschrift „Der Deutschunterricht" und die auf den Seiten 435 im Schülerbuch und zu Kapitel B III 5.3 in diesem Handbuch S. 334 aufgeführten Buchtitel.

1.5 Visualisieren – Präsentieren – Referate halten

Visualisieren und Präsentieren

Viele Informationen, die man in seinem Gedächtnis speichern oder möglichst effektiv an andere weitergeben will, lassen sich mit relativ einfachen Mitteln visuell aufbereiten. Der Einführungstext des Schülerbandes informiert über Vorteile visueller Informationsverarbeitung und -präsentation. Zusätzlich kann darauf hingewiesen werden, dass man mit visuell gestützten Ordnunssystemen oft auch gedanklich weiter vorankommt. ▷ S. 33

1.

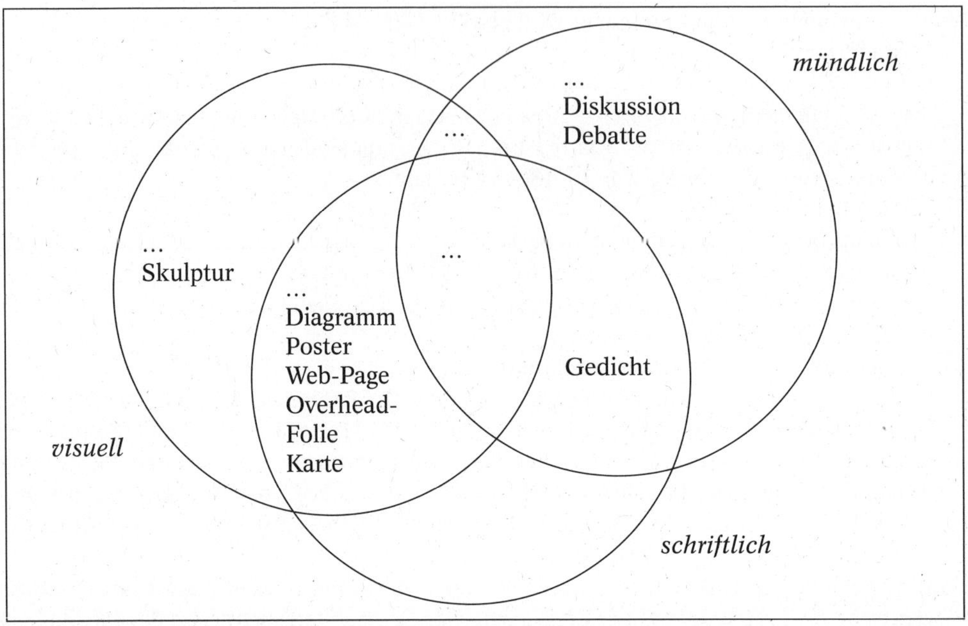

2.

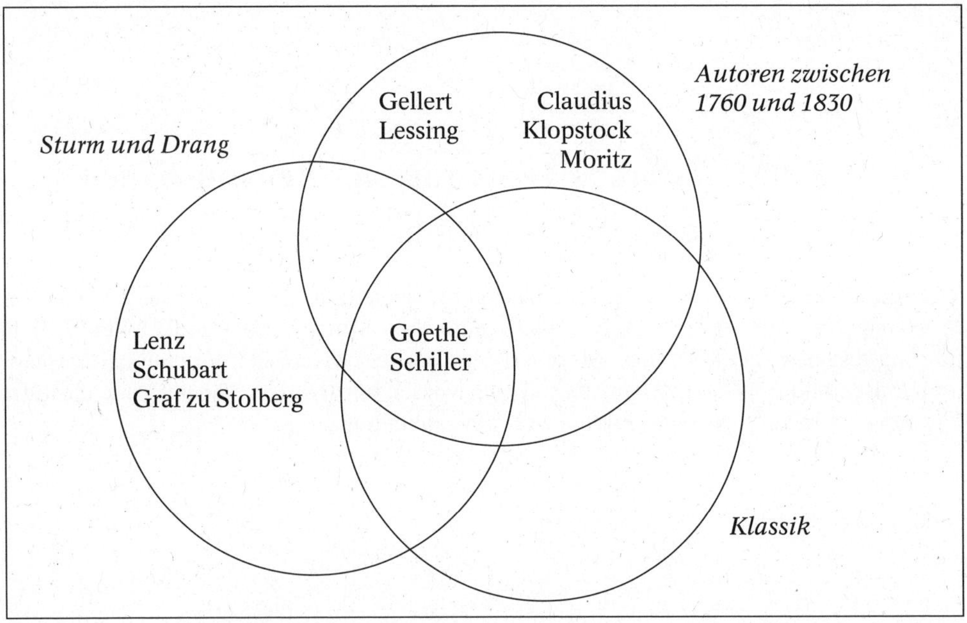

▷ S. 34 3. a/b) Im ersten Teil der Kurzgeschichte nimmt die Schwester Nanni die superiore Position ein, da sie hohe Redeanteile hat und die Themensteuerung vornimmt. Sie ist auch deswegen in einer überlegenen Position, weil sie die übrigen Gesprächsteilnehmerinnen bis auf Rita beeinflussen und mehr oder weniger für sich und ihre Meinungen einnehmen kann. Rita hat in dieser Phase des Gesprächs kaum Gewicht.
Nach Ritas Intervention ändert sich die Lage sofort. Nun dominiert sie das Gespräch, die anderen verstummen immer mehr und Nanni erhält von den anderen Gesprächsteilnehmerinnen keine Unterstützung mehr.

4.

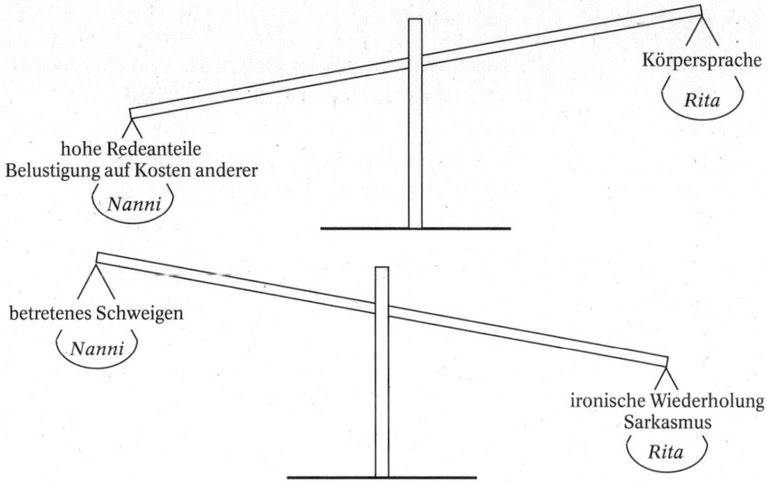

5. Für jeden Text muss eine darstellerische Grundentscheidung (im obigen Beispiel: Waagschalen, die sich senken und heben) getroffen werden. Hier ist die Fantasie der Schüler/innen gefragt.

6. a) ▷ S. 35

Verhaftung	Einsperren	Arrest
amtlich	privat möglich	privat möglich
Justiz eingeschaltet		
Reaktion auf Straftat		Reaktion auf Verfehlung
staatlicher Akt	z. B. unter Kindern	von Autoritäten angeordnet

b)

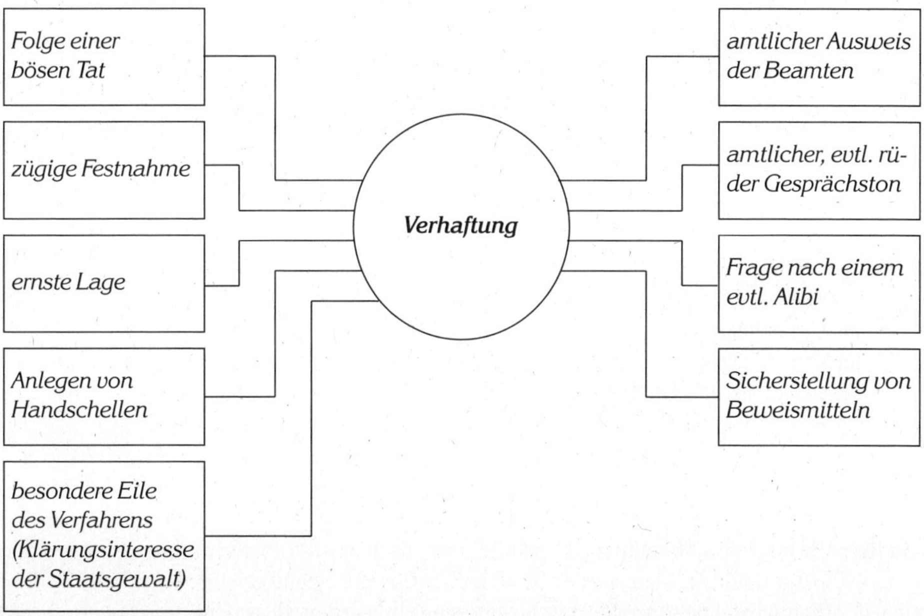

7 a/b)

Visualisierungsmethode	geeignet z. B. für
Netzdiagramm	Zuordnung von Sachverhalten zu einem zentralen Aspekt (z. B. Übersicht über ein Thema, ein Referat)
Flussdiagramm	Handlungsverlauf eines Dramas, einer Kurzgeschichte
Baumdiagramm	Fachbegriffe zur Beschreibung eines Romans, Gedichts, Dramas etc.; gedankliche Hierarchisierungen aller Art
Tabelle	Sortieren von Informationen nach zwei oder mehr Gesichtspunkten

▷ S. 36 8.

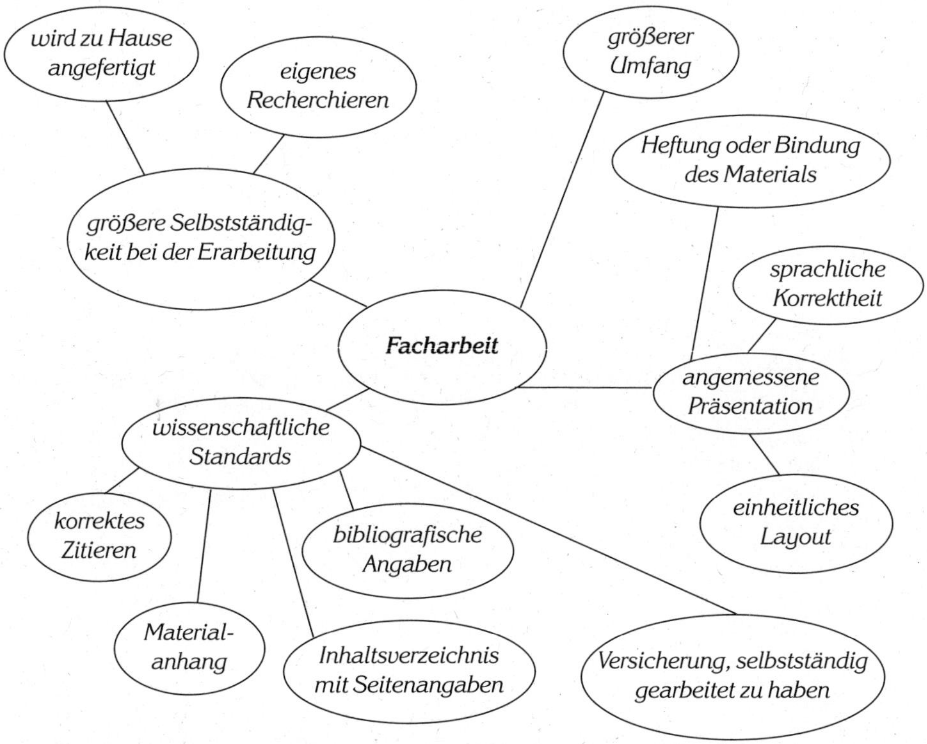

9. Auf der zweiten Ebene könnten z. B. folgende Stichworte verwendet werden:
   - zeitliche Abgrenzungen
   - wichtige Autorinnen und Autoren mit ihren zentralen Werken
   - zentrale Aussagen
   - (geistes)geschichtlicher Kontext
   - ...

Referate halten

▷ S. 36 Da Referate zu vielen Themen heute problemlos aus dem Internet heruntergeladen werden können, sollte darauf bestanden werden, dass im Vortrag die eigene geistige Verarbeitung des Materials deutlich wird. Dies kann dadurch sichergestellt werden, dass beim Vortrag nur noch stichpunktartige Notizen auf Karteikarten zugelassen werden, die ein freies Formulieren notwendig machen. Das seitenlange Ablesen von Referattexten wird so vermieden. Zugleich kann besser eingeschätzt werden, ob der/die Vortragende sich einen Stoff tatsächlich geistig angeeignet hat.

1.6 Texte überarbeiten

1./2. Da solche Schreibkonferenzen zeitlich aufwendig sind, können sie sicherlich nur ab und zu einberufen werden. Besonders zur Verbesserung letzter Hausaufgabentexte vor Klausuren ist dies sinnvoll. ▷ S. 38

1.7 Wiederholungskurs: Grammatik, Rechtschreibung, Zeichensetzung

Rechtschreibung

1. Mögliche Lösung: ▷ S. 45

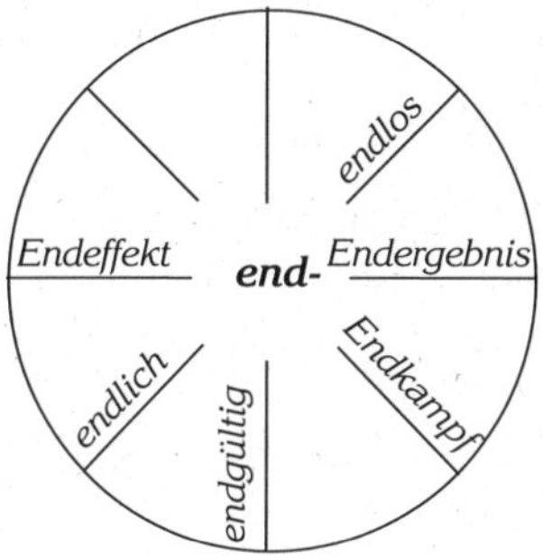

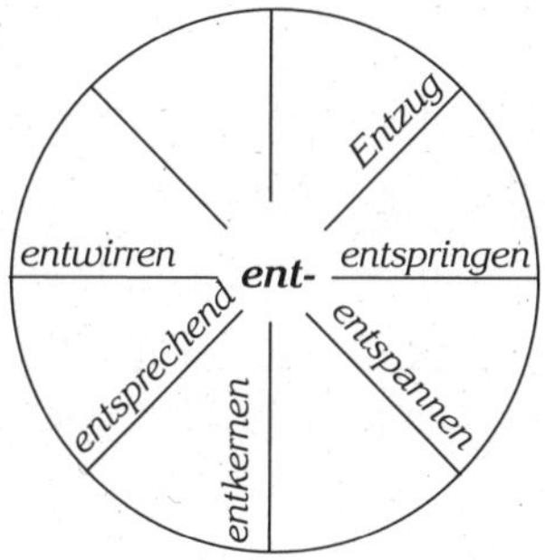

2. Beispiele:

wiederholen	widersprechen
Wiedergabe	Widerruf
Wiederbelebung	Widersacher
Wiedersehen	Zuwiderhandlung
Wiederkehr	widerlegen

Symbol:

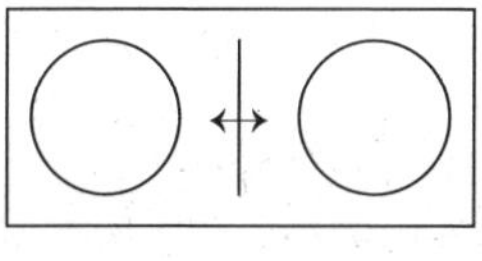

zwei zusammengehörige Verben
Verbindung mit „sein“
Partizip + Verb
Verb + steigerbares Adjektiv
Nomen + Verb (umstellbar)

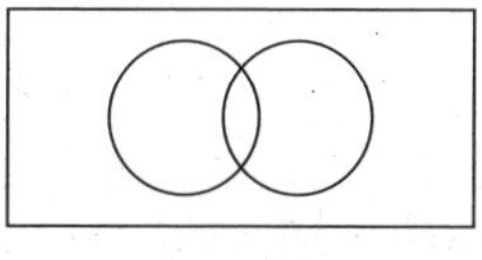

Verb + nicht steigerbares Adjektiv
Nomen + Verb (nicht umstellbar)

▷ S. 47 4. Beispiel:

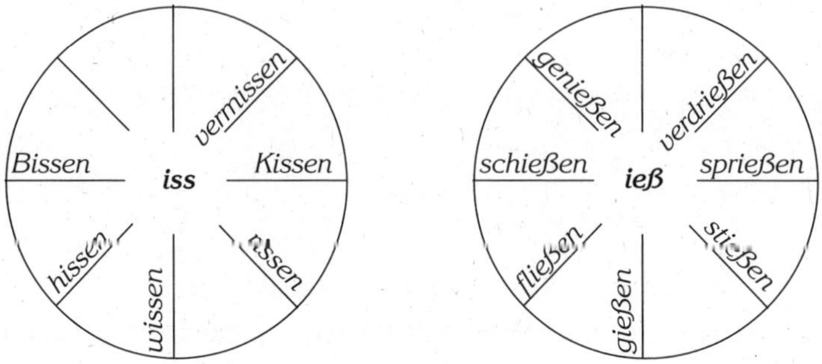

5. Da es sich hierbei um einen der häufigsten Orthografiefehler in der Sekundarstufe II handelt, sollte diese Übung nach Klausuren evtl. häufiger vereinbart werden.

Literaturhinweise

Heinrich Biermann/Bernd Schurf (Hg.): Von der Rechtschreibung zum sicheren Ausdruck. Cornelsen, Berlin 1995 (= Reihe „Trainingsprogramm Deutsch Oberstufe“)

Gerd Brenner: Facharbeit: Von der Planung bis zur Präsentation. Cornelsen, Berlin 2002 (= Reihe „Trainingsprogramm Deutsch Oberstufe“)

Ders.: Methodentraining: Projekt *Medien und Meinungsbildung*. Cornelsen, Berlin 2002 (= Reihe „Kursthemen Deutsch“)

Ders./Renate Hußing-Weitz: Texte verfassen. Oberstufe. Cornelsen, Berlin 1999 (= Reihe „Besser in Deutsch“; darin zwei Kapitel zum „planvollen Schreiben“ und zur Textrevision)

Heinz Klippert: Kommunikations-Training. Bd. 3. Beltz, Weinheim/Basel 1996

Ders.: Methoden-Training. Bd. 6. Beltz, Weinheim/Basel 1997

Ders.: Themenentwicklung im Klassenraum. Beltz, Weinheim/Basel 1998

Carol Koechlin/Sandi Zwaan: Informationen: beschaffen – bewerten – benutzen. Verlag an der Ruhr, Mühlheim o. J.

Hilbert Meyer: Unterrichtsmethoden. Bd. 2: Praxisband. Cornelsen Scriptor, Frankfurt/M. 1987

Wilhelm H. Peterßen: Kleines Methoden-Lexikon. Oldenbourg Schulbuchverlag, München 1999

Paul R. Portmann: Zur Pilotfunktion bewussten Lernens. – In: Peter Eisenberg/Peter Klotz: Sprache gebrauchen. Sprachwissen erwerben. Klett, Stuttgart 1993, S. 97–117

Lutz von Werder: Lehrbuch des kreativen Schreibens. Schibri Verlag, Berlin/Milow 1996

Zum Schreiben motivieren. Praxis Deutsch, Heft 149/1998

2 Gesprächsformen

Konzeption des Kapitels

Da die Schulung der kommunikativen Kompetenz in der heutigen Gesellschaft immer mehr Bedeutung gewinnt, werden in drei Teilkapiteln unterschiedliche Formen der Gesprächsführung vorgestellt. Sie reichen vom klassischen Fünfsatz-Verfahren in Diskussionen über Formen von Streitgesprächen, die auf Konfrontation ausgerichtet sind, bis hin zu der teamorientierten Methode des Dialogs. Orientiert an dem Thema „Zukunftsgestaltung" sollen die diskussions- und dialogspezifischen Fähigkeiten Anwendung finden.

Literaturhinweise

Argumentieren. Praxis Deutsch, Heft 160/2000

Martina und Johannes F. Hartkemeyer/L. Freeman Dhority: Miteinander denken. Das Geheimnis des Dialogs. Klett Cotta, Stuttgart 1998

John Horgan: An den Grenzen des Wissens. Siegeszug und Dilemma der Naturwissenschaften. Luchterhand, München 1997

Rhetorik und Argumentation. Der Deutschunterricht, Heft 5/1999

Schüler '98: Zukunft. Erhard Friedrich Verlag, Velbert 1998

Peter M. Senge: Die fünfte Disziplin. Kunst und Praxis der lernenden Organisation. Klett Cotta, Stuttgart 1996

Texte/Gegenstände

> S. 49 **2.1 Die Diskussion – Vorbereitung eines Statements**
- Virtuelle Hochschulen: Lernen im Cyberspace
- *Ulf Seegers:* Die Zukunft aktiv mitgestalten
- *Jessica R. Joffe:* Nur noch Bonds und Futures?

> S. 54 **2.2 Die Debatte**

> S. 56 **2.3 Der Dialog**

Intentionen

- unterschiedliche Gesprächsformen kennen lernen, trainieren und anwenden können
- in Diskussionen die Gesprächsbeiträge wirkungsvoll gestalten können
- das Gesprächsverhalten von Diskussionsteilnehmern/-teilnehmerinnen beobachten und Gesprächsprofile anlegen
- einen Dialog oder eine Debatte führen
- Unterschiede zwischen Dialog und Debatte im Hinblick auf die Gesprächsführung und die Gesprächstechniken erkennen können
- Argumentationsstrategien und Diskussionsverhalten in Pro- und Kontra-Debatten untersuchen
- die sinnvolle Nutzung des Dialogs für Schul- und Alltagssituationen reflektieren
- die Gesprächsform „Dialog" bewusst erproben
- sich über Erfahrungen mit der Gesprächsform des Dialogs austauschen

2.1 Die Diskussion – Vorbereitung eines Statements

▷ S. 49

Virtuelle Hochschulen: Lernen im Cyberspace

1. Motivierend für Schüler/innen ist die Beschäftigung mit der eigenen Zukunft im Hinblick auf die weitere Berufsausbildung. Bei der Arbeit mit dem Artikel geht es dabei nicht um das Thema „Laufbahnen“, sondern um die Nutzung multimedialen Lernens, die eine neue Lernkultur zur Folge haben wird. Lernen erfolgt via Videokonferenz, per E-Mail oder Intra- und Internetplattformen.
   Das multimediale Lernen wird sicherlich von den Schülerinnen und Schülern grundsätzlich positiv bewertet werden. Die Ergebnisse können in einem **Tafelbild** zusammengefasst werden:

positiv	**negativ**
– höhere Selbstständigkeit	– soziale Isolierung
– u. U. freiere Zeiteinteilung	– man bleibt „anonym“ (reduziert auf eine E-Mail-Adresse)
– zu Hause und trotzdem in ständigem Kontakt bleiben	– mangelnde direkte Kommunikation
– größerer Spielraum, Lerninhalte auszuwählen (man kann individuell Stoff vertiefen, üben, wiederholen oder nach Bedarf neue Stoffgebiete erarbeiten)	– soziale Kompetenzen bleiben u. U. auf der Strecke
– Möglichkeit, mit Professoren aus verschiedenen Städten, sogar auf internationaler Ebene zu kommunizieren, ohne Universitätswechsel oder lästige Fahrwege auf sich nehmen zu müssen (Vernetzung mit anderen Hochschulen)	– mehr Selbstdisziplin bei der Tagesplanung gefordert
– mögliche Veränderung des Umgangstones: Verringerung der Hemmschwelle einem Professor gegenüber	– Gestaltung der Lernpausen?
– keine überfüllten Seminare, Vorlesungen	– Ortsgebundenheit hat auch Nachteile: Man kommt nicht aus den eigenen vier Wänden heraus.

2. Es kann durchgespielt werden, wie der Schulalltag einer virtuellen Schule möglicherweise aussieht. Die in Aufgabe 1 bereits angeführten Vor- und Nachteile werden – übertragen auf die Schule – wieder Anwendung finden können. Dabei soll nun zunächst die Gesprächsform „Diskussion“ bewusst trainiert werden. Die Schüler/innen können sich auf die Methode des Fünfsatzes konzentrieren und üben, diesen thematisch umzusetzen. Auch die Anfertigung von Notizen soll dabei weiter eingeübt werden (z. B. Festhalten von Schlüsselbegriffen, Kernaussagen, Namen, Zahlen).

▷ S. 52

3. a) Bei einem Brainstorming zum Thema „Zukunftsgestaltung“ können sehr unterschiedliche Aspekte genannt werden: z. B. beruflich Karriere machen, Familie gründen, Spontaneität leben, Unbekanntes entdecken, neue Lebensräume schaffen, immer neue Perspektiven entwickeln, einen Sinn für sein eigenes Leben finden etc. Stichworte können an der Tafel oder von einem/einer Schüler/in notiert werden.

b) Die Diskussionsthemen können sowohl in Aussage- als auch in Frageform formuliert werden. Es empfiehlt sich, zunächst Themenvorschläge zu sammeln, um sich dann je nach Interesse der Lerngruppe auf ein Thema zu einigen.

4. Im Beobachtungsbogen sind folgende weitere Aspekte denkbar:

⊕

…
redet themenbezogen
artikuliert sich klar und deutlich
ist für den Gesprächsverlauf bestimmend
bringt eigene Gedanken ein
vertritt selbstbewusst seinen Standpunkt
formuliert pointiert und präzise
lässt andere in Ruhe ausreden
redet in vollständigen Sätzen
bezieht sich auch auf den Vorredner
hält Blickkontakt
hört aktiv zu
…

⊖

…
schweift immer wieder vom Thema ab
spricht undeutlich
schweigt eher
wiederholt bereits Gesagtes
reiht Leerformeln aneinander
benutzt weit schweifende Formulierungen
unterbricht andere
spricht fragmentarisch
bezieht die anderen Redner nicht mit ein
schaut die anderen kaum an
hört nicht genau zu
…

5. a–c) Den Schülerinnen und Schülern wird gespiegelt, wie sie sich in Diskussionen verhalten. Es ist wichtig, dass sie ein Echo bekommen, da sie selbst oft nicht klar genug einschätzen können, welche Wirkung sie in Gesprächen haben. Wenn die Möglichkeit besteht, kann auch eine Videoaufnahme gemacht werden, die dann analysiert wird.

Ulf Seegers: **Die Zukunft aktiv mitgestalten** (1998) ▷ S. 52
Jessica R. Joffe: **Nur noch Bonds und Futures?** (1998) ▷ S. 53

---

6. **Gemeinsamkeiten:** ▷ S. 54
   - Einschätzung der heutigen Gesellschaft als „Wissensgesellschaft“
   - aber: Wissen ist schnell überholt („Wird schnell zum Standard und somit […] uninteressant“, ▷ S. 52, Z. 23 f., „schnelles Verfallsdatum“, ▷ S. 52, Z. 54 f.)
   - deshalb Herausforderung: Jeder muss lernen, lebenslang zu lernen.

Differenzen:

- Einschätzung dessen, was Schule leisten kann/soll:
  - Grundlagen für lebenslanges Lernen müssen in der Schule gelegt werden, aber Schule kann nur den Einstieg in ein lebenslanges Lernen vermitteln (Seegers)
  - Es kommt aufgrund der Schnelllebigkeit weniger auf das konkrete Wissen (= das Was) an (Seegers), sondern darauf, wie ich mich auf die neuen Bedingungen einstelle (= das Wie).
  - Schule bereitet weder auf lebenslanges Lernen noch auf Selbstständigkeit im „wirklichen" Leben vor, es geht darum, was man lernt. Anforderungen: nicht nur bestimmtes Fachwissen (Computer, Wirtschaft, Mutter- und Zweitsprache), sondern auch soziale Kompetenzen (Verantwortung, Loyalität, Bürgersinn, Respekt für seine Peers); alle Fächer müssen mehr Lebensbezug haben
- Einschätzung dessen, was ich leiste/was von mir gefordert wird:
  - Seegers: Aufgrund der rasanten Veränderungen muss man selbst flexibel sein: neue Anpassungspflichten = neue Chancen
    Herausforderung annehmen, die Gesellschaft/die Zukunft aktiv mitzugestalten (s. Überschrift)
  - Joffe: Man muss die Liebe zum Lernen entwickeln, zukunftsträchtige Fächer studieren und soziale Kompetenzen erwerben (nicht nur Orientierung an „Bonds und Futures", s. Überschrift)

7. a) Zur Argumentation von **Seegers**:
Kernaussage: Da wir in einer Wissensgesellschaft leben bzw. sich unsere Gesellschaft in diese Richtung entwickelt, muss sich jeder Wissen erwerben. Die Grundlagen für das Wissen müssen in der Schule erlernt werden, aber jeder muss selbst lebenslang lernen.
Begründung („Denn ..."): Die Wissensgesellschaft ist durch Schnelllebigkeit geprägt.
Folgerung („Daher ..."): Die Wissensgesellschaft ist ein rasanter Prozess.
Zukunftsprognose (Tempus: Futur I): Es wird noch mehr Wissen entstehen, die Verbreitung des Wissens wird schneller erfolgen, dem Einzelnen wird der Zugang zu mehr Wissen ermöglicht.
Schlussfolgerung, die Zukunft betreffend: Das Umfeld wird sich verändern und mehr von einem selbst verlangen (höhere Ansprüche an den Einzelnen), aber: keine Zukunftsängste.
positive Folgerung für die eigene Person: Mit den neuen Anpassungspflichten sind auch neue Chancen verbunden.
Beispiel: Medienentwicklung, v. a. Internet
Faktenargument: Die Welt hat sich seit ihrem Bestehen ständig verändert ...
Beispiel: damals Buchdruck/lesen lernen – heute Umgang mit dem Computer/Internet gefordert
Aufgreifen einer möglichen Problematik aufgrund steigender Informationsflut (= argumentum ad baculum): Prophezeiung einer Zweiklassengesellschaft (Wissende/Unwissende)
Forderung („Umso wichtiger ..."): Fähigkeit entwickeln, Informationen auszuwählen und systematisches Wissen aufzubauen
indirektes Argument: Zukunftsängste und Perspektivlosigkeit bei der jungen Generation sind unberechtigt, denn sie wächst mit der Wissensgesellschaft auf.
Schlussfolgerung: aktive Mitgestaltung – Herausforderungen annehmen
Zur Argumentation von **Joffe**:
Fragestellung: Was kann man mit Kenntnissen, die in der Schule erworben werden, anfangen?
Ist das Wissen lebensrelevant?
Lebensrelevanz heißt heute, möglichst viel Erfolg haben, um möglichst viel Geld zu verdienen.
Begründung: Geld zählt mehr als Bildung, heutige Generation = Konsumgeneration.
Es gibt Fächer (Wirtschaft, Mathematik, Fremdsprachen), die auf diese gesellschaftliche Profilierung besser vorbereiten als andere (wie Geschichte und Literatur).
Wer die „richtigen" Fächer studiert, handelt strategisch klüger.
Dadurch erfolgt eine Art Vorauswahl, wer auch zukunftsträchtige Berufe ergreifen kann.

Daraus resultierende *Fragestellung*:

Ist das die Zukunft der Wissensgesellschaft? Soll ich studieren?

Mögliche Entwicklung aufgrund der Schnelllebigkeit des Wissens: Grundstudium und stets neue „Lernmodule“

Kritik an der Schule: Sie bereitet weder auf die Notwendigkeit lebenslangen Lernens vor noch auf die erwartete Selbstständigkeit

Forderung: Man muss die Liebe zum Lernen lernen, zukunftsträchtige Fächer (Sprachen, Computer, Wirtschaft) und soziale Kompetenzen (Verantwortung, Loyalität, Respekt)

Schlussfolgerung: Es geht nicht um die Nützlichkeit von Fächern, sondern um deren Bezug zur realen Welt.

b) Die Aufgabe dient der Schulung der Argumentation. Die Schüler/innen setzen sich mit den Stichworten „Wissensgesellschaft“, „lebenslanges Lernen“ etc. auseinander. Unter Umständen sind hier Recherchen im Hinblick auf die Begriffe „Wissen“ und „Lernen“ sinnvoll. Es bietet sich auch eine Zusammenarbeit mit den Fächern Pädagogik, Biologie und/oder Sozialwissenschaften an. Wenn kein fachübergreifendes Arbeiten möglich ist, kann auch ein Fachkollege/eine Fachkollegin als Referent/in zu einem Thema hinzugezogen werden.

Mögliche **Chancen** der Wissensgesellschaft:

- Der Mensch ist Produzent, Vermittler und Konsument von Wissen, er steht im Mittelpunkt.
- Aufgrund der modernen Kommunikationssysteme ist Wissen erwerbbar.
- Wissen wird zu einer wertvollen Ressource.
- Wissen macht handlungsfähig, der Mensch kann seine Fähigkeiten und Begabungen entfalten.
- Durch Wissen kann neues Wissen erzeugt werden („Wissensdurst“).
- Mehr Teamgeist als Einzelarbeit ist gefordert, d. h. soziale Fähigkeiten werden aufgewertet.
- Aufgrund lebenslangen Lernens bleibt der Einzelne gefordert (Entwicklungsmöglichkeiten).
- Der Staat muss mehr in Bildung und Wissenschaft investieren.
- Das Angebot, sich zu bilden und Wissen zu erwerben, wird größer und vielfältiger (Bildungseinrichtungen etc.)
- ...

Mögliche **Risiken** der Wissensgesellschaft:

- Der Leistungsdruck wird erhöht.
- Das Wissen wird zum Wettbewerbsfaktor.
- Praktischen Können wird unterbewertet.
- Für den Einzelnen entstehen größere Orientierungsprobleme (Was *muss* ich wissen?).
- Die Gesellschaft zerfällt in Wissende und Unwissende („Klassengesellschaft des Wissens“).
- Der Mensch verschwindet hinter dem Wissen: Absolutsetzung des Wissens (→ Was passiert mit dem, der den neuen Anforderungen nicht gerecht wird?).
- Die Informationsflut zu Wissen zu verarbeiten, ist fast unmöglich, d. h. es ergeben sich Probleme bei der Anwendung und Zuordnung von Informationen.
- Der Informationsflut wird durch eine Wissenszersplitterung (→ „Fachidioten“) begegnet.
- Der Einzelne ist auf den anderen stärker angewiesen, d. h. auf das Wissen des anderen kann nicht verzichtet werden; dies kann zu größerer Abhängigkeit führen.
- Der Verlust eines gemeinsamen Wissenskanons schreitet voran, d. h. ein gemeinsames Wissen, das von Geschichte, Erfahrung, Sprache und Werten geprägt ist, geht verloren.
- Es fehlt an Orientierungswissen.
- ...

2.2 Die Debatte

▷ S. 55 1./2. Die Schüler/innen entdecken, dass die Techniken von geschulten Gesprächsteilnehmer(inne)n konsequent angewendet werden. Bei den weniger geschulten Gästen einer Talkshow werden sie merken, wie diese nicht nur inhaltlich oberflächlich diskutieren, sondern auch mangelnde Kompetenz in Gesprächsformen zeigen (bis hin zu Peinlichkeiten). Schlechte Vorbereitung der Moderatoren oder der Parlamentarier fallen ins Auge, es wird klar, dass dramatische Effekte zuungunsten der Inhalte inszeniert werden, Problemlösungen werden in Talkshows selten aufgezeigt.
Dies kann eine zusätzliche Motivation sein, selbst Kommunikationskompetenzen zu erwerben.

2.3 Der Dialog

▷ S. 56 Der Dialog wird hier in Anlehnung an L. Freeman Dhority (bis 1995 Professor für kritisches und kreatives Denken an der University of Massachusetts/Boston, dann Berater großer Unternehmen) sowie Martina und Johannes F. Hartkemeyer (Beteiligung an Dialogprojekten) als Gesprächsform einer Kommunikationskultur verstanden, welche die Bereitschaft zuzuhören fördert und dazu anleitet, Bewertungen oder gar Urteile in der Schwebe zu halten. Dabei geht es darum, eigene und fremde Gedankenfelder in einer offenen, nicht manipulativen Form zu erkunden. Durch einen Dialogprozess lernen die Teilnehmer/innen voneinander und lernen sich selbst näher kennen, statt sich gegenseitig belehren oder übertrumpfen zu wollen. Die Autoren haben zehn Kernfähigkeiten im Dialog herausgearbeitet, die hier in aller Kürze dargestellt werden sollen:

1. Die Haltung eines Lerners verkörpern: Man tritt nicht als Wissender auf, sondern nimmt eine Lernhaltung ein.
2. Radikaler Respekt: Respekt ist mehr als Toleranz und von Empathie dem anderen gegenüber getragen.
3. Offenheit: Bereitschaft, neue Ideen aufkommen zu lassen, andere Perspektiven einzunehmen, eigene Annahmen zu hinterfragen
4. „Sprich von Herzen“: Ich rede von dem, was mir wirklich wichtig ist, was mich wirklich angeht, nicht um der Beste zu sein, im Mittelpunkt zu stehen oder …
5. Zuhören: Dem anderen vorbehaltlos und aktiv zuhören. Ich lerne wahrzunehmen, welche reflexartigen Urteile durch das Gehörte hervorgerufen werden, sodass ich neue Antworten finden kann.
6. Verlangsamung: Sich zum Sprechen so lange Zeit lassen, wie man braucht, sich Zeit zum Nachdenken nehmen, Punkte in Ruhe klären
7. Annahmen und Bewertungen „suspendieren“: Eigene Annahmen als subjektive Interpretationsfolien von Situationen, Ereignissen und der Welt als Ganzem verstehen, die in Auseinandersetzungen Zündstoff für Missverständnisse und Konflikte bieten. Indem ich sie wahrnehme und nicht mehr als einzig gültige ansehe, werde ich offen für andere Interpretationen, kann meine gewohnten Denkmuster verändern.
8. Produktives Plädieren: Indem ich meine Annahmen ausdrücke, meine Perspektive vermittle, lade ich die anderen dazu ein, an ihnen teilzuhaben, und ich habe teil an denen der anderen, dadurch gewinnen alle ein Bild, das vollständiger ist als nur mein eigenes.
9. Eine erkundende Haltung üben: Auf der Suche nach einem gemeinsamen Verständnis ist es wichtig, „echte“ (nicht rhetorische) Fragen zu stellen.

10. Den Beobachter beobachten: Es soll ein innerer Beobachter entwickelt werden, der ein bewusstes Betrachten unserer Denkprozesse – die Wege und Irrwege – möglich macht.
(Martina und Johannes F. Hartkemeyer/L. Freeman Dhority: Miteinander denken. Das Geheimnis des Dialogs. Klett Cotta, Stuttgart 1998, S. 78–95)

1. Eine dialogische Haltung kann prinzipiell überall praktiziert werden: im Freundeskreis, in der Familie, im Kollegenkreis. In der Schule bieten sich zahlreiche Gelegenheiten: Klassenstunden, Kurstreffen, Kommunikationstraining, Streitschlichter-Arbeitsgruppe, Projektarbeit, Konfliktgespräche ...
Bei Hartkemeyer/Dhority finden sich anschauliche Beispiele von Alltagssituationen (Kap. 7: Der Dialog im sozialen Alltag, S. 137–156; Kap. 8: Der Dialog in der Schule, S. 157–180).

2. Die Schüler/innen können die neue Erfahrung machen, dass es nicht darum geht, der/die Stärkere zu sein, rasch Ergebnisse zu präsentieren, sondern in Ruhe zuzuhören und gehört zu werden. Dabei ist es wichtig zu vermitteln, dass es nicht eine Gesprächstechnik/-strategie ist, sondern sich vielmehr um eine Einstellung, eine Haltung dem anderen gegenüber handelt.

3 Praktische Rhetorik

Konzeption des Kapitels

Im ersten Teil (**„Freie Rede“**) sollen die Schüler/innen animiert werden, sich selbst im Schreiben von Reden und im freien Vortrag zu versuchen. Die Hilfen, die der Abschnitt dazu bietet, sind zum einen eine übersichtliche Darstellung der Faktoren, die beim Verfassen und Vortragen einer Rede zu beachten sind; sodann wird aus der Fülle der Angebote in Rhetorikhandbüchern die bewährte antike Methode vorgestellt, die den Prozess „Freie Rede“ in fünf Arbeitsphasen zerlegt. Außerdem gibt es thematische Anregungen, die sich aus dem Schüleralltag ergeben.
Der zweite Teil (**„Prüfungsgespräch: Mündliche Abiturprüfung“**) will jene Redesituation, der sich jeder Abiturient/jede Abiturientin stellen muss, durchschaubar machen: Je genauer die Schüler/innen wissen, wie die mündliche Abiturprüfung abläuft und welche Anforderungen an sie gestellt werden, desto besser können sie sich darauf vorbereiten und dementsprechend auch Ängste abbauen. Der Abschnitt soll auch deutlich machen, dass es nicht nur auf eine inhaltliche Vorbereitung durch das Lernen des Fachwissens ankommt, sondern dass man sich auch methodisch und rhetorisch „präparieren“ kann. Insofern sind die Übungsseiten keineswegs auf die Prüfung im Fach Deutsch beschränkt.
Im dritten Teil (**„Bewerbung/Vorstellungsgespräch“**) werden an einem Fallbeispiel alle Schritte einer Bewerbung von der Auswertung der Stellenanzeige bis zum Vorstellungsgespräch vorgeführt. Die Schüler/innen werden einerseits angeregt, sich mit diesem Beispiel auseinander zu setzen, und andererseits aufgefordert, Unterlagen für ihre eigene Bewerbung zu erstellen und/oder zu überarbeiten. Daneben bietet dieser Abschnitt des Kapitels wichtige Tipps und Regeln rund um die Bewerbungssituation.

Literaturhinweise

Dieter-W. und Waltraud Allhoff: Rhetorik und Kommunikation. Ein Lehr- und Übungsbuch zur Rede- und Gesprächspädagogik. Bayerischer Verlag für Sprechwissenschaft, Regensburg [12]1998

Peter Ebeling: Rhetorik – der Weg zum Erfolg. Humboldt-Taschenbuchverlag, München [6]1998

Jürgen Hesse/Christian Schrader: Testtraining für Ausbildungsplatzsuchende. Hilfe bei Bewerbung, Tests und Vorstellungsgespräch. Fischer Taschenbuchverlag, Frankfurt/M. [28]1997

Marita Pabst-Weinschenk: Reden im Studium. Ein Trainingsprogramm. Cornelsen Scriptor, Berlin 1995

Reden lernen. Praxis Deutsch, Heft 144/1997

Andreas Schieberle: Praxisbuch. Bewerbung für Abiturienten. Falken, Niedernhausen/Ts. 1999

Texte/Gegenstände	Intentionen
S. 57 3.1 Freie Rede – IDEMA – Fünf Schritte zur Vorbereitung und Durchführung einer Rede	– die Anforderungen benennen, die an Redner in unterschiedlichen Redesituationen gestellt sind – die allgemeine Darstellung der Faktoren der Redesituation an Beispielen konkretisieren – ein Thema (oder mehrere) wählen und für dieses alle Schritte der vorgestellten Methode durchführen; dabei: – die Methode des Mind-Mapping anwenden, um Ideen zum Thema zu entwickeln – unterschiedliche Strukturierungsmöglichkeiten für eine Rede ausprobieren – rhetorische Mittel bewusst einsetzen und ihre Wirkung überprüfen – sich über Memoriertechniken informieren und diese für das Auswendiglernen einer Rede nutzen – eine Rede frei vortragen – konstruktive Kritik an einem freien Vortrag üben
S. 60 3.2 Prüfungsgespräch: Mündliche Abiturprüfung	– sich über den Ablauf und die Anforderungen der mündlichen Abiturprüfung informieren – das Erstellen von Konzeptpapieren für den Vortrag in der Prüfungssituation, auch unter Prüfungsbedingungen, üben – die Prüfungssituation in einer Lerngruppe simulieren – die Prüfungssimulation im Hinblick auf Verbesserungsmöglichkeiten auswerten
S. 63 3.3 Bewerbung/Vorstellungsgespräch	– Stellenanzeigen genau auswerten – formgerechte, dabei aber individuelle Bewerbungsschreiben anfertigen – den eigenen Lebenslauf schreiben und unterschiedliche Gestaltungsmöglichkeiten ausprobieren – sich auf ein Vorstellungsgespräch vorbereiten und dies in einer Simulation üben – fiktive oder simulierte Vorstellungsgespräche im Hinblick auf Wirkung und Verbesserungsmöglichkeiten auswerten – Tage der Berufsorientierung/des Bewerbungstrainings in der Schule anregen und bei der Organisation helfen

3.1 Freie Rede

▷ S. 57 1. a/b)

Ansprüche an Redner/in	***Referat/ Präsentation***	***Vorstellungs-gespräch***	***öffentliche Rede***
Strukturierung des Vortrags	✗		✗
laute und deutliche Artikulation	✗		✗
Überzeugungskraft		✗	✗
sachliche Information	✗	✗	✗
Verständlichkeit	✗	✗	✗
visuelle Unterstützung	✗		(✗)
bewusster Einsatz rhetorischer Mittel			✗
Unterhaltsamkeit	(✗)		✗
Kommunikations-/Reaktionsfähigkeit	(✗)	✗	(✗)

2. Wahrscheinlich wird der Erfahrungsschatz der Schüler/innen noch relativ beschränkt sein: auf Referate/Vorträge in der Schule, evtl. bereits geführte Vorstellungsgespräche. Für den Austausch von Erfahrungen und Tipps können aber auch verwandte Situationen herangezogen werden, z. B. Auftritte bei Musik- oder Theaterveranstaltungen, Gottesdiensten o. Ä.

▷ S. 58 3. Exemplarisch seien hier die Faktoren für die Redesituation „Abiturrede" konkretisiert:

Zeitlicher Rahmen: *Da es bei der Abiturfeier sicher weitere Reden (z. B. Schulleitung, Elternvertreter), evtl. auch andere Programmpunkte gibt und die „Prozedur" der Zeugnisausgabe ihre Zeit benötigt, sollte die Schülerrede nicht zu lang sein; andererseits sind es die Abiturienten/Abiturientinnen, die im Mittelpunkt stehen, deshalb haben sie auch einen berechtigten Anspruch, sich ausführlich zu äußern. 10–20 Minuten erscheinen angemessen – auf jeden Fall sollte die Dauer der Rede getestet werden.*

Redner/in *= ein oder mehrere Abiturient/innen, stellvertretend für alle – keine persönliche, sondern repräsentative Haltung; Intention: fair, aber ehrlich sein*

Medien: *evtl. Diaprojektor oder OHP für visuelle Präsentation (z. B. Fotos, Abschlussfahrt)*

Thema/Gegenstand: *Ende der Schulzeit: Rückblick und Ausblick; an Wichtiges, Spaßiges, Schlimmes erinnern; evtl. besondere Leistungen hervorheben; Kritik/Dank ausdrücken*

Publikum *= Lehrer, Schulleitung, Eltern, Verwandte, Freunde, evtl. „Honoratioren" – unterschiedliche Kenntnisse über abgelaufene Schulzeit; Beziehung zu den Abiturienten/Abiturientinnen teils persönlich, teils nur entfernt; Erwartungen: Unterhaltung gewünscht, Kritik/Polemik gefürchtet*

Räumlicher Rahmen: *entweder ein bekannter Raum (z. B. Aula) innerhalb der Schule oder ein für diese Gelegenheit angemieteter Raum (Festsaal); Akustik und Optik muss auf jeden Fall ausprobiert werden (Mikrofon notwendig? Rednerpult? Bühne o. Ä.?)*

IDEMA – Fünf Schritte zur Vorbereitung und Durchführung einer Rede

▷ S. 58

1. a–c) Es ist auch möglich, auf eine fertige Rede zurückzugreifen und an dieser einzelne Schritte zu üben oder nachzuvollziehen, z. B.:

▷ S. 59

- die Strukturierung aufgreifen, aber mit anderen Inhalten füllen
- andere/weitere rhetorische Mittel einsetzen
- das Auswendiglernen und den gestaltenden Vortrag der Rede üben

Zu diesem Zweck hier wiederum das Beispiel Abiturrede:

Liebe Lehrerinnen und Lehrer,
liebe Abiturientinnen und Abiturienten!

Eine Schülerin/ ein Schüler spricht

Neun Jahre lang haben wir hier gelernt, oft gezittert, Durchschnittsnoten ausgerechnet und in den letzten drei Jahren nur noch nach dem Abiturdurchschnitt geschielt. Reicht es oder reicht es nicht, war bei vielen von uns die Kernfrage. Denn wir wussten ja schon früh genug, dass nur ein gut oder sehr gut bestandenes Abitur alle Türen und Tore der Hochschulen öffnen würde. Deshalb – und das soll heute hier nicht verschwiegen werden – haben einige von uns im letzten Endspurt resigniert. Sie haben überlegt, dass selbst die härtesten Anstrengungen nicht garantieren, den begehrten Studienplatz zu erringen. Sie haben sich beizeiten nach etwas anderem umgesehen.

Kritische Sicht der letzten Jahre…

Eine seltsame Zeit: Durchschnittsnoten, die früher vielleicht einmal in zwei Jahren an einer Schule vergeben wurden und dem Glücklichen den Ruf eines Genies einbrachten, reichen heute nicht mehr dazu aus, ein Studium nach Wahl an einem beliebigen Ort zu beginnen. Zusatzauslesen sind erforderlich, Zusatztests, lange Wartezeiten; manchmal sollen aber auch schon Beziehungen ausreichen. Ich sage das heute, um deutlich zu machen, dass Leistungsdruck und Konkurrenzverhältnisse bereits in der schulischen Ausbildung unsere Belastbarkeit bis aufs äußerste gefordert haben. Um so mehr möchte ich im Namen aller meiner Mitschülerinnen und Mitschüler Ihnen, dem Kollegium, danken, dass Sie versucht haben, uns zu helfen. Die Art und Weise, wie Sie in den vergangenen Jahren mit uns zusammen gearbeitet haben, hat vielen von uns auch trotz mancher Enttäuschung Lösungsmöglichkeiten für später aufgezeigt. Dass nicht alle persönlichen Blütenträume reifen können, war klar und eigentlich auch nicht anders zu erwarten.

… und des Systems der Studienplatzvergabe

Die Folgen für das schulische Leben

Als eines der wichtigsten Ergebnisse unseres Lernens nehmen wir von hier aber mit, dass sich bestehende Probleme gemeinsam am besten lösen lassen. Und ein Weiteres: Gleichgültig, wo wir nach dieser Schule weiterarbeiten werden – an der Universität, bei der Bundeswehr oder an einem anderen Arbeitsplatz –, wir müssen uns verstärkt für weitere bildungspolitische Anstrengungen in unserer Gesellschaft einsetzen. Nur so kann sichergestellt werden, dass das geistige Potential in unserer Bevölkerung da eingesetzt werden kann, wo es sich am besten verzinst. Ich meine konkret: Wenn Abiturienten die Ar-

Hinweis auf bildungspolitische Fehlentwicklungen …

beitsplätze von anderen Schulabgängern besetzen, weil sie keine Chance an der Universität haben, dann drücken die dort Verdrängten in die Berufe, die früher noch für Jugendliche ohne spezifische Schulabschlüsse offen gestanden haben. Das wird soziale Folgewirkungen nach sich ziehen, die wir heute in ihrem ganzen Ausmaß gar nicht abschätzen können.

… und auf die Fähigkeit zur Einschätzung sozialer Zusammenhänge

Wir haben mit Ihnen zusammen in vielen Kursen und Arbeitsgruppen gesellschaftspolitische Zusammenhänge diskutiert. Auch wenn wir insgeheim in früheren Jahren immer gehofft haben, dass nicht ausgerechnet wir von tatsächlichen oder vermeintlichen Fehlentwicklungen getroffen würden, können wir heute die Situation realistischer einschätzen. Ich hoffe und wünsche mit allen meinen Mitabiturienten, dass wir künftig noch so viel Zeit und Engagement aufbringen, um über unser eigenes Interesse hinaus an der Lösung dieser gemeinsamen Probleme weiterarbeiten zu können.

Abschließender Dank

Ihnen allen, die Sie sich in den vergangenen Jahren so viel Mühe und Arbeit mit uns gemacht haben, darf ich an dieser Stelle noch einmal, im Namen aller, unseren herzlichen Dank aussprechen.

(Reden und Ansprachen für jeden Anlass. Hg. v. Wilhelm Werker. Bassermann, Niedernhausen/Ts. 1997, S. 189 ff.)

2. Vorschläge für Themen aus dem Alltag:
   - Sollte es anstelle des allgemeinen Schulsports nur noch Neigungsgruppen geben?
   - Sollte während der Pausen Musik über den allgemeinen Lautsprecher gespielt werden?
   - Sind Hausarbeiten in der Klausurphase sinnvoll?

3. Als Anregung für die Beschäftigung mit Memoriertechniken können folgende Lernregeln dienen:
   - Soll der Lernstoff im Gedächtnis bleiben, dann muss man diesen mehrfach schreiben.
   - Reime und Verse sind ein Segen, denn sie wirken dem Vergessen entgegen.
   - Was immerfort wird wiederholt, das wird im Gedächtnis richtig festgesohlt.
   - Mit Bildern, Tabellen und sonstigen Skizzen lässt sich der Lernstoff ins Gedächtnis ritzen.
   - Mit den altbekannten Eselsbrücken kann man manch Schwieriges ins Gedächtnis rücken.
   - Kleine Häppchen und Portionen, die helfen mit das Gedächtnis zu schonen.
   - Einen guten Spickzettel zu gestalten, das fördert bekanntlich das Behalten.
   - Lautes Lesen, Fragen und Reden, das begünstigt den Lernerfolg eines jeden.
   - Neues lernt man am besten dann, wenn man damit an Bekanntes knüpft an.

   (Siehe *Heinz Klippert:* Methodentraining. Beltz, Weinheim/Basel [4]1996, S. 203)

3.2 Prüfungsgespräch: Mündliche Abiturprüfung

▷ S. 60 1. a–d) Mit den vorgeschlagenen Prüfungssimulationen sollte möglichst nicht erst kurz vor den Prüfungen, sondern schon zu Beginn der Qualifikationsphase begonnen werden, damit alle Schüler/innen diese Übungschance wahrnehmen können – am besten sogar zweimal, um Anregungen und Hinweise zur Verbesserung auch umsetzen zu können. Auch der Unterricht und die schriftlichen Leistungsprüfungen werden davon profitieren, wenn die Schüler/innen schon früh ein zielorientiertes Arbeiten unter bestimmten Zeitvorgaben und das Anfertigen übersichtlicher Konzepte trainieren und mündliche Vorträge bewusst zu gestalten und auszuwerten lernen. Die Prüfungssimulationen könnten ausgehend von der Behandlung des Themas „Rede und Rhetorik" im Rahmen eines Unterrichtsvorhabens im Kurshalbjahr 12/I etabliert werden.

2. a–d) Eine mögliche Fortsetzung des Konzeptpapiers: ▷ S. 61

2) Hauptteil:

a) Perspektive des Gedichts/Sprechers:
- *ein Autor/Schriftsteller/Dichter (V. 2f., 15f., 21)*
- *(Selbst-)Gespräch, Nachdenken über sich selbst als Dichter*

b) Gedankengang des Gedichts:
- *V. 1–3: Feststellung, abwehrend (V. 1): Ansprüche der Gesellschaft (an den Dichter?!): Harmonie, Glück, Schönheit*
- *V. 4–7: Metapher: verkrüppelter Baum = kritischer Dichter; schlechter Boden = gesellschaftliche Missstände !; Beschimpfung = Gesellschaft will keine Kritik*
- *V. 8–14: Beobachtungen, schöne und schlechte: er sieht das Schlechte*
- → *V. 15f.: Wo die Welt schlecht ist, darf das Gedicht nicht schön sein.*
- *V. 17–21: Zwiespalt exemplarisch benannt und Fazit daraus: Seine Dichtung kann nur politisch sein.*

c) Besonderheiten Form/Sprache: (Bezug zum Inhalt!!)
- *V. 1: greift zurück auf eine Wirklichkeit/Erfahrung außerhalb des Gedichts*
- *keine Reime, kein Metrum, keine feste Strophenform → würde der Aussage widersprechen (V. 15f.)*
- *viele Zeilensprünge → Nachdenklichkeit, Verzögerung*
- *Metapher, ! unvermittelt (s. o.) → Leser/in muss Parallele selbst entdecken*
- *V. 9/19: Anapher + Antithese + Chiasmus*
- *V. 11f.: Frage, nicht rhetorisch, sondern ernst gemeint*
- *Inversionen: V. 6f., 10, 15f. → Betonung der verschobenen Satzglieder, poetisch-künstlerische Wirkung*
- → *nicht so in V. 17–21 → Hinwendung zur harten Realität = Alltagssprache*

3) Stellungnahme:

(1939! s.o.)

Brecht: Wo es den Menschen schlecht geht (Krieg, Unterdrückung), darf die Lyrik keine „heile Welt" vorgaukeln.

Meine Meinung: Das stimmt!
- → *aber Frage: Braucht man in solchen Zeiten überhaupt Lyrik? Wen erreichen Gedichte dann überhaupt noch?*
- → *evtl.: in Verbindung mit Musik = politische Lieder, „Stimmungsmache" als „Therapie" zur Verarbeitung schlimmer Erlebnisse (?)*

3. Im Unterschied zu Aufgabe 1 ist diese Anregung für die unmittelbare Prüfungsvorbereitung gedacht. Bei der Formulierung realistischer Aufgabenstellungen und evtl. durch die Bereitstellung zusätzlichen Übungsmaterials kann man als Lehrer/in Hilfestellung bei der ansonsten selbstständigen Tätigkeit der Schüler/innen leisten. Je vertrauter die Schüler/innen aus dem Unterricht mit der Prüfungssimulation sind, desto leichter wird ihnen das eigenständige Training fallen.

3.3 Bewerbung/Vorstellungsgespräch

▷ S. 64 1./3. Die mehr oder weniger direkt ausgesprochenen Anforderungen an die Bewerber/innen in der Stellenanzeige und die Aussagen des Bewerbungsschreiben lassen sich folgendermaßen gegenüberstellen:

Stellenanzeige	**Bewerbungsschreiben**
explizite Anforderungen	
– gepflegtes Äußeres – Sicherheit im Auftreten	[Lichtbild!] „Gerne würde ich Ihnen ... einen unmittelbaren Eindruck meiner Person und meines Auftretens geben."
– Sicherheit in deutscher Rechtschreibung	[Bewerbungsunterlagen ohne Fehler!]
implizite Anforderungen	
– „Innen- und Außendienst" → Flexibilität/Mobilität (Auto?)	„... Führerschein Klasse 3"
– „Verstärkung unseres Teams" → Teamgeist	
– „sowohl technische als auch kaufmännische Tätigkeiten" → technisch-mathematische Begabung	[Zeugnisnoten in Mathematik, Physik, Technik, Informatik]
– „immer im Umgang mit Menschen" → Freundlichkeit, Höflichkeit, gute Umgangsformen, sprachliche Fähigkeiten	„An den zuvorkommenden Umgang mit Menschen bin ich durch meine Aushilfstätigkeit als ... gewöhnt."
– „mit modernster Bürotechnik ausgestatteten Arbeitsplatz" → Textverarbeitungskenntnisse	„... beschäftige ich mich gerne mit dem Computer und bin mit typischer Bürosoftware ... vertraut."

2./4. Bei beiden Aufgaben sollte die Klassensituation genutzt werden: Im Gespräch miteinander können möglicherweise Schwächen und Stärken benannt werden, die der Einzelne bei sich selbst so bewusst gar nicht wahrnimmt. Das Austauschen der Bewerbungsschreiben sensibilisiert die Schüler/innen für allzu abgedroschene und standardisierte Formulierungen und lässt auch dem eigenen Stil gegenüber kritischer werden.

▷ S. 66 5. Bei der üblichen Form des tabellarischen Lebenslaufs gibt es nur einen kleinen Spielraum von Gestaltungsmöglichkeiten durch die Bildung von Rubriken, Variationen in der Schriftgröße oder Schriftart u. Ä. In kreativen oder neuartigen Branchen sind auch grafisch extravagantere Gestaltungen möglich, wobei allerdings die Seriosität nicht verloren gehen darf.
Ein mögliches Beispiel hierfür ist bei *Andreas Schieberle:* Praxisbuch. Bewerbung für Abiturienten. Falken, Niedernhausen/Ts. 1999, S. 97 zu finden.

▷ S. 68 1. a) Folgende Intentionen werden mit den Fragen verfolgt:
- Lockerung der Gesprächsatmosphäre durch die Einstiegsfrage(n)
- Klären, ob die Erwartungen von Bewerber und Arbeitgeber übereinstimmen

- Überprüfen, wie stark das Interesse des Bewerbers an der Stelle/dem Berufsbild ist, wie groß sein Engagement (zeigt sich u. a. am Grad seiner Informiertheit)
- Erproben der Reaktions- und Ausdrucksfähigkeit sowie Allgemeinbildung des Bewerbers
- Klären von Fragen, die sich aus den Bewerbungsunterlagen ergeben haben, und Überprüfen der Angaben, die dort gemacht wurden

b) Z. 4: wirkt etwas einsilbig: Ist Heiko Heinz schüchtern oder muffelig?

Z. 10–13: Es wird nicht deutlich, dass/ob der Bewerber sich tatsächlich gründlich über den Beruf informiert hat; der sprachliche Ausdruck ist etwas zu „locker“ (Floskeln, keine ganzen Sätze).

Z. 16–19: Auch hier nur der Bezug zur Anzeige; H. Heinz' Interesse scheint an einigen Schlagworten zu hängen.

Z. 24–26: Spätestens jetzt ist klar, dass die Aussage im Bewerbungsschreiben, H. H. habe sich kundig gemacht, nicht der Realität entspricht. Das löst die Frage aus, inwiefern auch an anderen Stellen mit dem Vortäuschen falscher Tatsachen gerechnet werden muss.
H. H. benutzt zum dritten Mal die Floskel „und so“: Das klingt unpräzise, die Wiederholung kann der Zuhörerin lästig werden.

Z. 32–35: Ungeschickt ist die Wertung „alte Literaturschinken“: H. H. „outet“ sich damit als „Kulturbanause“. Außerdem ist der Begriff zu umgangssprachlich.

Z. 39–42: Der Eindruck, der entsteht: nicht offen für Neues, verstockt, intellektuell träge.

Z. 45–46: Entweder ist der Bewerber nicht gut vorbereitet oder unkonzentriert.

Gemessen an den Erwartungen, die das gute Bewerbungsschreiben bei der Personalleiterin geweckt haben wird, stellt ein solches Gespräch gewiss eine Enttäuschung dar.

2. Das Interesse und Engagement der Schüler/innen für die vorgeschlagene Simulation von Vorstellungsgesprächen wird umso größer sein, je realistischer die Situation gestaltet wird. Deshalb sollte die Basis für das Vorstellungsgespräch sein:
   - eine reale Stellenanzeige
   - ein Ausbildungsberuf, der für den Schüler/die Schülerin tatsächlich in Frage kommt
   - möglichst bei einem Unternehmen der näheren Umgebung, über das sich der/die „Bewerber/in“ wirklich informieren kann.

   Eine authentischere Erfahrung der Stresssituation kann vermittelt werden, wenn der „Personalchef“ nicht gerade die beste Freundin und auch nicht unbedingt die vertraute Lehrperson ist. Eine relativ einfache Möglichkeit, dem gerecht zu werden, besteht in der Absprache mit Kolleg(inn)en, die der Klasse nicht bekannt sind und sich bereit erklären, die Rolle des Personalchefs zu übernehmen. Eine ideale Lösung ist die im Projektvorschlag (▷ S. 68) vorgestellte, nämlich reale Personalleiter/in im Rahmen eines organisierten Bewerbungstrainings um eine solche Hilfestellung zu bitten.

4 Erörterndes Schreiben – Aufsatzformen

Konzeption des Kapitels

Die Lehrpläne für die Sekundarstufe II sehen eine Form meinungsbildender schriftlicher Leistungen vor, die traditionellerweise unter dem Begriff der „Erörterung" zusammengefasst werden. Neben der freien Erörterung, die nicht an Textvorlagen gebunden ist, und der Spezialform der literarischen Erörterung, die eine Stellungnahme zu einem literaturwissenschaftlichen Problem verlangt, spielt in den Curricula der Sekundarstufe II besonders die Erörterung im Anschluss an einen nichtfiktionalen Text eine Rolle.
Von der Sachtextanalyse (s. Kapitel 6) unterscheidet sich die Erörterung dadurch, dass (im Anschluss an einen vorgelegten Text) eine umfangreiche eigenständige Meinungsbildung erwartet wird. Aspekte der Sachtextanalyse können in den ersten Teil eines Erörterungsaufsatzes integriert werden.
Während Schüler/innen fiktionalen Texten verstehend-interpretierend gerecht werden müssen, wobei sie „Leerstellen" des Textes aus einem persönlichen Horizont heraus füllen müssen, geht es bei der Erörterung nichtfiktionaler Texte um eine Auseinandersetzung mit behauptenden und argumentativen Grundaussagen, mit weltanschaulichen und sonstigen Prämissen der im vorgelegten Text niedergelegten Position sowie mit strukturellen Bauformen, mit denen der Autor/ die Autorin besondere Absichten verfolgt.
Das erste Teilkapitel **(„Textgebundene Erörterung")** sichert am Beispiel einer nichtfiktionalen Textvorlage zunächst das Textverständnis. Dazu werden Anregungen gegeben, den Argumentationsansatz des Textes gedanklich zu verarbeiten und angemessen wiederzugeben. Es folgen Untersuchungen der Argumentationsweise, des Textaufbaus und der sprachlichen Mittel sowie Anregungen zur Erörterung der im Text angesprochenen Grundproblematik.
Über die **„Freie Erörterung: Problemerörterung"**, die den Schülerinnen und Schülern aus der Sekundarstufe I bekannt sein dürfte, wird anhand von Übersichten mit Know-how-Zusammenstellungen in konzentrierter Weise informiert. Anschließend wird an einem Beispiel das Anforderungsprofil einer **„Literarischen Erörterung"** vorgestellt. Das abschließende Teilkapitel führt anhand eines Beispiels in das **Essay-Schreiben** ein.

Literaturhinweise

Heinrich Biermann/Bernd Schurf (Hg.): Von der Sachtextanalyse zur Erörterung. Berlin 1998 (= Trainingsprogramm Deutsch Oberstufe)

Rainer Nolte: Essays. Von der Aufklärung bis heute. Düsseldorf 1987 (= Reihe „Stationen der Literatur")

Rhetorik und Argumentation. Der Deutschunterricht, Heft 5/1999

„Schriftlicher Sprachgebrauch" im Deutschunterricht am Gymnasium. Bd. 2: Oberstufe. Hg. v. Staatsinstitut für Schulpädagogik und Bildungsforschung (ISB). Auer, Donauwörth 1997

Texte/Gegenstände	Intentionen
> **S. 69 4.1 Textgebundene Erörterung** > S. 70 Analyse des Argumentationsansatzes – *Hans Magnus Enzensberger:* Unsere Landessprache und ihre Leibwächter > S. 72 Analyse der Argumentationsstruktur > S. 75 Analyse der sprachlichen Mittel > S. 76 Kritische Erörterung des Problems	– verschiedene Arten der Erörterung sowie Formen ihrer Verschriftlichung trainieren – Textanalyse und kritische Stellungnahme als Elemente einer textgebundenen Erörterung erarbeiten – Problemstellung und zentrale Thesen eines meinungsbildenden Textes in ihrem gedanklichen Zusammenhang erkennen und darstellen – einen Text mit Leitfragen erschließen – Argumente, Beispiele und Erläuterungen in ihrer Zuordnung zu Thesen darstellen – Argumenttypen und ihre Funktionen sowie logische Strukturen meinungsbildender Texte erkennen – Wortwahl und Stil eines Textes analysieren – Grundtypen der kritischen Texterörterung kennen lernen und trainieren – an einem Beispiel Möglichkeiten des Erörterungsaufsatzes studieren – sich eine Übersicht über den Aufbau eines erörternden Aufsatzes verschaffen
> **S. 81 4.2 Freie Erörterung: Problemerörterung**	– die Textsorte der freien Problemerörterung rekapitulieren – Stoffsammlung und Gliederung als Vorstufen einer textungebundenen Problemerörterung trainieren
> **S. 83 4.3 Literarische Erörterung** > S. 83 Beispiel: Globalisierung als Thema von Frischs „Homo faber“	– zu einem literaturwissenschaftlichen Problem in Form einer Erörterung Stellung nehmen
> **S. 86 4.4 Einen Essay schreiben** – *Ulrich von Alemann:* Grenzen schaffen Frieden	– einen Essay als Sonderform des Erörterns analysieren und seine offenen Strukturen erkennen

4.1 Textgebundene Erörterung

Analyse des Argumentationsansatzes

▷ S. 70 *Hans Magnus Enzensberger:* **Unsere Landessprache und ihre Leibwächter** (1979)

▷ S. 71

1. Die Antworten der Schüler/innen können sich sowohl auf inhaltliche Positionen Enzensbergers als auch auf besonders gelungene Formulierungen beziehen.

2. Schülerbeispiel:

Hans Magnus Enzensberger setzt sich in seinem Text „Unsere Landessprache und ihre Leibwächter" kritisch mit der Jugendsprache auseinander und vergleicht sie zu diesem Zweck mit Eigenheiten der hochdeutschen Standardsprache.	Einleitungssatz, Angabe vom Autor, Titel, Thema
Bei der Jugendsprache handelt es sich um eine Sondersprache, die von Jugendlichen unterschiedlich intensiv verwendet wird und die einem raschen Wandel unterliegt. Da die Jugendkultur oft als Trendsetter gesehen wird, greift z. B. auch die Werbung oft jugendsprachliche Elemente auf.	Eröffnung des Aufsatzes durch Definition eines zentralen Begriffes
In seinem Text diskutiert Enzensberger das Problem, wie die Gesellschaft mit Sondersprachen wie der Jugendsprache umgehen soll. Es geht also um eine Bewertungsfrage; die Ursachen und Funktionen der Jugendsprache im Alltag von Jugendlichen thematisiert Enzensberger nicht.	Abgrenzung des Themas
Zunächst sagt er, dass die Kritik an der jugendlichen Sondersprache zumeist von denselben Leuten ausgehe, nämlich von den oberen Zehntausend, wie z. B. Professoren und Chefs. Obwohl Enzensberger keineswegs die sprachlichen „Verstümmelungen" und die Verletzung grammatikalischer Regeln in der Jugendsprache befürwortet, erscheint es ihm doch mindestens genauso schlimm, dass permanent darüber Klage geführt wird. Seit langem, so Enzensberger, gebe es Leute, die krampfhaft versuchten, die Sprache von sondersprachlichen Abwandlungen rein zu halten und jeder Verformung entgegenzuwirken. Erfolge seien jedoch nicht zu vermelden; denn die Sprache sei voll von sondersprachlichen Tendenzen. Den Sprachpuristen gelinge es nicht, die Sprache „rein" zu halten, da diese lebendig sei und sich folglich ständig verändere und erneuere. Die Hüter der Sprache im Gefolge von Konrad Duden sollten sich, so meint Enzensberger, lieber um ihre eigenen Sprachformen kümmern als um die Jugendsprache oder andere sondersprachliche Entwicklungen. Besonders die Amtssprache, wie sie z. B. in Kultusministerien verwendet werde, drohe nämlich mit ihrer machtgestützten Langlebigkeit die Sprache zu ersticken, während die Sprachvarianten Jugendlicher nur von kurzer Dauer und damit unproblematischer seien.	Wiedergabe der Hauptthesen des Textes in eigenen Worten. Konjunktiv der indirekten Rede
Hans Magnus Enzensberger unterstützt seine Meinung durch verschiedene rhetorische Mittel. Zum Beispiel verwendet er Metaphern. Dadurch, dass er die Sprachpuristen als „Gralshü-	Darstellung der Machart des Textes (Argumentationsstruktur)

ter der Muttersprache" (Z. 10) bezeichnet, wird sehr deutlich, welche Meinung Enzensberger über solche Menschen hat: Er sieht in ihnen starre Behüter eines Heiligtums. Weiterhin bezeichnet er die Sprachpuristen als „Apostel des guten, wahren und richtigen Deutsch" (Z. 30 f.). Auch mit der Metapher „Apostel" will er wohl andeuten, dass die Sprachpuristen sich eine Stellung anmaßen, die ihnen gar nicht zukommt. An anderer Stelle verwendet Enzensberger einen ganzen Metaphernkomplex aus dem Bereich der Medizin und Krankenpflege (Z. 23 ff.). Hier wird ausgedrückt, dass die Sprachpuristen unsere Sprache in einer völlig unangemessenen Weise wie eine bewegungsunfähige alte Frau, wie eine „altersschwache Patientin" behandeln, obwohl sie in Wirklichkeit vor Kraft strotzt und viel vitaler ist als die Sprachpuristen selbst, die an Kraftlosigkeit leiden; denn die „Leibwächter" der Sprache sind – so Enzensberger – „arthritisch" (Z. 40) und „Impotente" (Z. 45). Dies entlarvt die Sprachpuristen; ihre Bemühungen sind eine Anmaßung.

Durch eine ironisch wirkende Zusammenstellung nicht zueinander passender Sprachbrocken macht Enzensberger die Anmaßungen der Sprachpuristen lächerlich. Das wird z. B. in folgender Feststellung deutlich: Die Sprache, heißt es in Z. 41 ff., „pfeift darauf, von ihnen reingehalten und beschützt zu werden, und auf die akademische Wach- und Schließgesellschaft hat sie – sit venia verbo – einfach keinen Bock." Hier kommt es mehrfach zu ironischen Zusammenstellungen von Wörtern aus den verschiedensten sprachlichen Bereichen. Indem Enzensberger die akademischen Sprachpuristen mit einer „Wach- und Schließgesellschaft" in Zusammenhang bringt, macht er ihren Anspruch lächerlich. In Z. 44 ff. prallen die Redewendungen „sit venia verbo" (akademisch gelehrt) und „keinen Bock" (saloppe Redeweise, wie sie in der Jugendsprache üblich ist) hart aufeinander.

Wertung der Machart des Textes

Überleitung zur Auseinandersetzung mit dem Text

In dem Aufsatz von Enzensberger sind Form und Inhalt insgesamt gut aufeinander abgestimmt. Der Autor benutzt in seinem Text eine Vermischung aus Standardsprache, Jugendsprache und Fachsprache der „Schreibtischtäter". Er drückt damit aus, dass jeder Versuch, die Standardsprache als alleiniges Muster durchzusetzen, zum Scheitern verurteilt ist und dass immer wieder neue Sprachformen hinzukommen; denn „auf die akademische Wach- und Schließgesellschaft" hat die Sprache eben „keinen Bock". Enzensberger versteht es geschickt, seine Überzeugungen mit Hilfe von Metaphern, konjunktionaler Ironie etc. zu vermitteln. […]

Siehe zu einer möglichen Fortsetzung des Aufsatzes ▷ S. 78 f.

Anmerkung zu Schülerarbeiten:
Schüler/innen verlangen bei der Einführung eines für sie neuen Aufsatztyps oft nach Mustertexten. Ein solches Muster vorzulegen ist durchaus problematisch, da manche Schüler/innen dazu neigen,
- eigene Anstrengungen zurückzustellen, wenn ihnen ein Mustertext zu früh angekündigt wird
- die an die konkrete Textvorlage gebundenen Denkbewegungen eines solchen Musters voreilig auf andere Texte zu übertragen
- sich von der Qualität des Mustertextes „erschlagen" zu lassen und an Motivation zu verlieren
- den Stil des Textes für verbindlich zu halten, was dazu führen kann, dass dieser Stil „nachgeäfft" wird und dass eigene stilistische Potentiale nicht mehr weiterentwickelt werden.

Dennoch kann es im Interesse einer umfassenden Orientierung der Schüler/innen sinnvoll sein, einen „Mustertext" vorzulegen. Allerdings sollten zuvor die oben angesprochenen Probleme beachtet bzw. mit den Schülerinnen und Schülern thematisiert werden, um negative Auswirkungen möglichst gering zu halten.

3. - Was hat Sie auf das Thema aufmerksam gemacht? (Z. 1–10)
   - Welche Aspekte der Jugendsprache werden kritisiert? (Z. 11–22)
   - Welche Vorgeschichte haben diese Klagen? (Z. 23–37)
   - Waren/sind die Sprachpuristen bei ihren Bemühungen um das „gute Deutsch" erfolgreich? Warum bzw. warum nicht? (Z. 38–59)
   - Ist die Sprache derjenigen, die ein „gutes Deutsch" verlangen, denn viel besser? (Z. 69–106)

4. a/b) Mögliche Argumente:

kultivieren:	*... weil die Jugendsprache positive Eigenschaften, wie z.B. eine besondere Ausdruckskraft, aber auch negative Aspekte aufweist, sodass eine Verfeinerung lohnt*
fördern:	*... weil so Kreativität Jugendlicher weiterentwickelt wird*
integrieren:	*... weil die Sprache so lebendig bleibt und sich wandelt*
ignorieren:	*... weil sich jugendsprachliche Moden ohnehin schnell überleben*
lächerlich machen:	*... weil die überzogene Drastik vieler jugendsprachlicher Äußerungen komisch wirken kann*
unterdrücken:	*... weil die Sprache insgesamt verrohen könnte*
für Werbung nutzen:	*... weil oft eine spontan-originelle sprachliche Gestaltung vorliegt*

5. Es handelt sich um keinen Text, der wissenschaftlichen Sprachmustern verpflichtet ist. Dazu ist er zu wenig fachsprachlich durchsetzt; seine Sprache ist zu sehr bildhaft. Dennoch stellt dieser Text einige Ansprüche an den Leser/die Leserin: Das vielschichtige Vokabular lässt darauf schließen, dass hier ein bildungsbürgerliches Publikum angesprochen werden soll, wie es z. B. die Leserschaft des Feuilletons von Wochenzeitungen darstellt.

6. Siehe Beispiel einer Schülerarbeit auf S. 44 f. in diesem Handbuch.

Analyse der Argumentationsstruktur

1. a/b) Siehe die Schülerarbeit auf S. 44 f. in diesem Handbuch. ▷ S. 72

2. a) Enzensberger greift hier die These auf, junge Leute hätten mangelhafte Deutschkenntnisse (Z. 4 f.). Diese These benutzt er, um seine abweichende, differenzierte Position entwickeln zu können.
   b) Strittig sein könnte z. B. die These, dass „Sprachpfleger" wie Konrad Duden sich an der deutschen Sprache vergriffen hätten; denn die sprachliche Standardisierung, die vom „Duden" viele Jahrzehnte lang geleistet worden ist, wird von vielen als sehr positiv eingeschätzt.

4. a) Enzensberger verwendet in weiten Teilen des Textes eine indirekte Argumentation. Er entwickelt seine Position, indem er die Ansichten der Sprachpuristen als realitätsfern entlarvt. ▷ S. 73

5. a/b) ▷ S. 74

Z. 1 ff.	①	(These: Mangelnde Deutschkenntnisse)
Z. 3	②	Denn ... (Beispiel)
Z. 6	③	ja sogar ... (Beispiel)
Z. 8	④	gerade so, als (Gegenargument)
Z. 11 f.	⑤	Diese ... (Beispiele) Und so weiter ... Man kennt ...
Z. 19 ff.	⑥	allerdings ... (Gegenthese: Besserwisserei) denn ...
Z. 33 ff.	⑦	allen voran ... (Beispiel)
Z. 39 ff.	⑧	freilich ... (Gegenthese: Sprache ist immer lebendiger als ihre Schützer)
Z. 54	⑨	(Beispiel: Fußballer ...)

   c) Der Aufbau ist eher dialektisch.

Weiterführende Anregung: Die Schüler/innen können aus dem Kasten „Argumenttypen und ihre Funktionen" (▷ S. 72 f.) Adjektive wie „beweiskräftig", „stichhaltig", „zwingend" usw. herausschreiben und eine Liste zusammenstellen. Diese kann ihnen helfen, die Darstellung von Argumenten und ihrer Wirkung sprachlich angemessen zu bewältigen.

Analyse der sprachlichen Mittel

1. Enzensbergers Text ist in weiten Teilen in gehobenem Stil verfasst. Außerdem kommen amts- und behördensprachliche Elemente („diesbezügliche", Z. 7; „die bestellende Behörde", Z. 87 f.), fachsprachliche („Amerikanismus", Z. 11), umgangssprachliche („hängen einem ... zum Hals heraus", Z. 21 f.; „sie pfeift darauf", Z. 41), saloppe („keinen Bock", Z. 44 f.), jargonhafte („Horror-Trip", Z. 56; „Kids", Z. 65; „abchecken", Z. 67) und dichterische („akademische Wach- und Schließgesellschaft", Z. 43; „verwelkt wie die Lilien auf dem Felde", Z. 101) vor. ▷ S. 75

2. a) Dadurch, dass die gebildeten Leser/innen die von ihnen erwartete Stilebene vorfinden, zugleich aber öfters mit Wortelementen aus anderen Stilbereichen konfrontiert werden, werden sie aus ihrer Routine herausgerissen und zum Nachdenken veranlasst.
   b) Einerseits führt er damit dem Leser/der Leserin anschaulich vor Augen, um was es in seinem Text geht. Andererseits erzielt er ironische Wirkungen, wenn Stilebenen aufeinanderprallen, die gewöhnlich nur voneinander getrennt auftreten.
   c) Enzensberger verwendet die lateinische Redewendung „sit venia verbo", eine betont akademisch-bildungssprachliche Formulierung, in ironischer Absicht. Dadurch, dass sie unmittelbar auf einen saloppen sprachlichen Ausdruck („einfach keinen Bock") trifft, wird ihre Verwendung kritisch kommentiert.

3.

Metapher	**Wirkung**
Gralshüter (Z. 10)	Indem Sprachpuristen mit einem der bekanntesten Mythen in Verbindung gebracht werden, soll ihr anmaßendes Verhalten verdeutlicht werden.
machen sich ... an ihrem Rocksaum zu schaffen (Z. 26 f.)	Indem sie mit Verehrern verglichen werden, die den Rocksaum der Angebeteten küssen, werden sie weiter lächerlich gemacht.
Apostel (Z. 30)	Die Kritik an der Anmaßung der Sprachpuristen wird verstärkt, indem sie mit den Jüngern des Kirchengründers Jesus gleichgesetzt werden.
arthritische Leibwächter (Z. 40 f.)	Indem sie schließlich mit Leibwächtern verglichen werden, die wegen ihrer Unbeweglichkeit (Gelenkentzündung) ihre Aufgabe gar nicht erfüllen können, wird endgültig klar, dass Enzensberger den dargestellten Sprachpurismus für Anmaßung hält.

4. Siehe die mögliche Lösung in der Schülerarbeit auf S. 44 f. in diesem Handbuch.

Kritische Erörterung des Problems

▷ S. 76 1. Siehe die möglichen Lösungen auf ▷ S. 78 f.

2. Zu jeder der auf ▷ S. 77 f. skizzierten Möglichkeiten können – bezogen auf den Enzensberger-Text – (ansatzweise) Beispiele erarbeitet werden.

3. Erstes Beispiel (▷ S. 78): Zunächst teilweise Übereinstimmung, dann weiterführende Problematisierung. Zweites Beispiel (▷ S. 79): Begründete Zustimmung.

▷ S. 79 4. Weitere Formulierungen:
   - *Trotzdem gefällt mir ...*
   - *Enzensberger stellt ja immerhin ... fest, ...*
   - *... offenbart Enzensbergers eigene Einstellung: ...*
   - *Aber wieso kann er ...*
   - *In dem Aufsatz ... sind Form und Inhalt gut aufeinander abgestimmt.*
   - *Er möchte damit ausdrücken, dass ...*
   - *Ich kann mich ... anschließen, ...*
   - *aber ich kann auch ... gut nachvollziehen.*

5. Die von den Schülerinnen und Schülern verfassten Texte können in Form einer Schreibkonferenz (▷ S. 38) überprüft und verbessert werden.

4.2 Freie Erörterung: Problemerörterung

1.–2. Der Problembereich, um den es gehen soll, kann in Form eines kurzen Blitzlichts mit anschließender Abstimmung festgesetzt werden. Für die Aspekte- und Stoffsammlung im Unterricht eignet sich besonders das Cluster-Verfahren. ▷ S. 82

3. Die Mind-Map ist das flexibelste der genannten Verfahren. Die anderen setzen eine stärkere Vorwegstrukturierung voraus.

4.–5. Beide Darstellungsmodi können im Kurs auch alternativ erarbeitet werden. Im Anschluss daran empfiehlt sich eine Reflexion über die Vor- und Nachteile beider Verfahren anhand konkreter Beispiele.

4.3 Literarische Erörterung

Die literarische Erörterung hat in den letzten Jahren in der Oberstufe zunehmend die freie Erörterung als Klausur- und Abituraufgabe verdrängt. Im Gegensatz zur freien Erörterung, deren Themenvielfalt im Unterricht nicht vorbereitet werden kann, nimmt die literarische Erörterung direkten Bezug auf den Literaturunterricht, der ein wesentlicher Bestandteil eines jeden Deutschunterrichts ist. ▷ S. 83

Bei der konkreten Ausgestaltung der literarischen Erörterung lassen sich in der schriftlichen Abiturprüfung – über die Unterscheidung dialektisch, linear oder aspektorientiert – drei Unterformen unterscheiden:

- Die literarische Erörterung thematisiert eine Frage, die im immanenten Kontext eines Werkes bleibt (hier ist z. B. das Thema zu Kleists „Amphitryon“ zu nennen).
- Die literarische Erörterung setzt den Vergleich zweier Werke voraus.
- Die literarische Erörterung öffnet den Horizont der Schülerinnen und Schüler in Richtung auf eine allgemeine Literaturerfahrung (hier ist z. B. das Thema zur These von Gerhard Kaiser zu nennen).

Weiterführende Literatur:

Frederik A. Lubich: Max Frisch „Stiller“, „Homo faber“ und „Mein Name sei Gantenbein“. München 1990

Peter Merkel: Cornelsen Abi-Profi Deutsch: Baden-Württemberg Online

Norbert Oellers: „Kann auch so tief ein Mensch erniedrigt werden?“ Warum „Amphitryon“? Warum ein „Lustspiel“? – In: *Heinz Ludwig Arnold (Hg.):* Heinrich von Kleist. Text und Kritik. Bonn 1992

▷ S. 85 1. **These 1**

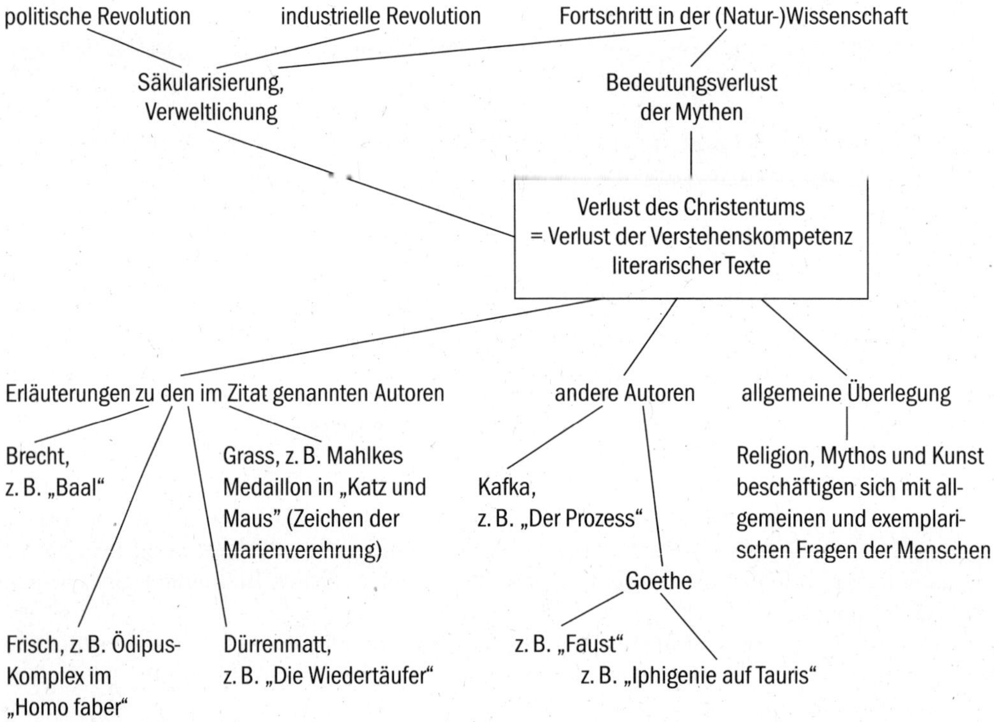

These 2

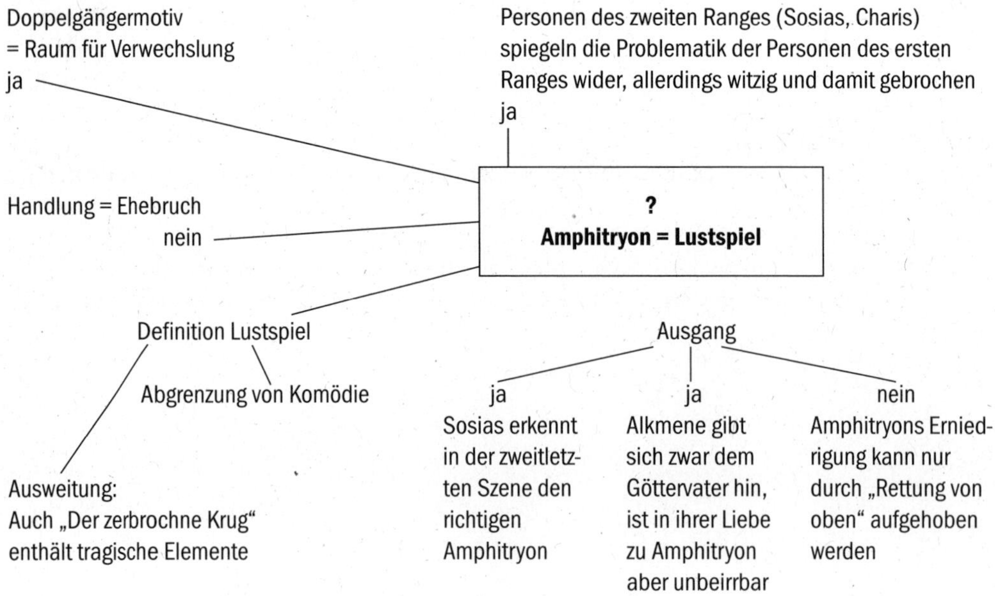

4.4 Einen Essay schreiben

1. Um den gedanklichen Spielraum zu erweitern, können vor dem Brainstorming auch die entsprechenden englischen (frontier, border, limit, boundary) und/oder lateinischen Begriffe (limes) an die Tafel geschrieben werden. ▷ S. 87

Ulrich von Alemann: **Grenzen schaffen Frieden** (1999) ▷ S. 87

2. Hier kann bereits geprüft werden, wie die Stichworte der Schüler/innen vom Autor in essayistische Darstellung umgesetzt worden sind. ▷ S. 87

3. Der Text beginnt mit einem Zitat. Es folgt die Erzählung eines interessanten Ereignisses, das ins Thema einführt. Dann wird – unter Beibehaltung der zunächst kindlichen Perspektive – einem Bild („schwarz" über die Grenze gehen, Z. 12 f.) nachgespürt, bevor der Autor in einen erörternden Stil verfällt, der u. a. mit Sprachspielen („einfrieden", „Umfriedungen", „friedfertig", Z. 46 ff.) arbeitet.

4. Bevor die Schüler/innen selbst Essays verfassen, können sie evtl. aus Büchern, Zeitungen und Zeitschriften für sie interessante Essays zusammenstellen und sich wechselseitig zur Lektüre empfehlen.

5 Interpretierendes Schreiben – Aufsatzformen

Konzeption des Kapitels

Nach wie vor stehen Literaturinterpretationen im Zentrum des Deutschunterrichts der Sekundarstufe II. Neben den gedanklichen Anforderungen, die eine deutende Analyse stellt, werden im Unterricht besonders auch Probleme der schriftlichen Gestaltung von Analyseergebnissen im Mittelpunkt stehen müssen. In letzter Zeit sind zusätzlich Verfahren des gestaltenden Interpretierens in den Mittelpunkt des Interesses gerückt.

Im folgenden Kapitel werden diese Herausforderungen aufgegriffen. In zwei Durchgängen (**„Interpretation eines Prosatextes“** und **„Gedichtinterpretation“**), die im Sinne einer Lernprogression aufeinander folgen, werden zunächst wichtige Schritte eines Interpretationsgangs systematisch entwickelt; zugleich wird ein Know-how zu den nötigen Verschriftlichungen von Interpretationsleistungen vermittelt. Die Interpretationen folgen einem aspektorientierten Ansatz. Über lineare (Zeile-für-Zeile)-Interpretationen führt dieser Ansatz insofern hinaus, als er die Schüler/innen in die Lage versetzt, literarische Texte mit der nötigen Distanz zu betrachten und in der Zusammenschau aller Textelemente weiter reichende Interpretationsansätze zu entwickeln. In einem dritten Teilkapitel wird der **„Gedichtvergleich“** erarbeitet.

Die Schüler/innen werden in diesem Kapitel in arrivierte Verfahren der Literaturinterpretation eingeführt. Sowohl das aspektorientierte Analyseverfahren als auch die besonderen Anstrengungen im Bereich der Methodenkompetenz tragen dazu bei, die Selbstständigkeit der Schüler/innen zu verstärken. Zugleich wird dafür gesorgt, dass die Schüler/innen sich die für eine sachgerechte Interpretation nötige Fachterminologie verfügbar machen.

Das letzte Teilkapitel (**„Gestaltendes Interpretieren“**) legt ein besonderes Gewicht darauf, kreative Potenziale des literarischen Verstehens zu erschließen.

An eine Erarbeitung dieses Kapitels können Unterrichtsreihen zur Lyrik oder zur Prosa (auch Roman) sinnvoll angeschlossen werden. Eine gründliche Auseinandersetzung mit dem hier bereitgestellten Material empfiehlt sich mehrmals im Verlauf der Sekundarstufe II, damit die Schüler/innen am Ende ihrer Schullaufbahn über die Prozesslogik der Literaturinterpretation und des Interpretationsaufsatzes souverän verfügen.

Literaturhinweise

Heinrich Biermann/Bernd Schurf (Hg.): Vom Literaturverständnis zur Interpretation. Berlin 1997 (= Trainingsprogramm Deutsch Oberstufe)

Gerd Brenner/Renate Hußing-Weitz: Texte verfassen. Oberstufe. Berlin 1999 (= Reihe „Besser in Deutsch“)

Hans-Dieter Gelfert: Wie interpretiert man eine Novelle und eine Kurzgeschichte? Reclam, Stuttgart 1993

Ders.: Wie interpretiert man ein Gedicht? Reclam, Stuttgart 1990

	Texte/Gegenstände	Intentionen
S. 88	**5.1 Interpretation eines Prosatextes** – *Robert Musil:* Das Fliegenpapier	– am Beispiel eines Prosatextes wichtige Elemente einer literarischen Interpretation sowie ihre Verschriftlichung kennen lernen
S. 90	Einleitung und erste Leseerfahrungen	– Angaben zu Autor, Titel und Thema als Bestandteile eines Einleitungssatzes in ihrer Funktion erkennen
S. 91	Klärung des Verstehenshorizonts	– die Rezeptionsbedingungen für einen literarischen Text klären und dabei über sprachliche, kulturelle und historische Distanz nachdenken
S. 93	Textbeschreibung	– die Form eines literarischen Textes angemessen beschreiben lernen
S. 94	Deutung	– mit Hilfe von Interpretationshypothesen eine aspektorientierte Analyse eines literarischen Textes strukturieren
S. 95	Wertung	– einen literarischen Text nach Kriterien wie Aussagekraft, Gegenwartsbedeutung etc. werten
S. 96	Interpretationsbeispiele aus Schülertexten	– am Beispiel von Schülertexten Textstrukturen eines Interpretationsaufsatzes erkennen
S. 98	**5.2 Gedichtinterpretation** – *Alfred Wolfenstein:* Städter	– am Beispiel einer Gedichtinterpretation weiteres Know-how zur Analyse literarischer Texte erwerben
S. 98	Erste Leseerfahrungen	– „Bilder im Kopf" zu einem literarischen Text zum Ausgangspunkt des Verstehens machen
S. 99	Klärung des Verstehenshorizonts	– persönliche Erfahrungen auf einen literarischen Text beziehen
S. 100	Textbeschreibung	– in einer Textbeschreibung Inhalt und Form eines literarischen Gegenstandes möglichst objektiv darstellen
S. 101	Deutung	– den Deutungsbedarf literarischer Texte erkennen und verschiedene methodische Akzentsetzungen einer Deutung kennen lernen
S. 104	Wertung	– wertende Äußerungen von Kursteilnehmerinnen und -teilnehmern einholen und verarbeiten
S. 104	Interpretationsbeispiele aus Schülertexten	– besondere sprachliche Gestaltungen aus Interpretationsaufsätzen analysieren und eigene Schreibprobleme lösen – die Anforderungen an einen Interpretationsaufsatz im Überblick studieren
S. 109	**5.3. Gedichtvergleich** – *Jürgen Theobaldy:* Schnee im Büro	– verwandte Themen und/oder Motive in Gedichten erarbeiten
S. 112	**5.4. Gestaltendes Interpretieren**	– mit der sinnvollen Ergänzung oder Weiterführung eines literarischen Textes ein angemessenes Verständnis dieses Textes nachweisen

Hinweise zum Methodentraining
In diesem Kapitel des Schülerbandes finden Sie u. a. Arbeitstechniken, die bei den unterschiedlichsten Schreibtätigkeiten wichtig sein können. Auf diese Techniken wird mit dem Stichwort „Methodentraining" jeweils eigens hingewiesen. Das Angebot kann genutzt werden, um die Selbststeuerungskompetenz der Schüler/innen im Lernprozess zu stärken. Diese sollten sich die angebotenen Techniken bewusst machen und sich die Verfahren so aneignen, dass sie in Zukunft selbstständig damit umgehen können.
Um diesen Prozess der Verselbstständigung der Schüler/innen zu stützen, können die folgenden Anregungen gegeben werden:
1. Legen Sie eine Kartei der Arbeitstechniken an.
2. Halten Sie die Verfahren im Kursraum auf einer Wandzeitung fest.
3. Durchforsten Sie „Texte, Themen und Strukturen" nach weiteren Arbeitstechniken, die Sie in Ihre Sammlung aufnehmen können.

5.1 Interpretation eines Prosatextes

▷ S. 88 *Robert Musil:* **Das Fliegenpapier** (1914)

Einleitung und erste Leseerfahrungen

▷ S. 90 1. a–c) Eine mögliche Lösung bietet das Textbeispiel auf ▷ S. 96 f.

2./3. Beispiel einer zusammenfassenden Tabelle:

Empfindungen des Lesers	***Schicksal einer Fliege***	***Aussagen über Menschen***
Gleichgültigkeit/ Nüchternheit	*Produktangaben zum Fliegenpapier*	
Besorgnis um ein Lebewesen	*Fliege klebt mit den Enden der Beine fest*	*wir, von einer Hand im Dunkeln gehalten (Z. 11 ff.)*
Hoffnung auf Rettung	*forciertes Aufrechtstehen, Schwirren, Widerstand*	*„Tabiker" (Z. 20) „alte Militärs" (Z. 21) Menschen, die Lasten bewegen (Z. 40 f.) „Laokoon" (Z. 44)*
Nachempfinden beginnender Todesangst	*Erschöpfung, Einsinken*	*abstürzender Kletterer (Z. 48 ff.) Selbstaufgabe eines Verirrten im Schnee (Z. 50 f.) Frauen, die sich vergeblich gegen die Gewalt eines Mannes wehren (Z. 67 ff.)*
gesteigerte Empathie mit einem Lebewesen im Todeskampf	*innerer Zusammenbruch, Fallenlassen*	*Flugzeugabsturz (Z. 83 f.)*

Beklemmung angesichts des unmittelbar bevorstehenden Todes	*letztes Aufwachen, letztes Schwirren der Flügel*	
Trauer um einen Toten, der nur noch letzte körperliche Regungen zeigt, evtl. Entsetzen angesichts solcher Restreaktionen	*kleines flimmerndes Organ am Beinansatz, ansonsten bereits Leblosigkeit*	*Menschenauge, das sich noch einmal öffnet (Z. 97 f.)*

4. *Musils Prosatext „Das Fliegenpapier" hat mich anfangs kaum berührt, dann aber zunehmend in seinen Bann gezogen. Am Ende stehen Beklemmung und vielleicht sogar etwas Entsetzen; denn die Prozedur läuft auf unerbittliche Weise ab; der Todeskampf der Fliege muss mit einer totalen Niederlage enden. Indem Musil jede Phase des Todeskampfes mit entsprechenden menschlichen Erfahrungen parallelisiert, wird die Empfindung noch gesteigert.*

Klärung des Verstehenshorizonts

1. Genannt werden könnten z. B. folgende Wörter und Wendungen: „Tabiker" (Z. 20), „Negeridol" (Z. 37), „Laokoon" (Z. 44), „Aeroplane" (Z. 83) ▷ S. 91

2. a)

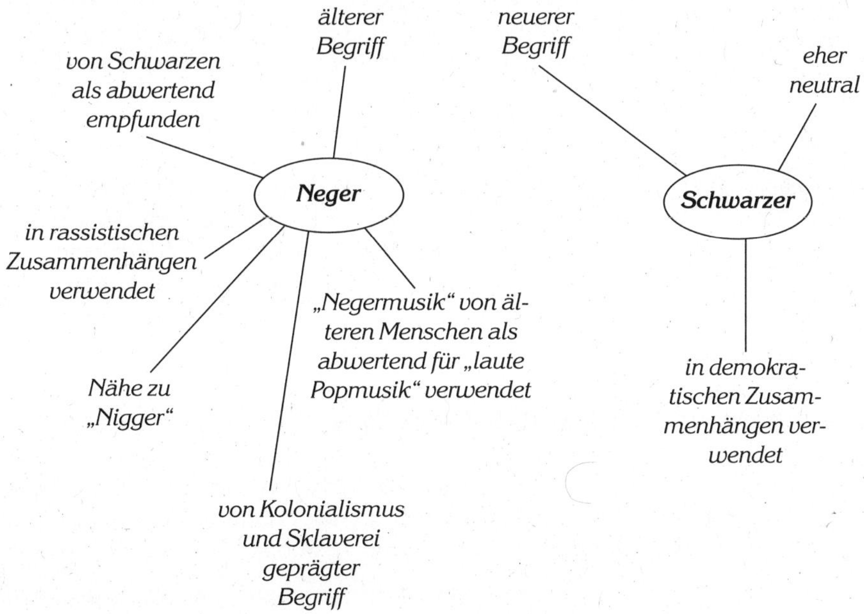

Zusatzinformation
In den US-amerikanischen Bürgerrechtsbewegungen der 60er-Jahre des 20. Jahrhunderts wählten Schwarze selbst bewusst diese Bezeichnung, wenn es darum ging, ihr Selbstbewusstsein zu stärken. Beispiele: Black Muslims, Black Panther. „Black Power" wurde als ein „Aufruf an die Schwarzen" verstanden, „sich zu vereinen, ihr Erbe zu erkennen, einen Gemeinschaftssinn zu entwickeln. Es ist ein Aufruf an die Schwarzen, ihre eigenen Ziele abzustecken, ihre eigenen Organisationen zu leiten" (*S. Carmichael/ C. V. Hamilton:* Black Power. The Politics of Liberation in America. London 1967).

b)

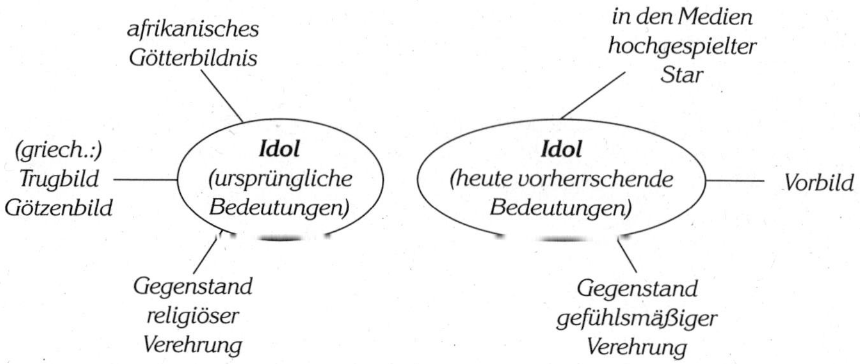

Das Wort „Idol" ist relativ spät in die deutsche Sprache eingedrungen. Im „Deutschen Wörterbuch" von Jacob und Wilhelm Grimm ist es z. B. noch nicht aufgeführt.

▷ S. 92 3. a–c)

Zu erläuterndes Wort	***Ermittelter kultureller Zusammenhang***	***Parallelen in Textaussage***
Laokoon (Z. 44)	*Vater, der seine beiden Söhne gegen eine todbringende Schlange verteidigen will und dabei mit ihnen erwürgt wird. Berühmte antike Marmorplastik zeigt vergeblichen Kampf gegen den Tod.*	*Die hier im Mittelpunkt stehende Fliege stirbt wie die Fliegen neben ihr. Vergebliches Sich-Aufbäumen gegen den Tod. Gift des Fliegenpapiers.*
Fliegenpapier (Z. 1)	*In der ersten Hälfte des 20. Jh.s weit verbreitete Methode der Bekämpfung fliegender Insekten, inzwischen durch akustische bzw. chemische Mittel oder Fliegennetze weitgehend verdrängt.*	
… geben sich Haltung (Z. 23)	*Haltung zu bewahren (also z. B. auch bei Schmerz, Niederlagen etc., sich von Gefühlen nicht überwältigen zu lassen) galt bei Militärangehörigen als Pflicht und Selbstverständlichkeit. Betont aufrechte Körperhaltung („in die Brust werfen") besonders bei öffentlichen Auftritten.*	*„Dann stehen sie alle forciert aufrecht" (Z. 19).*
Aeroplane (Z. 83)	*Beginn der modernen Luftfahrft (erster Motorflug 1903), visionäre Hoffnungen, aber auch Ängste (erster Bombenabwurf aus Flugzeug 1911)*	*„Wie gestürzte Aeroplane, die mit einem Flügel ind die Luft ragen." (Z. 83f).*

4. a/b) Zum Beispiel Erfahrungen mit militärischem Drill; mit der Militarisierung der Gesellschaft vor dem Ausbruch des Ersten Weltkrieges; Erfahrungen mit „Volksseuchen" wie der Syphilis; Erfahrungen mit der modernen Luftfahrt .

5. Das Thema „Tod“ war zu Beginn des Jahrhunderts allgegenwärtig. Dazu das folgende **Tafelbild**:

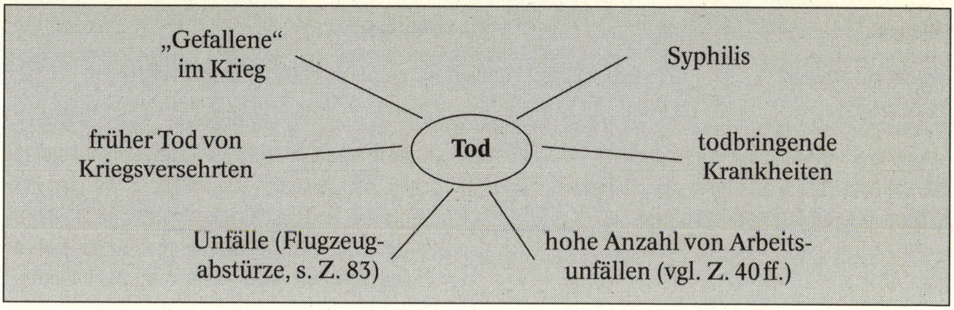

6. Siehe dazu das Beispiel auf ▷ S. 96 f.

Textbeschreibung

1. a) Das Baumdiagramm kann auch kopiert werden, sodass die Schüler/innen es bei Textbeschreibungen, die demnächst anzufertigen sind, als Checkliste neben ihr Arbeitsblatt legen können. ▷ S. 94

   b)/2. Weitere Aspekte, die berücksichtigt werden könnten:
   - Figuren:
     - intensive, indirekte und direkte Charakterisierung („entschlossen“, Z. 25; „wütende Handlung“, Z. 27 f.; „ratlos“, Z. 32)
   - Darbietungsformen:
     - überwiegend Beschreibung (z. B. Z. 1 ff.), an eine Versuchsbeschreibung erinnernd
     - Reflexionen/Kommentare (z. B. Z. 10 ff.)
   - Zeit/Handlung:
     - einsträngige lineare Handlung
     - etwas zeitraffend
     - Darstellung der äußeren und zunehmend auch der inneren Handlung („seelische Erschöpfung“, Z. 59)

Deutung

1. Siehe den Schülertext auf ▷ S. 96 f. ▷ S. 94

2. a/b)/3. Um die Aspektierung zu trainieren, kann an dieser Stelle die Übersicht über verschiedene Deutungsmethoden auf ▷ S. 101 ff. eingeschoben werden. Die Schüler/innen lernen so, ihre Deutungsansätze gedanklich zu gliedern; zugleich ergeben sich über die Methodenreflexion oft neue, zusätzliche Deutungsansätze.

4. Um Detailarbeit am Text zu trainieren, sollte evtl. zunächst
   - zu einer Hypothese jeweils ein passendes Zitat ausgewählt und
   - dieses eingehend erläutert werden (besonders wichtig dabei: die gedankliche Rückbindung an die Ausgangshypothese und der Nachweis, dass das Zitat die Hypothese plausibel erscheinen lässt).

Weiterführende Anregung

Um die Informationen zum linearen und zum aspektorientierten Interpretationsverfahren auf ▷ S. 94 weiter zu vertiefen und um zugleich prophylaktisch einige Probleme zu erkennen, die mit beiden Darstellungsverfahren verbunden sind, kann eine tabellarische Gegenüberstellung nach folgendem Muster angefertigt werden:

Zwei Deutungsverfahren im Vergleich: Lineares und aspektorientiertes Verfahren

Lineares Verfahren: Der Interpretationsaufsatz folgt dem zu interpretierenden Text Zeile für Zeile bzw. Abschnitt für Abschnitt.

Vorzüge	**Gefahren**
Ein Gliederungsprinzip der Interpretation muss nicht mehr eigens gefunden werden: Es ist durch den zu interpretierenden Text bereits vorgegeben.	Das Verfahren verleitet dazu, bereits vor einer gründlichen Analyse des Gesamttextes mit der Niederschrift von Gedanken zu den ersten Textteilen zu beginnen. Das volle Textverständnis ergibt sich damit oft erst während der Niederschrift. Die Interpretation ist dann nicht „aus einem Guss“ und muss oft nachgebessert werden.
Ein Textbezug ist in starkem Maße gewährleistet. Die Interpretation kann den Gang des Textes nachzeichnen.	Dem Interpretationsaufsatz fehlt oft der „rote Faden“; er fällt in ein Sammelsurium von Interpretationsdetails auseinander: Der Schreibende verliert sich in Einzelheiten. Eine Denkbewegung, die eng am Text entlang verläuft, führt zu wenig zu Einsichten, die nur aus kritischer, systematisch-ordnender Distanz möglich sind. Die Interpretation bleibt so zu „flach“: Sie tendiert manchmal zur bloßen Paraphrase (Inhaltswiedergabe) des Textes. Eine übergreifend ordnende Verstehensleistung wird nicht nachgewiesen.

Aspektorientiertes Verfahren: Der Interpretationsaufsatz handelt nacheinander einzelne Aspekte ab, die sich aus der Analyse des Textes ergeben haben. Bei der Behandlung eines jeden Aspekts kann der Interpret auf das ganze Textmaterial zurückgreifen.

Vorzüge	**Gefahren**
Interpretationshypothesen geben die Ziele der Darstellung an: Sie sind ein Wegweiser für die Niederschrift und geben dem Schreibenden Orientierung bei der Bewältigung der Detailflut einer Interpretation. Sie machen die Interpretation durchsichtig und zugleich besser überprüfbar.	Missgriffe bei der Formulierung von Interpretationshypothesen führen dazu, dass der Schreibende im Hauptteil seines Interpretationsaufsatzes die Orientierung verliert; ein vermeintlich sicheres Gliederungsprinzip des Aufsatzes muss aufgegeben werden: Eine Neuordnung der Gedanken fällt in diesem Arbeitsstadium schwer.
Die ordnende Gliederung von Interpretationsdetails mit Hilfe von Interpretationshypothesen leitet eine distanzierte Betrachtung des Textes ein. Dadurch wird die eigenständige gedankliche Leistung des Interpretierenden beflügelt.	Voreilig formulierte Hypothesen können durch Textbelege nicht oder kaum untermauert werden: Sie verleiten zu einem „Zurechtbiegen“ des Textes, damit die Hypothesen aufrechterhalten werden können.
Das Verfahren legt es nahe, über eine Textwiedergabe (Reproduktion) hinauszukommen und eine gedankliche Verarbeitung (Reorganisation) des Textes vorzunehmen. Das Verfahren zielt damit direkt auf eine höher zu bewertende Verstehensleistung.	Der Interpretationsaufsatz kann sich zu sehr von dem zu interpretierenden Text lösen und sich in Richtung auf eine nicht mehr hinreichend textgestützte Erörterung des aufgeworfenen Themas entwickeln.

Wertung

1. a) Am leichtesten fallen den Schülerinnen und Schülern Antworten auf die in der ersten Spalte aufgelisteten persönlichen Wertungsfragen. ▷ S. 95
   b) Es müssten Zusatzkenntnisse im Bereich literarischer Epochen (z. B. „Neue Sachlichkeit", ▷ S. 367 f.) erworben oder weitere Werke des Autors gelesen werden (z. B. „Die Verwirrungen des Zöglings Törless", 1906).

2. Siehe das Beispiel auf ▷ S. 97.

3./4. In diesem Zusammenhang können evtl. einige literarische Neuerscheinungen vorgestellt werden. Auf der Suche nach Rezensionen kann auch das Internet genutzt werden. ▷ S. 96

Interpretationsbeispiele aus Schülertexten

1. Ein Beispiel für eine ausgeführte Deutungshypothese findet sich auf ▷ S. 104 f. ▷ S. 97

2. Mögliche Alternative: Vergleichen Sie die Wertung mit einigen Bewertungen des Autors, die Sie in Literaturgeschichten finden.

3. Diese Aufgabe hilft besonders denjenigen Schülerinnen und Schülern weiter, deren Interpretationsaufsätze bisher Darstellungsmängel aufwiesen.

5.2 Gedichtinterpretation

Erste Leseerfahrungen

1. a) Dieses Verfahren veranlasst die Schüler/innen, sich dem Gedicht mit einer deutenden Grundhaltung zu nähern und für erste Interpretationsideen einen bildhaften Ausdruck zu suchen. Dabei wird gleichzeitig eine Brücke geschlagen zwischen dem Gedicht und der Lebenswelt der Schüler/innen. ▷ S. 98
   b/c)/2. Die widersprüchliche Gleichzeitigkeit von drangvoller Enge in städtischen Menschenmassen und der Einsamkeit des Einzelnen kann durch das Verfahren der Kontrastbilder visuell zum Ausdruck gebracht werden, bevor später eine sprachliche Darstellung folgt. Als Zwischenschritt ist eine Sortierung derjenigen Formulierungen sinnvoll, die den beiden Aspekten
   - Enge in der Masse und
   - Einsamkeit

   zuzuordnen sind.
   Mögliches **Tafelbild:**

fern	dicht
alleine	beieinander
unangerührt	fassen sich an
Fassaden	nahen Blicke

Klärung des Verstehenshorizonts

▷ S. 99 1. Es können unter anderem konkrete Situationen gesammelt werden, die die Schüler/innen in Großstädten selbst erfahren haben und die sie assoziativ mit der Gedichtaussage verbinden.

2. Hier ist ein kurzes Gespräch sinnvoll, in dem insbesondere Schüler/innen mit unterschiedlich verbrachter Kindheit oder Jugend (auf dem Land/in der Großstadt) ihre Erfahrungen austauschen.

3. a) Eine Tram ist eine Straßenbahn, bei der die Sitzreihen oft an den Außenwänden entlanggeführt sind, also einander gegenüberliegen.
   b) Hingewiesen werden kann z. B. darauf, dass die heutige Sitzordnung in Bussen, S-Bahnen usw. (hintereinander gestaffelte Sitze) die Passagiere der Notwendigkeit enthebt, den Blicken der Gegenübersitzenden auszuweichen.

4. Siehe Beispiel auf ▷ S. 104 f.

Textbeschreibung

▷ S. 100 1./2. Siehe das Beispiel auf ▷ S. 104 f.

Deutung

▷ S. 103 1. Da das werkimmanente Verfahren zunächst ohne umfangreiche Zusatzinformationen auskommt, sind die Schüler/innen in der Sekundarstufe I mit ihm vermutlich am intensivsten vertraut gemacht worden.

3. a/b) Die Tabelle auf ▷ S. 101 kann genutzt werden, um den Schülerinnen und Schülern analytische Gesichtspunkte zur Verfügung zu stellen und sie so in die Lage zu versetzen, analytische Distanz zum Text aufzubauen. Zugleich hilft die vorgeschlagene Systematik, eine gewisse Vollständigkeit der werkimmanenten Deutung sicherzustellen.

▷ S. 103 *Kurt Pinthus:* **Die Überfülle des Erlebens** (1925)

4. Mit der Kurzinformation auf ▷ S. 98 kann ein biografischer, mit dem Pinthus-Text ein literatursoziologischer Interpretationsansatz entwickelt werden. Siehe auch die Ausführungen im Beispiel auf ▷ S. 105.

Weiterführende Anregung
Um das Spektrum der Interpretationszugänge zu dem Wolfenstein-Gedicht zu erweitern, können die folgenden zusätzlichen Arbeitsaufträge erteilt werden:
1. Besorgen Sie sich in einer Bibliothek eine Aufstellung über das Bevölkerungswachstum Berlins etwa zwischen 1850 und 1920. Beziehen Sie das statistische Material auf die Gedichtaussage.
2. Besorgen Sie sich in einer Bibliothek den 1902 geschriebenen Aufsatz „Die Großstadt und das Geistesleben“ von Georg Simmel. Nutzen Sie zentrale Aussagen des Textes, um Ihr Verständnis des Wolfenstein-Gedichts zu vertiefen.

Nach der Kenntnisnahme akzeptierter Deutungsverfahren können auch problematische, als fehlerhaft geltende Verfahren der Interpretation angesprochen werden, um den Schülerinnen und Schülern vor einer evtl. Klausur mögliche Fehlerquellen bewusst zu machen. Die folgende Kurzdarstellung zweier solcher Verfahren wird am besten bei entsprechenden Anlässen (fehlerhafte Hausaufgaben etc.) eingebracht:

Neben den hier dargestellten Methoden der Deutung von Dichtung, die als seriös gelten, gibt es einige problematische, unseriöse Methoden, die Anfängern der Literaturinterpretation oft unterlaufen:

Privatistisches Verfahren
Der Interpretierende reagiert hier auf deutungsbedürftige Stellen dichterischer Texte mit spontanen Ideen, die durch persönliche Lebenserfahrungen nahe gelegt sein mögen, die aber durch Analyse des zu deutenden Gesamttextes nicht gestützt werden. Dem Text wird etwas „übergestülpt", was mehr mit der privaten Ideenwelt des Interpretierenden als mit dem dichterischen Text zu tun hat. Der Interpretierende erklärt auf Nachfrage oft hilflos, er habe „es aber so gesehen", kann diese Sichtweise aber nicht genügend durch Verweise auf stützende Textstellen plausibel machen.

Verfahren der stereotypen Wiederholung
Der Interpretierende wiederholt hierbei formelhaft ein Interpretationsergebnis, das sich bei der Deutung eines anderen Textes ergeben hat. Er bemüht sich nicht, jeden literarischen Text aus sich heraus verstehend zu deuten, sondern er zwingt diesem Text ein vorgefertigtes Ergebnismuster auf. Die Eigenheiten des dichterischen Textes kommen dabei gar nicht in den Blick.

Siehe auch die Tipps zu Schreibproblemen auf ▷ S. 105 f.

Wertung

1./2. Dieses Verfahren trainiert die Schüler/innen, ersten Wertungsimpulsen zu folgen und sie zu dokumentieren, diese dann anschließend aber auch argumentativ zu untermauern. ▷ S. 104

3. a/b) Um sich ein argumentatives Spektrum zu erschließen, können die Schüler/innen die folgende Adjektiv-Liste fortsetzen:
   - *anschaulich* (→ *Vergleiche, Metaphern etc.)*
   - *eindringlich* (→ *Alliterationen etc.)*
   - *unterhaltend* *(Dieses Gedicht dürfte kaum so empfunden werden.)*
   - *überraschend* (→ *Vermenschlichung, z.B. „fassen Häuser sich … an", Z. 2f.)*
   - *schlüssig* (→ *erkennbare Zuordnung von Inhalt und formaler Gestaltung)*
   - *aktuell* (→ *Gegenwartsbezug der thematischen Aussage)*
   - *typisch* (→ *Text, der in besonderer Weise eine literarische Epoche repräsentiert)*

   Ein Schülerbeispiel für eine wertende Aussage findet sich auf ▷ S. 97.

Interpretationsbeispiele aus Schülertexten

1. Z. 1–4: Einleitungssatz ▷ S. 105
   Z. 5–20: Klärung des Verstehenshorizonts
   Z. 21–54: Textbeschreibung
   Z. 55–82: Deutung

Zusammenfassender Überblick ▷ S. 106

Diese Übersicht kann vor Klausuren als letzte Wiederholung und Orientierung angeboten werden.

5.3 Gedichtvergleich

Thema: Stadtleben

▷ S. 109 *Jürgen Theobaldy:* **Schnee im Büro** (1976)

▷ S. 109

1. Das gemeinsame Thema ist der Erfahrungsraum der Stadt. Dabei geht es besonders um die Distanz zu Menschen in einem Sozialraum, in dem sich Menschen massenhaft aufhalten

2. Während Theobaldy sich auf die für Städte typische Arbeitsstätte des (Angestellten-)Büros konzentriert, stellt Wolfenstein die Straßenbahn und die „Wohnsilos" in den Mittelpunkt. Zu weiteren Angaben siehe die Tabelle zu den Aufgaben 3 bis 5.

▷ S. 111 3.–5.

	Wolfenstein	**Theobaldy**
Thema/ Motiv	Einsamkeit in der Masse; Anonymität der Großstadt; Großstadtmenschen sind sich räumlich nahe und bleiben sich doch fremd	Trennung zweier Liebender voneinander, weil sie – beruflich bedingt – an ganz verschiedenen Orten sein müssen; die Stadt als Gegenmodell zum Strand
lyrisches Ich	im Gedicht kaum präsent, im Hintergrund	als Sprecher deutlich präsent
Raum	Straßenbahn als Ort drangvoller Enge und bedrückender Anonymität; „Wohnkaserne" als ein Ort, an dem Intimität verloren geht	Angestelltenbüro, in dem das lyrische Ich wenig interessante Tätigkeiten verrichten muss; es fühlt sich daher eingesperrt; der Strand als alternativer Fantasieraum
Struktur	Sonettform mit umarmendem Reim in den Quartetten; starre Gedichtform spiegelt die „Fassadenhaftigkeit" der Menschen, die beschrieben werden	keine Strophengliederung, kein Reimschema, keine Strukturierung mit herkömmlichen lyrischen Mitteln; Enjambements verstärken den Eindruck der Endlosigkeit
Zeit	Anfang des 20. Jahrhunderts; Straßenbahnen werden als „Trams" bezeichnet	70er Jahre des 20. Jahrhundert; Entfremdungsthematik im Gefolge der APO und der Studentenbewegung (Subjekte fühlen sich durch das Wirtschaftssystem „ausgesaugt", die eigentlichen Bedürfnisse können nicht ausgelebt werden)
literarische Epoche	Expressionismus; Bemühen um Ausdrucksstärke durch sehr starke Rhetorisierung der Aussage (viele rhetorische Mittel wie Vergleich, Symbol, Metapher, Alliteration etc.); aufeinander prallende Gegensätze (erstes und letztes Wort des Gedichts: „Dicht ... alleine"); Entsubjektivierung und Passivierung (Menschen in einer Straßenbahn als „zwei Fassaden Leute") und Personifizierung der Gegenstandswelt (Häuser „fassen" sich an) → Vertauschung von Subjekt und Objekt; Mensch passiv dem Moloch Stadt ausgeliefert	Neue Subjektivität; Beispiel für Alltagsgedichte; Rückbesinnung auf das eigene Ich gegen die Ausbeutung durch „das System" und die Formelhaftigkeit der Mitmenschen („Jemand fragt: ‚Wie geht's?', wartet die Antwort nicht ab und ist aus dem Zimmer

4. a) Ergänzt werden können: ▷ S. 111
   - Formen:
     - Gesamtaufbau: Elegie, Haiku, Hymne, Lied, Ode, Zeilenstil, Hakenstil (mit Enjambements)
     - Strophen: Distichon, Liedstrophe, Verspaarkette
   - Lautebene:
     - Reim: Schlagreim, Assonanz, Anfangsreim
     - Endreim: Kreuzreim, Schweifreim, Haufenreim
     - Metrum/Rhythmus: Jambus, Trochäus, Daktylus, freie Rhythmen
   - Figuren:
     - syntaktisch/strukturell: Akkumulation, Anapher, Epipher, Ellipse, Inversion, Repetitio, Zeugma etc.
     - semantisch: Vergleich, Allegorie, Allusion, Personifikation, Neologismus, Onomatopoesie, Synekdoche (pars pro toto) etc.

Thema: Apokalypse

3.–5. ▷ S. 111

	Gryphius (1636)	**van Hoddis (1911)**	**Enzensberger (1960)**
Epochenkontext	Barock	Expressionismus	zeitkritisch–politische Literatur/ Gruppe 47
historischer Zusammenhang	Dreißigjähriger Krieg (1618–1648)	Kriegserwartung im Vorfeld des Ersten Weltkriegs (1914 bis 1918)	kalter Krieg zwischen USA (NATO) und UdSSR (Warschauer Pakt); Hochrüstung beider Seiten mit Massenvernichtungswaffen
zentrales Thema	Zerstörung und Tod im Krieg; Vanitas (Vergeblichkeit aller irdischen Anstrengungen); Jenseitsverheißung	Einbruch von kleinen Katastrophen in die scheinbar intakte bürgerliche Welt; sie künden große Katastrophen an	Zerstörung der Erde und ihrer Natur durch kriegerische Machenschaften der Menschen („im ticken des ernstfalls"); Totenklage um die zerstörte Welt
Besonderheiten der Gestaltung	Antithetische Struktur („die Starcken sind zerhaun"), die pointiert auf tiefgreifende Umwälzungen hinweisen. Alliterationen („Schanz und Stadt") und Binnenreim („Schweiß und Fleiß") verleihen der Aussage Nachdruck. Eine Fülle rhetorischer Mittel wie Personifikation („rasende Posaun") und Metaphern („vom Blut fette Schwerdt") unterstreichen die Drastik der Ereignisse, denen die Menschen ausgesetzt sind. Formale Bändigung des Stoffes in der strengen Form des Sonetts.	Betont kindlich–naiver Sprachduktus mit kurzen Sätzen und banalisierenden Beschreibungen („Dachdecker stürzen ab und gehen entzwei") entlarven die bürgerliche Mentalität; Blindheit, Nicht–Wahrhaben–Wollen des kommenden Unheils. Umdefinition kommender gesellschaftlich–politischer Katastrophen zu Naturereignissen, die scheinbar aus heiterem Himmel über die Menschen kommen.	Tiersymbole; Eule, Sinnbild der Göttin Athene, als zum Tode verurteilte Repräsentantin von Vernunft und Frieden; Rabe als Warner vor Unglück; Friedenstaube (alle Tiere sterben). Pars pro toto („floridas sümpfe" stehen für die USA. „das sibirische Eis" steht für die UdSSR), das jeweils einen todbringenden Teil einer hochgerüsteten Weltmacht benennt. Konjunktionale Ironie („die rostfreien psalmen") als Entlarvung trügerischer Ideologie, Alliterationen („schilf und schiefer") verleihen der Aussage Nachdruck. Viele Partizipien des Perfekts („ausgewertet", „vergessen" etc.), um die Vision vom endgültigen Ende zu unterstreichen.

5.4 Gestaltendes Interpretieren

▷ S. 112 Die Abgrenzung des gestaltenden Interpretierens von anderen kreativen und freieren Formen des Schreibens (s. ▷ S. 113) macht deutlich, dass ein Prüfmerkmal – und damit auch ein Bewertungskriterium, besser: das Bewertungskriterium – für das gestaltende Interpretieren, das Textverständnis ist, das hinter dem gestalteten Produkt sichtbar wird. Bei der Beurteilung ist dabei jeweils darauf zu achten, welchen Interpretationsspielraum ein Text eröffnet.
Die Beurteilungsthematik gilt vielen Schülerinnen und Schülern sowie Lehrkräften als schwierigste Problem, das mit dem gestaltenden Interpretieren als Aufgabentyp in der Klausur oder in der schriftlichen Abiturprüfung verbunden ist. Auf ▷ Seite 114 werden drei Tipps vorgestellt, die in der Übungsphase mit den Schülerinnen und Schülern auf die erbrachten Leistungen angewendet werden können.
Zur Beurteilung so genannter kreativer Leistungen liegen zahlreiche Vorschläge in der fachdidaktischen Literatur vor. Diese können auch auf das gestaltende Interpretieren angewandt werden. Sie ersetzen allerdings nicht die Frage, ob die Textvorlage „richtig" erfasst worden ist.
Die Vorschläge werden oft als Kriterienraster oder Kriterienkompass gestaltet. Verwiesen sei hier z. B. auf die sieben Aspekte von Harro Müller-Michaels, die er als

- Adäquanz: Ist die Vorlage richtig erfasst?
- Kohärenz: Ist ein Konzept erkennbar?
- Stilebene: Ist die Stilebene richtig gewählt?
- Komposition: Ist ein Aufbau erkennbar?
- Episodische Gestaltung: Gibt es originelle Bilder oder Einfälle?
- Binnenbedingungen: Welche Wörter aus welchen Wortfelder/Sinnbezirken werden verwendet?
- Kunstwollen: Wird mit einer literarischen Form operiert

ausweist.
Thomas Kopfermann hat seine Beurteilungskriterien in einem „Kriterienhaus" zusammengefasst:

Spezifische Kriterien für Kreativität

Originalität Komposition

Textbezogene Voraussetzungen

Adäquanz

Unterrichtliche Voraussetzungen

Ästhetizität, z. B. Klarheit und Anschaulichkeit der Figurenzeichnung, Historizität, Funktionalisierung (z. B. des äußeren Verhaltens)

Sockelbereich sprachlich-grammatischer, „argumentationslogischer" und gemeinsamer Korrekturkriterien für analytische und kreative Aufgaben

Kohärenz Sprachliche Darstellung

Weiterführende Literatur:

Harro Müller-Michaels: Noten für Kreativität? Zum Problem der Beurteilung produktiver Arbeiten im Literaturunterricht – In: Der Deutschunterricht, Heft 7, 8/1993

Gestaltendes Interpretieren. Grundlagen, Texte, Aufgaben, Klausuren. Hg. v. Landesinstitut für Erziehung und Unterricht. Stuttgart 2000 (= Materialien Gymnasien Deutsch D 100). Diese Publikation enthält neben theoretischen und grundsätzlichen Überlegungen auch eine Fülle von Beispielen zur Korrektur und Aufgabenstellung. Sehr lesenswert sind dabei auch die Ausführungen zu Korrekturverfahren, die in der Klasse mit den Schülerinnen und Schülern vollzogen werden können (Schreibkonferenz, Textlupe).

6 Schreiben über Sachtexte – Aufsatzformen

Konzeption des Kapitels

Die Sachtextanalyse, so wie sie in den schulischen Lehrplänen gefordert wird, kann eine Fülle ganz unterschiedlicher Textformen umfassen: Reportagen, Glossen, Rezensionen, Kritiken, Reden, längere Texte wie Abhandlungen wissenschaftlicher oder wissenschaftspublizistischer Art usw. Aus Gründen der Ökonomie konzentriert sich dieses Kapitel auf drei exemplarische Formen von Sachtexten, die in den jeweiligen Teilkapiteln behandelt werden: **„Analyse eines journalistischen Textes: Glosse“**, **„Rhetorische Analyse: Reden untersuchen“** und **„Analyse längerer Sachtexte“.**

Die schulischen Curricula fordern für solche Sachtexte eine besondere Informationsdichte und Komplexität. Es wird dort auch darauf hingewiesen, dass der Deutschunterricht in diesem Bereich für andere Fächer eine wichtige Servicefunktion habe, indem er Schüler/innen in die Lage versetzt, (längere) Sachtexte angemessen zu rezipieren und sie sich für gedankliche Verarbeitungen verfügbar zu machen.

Im Mittelpunkt des Kapitels steht die Frage, welche Intentionen spezielle Ausformungen von Sachtexten wie die Glosse oder die politische Rede verfolgen können. Betrachtet werden dabei insbesondere Verfahren der Leser- bzw. Hörer- und Zuschaueransprache. Analysiert werden Strategien der Beeinflussung und die Frage, in welche gesellschaftlichen Kontexte wie eingegriffen wird.

Über gedankliche Erschließungen hinaus bietet das Kapitel auch Anregungen zu einer angemessenen Verschriftlichung von Analyseergebnissen. Bei der Beschreibung der Sachtexte kann dabei auf Anregungen im vorhergehenden Kapitel „Interpretierendes Schreiben“ zurückgegriffen werden.

Für die Analyse längerer Sachtexte, die in der Sekundarstufe II in fast allen Fächern eine zentrale Rolle spielt, werden in konzentrierter Form prozesslogische und methodische Anregungen gegeben.

Die in diesem Kapitel entwickelten textanalytischen Gesichtspunkte sind u. U. auch für das folgende Kapitel („Erörterndes Schreiben“) relevant.

Literaturhinweise

Heinrich Biermann/Bernd Schurf (Hg.): Von der Sachtextanalyse zur Erörterung. Berlin 1998 (= Trainingsprogramm Deutsch Oberstufe)

Gerd Brenner: Sachtexte verstehen und verfassen. Oberstufe. Berlin 1996 (= Reihe „Besser in allen Fächern“)

Theodor Pelster: Rede und Rhetorik. Berlin 1975 (= Reihe „Leistungskurse Deutsch“)

	Texte/Gegenstände	Intentionen
S. 115	**6.1 Analyse eines journalistischen Textes: Glosse** – *Klaus Harpprecht:* Glucksende Peinlichkeit – *Karl Korn:* Glossen – *Robert Leicht:* Justizmord	– am Beispiel einer Glosse Aspekte der Sachtextanalyse kennen lernen – die Textsortenproblematik klären – Ausdrucksmittel der Glosse und ihre Intentionen erarbeiten – eine schriftliche Sachtextanalyse systematisch verfassen – sich Formulierungen zur Wiedergabe von Sachtexten aneignen
S. 119	**6.2 Rhetorische Analyse: Reden untersuchen**	– Reden mit Hilfe von Leitfragen analysieren lernen und dabei Redesituation und Inhalt, Struktur und rednerische Mittel sowie Redeweise analysieren
S. 123	**6.3 Analyse längerer Sachtexte**	– Strategien und Techniken zur Verarbeitung längerer Sachtexte kennen lernen

6.1 Analyse eines journalistischen Textes: Glosse

▷ S. 115 *Klaus Harpprecht:* **Glucksende Peinlichkeit** (1999)
▷ S. 115 *Karl Korn:* **Glossen** (1961)

▷ S. 116 1. Harpprechts Text ist eine Glosse, da er
   - eine ins Grundsätzliche gehende Reflexion (hier über den Kalauer) anstellt
   dor Bodoutung oinoc Wortes nachgeht
   - spöttisch ist und
   - in belehrender Absicht verfasst wurde.

2. a) Die Glosse wäre über dem Brief einzuordnen, da sie sowohl appellativ als auch expressiv ist; zugleich hat sie einen stärkeren Sachbezug als der Brief.
   b) Viele politische Reden könnten in die Nähe des Flugblattes bzw. der Werbung eingeordnet werden, andere haben einen stärkeren Sachbezug.

▷ S. 117 3. Eine Definition: „Die Glosse beschreibt oft satirisch, witzig oder bissig ein Thema. Die Glosse gibt es zu ernsten Themen und zu großen weltpolitischen Ereignissen, oft widmet ein Autor sie aber lustigen oder auch nebensächlichen Themen. [...] Glossen oder Kommentare sind auf den Aufschlagseiten der meisten Ressorts (einer Zeitung) zu lesen. Die Grenze zwischen Glosse und Kommentar ist fließend" (Die Zeit für die Schule, 1999).

4. a) Harpprecht polemisiert gegen den inflationären Gebrauch des Kalauers. Die Medien seien darauf aus, „auf Biegen und Brechen" (Z. 38 f.) einen Kalauer nach dem anderen zu liefern. Früher sei diese Sprachform eher pubertären Jugendlichen zugeordnet worden. Jetzt führe die inflationäre Verwendung des Kalauers zum Verlust geistiger Schärfe und Originalität. Viele vermeintliche Kalauer seien nur noch peinlich.
   b) Beispiele:

Pina Bausch und Bogen	→	Pina Bausch, führende Vertreterin der Tanzkunst
Demolière-Truppe	→	Vermischung von „demolieren" und Molière
Weniger ist Khmer	→	Vermischung von „Weniger ist mehr" (Sprichwort) und „Rote Khmer" (vormaliges staatsterroristisches Regime in Kambodscha)
Anything Goes	→	Anything goes (engl. Sprichwort)

6. a) Spöttisch wirken z. B. die auf die Schriftstellerin Elfriede Jelinek bezogenen Formulierungen wie „japsende(r) Wortwitzelei" (Z. 8 f.; Unterstellung hündischer Verhaltensweisen) oder „Preisgelder, ... die ihr Jahr um Jahr aufgedrängt werden" (Z. 11 f.; als habe sie diese gar nicht verdient).
   b) Deutlich wird eine belehrende Absicht, z. B. wenn Harpprecht über die Geschichte des Wortes „Kalauer" informiert.

▷ S. 117 *Robert Leicht:* **Justizmord** (1999)

▷ S. 117 1. a) Robert Leicht polemisiert in seiner Glosse „Justizmord" gegen die Art und Weise, wie in den USA die Todesstrafe vollzogen wird.
   b) Z. B.: „George Bush jr. ... will vielleicht Präsident werden. Gnadenlos" (Z. 22 ff.).

3. Sollten die „Strategien der Beeinflussung" auf ▷ S. 121 f. und die rhetorischen Mittel auf ▷ S. 225 ff. noch nicht erarbeitet worden sein, wäre eine Kenntnisnahme vor der Abfassung des Aufsatzes sinnvoll.

6.2 Rhetorische Analyse: Reden untersuchen

1.–4. **Weiterführende Anregungen** ▷ S. 119
Sollen die analytischen Instrumentarien der Redeanalyse weiter differenziert werden, können z. B. Unterschiede zwischen offener und suggestiv-manipulativer Argumentation dargestellt werden.

6.3 Analyse längerer Sachtexte

Im Wesentlichen geht es in diesem Teilkapitel um die Entwicklung von Strategien des aktiven Lesens und von elementaren Ordnungsoperationen. ▷ S. 123
Über die vorgeschlagenen Handlungsschritte hinaus kann auch auf die Anregungen im Teilkapitel A 1.3 „Texte erschließen: Lesen – Markieren – Exzerpieren" (▷ S. 17 ff.) und im Teilkapitel A 1.5 „Visualisieren – Präsentieren – Referate halten" (▷ S. 33 ff.) zurückgegriffen werden.
Zusätzliche Literaturhinweise:
Regula Schräder-Naef: Schüler lernen Lernen. Vermittlung von Lern- und Arbeitstechniken in der Schule. Weinheim/Basel [6]1996 (u. a. das Teilkapitel „Lesen von Sachbüchern", S. 79 ff.)
Wilfried Klute: Sachtexte analysieren. 11. bis 13. Schuljahr. Berlin 1996 (= Reihe „Besser in Deutsch")

Weiterführende Anregungen
Viele Schüler/innen praktizieren ein vergleichsweise ineffektives Leseverfahren: Sie lesen einen längeren Sachtext einmal oder mehrmals hintereinander, bevor sie entscheidende Verarbeitungen beginnen. Andere Verfahren sind erfolgversprechender. Um die aktive Grundhaltung beim Lesen zu trainieren, schlägt Schräder-Naef u. a. die 5-Punkte-Methode vor:
1. Vor dem Lesen soll der Text überflogen werden (Survey), um Aufbau und Gliederung zu ermitteln. Zur Kenntnis genommen werden alle schnell informierenden Elemente des Textes, z. B. Titel und Untertitel, evtl. Zusammenfassungen am Anfang, Zwischenüberschriften, ein Fazit am Ende etc.
2. Gestützt auf die beim Überfliegen aufgenommenen Informationen werden Fragen formuliert, auf die der Text vermutlich eine Antwort geben wird. Dies schafft eine Erwartungshaltung gegenüber dem Text und bereitet ein kritisch-distanziertes Lesen vor.
3. Das eigentliche Lesen erfolgt dann konzentrierter und insgesamt aktiver. So kann z. B. viel besser zwischen Wesentlichem und eher Nebensächlichem unterschieden werden; d. h. die Lesenden sind eher in der Lage, Aussagen jeweils auf die Themenstellung zu beziehen und sie so zu gewichten.
4. Während des Lesens erfolgt eine schrittweise gedankliche Verarbeitung. Nach einem Teil des Textes (Kapitel, längerer Abschnitt etc.) wird der Leseprozess unterbrochen und das bisher Gelesene überdacht. Dabei werden Textmarkierungen angebracht (Unterstreichen von Schlüsselbegriffen, Formulierung einer zusammenfassenden Überschrift für den Abschnitt etc.). Bei jedem der folgenden Textteile wird so verfahren.
5. Am Schluss steht eine Gesamtrekapitulation des Textes (Schräder-Naef, S. 80).

7 Kreatives Schreiben

Konzeption des Kapitels

Das kreative Schreiben spielt in diesem Kapitel sowohl in dienender Funktion (als Interpretationsmethode) als auch als autonomes Äußerungsverfahren eine Rolle.
In den letzten Jahrzehnten sind Möglichkeiten des kreativen Schreibens zunehmend genutzt worden, um Schüler/innen bei der Interpretation literarischer Texte stärker zu aktivieren. Zugleich wurden mit den Verfahren des kreativen Schreibens auch Interpretationsmethoden gefunden, die dem Gegenstand, auf den sie zielten – den literarischen Text also – in besonderer Weise nahe kommen.
Das Kapitel stellt sowohl für die Lyrik **(„Kreativer Umgang mit Gedichten")** als auch für epische Texte **(„Kreativer Umgang mit Prosatexten")** geeignete Verfahren bereit, mit deren Hilfe das literarische Verstehen varianten-, abwechslungsreicher und intensiver gestaltet werden kann. Die Verfahren erlauben es außerdem, die Eigentätigkeit der Schüler/innen zu verstärken und zugleich ihre persönlichen Resonanzen auf literarische Texte intensiver ins Spiel zu bringen. Die jeweils unter der Überschrift „Methodentraining" versammelten Verfahren können in der Regel auch auf andere literarische Gegenstände übertragen werden. Das in diesem Kapitel zusammengestellte Methodenrepertoire stärkt also die Selbstständigkeit und Handlungskompetenz der Schüler/innen im Unterricht.
In einem weiteren Teilkapitel **(„Freie Formen des Schreibens")** sind Anregungen zusammengestellt worden, die den Schülerinnen und Schülern die Wahl von Stoffen bzw. Themen völlig freistellen, ihnen zugleich aber methodische Orientierungen bieten, die es ihnen erlauben, über Anfangsschwierigkeiten des kreativen Schreibens relativ rasch hinwegzukommen. Dieser Schlussteil des Kapitels lässt in besonderer Weise ein eigenständiges Handeln von Schülerinnen und Schülern zu.

Literaturhinweise

Gerd Brenner: Kreatives Schreiben. Ein Leitfaden für die Praxis. Mit Texten Jugendlicher. Berlin ^{2}1998

Ders.: Kurzprosa: Kreatives Schreiben und Textverstehen. Cornelsen, Berlin 2000 (= Reihe „Kursthemen Deutsch")

Ders./Heinrich Peuckmann: Literaturkurse in der gymnasialen Oberstufe. Arbeitsbereich Schreibschule. Hg. v. Landesinstitut für Schule und Weiterbildung. Verlag für Schule und Weiterbildung. Bönen ^{2}1995

Joachim Fritzsche: Schreibwerkstatt. Geschichten und Gedichte. Schreibaufgaben, -übungen, -spiele. Stuttgart 1989 (= Reihe „Werkstatt Literatur")

Thomas Kopfermann: Produktives Verstehen von Literatur. Klett, Stuttgart 1994

Marianne Soff: Jugend im Tagebuch. Analysen zur Ich-Entwicklung in Jugendtagebüchern verschiedener Generationen. Weinheim/München 1989

Günter Waldmann: Produktiver Umgang mit Literatur im Unterricht. Schneider Verlag Hohengehren, Baltmannsweiler 1998

Lutz von Werder: Lehrbuch des kreativen Schreibens. Schibri Verlag, Berlin/Milow 1996

Texte/Gegenstände	Intentionen
S. 124 7.1 Kreativer Umgang mit Gedichten	– Verfahren des kreativen Schreibens nutzen, um literarische Texte zu erschließen – mit Verfahren wie Antizipation, Komposition, Lückenfüllung etc. eine Gedichtaussage aktiv handelnd erschließen
– *Ernst Jandl:* wien: heldenplatz	– trainieren, kreative Gestaltungsverfahren wie die Mind-Map zur Gedichtinterpretation einzusetzen
S. 127 7.2 Kreativer Umgang mit Prosatexten – *Georges Perec:* Anton Voyls Fortgang	– mit Verfahren wie automatisches Schreiben, Lipogramm, Perspektivenwechsel, Figurenbrief, Gegentext oder Sprachmusterverschiebung einen Prosatext produktiv erschließen lernen
S. 131 7.3 Märchen kreativ umgestalten – *Thaddäus Troll:* Rotkäppchen auf Amtsdeutsch – *Günter Kunert:* Dornröschen	– mit Stilwechsel und anderen Verfahren produktive Umgestaltungen von Texten erproben
S. 132 7.4 Freie Formen des Schreibens	– kreative Verfahren des Schreibens erproben, bei denen man Themen/Stoffe frei wählen kann
S. 132 Schreiben als Selbstausdruck – *Peter Groebel:* Tagebuch führen – *Annette Seiler:* Schreiben – *Sylvia Plath:* Die Zeit festhalten	– selbstreflexive Schreibformen wie das Tagebuch erkunden – die Prozesslogik des kreativen Schreibens erkennen
S. 133 Schreibideen – *Günther Anders:* Einfälle	– Zettellawine, Ideenstern, Augenblick-Texte und Verdichtungsverfahren als Methoden des kreativen Schreibens kennen lernen

7.1 Kreativer Umgang mit Gedichten

▷ S. 124 1. a/b) Im Gedicht Erich Frieds wird das Wort „Tiere“ einem Metaphorisierungsprozess unterzogen. Es ist daher wichtig, dass zunächst die Ursprungsbedeutung des Wortes und möglichst viele Assoziationen dazu dokumentiert werden.

Erich Fried: **Die Tiere** (1964)

Im Winter kommen hungrige Vögel ans Fenster
und manchmal Rehe bis ans Haus heran

Nun ist noch nicht Winter
doch es kommen
die größeren Tiere

Sie stapfen voll Spinnwebmoos hervor aus den Wäldern
Bäume im Maul
die legen sie vor die Türen

Sie zwängen sich lehmverkrustet herauf aus der Erde
kriechende Brunnen
verbissen in blutende Steine

Sie frieren nicht
sie fressen und trinken nicht
sie lassen die Fliegen sitzen auf ihren schwammigen Augen

Sie müssen krank sein
sie müssen erschrocken sein

(Erich Fried: Warngedichte. Carl Hanser Verlag, München 1964)

▷ S. 125 6. Eine mögliche Interpretationsthese: Indem in Frieds „Warngedicht“ aus den Tieren des Waldes in einem Metaphorisierungsprozess gefühllose Bagger werden, welche die Erde aufreißen und zerstören, thematisiert der Autor die Umweltzerstörung.

▷ S. 126 *Ernst Jandl:* **wien: heldenplatz** (1962)

▷ S. 126 1. Beispiel für eine weitere mögliche Mind-Map:

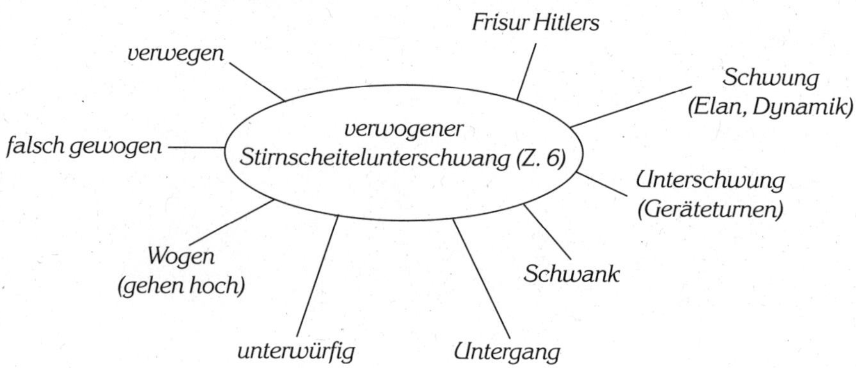

2. Die eigenständige und kreative Erarbeitung des Gedichts und die schriftliche Interpretation können ergänzt werden durch die Präsentation der folgenden Analyse:

Ulrich Greiner
Zu Ernst Jandls „wien: heldenplatz"
(1988)

Das Gedicht begnügt sich nicht mit der bloßen Abbildung dessen, was auf dem Heldenplatz geschah. Es erfindet eine Sprache, in der die Hysterie der Massen schrill und bedrohlich wiederkehrt. Die Worte und die Bedeutungen überlagern sich, so wie der Nachhall der Hitlerrede von den Mauern der Hofburg den Redetext verzerrt und seinen wahren Sinn bloßgelegt haben mag.

Jandl zerschlägt das deutsche Vokabular und in den Scherben spiegeln sich dessen Abgründe. Der „gottelbock" (Gott und Doppelbock) spricht, er „kechelt" (keucht und hechelt) und die Masse verfällt einem kollektiven Orgasmus. „hoffensdick" heften sich die Frauen ans „maskelknie" (maskulin und Muskel) und „balzerig würmelt es im männechensee". Der „stirnscheitelunterschwang" verbindet dreierlei: die Haarmähne Hitlers, den Überschwang und den Unterschwung – ein Wort aus der Turnersprache.

Die Turnersprache, die Sprache der Jagd und die Erkenntnisse der Massenpsychologie, ob von Gustave Le Bon oder Wilhelm Reich, verbindet Jandl zu einer schaurigen und grotesken Vision. In der Massensituation verliert sich der Einzelne, geht die bewusste Persönlichkeit auf in der Massenseele. Bekannt ist die erotisierende Wirkung von Hitlerreden auf Frauen. Die verdrängten Bedürfnisse, vor allem die sexuellen, und die Hoffnung auf eine schönere Zukunft finden in einem solchen Augenblick ihre scheinbare Befriedigung. Das religiöse Gefühl sieht in dem Redner, der sich auf die „Vorsehung" beruft, den Abgesandten Gottes. Virtuos weckt er die Jagdinstinkte seiner Hörer. Von Sa-Atz zu Sa-Atz: Das Kommando ist gegeben, die Hatz kann beginnen. Sie begann sofort danach: auf Juden, Kommunisten, Homosexuelle und auf alle, die anders als die Nazis dachten. Wer das Land verlassen konnte, musste es rasch verlassen. Noch im selben Jahr gingen Stefan Zweig und Sigmund Freud nach England, Egon Friedell stürzte sich am Tag der Hitlerrede von seiner Wiener Wohnung hinab in den Tod.

Heutzutage sind wir misstrauisch gegen das politische Gedicht. Es gibt nicht sehr viele gelungene Beispiele. Jandls „wien: heldenplatz" ist eins. Es hat keine wärmende Botschaft. Es hat die Kälte einer Diagnose. Wo Gefühle derart missbraucht werden, kann der Dichter selber kein fühlendes Ich mehr sein. Die Sprache äfft ihren Gegenstand so lange nach, bis er kenntlich wird. Hier ist Poesie nicht das schöne Ungefähre, sondern der Augenblick der Erkenntnis: Was als historischer Höhepunkt gedacht war, wurde zum Tiefpunkt der Menschheitsgeschichte.
(Die Zeit, 11.3.1988)

Mögliche Aufgabenstellungen:
- Wo decken sich Ihre Ergebnisse mit denen Greiners?
- Welche gedanklich-sprachliche Zuspitzung finden Sie in Greiners Text besonders interessant?

3. Ein entscheidender Arbeitsschritt ist die Festlegung der Assoziationsbereiche (dritter Punkt). Hier entscheidet sich die kritische Wirksamkeit des Gedichts.

7.2 Kreativer Umgang mit Prosatexten

▷ S. 127 1.–4. Das Verfahren des „automatischen Schreibens“ eröffnet auf kreative Weise Zugänge zum inneren Geschehen.

▷ S. 128 *Georges Perec:* **Anton Voyls Fortgang** (1969)

▷ S. 128 1. Perec, dessen Familienname ausschließlich den Vokal „e“ aufweist, hat diesen Vokal in seinem Text ausgespart.

2./3. Eher schwierig sind Lipogramme, die einen Vokal aussparen, am schwierigsten ist wohl die Aussparung des häufig vorkommenden Vokals „e“.

▷ S. 129 **Methodentraining**

▷ S. 129 1. Weitere mögliche Haltungen: wohlwollend, distanziert, unterkühlt, humorvoll, satirisch, sarkastisch.

2./3. Durch den Wechsel zur Ich-Perspektive (Rita) und die Ausführung innerer Monologe ging z. B. am Wendepunkt der Geschichte der Überraschungseffekt verloren, da der Leser/die Leserin auf die Wende vermutlich bereits längst vorbereitet wäre. Die Geschichte verlöre damit an innerer Spannung.

4. Variationsmöglichkeit: Eine der Figuren ist weit weggezogen/verstorben und kann an dem Gespräch nicht teilnehmen. Sie ist in den Äußerungen der Gesprächsteilnehmerinnen und -teilnehmer dennoch präsent.

5. Ausgangspunkt des Textes kann ein Foto oder ein anderer Gegenstand sein, den Nanni betrachtet.

6./7. Je nach angenommener Gemütslage können die Briefe in der Gedankenfolge wohlgeordnet oder unstrukturiert wirken.

8./9. Diese Schreibübungen können dadurch vorbereitet werden, dass in einer Liste zunächst wesentliche Entscheidungen zusammengestellt werden, die Gabriele Wohmann zu Beginn ihrer Geschichte treffen musste. Dabei können u. a. folgende Fragen bedacht werden:
- Welches Verhältnis soll die ältere Schwester zu ihren jüngeren Geschwistern haben?
- Wie soll die Mutter ihre Rolle spielen?
- Soll die Kommunikation (nach dem Wendepunkt mit vertauschten Rollen) komplementär sein und bleiben oder soll es in einer Phase der Geschichte auch eine symmetrische Kommunikation geben?

▷ S. 130 1. a/b)

Tanzstunde:	Vokabular aus dem Bereich der Mathematik
Diskobesuch:	Informatik-Vokabular
Bewerbung:	Vokabular von Todesanzeigen
Rederatschläge:	Informatik-Vokabular

2. Mögliche Sprachmuster: Berichterstattung aus den Bereichen Boxsport, Autorennen, Pferderennen.

7.3 Märchen kreativ umgestalten

Dieses Projekt kann mit einer analytisch angelegten Unterrichtssequenz zum Thema „Märchen" kombiniert werden. Weiterführende **Literatur** zur produktiven Umgestaltung von Märchen: ▷ S. 131

Uta Claus/Rolf Kutschera: Tischlein deck dich. – In: Total tote Hose. Travestien im Sponti- oder Szene-Slang. Eichborn, Frankfurt/M. [8]1985

Iring Fetcher: Die Geiß und die sieben jungen Wölflein. – In: Ders.: Wer hat Dornröschen wachgeküsst? Claassen Verlag, Düsseldorf 1972 (auch als Fischer-Tb.)

Franz Fühmann: Lob des Ungehorsams. – In: Ders.: Gedichte und Nachdichtungen. Hinstorff, Rostock 1973

3. b) Mögliche Fachsprachen: Medizinersprache, Soziologendeutsch, theologische Fachsprache.

1. Mögliche Schülerassoziationen: Im Scheitern behält man immerhin seine Träume/Illusionen. – Erfolge kommen manchmal zu spät. – Widerstände sind herausfordernder als geebnete Wege. ▷ S. 132

2. Die Auswahl der Märchen sollte sich auf weithin bekannte Texte beschränken, damit die Abwandlung beim späteren Vortrag von den Zuhörerinnen und Zuhörern unmittelbar nachvollzogen werden kann.

7.4 Freie Formen des Schreibens

Eine Fülle von Anregungen zu freien Formen des Schreibens finden Sie in *Gerd Brenner:* Kreatives Schreiben. Ein Leitfaden für die Praxis. Cornelsen Scriptor, Berlin [4]1998. Das Buch enthält neben Schreibvorschlägen auch Texte, die Schülerinnen und Schüler mit Hilfe der vorgeschlagenen Verfahren geschrieben haben, sowie Überlegungen zu einer Reihe didaktischer Grundsatzfragen im Bereich des kreativen Schreibens.

Peter Groebel: **Tagebuch führen** (1985) ▷ S. 132
Annette Seiler: **Schreiben** (1985) ▷ S. 132
Sylvia Plath: **Die Zeit festhalten** (1949) ▷ S. 133

1.–3. Viele Schüler/innen vertreten zunächst die Ansicht, dass die Schule sich in private Schreibtätigkeiten wie das Tagebuchschreiben nicht einmischen solle. In einem Gespräch über die drei kurzen Texten sollte man daher zunächst sicherstellen, dass diejenigen, die sich zu dieser Form des Schreibens äußern, auf keinen Fall anschließend aufgefordert werden, Auszüge aus ihrem Tagebuch kursöffentlich zu präsentieren. In dem Gespräch soll es ausschließlich um die Frage gehen, ob und wie solche Schreibformen zur Selbstverständigung beitragen können. ▷ S. 133
Zusatzinformationen zum Thema sind in Form einer Rezension zu *Imbke Behnken u. a.:* Lesen und schreiben aus Leidenschaft. Jugendkulturelle Inszenierungen von Schriftkultur. Juventa Verlag, Weinheim/München 1997 bei *Gerd Brenner:* Stichwort „Jugend in Literatur und Sprache". – In: Deutsche Jugend – Zeitschrift für die Jugendarbeit, Heft 12/1999 nachzulesen.

Günther Anders: **Einfälle** (1966) ▷ S. 133

---

1. Das vorweg geplante Schreiben ist durch die in der Schule üblichen Schreibmuster geprägt. Es minimiert Risiken, engt dabei aber kreative Spielräume erheblich ein. ▷ S. 134

B Literatur und Medien

I Autor – Werk – Leser

Konzeption des Kapitels

Das erste Teilkapitel **(„Gibt es die ‚richtige' Interpretation?")** stellt die Problematik des Interpretierens als komplexen Verstehensprozess vor. Dabei ergeben sich direkte Bezüge und Anknüpfungspunkte zum Kapitel A 5.1 („Interpretation eines Prosatextes", ▷ S. 88 ff.) im Rahmen der dort behandelten Aufsatzlehre.

Im zweiten Teilkapitel **(„Theorie des Verstehens")** wird die Hermeneutik als Lehre des Verstehens dargestellt. Dabei werden die wesentlichsten Interpretationsansätze nach Herkunft und Art zusammenfassend erklärt. Die Schülerinnen und Schüler können sich hier vorbereitend oder wiederholend notwendige Informationen beschaffen. Querverweise zum Kapitel A 5.2 („Gedichtinterpretation", Abschnitt „Deutung", ▷ S. 101 ff. sollten hergestellt werden, da dort die Methoden der Deutung bzw. Interpretation systematisch dargestellt sind.

Das dritte Teilkapitel **(„Funktion von Literatur")** orientiert sich in seiner Anlage an den grundsätzlichen Überlegungen, die bezüglich des „Warum" und „Weshalb" der Beschäftigung mit fiktionalen Texten anzustellen sind. Die Fragen nach der „Funktion" von Literatur werden häufig in der Abiturprüfung gestellt, sei es in Form einer „literarischen Problemerörterung" oder einer „Texterörterung". Entsprechend wurden beispielhaft die prononcierten Aussagen zur Bedeutung von Literatur vier bekannter Autoren ausgewählt, die eine Orientierungshilfe darstellen sollen.

Das vierte Teilkapitel **(„Wertung – Kritik – Markt")** stellt zunächst ansprechende und informative Texte zur Verfügung, die die Schüler/innen im Hinblick auf kritische Werturteile über literarische Werke sensibilisieren sollen. Hier geht es um die nicht immer einfache und problemlose Einteilung der Kunst, speziell der Literatur, in „hohe" (anerkannte) und „niedere" (triviale) Kunst. Daran schließt sich die immer wieder gestellte und gesellschaftlich bewegende Frage nach einem Literatur-Kanon an, behandelt am Beispiel zweier entgegengesetzter Meinungen, die zur Stellungnahme herausfordern. Schließlich wird die Bedeutung des Buchmarkts in den Blick genommen, der einen wesentlichen Faktor hinsichtlich der Verbreitung und öffentlichen Wertschätzung von Literatur darstellt.

Literaturhinweise

Peter Bürgel: Literarische Kleinprosa. Eine Einführung. Gunter Narr Verlag, Tübingen 1983

Walter Hinck: Stationen der deutschen Lyrik: Von Luther bis in die Gegenwart – 100 Gedichte mit Interpretationen. Vandenhoeck & Ruprecht, Göttingen 2000

Literarische Wertung. Texte zur Entwicklung der Wertungsdiskussion in der Literaturwissenschaft. Ausgew., eingel. und hg. v. Norbert Mecklenburg. München/Tübingen 1977

Literarischer Kitsch. Texte zu seiner Theorie, Geschichte und Einzelinterpretationen. Hg. v. Jochen Schult-Sasse. Tübingen 1979

Jürgen Schutte: Einführung in die Literaturinterpretation. Metzler Verlag , Stuttgart 1997

	Texte/Gegenstände	Intentionen
S. 136	**1 Gibt es die „richtige" Interpretation?** – *Franz Kafka:* Der Nachbar – Gerhard Neumann: Interpretation zu Kafkas „Der Nachbar"	– subjektive Interpretationsansätze erkennen und verstehen lernen – am Beispiel zweier unterschiedlicher Interpretationen vergleichende Gesichtspunkte untersuchen
S. 141	**2 Theorie des Verstehens** – *Hans-Georg Gadamer:* Einander verstehen heißt, sich in etwas verstehen – der hermeneutische Zirkel	– einen philosophischen Quellentext erfassen – den Begriff des hermeneutischen Zirkels kennen lernen – theoretische Reflexion als Grundlage für eine begründete Literaturarbeit anregen
S. 144	**3 Funktion von Literatur** – *Dieter Wellershoff:* Literatur als Simulationstechnik – *Peter Handke:* Ich bin ein Bewohner des Elfenbeinturms – *Marcel Reich-Ranicki:* Wer schreibt, provoziert die Gesellschaft – *Umberto Eco:* Autor, Werk und Leser	– die grundsätzliche Bedeutung von Literatur als „Simulationstechnik" erkennen – feststellen, dass die Beschäftigung mit Literatur das Selbstbewusstsein fördert – Dichtung als gesellschaftliche Provokation begreifen lernen – sich bewusst werden, dass Dichtung zu Interpretationen unabhängig von den Intentionen des Autors/der Autorin veranlasst
S. 148	**4 Wertung – Kritik – Markt**	
S. 148	**4.1 Literaturkritik und literarische Wertung** – *Ludgera Vogt:* Literarische Wertung im Zeitalter der Pluralisierung – *Bernhard Schlink:* Last der Vergangenheit – *Johannes Mario Simmel:* Interview mit der „Frankfurter Rundschau"	– die Problematik von vorschnellen Werturteilen über Literatur und Dichter erkennen – eine Wendung zur Offenheit hinsichtlich literarischer Wertung ermöglichen – Kriterien für die Bewertung von Literatur entwickeln – den Begriff „Trivialliteratur" diskutieren können
S. 154	**4.2 Brauchen wir einen Literatur-Kanon?** – *Ulrich Greiner:* Bücher für das ganze Leben – *Clemens Kammler:* Kann uns nur noch ein Kanon retten?	– fundierte Möglichkeiten schaffen, an der immer wieder aufkommenden Diskussion über die Notwendigkeit eines „Literatur-Kanons" teilzunehmen
S. 156	**4.3 Der Buchmarkt** – Immer mehr Bundesbürger greifen zum Buch	– die Bedeutung des Buchmarkts beurteilen können – Entwicklungen des Buchmarkts im Rahmen der modernen Medien verfolgen

1 Gibt es die „richtige“ Interpretation?

▷ S. 136 *Franz Kafka:* **Der Nachbar** (1917)

▷ S. 137
1. Mögliche **Assoziationen:** Gute Nachbarschaft, Nachbarschaftshilfe, Freundschaften ...
   Demgegenüber lassen Kafkas Beschreibungen nur negative Assoziationen zu: Konkurrent, Neid, unpersönlich, Misstrauen, Schmarotzer, Gefahr.

2. **Interpretationshypothesen:** Das erzählende Ich verhält sich dem neuen Nachbarn gegenüber absolut misstrauisch; dadurch ergeben sich keine Versuche, persönlich Kontakt aufzunehmen; es herrscht Kommunikationslosigkeit; der Nachbar wird heimlich belauscht; das erzählende Ich scheint voll von Komplexen zu sein, ausgelöst durch persönliche und berufliche Unsicherheiten; die Ängste vor dem Konkurrenten steigern sich zu wahnhaften Vorstellungen.
   Thematik: Angst eines unsicheren Menschen vor einem Konkurrenten in einer bedrohlich wirkenden Welt; Parabel für die Identitätskrise des modernen Menschen in der Industriegesellschaft, die vor allem durch die Gesetze des Marktes geprägt ist.
   Die folgende Strukturskizze zeigt den Zusammenhang zwischen inhaltlicher Problemstellung (Identitätsdiffusion des Ich-Erzählers) und sprachlich erzählerischer Gestaltung:
   – Figurenanalyse/Handlungsanalyse:
     „ich“ und „anderer“ (alter ego)/fortschreitende Selbstzweifel, Selbstverdoppelung
   – Erzählperspektive:
     „einsinnige“ Perspektive des Ich-Erzählers
     Erzählerbericht mit szenischer Darstellungstendenz (Selbstgespräch)
     Mischung von vergegenwärtigender, rückschauender und vorausdeutender Perspektive
     konsequente perspektivische Entwicklung der Thematik des Identitätsverlustes
   – Sprachliche Strukturen:
     - Grundparadox:
       zunehmende Verwirrung der Alltagsroutine
       Last des Reibungslosen („leicht zu führen“)
     - Opposition:
       ich – anderer
       Sicherheit – Unsicherheit
       klar umrissene Arbeits- und Kommunikationsstrukturen – Verständigungsprobleme
       berufliche Integration – Konkurrenzmodell/private Isolation etc.
     - Äquivalenz:
       „huschen“ – „Schwanz einer Ratte“
       „horchen“ – „Hörmuschel“ – „Geheimnisse“
       „einfach“ – „leicht“ – „sicher“ – „frischweg“
       „klagen“ – „ungeschickterweise“ – „elend dünne Wände“ – „zittrige Stimme“
     - Bildebene:
       Tier-, Tanzmetaphorik
       Telefonsymbol etc.
     - Adverbiale Modalitäten:
       „vielleicht“, „natürlich“, „manchmal“
     - Syntax:
       Asyndese, Ellipse
       monologische Fragen
       pseudokausale adversative Satzverknüpfungen: „aber“, „doch“, „dagegen“ etc.

Hinweise zum didaktisch-methodischen Vorgehen

Die Schülerinnen und Schüler analysieren den Prozess der sich steigernden Verunsicherung.

Schwerpunkte:

- Wechsel der Perspektive des Erzählers von vermeintlicher Selbstsicherheit zu radikalem Selbstzweifel
- antithetische Konstellation des Beziehungsgefüges: Spannung zwischen erzählendem Ich und dem Nachbarn
- sprachliche Gestaltung: semantische Oppositionen und Äquivalenzen, syntaktisch auffällige Merkmale
- Entwicklung textimmanenter und textüberschreitender Begründungszusammenhänge für die dargestellte Identitätskrise.

Im Zentrum der Interpretation von Kafkas Erzählung „Der Nachbar“ steht die Entfremdung der Ich-Du-Beziehung vor den Hintergrund „nachbarlicher“ Interaktionsrituale. Die Affinität des Themas zu privaten und öffentlichen Interaktionssituationen der Schüler/innen, für die unter entwicklungspsychologischem Aspekt Fragen der Ich-Krise und der Identitätsfindung von großer Bedeutung sind, lässt eine engagierte Rezeptions- und Applikationstendenz vermuten, wobei auch ein besonderes Interesse an textübergreifenden Problemlösungen zu erwarten ist. Einerseits werden wiederholende Schritte der Textinterpretation vorgenommen (Übungseffekt), andererseits wird der Schwierigkeitsgrad erhöht durch die verstärkte Akzentuierung sprachlich orientierter Analyseschritte (z. B. Bestimmung von Äquivalenzfunktionen der Figurencharakteristik, von semantischen Oppositionen der Aufwertung und Abwertung, von syntaktischen Funktionen der Erzählperspektive).

Eine situativ angemessene Orientierung der Lehrkraft an folgenden Leitimpulsen innerhalb der sachgerechten Textarbeit ergibt sich aus der Relation von Textintention und Lernniveau der Schüler/innen:

- die Perspektive des Ich-Erzählers im Hinblick auf den Prozess der Verunsicherung gliedern
- die Haltung des Ich-Erzählers zu Anfang und am Schluss vergleichen
- die antithetische Beziehung von Ich-Erzähler und Nachbar erfassen
- die sprachlichen Signale, die auf die Opposition von vermeintlicher Selbstgewissheit und Unsicherheit sowie auf den Prozess der Ich-Entfremdung verweisen, analysieren und deuten
- das Verhalten des Ich-Erzählers erklären; innerhalb und außerhalb des Textes wirksame Begründungszusammenhänge entwickeln (Beruf des Ich-Erzählers etc.).

Verlaufsskizze

1. Anknüpfung/Entwicklung des Vorverständnishorizonts:
   Assoziationen zum Titel „Der Nachbar“; Integration des Vorwissens zum Autor Franz Kafka
   Ziel: Sensibilisierung des Interesses für den Gegenstand im Zusammenhang mit dem Lernprozess
2. Vortrag des Textes durch die Lehrkraft – Aufbau der Motivation
3. Intuitivphase (Spontanphase):
   Lehrer/in regt Schüler/innen zu ersten Äußerungen an, etwa zum Verhalten des Ich-Erzählers, zur Beziehung von Erzähler und Nachbar, zum Schluss der Erzählung
4. Vorläufige Problematisierung/Hypothesenbildung:
   Festhalten erster Ergebnisse; Entwicklung weiterer Interpretationshypothesen
5. Sachgerechte Erarbeitung (Problemlösung/Systematisierung):
   5.1 Analyse des Aufbaus der Erzählperspektive:
   evtl. Festhalten der Ergebnisse an der **Tafel** *(Teilziel)*, etwa:

Aufbau der Erzählperspektive

- übertriebene Selbstsicherheit
- fortlaufende Verunsicherung
- endgültige Isolation

5.2 Analyse des Verhaltens von Ich-Erzähler und Nachbar; Formulierung entsprechender Leitfragen: Welchen Eindruck gewinnen Sie vom Verhalten der beiden Figuren? Wie stellt sich der Erzähler am Schluss der Geschichte dar?
Teilziele: Bestimmung der grundlegenden Oppositionen von Sicherheit und Unsicherheit, von Erfolg und Misserfolg
Beschreibung und Deutung der Verunsicherung und Selbstaufgabe der Perspektivfigur

5.3 Analyse der sprachlichen Gestaltung und ihrer Funktion
Unterrichtsmethode: Partnerarbeit
Arbeitsaufträge: Welche sprachlichen Signale kennzeichnen die Unsicherheit des Erzählers?
Welche sprachlichen Signale charakterisieren den Nachbarn?
Präsentation der Ergebnisse/Ergänzungen im Unterrichtsgespräch
Erstellung einer strukturierten **Tafelskizze** *(Teilziele)*, etwa:

Sprachliche Signale

Opposition:	Sicherheit/Unsicherheit Erfolg/Isolation
Äquivalenz:	leicht – sicher – frischweg klagen – ungeschickterweise – elend – zittrig
Metaphorik:	Tiermetaphorik, Tanzmetaphorik – inneres Erleben des Konkurrenzkampfes
Syntax:	Asyndese, rhetorische Fragen, aber, vielleicht – Innenperspektive des Erzählers

6. Abstraktion: Zusammenfassung/Ergebnissicherung
Leitende Fragestellung: Wie ist das merkwürdige Verhalten des Ich-Erzählers zu erklären?
Teilziele: Entwicklung unterschiedlicher (textimmanenter) Erklärungshypothesen
Förderung des Methodenbewusstseins:
   - psychologische Hypothese (Neurose)
   - biografische Hypothese (Zusammenhang zur Lebenserfahrung des Autors: existenzielle Angst/Vater-Sohn-Konflikt)
   - historisch-sozialtheoretische Hypothese (ökonomischer Konkurrenzkampf)
7. Phase der Applikation: Transfer auf den Zusammenhang von Lebenswelt und gesellschaftlichem Bewusstsein im biografischen Kontext (*Franz Kafka:* Brief an den Vater. Fischer-Tb. 1629, S. 31–35)
Zielperspektive und Fragestellung: Welchen Eindruck gewinnen Sie von der Beziehung Vater – Sohn?
Stilllektüre (Unterstreichen des Wesentlichen/kurze schriftliche Notizen in arbeitsteiliger Aufgabenstellung, s. o.)
Vortrag und Diskussion der Ergebnisse/Übertragung der leitenden Fragestellung auf andere Erzählungen Kafkas

Kerstin Maaß: **Interpretation zu Kafkas „Der Nachbar“** ▷ S. 138
Gerhard Neumann: **Interpretation zu Kafkas „Der Nachbar“** (1979) ▷ S. 139

4. a–c) ▷ S. 140

	Neumann	Maaß
Aufbau	– Entstehungsgeschichte (Z. 1–16) – Erzählperspektive (Z. 17–20) – Sprachanalyse (Z. 20–61) – Hinweise auf die Forschung (Z. 62–76)	– Inhaltsbeschreibung in Ansätzen (Z. 1–14) – Inhaltswiedergabe (Z. 15–45) – Erzählperspektive (Z. 46–65) – Deutungen des Erzählerverhaltens (Z. 66–98) – vergleichbare biografische Hinweise (Z. 99–111) – historisch-gesellschaftlicher Interpretationsansatz (Z. 112–121)
Anteile an der Interpretation	– Auf beschreibende Teile wird fast ganz verzichtet. – Deutende Interpretationen nehmen den größten Raum ein. – Wertend wird in vereinzelten Begriffen Bezug genommen.	– Im ersten Teil des Aufsatzes wird vorwiegend beschreibend vorgegangen. – Deutungen nehmen großen Raum ein. – Wertungen kommen in der Verwendung entsprechender Begriffe vereinzelt vor.
Subjektive Ebene des Verstehens	... wird vermieden	... äußert sich vor allem im letzten Satz

5. a/b) Meinungen zum Sinn des Interpretierens:
   - Die Texte erklären nicht mich, sondern an mir ein Stück unseres Lebens. *(Hartmut von Hentig)*
   - Lesen ist gelenktes Schaffen. *(Jean-Paul Sartre)*
   - Wir brauchen ... Bücher, die auf uns wirken wie ein Unglück, das uns sehr schmerzt, wie der Tod eines, den wir lieber hatten als uns, wie wenn wir in die Wälder verstoßen würden, von allen Menschen weg, ein Buch muss die Axt sein für das gefrorene Meer in uns. *(Franz Kafka)*
   - Das Ziel aller Kommentierung der Kunst sollte heute darin liegen, die Kunst ... für uns wirklicher zu machen statt weniger wirklich. *(Susan Sontag)*
   - Der Mensch versteht nichts, als was ihm gemäß ist. *(Johann Wolfgang Goethe)*
   - Der eigentliche Inhalt des Kunstwerks wird somit seine Art, die Welt zu sehen und zu beurteilen, ausgedrückt in einem Gestaltungsmodus, und auf dieser Ebene muss dann auch die Untersuchung der Beziehungen zwischen Kunst und Welt geführt werden. *(Umberto Eco)*
   - Methodisches Interpretieren ist in der Regel ein mehr oder weniger kontrolliertes „Hin und Her“ (Sartre) zwischen kritischer Verständigung über den Wahrheitsgehalt und die Wirksamkeit des Textes, analytischer Überprüfung und Begründung der in den Verständigungsakten getroffenen Feststellungen und methodischer Reflexion. *(Jürgen Schutte)*

2 Theorie des Verstehens

▷ S. 142 1.–3. Ergänzend können folgende Aspekte berücksichtigt werden:

Methoden der Literaturinterpretation

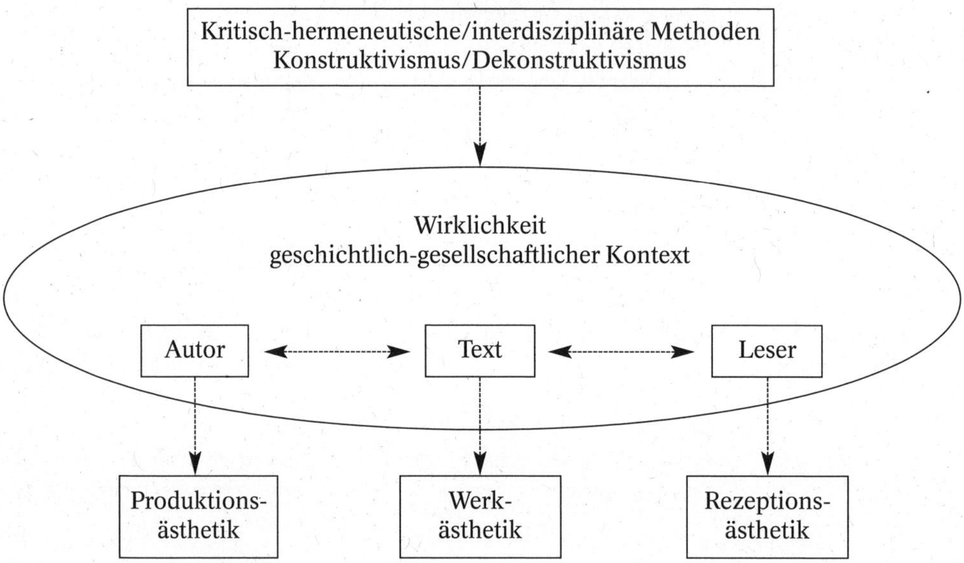

Erläuterungen zum Schema

Entsprechend der perspektivischen Schwerpunktsetzung im Unterricht wie im wissenschaftlichen Diskurs lässt sich der ästhetische Gegenstand unter vier Aspekten betrachten.

– Produktionsästhetik

Die Produktionsästhetik richtet sich auf das Verhältnis von Autor und Text im Horizont der Entstehungssituation des Werks. Die besonderen Entstehungsbedingungen, der Produktionsprozess, die Autorintention etc. kommen hier zur Sprache, sei es in Form der historisch-kritischen Sozialtheorie der Literatur, wie sie etwa Walter Benjamin entwickelt hat, sei es als biografisches Verfahren.

– Werkästhetik

Die Werkästhetik konzentriert sich auf den literarischen Text und sucht eine Antwort auf die Frage: Wie ist der Text gemacht? Diese Methode abstrahiert weitgehend von den historisch-gesellschaftlichen Rahmenbedingungen des Textes und sucht die Bedeutung kontextunabhängig zu erfassen. Besonders bekannt ist die phänomenologisch-werkimmanente Schule (Ingarden, Staiger, Kayser) wie auch das strukturalistische Verfahren (Barthes, Eco, Lotman).

– Rezeptionsästhetik

Die Rezeptionsästhetik analysiert das Verhältnis von dichterischem Werk und Leser. Sie fragt danach, welcher Leser warum in welcher Weise versteht, und erarbeitet Kriterien, um die Wirkungen der Literatur zu untersuchen. Den entscheidenden Anstoß gab Sartre mit seinem Essay „Was ist Literatur?“, in dem er die These „Lesen ist gelenktes Schaffen“ entfaltete. Auf dieser Basis entwickelte die Konstanzer Schule (Iser, Jauß) ihre Verfahren, die bis in die Gegenwart hinein den Literaturunterricht entscheidend geprägt haben.

– Kontextästhetik

Während die eben genannten Methoden jeweils einen Aspekt der literarischen Kommunikation dominant setzen, untersucht die kritisch-hermeneutische Methode den komplexen Zusammenhang aller relevanten Faktoren. Die zentrale Prämisse dieser Methode ist die Annahme einer Sinnkohärenz im geschichtlich-gesellschaftlichen Zusammenhang. Dabei konstituiert sich der Sinn in einem fruchtbaren Wechselprozess

von Leser, Werk und gesellschaftlicher Wirklichkeit. Analog zur Grundannahme des Konstruktivismus (Berger/Luckmann, Postman) wird sinnhafte Wirklichkeit erst in einem Prozess der Wahrnehmung und Deutung erzeugt.
In jüngster Zeit werden die Grundannahmen der kritisch-hermeneutischen Interpretationspraxis kritisch hinterfragt. Im Rahmen der Debatte über die Postmoderne hat sich die Methode der Dekonstruktion etabliert (Derrida, Bloom, Wellbery). Die traditionellen Kategorien von Subjekt, Sinn und Geschichte verlieren ihre Gültigkeit, da die homogene Einheit von aktuellen und geschichtlichen Erfahrungen des Subjekts in Frage gestellt wird. So liegt den Texten kein monozentrischer Sinngehalt zugrunde, sondern sie entfalten eine komplexe Streuung unterschiedlicher Sinnzentren, die vernetzt sind. Jenseits von Beliebigkeit und Eindeutigkeit entwickelt der Interpret eine für ihn schlüssige Orientierung: eine Topographie der Vernetzung. Vor dem Hintergrund dieser dekonstruktiven Methode gewinnt die konkrete Arbeit am sprachlichen Kunstwerk wieder an Bedeutung. Es geht darum, sprachliche Oppositionen, Brüche und Äquivalenzen aufzusuchen und von daher ein produktives Beziehungsgeflecht der wahrgenommenen Phänomene zu entwickeln. Da die Erfahrung der Sinnhaftigkeit ein wichtiges Element der kulturellen und pädagogischen Identität ist, kann der Deutschunterricht auf das kritisch-hermeneutische Verfahren nicht verzichten. Ergebnisse der Postmoderne-Debatte, die in diesen Horizont integrierbar sind, sollten allerdings ohne Vorurteile aufgenommen werden.

Hans-Georg Gadamer: **Einander verstehen heißt, sich in etwas verstehen – der hermeneutische Zirkel** (1974)

▷ S. 143

1. a) „Horizontverschmelzung" bedeutet im Sinn von Gadamer, dass die Gesichtspunkte, unter denen wir literaturgeschichtliche Texte lesen und verstehen, immer diejenigen sind, die wir eben aus unserem Wissen aus der betreffenden Epoche wie aus unseren selbst gemachten Erfahrungen unserer eigenen Gegenwart gewonnen haben. ▷ S. 143
Gadamer nimmt zwar direkt Bezug auf das Verstehen von Geschichte, das schließt aber das Verständnisproblem von literarischen Texten mit ein.
Mögliches **Tafelbild:**

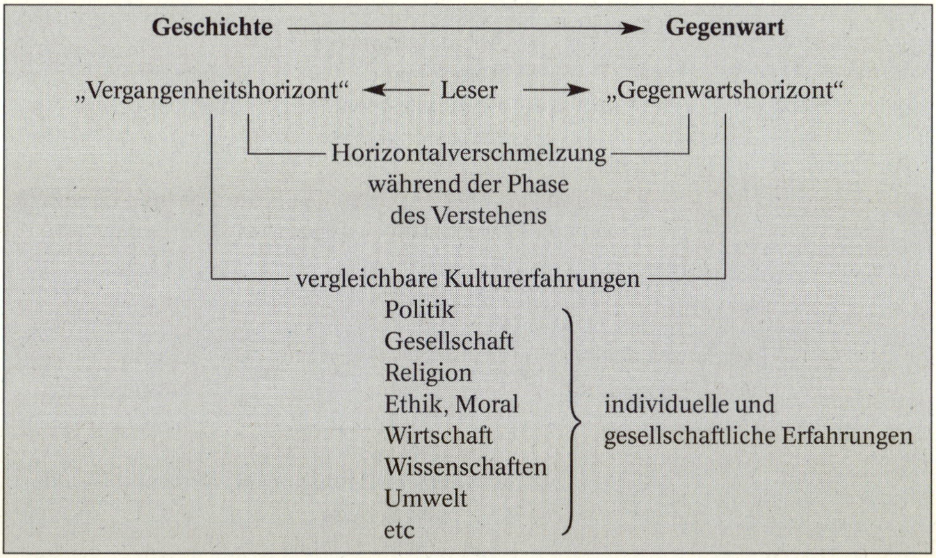

b) Da Literatur jeweils in einem konkreten historischen Kontext produziert, aber auch gelesen und verstanden (= Rezeption) wird, ist das entscheidende Kriterium des Wahrheitsanspruchs von Literatur für Gadamer, dass man sich über die Maßstäbe, mit denen man historische Texte misst und bewertet, im Klaren ist. Sie sind nicht fest, sie verändern sich ständig (= Rezeptionsgeschichte). Über sie hat man sich Rechenschaft abzulegen, dann werden Deutungen und Wertungen erklärbar, nachvollziehbar und „wahr".

3 Funktion von Literatur

Die vier vorliegenden Texte eignen sich, die Thematik mit Hilfe von Schaubildern – wie hier beispielhaft vorgegeben – zu erarbeiten oder entwickeln zu lassen: lehrerzentriert als Tafelbilder oder schülerorientiert in Einzel- oder Gruppenarbeit (zur Methode siehe ▷ S. 34 ff.). In Meta-Plan-Technik ausgeführt, könnten die vier besten Lösungen für einige Tage im Klassenzimmer präsentiert werden.

▷ S. 144 *Dieter Wellershoff:* **Literatur als Simulationstechnik** (1969)

▷ S. 145 1./2. **Literatur**
simuliert grenzüberschreitend
- fiktive Räume
- fiktives Handeln
- fiktives Denken

→ Leser überschreiten Grenzen ihrer praktischen Erfahrungen (= ein Bedürfnis!)

Beispiele:
- Abenteuerromane
- Reiseromane
- Kriminalromane
- Liebesromane etc.

} gefahrlose „Simulation"

Das Problem dabei: Irritation über Vorurteile und Gewohnheiten
→ Sinn und Zweck: Unbewusstes wird dadurch bewusst!

Vergleiche

fremde Verhaltens- und Denkweisen ← → eigene Erfahrungen

↓

sich selbst neu sehen
- eigene Bedingungen, Werte und Handlungen überdenken
- bewusster leben

Peter Handke: **Ich bin ein Bewohner des Elfenbeinturms** (1969) ▷ S. 145

1. Problemfeld: **Selbstbewusstsein** (d. h. sich über sich selbst bewusst werden!) ▷ S. 146

ohne Literatur:
- Bin ich ein Einzelfall?
- Bin ich krank?

(Schreckliches, Beschämendes, Obszönes)

↓

Grund zur Scham

mit Literatur:
- Ich bin kein Einzelfall!
- Es geht anderen ähnlich!

↓

Befreiung

dazu:
- Literatur erzieht dabei („verändert")
- macht aufmerksam auf die wirkliche Wirklichkeit

↓

Ziel:
Aufklärung

über einen selbst | über das eigen Umfeld

→ neue Möglichkeiten
- zu sehen
- zu sprechen
- zu denken
- zu existieren

2. – Überschreitung der Grenzen individueller, praktischer Erfahrungen
   – In der Simulation der fiktiven Welt erlebt der Einzelne das Grundsätzliche seiner Probleme
   – Die gewonnene Irritation über Vorurteile und Gewohnheiten klärt die Leser über sich und ihre Umwelt auf
   – Das Ziel der Beschäftigung mit Literatur ist, sich selbst neu zu sehen und damit die Möglichkeit zu schaffen, bewusster zu leben

3. a) **Pro:**

Voraussetzung: Einlassen auf das Abenteuer der Bewusstseinserweiterung durch eine intensive Beschäftigung mit Literatur
- Vielfache persönliche Äußerungen und Bekenntnisse
- Persönliche Auseinandersetzungen mit Literatur bedeuten eine Schärfung kritischer Sichtweisen.
- Literatur beeinflusst – wenn auch nicht direkt messbar – die Gesellschaft; wenn das nicht so wäre, hätten Despoten und Diktaturen nicht Angst vor einer freien und kritischen Literatur und würden sie nicht zensieren.
- Bücher wie die Bibel oder der Koran – im weiteren Sinne auch „Literatur" – zeigen bis heute eine mehr oder weniger sogar erschreckende Kraft der individuellen und gesellschaftlichen Beeinflussung.

Kontra:
- Viele Menschen beschäftigen sich selten oder überhaupt nicht mit Literatur, sie können folglich auch nicht verändert werden. Einer ignoranten Gesellschaft geht es entsprechend ähnlich. Hier treten dann allerdings andere Formen der Medienbeeinflussung an die Stelle der Literatur. (Bsp.: Machen gewaltverherrlichende Filme Kinder, Jugendliche und letztlich die betreffende Gesellschaft aggressiv?

- Auch wenn man intensiv liest, heißt das noch nicht, dass man sich auch jeweils in der Richtung des betreffenden Buches verändern muss. Jeder Mensch hat entsprechende Widerstandskräfte.
- Diktaturen, wie der Kommunismus und Nationalsozialismus, sind trotz einer anfänglich vorherrschenden humanen Literatur nicht verhindert worden.

▷ S. 146 *Marcel Reich-Ranicki:* **Wer schreibt, provoziert die Gesellschaft** (1961)

▷ S. 147 1. Schriftsteller ≙ Mephisto (er „reizt und wirkt und muss als Teufel schaffen“)

→ **Provokationen bis an den Rand des Möglichen treiben!**

Bspe.:
- gegen herrschende Schichten
- gegen die Gesetze der Gesellschaft
- gegen die Dummheit
- gegen die Religion
- gegen Sitte, Ordnung und Gesetz
- gegen die soziale Umwelt etc.

} Wort = Waffe!

→ Vor allem Tyrannen verfolgen deswegen Schriftsteller.
dabei: Viele Spielarten der Verfolgung:

von der „Schere im Kopf“ ←→ bis zur Ermordung

▷ S. 147 *Umberto Eco:* **Autor, Werk und Leser** (1983)

▷ S. 147 1.

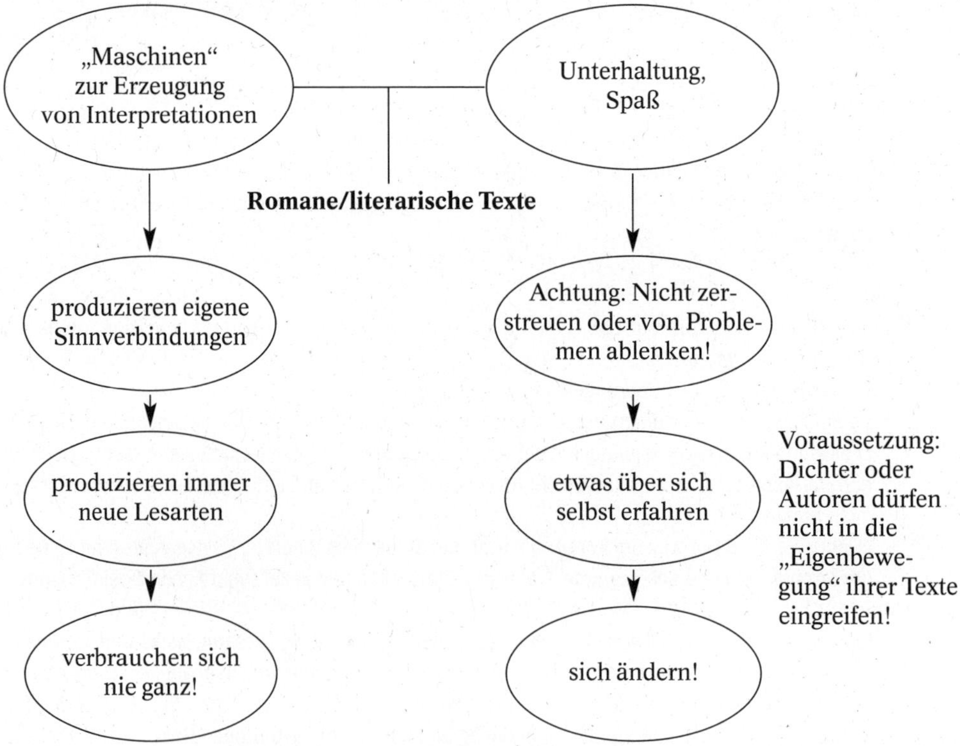

4 Wertung – Kritik – Markt

4.1 Literaturkritik und literarische Wertung

1. – Ablehnung englischsprachiger und deutschsprachiger Literatur, weil Friedrich der Große – wie zu seiner Zeit üblich – nur die französische Sprache als kulturwürdig erachtete ▷ S. 148
   – Ablehnung eines sprachlichen Stils, der auf Verständnis beim Volk abzielte; er herrschte noch die Überheblichkeit des Adels
   – Dichtung sollte den Adel unterhalten (und eventuell das Volk vom politischen Nachdenken ablenken), aber nicht die Bevölkerung über gesellschaftliche und politische Zusammenhänge aufklären
   – Angst vor einem kritischen und unruhigen Volk (Ideen der Aufklärung!)

Ludgera Vogt: **Literarische Wertung im Zeitalter der Pluralisierung** (1998) ▷ S. 148

Vorschlag für die Behandlung des Textes im Unterricht:

a) Die inhaltliche Struktur („Gliederung") des Textes herausarbeiten lassen, z. B.:
   – Vom Allgemeinen ausgehend wird der Prozess der Urteilsbildung hinsichtlich der Lektüre eines Buches beispielhaft aufgezeigt.
   – Vermittlung von Wertmaßstäben in der Schule
   – Beschreibung der institutionalisierten Literaturkritik
   – Der Wandel gesellschaftlicher Normen bedeutet Befreiung von Zwängen, aber auch allgemeine Verunsicherung, so dass verbindliche oder allgemein anerkannte Wertmaßstäbe bei der Beurteilung von Literatur (was ist „hohe" Literatur?) fragwürdig erscheinen (Stichworte: „Postmoderne", „soziale Pluralisierung").

   Diese Wendung hin zur Offenheit literarischer Wertung ermöglicht eine Diskussion bzw. Erörterung der Thematik.

b) Hausaufgabe:
   – Eine Bestsellerliste aus einer Zeitschrift besorgen
   – Eine Buchbesprechung aus dem Feuilletonteil einer Tages- oder Wochenzeitung herausschneiden und die Wertungen unterstreichen
   – Den Klappentext eines Buches kopieren

   Die Ergebnisse werden der Klasse beispielhaft vorgestellt.

1. – Emotionen („amüsiert oder gelangweilt", „angezogen oder abgestoßen") ▷ S. 150
   – Stil (spannend oder „langweilig")
   – Bezug zu unserer Lebenswirklichkeit (betroffen oder „belanglos")
   – Bedeutung von „Paratexten":
     • Autorennamen
     • Titel
     • Verlag
     • Umschlaggestaltung
     • Werbung
     • Vorwort
   – schulisch vermittelte Maßstäbe („gute"/„schlechte" Literatur; „Auswahl und Kanonisierung")
   – Art der Besprechung durch die Literaturkritik (Tipp: Einen Ausschnitt aus dem „Literarischen Quartett" als Video-Einspielung zeigen!)
   – literarische Normen: ästhetische, moralische oder politische Normen
   – Empfehlungen von Freunden etc.

3. – Prozess der Individualisierung könne beobachtet werden
   - Eine Vielzahl von Optionen, Wahlmöglichkeiten und Entscheidungssituationen eröffneten sich dem Einzelnen
   - dadurch Freiheitsgewinn einer „Multioptionsgesellschaft“ (Z. 112)
   - gleichzeitig aber auch Abnahme von Einbettungen und Bindungen mit zunehmender „Orientierungslast“ (Z. 116) für den Einzelnen
   - tradierte, nationale Kulturgrenzen lösten sich auf
   - „kollektive Identitätsmuster“ (Z. 126) seien in Bewegung geraten
   - es gebe heute eine „Pluralität nebeneinander geordneter Milieus und Geschmackspräferenzen“ (Z. 133 f.)
   - dadurch befänden sich auch „die ästhetischen Hierarchien im Fluss oder sogar in der Auflösung“ (Z. 137 f.)

▷ S. 150 *Bernhard Schlink:* **Last der Vergangenheit** (2000)

▷ S. 151 1. a) – Persönlichkeit des Schriftstellers (beruflich und schriftstellerisch erfolgreich)
- Autor eines Bestsellers (berühmt)
- internationale Aufmerksamkeit (Vergleich mit weltberühmten Titeln)
- Sprache des Autors („präzise“, „nüchtern“, ernster Ton)
- Erzähltechnik („spannend“, „virtuos“, „in einer selbstverständlichen, überlegenen Manier erzählt“, „effektvoll komponiert“, „offene Fragen“)
- Sensibilität des Autors für „seelische Verquickungen“, für „Menschen unserer unruhigen Epoche“)

b) – Hinweise zum Autor
- Nennung und Beurteilung des vorausgegangenen Bestsellers „Der Vorleser“
- Inhalt und Beurteilung des neuen Buches „Last der Vergangenheit“
- zusammengefasster Inhalt der sieben Erzählungen
- Bewertung der Erzähltechnik

▷ S. 152 *Johannes Mario Simmel:* **Interview mit der „Frankfurter Rundschau“** (1974)

▷ S. 152 1. Zur Biografie Simmels: 1924 in Wien geboren, bekannt geworden durch seinen ersten Roman „Mich wundert, dass ich so fröhlich bin“. Sein preisgekröntes Schauspiel „Der Schulfreund“, die Romane „Das geheime Brot“, „Affäre Nina B.“ und „Ich gestehe alles“ wurden weitere Erfolge. Verfilmt wurden viele seiner zahlreich erschienenen Romane, wie „Es muss nicht immer Kaviar sein“ oder „Der Stoff, aus dem die Träume sind“.

Tipp für den Unterricht: Da Simmel zu den auch weltweit am meisten gelesenen Autoren zählt, bietet es sich an, dass interessierte Schüler/innen einen Roman lesen und der Klasse vorstellen; dabei können dann die erarbeiteten Kriterien literarischer Wertung beispielhaft angewendet werden. Der Einsatz einer Video-Einspielung einer Romanverfilmung von Simmel wäre in diesem Zusammenhang angemessen.

2. a/b) Hilfreich bei der Beurteilung und Wertung können folgende Kriterien von Trivialliteratur sein:

Merkmale der Trivialliteratur

Innerhalb der Gruppe der niederen Trivialliteratur unterscheidet man hauptsächlich zwischen folgenden Typen von Romanen: Heimat-, Arzt-, Kriminal-, Liebesromane, Science-Fiction-Romane und Landserheftchen.

Sie alle sind nach dem gleichen Muster aufgebaut, das sich in 11 Punkte zusammenfassen lässt:

1. Landschaften und Menschen werden genau und realistisch dargestellt. Neues kommt nicht hinzu. Der Leser soll ihm bekannte Details wiedererkennen können.

2. Starke Kontraste sind in der Trivialliteratur unentbehrlich, wie gut – böse, reich – arm, sensibel – arrogant, Arzt – Student etc.

3. Mensch und Natur werden in Stimmungsbildern zusammengebracht. Die Vergleichspartikel „wie“ leistet hier gute Dienste, z. B. „die Ulmen weinen wie trauernde Witwen“, „die Trauerweiden stehen wie weinende Kinder“.

4. Seelische Zustände und Gefühle werden nicht umständlich geschildert, sondern deutlich zum Ausdruck gebracht.

5. Grundsätzlich werden Verhaltensmuster, sog. Patterns verwendet. Der Graf wohnt in einem Schloss, ist galant und wohlerzogen, der Student haust in einer billigen Dachkammer und ist in seinem Verhalten eher unbeschwert.

6. Die Personen im Trivialroman entsprechen den traditionellen Wertungsvorstellungen und Rollenverteilungen: Weibliche Helden treten als wunderschöne und zarte Geschöpfe auf, die sich umwerben lassen und sich ein Leben als Hausfrau an der Seite eines liebevollen Gatten ersehnen. Die Männer dagegen verkörpern große, beschützerische Typen, sie stehen im Berufsleben ihren (heldenhaften) Mann und bilden eine Respektsperson für die Frau.

7. Der Titel des Romans will jeden ansprechen. Er beinhaltet deshalb stets die Begriffe Liebe, Tod, Familie etc., z. B. „Weil für mich nur Liebe zählt“, „Zwischen Leidenschaft und Mutterliebe“.

8. Die Vornamen der Heldinnen enden oftmals mit einem weichen wohlklingenden a, um sofort Sympathie zu erzeugen: Bianca, Eva, Julia, Mona.

9. Ausschmückende Adjektive und Adverbien sind der wichtigste Bestandteil eines Trivialromans. Anstatt „die Heide“ heißt es hier „die romantische Heide mit ihrer frischen, aromatischen Luft, ihrer fast unwirklichen Ruhe und Beschaulichkeit“.

10. Der Handlungsverlauf ist nach einem Schema aufgebaut: Idylle – Katastrophe – Idylle, d. h. eine glückliche, heile Welt wird plötzlich gestört durch Probleme und Verwicklungen wie Intrigen, Krankheit, Eifersucht etc., die sich schließlich im Happyend auflösen.

11. Trivialromane sind leicht konsumierbar. Es überwiegen wörtliche Reden, meist in Form von Dialogen zwischen zwei Romanfiguren. Die Sätze sind kurz und einfach, Schachtelsätze treten so gut wie nie auf. Beim Heimatroman kommt hinzu, dass zahlreiche Begriffe aus dem Dialekt entnommen sind, um den Eindruck des bäuerlichen Flairs zu verstärken.

4.2 Brauchen wir einen Literatur-Kanon?

Ulrich Greiner: **Bücher für das ganze Leben** (1997) ▷ S. 154
Clemens Kammler: **Kann uns nur noch ein Kanon retten?** (1997) ▷ S. 155

1. a) **Pro** ▷ S. 155

- Pflege des kulturellen Erbes
- Überlieferung nicht abreißen lassen
- Wer die Geschichte nicht kennt, kennt die Kultur nicht, kennt sich selbst nicht.
- gemeinsamer Gesprächsgegenstand → Diskussionen sind möglich
- Nur ein Kanon erzeugt sinnvolle Widerstände (Bsp.: Brecht).
- Liebe zur Poesie und Sprache pflegen
- „Hohe“ Literatur fördert wirkliches Sprach- und Denkvermögen.
- „Hohe“ Literatur fördert das Lesen.
- Eigene Widerstände können herausgebildet werden.

- Gefahr der Sprachlosigkeit („Müll der Bilder")
- die eigene Erfahrung an den Werken großer Dichter schulen
- ...

Kontra

- berufliche Erfolge heute ohne literarische Kenntnisse möglich
- Verdacht gegen das Elitäre
- Herrschaftsinstrument, Zwang
- Sprache der Werbung ist verbreiteter und wirksamer; sie muss deshalb studiert werden.
- Wissensvielfalt und Medienkultur lassen eine Kanonisierung nicht zu.
- Bildung auch ohne literarisches Wissen möglich
- Zeiten sind vorbei, als man sich als „gebildet" belesen zeigen musste.
- Traditionelle Literatur ist marginal.
- Autoritätsverlust des „kulturellen Erbes"
- Niemand lässt sich heute mehr zwingen.

Lernerfolgkontrolle/Klausurvorschlag

Franz Kafka
Der Schlag ans Hoftor (1917)

Es war im Sommer, ein heißer Tag. Ich kam auf dem Nachhauseweg mit meiner Schwester an einem Hoftor vorüber. Ich weiß nicht, schlug sie aus Mutwillen ans Tor oder aus Zerstreutheit oder drohte sie nur mit der Faust und schlug gar nicht. Hundert Schritte weiter an der nach links sich wendenden Landstraße begann das Dorf. Wir kannten es nicht, aber gleich nach dem ersten Haus kamen Leute hervor und winkten uns, freundschaftlich oder warnend, selbst erschrocken, gebückt vor Schrecken. Sie zeigten nach dem Hof, an dem wir vorübergekommen waren, und erinnerten uns an den Schlag ans Tor. Die Hofbesitzer werden uns verklagen, gleich werde die Untersuchung beginnen. Ich war sehr ruhig und beruhigte auch meine Schwester. Sie hatte den Schlag wahrscheinlich gar nicht getan und hätte sie ihn getan, so wird deswegen nirgends auf der Welt ein Beweis geführt. Ich suchte das auch den Leuten um uns begreiflich zu machen, sie hörten mich an, enthielten sich aber eines Urteils. Später sagten sie, nicht nur meine Schwester, auch ich als Bruder werde angeklagt werden. Ich nickte lächelnd. Alle blickten wir zum Hofe zurück, wie man ein ferne Rauchwolke beobachtet und auf die Flamme wartet. Und wirklich, bald sahen wir Reiter ins weit offene Hoftor einreiten. Staub erhob sich, verhüllte alles, nur die Spitzen der hohen Lanzen blinkten. Und kaum war die Truppe im Hof verschwunden, schien sie gleich die Pferde gewendet zu haben und war auf dem Wege zu uns. Ich drängte meine Schwester fort, ich werde alles allein ins Reine bringen. Sie weigerte sich, mich allein zu lassen. Ich sagte, sie solle sich aber wenigstens umkleiden, um in einem besseren Kleid vor die Herren zu treten. Endlich folgte sie und machte sich auf den langen Weg nach Hause. Schon waren die Reiter bei uns, noch von den Pferden herab fragten sie nach meiner Schwester. Sie ist augenblicklich nicht hier, wurde ängstlich geantwortet, werde aber später kommen. Die Antwort wurde fast gleichgültig aufgenommen; wichtig schien vor allem, dass sie mich gefunden hatten. Es waren hauptsächlich zwei Herren, der Richter, ein junger, lebhafter Mann, und sein stiller Gehilfe, der Aßmann genannt wurde. Ich wurde aufgefordert, in die Bauernstube einzutreten. Langsam, den Kopf wiegend, an den Hosenträgern rückend, setzte ich mich unter den scharfen Blicken der Herren in Gang. Noch glaubte ich fast, ein Wort werde genügen, um mich, den Städter, sogar noch unter Ehren, aus diesem Bauernvolk zu befreien. Aber als ich die Schwelle der Stube überschritten hatte, sagte der Richter, der vorgesprungen war und mich schon erwartete: „Dieser Mann tut mir Leid." Es war aber über allem Zweifel, dass er damit nicht meinen gegenwärtigen Zustand meinte, sondern das, was mit mir geschehen würde. Die Stube sah einer Gefängniszelle ähnlicher als einer Bauernstube. Große Steinfliesen, dunkel, ganz kahle Wand, irgendwo eingemauert ein eiserner Ring, in der Mitte etwas, das halb Pritsche, halb Operationstisch war.

Könnte ich noch andere Luft schmecken als die des Gefängnisses? Das ist die große Frage oder vielmehr, sie wäre es, wenn ich noch Aussicht auf Entlassung hätte.

(Franz Kafka: Sämtliche Erzählungen. Hg. v. Paul Raabe. Fischer Taschenbuch Verlag, Frankfurt/M. 1970, S. 299f.)

1. Interpretieren Sie Franz Kafkas Erzählung „Der Schlag ans Hoftor".

Erwartungshorizont

Verstehens- und Darstellungsleistung: Es wird erwartet, dass die Schüler/innen Kafkas „Schlag ans Hoftor" als parabolischen Text erkennen, ihn auf der Bildebene detailliert untersuchen und auf dieser Basis einen begründeten Deutungsansatz entwickeln. Anzunehmen ist, dass die Analyse einsetzt mit einer Beschreibung der Handlungsstruktur des Textes: Ausgelöst von einer harmlos erscheinenden, vielleicht auch nur angedeuteten Handlung der Schwester (Schlag ans Hoftor), sieht der Ich-Erzähler seine Schwester und sich von wohlmeinenden, aber verschreckten Dorfbewohnern mit der Drohung konfrontiert, der Hofbesitzer werde Klage erheben; das weist der Erzähler selbstsicher ab. Im nächsten Handlungsabschnitt verdichtet sich die Situation durch das Auftauchen von Reitern zu einer ernst zu nehmenden Bedrohung; sie wird manifest im Auftreten eines Richters, dessen Interesse sich ganz auf den Ich-Erzähler konzentriert. Er fordert ihn apodiktisch auf, eine Stube zu betreten, die alle Merkmale einer Gefängniszelle aufweist. Die Darstellung endet mit einer resignierten Frage des Erzählers, die die wohl unbezweifelbare Ausweglosigkeit der Lage reflektiert.
Beobachtungen zur Figurendarstellung (scheinbare Individualisierung vs. Typisierung durch allgemeine Standesbezeichnungen), zur Zeit- und Raumgestaltung (vage Zeitangaben; Veränderung und kontinuierliche Verengung der räumlichen Situierung), zur Erzählperspektive bzw. zum Wandel der Sprechhaltung des Erzählers, zu Unschärfen im Handlungsverlauf (konnten die Dörfler das Hoftor sehen? u. a.) und zu sprachlichen Auffälligkeiten (z. B. Irrealis im letzten Satz) sollten exemplarisch die Erschließung der Bildebene unterstützen.
Für die anschließende Übertragung auf die Analogieebene bieten sich unter Berücksichtigung des Gattungshorizonts eine Reihe von Deutungsmöglichkeiten, die Rückschlüsse auf Kafkas Weltsicht zulassen, z. B.

- Isolation und Ohnmacht des Schwachen in auswegloser Situation; Ausgeliefertsein an eine Institution mit nicht hinterfragbarer Legitimation
- Unbegreifbarkeit des Schicksals: kein einsehbarer Zusammenhang zwischen Tat, Schuld und Strafe; Absurdität des Daseins
- Leben als Gefängnis; Fragwürdigkeit menschlicher Freiheit.

In die Ausarbeitung einbezogen werden könnten außerdem Überlegungen, inwieweit Konstanten der Kafka-Deutung, z. B. das Vater-Sohn-Verhältnis bzw. historische, psychologische oder religiöse Interpretationsansätze, für das Verständnis des Textes relevant sind. – Letzteres würde die Arbeit als besonders qualifiziert ausweisen.

B II Die literarischen Gattungen

1 Epik

Konzeption des Kapitels

Das Kapitel hat zweierlei Funktion: Es dient dazu, die Kenntnisse, die die Schüler/innen in unterschiedlichen Unterrichtskontexten bei der Interpretation und beim Schreiben epischer Texte bereits erworben haben, zu systematisieren, differenzieren und zu erweitern. Ferner bietet es eine Hilfe für die Auswahl und die Besprechung eines Romans, der als Ganzschrift im Unterricht gelesen werden soll. Hier finden sich die Aspekte, die bei der Entscheidung für einen Roman, seine Interpretation und die abschließende Bewertung von Bedeutung sind.
Nach einem die Problematik der Gattungen beschreibenden Einleitungstext werden im ersten Teilkapitel **(„Vier Romananfänge")** die Eingangssituationen von vier Romanen präsentiert, die exemplarisch für grundsätzliche Möglichkeiten des Erzählens stehen. Historisch betrachtet lassen sie sich dem traditionellen, auktorialen Roman des 19. Jahrhunderts („Effi Briest"), dem personalen („Der Prozess") und auktorialen Roman („Der Zauberberg") der anbrechenden Moderne zu Beginn des 20. Jahrhunderts und dem perspektivisch gebrochenen, in der Struktur verschachtelten Roman am Ende des 20. Jahrhunderts („Kassandra") zuordnen. Kontrastiv können die unterschiedlichen Erzählvorgänge betrachtet werden, mit denen die Leser/innen in die Welt der Romane geführt bzw. mit ihr konfrontiert werden.
Das zweite Teilkapitel **(„Ein Modell literarischen Erzählens")** versucht das, was man als „epische Ursituation" bezeichnen könnte, in einem Modell zusammenzufassen und zu visualisieren. Die einzelnen Elemente dieses Modells werden dann genauer beschrieben. Das Teilkapitel hat stark orientierenden, systematisches Wissen aufbauenden Charakter und kann zum Wiederholen und Nachschlagen immer wieder herangezogen werden. Die anschließenden analytischen und produktiven Arbeitsanregungen dienen dazu, das Modell an Beispielen epischer Texte zu überprüfen, in seinen einzelnen Bestandteilen abzuarbeiten und auf kreative Weise Erfahrungen damit zu sammeln.
Das dritte Teilkapitel **(„Epische Kleinformen")** bietet am Beispiel von Parabeln, Novellen und Kurzgeschichten angemessene Übungsformen für den Unterricht, die in ihrer Art auch beispielhaft für die Abiturprüfung sind.

Literaturhinweise

Heinz Dörfler: Moderne Romane im Unterricht. Frankfurt/M. 1988

Harald Frommer: Erzählen. Eine Didaktik für die Sekundarstufe I und II. Cornelsen Scriptor, Frankfurt/M. 1992

Karl Migner: Theorie des modernen Romans. Eine Einführung. Stuttgart 1970

Jürgen H. Petersen: Erzählsysteme. Eine Poetik epischer Texte. Metzler, Stuttgart/Weimar 1993

Franz K. Stanzel: Theorie des Erzählens. Göttingen 1979

Jochen Vogt: Aspekte erzählender Prosa. Einführung in Erzähltechnik und Romantheorie. Opladen 1990

	Texte/Gegenstände	Intentionen
	– *Annemarie van Rinsum:* Das Problem der Gattungen	– den Begriff der Gattungen im historischen und grundsätzlichen Zusammenhang beurteilen
S. 159	**1.1 Vier Romananfänge** – *Theodor Fontane:* Effi Briest – *Franz Kafka:* Der Prozess – *Thomas Mann:* Der Zauberberg – *Christa Wolf:* Kassandra – *Karl Migner:* Kennzeichen des modernen Romans	– für die Geschichte des deutschen Romans wichtige Werke in ihrem Erzählbeginn kennen lernen – verschiedene Möglichkeiten des Erzählens erarbeiten und vergleichen – Romanvorstellungen im Unterricht anregen – Kennzeichen des modernen und des traditionellen Romans erarbeiten
S. 169	**1.2 Ein Modell literarischen Erzählens**	– die so genannte epische Ursituation in einem Modell kennen lernen
S. 169	Der Erzähler/die Erzählerin	– die Bestandteile des Erzählmodells unterscheiden, die einzelnen Kategorien beschreiben und erläutern
S. 171	Das Erzählen und seine Darbietungsformen	
S. 172	Die Geschichte	
S. 173	Der Leser/die Leserin	
S. 175	**1.3 Epische Kleinformen**	– parabolisches Erzählen im Vergleich einer thematischen Sequenz beispielhaft kennen lernen
S. 175	**1.3.1 Motivverwandte Parabeln: Die Suche nach der Wahrheit** – *Lukas / Gotthold Ephraim Lessing/ Martin Buber / Franz Kafka / Bertolt Brecht / Günter Kunert / Robert Walser / Georges Seurat*	– Parabel bzw. Gleichnis als christliches Kulturgut bewerten – die Bedeutung der Parabel in der Epoche der Aufklärung erfassen – das Problem von „Wahrheit" als Prozess von Suche und Erkenntnis erörtern – die Rolle des Einzelnen im Verhältnis zur Gesellschaft bei der Wahrheitssuche und Erkenntnisfähigkeit abwägen – gegenseitige Einflussnahmen erkennen und bewerten
S. 181	**1.3.2 Die Novelle** – *Johann Wolfgang Goethe / August Wilhelm Schlegel / Theodor Storm / Heinrich von Kleist / Thomas Mann / Günter Grass*	– die Novelle als literarische Form definieren – vorgegebene Maßstäbe der literarischen Zuordnung beispielhaft anwenden – Leseanreize schaffen, sich mit den betreffenden Novellen selbst zu beschäftigen – typische Merkmale der Novelle erkennen
S. 186	**1.3.3 Die Kurzgeschichte**	– Kurzgeschichten in ihren typischen Merkmalen beispielhaft erfassen und motivverwandte Kurzgeschichten miteinander vergleichen
S. 186	Ich-Suche und Spiegelbilder – *Barbara Frischmuth / Margret Steenfatt / Gabriele Wohmann*	– das Motiv von Liebe und Partnerschaft beispielhaft erkennen
S. 191	Liebe und Partnerschaft – *Heinrich Böll / Wolfgang Borchert / Peter Bichsel*	– individuelle und gesellschaftliche Bedingungen persönlicher Beziehungen beobachten lernen

1.1 Vier Romananfänge

▷ S. 159 *Theodor Fontane:* **Effi Briest** (1895)
▷ S. 162 *Franz Kafka:* **Der Prozess** (1914/15)
▷ S. 163 *Thomas Mann:* **Der Zauberberg** (1924)
▷ S. 164 *Christa Wolf:* **Kassandra** (1983)

▷ S. 166 1. **Ort, Milieu, Atmosphäre** und **Zeit**

Effi Briest: Einführende Orientierung des Lesers/der Leserin: Er/sie wird an einen namentlich genannten märkischen Landadelssitz geführt; der idyllische Schauplatz mit seiner hellen, sommerlichen Atmosphäre wird liebevoll detailliert ausgemalt; Hinweise auf eine bestimmte Kleiderordnung und gesellschaftliche Gepflogenheiten (Z. 98–110) lassen als Zeit, in der die Handlung spielt, in etwa die Entstehungszeit des Romans erkennbar werden.

Der Prozess: Unvermittelter Sprung in eine Situation, in der dem Leser/der Leserin wenig Orientierung im Hinblick auf das Setting geboten wird. Er befindet sich im Zimmer eines so genannten möblierten Herrn in einem bürgerlichen Ambiente in einem Land, das ein „Rechtsstaat" zu sein scheint (Z. 142), zu einer Zeit, als es schon „Fotografien" gab (Z. 61 f.). Damit bleibt die Welt, in der die Geschichte spielt, seltsam unbestimmt und wirkt befremdlich.

Zauberberg: Im Vorsatz zum Roman nimmt der Autor Bezug auf die Zeit vor dem Ersten Weltkrieg. Er stellt die Hauptfigur Hans Castorp vor, seine exklusive Herkunft – er ist Enkel eines Hamburger Senators – und berichtet von seinem Vorhaben, die Entwicklung dieses jungen Mannes über eine Erzählzeit von über sieben Jahren schildern zu wollen. Es geht dem Autor dabei nicht nur um die Hauptfigur, sondern um eine Geschichte, die zum Zeitroman wird. Das Werk weist autobiografische Züge auf.

Kassandra: Zu Beginn völlige Orientierungslosigkeit des Lesers/der Leserin. Er/sie befindet sich am Ort einer Festung, von der aber nur noch Relikte erhalten sind und die Assoziationen an ein „Schlachthaus" (Z. 12) hervorruft. Erst nach einem harten Schnitt, einem Wechsel der Perspektive und einem Zeitsprung, werden nach und nach Ort und Zeit deutlich: das antike Mykene unmittelbar nach der Eroberung Trojas durch die Griechen und der Heimkehr des Burgherrn Agamemnon. Vermittelt wird die feindselig-bedrohliche Atmosphäre des Ortes für die als Kriegsbeute mitgeschleppte Kassandra.

Figuren

Effi Briest: Die Figuren werden dem Leser/der Leserin mit Namen vorgestellt, vom Erzähler direkt charakterisiert, in typischen Verhaltensweisen beschrieben und beurteilt (Z. 72 f.). Die Beziehungen der Figuren zueinander werden deutlich gemacht.

Der Prozess: Von der Hauptfigur, mit einem Allerweltsvornamen und einem Initial für den Nachnamen benannt, erfährt der Leser/die Leserin zunächst nicht mehr, als dass sie Bankangestellter ist, bei einer Frau Grubach ein Zimmer gemietet hat und eines Morgens unverständlicherweise verhaftet wird. Nur ganz wenige Eigenschaften werden direkt angeführt (Z. 144–148 und 166–168). Die Beziehungen zu den anderen Figuren bleiben unklar bzw. die Figuren erscheinen dem Leser/der Leserin rätselhaft (die Wächter).

Zauberberg: Im Mittelpunkt des Romans steht die geistige Entwicklung von Hans Castorp während seines siebenjährigen Aufenthalts in einem abgeschiedenen Lungensanatorium in Davos. Der Erzähler führt eine ganze Reihe von bemerkenswerten Personen ein, die differenziert, ausführlich und zuweilen ironisch charakterisiert werden, wie der Klinikchef Behrens, sein Assistent Krokowski, Joachim, der Vetter von Hans, der Italiener Settembrini und der Jesuit und Kommunist Naptha sowie der Niederländer Mynheer Peeperkorn. Mit deren Vorstellungen setzt sich Hans

Castorp auseinander, sie reizen ihn zum Widerspruch und zur Zustimmung. Die russische Patientin Madame Couchat bedeutet für Hans Verheißung, ein kurzes Glück und Enttäuschung zugleich.

Kassandra: Figuren aus der Welt der antiken griechischen Mythologie werden zum Leben erweckt, indem sich die eingangs in den Ruinen Mykenes stehende Erzählerin in die trojanische Seherin Kassandra versetzt (▷ S. 164, Anm. 1 und 2). Ein Spiel der Fiktion wird damit eröffnet, in dem bekannte literarische Figuren unter einem anderen Blickwinkel und mit anderen Erzählintentionen dargestellt werden. Dabei werden die tradierten Figuren (Kassandra, Agamemnon, Äneas) mit neu erfundenen Figuren (Marpessa, Myrine) kombiniert.

Hinweise auf die Art der Geschichte

Effi Briest: Liebesgeschichte: Das Thema wird in Effies Ankündigung der Geschichte, die sie erzählen will, direkt ausgesprochen (Z. 170) und in der Vorausdeutung auf Effies Hochzeit (Z. 218–220) noch einmal angekündigt. Das Leseinteresse wird darauf gerichtet, mit wem die Titelheldin eine Liebesbeziehung eingehen wird und wie diese Beziehung verlaufen wird.

Der Prozess: Die Geschichte um eine Verhaftung durch eine (zunächst) unbekannte Instanz. Das Leseinteresse wird darauf gerichtet, wer die Verhaftung durchführen lässt, wer dieser Josef K. ist, worin seine Schuld besteht und wie sein Prozess verlaufen wird.

Zauberberg: Bildungsroman: Es geht um die geistige Entwicklung von Hans Castorp, um die Bedeutung der von Behrens diagnostizierten Lungenkrankheit für sein inneres Erleben, sein Verhältnis zum Leben und zum Tod, um seine zunehmende Distanz gegenüber seinem früheren bürgerlich vorgezeichneten Leben als Ingenieur. Das Sanatorium fungiert dabei als Raum der Zeitlosigkeit und Todesnähe. Die Bildung von Hans Castorp vollzieht sich in seiner Isolierung auf dem Berg und in dem Ideenkonflikt Vorkriegsdeutschlands, wie er in der Dialektik zwischen dem italienischen Freimaurer Settembrini und dem asketischen Jesuiten Naptha zum Ausdruck kommt. Hinzu kommen noch andere Themen: Die hektische Jagd nach Vergnügungen angesichts von Krankheit und Tod in der Klinik, das Aufzeigen des sinnlosen und introvertierten Lebens dieser Welt und der gesamten Zivilisation der Vorkriegszeit, die sexuelle Spannung von Hans zur Verführerin und femme fatale Clawdia Couchat. So gebildet, wird er wieder in die äußere Zeit, in die Unmenschlichkeit des Ersten Weltkriegs, entlassen.

Kassandra: Die im Rückblick erzählte Lebensgeschichte einer tradierten literarischen Figur, ein Spiel mit dem Mythos. Das Leseinteresse wird darauf gerichtet, welche Variante die heutige Erzählerin für die alte Sage finden, welchen Verlauf das Schicksal der Titelheldin hier nehmen wird und welcher Sinn sich darin im Vergleich zu den überlieferten Kassandra-Geschichten wird finden lassen.

Perspektive

Effi Briest: Perspektive eines auktorialen, über dem Geschehen schwebenden, allwissenden Erzählers, der den Leser in die Geschichte hineinführt. Er gibt zu Anfang einen Überblick über den Ort insgesamt, richtet dann wie in einem Zoom das Augenmerk auf den Garten als ersten Schauplatz, stellt die Figuren vor, deren Charakter er genau kennt, und gibt Kommentare dazu ab.

Der Prozess: Perspektive der Hauptfigur, aus deren eingeschränkter Sicht der Leser/die Leserin alles miterlebt. Der Erzähler weiß nicht mehr als die Hauptfigur und stellt über das Geschehen sowie über die anderen Figuren nur Vermutungen an. Dennoch geht der Erzähler nicht völlig in der Hauptfigur auf, er bewahrt in der Er-Form des Erzählens einen Rest von Distanz.

Zauberberg: Der Roman ist aus der Perspektive eines auktorialen Erzählers geschrieben. Der Hauptort, eine für damalige Verhältnisse noble und komfortable Privatklinik in der Schweiz, ausgestattet mit den neuesten medizinischen Geräten, wird zu Beginn des Romans vorgestellt. In dieser Klinik, die ein merkwürdiges Eigenleben fernab im Hochgebirge führt, werden todkranke Patienten aus ganz Europa betreut. Die Lebensgeschichten und die Vorstellungswelt der zentralen Personen des Romans werden ausführlich und differenziert dargestellt.

Kassandra: Perspektive einer Ich-Erzählerin nach einer kurzen Einleitung in der Er/Sie-Form. Die anfängliche Er/Sie-Erzählerin verschmilzt ab Zeile 13 mit der Titelheldin und erzählt von da an in langen Rückblenden deren Lebensgeschichte aus eigener Sicht. Mit diesem offenkundigen Perspektivenwechsel lädt die Erzählerin den Leser/die Leserin ein, sich auf ihr Erzählspiel einzulassen.

Sprachliche Gestaltung

Effi Briest: Der auktoriale Erzähler bedient sich einer literarischen Hochsprache. Die Sätze sind wohlbemessen und übersichtlich und fließen ruhig dahin. Der Erzählstil ist ein leicht ironisch getöntes Plaudern mit ausgedehnten Passagen szenischen Erzählens (Dialoge).

Der Prozess: Der personale Erzähler, der die Perspektive seiner Hauptfigur einnimmt, erweckt den Eindruck, sich auch sprachlich auf seinen Helden einzustellen. Er wählt die an Detailgenauigkeit gewöhnte, exakt beschreibende und referierende Prosa eines Bankbeamten. Da Josef K. in der ihn befremdenden Situation auf Vermutungen angewiesen ist, gewinnt der Konjunktiv eine starke Bedeutung.

Zauberberg: Der Autor schreibt in literarischer Hochsprache. Der Erzählstil ist ironisch. Thomas Mann spielt mit Bildungszitaten und Weltanschauungen der Vorkriegszeit.

Kassandra: Geprägt wird das Erzählen von kurzen, häufig unvollständigen Sätzen, unverbundenen Reihungen, Fragen und Fragenketten, Andeutungen, die später aufgegriffen und geklärt werden, Einschüben. Es handelt sich um eine rasch dahinschießende, mitreißende Prosa, sprunghaft und assoziativ, wie sie für den Gedanken- und Erinnerungsstrom in einem so genannten inneren Monolog typisch ist. Das Tempus wechselt zwischen Präsens und Präteritum, je nach dem, ob es sich um Beobachtungen zur derzeitigen Situation der Ich-Erzählerin handelt oder um Erinnerungen.

2.–4. Die Diskussion, die durch diese Arbeitsanregungen strukturiert werden kann, könnte zu einer Entscheidung darüber führen, ob einer und, wenn ja, welcher der Romane als Ganzschrift im Unterricht gelesen werden soll. Alternativen werden in den auf ▷ S. 168 folgenden Vorschlägen zu Buchvorstellungen angeboten.

▷ S. 167 *Karl Migner:* **Kennzeichen des modernen Romans** (1970)

▷ S. 168 1. a/b)

Kennzeichen des modernen Romans	***Kennzeichen des traditionellen Romans***
Held in einer ihm nicht mehr vertrauten Umwelt und in nicht mehr schlüssig erklärbaren Aktionen	*Der Held in einer verstehbaren Weit, der eine Ordnung zugrunde liegt, seine Handlungen lassen ein Ursache-Wirkungs-Prinzip erkennen*
Reduktion des Helden auf bestimmte Verhaltensweisen oder Bewusstseinszustände, die als Möglichkeiten des Menschen interessieren	*Der Held als abgerundete Persönlichkeit, dessen Einzelschicksal und dessen Erlebnisse interessieren*
Anti-Helden-Figuren: deformierter Außenseiter oder Homunculus-Kunstfigur	*Vorbildliche Heldenfiguren oder Repräsentanten gesellschaftlicher Gruppen*
Punktuelle Zustände und Einzelprobleme im Mittelpunkt	*Bedeutung der chronologisch angeordneten und abgeschlossenen Handlung*

Offene Fragen, Zweifel, Unsicherheit	*Gläubige Hinnahme der vorgefundenen Gegebenheiten*
Artistische Konstruktion und Montage unterschiedlicher Elemente	*Organisch gegliederte Form, orientiert an den Ordnungskategorien Raum, Zeit und Kausalität*
Wertungskriterien: Intensität des Erzählten, Faszination durch Formgebung und komplizierte Strukturen	*Wertungskriterien: Anschaulichkeit, Geschlossenheit, Kontinuität des Erzählens*

2. a) Zu Beginn des Textes verweist Migner auf grundlegende Änderungen im Welt- und Menschenbild. Einem statischen Bild vom Menschen entsprach das Bild einer Welt, der eine feste Ordnung zugrunde lag. Im 18. Jahrhundert beginnt sich diese feste Ordnung aufzulösen und die vorbildhafte, bestimmten Normvorstellungen verpflichtete Figur weicht dem individuellen Menschen als Romanhelden, der aber in seinem Verhalten und seinem Charakter verständlich und durchschaubar bleibt. Diese Durchschaubarkeit geht im 20. Jahrhundert verloren.

3. Die beiden Romananfänge von Fontanes „Effi Briest" und Thomas Manns „Zauberberg" lassen sich dem traditionellen Roman zuordnen. Franz Kafkas „Prozess" und Christa Wolfs „Kassandra" tragen dagegen eher die Merkmale des modernen Romans. Das lässt sich (im Unterrichtsgespräch oder in Gruppenarbeit) Punkt für Punkt an der oben angeführten Merkmalsgegenüberstellung erarbeiten.

1.2 Ein Modell literarischen Erzählens

Grundlage für das im Schülerbuch dargestellte Modell ist *Jürgen H. Petersen:* Erzählsysteme. Eine Poetik epischer Texte. Metzler, Stuttgart/Weimar 1993. Petersens Anordnung und Differenzierungen der Erzählkategorien weisen eine klarere und stringentere Systematik auf als die lange Zeit maßgebende Erzähltypologie nach Franz K. Stanzel.

▷ S. 173 1 a/b) Mögliche **Strukturskizzen:**

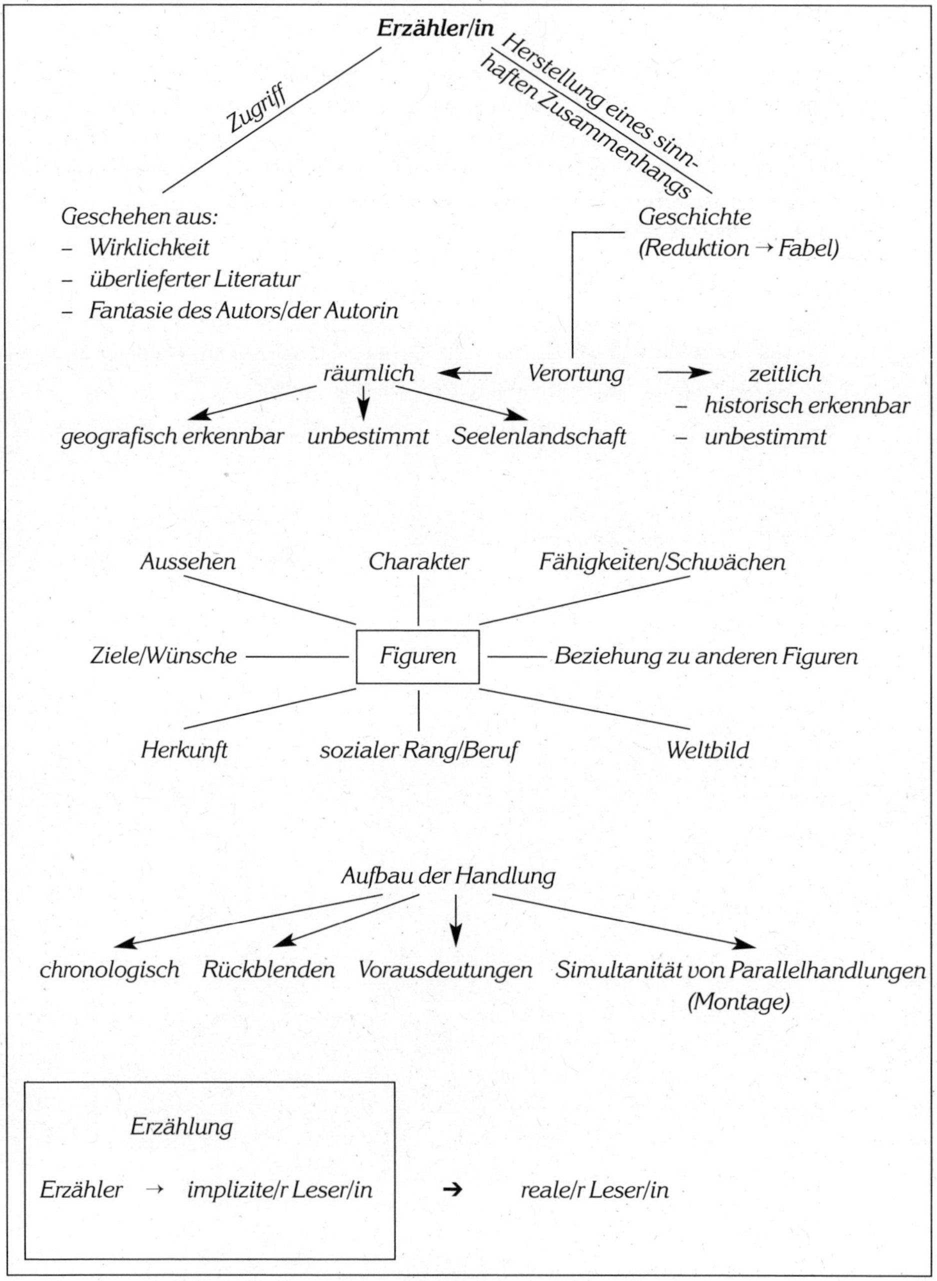

3. Beschreibung des **Erzählsystems**

- *Theodor Fontane:* Effi Briest
  - Erzählform: Er/Sie-Form
  - Erzählverhalten: auktorial
  - Erzählstandort: olympischer Standort
  - Sichtweise: überwiegend Außensicht mit gelegentlichen Innensichten (Z. 70–72, 116–118)
  - Erzählhaltung: affirmativ, da der Erzähler deutlich mit der Hauptfigur sympathisiert (Z. 72 f.)
  - Darbietungsformen: Erzählbericht (Z. 1–90; 116–161) und szenisches Erzählen (Z. 91–115, 162–230) im Wechsel, einzelne Kommentare des Erzählers (Z. 72 f.)
  - Geschehen: stammt aus der Wirklichkeit, aber literarisch stark umgeformt
  - Figuren: Titelheldin und Hauptfigur ist Effi Briest bzw. von Briest

    Aussehen: jugendlich (Alter etwa 17/18), relativ klein, grazil, lachende braune Augen, für ihr Alter zu mädchenhaft gekleidet in einen kittelartigen Hänger mit Matrosenkragen

    Herkunft: Landadelfamilie

    Beruf und soziale Stellung: typische „höhere Tochter", ohne Berufsausbildung, lebt im Elternhaus, fertigt mit der Mutter Handarbeiten an, bekommt von den Offizieren der nahen Garnison den Hof gemacht

    Charakter: dem Modernen aufgeschlossen (Gymnastik), Sinn für Humor und Ironie (gymnastische Übungen), natürliche Klugheit, Lebenslust und Herzensgüte, Neigung zum Übermut, leidenschaftlich, schlagfertig (Z. 95–110), freundlich und ohne Standesdünkel ihren bürgerlichen Freundinnen gegenüber

    Weltbild: wird im Text nicht deutlich, Effi scheint aber im Einklang mit ihrer Welt zu leben

    Fähigkeiten/Schwächen: s. unter Charakter; die entscheidende Schwäche scheint ihr Übermut bzw. eine gewisse Wildheit zu sein

    Wünsche/Ziele: Heirat

    Konstellation der Figuren: gutes Verhältnis zur Mutter, die stolz auf sie ist; Freundschaft mit den Töchtern der Dorfhonoratioren
  - Raum: geografisch lokalisierbar in der Mark Brandenburg; idyllische, heile Welt
  - Zeit: etwa die Entstehungszeit des Romans (Ende des 19. Jhs.)
  - Erzählzeit/erzählte Zeit: Zeitraffung mit einzelnen Szenen der Zeitdeckung (Gespräche); chronologischer Handlungsaufbau
  - Der/die implizite Leser/in wird nicht direkt angesprochen, er/sie wird vom Erzähler Schritt für Schritt in die Geschichte hineingeführt, muss zunächst keine großen Leerstellen füllen.

- *Franz Kafka:* Der Prozess
  - Erzählform: Er/Sie-Form
  - Erzählverhalten: personal
  - Erzählstandort: Nähe
  - Sichtweise: Innensicht in Bezug auf die Hauptfigur; Außensicht in Bezug auf die übrigen Figuren, deren Gefühle und Gedanken nur vermutet werden
  - Erzählhaltung: neutral; obwohl der Erzähler ganz aus der Sicht der Hauptfigur erzählt, stellt er Josef K. nicht affirmativ als vorbildlichen Helden dar, eher zeigen sich Ansätze zu einer milden Kritik (Z. 145 ff., 166 f.)
  - Darbietungsformen: Erzählerbericht durchsetzt mit erlebter Rede (Gedanken Josef K.s z. B. Z. 1–3) und vereinzelten wörtlichen Reden
  - Geschehen: stammt aus der Fantasie des Autors, der eigene Lebenserfahrungen verarbeitet
  - Figuren: Die Hauptfigur ist Josef K. (das Initial auch für Kafka)

    Aussehen: Mann von 30 Jahren (mehr erfährt der Leser/die Leserin nicht)

    Herkunft: wird im Text nicht deutlich

Beruf und soziale Stellung: Bankangestellter; scheint nicht zu den Führungskräften zu gehören, da er in der Verhaftung einen Streich seiner Kollegen vermutet; seine Mietsituation (ein Zimmer) spricht auch nicht gerade für ein hohes Einkommen

Charakter: neigt dazu, in den Tag hineinzuleben und alles relativ leicht zu nehmen (Z. 144 ff.); es gehört nicht zu seinen Gewohnheiten, aus Erfahrungen zu lernen; er wirkt unsicher und will sich auf keinen Fall vor seinen Kollegen blamieren (Z. 164 ff.); er wehrt sich nicht energisch gegen die ihm unverständliche und eigentlich gar nicht mögliche Verhaftung (Hinweis auf den Rechtsstaat; er kann sich nicht erinnern, etwas Böses getan zu haben)

Weltbild: im Text nicht deutlich

Fähigkeiten/Schwächen: besondere Fähigkeiten nicht erkennbar, wohl aber einige Schwächen (s. Charakter)

Wünsche/Ziele: „Klarheit über seine Lage zu bekommen" (Z. 129 f.), sich vor seinen Kollegen nicht zu blamieren

Konstellation der Figuren: zu den Personen seiner Umgebung (Vermieterin, Nachbarin, Kollegen) scheint er kein enges, herzliches Verhältnis zu haben; den dreisten „Wächtern" gegenüber fühlt er sich hilflos (Z. 130 ff.)

- Raum: geografisch nicht lokalisierbar, unbestimmt
- Zeit: historisch nicht genau zu verorten; irgendwann in der modernen Zeit, da es schon Fotografien gibt (Z. 61)
- Erzählzeit/erzählte Zeit: kommt der Zeitdeckung nahe; chronologischer Handlungsaufbau
- Der/die implizite Leser/in wird unvermittelt mit einer Situation konfrontiert, die er/sie, wie die Hauptfigur, nicht durchschauen kann; er/sie muss viele Leerstellen füllen (kein genaues Bild von der Hauptfigur, unverständliche Situation)

– *Thomas Mann:* Der Zauberberg
  - Erzählform: Er/Sie-Form
  - Erzählverhalten: auktorial, der Erzähler drängt sich häufig in den Vordergrund und redet vertraulich auf seinen Leser ein
  - Erzählstandort: ferne, distanziert (vgl. Z. 10–14)
  - Sichtweise: Außensicht eines fernen Erzählers
  - Erzählhaltung: im Textausschnitt neutral; in der Romanhandlung auch affirmativ, da mit Hans Castorp sympathisiert wird; dann auch wieder essayistisch-distanziert, mit ironischen Brechungen
  - Darbietungsformen: Erzählerbericht (vgl. Z. 51–60); Gesprächsroman
  - Geschehen: stammt aus der Wirklichkeit, literarisch aber stark ausgeformt
  - Figuren: Die Hauptfigur ist Hans Castorp, die sich allerdings intensiv mit anderen Figuren und ihren Werten auseinander setzt

Herkunft: Enkel eines Hamburger Senators, Patriziersohn

Aussehen: Mann von etwa 30 Jahren, lungenkrank

Beruf und soziale Stellung: familiär versorgt, keine alltäglichen Geldsorgen, lebt sieben Jahre auf dem „Zauberberg" der exklusiven Lungenheilanstalt im Schweizer Davos

Charakter: Castorp setzt sich in „verschmitzter Unschuld", als „Schalk", als „verschmitzter Junge" kritisch, ironisch mit Leben und Tod, Gesundheit und Krankheit, Freiheit und Frömmigkeit auseinander. Neben den intellektuellen Veranlagungen spielen auch emotionale, über die Musik und die Liebe erfahrene, eine große Rolle; aber immer intellektuell distanziert und kontrolliert.

Weltbild: Den fertigen Weltbildern seiner Gesprächspartner (Settembrini, demonkratischer Aufklärer; Naphta, autoritätsgläubiger, anti-individualistischer Anhänger der Diktatur) begegnet Castorp mit Kritik, ohne sich aber selbst festzulegen.

Fähigkeiten/Schwächen: Fähigkeit zu klaren, ironisch oft gebrochenen Analysen von Situationen und Mitmenschen; Schwächen im Artikulieren eigener Argumente und Gefühle

Wünsche/Ziele: Der dialektische Umschlag der „Sympathie mit dem Tode“ zum Lebenswillen, der ganz auf die Humanität ausgerichtet ist, wird theoretisch vielfach angedeutet, scheitert aber letztlich an der Realität (das Ende des Romans verweist auf den Kriegsausbruch 1914).

Konstellation der Figuren: Alle Figuren, die mit Castorp intensiver in Kontakt geraten (Mitpatienten, Ärzte, Besucher), werden durch ihn in kritischer, oft ironisch gebrochener Perspektive beobachtet und charakterisiert.

- Raum: Sanatorium in Davos
- Zeit: Siebenjähriger Aufenthalt auf dem Zauberberg (bis 1914)
- Erzählzeit/erzählte Zeit: Zeitraffung
- Der/die implizierte Leser/in wird unvermittelt mit der befremdlichen Situation einer in sich geschlossenen Welt, der des „Zauberbergs“ konfrontiert und sieht sich den Auseinandersetzungen der Figur von Hans Castorp selbst ausgeliefert, wenn er/sie dessen Betrachtungen und Argumente übernimmt, aber auch, wenn er/sie seine Hemmungen und sein Sich-Winden nachempfindet.

– *Christa Wolf:* Kassandra
  - Erzählform: Er/Sie-Form in der Einleitung, dann Ich-Form
  - Erzählverhalten: im Hauptteil nach der kurzen Einleitung personal; das erzählende Ich verschmilzt mit dem erlebenden Ich in den auf die Gegenwart bezogenen Partien vollkommen, in den Rückblenden kommentiert das erzählende Ich zuweilen die früheren Erlebnisse, gewinnt also auktoriale Züge
  - Erzählstandort: Nähe
  - Sichtweise: Innensicht in Bezug auf die Hauptperson; in Bezug auf die anderen Personen kann die Ich-Erzählerin nur annehmen, dass sie deren Innenleben kennt (Z. 87–90, 119–121)
  - Erzählhaltung: bewegt sich zwischen neutral und affirmativ; die Ich-Erzählerin stellt sich nicht als vorbildliche Figur dar, zeigt aber ihre Überlegenheit und rechtfertigt in den Rückblicken immer wieder ihr Verhalten und ihr Tun
  - Darbietungsformen: innerer Monolog aus Erinnerungen, Reflexionen, gegenwärtigen Beobachtungen und Gefühlsäußerungen
  - Geschehen: aus überlieferter Literatur übernommen, verändert und erweitert
  - Figuren: Titelheldin und Hauptfigur ist die aus der griechischen Sage vom Trojanischen Krieg bekannte Seherin Kassandra

Aussehen: Aussehen und Alter werden im Text nicht deutlich, Mutter offenbar noch kleiner Kinder (Zwillinge)

Herkunft: Tochter des trojanischen Königs Priamos

Beruf und soziale Stellung: Priesterin und Seherin, Mitglied des trojanischen Königshauses, jetzt aber Kriegsbeute des Griechenfürsten Agamemnon

Charakter: erfüllt von Hoffnungslosigkeit und Verzweiflung; große innere Stärke, da sie keine Ausflucht im Selbstmord sucht und ihren Weg zu Ende gehen will; unbestechliche Klarsicht, was die Vergangenheit und ihre Zukunft anbetrifft

Weltbild: pessimistisch von der Ohnmacht des Menschen und der Gleichgültigkeit der Götter überzeugt; gegen jede Art von heroischem Kampf sieht sie im Rückzug und der Verweigerung des Äneas das einzig richtige Verhalten

Fähigkeiten/Schwächen: siehe Charakter

Wünsche/Ziele: will den Weg in den als sicher erkannten Tod zu Ende gehen

Konstellation der Figuren: von dem einzigen Menschen, mit dem sie sich im Einklang weiß (Äneas), entfernt; feindliche Umwelt (besonders der Hass der Königin); menschliche Nähe nur zur Dienerin Marpessa, mit deren Haltung sie allerdings nicht ganz übereinstimmt; Verlassenheit und Einsamkeit dominieren

- Raum: vor dem berühmten Löwentor des antiken Mykene
- Zeit: die mythische Zeit der Sage des Kampfs um Troja
- Erzählzeit/erzählte Zeit: Zeitdehnung (die Ich-Erzählerin wartet vor dem Löwentor auf ihr Schicksal in der feindlichen Burg und lässt dabei noch einmal ihr ganzes Leben Revue passieren); sprunghaftes Erzählen in immer neuen Rückblenden
- Der/die implizite Leser/in findet sich zu Beginn infolge des abrupten Perspektivenwechsels und des Zeitsprungs nur mühsam zurecht; die Situation erschließt sich ihm erst langsam; die einleitende Erzählerin setzt bei dem/der impliziten Leser/in die Kenntnis der antiken Sage voraus, sonst könnte sie diesen verwirrenden Sprung in die Hauptfigur auf diese Weise nicht vornehmen; der/die implizite Leser/in muss viele Leerstellen füllen.

Zu bedenken ist hier bei der Analyse des Erzählsystems, dass es sich um Romananfänge, also nur um Teilstücke des gesamten Erzählvorgangs, handelt. Es können also keine Aussagen zum Gesamtsystem gemacht werden, das sich gegenüber dem Erzählsystem des Anfangs noch auf vielfache Weise ändern kann.

4. b) Beispiel: – *Peter Bichsel:* San Salvador (▷ S. 194)
   - Erzählform: Er/Sie-Form
   - Erzählverhalten: nach einem anfänglich neutralen Erzählverhalten überwiegt im zweiten Teil das personale
   - Erzählstandort: Nähe
   - Sichtweise: im ersten Teil überwiegt die Außensicht, dann die Innensicht
   - Erzählhaltung: neutral
   - Darbietungsformen: im ersten Teil Erzählbericht, dann die erlebte Rede und zum Schluss wieder Erzählbericht
   - Geschehen: stammt wohl aus der von Wirklichkeitsbeobachtungen gesättigten Fantasie des Autors
   - Figuren: Die Hauptfigur, die im ersten Satz mit „er" eingeführt wird, ist Paul. Seinen Nachnamen oder wenigstens das Initial, von dem in Z. 3 die Rede ist, erfährt der Leser/die Leserin nicht. Überhaupt gewinnt die Figur keine klaren Konturen. Auf Aussehen, Herkunft, Beruf und soziale Stellung, Weltbild, Fähigkeiten und Schwächen wird nicht eingegangen. Einzelne Charakterzüge lassen sich aus Pauls Verhalten erschließen. Er scheint ein unentschlossener, eher introvertierter Mensch zu sein. Deutlich werden seine Wünsche und Ziele: Er sehnt sich danach, aus seinem immer gleichen grauen Alltag, der von Kälte geprägt ist, zu fliehen. Er wünscht sich Wärme und bunte Lebensfülle, wofür die Überschrift und der Satz „Ich gehe nach Südamerika" stehen. Der Hauptaspekt der Geschichte ist die Figurenkonstellation: Paul wartet auf seine Frau Hildegard, die zur Probe des Kirchenchors gegangen ist. Er stellt sich Hildegards Reaktion auf seine unbewusst hingeschriebene Abschiedsbotschaft vor und sieht ihre offenbar ständig benutzte Geste voraus, die dann als Pointe am Schluss tatsächlich erfolgt. Sie kennen sich schon zu gut, jede Reaktion ist vorhersehbar, Eintönigkeit und in deren Folge Kälte sind Kennzeichen der Beziehung. Hildegards erste und einzige Frage, als sie nach Hause kommt, bezieht sich auf die Kinder, ein Indiz dafür, dass ihr Beziehungsinteresse sich auf die Kinder konzentriert.
   - Raum/Zeit: Eine genaue räumliche und zeitliche Verortung lässt sich nicht erkennen.
   - Erzählzeit/erzählte Zeit: eine Momentaufnahme mit einer geringen Zeitraffung
   - Der/die implizite Leser/in wird unvermittelt mit der Situation konfrontiert und muss im Hinblick darauf und in Bezug auf die Figuren einige Leerstellen füllen.

5. a/b) Deutlich werden muss bei einer Veränderung des Erzählsystems, dass sich zum einen die Wirkung der Geschichte ändert, das Interesse und die Aufmerksamkeit der Leser/innen anders gesteuert werden und dass zum anderen die Änderung in einer Kategorie des Erzählsystems Konsequenzen für andere Kategorien hat.

So kann z. B. bei einer Umsetzung der Geschichte in die Ich-Form nicht nur einfach jedes „Er" durch ein „Ich" ersetzt werden. Würde der Erzählstandort der Nähe beibehalten, müssten das personale Verhalten und die Innensicht deutlich verstärkt werden. Besonders zu Beginn müsste das, was dem Ich-Erzähler durch den Kopf geht, vielleicht sogar in der Form des inneren Monologs wiedergegeben werden. Entscheidet man sich für die Ich-Form, wählt aber einen Standort der weiten Distanz, indem z. B. der Ich-Erzähler im Alter auf diese Phase seines Lebens zurückblickt, würde also die Differenz zwischen erlebendem und erzählendem Ich betont, müsste das Erzählverhalten auktoriale Züge annehmen, die rückblickende Aufarbeitung der Vergangenheit brächte allerlei Kommentierungen und Reflexionen in den Erzählvorgang. Auch würde das offene Ende dann keinen rechten Sinn mehr ergeben, der Erzähler würde zumindest andeuten, was aus dieser Beziehung geworden ist.
Wird, um ein weiteres Beispiel anzuführen, die Erzählhaltung verändert und aus dem neutralen Erzählen ein distanziert-kritisches gemacht, müsste das in Kommentaren eines dann sich auktorial verhaltenden Erzählers oder in einer satirischen Schreibweise geschehen.

Anregungen zum produktiven Umgang mit Erzähltexten und zum kreativen Schreiben

▷ S. 174

Im eigenen Schreiben, das Erfahrungen in der Handhabung von Erzählsystemen vermittelt, und in der Reflexion dieses Schreibens bei der Auswertung der eigenen Schreibprodukte werden den Schülerinnen und Schülern die Konsequenzen der meist unbewusst vorgenommenen erzähltechnischen Entscheidungen deutlich vor Augen geführt. Sie werden damit für die Bedeutung von Form- und Strukturfragen bei der Textanalyse sensibilisiert und gewinnen eine größere Fertigkeit in der Anwendung ihres analytischen Instrumentariums.
Wichtig bei allen Aufgabenstellungen ist, dass klar umrissene Schreibvorgaben geschaffen werden, die dazu beitragen, dass Schreibblockaden vor dem leeren Blatt und bei einer allzu offenen Schreibaufforderung überwunden werden und die Kreativität in Gang gesetzt wird. Wichtig ist weiterhin, dass die Kriterien für die Auswertung der Schreibprodukte, die sich aus den Aufgabenstellungen ergeben, im Kontext des Erzählsystems noch einmal verdeutlicht werden und als Leitlinie bei der Rezeption und Besprechung der Texte dienen.

1.3 Epische Kleinformen

1.3.1 Motivverwandte Parabeln: Die Suche nach der Wahrheit

Die *Parabel* als metaphorische Großform von der Antike (homerisches Gleichnis/Bibelgleichnis) bis zur Gegenwart (verrätselte Parabel) mit der Grundstruktur von *Bildteil* und *Sachteil* ist im weitesten Sinne als gleichnishafte Erzählung zu verstehen. Während das biblische Gleichnis den belehrenden Charakter betont, stellt die moderne Parabel ein Modell offener Weltdeutung dar. Vorläufiger Endpunkt der Entwicklung: Reduktion auf den metaphorischen Bildteil.
Es ist nicht Aufgabe des Unterrichts, den literaturwissenschaftlichen Streit um eine exakte Abgrenzung der drei wichtigsten Formen parabolischen Sprechens abzubilden:
Maschal: Alttestamentliche/jüdische Tradition
Gleichnis: Neutestamentliche/christliche Tradition
Parabel (allgemeiner Gattungsbegriff der analogisierenden Beispielrede von der Antike bis zur Gegenwart im Spannungsfeld von traditioneller Lehrparabel und verrätselnder Parabel der Moderne):
Entsprechend dem weitgehenden Konsens der Forschung, verwenden wir im Unterricht den Begriff der Parabel als übergreifende Gattungsbezeichnung.
Die Parabel mit ihren konstitutiven Bestandteilen Bildteil und Sachteil ist oft in einen größeren Kontext eingebettet: zum einen in einen kommunikativen Situationszusammenhang, zum anderen in ein größeres literarisches Werk (Roman, Drama).
Wie die Grundform der Parabel (vgl. „Das Gleichnis vom Sämann", ▷ S. 175) verdeutlicht, vollzieht sich parabolisches Sprechen häufig in einem kommunikationsorientierten Kontext, der für das Verständnis grundlegend ist. Diese hermeneutische Struktur der Parabel im engeren Sinne ist nicht selten in größere literarische Zusammenhänge eingebettet. Dabei wird das Parabelmodell zur Verstehensgrundlage des gesamten Werkes gemacht. So wird die Botschaft des Neuen Testaments durch die dort auch schon diskutierten Gleichnisse vermittelt.
Die Methode der Kontextualisierung von Parabeltexten lässt zwei Möglichkeiten offen: einmal den Weg der eingrenzenden Interpretation, den z. B. auch Brechts Galilei geht, indem er die Parabel vom Philosophen Keunos erzählt, um sein Verhalten zu rechtfertigen; zum anderen kann aber die Kontextualisierung zu weiteren Brechungen und Deutungsalternativen führen. Diese Funktion kommt der Türhüterparabel in Kafkas „Prozess"-Roman zu. Auf diesen Aspekt weist Manfred Durzak hin, indem er die Intentionen von Lessings Ringparabel (▷ S. 265 f.) und Kafkas Türhüterparabel (▷ S. 177) voneinander abgrenzt:
„Das sichtbarste Beispiel einer Parabel, Kafkas ‚Vor dem Gesetz', wird dem orientierungslosen, von seinem ihm unverständlichen Prozess zermürbten und in die Enge getriebenen Josef K. von dem Geistlichen gegen Ende des Romans erzählt. Es soll ein Anstoß zum Nachdenken sein, kein nachvollziehbarer Rat. Die Geschichte selbst ist verrätselt und paradox. Entscheidend ist jedoch, dass innerhalb eines literarischen Werks ein Reflexionsprozess über dieses Werk selbst in Gang gesetzt wird, der an einem konkreten Zuhörer, einem Protagonisten dieses Werks, orientiert ist. Josef K., der im anschließenden Gespräch mit dem Geistlichen den Sinn der Parabel vergeblich zu verstehen versucht, findet letztlich keinen Trost in der Geschichte.
Er wird kurze Zeit später von zwei Häschern abgeholt und exekutiert. Letztlich ist auch jene Parabel rätselhaft und paradox, die Lessings Nathan Saladin erzählt, der nach einem Vorwand sucht, Nathan in die Enge zu treiben und an seinen Reichtum zu kommen – die Ringparabel, um das in der Aufklärungsliteratur sichtbarste Gegenbeispiel zu Kafka anzusprechen. Das strukturelle Muster der literarischen Einkleidung, der Reflexionsanregung für einen konkreten Zuhörer und der sich entziehenden rationalen Auflösbarkeit der Parabel (das gilt ja auch für die Ringparabel, der echte Ring soll sich nach dem Urteilsspruch des angerufenen Richters durch seine

Wirkung im Verlauf der Geschichte erweisen) – alles das ist sehr ähnlich. Die Differenz tritt nur darin hervor, dass Lessing an der Aufklärungsutopie einer Humanisierung der Geschichte durch das Tätigwerden der Vernunft festhält: Saladin beugt sich der Weisheit Nathans und gibt sein vorgetäuschtes Spiel auf. Der Erkenntnistrost, den er in Nathans Ringparabel findet, bleibt Josef K. versagt" (*Manfred Durzak:* Parabolische Kurzgeschichte der Gegenwart. – In: Die Parabel. Hg. v. Theo Elm und Hans Helmut Hiebel. Suhrkamp, Frankfurt/M. 1986, S. 346).

Begründung des Sequenzprinzips

Wie das allgemeine Gattungsmodell der Parabel schon nahe legt, sollten Parabeln im Unterricht nicht isoliert, sondern im Sequenzzusammenhang behandelt werden. Denkbar ist eine Ausrichtung an Epochen, Autoren, Strukturen oder Themen. Wir haben uns entschieden, als thematische Klammer „Die Suche nach der Wahrheit" ins Zentrum zu stellen, zumal mit diesem heuristischen Aspekt eine wesentliche Dimension der Gattung erfasst ist: „Das anthropologische Modell der Parabel ist durch die Struktur folgender Frage-Antwort-Relation zu kennzeichnen: „Was soll ich tun, um das ‚Wahre' zu erfahren? ... Die Parabel ist eine Form der Erkenntnissuche" (*Monika Schrader:* Epische Kurzformen. Scriptor, Königstein/Ts. 1980, S. 169).

Lukas: **Das Gleichnis vom Sämann** (um 80 n. Chr.) ▷ S. 175
Gotthold Ephraim Lessing: **Suche nach der Wahrheit** (1778) ▷ S. 176
Martin Buber: **Die fünfzigste Pforte** (1907) ▷ S. 176
Franz Kafka: **Vor dem Gesetz** (1914) ▷ S. 177
Bertolt Brecht: **Weise am Weisen ist die Haltung** (1930) ▷ S. 178
Günter Kunert: **Das Bild der Schlacht am Isonzo** (1964) ▷ S. 178

Vorschlag zur Realisierung der Sequenz

Es empfiehlt sich, zunächst das „Gleichnis vom Sämann" im Hinblick auf seine Parabelstruktur zu untersuchen und anhand weiterer Gleichnisse aus dem Neuen Testament (z. B. „Das Gleichnis vom verlorenen Sohn" oder „Das Gleichnis vom Weinberg") die historisch grundlegende Parabelstruktur zu verdeutlichen. Anschließend sollten die Schüler/innen die sieben Texte auf den ▷ S. 176–180 lesen. In Gruppen sollten sie die Leitaspekte (▷ S. 178, Aufgabe 1) erarbeiten, mit deren Hilfe die Unterrichtsreihe strukturiert werden kann. Dabei stehen problembezogene, literaturgeschichtliche und kulturelle Fragestellungen im Vordergrund:

- inhaltliche Dimension: In welchen Situationen und Handlungszusammenhängen kann die Wahrheit in Erscheinung treten? Gibt es unterschiedliche Antworten auf die Frage nach der Wahrheit? etc.
- formale Dimension: Aufbau, Bildbereich, Figuren, Perspektive, sprachliche Formen der Darstellung; Parabelstruktur (von der kommunikativen/situativen Einbettung bis zur Reduktion auf den Bildteil)
- intentionale Dimension: Eindeutigkeit vs. Vieldeutigkeit, optimistische Weltdeutung vs. rätselhafte Paradoxien; Sinnhaftigkeit der Welt vs. Absurdität
- literaturgeschichtliche Dimension: die Tradition der Aufklärung von Lessing bis Brecht; die religiöse (christliche bzw. chassidische) Tradition (Gleichnisse Jesu bzw. Bubers Überlieferung altjüdischer Maschal-Erzählungen); die moderne offene Parabel: die Welt als Paradox (Kafka, Kunert).

Eine für die Schülerinnen und Schüler sinnvolle Aufgabe besteht darin, die Wirkung der Parabel in unterschiedlichen situativen und literarischen Kontexten zu erproben. Als Arbeitsform bietet sich der Gruppenunterricht bis hin zum Projektverfahren an:

- So stellt z. B. eine Gruppe ein und dieselbe Parabel in verschiedene situative Kontexte. Dabei lässt sich die Wirksamkeit der Parabel als stützendes Beispiel für die Argumentation prüfen.

- Weitere Gruppen untersuchen Stellenwert und Funktion der Parabel in einem vorgegebenen literarischen Umfeld, so z. B. die Parabel „Die fünfzigste Pforte“ von Martin Buber (▷ S. 176 f.), die Ringparabel in Lessings „Nathan der Weise“ oder die Türhüterparabel im 9. Kapitel von Kafkas Roman „Der Prozess“.

Die appellative Funktion der Parabel ist für das Grundmodell der Gattung konstitutiv. Der deutliche Adressatenbezug lässt sich in besonderer Weise für produktive Verfahren im Unterricht nutzen:

- So können die Schüler/innen in Kleingruppen auf vorgegebene Parabeln, wie z. B. Kafkas „Vor dem Gesetz“, eine Antwort finden, indem sie den Text kreativ verändern. Die Umgestaltung der Perspektive, der Situation, der Beziehung der Figuren, der Zielrichtung etc. eignet sich für eine Textveränderung in besonderer Weise. Ein Beispiel für dieses Verfahren gibt *Klaus Stillers* „Vor dem Gesetz“ (In: Tintenfisch. Jahrbuch für Literatur. Hg. v. Michael Krüger und Klaus Wagenbach, Berlin 1975, S. 69 f.), die sich als Antwort auf Kafkas gleichnamige Parabel versteht.
- Eine weitere Möglichkeit der kreativen Gestaltung bietet die Vorgabe eines Themas, zu dem ein passender Parabeltext zu verfassen ist ▷ S. 178, Aufgabe 3). Dabei können verschiedene Facetten von der expliziten Gleichnisstruktur bis zur offenen Verrätselung des Bildteils erprobt werden.

Beispiel für die Behandlung von Kafkas Türhüterparabel „Vor dem Gesetz“ im Unterricht

Ein Interpretationsgespräch im Unterricht geht sinnvollerweise von den Deutungsansätzen der Schüler/innen aus. Erfahrungsgemäß beziehen diese ihr Textverständnis auf folgende Fragen:

- Was bedeutet das Gesetz?
- Welche Rollen spielen der Türhüter und der Mann vom Lande?
- Fühlt sich der Mann vom Lande in seiner Wahrnehmung getäuscht?
- Warum lässt sich der Mann vom Lande den Eintritt in das Gesetz verwehren und verweilt sein Leben lang vor der Tür?
- Welche Bedeutung haben Schlüsselwörter wie „Licht“, „Reise“, „Gesetz“ etc.?

Im Sinne des kritisch-hermeneutischen Verstehensmodells ergibt sich keine Priorität, sondern eine zunehmende Vernetzung und Verdichtung der unterschiedlichen Fragehorizonte.

Aus der paradoxen Struktur der Kafka-Parabel ergibt sich zwingend, dass eine eindeutige Sinnfestlegung der Textintention widerspricht. Der Unterrichtende muss in besonderer Weise den Interpretationsprozess offen halten. Die hier angesprochene Verstehensproblematik wird im „Prozess“-Roman selbst durch die Figur des Geistlichen zusammenfassend formuliert: „Richtiges Auffassen einer Sache und Missverstehen der gleichen Sache schließen einander nicht vollständig aus.“ Zur Vertiefung dieses hermeneutischen Methodenproblems bietet sich eine Thematisierung des Parabelkontextes durch einen entsprechenden Textauszug aus dem 9. Kapitel des Romans an.

Die Interpretationsentwürfe der Schüler/innen haben ihre Entsprechung auf der Ebene wissenschaftlicher Deutung, beispielsweise:

- soziologischer und kommunikationstheoretischer Ansatz: die Parabel als Darstellung gesellschaftlicher Machtverhältnisse
- philosophischer Ansatz: die Parabel als Darstellung des Problems von Freiheit und Determination
- theologischer Ansatz: die Parabel als Ausdruck der Unfassbarkeit Gottes
- psychologischer Ansatz: die Parabel als Ausdruck neurotisch bedingter Lebensunfähigkeit.

Eine kreative Auseinandersetzung mit Kafkas Türhüterparabel kann sich entweder an der Erfahrungswelt des schreibenden Schülers/der schreibenden Schülerin orientieren oder stärker in den Dienst des heuristischen Textverstehens treten. Dazu zwei produktive Texte Jugendlicher:

Vor der Liebe steht ein Türhüter. Zu diesem Türhüter kommt eine junge Frau aus der Kleinstadt und bittet um Eintritt in die Liebe. Aber der Türhüter sagt, dass er ihr jetzt den Eintritt nicht gewähren könne. Die Frau setzt sich auf einen Schemel und wartet. Mit der Zeit wird es ihr langweilig und sie schlendert davon. Da entdeckt sie plötzlich noch ein geöffnetes Tor. Sie kann ohne Probleme hindurchgehen. Es ist das Tor der Leidenschaft. Sie geht hinein und vergnügt sich einige Zeit darin. Nach einigen Jahren entdeckt sie ganz hinten im letzten Eck eine neue Tür, wiederum ohne Türhüter. Es ist das Tor der Vernunft. Sie geht hindurch und lebt auch hier einige Jahre. Sie vergisst ihr eigentliches Vorhaben und stirbt im hohen Alter im Reich der Vernunft. Man sagt, sie hatte ein erfülltes Leben.

Mit diesen Worten tritt der Türhüter beiseite und lässt den Mann eintreten. Dieser findet sich in einem großen Saal wieder, der ganz leer ist. Vorsichtig geht er vorwärts. Von der anderen Seite des Saales kommt eine Gestalt auf ihn zu. Der Mann ist jedoch nicht in der Lage, sie zu erkennen. Doch plötzlich fällt es ihm wie Schuppen von den Augen: Er geht auf niemand anders zu als auf sein eigenes Spiegelbild. Voll Entsetzen wendet er sich um und flieht eine Wahrheit, die er nicht gesucht hatte.

(Karlheinz Fingerhut: Kafka für die Schule. Volk und Wissen, Berlin 1996, S. 16, 20)

Mögliches **Tafelbild** zu *Günter Kunert:* Das Bild der Schlacht am Isonzo ▷ S. 178

Problemstellung: Die Wirklichkeit zwischen
(Wunsch nach) Objektivität ←→ (tatsächlich) subjektiver Erfahrung

Aber: Bilder der Wirklichkeit werden in der Regel *nicht selbst erfahren*, sondern *vermittelt erfasst.*

d. h. Personen mit ihrer subjektiven Betrachtungsweise vermitteln ihr Bild vom Beobachteten, von der *angeblichen „Realität“*

abhängig von:

- der eigenen Betroffenheit
- den eigenen Absichten (Intention)
- subjektiven Wertvorstellungen
- der persönlichen Stellung

Beispiel: Was ist dem Maler, was dem General hinsichtlich der „Schlacht am Isonzo“ wichtig?

Grundsätzlich: Der Begriff einer „objektiven“ Realität ist fragwürdig, da relativ.
Da uns vor allem die Medien „Realitäten“ vermitteln, sind diese immer relativ zu bewerten und kritisch zu hinterfragen.

Robert Walser: **Ovation** (1912) ▷ S. 179
Franz Kafka: **Auf der Galerie** (1917) ▷ S. 179
Georges Seurat: **Der Zirkus** (1891) ▷ S. 180

1.–3. Das Rahmenthema des Parabelkapitels „Die Suche nach der Wahrheit“ steht in engem Zusammenhang mit der Künstlerproblematik, die in der vorliegenden Sequenz thematisiert wird. Die beiden Texte von Robert Walser und Franz Kafka sowie das Gemälde von Georges Seurat erhellen sich wechselseitig im Sinne des Prinzips der Intertextualität. Die Schüler/innen entdecken Gemeinsamkeiten und Korrespondenzen, vor al- ▷ S. 180

lem aber auch Unterschiede und Abweichungen im Hinblick auf Motive, Figurengestaltung, Lokalitäten, Perspektiven und Intentionen. Zusammenfassend schreibt der Literaturwissenschaftler Karlheinz Fingerhut: „An dieser Parabel **[„Auf der Galerie“]**, wird allgemein die antithetische Struktur der beiden Sätze, die den Text ausmachen, hervorgehoben. Der erste Satz, ein irrealer Konditionalsatz, gilt einer Szene im Zirkus, bei der eine kranke Kunstreiterin von ihrem erbarmungslosen Chef in der Manege herumgetrieben wird. Im zweiten, durch Semikola gegliederten, ist dem der gleiche Sachverhalt als das Bild eines realen Geschehens gegenübergestellt; dementsprechend steht er im Indikativ Präsens, ist aber derart von ironischen Übertreibungen durchsetzt, dass der Leser auf das Muster der verkehrten Welt gestoßen wird und bereit ist, die zuerst geschilderte Ansicht der Szene für „Wahrheit“, die zweite für die „Fassade“, die als Wirklichkeit ausgegeben wird, zu halten.

Die nahe liegende Interpretation, dass der schöne Schein des Zirkus trügt, ist unzureichend. Denn die Erzählung heißt nicht „In der Manege“, sondern „Auf der Galerie“. [...]

Die Brüchigkeit einer solchen Deutung macht erneut klar, dass alle einsinnigen Übersetzungen der Szenen, Gesten und Handlungen Kafka'scher Figuren in abstrakte Ideen, Meinungen, Konzepte an Grenzen stoßen, die in der Natur der mehrfach auslegbaren Erzählrede liegen. Im Unterricht kommt es daher nicht darauf an, die ‚überzeugende Gesamtinterpretation‘ zu erarbeiten, sondern die Bruchstückhaftigkeit und die Unabschließbarkeit der Deutungsbemühungen herauszustellen. Das kann einmal durch die überprüfende Vergleichung unterschiedlicher inhaltlicher Konkretisationen geschehen, es kann auch ‚produktiv‘, durch die Übertragung der erzählten Situation auf eine vergleichbare Abhängigkeit, erfolgen. – Hier ein Beispiel:

Auf der Schulbank

Wenn irgendeine lungensüchtige Deutschlehrerin zugleich mit dem grellen zehn Sekunden langen Läuten der alten Schulglocke schnaufend am Klassenraum ankäme, sofort ihren schweren Schlüsselbund aus der schon total abgenutzten und überfüllten Schulmappe herausholte, ihn geschickt in das Schlüsselloch der quietschenden Klassenzimmertür steckte, sie schwungvoll öffnete und fünfundzwanzig mucksmäuschenstille, in Zweierreihen stehende Schülerinnen und Schüler in den Klassenraum bitten würde, dann nach zwanzig Sekunden Strafarbeiten verteilte, weil es noch nicht ruhig ist, schließlich die Klasse auf ihre Vollständigkeit überprüfte, dann das alte, dicke Deutschbuch auf Seite dreihundertneunundachtzig aufschlüge und die Seite von ein und demselben Schüler vorlesen ließe, bis endlich die von allen gehasste Klassenstreberin drankäme, – dann würde vielleicht einer der vielen Schüler und Schülerinnen mitten in der Stunde aufspringen und schreiend aus dem Klassenraum ziellos durch das Schulgebäude rennen und schließlich den Schulhof erreichen, bis zur Straßenbahn laufen und in die nächste Bahn steigen. Da dies aber nicht so ist, eine junge, dynamische Deutschlehrerin fünf Minuten zu spät die Treppe heraufgestiegen kommt und eine Minute in ihrer neuen Ledermappe nach dem Schlüssel sucht, bis sie schließlich bemerkt, dass die laut grölende, teils Karten spielende, teils Schwämme werfende Klasse sich schon im Klassenraum befindet und die schwere Tür sanft hinter sich schließt und fünfundvierzig Minuten versucht Unterricht zu halten, indem sie die aktuellsten und interessantesten Themen auf hochwertigen Tonträgern und über Qualitätsoverheadgeräte den Schülerinnen und Schülern nahe bringt, diese Themen dann ausgiebig diskutiert, sodass allerkleinste Kleinigkeiten restlos geklärt werden – lehnt sich ein jeder zufrieden zurück und erzählt seinem Nachbarn, was er gestern Nachmittag gemacht hat.

(Kai Weber, Kl. 9, Gymnasium. – In: Diskussion Deutsch, Heft 132/1993, S. 349)

[...] Walsers Prosastück **‚Ovation‘** hat mit dem Kafkas die Struktur des Hypothetischen (‚Stell dir, lieber Leser, vor, wie schön [...] das ist, wenn‘) gemeinsam. Aber es hat eine andere Intention. Walser durchleuchtet einen Vorgang auf dem Theater, Kafka ein menschliches Verhalten. Walsers Text entstammt dem kritischen Feuilleton der ‚Schaubühne‘. In erkennbar satirischer Absicht ist das Verhältnis von Publikum und Sängerin dargestellt. Es geht nicht nur um den Beifall für die künstlerische Leistung, sondern um die ins Ritual eingebundenen Emotionen und um die spezifische ‚Atmosphäre'. Deswegen heißt das Stück auch zu Recht ‚Ovation'. Bei Kafka geht es nur an der Textoberfläche um das gleiche Thema. Interessant für ihn ist das Verhalten des Galeriebesuchers, der weder zum Publikum noch zu den Artisten gehört. In seiner Geste spiegelt sich die Ratlosigkeit des Autors, der die eigene Situation im literarischen Zirkusbetrieb beobachtet." (*Karlheinz Fingerhut:* Kafka für die Schule. Volk und Wissen, Berlin 1996, S. 152–157)

Verlaufsskizze zu Kafkas „Auf der Galerie" (Doppelstunde)

1. *Einstieg:* Aufbau des Vorverständnishorizonts
   - fächerverbindender Einstieg in die Thematik der Stunde: Seurats Gemälde „Der Zirkus"
   - assoziatives Erfassen der neo-impressionistischen Darstellung des Zirkus-Motivs; evtl. Hilfen zu bildanalytischen Kategorien
   - Motivationsförderung durch visuelle Kontextualisierung

   Teilziel: Die Schüler/innen formulieren erste Eindrücke und Vorstellungen vom Zirkus-Motiv in der Moderne auf der Basis selbst gewählter Beschreibungs- und Deutungsaspekte des Seurat-Gemäldes.
2. *Problematisierung/Überleitung:* Kreative Antizipation des Textes
   - Impuls: Stellt euch vor, Kafka hat das Seurat-Gemälde in Paris gesehen und schreibt eine Kurzerzählung. Wie würde Kafka das Thema darstellen?
   - Stichwortnotiz auf Karteikarte (Metaplan) oder an der Tafel (Cluster)

   Teilziel: Die Schüler/innen übertragen ihr Vorwissen über den Autor Kafka und ihr Seurat-Verständnis auf die Konzeption einer Erzählung zum Thema „Zirkus".
3. *Textpräsentation (I):* Steigerung der Motivation durch die Methode des verzögerten Lesens
   Anschaulicher Vortrag des ersten Teils der Erzählung durch den Lehrer/die Lehrerin; Austeilen des Textes
4. *Erarbeitungsphase (I):* Hypothesen zum Textverstehen und Begründungen
   Lehrer/in regt einen hermeneutischen Diskurs über den Text im Lichte des Vorverständnishorizonts an: Figuren, Thematik/Problemstellung, sprachliche Besonderheiten
   Teilziel: Die Schüler/innen erfassen die negative Darstellung der Wirklichkeit im Modus der konditionalen Annahme.
5. *Textpräsentation (II):* Lenkung des Erwartungshorizonts auf das Modell der narrativen Problemlösung
   Gestaltender Vortrag des zweiten Teils der Erzählung durch den Lehrer/die Lehrerin; Austeilen des Textes
6. *Erarbeitungsphase (II)/Abstraktion:* Vorläufige Problemlösung, Systematisierung, Bilanzierung
   Erarbeitung: Vergleichende Analyse der beiden Erzählteile im Hinblick auf Thematik, Figuren und Sprache (Gruppenarbeit)
   Abstraktion: Fokussierung der Frage nach der parabolischen Intention; Vergleich mit Seurats Gemälde
   Ziel: Die Schüler/innen entdecken die zentrale thematische und sprachliche Antithetik von Sprache und Täuschung/Schein. Sie reflektieren die Intention der paradoxen Zweiteilung der Erzählung und begründen ggf. mögliche Deutungsansätze der offenen Parabel: Interaktion in der sozialen Welt; Wahrnehmungsparadox von Schein und Wirklichkeit, Künstler und Gesellschaft. Sie erläutern intertextuelle Korrespondenzen zwischen Seurats Gemälde und Kafkas Parabel.
7. *Hausaufgabe:* produktiv: Schreiben einer Parallelparabel, Übertragung auf neue Situation
   analytisch: Vergleich von Kafkas „Auf der Galerie" mit Walsers „Ovation"

1.3.2 Die Novelle

▷ S. 181 *Johann Wolfgang Goethe:* **Gespräch mit Eckermann** (1827)
▷ S. 181 *August Wilhelm Schlegel:* **Vorlesungen über schöne Literatur und Kunst** (1803/04)
▷ S. 181 *Theodor Storm:* **Verteidigung der Novelle** (1881)

▷ S. 181 1.

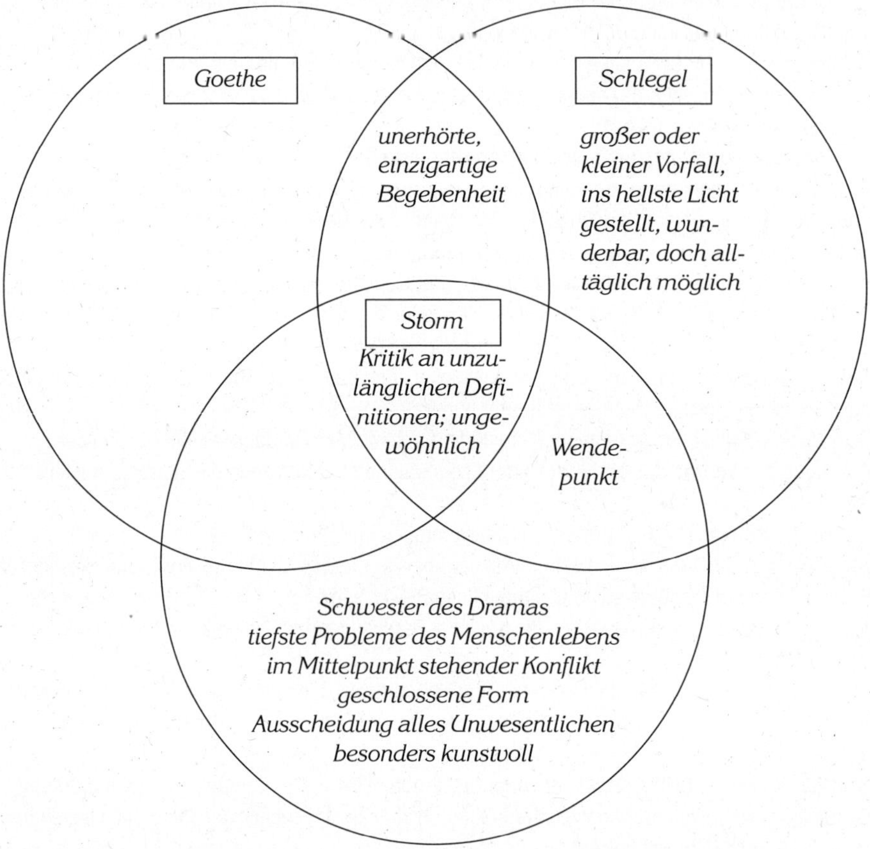

▷ S. 182 **Heinrich von Kleists „Die Marquise von O…“** (1808)

▷ S. 183 1. a) Der Konflikt der Marquise äußert sich auf individueller und auf sozialer Ebene. Da sie ein absolut reines Gewissen hat, ist sie an der Aufklärung ihrer Schwangerschaft und der Ursache derselben aus eigenem Interesse zutiefst interessiert. Gleichzeitig ist sie sich der zeittypischen gesellschaftlichen Schande, in der sich ihre angesehene Familie durch die anscheinend „ehrlose Tochter“ gebracht sieht, voll bewusst. Dieser familiäre Konflikt kann wiederum differenziert betrachtet werden: So spielen neben dem Gesamthaushalt Mutter, Vater und Bruder eine wesentliche, aber unterschiedliche Rolle.
Juristisch galten uneheliche Kinder als nicht mit dem Vater verwandt, sodass sich daraus keine tatsächliche Sorgepflicht des Vaters ableiten ließ. Das Ergebnis waren in Not leidende ledige Mütter, vor allem des unteren sozialen Standes, was diese häufig zwang, ihre Kinder in unwürdige Pflege („Engelmacherinnen“) weggeben zu müssen. Häufig überlebten die Kinder nicht. Die „Schande“ der Mutter wiederum, unverheiratet schwanger geworden zu sein, bedeutete für diese eine lebenslange soziale Stigmatisierung, sodass ihr grundsätzlich alle Wege einer „ehrbaren“ Familiengründung verwehrt blieben. Ihre Fa-

milie selbst fühlte sich durch diese Ächtung und den sozialen Abstieg ebenfalls betroffen. Vor allem von Brüdern oder vom Vater wurde deshalb oft alles getan, um so eine „Schande“ von der Familie abzuwehren. Diese Problematik fand in der Zeit der Sturm-und-Drang-Dichtung und danach eine weit verbreitete Verarbeitung in der Literatur. (Vgl. *G. E. Lessing*, Emilia Galotti; *H. L. Wagner*, Die Kindermörderin; *Friedrich Schiller*, Kabale und Liebe; die Gretchentragödie in *Goethes* „Faust“; *G. A. Bürger*, Des Pfarrers Tochter von Taubenhain; *Franz Joseph Haydn*, Oratorium „Die Jahreszeiten“ im Teil „Der Sommer“; *Erich Mühsam*, Amanda.) In Referaten ließe sich diese Thematik vor der Klasse unter verschiedenen Aspekten vorstellen.

b) Kleist kritisiert mit dieser Novelle die engen und meist scheinheiligen Moralvorstellungen seiner Zeit hinsichtlich der Problematik einer ungewollten Schwangerschaft, die hier vor allem am Beispiel des Vaters zum Ausdruck kommen. Der Begriff „moralische Erzählung“ verweist aber auch auf die vorbildliche moralische Haltung eines reumütigen „Sünders“, dem liebevolle und ehrliche Wiedergutmachung ein Herzensanliegen ist, und einer unschuldig betroffenen Frau, der es um schonungslose Aufklärung der Tatsachen, also um Wahrhaftigkeit geht.

2. a) Beispiel einer Spannungskurve (andere Formen, z. B. die einer Wellenlinie, sind ebenfalls möglich):

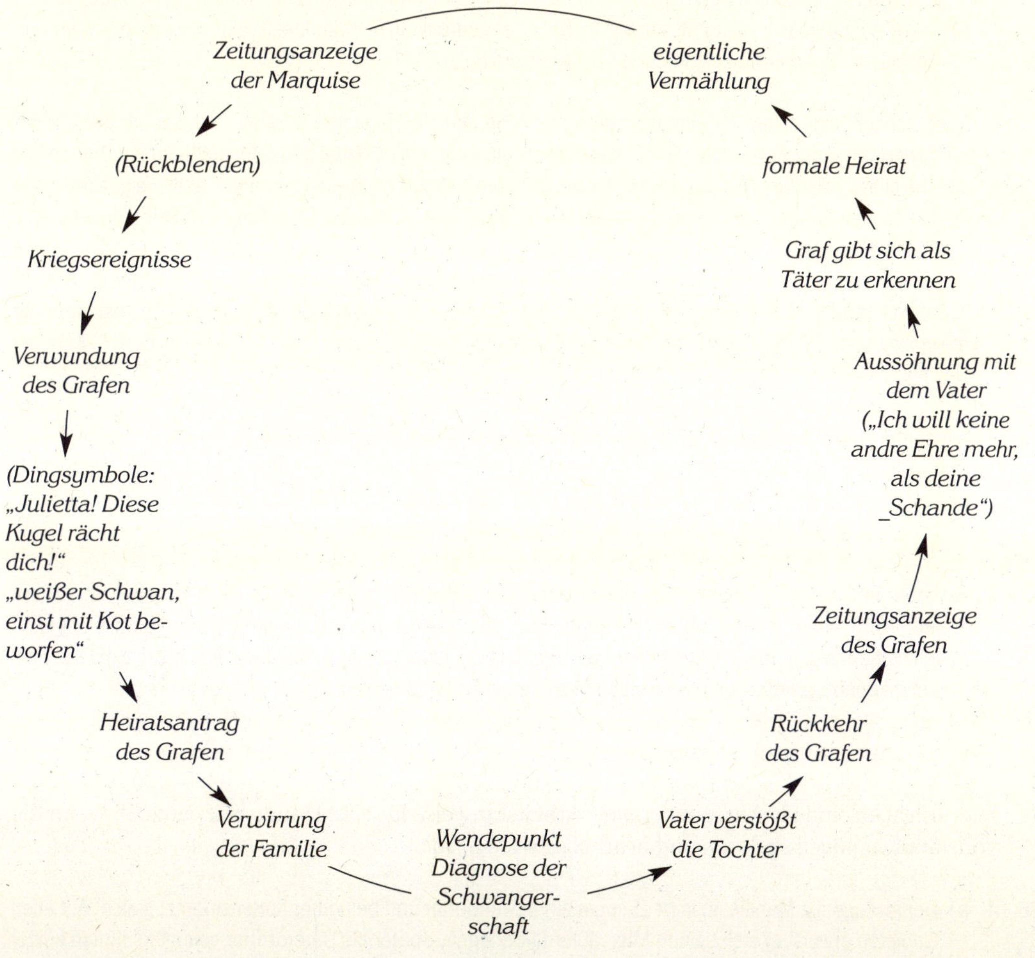

b) Alle auf ▷ S. 182 genannten Merkmale der Novelle lassen sich an Kleists „Die Marquise von O°“ nachweisen. Vorschlag für den Unterricht: Die Schüler/innen werden aufgefordert, in Gruppenarbeit die aufgeführten Punkte in der Novelle nachzuweisen und ihre jeweilige erzählerische Funktion zu bestimmen. Die Ergebnisse werden dann im Unterrichtsgespräch zusammengetragen, miteinander verglichen und in einem Folien- oder Tafelbild zusammengefasst.

▷ S. 184 **Thomas Manns „Der Tod in Venedig“** (1912)

Die Inhaltsangabe dient lediglich als Orientierungshilfe und Anreiz, sich mit der Novelle von Thomas Mann näher zu beschäftigen. Die Aufgeben können in diesem Sinn Richtlinien für eine Hausarbeit sein.

▷ S. 184 1. a) Beeindruckt von der ungewöhnlichen Schönheit des Jungen, sieht sich Aschenbach sinnlich-rauschhaft angeregt, der Frage nach der Bestimmung des Künstlers und dem Sinn der Kunst nachzugehen. Das Spiel zwischen reizvoller Nähe und scheuer Distanz reizt die homo-erotischen Neigungen Aschenbachs, die allerdings keine Erfüllung finden. In dem „gottähnlich“ schönen Jungen spürt der alternde Künstler aber auch den Boten des Todes, der ihm die Vergänglichkeit seines eigenen Daseins empfinden lässt.

b) Diese Aufgabe lässt sich mit der auf ▷ S. 93 abgedruckten Tabelle lösen. (Gruppenarbeit, wenn die Novelle als Ganzschrift gelesen und besprochen wird.)

2. Nach Aschenbach liefere nur das Künstlertum die Berechtigung, „wahrhaft groß, umfassend, ja wahrhaft ehrenwert“ genannt zu werden. „Haltung im Schicksal, Anmut in der Qual bedeutet nicht nur ein Dulden; sie ist eine aktive Leistung“. Im Anblick von Tadzio schwärmt Aschenbach: „Welch eine Zucht, welche Präzision des Gedankens war ausgedrückt in diesem gestreckten und jugendlich vollkommenen Leibe. Der strenge und reine Wille jedoch, der dunkel tätig dies göttliche Bildwerk ans Licht zu treiben vermocht hatte – war er nicht ihm, dem Künstler, bekannt und vertraut? Wirkte er nicht auch in ihm, wenn er, nüchterner Leidenschaft voll, aus der Marmormasse der Sprache die schlanke Form befreite, die er im Geiste geschaut und die er als Standbild und Spiegel geistiger Schönheit den Menschen darstellte?“ (Zitate aus dem 4. Kap. der Novelle).

▷ S. 185 5. Aschenbach und Goethes Faust werden von Fluchtgedanken getrieben, wenn Faust ausruft: „Flieh! Auf! Hinaus ins weite Land!“ (V. 418) und Aschenbach einen „Fluchtdrang“ verspürt, „diese Sehnsucht ins Ferne und Neue, diese Begierde nach Befreiung, Entbürdung und Vergessen – der Drang hinweg vom Werke, von der Alltagsstätte eines starren, kalten und leidenschaftlichen Daseins“ (1. Kap.).

6. Faber erfährt vor allem unbewusst Zufälligkeiten, während Aschenbach gezielt nach Bezügen zu seinem Leben sucht. Beide erleben aber Begebenheiten, die in engstem Zusammenhang mit ihrem bisherigen Leben stehen; Aschenbach sieht sich dabei eher in bisherigen Ansichten bestätigt, während sich Faber immer mehr genötigt sieht, seine bisherigen Maximen in Frage zu stellen.

▷ S. 185 **Günter Grass' „Katz und Maus“** (1961)

Die Aufgaben sind als Anregungen und Arbeitshinweise für eine Hausarbeit gedacht, wenn die vollständige Novelle gelesen und bearbeitet werden soll.

▷ S. 186 1. a) Der Protagonist Mahlke ist in der Schule ein bewunderter und belachter Außenseiter zugleich. Auf allen Gebieten erweist er sich seinen Mitschülern überlegen. Später als Unteroffizier gelingt es ihm in kurzer Zeit, mit über 50 Abschüssen das Ritterkreuz zu erhalten. Auf seine Leistungen – insbesondere die sportlichen – ist er öffentlich nicht stolz, er erreicht sie scheinbar selbstverständlich. Doch ist er auch für

Anerkennung empfindlich: „Beifall tat ihm gut und besänftigte seinen Hüpfer am Hals.“ Äußerlich fällt sein überdimensionierter Adamsapfel auf, den er durch verschiedene Dinge zu verbergen sucht, zunächst durch den englischen Schraubenschlüssel, dann durch die Puscheln und schließlich – als Höhepunkt – durch das Ritterkreuz. Bemerkenswert ist seine religiöse Haltung, die in einer fast mystischen Verehrung der Jungfrau Maria gipfelt.

b) Die Schüler/innen könnten hier von Mahlke ausgehen. Allerdings geht es Joachim Mahlke nicht darum, in eine Gruppe integriert zu werden. An dieser Stelle könnte über die Bedeutung von sportlichen Leistungen für Männer und Frauen gesprochen werden und auch darüber, ob, und wenn ja, daraus gesellschaftliche Anerkennung resultiert.

2. a) Vorbilder für die Jungen sind Kriegshelden, hoch dekorierte Jagdflieger, erfolgreiche U-Boot-Kapitäne und Panzerfahrer. Das Ritterkreuz – verliehen für „Führer, Volk und Vaterland“ – symbolisiert herausragende militärische Leistungen und ist für seinen Träger gleichbedeutend mit gesellschaftlichem Aufstieg. Für Mahlke bedeutet der Erwerb des Ritterkreuzes einen Mut- oder Zähigkeitsbeweis. Es dient der Erhöhung seines Selbstwertgefühls ohne ideologische Übereinstimmung mit den nationalsozialistischen Kriegszielen.

   b) Beide Ritterkreuzträger schildern ihre Kriegseinsätze als lustiges Spiel, nicht als Kampf auf Leben und Tod. Deutlich wird, dass diese Reden die Jungen für den Krieg vorbereiten sollen. Es wird an ihre Abenteuerlust appelliert. Der Kapitänleutnant erweist sich als „Dichter“, der in schwülstiger Rede Naturerscheinungen wie Sonnenuntergänge über dem Meer beschreibt.

3. Joachim Mahlkes Streben gilt dem Ritterkreuz, weil er so die anderen Ritterkreuzträger ausstechen kann und weil es seinen Träger zum Star macht. Er selbst sieht im Ritterkreuz keinen Sinn. Deutlich wird dies auch, als Mahlke den Reden der Ritterkreuzträger zuhört, ohne Beifall zu spenden. Die den Krieg glorifizierenden Berichte der anderen Ritterkreuzträger will er mit der Schilderung des gefährlichen soldatischen Alltags als falsch entlarven und die Schüler vor überzogenen Illusionen warnen. Unbewusst widersetzt er sich damit dem nationalsozialistischen System. Durch seine Entwicklung, die zwischen Größe und Lächerlichkeit schwankt, und durch seine äußerliche Erscheinung trägt Mahlke zweifellos Züge eines Außenseiters.
   Bemerkenswert ist sein Anspruch auf Selbstbestimmung. Diese setzt er mit Ausdauer und Konsequenz gegen eine von Lügen geprägte Umwelt durch. Indem er seinen Lehrer Klohse schlägt – damit sein Scheitern einleitet – befreit er sich auch von ihren autoritären Zwängen, die einem verbrecherischen System dienen. Mahlke gefällt sich in der Rolle des bewunderten Außenseiters, der seinen Schulkameraden aber fremd und rätselhaft bleibt. Er ist auch kein Widerstandskämpfer, da seine Position innerseelisch und nicht ideologisch begründet ist.
   Die Rolle des Clowns ist die Verkörperung des permanent Scheiternden. Die Rückgabe des entwendeten Ritterkreuzes an Klohse zeigt durchaus clowneske Züge, denn damit leitet Mahlke sein Scheitern ein. Er wird von der Schule verwiesen und kann später keine Rede mehr halten.

5. Hier ist darauf zu achten, dass die entscheidenden Elemente einer Novelle beachtet werden: Unerhörte Begebenheit, Einsträngigkeit, entscheidende Wendepunkte, Leitmotive, zentrales Ereignis und gesellschaftliche Einbettung.

6. Die Verstrickung in nationalsozialistische Verbrechen und die schwere persönliche Schuld von Hanna steht in der Erzählung „Der Vorleser“ von Bernhard Schlink im Zentrum. In der Novelle „Katz und Maus“ identifiziert sich Mahlke nicht mit den fragwürdigen Kriegsleistungen der Ritterkreuzträger, im Gegenteil, er entlarvt sie als hohles Pathos. Indem er Oberstudienrat Klohse ohrfeigt, grenzt er sich von dessen unkritischer Übernahme nationalsozialistischen Gedankenguts ab, ohne aber bewusst zu einem Gegner des „Dritten Reiches“ zu werden. – Zu einem Vergleich könnte u. a. herangezogen werden: *Alfred Andersch* „Sansibar ...“ und *Ödön von Horvath* „Jugend ohne Gott“.

1.3.3 Die Kurzgeschichte

Ich-Suche und Spiegelbilder

▷ S. 186 *Barbara Frischmuth:* **Die Art der Betrachtung** (1980)

▷ S. 188 2. Sprachliche Mittel, z. B.:
- Perspektive eines erzählenden Ichs vermittelt direkte Unmittelbarkeit und Möglichkeiten der Identifikation
- meist asyndetischer Stil (Z. 1–3) weist auf das spontane Tun der Erzählerin
- kontrastierend dazu hypotaktischer Satzbau (Z. 59–69), wenn komplexere Zusammenhänge beschrieben werden
- keine dichterische Hochsprache; die alltäglichen, kleinen Sorgen einer Heranwachsenden werden dadurch realitätsnah ausgedrückt
- häufige Verwendung des unpersönlichen Fürworts „man" drückt eine allgemeine Erfahrung Jugendlicher bei solchen Selbstbetrachtungen aus
- Anaphern machen das ewig Wiederholbare dieses Tuns deutlich (Z. 36, 39, 44, 46)
- gehäufte Verwendung von Substantiven (Z. 80 ff.) betont den Willen der Betrachterin, sich selbst zu vergegenständlichen, zu versachlichen, um sich objektiver wahrnehmen zu können
- Bemühen um größtmögliche Genauigkeit und Sachlichkeit drückt sich in der Verwendung mathematischer Begriffe aus: „im rechten Winkel" (Z. 5), „zu einer Waagrechten" (Z. 92), „Mittelpunkt des Kinns" (Z. 104), „unter dem rechten äußeren Winkel" (Z. 126)

▷ S. 188 *Margret Steenfatt:* **Im Spiegel** (1984)

Die Erzählung thematisiert die Ablehnung der durch Erwachsene vorgeprägten Verhaltensmuster sowie die Suche nach einer anderen Identität.

▷ S. 188 1. a/b) Der Alltagsbegriff „Spiegel" erlaubt ein breites Spektrum von Bedeutungsnuancen. Als literarisches Motiv symbolisiert der Spiegel die Suche nach einer eigenen Identität. Das Bild einer Person ergibt sich als Spiegelung im Bewusstsein anderer, hier der Eltern („sie") und, nur angedeutet, der Freunde („seine Leute").

Die Erzählsituation ist geprägt vom epischen Bericht eines auktorialen Erzählers, der von szenischem Erzählen ausgeht (Z. 1–3) und unterbrochen wird von einer Tatsachenreportage/-montage (Zitat: Z. 24 ff.). Die Ablehnung der Verhaltensmuster der älteren Generation bestimmt das Handeln der Hauptfigur. Die Zweifel an sich selbst und die Suche nach der eigenen Identität korrespondieren mit dem Wortfeld der Negation: „unbeschriebenes Blatt" (Z. 12 f.), „tonlose Melodie" (Z. 14), „ungesagtes Wort" (Z. 14), „ungelebtes Leben" (Z. 15). Aus der Polarität von Selbstzweifeln und Suche entwickelt sich die Aggression gegen das Spiegelbild am Schluss.

Oppositionen:

farblos/blass	–	bunt
Stillstand	–	Veränderung
Kälte	–	Wärme

Der Impuls zur Zerstörung ergibt sich aus der negativen Wirkung des eigenen Bildes (Spuk) im Vergleich mit dem gemalten, bunten Spiegelbild. Die Hauptfigur ist als Suchende auf dem Weg vom oktroyierten Gefühl des Nichtseins zu etwas, einer Identität, die von ihr als Lebensinhalt akzeptiert werden kann.

Verlaufsskizze:
- Ideenstern mit dem Zentralbegriff „Spiegel" als Anregung zur Assoziation (▷ S. 134)
- Sammeln von Assoziationen
- Textbegegnung
- Vergleich der ersten Eindrücke vom Text mit den gesammelten Assoziationen
- Formulieren einer Interpretationshypothese durch die Lerngruppe
- Untersuchung des Textes mit Blick auf die formulierte These
- Formulieren eines erweiterten Deutungsansatzes etc.

2. Anstelle des inneren Monologs bieten sich weitere kreative Schreibaufträge an, wie z. B.: Führen Sie die Geschichte fort, indem Sie an den letzten Satz anknüpfen und ein Gespräch zwischen Achim und seinen Freunden formulieren. Stellen Sie den Dialog anschließend im Rollenspiel dar.

3. **Barbara Frischmuth**
   - Ich-Erzählerin sucht sich den „günstigsten Spiegel" (Z. 1) aus.
   - Die Oberfläche des Spiegels wird genau untersucht und nach der entsprechenden Wirkung begutachtet.
   - Die Selbstbeobachtung im Spiegel wird vielfach variiert, genossen und auch ins Lächerliche gezogen.
   - Die detaillierte Betrachtung im Spiegel bleibt ohne Folgen.

   Margret Steenfatt
   - Der Spiegel bietet wohl eher eine zufällige Gelegenheit zur Selbstbeobachtung.
   - Die Oberfläche des Spiegels wird eher unbewusst berührt und als kalt und gefühllos empfunden.
   - Das Spiegelbild wird auf dem Glas als lächerliche Clownmaske nachgemalt.
   - Der Spiegel wird in einem Akt der Selbstzerstörung zerschlagen.

Gabriele Wohmann: **Die Klavierstunde** (1966) ▷ S. 189

1. Strukturbestimmend ist ein alternierender Wechsel der Perspektive. Sieben Abschnitte sind aus der Sicht des Schülers, sieben aus der der Klavierlehrerin geschrieben, wobei die einzelnen Abschnitte immer mehr verkürzt werden, was einen immer schnelleren Perspektivwechsel zur Folge hat. Dadurch wird der Eindruck einer dramatischen Beschleunigung des Geschehensablaufs erzeugt, die Spannung steigt. Im Schlussabschnitt wird dann der zweisträngig angelegte Erzählvorgang zusammengeführt. Der vom Leser kaum wahrnehmbare Erzähler schlüpft abwechselnd in beide Akteure und zeigt aus ihrer Perspektive mit Hilfe erlebter Rede, innerem Monolog und Erzählbericht die Handlungen und die Gedanken von Schüler und Lehrerin. ▷ S. 190

Strukturskizze:

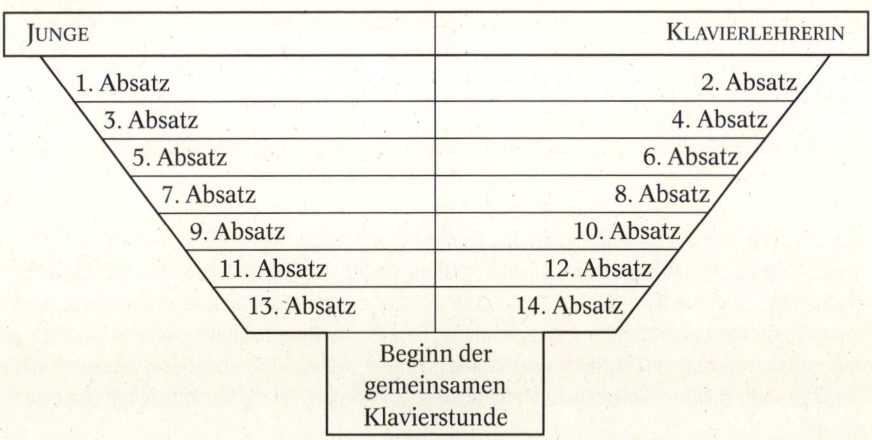

Liebe und Partnerschaft

▷ S. 191 *Heinrich Böll:* **An der Brücke** (1949)

▷ S. 192 1. Dass die Kurzgeschichte in der Nachkriegszeit spielt, erkennt man nur indirekt: Im ersten Satz wird angedeutet, dass ein wahrscheinlich Kriegsversehrter („Beine geflickt") froh ist, irgendeine Arbeit bekommen zu haben, die das Überleben in dieser schwierigen Zeit sichert („Es ging ja glatt um meine Existenz", Z. 94 f.).

▷ S. 192 *Wolfgang Borchert:* **Das Brot** (1946)

▷ S. 193 1./3. Erfahrungsgemäß ist es außerordentlich ergiebig, den Zugang zu dieser prototypischen Kurzgeschichte der Nachkriegszeit über ein *Standbild* zu ermöglichen. Die Schüler/innen erleben und reflektieren die zentralen Haltungen und Gefühle der Protagonisten: das Gefühl der Scham und die Versuche der beiden Eheleute, voreinander das Gesicht zu wahren. Es handelt sich um eine Schlüsselsituation, die unabhängig vom historischen Kontext für die Schüler/innen verstehbar ist.
Bei Aufgabe 3 sollte eine Schülergruppe kontrastiv auf zwei Übersichtsplakaten politische, wirtschaftliche und soziale Merkmale der Nachkriegszeit sowie der Zeit des Wirtschaftswunders in den 50er-Jahren in Wort und Bild darstellen. Auf diesem Hintergrund sollte dann ein geeigneter Anlass gefunden werden, z. B. ein Festessen mit der Familie, das *Rollenspiel* zu gestalten.

2. a) Die Schmucklosigkeit der Sprache steht in direktem Zusammenhang mit der vermittelten Atmosphäre von Not, Kälte und Beschämung. In die Situation wird in, für Borchert so charakteristischen, kurzen, asyndetischen, parataktischen Sätzen eingeführt (Z. 1–22). Deren harter Rhythmus verdeutlicht die illusionslose Nachkriegszeit, wie sie von den Opfern des Krieges empfunden wurde. Die eigentlich verbindenden Konjunktionen „und" (Z. 16, 20, 22) trennen hier eher, sie kennzeichnen die verkrampfte Situation, die für die Betroffenen fast nicht aufzulösen ist. Der Einsilbigkeit, mit der sich die Eheleute nachts begegnen, drückt sich auch in der Wahl auffällig vieler ein- und zweisilbiger Worte aus: Brot, Bett, Uhr, Licht, Hemd, nachts, Tuch; plötzlich, wachte, Küche, horchte, Atem, fehlte, tappte ... Ausgefallene Worte tauchen nicht auf: Alltägliches im Geschehen, Alltägliches im Ausdruck, das Banale überdeckt die schwierigen Probleme, die unausgesprochen bleiben. Der Parallelismus im Dialog („Ich hörte hier was" – „Ich hab auch was gehört"; „Aber es war wohl nichts" – „Nein, es war wohl nichts") zeigt den verkrampften Schein der Einmütigkeit der Ehepartner auf, da beide die Auseinandersetzung aus Scham bzw. Rücksicht vermeiden wollen. Sprachlich hervorgehoben ist die Bedeutung der Ehefrau, der hier die Rolle einer stillen, einfachen Heldin zukommt: 35-mal erscheint sie als Subjekt, davon 14-mal anaphorisch im Hauptsatz (vgl. Z. 1, 4, 8, 10).
b) Alle Merkmale der Kurzgeschichte (▷ S. 194) lassen sich in Borcherts „Das Brot" nachweisen.

▷ S. 194 *Peter Bichsel:* **San Salvador** (1964)

▷ S. 194 1. a–c) Peter Bichsels „San Salvador" ist exemplarisch für die Alltagskurzgeschichte der 60er-Jahre. Die Kurzgeschichte thematisiert die problematisch gewordene Beziehung der Eheleute Paul und Hildegard. Aus dem ziellosen Ausprobieren eines neu gekauften Füllers ergibt sich ein Schlüsselsatz („Mir ist es hier zu kalt, ich gehe nach Südamerika"), der das für den Protagonisten verdeckte Beziehungsproblem virulent macht. Eine Fluchtfantasie wird mit einer möglichen Realität konfrontiert. Der Titel „San Salvador" sowie die Begriffe „Südamerika", „Palmen" und „kalt" fungieren als metaphorisches Assoziationspotential. In seiner Vorstellung überträgt Paul das gewohnte, ritualisierte Rollenverhalten seiner Frau Hildegard auf die fantasierte Situation. Die Rollenübernahme orientiert sich vorwiegend an gestischen und mimischen Details, deren Wiederholungscharakter für die Perspektivfigur Paul die Monotonie der Beziehung repräsentiert.

Sprachlich gestaltet der personale Erzähler die fantasierte Szene mit Hilfe des Konjunktivs und der erlebten Rede, während die Monotonie der Beziehung sich im wiederholenden und reihenden parataktischen Stil (achtmal „dann") des Erzählberichts spiegelt. Zum Schluss holt die Realität des gewohnten Alltags den Protagonisten wieder ein. Die bereits zum dritten Mal wiederholte Wendung „saß da" deutet darauf hin, dass das alltägliche Ritual den fantasierten Ausbruch aus der Beziehung überlebt. Eine Metakommunikation im Sinne von Lösungsversuchen findet nicht statt.
Um die Erzählstruktur zu verdeutlichen, bietet sich die Form einer Tabelle an, bei der die Schritte der inneren und äußeren Handlung gegenübergestellt werden.

<table>
<tr><th colspan="2">Erzählstruktur der Kurzgeschichte „San Salvador"</th></tr>
<tr><th>äußere Handlung und ihre sprachliche Gestaltung</th><th>innere Handlung und ihre sprachliche Gestaltung</th></tr>
<tr><td>Ausprobieren des neuen Füllers
Schlüsselsatz („Mir ist es hier zu kalt …") fließt aus der Feder
Aufräumen
Radio abdrehen
Rückkehr Hildegards

– reihender parataktischer Stil („dann")
– Wiederholungen („saß da")</td><td>Gedanken und Vorstellungen Pauls: Leben in Südamerika, Reaktionen Hildegards auf das Verschwinden des Ehemanns in Form von mimischem und gestischem Verhalten

– Konjunktivsignal der erlebten Rede
– Verdichtung der Reaktionen Hildegards in Form einer sprachlichen Trias („lächeln", „verzweifeln", „sich abfinden", Z. 38 f.)</td></tr>
</table>

2. Alternative kreative Gestaltungsmöglichkeiten:
   - Tagebucheintrag Hildegards über ihren Ehealltag mit Paul
   - Hildegard sieht den Brief Pauls auf dem Tisch liegen. Beide nutzen ihn als Anlass für ein klärendes Gespräch.

Lernerfolgskontrolle/Klausurvorschlag

Vorschlag 1

Gabriele Wohmann
Kompakt

„Das Meer ist fast grün", sagte die amerikanische Kusine Susan. „Wie gestern", sagte Lore. „Langweilig langweilig", sagte Meline. Es war gegen zwei und zu heiß. Die drei Frauen lagen im Schattenparallelogramm, das die Badehütte nach Norden warf. „Mir fällt kein so heißer Sommer ein", sagte Meline. „Bloß gut für die Kinder." „Sie spielen nett", sagte Susan. Wieder ärgerten sich die beiden andern über ihren Singsang. Lore machte die Augen zu. Meline starrte über ihr Buch weg in Richtung Meer. Winzig vor dessen Blaugrün die Kinder. Mickey, Fredchen, Babette – sie zählte nur drei, oder nur bis drei, kam nicht weiter, döste vielleicht ein, und fuhr dann fort zu lesen. „Es sind aber nur drei", sagte Susan laut. „Ich seh nur drei Kinder." Lore seufzte. Sie war nie mehr richtig wach, seit sie hier waren. Seit Alfreds Abschiedskuß am Hafen. Oder schon früher. Diese Hitze, die sich gleich blieb. Sie wälzte sich auf den Bauch. Meline legte das Buch weg und nutzte die Gelegenheit, unbehelligt Lores Krampfader zu beäugen, befriedigt gewann sie den häßlichen Eindruck. „Sie schaufeln und schaufeln", sagte Susan. „Ich seh nur drei von ihnen." „Gäb's nur Regen", sagte Lore, sie machte ihren Unterarm naß dabei, schmeckte Schweiß auf der sandigen Zunge.

„He, steh nicht rum, Fred, die Stelle muß noch dichter werden. Mickey schnaubte vor Anstrengung und Stolz. Mickey war ein Angeber, fand Fred. Er merkte auf einmal, daß das hier nicht gut für ihn war. Seit dem Scharlach wurde ihm jetzt manchmal schlecht, wenn er sich anstrengte. Er hatte auf einmal Angst, wovor? Mickey gab ihm einen leichten Stoß. Er hieb wieder sein Schaufelblatt in den Sand. Aber er sah gar nicht mehr richtig.

„Du, Lore", rief Susan, „Meline! Ich seh das Evchen überhaupt nicht." Susan stand auf. Ihr erschrockenes und kühles Gesicht reizte die beiden andern.

„Letzter Schliff, so!" sagte Mickey. Der Berg war plattgeklopft, er war kompakt, sein Fundament zuverlässig. Auf dem Gipfel eine Mütze aus Tang. Fredchen fühlte sich wieder wohler und stellte sich eifrig neben den tüchtigen Mickey. Jetzt war Babette niedergeschlagen. Bloß diese zwei Bösewichter zum Spielen. Sie spielte viel lieber mit Evchen. […] R

(Gabriele Wohmann: Habgier. © Piper Verlag GmbH, München 1993, S. 19f.)

1. Analysieren Sie das Erzählsystem sowie die Figuren und ihre Konstellation in der vorliegenden Kurzgeschichte.

2. Schreiben Sie die Geschichte zu Ende.

Erwartungshorizont

1. – Erzählform: Er/Sie-Erzählung
   – Erzählverhalten: Es wird für die Schüler/innen schwierig sein, das Erzählverhalten eindeutig zu bestimmen. Es trägt Züge auktorialen Erzählens insofern, als der Erzähler/die Erzählerin souverän über die Gefühle und Gedanken aller Personen verfügt, zwischen zwei Geschehensorten hin- und herwechselt und die Figuren bzw. ihr Verhalten direkt charakterisiert: „Mickey schnaubte vor Anstrengung und Stolz" (Z. 31 f.); „... stellte sich eifrig neben den tüchtigen Mickey" (Z. 48 f.). Allerdings führt diese/r Erzähler/in den/die Leser/in nicht, ihm/ihr Orientierung gebend, durch die Geschichte, wie es der klassische auktoriale Erzähler tat. So könnte man das Verhalten auch als neutral auffassen: ein die Beobachtungen, kurze Dialoge, Sinneseindrücke und Gedanken verschiedener Personen collagierender Erzähler, der in den Erzählvorgang kaum sichtbar eingreift. Beide Auffassungen sind vertretbar und werden akzeptiert, wenn sie begründet und am Text belegt werden.

- Erzählstandort: Distanz und Übersicht über das Geschehen an zwei parallelen Schauplätzen; die wechselnde Wiedergabe der Sinneseindrücke („... schmeckte Schweiß auf der sandigen Zunge“, Z. 28 f.), Gefühle („Er merkte auf einmal, daß das hier nicht gut für ihn war“, Z. 33 f.) und Gedanken („Mickey war ein Angeber, fand Fred“, Z. 32 f.) aller Figuren deutet auf einen allwissenden Erzähler hin; allerdings schränkt dieser Erzähler seine Allwissenheit ein, wenn es im Text heißt: „...döste vielleicht ein“ (Z. 15).
- Sichtweise: Außensicht (Situationsbeschreibung; szenisches Erzählen) und Innensicht (das Erleben der Situation aus der Sicht der Personen) halten sich in etwa die Waage.
- Erzählhaltung: neutral
- Darbietungsformen: Erzählerbericht in meist kurzen Sätzen zur Beschreibung der Situation, Momente szenischen Erzählens (der unvermittelte Einstieg) und Einblicke in das Gefühlsleben bzw. die Gedanken der Personen, meist in Form der erlebten Rede („Lore seufzte. Sie war nie mehr richtig wach, seit sie hier waren. Seit Alfreds Abschiedskuß am Hafen. Oder schon früher. Diese Hitze, die sich gleich blieb“, Z. 17 ff.).
- Figuren und ihre Konstellation
  Zwei Figurengruppen, die simultan an zwei Schauplätzen arrangiert sind: drei Mütter, die im Schatten einer Badehütte am Strand liegen und sich, unter der Hitze leidend, mehr oder weniger langweilen, und ihre vier Kinder, die ein Stück weit entfernt von den Müttern am Strand eine Sandburg bauen, wobei eines der Kinder (Evchen) verschwunden zu sein scheint; innerhalb beider Figurengruppen bestehen erhebliche Spannungen und unterschwellige Aggressionen, die Gruppen erscheinen als die typischen verwandtschaftlichen Urlaubszwangsverbände, in denen eine bedrückende Atmosphäre aus Langeweile, Unwohlsein, negativen Gedanken über die anderen und Gereiztheiten auf eine Entladung hinsteuert. Eine Spannung wird durch die mehrfachen Hinweise auf Evchens Fehlen aufgebaut.

2. Zur Bewertung der eigenen Schlussgestaltungen sind zwei Kriterien heranzuziehen:
   - Form: Das Erzählsystem ist beizubehalten, also Schauplatzwechsel in der Form kurzer Schnitte, Wechsel von Außensicht und Innensicht, szenisch erzählte Partien, neutrale Erzählhaltung eines relativ distanzierten Erzählers, der sich auktorial oder neutral verhält.
   - Inhalt: Die Frage nach Evchens Verbleib, die die Spannung in der Geschichte aufbaut, muss auf irgendeine Weise beantwortet werden. Dabei legt die Atmosphäre, die von latenter Aggressivität geprägten Beziehungen, kein Happyend nahe. Natürlich kommt es nicht darauf an, dass die Schüler/innen den makabren Schluss des Originals erraten, zu bewerten ist nur, ob sie in ihrem Schluss dem Spannungsauftakt und der Atmosphäre der Geschichte gerecht werden.

   Der Originalschluss: (Sie spielte viel lieber mit Evchen). Liebes weiches zusammengekauertes Evchen tief unten im Sandberg. Wie lang war's noch bis zur Flut?

Vorschlag 2

Ernst Elitz

Vorsicht, Fälscher!

Die Weisheit, Bilder könnten nicht lügen, ist längst als Torheit entlarvt. In digitalen Studios werden Szenen aus Gegenwart und Vergangenheit perfekt kombiniert, Kunstfiguren bewegen sich nach dem Muster bestimmter Mimen, James Dean und Marilyn Monroe werden zu neuem Leben erweckt. Wer an seinem Passfoto im Ausweis herumretuschiert, gilt als Fälscher. Wer mit digitalen Zauberkunststücken Raum und Zeit überwindet und Menschen klont, wird mit dem Oscar belohnt.
Mit ein paar kleinen Tricks lässt sich der Wahrheit ein Schnippchen schlagen. „Fälschen, leicht gemacht" heißt das Gesellschaftsspiel, bei dem auch der kleine Mann mitspielen kann. Wer seinem Nächsten übel will, streut Verdächtigungen in weltweite Datennetze, schürt Intrigen über E-Mail und schickt der grünen Witwe ein digital gefälschtes Foto des Ehegatten mit seiner Sekretärin beim intimen Tête-à-tête.
Auf der Leinwand ist die Zukunft schon zu besichtigen. In einem amerikanischen Film, der zurzeit in unseren Kinos läuft, lässt ein von einer Sex-Affäre bedrohter Präsident gefälschte Fernsehbilder von einem Krieg auf dem Balkan über die Mattscheiben flimmern. Das Ablenkungsmanöver gelingt und, vom patriotischen Taumel erfasst, schart sich die ganze Nation um den Filou im Weißen Haus.
Neu sind solche Manipulationen nicht. Die Menschheitsgeschichte spielte häufig genug in der Fälscherwerkstatt. Kleine Scharmützel wurden zu großen Schlachten, Verlierertypen zu Helden hochstilisiert. Als Otto von Bismarck, um Napoleon III. 1870 zur Kriegserklärung zu zwingen, mit einigen Federstrichen aus einem chiffrierten Telegramm seine berühmte „Emser Depesche" zusammenbastelte, brauchte er noch schwarze Tinte und Kanzleipapier. Heute würde Otto an seinem PC ein paar Sätze löschen, ein paar Wörter hinzufügen und das Machwerk durchs Internet jagen.
Hätte der Reichsführer SS schon 1939 über ein virtuelles Studio verfügt, wäre der organisatorische Aufwand für den fingierten Überfall auf den Sender Gleiwitz entfallen. Polnische Armeeuniformen, das Einstudieren polnischer Lieder, die Erschießung von KZ-Häftlingen, die dann als getötete Insurgenten ausgegeben wurden – all dies hätte sich am Bildschirm in ein paar Stunden fabrizieren und propagandistisch ausschlachten lassen.
Warum schickte CNN vor der Landung amerikanischer Truppen in Somalia noch ein Vorauskommando mit Kamerateams und leistungsstarken Scheinwerferbatterien an Land? Der damalige Stand der Technik erlaubte die Simulation der Militäraktion im digitalen Studio noch nicht, die heute ein Kinderspiel wäre. Demnächst könnte das Pentagon einen Teil des Verteidigungsetats gleich nach Hollywood überweisen lassen, weil sich die Bilder von allen Schlachtfeldern dieser Welt im virtuellen Studio wirkungsvoller und preiswerter produzieren lassen als unter Raketenbeschuss und mit einer vom Angstschweiß des Kameramanns getrübten Linse.
Wahrheit oder Fälschung – das ist auch eine Frage der Ökonomie, wobei wir als Steuerzahler nicht unzufrieden wären, wenn alle Armeen dieser Welt künftig Wüsten bewässern, Reis anbauen und abgefackelte Tropenwälder aufforsten würden, während ihre Kriege kostengünstiger und ohne Verluste als Simulation im Studio stattfinden könnten. Die Fälscher würden Frieden stiften. Doch so weit ist es leider noch nicht.
Der Sinnspruch, dass Bilder nicht lügen, aber ruht auf dem Friedhof gutgemeinter, wiewohl längst widerlegter Weisheiten. Auf seinem Grabstein steht: „Er war zu schön, um wahr zu sein." Inzwischen haben wir alle erfahren, dass sich die Welt mit Bildern viel besser belügen lässt als mit Worten. Hollywood ist überall.

(Sonntag aktuell, 26. April 1998)

1. Entwickeln Sie die übergeordneten Thesen, von denen der Autor ausgeht.
2. a) Formulieren Sie Motive für gezielte Täuschungen.
   b) Geben Sie weitere Beispiele aufgrund Ihrer eigenen Erfahrungen.
3. Welche Folgen sind in diesem Zusammenhang noch zu erwarten? Nehmen Sie dazu Stellung.

Erwartungshorizont

Der Text eignet sich als Lernerfolgskontrolle im Hinblick auf *Günter Kunerts* „Das Bild der Schlacht am Isonzo" (▷ S. 178). Die Aufgaben sind im Sinne einer textgebundenen Erörterung (▷ S. 69 ff.) zu bearbeiten.

1. Übergeordnete Thesen:
   - „Bilder können nicht lügen" ist heute als Trugschluss zu beurteilen.
   - Moderne Medien ermöglichen vielfache Fälschungsformen der Bilder.
   - Ähnliche Fälschungen gab es im Lauf der Geschichte allerdings schon immer.
   - Die Vorstellung, dass fiktionale Kriegsspiele reale Konflikte in Zukunft unnötig machen, bleibt ein frommer Wunsch.

2. Motive können sein:
   - Persönliche, wie Übermut, Gefallsucht oder kriminelle Energie
   - Gesellschaftliche, wie Werbung für unseriöse Medien, Produktwerbung oder Diffamierung von bestimmten Gruppen
   - Politische, wie Diffamierung von politischen Gegnern, Verschleierung eigener Interessen oder Aufbauschen bzw. Herunterspielen von Konflikten

3. Zu erwartende Folgen:
   - Die technische Entwicklung moderner Medien wird das Problem der Bildfälschungen in erschreckendem Maße anwachsen lassen, vor allem wird hier die unkontrollierte Verbreitung von Informationen im Internet eine gefährliche Rolle spielen.
   - Zukünftige Kriege werden – vor allem im Hinblick auf das Medientrauma der USA im Vietnamkrieg – von den betreffenden Staaten der Öffentlichkeit so vermittelt werden, dass den Informationen mit größtem Misstrauen zu begegnen sein wird.
   - Das Misstrauen den Medien gegenüber wird wachsen.

2 Drama

Konzeption des Kapitels

Das Kapitel hat die Funktion, das Instrumentarium zur Dramenanalyse, und zwar das zur Mikroanalyse (Analyse einzelner Szenen) als auch das zur Makroanalyse (Analyse der Gesamtstruktur), bereitzustellen, aber auch in wesentliche Bauformen des Dramas und unterschiedliche Theaterkonzepte einzuführen. Zweierlei Verwendung im Unterricht bietet sich von daher an: 1. Das Kapitel kann als Hinführung zu einer Dramenbesprechung dienen. 2. Es kann in die Behandlung eines Dramas integriert werden, und zwar als eine Art Theorieschub, der die werkimmanente Interpretation durch poetologische und gattungsgeschichtliche Einordnungen erweitert.

Das erste Teilkapitel (**„Klassisches und modernes Drama“**) eröffnet den Blick für den Strukturwandel vom klassischen, aristotelischen Drama mit seiner „geschlossenen Form“ zum modernen Drama der „offenen“ Form. Beispielhaft werden Lessing und Brecht herangezogen.

Im zweiten Teilkapitel (**„Wirkungsabsichten: Was will das Theater?“**) werden allgemein bekannte theatertheoretische Texte vorgestellt, anhand derer im Unterricht grundlegende Voraussetzungen erarbeitet werden können, wenn Dramen im Unterricht behandelt werden.

Das dritte Teilkapitel (**„Inszenieren und Interpretieren“**) bietet unterrichtspraktische Anregungen für szenisches und gestaltendes Interpretieren und für das Bauen eines Standbildes; hier wird also zu einem produktiven Umgang mit Dramentexten angeregt.

Literaturhinweise

Manfred Brauneck/Gerhard Schneilin: Theaterlexikon. Begriffe und Epochen, Bühnen und Ensembles. Reinbek ²1990

Heinz Geiger/Hermann Haarmann: Aspekte des Dramas. Opladen 1996

Manfred Pfister: Das Drama. Theorie und Analyse. München ⁵1988

Herta-Elisabeth Renk: Dramatische Texte im Unterricht. Vorschläge, Materialien und Kursmodelle für die Sekundarstufe I und II. Stuttgart ³1986

Ingo Scheller: Szenisches Spiel. Handbuch für die pädagogische Praxis. Berlin 1998

	Texte/Gegenstände	Intentionen
S. 195	**2.1 Klassisches und modernes Drama**	– Strukturunterschiede in Aufbau, Handlungsführung, räumlicher und zeitlicher Gliederung, Figurenkonstellation, Gestaltung von Anfang und Schluss, Verhältnis von Bühnengeschehen und Publikum zwischen Lessings und Brechts Theaterstück erkennen – Kennzeichen des aristotelischen Theaters und der idealtypischen Bauform des klassischen Dramas erkennen – das Freytag'sche Schema auf die Strukturbeispiele der Stücke Lessings und Brechts anwenden – zwischen geschlossenen und offenen Formen des Theaters und der Filmdramaturgie unterscheiden
S. 195	Zwei Strukturbeispiele im Vergleich – Gotthold Ephraim Lessings „Emilia Galotti" – Bertolt Brechts „Der gute Mensch von Sezuan"	
S. 199	Das klassische Drama – *Aristoteles:* Kennzeichen der Tragödie – Der pyramidale Bau des Dramas nach Gustav Freytag	
S. 201	Bertolt Brechts episches Theater – *Bertolt Brecht:* Die dramatische und die epische Form des Theaters – *Bertolt Brecht:* Die Bühne begann zu erzählen	
S. 203	**2.2 Wirkungsabsichten: Was will das Theater?** – *Gotthold Ephraim Lessing:* Hamburgische Dramaturgie – *Friedrich Schiller:* Die Schaubühne als moralische Anstalt betrachtet – *Bertolt Brecht:* Die Straßenszene als Grundmodell für episches Theater – *Bertolt Brecht:* Was ist mit dem epischen Theater gewonnen? – *Friedrich Dürrenmatt:* Uns kommt nur noch die Komödie bei – *Eugène Ionesco:* Ganz einfache Gedanken über das Theater – *Peter Weiss:* Notizen zum dokumentarischenTheater	– die inhaltlichen, formalen und intentionalen Merkmale des epischen Theaters im Unterschied zum dramatischen Theater kennen lernen und sie an den Verlaufsübersichten der Stücke und an den Szenenbeispielen des Kapitels aufzeigen – diese Merkmale auf produktive Weise zur Episierung von Lessings Drama anwenden – die Theaterkonzepte Lessings, Schillers, Brechts und Dürrenmatts in ihren Gemeinsamkeiten und Unterschieden kennen lernen – sich mit den verschiedenen Theatertheorien auseinander setzen
S. 212	**2.3 Inszenieren und Interpretieren**	– kreative Möglichkeiten des Interpretierens von Dramenszenen oder -ausschnitten kennen lernen

2.1 Klassisches und modernes Drama

Zwei Strukturbeispiele im Vergleich

▷ S. 195 **Gotthold Ephraim Lessings „Emilia Galotti“** (1772)
▷ S. 196 **Bertolt Brechts „Der gute Mensch von Sezuan“** (1943)

▷ S. 198 1.

	Emilia Galotti	***Der gute Mensch von Sezuan***
Äußerer Aufbau	*5 Aufzüge = Akte, unterteilt in 8 bzw. einmal 11 Auftritte = Szenen*	*10 Szenen, eingerahmt von Vorspiel und Epilog, unterbrochen von 7 Zwischenspielen*
Handlungsführung und Spannungsaufbau	*Einheit der Handlung: ein Handlungsstrang und ein Spannungsbogen, der auf dem zentralen Konflikt aufbaut*	*zersplitterte Handlung und mehrere Spannungsmomente (die Suche der Götter nach dem guten Menschen – die Lösung des Problems der Armut – die Liebesgeschichte)*
Orte und zeitliche Gliederung	*3 Orte, die alle zu einer Handlungsebene gehören;*	*eine Vielzahl von Handlungsorten, die z. T. aus der Handlungsebene herausfallen („Vor dem Vorhang“)*
	ein Tagesablauf, ein Handlungsmoment schließt unmittelbar an das andere an	*Zeitraum von mehreren Monaten, die Szenen schließen z. T. nicht aneinander an*
Figurenkonstellation	*Figuren sind Handlungsträger, lassen sich alle dem zentralen Konflikt zuordnen, ihre weiteren Lebensumstände interessieren nicht; in den Entscheidungen, um die es in dem Konflikt geht, sind sie frei*	*Figuren sind Demonstrationsobjekte in der Frage nach dem Zustand der Welt bzw. der gesellschaftlichen Verhältnisse; ihre Lebensumstände interessieren, sie sind nicht Handlungsträger in einem Konflikt; ihre Entscheidungen sind weitgehend bestimmt durch die sozialen Verhältnisse*
Anfang und Schluss	*Zuschauer/in wird direkt in die Handlung eingeführt: Kennenlernen der Hauptfiguren, In-Gang-Setzen der Handlung durch Aufbau des Konflikt/Abschluss der Handlung und (tragisch-gewaltsame) Lösung des Konflikts*	*Aufbau eines Rahmens vor der eigentlichen Handlung; am Ende Verklammerung der Binnenhandlung und der Rahmenhandlung als ironisch gebrochener Schluss, der im Epilog in einer direkten Ansprache an den/die Zuschauer/in in Frage gestellt wird, damit gibt es keine Lösung und keinen abgerundeten Schluss*

Verhältnis von Bühnengeschehen und Publikum	*Der/die Zuschauer/in erlebt das Bühnengeschehen unmittelbar; es wird die Illusion erweckt, er/sie sei direkter Augenzeuge des Geschehens, z. B. zwischen ihm/ihr und dem Kabinett des Prinzen sei scheinbar nur eine Wand niedergelegt*	*Dem/der Zuschauer/in wird eine Handlung demonstriert; durch Illusionsbrechungen wird ihm/ihr immer wieder verdeutlicht, dass er/sie etwas vorgeführt bekommt (direkte Ansprache an das Publikum, Zwischenspiele vor dem Vorhang); Distanz zwischen Bühnengeschehen und Publikum*

2. a) Die Funktion der Strukturelemente wird im letzten Aspekt der Übersicht der Aufgabenlösung zu 1 schon deutlich: Miterleben, emotionale Beteiligung, Erschütterung vs. Beobachten, Nachdenken und Beurteilen.
   b) Wirkungsabsichten
      - Emilia Galotti:
        - Erschütterung durch das Schicksal einer Märtyrerin der Tugend
        - indirekte Kritik an der Unmenschlichkeit des absolutistischen Systems, in dem die Untertanen Freiwild für den Herrscher sind
      - Der gute Mensch von Sezuan:
        - Anstoß zum Nachdenken über die Möglichkeiten des Gut-Seins in der Welt
        - Kritik an idealistischen Vorstellungen, nach denen jeder, der es will, gut sein kann, und Hinweis auf die Abhängigkeit moralischer Entscheidungen von den gesellschaftlichen Verhältnissen
        - Kritik am kapitalistischen System, in dem die generelle Forderung nach Güte unsinnig ist

Das klassische Drama

Aristoteles: **Kennzeichen der Tragödie** (um 335 v. Chr.)

▷ S. 199

2. Schlüsselbegriffe: ▷ S. 199
   - Nachahmung einer Handlung: Verkörperung eines zielgerichteten Tuns auf der Bühne und nicht das Erzählen davon in einer Geschichte
   - Beschaffenheit der Handlung: edel = sie spielt unter Göttern und (mythischen) Helden; deren Schicksal hat die nötige Fallhöhe, um Erschütterung zu bewirken
     abgeschlossen = sie hat ein deutliches Ende, z. B. durch den Tod der Hauptfigur
     eine bestimmte Größe = sie bleibt überschaubar und darf nicht den weit ausladenden Umfang eines Epos bzw. eines Romans haben
     in gewählter Rede = hohe Sprache; Verse
   - Reinigung von Affekten mit Hilfe von Furcht und Mitleid: Die Tragödie erregt zwar auf lustvolle Weise Furcht (oder Schrecken, wie es in anderen Übersetzungen heißt) und Mitleid, reinigt die Seele am Ende aber von diesen Affekten und setzt das Gemüt der Zuschauer/innen wieder ins Gleichgewicht. Schwierigkeiten in der Übersetzung der Begriffe und der syntaktischen Zuordnungen haben dazu geführt, dass diese Textstelle bis heute nicht eindeutig geklärt ist.
   - Einheit der Handlung und der Zeit: Die Handlung ist in sich geschlossen, kein Handlungsmoment darf weggelassen oder umgestellt werden, d. h. eine Szene treibt die nächste hervor; die Handlung darf nur einen Tag umfassen.

▷ S. 200 **Der pyramidale Bau des Dramas nach Gustav Freytag**

▷ S. 200 1. Das Schema lässt sich auf „Emilia Galotti“ in etwa anwenden:
Exposition im I. Aufzug: Der/die Zuschauer/in wird in die Welt des absolutistischen Hofes eingeführt; er/sie lernt die Figuren der einen Konfliktpartei direkt kennen (Prinz und Marinelli), die der anderen indirekt (Emilia, ihre Familie und Appiani); der Konflikt zeichnet sich durch Marinellis geplante Intrige ab.
Steigende Handlung im II. Aufzug: Durch den aufgeregten Bericht Emilias von dem Versuch des Prinzen, ihr seine Liebe zu gestehen, und durch den Streit Marinellis mit Appiani gewinnt die Handlung an Dramatik und Spannung. Der Konflikt zwischen den Wünschen des Fürsten einerseits und der Wahrung persönlicher Integrität und der Integrität der Familie andererseits eskaliert.
Höhepunkt und Peripetie im III. Aufzug: Im Überfall auf den Wagen der Galottis, der Ermordung Appianis und der Entführung Emilias erreicht der Konflikt seinen Höhepunkt. Emilia ist jetzt dem Prinzen ausgeliefert, ihr Schicksal steht vor der Entscheidung.
Fallende Handlung mit retardierendem Moment im IV. Aufzug: Emilia wird im Lustschloss des Prinzen festgehalten, dessen Absichten, Emilia zu seiner Geliebten zu machen, dadurch verdeutlicht werden, dass er seine bisherige Mätresse, die Gräfin Orsina, nicht mehr empfängt. Das retardierende Moment entsteht durch das Bündnis zwischen der Gräfin und Emilias Vater.
Katastrophe im V. Aufzug: Emilia bewegt ihren Vater dazu, sie zu erstechen. Damit aber verhindert sie, dass der Prinz mit seinen absolutistisch-lasterhaften Ansprüchen den Sieg über die bürgerlichen Werte von Sitte, Moral, Tugend und Integrität des Individuums und der Familie davonträgt.
Auf Brechts „Der gute Mensch von Sezuan“ lässt sich das Schema nicht anwenden.

3. Die Diskussion sollte ergeben, dass solche Schemata rein deskriptive Versuche sind, eine bestimmte Gruppe von Dramen in ihren Bauprinzipien zu erfassen. Weder sind sie Anleitungen zum Verfassen von Dramen im Sinne normativer Poetiken noch können sie als Wertungskriterien herangezogen werden, noch ist zu erwarten, dass ein konkretes Drama dem Schema vollständig entspricht.

Bertolt Brechts episches Theater

▷ S. 201 1. Folgen für die Struktur durch das Abrücken von den drei aristotelischen Einheiten:
- beliebig großer Zeitraum und zeitliche Sprünge in der Handlung, z. B. Stationen eines ganzen Lebens
- häufige Schauplatzwechsel, weit voneinander entfernt liegende Schauplätze, z. B. Darstellung eines komplexen historischen Geschehens oder gesellschaftlicher Verhältnisse
- Ausschnittcharakter der Handlung: beliebiger Anfang und offenes Ende
- Auslassen oder Umstellen einzelner Szenen, ohne dass das Stück seinen Sinn verliert und seine Wirkungsabsicht verändert wird.

3. „Zwölf Uhr mittags“ folgt in seiner Dramaturgie durchaus dem klassischen Dramenaufbau. Die Einheit des Ortes und der Zeit, vor allem aber der Handlung ist gewahrt. „Lola rennt“ hingegen bricht diese Einheit spielerisch auf, indem der Film drei Variationen des Handlungsgrundmusters anbietet und die Zuschauer/innen zu weiteren Abwandlungen einlädt. Damit ist von der Struktur her das Ende prinzipiell offen.

▷ S. 202 *Bertolt Brecht:* **Die dramatische und die epische Form des Theaters** (1938)

▷ S. 202 1./2. Zweierlei sollte mit dem Einsatz der Arbeitsanregungen erreicht werden. Zum einen soll das passive Wissen, das durch ein bloß aufnehmendes Lesen entsteht, durch die Erläuterung mit eigenen Worten und an Beispielen in ein aktives verwandelt werden. Zum anderen sollte deutlich werden, dass es sich in Brechts Aufstellung nicht um absolute Gegensätze, sondern um Tendenzen in die eine oder andere Richtung handelt. So ermöglicht z. B. das Stück „Der gute Mensch von Sezuan“ dem/der Zuschauer/in auch durchaus

Gefühle (Mitleid mit Shen Te, Zorn auf Shui Ta oder Sun) und vermittelt ihm/ihr Erlebnisse, jedoch werden diese Gefühle und Erlebnisse durch die demonstrative Aufspaltung der Figur immer wieder in Frage gestellt, der/die Zuschauer/in muss Entscheidungen treffen und begründen, er/sie wird zu Erkenntnissen geführt.

Bertolt Brecht: **Die Bühne begann zu erzählen** (1936) ▷ S. 203

1. Folgen der Episierung des Theaters ▷ S. 203
   - für Inhalt und Handlungsaufbau: Es geht um die Darstellung gesellschaftlicher Verhältnisse; das Bühnengeschehen und die Handlungen der Personen dienen der Demonstration solcher Verhältnisse und der Möglichkeiten, sie zu verändern; die Handlung zersplittert sich, verläuft in Kurven und Sprüngen, deutet Alternativen an;
   - für die Einrichtung der Bühne und das Bühnenbild: Die Bühne ist nicht mehr bloßer Handlungsrahmen für das Geschehen, Atmosphäre gebende Kulisse, sondern sie ergänzt die Handlung als eigenständiges Element: Sie kommentiert das Geschehen durch Tafeln und Projektionen und macht den Zuschauerinnen und Zuschauern immer wieder deutlich, dass ihnen etwas vorgeführt und demonstriert wird, was komplex ist und verschiedene Aspekte hat und zu dem man einen Standpunkt finden sollte;
   - für die Schauspieler/innen: Sie gehen nicht in der Rolle auf, werden nicht vollkommen zu der dargestellten Person, indem sie immer wieder die Handlungsebene verlassen und sich direkt ans Publikum wenden, sich vor den Augen des Publikums in die Figur verwandeln oder gar die Figur wechseln;
   - für das Verhältnis von Dargestelltem und Zuschauerinnen und Zuschauern: Es entsteht Distanz, wie sie in der Epik der kommentierende und das erzählte Geschehen reflektierende Erzähler vermittelt.

2. An mehreren Stellen der beiden Texte erklärt Brecht die Funktion des Verfremdungseffekts: ▷ S. 206, Z. 33–44; ▷ S. 207, Z. 21–24. Zu einem genaueren Verständnis könnten hier noch die Mittel der Verfremdung ergänzt werden. Verfremdung findet statt auf der dramaturgischen Ebene, wenn in „Der gute Mensch von Sezuan" z. B. Zwischenspiele, die z. T. vor dem geschlossenen Vorhang stattfinden, den Handlungsablauf unterbrechen oder im Epilog vor dem geschlossenen Vorhang der Schluss des Stücks reflektiert wird. Verfremdungen auf der inszenatorischen Ebene finden statt, wenn z. B. mit Tafeln, Transparenten und Projektionen gearbeitet wird, die das Bühnengeschehen kommentieren bzw. durch eigene Aussagen ergänzen. Darüber hinaus gibt es in den Brecht'schen Texten noch eine Fülle sprachlicher Verfremdungen, z. B. Veränderungen vorgegebenen Sprachguts (Bibelzitate etc.), unerwartete Nachsätze, Widersprüche zwischen Äußerung und dem Verhalten einer Person etc.

3. Ein gutes Beispiel für diese Art von Verfremdung bietet das Zwischenspiel zwischen der 4. und der 5. Szene (▷ S. 197 oben), wenn Shen Te sich vor den Augen der Zuschauer/innen in Shui Ta verwandelt.

4. Eine Episierung bei der Inszenierung könnte erreicht werden z. B. durch:
   - Tafeln, Transparente, Projektionen, die Informationen zum absolutistischen System liefern
   - durch Zwischentexte von Lessing oder anderen Autoren der Aufklärung, zwischen den Szenen auf der Bühne vorgetragen oder aus dem Off
   - Auftreten der Schauspieler/innen in heutiger Straßenkleidung, Auswählen eines bestimmten Versatzstückes der Kostümierung, das vor dem Publikum angelegt wird und zeigt, welche Rolle der/die Schauspieler/in einnimmt; zu diesen Versatzstücken und Rollendemonstrationsobjekten könnten auch Masken gehören.

   Alle diese Episierungsmittel in der Inszenierung würden den gesellschaftlichen Aspekt oder – wie Brecht sagt – „die *Umwelt*, in der die Menschen lebten" (Z. 2 f.), stärker zur Geltung bringen, mithin die gesellschaftskritisch-politische Tendenz des Stücks verstärken.

2.2 Wirkungsabsichten: Was will das Theater?

▷ S. 204 *Gotthold Ephraim Lessing:* **Hamburgische Dramaturgie** (1768)
▷ S. 205 *Friedrich Schiller:* **Die Schaubühne als moralische Anstalt betrachtet** (1784)
▷ S. 206 *Bertolt Brecht:* **Die Straßenszene als Grundmodell für episches Theater** (1938)
▷ S. 207 *Bertolt Brecht:* **Was ist mit dem epischen Theater gewonnen** (1939)
▷ S. 207 *Friedrich Dürrenmatt:* **Uns kommt nur noch die Komödie bei** (1955)
▷ S. 208 *Eugène Ionesco:* **Ganz einfache Gedanken über das Theater** (1963)
▷ S. 209 *Peter Weiss:* **Notizen zum demokratischen Theater** (1981)

▷ S. 212 1. a) Wirkungsabsicht des Theaters

nach **Lessing:**
- Erregung von Furcht und Mitleid und deren wechselseitige Durchdringung
- Folge: Gleichgewicht der Seele durch Verhinderung extremer Affekte
- Reinigung (Katharsis) als Verwandlung der Affekte in tugendhafte Fertigkeiten

nach **Schiller:**
- Gerichtsbarkeit der Bühne als Ergänzung der weltlichen Gerichtsbarkeit
- mitreißender Ansporn zur Nacheiferung göttlicher Ideale (Tugend, Pflicht)
- Zuwachs an Mut und Erfahrung durch anschauliche Beispiele
- Verbindung von Belehrung und Vergnügen, Bildung und Kurzweil
- Selbstfindung durch Flucht aus dem Alltag
- Verbrüderung über alle Standes- und sonstigen Schranken hinweg im gemeinsamen Theatererlebnis
- Empfindung, ein Mensch zu sein

nach **Brecht:**
- Demonstration gesellschaftlicher Vorgänge
- Vermeidung jeglicher Illusion, jeglicher Flucht in „höhere Sphären", eines genussvollen Erlebnisses
- keine Erzeugung purer Emotionen
- Ziel der Demonstration: gesellschaftliches Eingreifen, Verändern
- Vermittlung einer neuen Haltung: der Mensch als Änderer, der nicht nur in die Naturprozesse (Technik) eingreifen kann, sondern auch in die gesellschaftlichen Verhältnisse

nach **Dürrenmatt:**
- Zeigen der Welt als von Paradoxen geprägt, als sinn- und hoffnungslos
- Komödie als einzig adäquate Vermittlung dieses Weltbildes
- Einbeziehen des Tragischen in die Komödie als Moment des Schreckens, Blick in den Abgrund
- keine klare Botschaft für den/die Zuschauer/in: Verzweiflung oder mutiges Bestehen der rätselhaften, unheilvollen Welt als mögliche Alternativen
- Verzicht auf allgemeine Hinweise zur Wiederherstellung der verlorenen Weltordnung, was nur der Einzelne für sich leisten kann
- die Komödie als Mausefalle der List für das Publikum, das sich hier noch Dinge anhört, die sich die Menschen sonst kaum anhören würden; schafft allerdings keine echte Gemeinschaft

nach **Ionesco:**
- Verzicht auf eine Propagandarolle des Theaters „im Dienste anderer geistiger Bereiche"
- Zeigen von Fantastischem, Erfundenem
- Wesen des Theaters bestehe in der Verstärkung der Wirkungen
- Verstärkung des Grotesken und Karikativen bis zur Parodie
- extreme Betonung von Gegensätzen

- Aufbrechen gewohnter Sprechweisen
- keine Trennung von Komischem und Tragischem
- die Ausdrucksmöglichkeiten der Sprache bis zum Äußeren treiben
- das Bühnenbild mit seinen Requisiten symbolisch mit einbeziehen

nach **Weiss:**
- Enthaltung jeder Erfindung
- Dokumente, authentisches Material bestimmend
- deren Auswahl und Zusammenstellung kennzeichnend für die Qualität
- Theater als Bestandteil des öffentlichen Lebens, Teil der Meinungsbildung
- Kritik an Verschleierungen, Wirklichkeitsfälschungen und Lügen
- Theater liefere Modelle der Wirklichkeit
- Aufzeigen von Interessen, Beweggründen und Absichten von Menschen und Gruppen
- Parteilichkeit aufgrund ethischer Maßstäbe notwendig
- dabei Annahme der Form eines Tribunals

Unter Berücksichtigung der vorliegenden theater-theoretischen Texte lassen sich die folgenden kennzeichnenden Begriffe direkt zuordnen: Dem „aristotelischen" Theater entsprechen Aristoteles (▷ S. 199), Gustav Freytag (▷ S. 200), G. E. Lessing (▷ S. 204) und F. Schiller (▷ S. 205), dem „epischen" Bertolt Brecht (▷ S. 202, 206), dem „dokumentarischen" P. Weiss (▷ S. 209 ff.) und dem „absurden" Theater E. Ionesco (▷ S. 208 f.).

b) Gemeinsamkeiten

- **Lessing, Schiller, Brecht, Weiss:**
Theater als Ort der Belehrung und Aufklärung; es verkündet allgemeine Botschaften für das Leben in einer gefährdeten, aber prinzipiell als sinnvoll verstandenen Welt

- **Lessing und Schiller:**
Das Theater wendet sich primär an die Emotionen und vermittelt Erlebnisse, die dann zu einer Läuterung bzw. Besserung des einzelnen Menschen führen. Es geht also um die moralische Erziehung, um die Bildung des Individuums, das befähigt werden soll, den Idealen der Tugend und der Menschlichkeit nachzustreben.

Unterschiede

- **Dürrenmatt, Ionesco:**
In einer sinnlosen, von Paradoxen beherrschten Welt gibt es keine allgemeinen Botschaften mehr, das Individuum ist auf sich allein gestellt und kann in Verzweiflung enden; dieser Situation kann nur die Komödie bzw. die Goteske mit ihrem Verzicht auf Belehrung und verbindliche Botschaften gerecht werden.

- **Brecht, Weiss**
Das Theater wendet sich mit seiner Demonstration gesellschaftlicher Vorgänge an die Ratio. Es geht nicht um die moralische Erziehung und Besserung des Individuums, sondern um das Aufdecken gesellschaftlicher Zusammenhänge, von denen das Individuum bestimmt wird. In diese Zusammenhänge soll der/die Zuschauer/in verändernd eingreifen.

2. a/b) Unter Verwendung der oben aufgestellten Übersichten zur Wirkung des Theaters und den Unterschieden bzw. Gemeinsamkeiten zwischen den sechs Theorien sollen die Schüler/innen in dem Rollenstreitgespräch noch einmal die Positionen der sechs Autoren deutlich werden lassen. Darüber hinaus sollen sie aber auch eine eigene Position zu der Frage finden, welche Wirkungsmöglichkeiten das Theater hat und was sie von ihm als Medium heute erwarten.

2.3 Inszenieren und Interpretieren

▷ S. 212 Die Arbeitsanregungen zum **szenischen Interpretieren** stellen unterschiedliche Möglichkeiten vor. Es sind darunter schriftliche Verfahren, in denen es darum geht, sich vor dem geistigen Auge ein klares Bild von den Figuren (Aufgabe 1) bzw. von einer Inszenierung des ganzen Stücks (Aufgabe 7) zu machen. Beide Verfahren eignen sich in besonderer Weise dazu, den Besuch einer Theateraufführung des entsprechenden Stücks bzw. das Anschauen einer Videoaufzeichnung davon vorzubereiten, da aus den Diskrepanzen zwischen eigenen Vorstellungen und der Fremdinszenierung fruchtbare Ansätze zur Interpretation gewonnen werden können. Pantomimische bzw. bildnerisch-pantomimische Verfahren bieten die Anregungen 2 und 6. Verfahren gestaltenden Sprechens bzw. Lesens werden in den Anregungen 3 und 4 angeboten und schließlich findet man im 5. Vorschlag mit dem freien, improvisierenden Spiel das Verfahren, das einer Realisierung auf der Bühne am nächsten kommt. Alle hier vorgeschlagenen Verfahren sind jedoch für eine Durchführung im Klassenraum konzipiert und steuern nicht auf eine Bühnenaufführung hin, sondern dienen primär dazu, die Interpretationsarbeit zu initiieren, zu erweitern und zu vertiefen.
Die Arbeitsanregungen zum **gestaltenden Interpretieren** sind Möglichkeiten, sich schriftlich mit Dramen kreativ auseinander zu setzen. Am Beispiel von vier Dramen, die häufig im Unterricht behandelt werden, sind Aufgaben vorgegeben, die darauf abzielen, dass sich die Schülerinnen und Schüler inhaltlich mit Figuren und Problemen auseinander setzen. Die Bewertung solcher Aufgaben richtet sich nach Verständnis, Ideenreichtum und sprachlichem Ausdruck, der sich an der Vorlage orientieren kann.

Lernerfolgskontrolle/Klausurvorschlag

Bertolt Brecht
Lied des Stückeschreibers (1935)

Ich bin ein Stückeschreiber. Ich zeige
Was ich gesehen habe. Auf den Menschenmärkten
Habe ich gesehen, wie der Mensch gehandelt wird. Das
Zeige ich, ich, der Stückeschreiber.

Wie sie zueinander ins Zimmer treten mit Plänen
Oder mit Gummiknüppeln oder mit Geld
Wie sie auf den Straßen stehen und warten
Wie sie einander Fallen bereiten
Voller Hoffnung
Wie sie Verabredungen treffen
Wie sie einander aufhängen
Wie sie sich lieben
Wie sie die Beute verteidigen
Wie sie essen
Das zeige ich.

Die Worte, die sie einander zurufen, berichte ich.
Was die Mutter dem Sohn sagt

Was der Unternehmer dem Unternommenen befiehlt
Was die Frau dem Mann antwortet
Alle die bittenden Worte, alle die herrischen
Die flehenden, die mißverständlichen
Die lügnerischen, die unwissenden
Die schönen, die verletzenden
Alle berichte ich.

Ich sehe da auftreten Schneefälle
Ich sehe da nach vorn kommen Erdbeben
Ich sehe da Berge stehen mitten im Wege
Und Flüsse sehe ich über die Ufer treten.
Aber die Schneefälle haben Hüte auf
Die Erdbeben haben Geld in der Brusttasche
Die Berge sind aus Fahrzeugen gestiegen
Und die reißenden Flüsse gebieten über Polizisten.
Das enthülle ich.

Um zeigen zu können, was ich sehe
Lese ich nach die Darstellungen anderer Völker und anderer Zeitalter.
Ein paar Stücke habe ich nachgeschrieben, genau
Prüfend die jeweilige Technik und mir einprägend
Das, was mir zustatten kommt.
Ich studierte die Darstellungen der großen Feudalen
Durch die Engländer, reicher Figuren
Denen die Welt dazu dient, sich groß zu entfalten.
Ich studierte die moralisierenden Spanier
Die Inder, Meister der schönen Empfindungen
Und die Chinesen, welche die Familien darstellen
Und die bunten Schicksale in den Städten.

Und so schnell wechselte zu meiner Zeit
Das Aussehen der Häuser und Städte, daß ein Wegfahren für zwei Jahre
Und ein Rückkehren eine Reise in eine andere Stadt war
Und in riesiger Masse wandelten die Menschen ihr Aussehen
In wenigen Jahren. Ich sah

Arbeiter in das Tor der Fabrik treten, und das Tor war hoch
Aber als sie herauskamen, mußten sie sich bücken.
Da sagte ich zu mir:
Alles wandelt sich und ist nur für seine Zeit.

Also gab ich jedem Schauplatz sein Kennzeichen
Und brannte jedem Fabrikhof seine Jahreszahl ein und jedem Zimmer
Wie die Hirten dem Vieh seine Zahl einbrennen, daß es erkannt wird.

Und auch den Sätzen, die da gesprochen wurden
Gab ich ihr Kennzeichen, so daß sie wurden wie
Aussprüche
Der Vergänglichen, die man aufzeichnet
Damit sie nicht vergessen werden.

Was da die Frau sagte im Arbeitskittel
Über die Flugblätter gebeugt, in diesen Jahren
Und wie die Börsenleute mit ihren Schreibern sprachen
Die Hüte im Genick, gestern
Das versah ich mit dem Zeichen der Vergänglichkeit
Ihrer Jahreszahl.

Alles aber übergab ich dem Staunen
Selbst das Vertrauteste.
Daß die Mutter dem Kinde die Brust reichte
Das berichtete ich wie etwas, das keiner mir glauben
wird.
Daß der Pförtner vor dem Frierenden die Tür zuschlug
Wie etwas, das noch keiner gesehen hat. R

(Bertolt Brecht: werkausgabe edition suhrkamp. Bd. 9: Gedichte 2. © Suhrkamp, Frankfurt/M. 1967, S. 789ff.)

1. Interpretieren Sie den Text auf der Basis Ihrer Kenntnisse von Brechts Konzept des epischen Theaters.
2. Setzen Sie sich mit Brechts Auffassungen vom Theater und dessen Funktion auseinander.

Erwartungshorizont

Verstehensleistung

Herauszuarbeiten ist bei der Interpretation das Selbstverständnis des lyrischen Ichs, des Sprechers in dem Gedicht, als Autor von Theaterstücken. Bestandteile der Interpretation könnten sein:

- die wiederholte und damit betonte Berufsbezeichnung als Stückeschreiber, eine ungewöhnliche Bezeichnung anstelle geläufigerer Begriffe wie Dramatiker, Theaterdichter, -autor oder -schriftsteller. Offensichtlich will der Sprecher sich von der Aura, die solchen Bezeichnungen anhaftet, distanzieren und das Handwerkliche seines Tuns betonen. Er will sich als Ausführender einer einfachen Tätigkeit verstanden wissen: Er schreibt Stücke, wie der Hutmacher Hüte macht oder der Schornsteinfeger Schornsteine fegt.
- die Kennzeichen seiner Tätigkeit und die Intention seines Stückeschreibens: das Zeigen, Berichten und Enthüllen. Damit wird auf die aufklärerische Absicht des epischen Theaters hingewiesen, auf die Wendung an die Ratio des Publikums, dem Einsichten vermittelt werden sollen.
- der Inhalt seiner Stücke: die Realität, die er selbst als Zeitgenosse und Augenzeuge beobachtet hat; Hauptgegenstand sind die gesellschaftlichen Verhältnisse, die als Menschenmarkt gekennzeichnet werden, auf dem der Mensch zur Ware geworden ist. Vor diesem Hintergrund sind alle Verhaltensweisen, aller Umgang der Menschen miteinander (Strophe 2) und ihr Sprechen miteinander (Strophe 3) zu sehen. Im epischen Theater geht es um das Zeigen der „Umwelt", der gesellschaftlichen Verhältnisse, und nicht um Geschichten von Liebe und Hass einzelner Individuen.
- Entlarvung der Auffassung, dass die Katastrophen im menschlichen Leben, wie Kriege, Hungersnöte etc., unvermeidlich seien wie Naturkatastrophen, als Ideologie. Diese Katastrophen sind von den Mächtigen gemacht, es stecken Interessen dahinter.
- Abkehr von der tradierten Kunstauffassung, nach der Originalität und intuitives, geniales Schöpfertum

höchste Wertmaßstäbe sind; stattdessen Betonung der Technik, die an Beispielen des Theaters aus aller Welt und aus früheren Zeiten gelernt werden kann.
- Bewusstsein von den ständigen Veränderungen in der menschlichen Gesellschaft und von der Veränderbarkeit; daher ist eine genaue historische Verortung der gezeigten Vorgänge nötig.
- der Verfremdungseffekt als das alles durchdringende, entscheidende Darstellungsmittel. Dieser Verfremdungseffekt lässt sich auch in der Gestaltung des vorliegenden Textes nachweisen, z. B. in der Bezeichnung als „Lied" oder in den Personifikationen der 4. Strophe oder in dem biblischen Sprachgestus der 6. und 7. Strophe.

Für eine ausreichende Leistung kann erwartet werden, dass auf die Aspekte Intention (Zeigen, Berichten, Enthüllen), Inhalt (Menschenmärkte: gesellschaftliche Vorgänge) und zentrales Darstellungsmittel (Verfremdung) eingegangen wird. Eine gute Leistung wird erbracht, wenn diese Aspekte differenziert dargestellt werden, dazu noch auf die Bezeichnung „Stückeschreiber" und/oder das Hervorheben von erlernbaren Techniken als Kennzeichen einer neuen Kunstauffassung und/oder die Ideologiekritik in der 4. Strophe und/oder die Merkmale sprachlicher Verfremdung in dem Gedicht selbst eingegangen wird.
Für die Aufgabe 2 ist zu erwarten, dass Brechts Verständnis vom Theater und seinen Aufgaben mit eigenen Erwartungen verglichen wird. Zustimmung und Kritik sollten sich nicht auf einfache Meinungsäußerungen beschränken, sondern sollten argumentativ entfaltet werden. Möglich wird dies durch den Rückgriff auf eigene Theatererfahrungen, auf die Lektüre eines Brecht'schen Stücks und/oder auf die Kenntnis anderer Theaterkonzepte (z. B. Schiller, Dürrenmatt). Maßstab für die Bewertung ist hier der Grad der Schlüssigkeit und Differenziertheit in der Entwicklung der Argumentation.

Darstellungsleistung
- übersichtliche und zweckmäßige Anordnung der Teilergebnisse
- Kohärenz und Stringenz in der Gedankenführung bei der Entfaltung der Interpretation und der Argumentation
- fach- und sachgerechte Formulierungen auf einer angemessenen Sprachebene
- funktionsgerechtes Zitieren
- Richtigkeit der äußeren Sprachform (Rechtschreibung, Grammatik, Zeichensetzung).

3 Lyrik

Konzeption des Kapitels

Das erste Teilkapitel **(„Was ist ein Gedicht? – Theoretische Reflexionen“)** bietet nach zwei einleitenden Gedichten, die über die Lyrik selbst reflektieren, zwei Texte von Literaturwissenschaftlern neben den Aussagen eines Dichters und einer Dichterin über das Wesen der Lyrik. Das Spektrum der darin thematisierten Aspekte reicht von textuellen Merkmalen über rezeptionsästhetische Überlegungen und die Ablehnung normativer Festlegungen bis hin zur Frage nach der gesellschaftlichen Funktion von Gedichten. Auch im Sinne einer Hinführung zu wissenschaftlichem Fragen und Arbeiten werden die Schüler/innen in nichtfiktionalen, teilweise wissenschaftlichen Texten konfrontiert mit der Problematik einer eindeutigen und umfassenden Gattungsdefinition.
Das zweite Teilkapitel **(„Zur Struktur lyrischer Texte: Grundlagen der Gedichtinterpretation“)** bietet eine übersichtliche Zusammenstellung und Erläuterung literaturwissenschaftlicher Grundbegriffe zur Gattung Lyrik. Dieser Teil kann aber nicht nur zum Nachschlagen verwendet werden, er bietet auch durch produktionsorientierte Aufgaben die Möglichkeit, die Grundbegriffe aktiv zu erarbeiten und ihre Funktionalität unmittelbar am Gedicht zu erfahren. Die dazu herangezogenen Gedichte haben inhaltlich poetologischen Charakter und stellen insofern eine Ergänzung zur Gedichtsammlung im ersten Teilkapitel dar.
Im dritten Teilkapitel **(„Gedichtvergleiche“)** werden am Beispiel von drei wesentlichen Motiven (Naturgedichte, Liebesgedichte und Gedichte gegen den Krieg) vergleichbare Gedichte einander gegenübergestellt, sodass sich in aufeinander Bezug nehmenden Interpretationen formale und inhaltliche Erkenntnisse erschließen lassen. Da diese Art von Gedichtvergleichen auch in der Abiturprüfung häufig verlangt wird, kann die vergleichende Interpretation auch gezielt als Prüfungsvorbereitung eingeübt werden.

Literaturhinweise

Dieter Burdorf: Einführung in die Gedichtanalyse. Metzler, Stuttgart/Weimar [2]1997 (= SM 284)

Karl Otto Conrady (Hg.): Das Buch der Gedichte. Deutsche Lyrik von den Anfängen bis zur Gegenwart. Eine Sammlung für die Schule. Cornelsen, Berlin 1987

Doppelinterpretationen. Das zeitgenössische deutsche Gedicht zwischen Autor und Leser. Hg. und eingel. v. Hilde Domin. Fischer Taschenbuch, Frankfurt/M. 1976

Dietrich Erlach: Lyrik vom Mittelalter bis zur Gegenwart. Eine thematisch und literarhistorisch geordnete Gedichtsammlung. Cornelsen, Berlin 1992

Walter Hinck: Stationen der deutschen Lyrik. Von Luther bis in die Gegenwart – 100 Gedichte mit Interpretationen. Vandenhoeck & Ruprecht, Göttingen 2000

Ludwig Völker (Hg.): Lyriktheorie. Texte vom Barock bis zur Gegenwart. Reclam, Stuttgart 1990 (= RUB 8657)

Günter Waldmann: Produktiver Umgang mit Lyrik. Eine systematische Einführung in die Lyrik, ihre produktive Erfahrung und ihr Schreiben. Schneider Verlag Hohengehren, Baltmannsweiler [3]1994

Texte/Gegenstände	Intentionen
S. 215 3.1 Was ist ein Gedicht? – Theoretische Reflexionen – *Johann Wolfgang Goethe:* Gedichte sind gemalte Fensterscheiben – *Günter Kunert:* So soll es sein – *Friedrich Hassenstein:* Was ist ein Gedicht? – *Karl Otto Conrady:* Kleines Plädoyer für Neutralität der Begriffe Lyrik und Gedicht – *Wolfgang Weyrauch:* Wozu sind Gedichte da? – *Ulla Hahn:* Für den, der fragt	– am Beispiel eines klassischen und modernen Gedichts vergleichend feststellen, wie verschieden Dichter selbst das Wesentliche von Lyrik sehen – Beweggründe für die Beschäftigung mit theoretischen Texten über Lyrik schaffen – sich des Vorverständnisses der Gattung „Lyrik“ bewusst werden und dieses formulieren – literaturwissenschaftliche Texte erarbeiten und deren Inhalt sachlich richtig darstellen – auf der Grundlage der Aussage von Texten herausstellen, welche Bedeutung die Faktoren Dichter, Text und Leser bei der Bestimmung eines Textes als Gedicht haben – über die gesellschaftliche Funktion und Zeitbezogenheit von Lyrik diskutieren – Unterschiede in der Schreibart literaturwissenschaftlicher Texte und poetologischer Äußerungen von Dichtern herausstellen
S. 220 3.2 Zur Struktur lyrischer Texte: Grundlagen der Gedichtinterpretation S. 220 Der Vers: Grundelement des Gedichts – *Rolf Dieter Brinkmann:* Gedicht – *Roman Ritter:* Zeilenbruch und Wortsalat S. 221 Klang, Reim und Rhythmus – *Ulla Hahn:* Winterlied S. 222 Strophen- und Gedichtformen – *Gerhard Rühm:* sonett S. 224 Sprachliche Bilder – *Christoph Meckel:* Rede vom Gedicht S. 224 Rhetorische Figuren	– die Bedeutung formaler Elemente für die Aussagekraft eines Gedichts an Beispielen erfahren und beschreiben – selbst die Funktionalität dieser Elemente in produktiven Aufgaben ausprobieren – sich einen Überblick über literaturwissenschaftliche Grundbegriffe verschaffen und dabei vorhandene Kenntnisse vertiefen und erweitern – Metaphorik als besonderes Charakteristikum vieler Gedichte herausstellen und dabei verschiedene Ebenen der Bildlichkeit unterscheiden – rhetorische Figuren in ihrer Funktionalität und Wirkung erkennen und beschreiben

▷ **S. 229** **3.3 Gedichtvergleiche**	– zeitlich und thematisch ähnliche Gedichte miteinander vergleichen können
▷ S. 229 Naturgedichte vom 18. Jahrhundert bis zur Gegenwart – *Eduard Mörike:* Im Frühling – *Bertolt Brecht:* Über das Frühjahr – *Eduard Mörike:* Septembermorgen – *Jakob van Hoddis:* Morgens – *Hans Magnus Enzensberger:* das ende der eulen – *Volker Braun:* Durchgearbeitete Landschaft	– unterschiedliche Betrachtungsweisen der Natur in den letzten zwei Jahrhunderten kennen lernen – das sich verändernde Verhältnis von Mensch und Natur dabei beobachten – emotional betonte von eher rational betonten Naturerfahrungen unterscheiden lernen – neuzeitliche Probleme im gesellschaftskritischen Gedicht erkennen
▷ S. 233 Liebesgedichte vom Mittelalter bis zur Gegenwart – *Dietmar von Aist:* Abschied am Morgen – *Johann Wolfgang Goethe:* Willkommen und Abschied – *Johann Wolfgang Goethe:* Maifest – *Eduard Mörike:* An die Geliebte – *Bertolt Brecht:* Entdeckung an einer jungen Frau – *Else Lasker-Schüler:* Ein Liebeslied – *Sarah Kirsch:* Die Luft riecht schon nach Schnee	– lyrische Ausdrucksformen vorstellen, anhand derer sie sich die Heranwachsenden über eigene emotionale Erfahrungen bewusst werden können – die Liebe als menschliche Konstante in der Geschichte der Lyrik erkennen – erste Beispiele aus der deutschen Literatur des Mittelalters kennen lernen – die Situation des Tageliedes (Abschied am Morgen) vergleichend beobachten und beurteilen lernen – stereotypische Rollenzuweisungen erörtern – sich über Goethes berühmte „Sesenheimer" Lyrik informieren – moderne und traditionelle Ausdrucksformen im Vergleich beurteilen lernen
▷ S. 237 Politische Lyrik: Gedichte gegen den Krieg – *Matthias Claudius:* Kriegslied – *Friedrich von Logau:* Abgedankte Soldaten – *Ernst Stadler:* Der Aufbruch – *Marie Luise Kaschnitz:* Hiroshima – *Hermann Hesse:* Der alte Mann	– Widerstände Jugendlicher gegen Kriegsbegeisterung stärken – kritische Sichtweisen schärfen – das menschliche Leiden in Kriegen als Konstante betonen, auf die Dichter und Künstler Wert legen – sprachliche Ausdrucksmöglichkeiten von Anti-Kriegsgedichten kennen lernen – Interesse wecken für engagierte Literatur

3.1 Was ist ein Gedicht? – Theoretische Reflexionen

Johann Wolfgang Goethe: **Gedichte sind gemalte Fensterscheiben** (1815) ▷ S. 215
Günter Kunert: **So soll es sein** (1974) ▷ S. 215

1. a) **Goethe:** ▷ S. 215
- Vergleich mit gemalten Fensterscheiben (auch solche Kunst ist eigentlich „zwecklos", obwohl sie einen „Sinn" besitzt)
- Von außen, d. h. oberflächlich betrachtet, erschließen sich Schönheit und Kraft der „Erbauung" nicht.
- Man muss sich mit Gedichten intensiv auseinander setzen, will man ihren Reiz erfahren.

Kunert:
- Gedichte stehen im Spannungsfeld von „Zweck" und „Sinn".
- Funktional betrachtet, d. h. hauptsächlich wohl auch von „außen" besehen, erscheinen sie „zwecklos", d. h., ihre Schönheit, ihr Reiz, ihre Aussagen erschließen sich so nicht.
- Während Goethe den Erbauungscharakter betont, hebt Kunert die Widerstandsfähigkeit hervor („von Unterdrückung nicht widerlegbar").

b) Die gebundene Form von Goethes Gedicht lässt darauf schließen, dass dieser den kunstvollen, ästhetischen Charakter von Lyrik als wesentlich erachtet, während die eher offene Form des Kunert-Gedichts darauf hindeutet, dass Kunert solche sprachliche Stilisierung eher als Formalismus ansieht und mehr auf die kritischen Aussagen von Gedichten Wert legt.

Friedrich Hassenstein: **Was ist ein Gedicht?** (1994) ▷ S. 215

1. b) Hassensteins Text umfasst im Wesentlichen drei Gesichtspunkte: ▷ S. 217
Z. 1–34: Das Gedicht als Text: Gedicht = ein „besonders reich und dicht strukturierter Text"; vielfältige Wechselbeziehungen zwischen den einzelnen Elementen; allerdings ausschlaggebendes Unterscheidungsmerkmal: Metrum und Vers
Z. 34–73: Rezeptionsbedingungen: relative Autonomie des Gedichts bei geringer Stofflichkeit; setzt keine „Sach- und Erzählzusammenhänge" beim Leser als bekannt voraus; dennoch: Leser gewinnt aus dem unmittelbaren Umfeld des Gedichts oder aus seinem Vorwissen zusätzliche Stützen für sein Textverständnis
Z. 73–108: Historizität und Veränderlichkeit: Verselbstständigung des Gedichts nach seiner Entstehung; beschränkter Einfluss des Dichters auf die Rezeption seines Werks; Abhängigkeit des Gedichtverständnisses von der geschichtlichen Entwicklung.

2. Hassensteins These soll hier am Beispiel von Ulla Hahns Text nachgewiesen werden. Die poetologische Abhandlung „Für den, der fragt" ist in einem assoziativen Stil, mit Hilfe der Bewusstseinsstromtechnik geschrieben. Dies zeigt sich vor allem an dem stark elliptischen Satzbau, aber auch in der Art und Weise, wie erinnerte Zitate einfließen oder ein inneres Gespräch simuliert wird. Hahn bedient sich – wie in der Lyrik – einer sehr bildreichen Sprache. Man findet Personifikationen (z. B. Z. 3 f., 37 ff.), Vergleiche (z. B. Z. 40, 78 f., 87 f.) und Metaphern (z. B. Z. 17, 22, 44 f., 49 ff., 55 f.). Parallelismen (z. B. Z. 11 ff., 51 ff.) und Anaphern (z. B. Z. 34 f.) geben zusätzlich Klangeffekte.
Analog zu Roman Ritters Experiment und als letzte Bestätigung für Hassensteins These kann man die Schüler/innen einzelne Passagen aus Ulla Hahns Text in Gedichtform umschreiben lassen.

Karl Otto Conrady: **Kleines Plädoyer für Neutralität der Begriffe Lyrik und Gedicht** (1994) ▷ S. 217

1./3. Um einen Eindruck zu gewinnen, sei hier zumindest aus den Anfängen der beiden Artikel zitiert: ▷ S. 217
„... die subjektivste der drei Naturformen der Dichtung; unmittelbare Gestaltung innerseelischer Vorgänge

im Dichter, die durch gemüthafte Weltbegegnung entstehen, in der Sprachwerdung aus dem Einzelfall ins Allgemeingültige, Symbolische erhoben werden und sich dem Aufnehmenden durch einfühlendes Mitschwingen erschließen" (*Gero von Wilpert:* Sachwörterbuch der Literatur. Stuttgart [6]1979, S. 482).
„... entwickelte im Laufe ihrer Geschichte einen großen Formenreichtum; sie gestaltet die unterschiedlichsten Inhalte des menschlichen Seins und Erlebens und der Arbeitswelt, wobei die ursprüngliche Bindung an Gesang und Musik [...] nie gänzlich verloren geht [...]. Sie wird bis heute verschiedentlich als Urform der Dichtung angesehen, lässt aber im Hinblick auf die Vielfalt ihrer historisch, kulturell und gesellschaftlich unterschiedlich ausgeprägten Erscheinungsweisen keine einheitliche und vollständige Begriffsbestimmung zu ..." (Metzler Literaturlexikon. Hg. v. Günther und Irmgard Schweikle. Stuttgart 1984, S. 270).
Der Vergleich der beiden vollständigen Artikel stellt einerseits ein beredtes Zeugnis dar für die Schwierigkeiten, die die Literaturwisschenschaft mit der Gattungsdefinition hat (problematisiert damit auch germanistisches Arbeiten), und macht andererseits deutlich, warum bei der „Lyrik" von einer Großgattung gesprochen werden kann.
Eine durchgängige Kategorisierung aller Erscheinungsformen der Lyrik erweist sich als unmöglich. Für eine Gruppierung von lyrischen Texten kann man einerseits auf formale Ordnungsprinzipien zurückgreifen, wie es die Übersicht über die Gedichtformen auf ▷ S. 223 tut; man kann aber auch Themen/Inhalte zum Kriterium machen und dann etwa Liebeslyrik, Naturlyrik, politische Lyrik etc. unterscheiden – Mischformen inklusive. Weiterhin lassen sich bestimmte Erscheinungsformen in der Lyrik bestimmten Epochen zuordnen, wie z. B. Minnesang, Spruchdichtung, Meistersang. Ganz schwierig in ein Gesamtsystem einzufügen sind besondere Formen wie Ballade, Versepos und dramatisches Gedicht.

▷ S. 218 2. Die Aussagen der beiden Literaturwissenschaftler können wie folgt gegenübergestellt werden:

Hassenstein	**Conrady**
– vgl. Z. 73–75, 79–84, 90–92	– vgl. Z. 34–36, 42–44
– relativiert die Bedeutung des Dichters zugunsten des Lesers	– betont die Bedeutung des Dichters zuungunsten der Gattungstheoretiker
– der Dichter kann die Wirksamkeit seines Gedichts nicht festlegen und vorherbestimmen	– der Autor entscheidet, ob ein Text ein Gedicht ist oder nicht
– für das Verständnis eines Gedichts ist vor allem entscheidend, wer es wann liest	– die Theorie, Wissenschaftler hat/haben sich nach der Praxis/den Dichtern zu richten, nicht umgekehrt

Die Aussagen richten das Augenmerk auf unterschiedliche Faktoren und können sich somit ergänzen.

▷ S. 218 *Wolfgang Weyrauch:* **Wozu sind Gedichte da?** (1959)
▷ S. 219 *Ulla Hahn:* **Für den, der fragt** (1988)

▷ S. 220 1. Weyrauch versucht mit seiner Einleitung den Leser für seine Gedichtsammlung zu gewinnen, ihn offen und bereit zu stimmen, sich auf eine neue Art von Lyrik einzulassen. Praktisch in Form einer Rede setzt er massiv rhetorische Mittel zur Erreichung seines Ziels, einer Art „captatio benevolentiae", ein. Inhaltlich versucht er sein Publikum davon zu überzeugen, dass Lyrik nicht bei den schönen alten Formen stehen bleiben darf, sondern zeitgemäß sein muss, ja sogar der Zeit voraus gehen, selbst also etwas bewegen muss. Formal bedient er sich vor allem der unmittelbaren Ansprache, hauptsächlich in Form drängender, teilweise rhetorischer Fragen, mit denen er die Leser auf die von ihm gewünschte Rezeptionshaltung hintreibt. Hinzu kommt eine bildreiche Sprache und ein eigentümliches Verfahren, sich immer wieder selbst zu korrigieren und damit im Gedankengang weiter zu kommen.

2. **Weyrauch**
   - Die Frage impliziert: Gedichte sind zu etwas da, sie haben eine Funktion.
     → Sie sind nicht nur ein Spiegel ihrer Zeit, sondern eilen dieser auch voraus.

→ Sie erfüllen eine Art prophetische Funktion = Warnung, Kritik, Fortschritt.
→ Sie haben eine gesellschaftliche/politische Funktion.

Hahn
- weil sie die Wirklichkeit verwandeln können = weil sich die Dichterin die Wirklichkeit damit anverwandeln, „verzaubern“ kann;
- weil man in ihnen die Freude des Spiels und der zweckfreien Schönheit finden kann;
- weil das Gedicht ein Ort uneingeschränkter und geschützter Selbstbestimmung und Selbstverwirklichung ist.

3.2 Zur Struktur lyrischer Texte: Grundlagen der Gedichtinterpretation

Der Vers: Grundelement des Gedichts

Rolf Dieter Brinkmann: **Gedicht** (1975) ▷ S. 220
Roman Ritter: **Zeilenbruch und Wortsalat** (1982) ▷ S. 221

1. Der Text von Brinkmann bietet keine Signale, die eine bestimmte Organisation in Versen oder Strophen nahe legen: keine Reime, (auch beim lauten Lesen) kein Metrum, keinen Rhythmus; als einzige Hilfe kommt die Abgrenzung von Sätzen und Gliedsätzen durch Satzzeichen in Betracht. Außerdem klingt der letzte Vers wie ein Fazit, in sich abgeschlossen und könnte deshalb abgesetzt werden. ▷ S. 220
Der Autor hat jedoch eine ganz „gedichtmäßige“ Organisation in Versen und Strophen vorgenommen. Das Gedicht sieht im Original folgendermaßen aus:

Rolf Dieter Brinkmann
Gedicht

Zerstörte Landschaft mit
Konservendosen, die Hauseingänge
leer, was ist darin? Hier kam ich

mit dem Zug nachmittags an,
zwei Töpfe an der Reisetasche
festgebunden. Jetzt bin ich aus

den Träumen raus, die über eine
Kreuzung wehn. Und Staub,
zerstückelte Pavane, aus totem

Neon, Zeitungen und Schienen
dieser Tag, was krieg ich jetzt,
einen Tag älter, tiefer und tot?

Wer hat gesagt, dass sowas Leben
ist? Ich gehe in ein
anderes Blau.

(Rolf Dieter Brinkmann: Westwärts 1 & 2. © Rowohlt, Reinbek 1975, S. 41)

2. Die völlig regelmäßige Aufteilung in fünf dreizeilige Strophen erscheint ebenso willkürlich wie die Abtrennung der Verse, die durch – manchmal gar strophenübergreifende – Enjambements teilweise wieder aufgehoben wird. Es entsteht ein Eindruck der Disharmonie und Desorientierung, der mit dem Inhalt des Gedichts korrespondiert. Die Enttäuschung über einen nicht erfüllten Anspruch, ein uneingelöstes Versprechen, die aus V. 13 f. („Wer hat gesagt, dass sowas Leben / ist ...“) spricht, entspricht dem nicht realisierten formalen Anspruch.
Bei dem Text/„Gedicht“ von Roman Ritter ist es leicht, die Wirkung der Versform zu beschreiben: Durch das Absetzen der Verse wird zunächst einmal eine Verlangsamung des Rezeptionsvorganges erreicht, es entstehen Pausen, die jedem einzelnen Gliedsatz mehr Gewicht verleihen. Parallelismen werden jetzt auch op-

tisch deutlich wahrnehmbar und die Opposition der ersten beiden Strophen zur dritten Strophe sticht damit klarer hervor:

1./2. Strophe:	3. Strophe:
„Es gab Zeiten" = veraltet	„Heute" = aktuell, fortschrittlich, gültig
„man meinte"/„sei" = Annahme	„weiß man"/„ist" = Gewissheit

Eine zusätzliche Betonung wird in der dritten Strophe durch die Verkürzung vor allem der ersten beiden Verse erreicht, die das Lesetempo noch weiter herabsetzt.

3. Ausschlaggebend für Conrady ist die „besondere Anordnung der Schriftzeichen [...], und zwar durch die Abteilung in Verse" (Z. 25 ff.) und damit letztlich die Entscheidung des Autors, seinen Text als Gedicht angesehen haben zu wollen. Dass Brinkmann das will, zeigt im vorliegenden Fall nicht nur die Anordnung in Verse und Strophen, sondern auch der Titel „Gedicht".
Ritter dagegen könnte Brinkmanns Gedicht als Beispiel für das von ihm angegriffene „Salzstangenbrechen" anführen und dem Dichterkollegen eine Kommunikationstherapie empfehlen. Gerade Brinkmanns „Gedicht" stellt aber andererseits Ritters Maßstäbe auch wieder in Frage, indem sich gerade durch den Kontrast zwischen dem Postulat des Titels und der Form einerseits und dem Prosaischen des Inhalts andererseits Deutungsmöglichkeiten ergeben, die in der „normalen" Textform verloren gehen.

Klang, Reim und Rhythmus

▷ S. 221 *Ulla Hahn:* **Winterlied** (1981)

▷ S. 222 1.–2. Die Lücke in Ulla Hahns Gedicht ist sowohl syntaktisch als auch formal nicht schwer auszumachen: Geht man von drei gleich gebauten Strophen aus, fehlt in der zweiten Strophe der letzte Vers, da hier auch das Prädikatsnomen zur Vervollständigung von „es war" zu erwarten ist. Der Vergleich mit den beiden anderen Strophen wird die Schüler/innen nach einem möglichst fünfsilbigen Vers mit Reim zu V. 6 („mir") suchen lassen. Semantisch sind Lösungen im Sinne von „die Sehnsucht nach dir" nahe liegend.
Je sorgfältiger die Schüler/innen den Vers mit Hilfe der Signale im restlichen Gedicht zu rekonstruieren versucht haben, umso größer wird die Überraschung sein: Der fehlende Vers lautet: „vielmehr Ungereimtes". Bei genauerer Betrachtung zeigt sich, wie glänzend die Dichterin damit Inhalt und Form in völliger Entsprechung gestaltet hat: Der erwartete Reim bleibt aus und der zentrale Begriff im Vers lautet auch „Ungereimtes". Gefühl und Poesie werden hier – wie im gesamten Gedicht – in Parallele gesetzt; die Verwirrung der Gefühle, die Störung der Beziehung bringt auch Verwirrung in die Gedichtform, stört ihre Ordnung. Dies gilt nicht nur für den Reim, sondern auch für das Metrum, das an dieser Stelle aus der regelmäßigen Folge von vier- und dreihebigen Trochäen ausbricht.

Strophen- und Gedichtformen

▷ S. 223 1. a–c) Das Gedicht von Rühm trägt den Titel „sonett". Dargestellt wird die – für das Sonett italienischer Art – typische Versandordnung und Strophenabfolge. Nicht versinnbildlicht werden dagegen charakteristische Reimbindungen und inhaltliche Korrespondenzen. Deshalb ist es notwendig, den Schülerinnen und Schülern auch Konkretisierungen dieser Gedichtform zu präsentieren, um die Grenzen von Rühmkorfs eigenwilligem Definitionsversuch aufzuzeigen (Teilaufgabe 1c). Im Schülerband findet man Sonette auf den Seiten 256 (*Andreas Gryphius:* Thrånen des Vaterlandes) und 98 (*Alfred Wolfenstein:* Städter).

2. Hier sind die Experimentierkünste der Schüler/innen gefordert. Dabei sollten durchaus auch Versuche unternommen werden, Rühms Mittel noch zu erweitern, indem man versucht, mit Silben- und Wortmaterial weitere formale Charakteristika wie Reim, Metrum, Refrain oder auch typische Inhalte zum Ausdruck zu bringen.

Zum Beispiel Haiku:
eins – drei – fünf – silben
die natur: hopp ins haiku
drei – vier – fünf Silben

Sprachliche Bilder

1.–2. Aufgabe 1 ermöglicht es den Schülerinnen und Schülern unter anderem – in etwas anderer, nämlich bildlicher Form als in Aufgabe 2, ▷ S. 215 –, ihre eigenen Vorstellungen von dem, was ein Gedicht ist, zu formulieren. Es bietet sich an, diese poetischen Bestimmungen später mit den sachlichen Formulierungen unter Aspekten wie Anschaulichkeit, Verständlichkeit, Allgemeingültigkeit etc. zu vergleichen. ▷ S. 224
Im Original lautet der Text:

Christoph Meckel
Rede vom Gedicht (1974)

Das Gedicht ist nicht der Ort, wo die Schönheit gepflegt wird.

Hier ist die Rede vom Salz, das brennt in den Wunden.
Hier ist die Rede vom Tod, von vergifteten Sprachen.
Von Vaterländern, die eisernen Schuhen gleichen.
Das Gedicht ist nicht der Ort, wo die Wahrheit verziert wird.

Hier ist die Rede vom Blut, das fließt aus den Wunden.
Vom Elend, vom Elend, vom Elend des Traums.
Von Verwüstung und Auswurf, von klapprigen Utopien.
Das Gedicht ist nicht der Ort, wo der Schmerz verheilt wird.

Hier ist die Rede von Zorn und Täuschung und Hunger
(die Stadien der Sättigung werden hier nicht besungen).
Hier ist die Rede von Fressen, Gefressenwerden
von Mühsal und Zweifel, hier ist die Chronik der Leiden.
Das Gedicht ist nicht der Ort, wo das Sterben begütigt
wo der Hunger gestillt, wo die Hoffnung verklärt wird.

Das Gedicht ist der Ort der zu Tode verwundeten Wahrheit.
Flügel! Flügel! Der Engel stürzt, die Federn
fliegen einzeln und blutig im Sturm der Geschichte!

Das Gedicht ist nicht der Ort, wo der Engel geschont wird.

[*Flügel! Flügel!*: Anspielung auf den „Engel der Geschichte“ in Walter Benjamins (1892–1940) „Geschichtsphilosophischen Thesen“ (9. These).]

(Christoph Meckel: Ausgewählte Gedichte 1955–1978. Athenäum, Königstein/Ts. 1979, S. 80f.)

Rhetorische Figuren

▷ S. 225 1. a/b) – Klangfiguren: rhetorische Figuren, die die akustische Gestalt eines Satzes durch die Abfolge, Häufung oder Anordnung bestimmter Laute prägen. Mögliche Zuordnungen: z. B. Anapher/Epipher, Alliteration, Onomatopoesie
- Wortfiguren: rhetorische Mittel, die auf der Ebene des einzelnen Worts funktionieren. Mögliche Zuordnungen: z. B. Correctio, Neologismus, Paronomasie, Synekdoche
- Satzfiguren: rhetorische Figuren, deren Wirkung auf der besonderen Anordnung von Satzgliedern, Gliedsätzen oder Sätzen beruht. Mögliche Zuordnungen: z. B. Anapher/Epipher, Chiasmus, Ellipse, Inversion, Parallelismus, Zeugma
- Gedankenfiguren: rhetorische Figuren, deren Wirkung auf der semantischen Ebene zu suchen ist. Mögliche Zuordnungen: z. B. Antithese, Oxymoron, Hyperbel, Ironie, Symbol

2. Mögliche Zuordnungen:
- Anschaulichkeit: z. B. Allegorie, Periphrase, Metapher, Vergleich, Hyperbel, Metonymie, Personifikation
- Betonung: z. B. Akkumulation, Pleonasmus, Klimax, Tautologie, Correctio
- Sinnlichkeit/ästhetischer Reiz: Synästhesie, Onomatopoesie, Alliteration, Litotes, Metapher, Euphemismus, Paronomasie
- Kommunikation: Apostrophe, rhetor. Frage, Ironie
- Spannung/Erwartung: Akkumulation, Klimax, Antithese, Oxymoron, rhetor. Frage

3.3 Gedichtvergleiche

▷ S. 229 1. a) Weitere Motive: Religion/Glaube; das Weltliche im Gegensatz zu anderen Werten; Arbeit (vgl. die Arbeiterdichtung der 60er- und 70er-Jahre); Tiere; Kindheit; Lebensbereiche (Landleben, Stadt); Lebensalter (Kindheit, Jugend, Alter); geschlechtsspezifische Thematik (Männer-/Frauenrolle); politische Themen (Nation, Deutschland); Sprache; etc.

Naturgedichte vom 18. Jahrhundert bis zur Gegenwart

▷ S. 229 *Eduard Mörike:* **Im Frühling** (1832)
▷ S. 230 *Bertolt Brecht:* **Über das Frühjahr** (1928)

▷ S. 230 1. a/b) Wahrnehmung der Natur:
- aus der Perspektive eines Verliebten
- Naturbilder symbolisch verstanden für den inneren Zustand
- Anlass für Sehnsucht und Erinnerung
- Wolken, Vogel: Sehnsucht – Sonnenblume: offen für Liebesgefühle – Wolken, Sonne, Summen der Bienen: tiefes Empfinden – Zweige in der Dämmerung: Erinnerung

c) Bilder, Metaphern und Vergleiche bestimmen die Vorstellungswelt des lyrischen Ichs, sie verdeutlichen seinen verliebten, aber nicht genau beschreibbaren emotionalen Zustand.

2. a) – Gefühl der Bedrohung der Natur durch technische Rohstoffgewinnung
- Sehnsucht nach der heilen Natur, wie sie vor der Industrialisierung bestand
- gewisse Resignation hinsichtlich der Hoffnung auf Besserung

b) – Verzicht auf Endreim, Rhythmus und einheitliche Versgestaltung
- Alliterationen (Z. 2, 7, 16, 20)
- das lyrische Ich, das sich mit dem „Wir“ offensichtlich identifiziert, distanziert sich von „dem Volk“ (Z. 16), dem das Frühjahr lediglich noch „sitzend in Eisenbahnen“ auffällt, indem die Perspektive gewechselt wird
- Doppeldeutigkeit von Begriffen verweist auf die Verallgemeinerung der Aussage („Schwärme der Vögel“, Z. 14; „Unsere Antennen“, Z. 22)

3. – Positive und negative Naturerfahrung
- Liebesgefühle vs. Trauer und Besorgnis über Naturzerstörung
- Biedermeier (Mörike): Politische Unruhen und die einsetzende Industrialisierung lösen Fluchtgefühle aus, die in einer noch als heil verstandenen Natur Zuflucht nehmen.
- Weimarer Republik (Brecht): Die Desillusionierung über die Entwicklung der Gesellschaft (Erster Weltkrieg, Entstehung und Entwicklung der „sozialen Frage“) bestimmen die Sichtweise.

Eduard Mörike: **Septembermorgen** (1828) ▷ S. 230
Jakob van Hoddis: **Morgens** (1914) ▷ S. 231

4. **Eduard Mörike**
- romantische Morgenstimmung eines Herbsttages
- ein warmer, sonniger Herbsttag wird erwartet
- die Hochstimmung wird durch nichts getrübt
- Ruhe prägt die friedliche Welt
- Personifikation der Natur schafft Möglichkeit der Identifikation mit dem mitempfindenden Leser
- Verwendung positiv empfundener Farbadjektive: „blau“ (Chiffre romantischer Sehnsucht!), „In warmem Golde“
- gebundene Sprache betont die Harmonie:
  - Endreim (Schema: abaaab)
  - Trochäen (dreihebig) drücken außerdem durch ihren fallenden Ton Ruhe aus
  - Alliterationen (Welt – Wald – Wiesen – warm)

Jakob van Hoddis ▷ S. 230
- Morgenstimmung in starkem Kontrast zur städtischen, industriellen Welt
- die Natur selbst wird ambivalent empfunden: (stark, eisern, blutig, wild – geschmeidig, zärtlich)
- den stärksten Gegensatz zu ihr bildet die Zivilisation: („rußig“, Züge „donnern“, die Stadt ist „bleich“, der Strom ist „schmutzig“)
- auch die Menschen (Frauen!) dieses Morgens werden in dem Kontrast zwischen Natur und Zivilisation gesehen: die Natur hat sie „zur Liebe“ geschaffen, sie aber eilen zur Arbeit an Maschinen
- freie Rhythmen und nur sporadisch anklingende lyrische Elemente (einige Endreime, Verse mit unterschiedlichen Längen) helfen ein unangebrachtes Pathos zu vermeiden
- Alliterationen (eherne Ebene; auf Dämmen donnern Züge; zur Maschine und mürrischem Mühn)

Hans Magnus Enzensberger: **das ende der eulen** (1960) ▷ S. 231
Volker Braun: **Durchgearbeitete Landschaft** (1974) ▷ S. 232

1. **Hans Magnus Enzensberger**
- hilflose, durch den Menschen bedrohte Objekte (atomare Kriegsgefahr)
- macht sich zu deren Sprachrohr („ich“, Z. 31)
- ohne typisch romantische Naturklischees
- dafür ungewöhnliche Betrachtungen, vor allem Bilder der drohenden Apokalypse

Volker Braun ▷ S. 232
- die industriell ausgebeutete Natur
- zunächst die durch den Tagebau zerschundene Landschaft, dann die künstlich „re-naturierte“, kultivierte Landschaft
- das lyrische Ich als Teil der dafür verantwortlichen Gesellschaft („wir“, Z. 14, 23)

2. a) **Unterschiede**
   - Bedrohungsursachen: Krieg – Industrie
   - Ergebnis der Bedrohung: Zerstörung – künstliche Landschaften
   - Perspektive: nach der atomaren Zerstörung der Erde betrachtet – von heute aus gesehen

   Gemeinsamkeiten
   - Bedrohung der Natur durch den Menschen
   - anklagender Charakter
   - keine Lösungen angeboten
   - Dichter macht sich zum direkten bzw. indirekten Anwalt der bedrohten Natur

   b) **Mörike**
   - heile Welt (eine Natur, die noch „träumen" kann)
   - nicht vom Menschen bedroht, sondern gleichsam ein paradiesischer Entfaltungsraum für diesen
   - Dichter als anbetender Beobachter

   Enzensberger und Braun
   - bedrohte, zerstörte Welt
   - die Natur als beliebiges Objekt des Menschen (Ausbeutung, Spielwiese für Konflikte)
   - der allgemeine Begriff einer undifferenzierten „Natur" wird aufgelöst in konkret begreifbare beispielhafte Bilder
   - Dichter als Ankläger und Anwalt

Liebesgedichte vom Mittelalter bis zur Gegenwart

▷ S. 233 *Dietmar von Aist:* **Abschied am Morgen** (um 1170)
▷ S. 234 *Johann Wolfgang Goethe:* **Willkommen und Abschied** (1789)

▷ S. 234 1. 1. Strophe: aus der Sicht der Frau, die ihren Geliebten früh am Morgen weckt, damit er sie noch heimlich verlassen kann, bevor das Leben auf der Burg erwacht (Motiv: „Tagelied")
2. Strophe: Antwort des Geliebten
3. Strophe: Abschiedstrauer der Frau
Diese Art von (Rollen-)„Wechsel" war eine beliebte Form des Minnesangs.

2. **Erwartungen an die Liebe:**
   - in beiden Gedichten wird den höchsten Erwartungen an die Liebe entsprochen
   - die Liebe wird von beiden Seiten erwidert
   - die einzige Einschränkung erfährt die Liebe durch die notwendige Trennung, die Trauer auslöst

   Rollen von Mann und Frau:
   - in Dietmar von Aists Minnelied spielen offensichtlich Mann und Frau eine gleichberechtigte Rolle, was auf den so genannten frühen Minnesang hinweist
   - in Goethes Gedicht ist die männliche Rolle des Abschiednehmenden hervorgehoben, die Frau erscheint nur indirekt als still Trauernde

▷ S. 234 *Johann Wolfgang Goethe:* **Maifest** (um 1770)

▷ S. 234 1. a) Dem überschwänglichen Liebesempfinden des lyrischen Ichs entspricht ganz die idealisierte Wahrnehmung der Natur, gleichsam durch die „rosarote Brille" (die Liebe „segnet die volle Welt"; Str. 4 und 5).
b) Die Rolle der Frau ist die des Objekts, sie erscheint nur indirekt als Geliebte; in den beiden Schlussversen wendet sich das in aller Glückseligkeit jubilierende lyrische Ich der Geliebten zu und wünscht ihr ewiges Glück durch die ihm entgegengebrachte Liebe.

▷ S. 235 2. a) In dem elsässischen Städtchen Sesenheim (frz. Sessenheim) lebte Friederike Brion, eine Pfarrerstochter, in die der junge Goethe und sein Freund J. M. R. Lenz heftig verliebt waren (1770/71). Ihre Liebesgedichte wurden 1835, von H. Krause „nach Handschriften aufgezeichnet" als Sesenheimer Liederbuch, Gedichte an Friederike Brion, herausgegeben und bekannt.

b) **Willkommen und Abschied**	**Maifest**
Form:	
– Vier Strophen zu acht Versen in jambischen Vierhebern	– Neun Strophen zu vier Kurzversen in jambischen Zweihebern
– Wechsel zwischen weiblicher und männlicher Kadenz	– Wechsel zwischen weiblicher und männlicher Kadenz
– Kreuzreim	– Kreuzreim, wobei sich (bis auf die dritte Strophe) nur jeweils der zweite und dritte Vers reimen
Sprachliche Gestaltung:	
– Bildreiche, emotionale Sprache einer traurigen Grundstimmung	– Bildreiche, emphatische Sprache
– Assonanzen (dunkle Vokale erzeugen die eher düstere Stimmung)	– Ausrufe bestimmen die jubilierende Grundstimmung
– Anaphern betonen die Emotionalität: V. 1/2, 15/16, 27/28, 30/31/32	– Anaphern betonen die Emotionalität: V. 1/3/4, 11/12/13, 22/23/24
Verhältnis von Liebe und Natur:	
– Die personifizierte Natur wird im Abschiedsschmerz eher als bedrohlich dargestellt.	– In überschwänglich empfundener Liebe wird die Natur paradiesisch gesehen.

Eduard Mörike: **An die Geliebte** (1830) ▷ S. 235
Bertolt Brecht: **Entdeckung an einer jungen Frau** (1925) ▷ S. 235

3. ▷ S. 235

Goethe:	**Mörike:**	**Brecht:**
– höchstes Glücksempfinden – uneingeschränkte Liebe – Gefühl der Vollkommenheit – absolute Einheit zwischen lyrischem Ich und Geliebter – der Wunsch, dass die Geliebte ebenso glücklich sein soll wie das lyrische Ich, beschließt das Gedicht	– höchstes Glücksempfinden – uneingeschränkte Liebe – Gefühl göttlicher Nähe – die Geliebte vermittelt „heilige" Gefühle der Anbetung – das lyrische Ich gesteht der Angebeteten kein Eigenleben zu, sie schläft	– von emotional aufgewühlter Liebe ist keine Rede – dafür tiefes Bedürfnis nach Gedankenaustausch – schließlich von sinnlicher Begierde überwältigt – das lyrische Ich mahnt, die Geliebte sich ihrer Vergänglichkeit bewusst zu werden

1. **An die Geliebte:** Das lyrische Ich betrachtet beseelt die schlafende Geliebte, die ihm wie ein Engel erscheint. Dabei stellt sich ihm die Frage, ob es ein Traum ist, der ihm in diesem Moment die Erfüllung seines kühnsten Wunsches vorgaukelt. Im tiefsten Inneren fühlt es allerdings, dass die „Quellen des Geschicks" im Hinblick auf den Zustand des augenblicklich absoluten Glücksgefühls „rauschen", sie tun das zwar noch „melodisch", aber es ist trotzdem angedeutet, dass das Schicksal ewige Liebe nicht zulässt. Der Blick wird deswegen wieder „nach oben" gerichtet, wo im Augenblick der erfüllten Liebe solche tiefsinnigen, nachdenklich machenden Gedanken offensichtlich nicht erwünscht sind. Kniend, wie im Gebet, wird der Blick zu den „lächelnden" Sternen gerichtet. Das lyrische Ich verharrt lauschend und die Stunde des Liebesglücks genießend dem „Lichtgesang" der Sterne. Dieses Oxymoron ist Ausdruck der Liebe, die im Augenblick des Empfindens alle Sinne miteinander verknoten lässt. ▷ S. 236
Formal ist das Gedicht als Sonett mit gebundener Sprache gestaltet. Dessen Aufgesang ist dem Fühlen und Nachdenken des lyrischen Ichs gewidmet, der Abgesang dann dem transzendenten Erahnen. Die als göttlich empfundene Liebe wird mit entsprechenden Begriffen der Religiosität verdeutlicht: „an deinem heil'gen Wert", „Engel", „zur ewigen Genüge", „Gottheit", „Himmel", „ich kniee".
Entdeckung an einer jungen Frau: Das lyrische Ich verabschiedet sich am Morgen nach einer vorausgegangenen Liebesnacht kühl von der Frau, die ebenfalls keine verliebten Gefühle – z. B. der Trauer wegen

der Trennung, wie im Tagelied von Dietmar von Aist – zeigt. Die Entdeckung einer ergrauten Haarsträhne bei der Frau verhindert den Abschied. Die offensichtlich oberflächliche Beziehung – ist die Frau eine Dirne? – gewinnt dadurch an Tiefe: Und wenn es nur für eine weitere Nacht wäre („so war's gedacht"), wird der dringende Rat gegeben, „deine Zeit" zu nützen: Gespräche sollen den Sex ergänzen. Im Bewusstsein der Vergänglichkeit wird die wohl hauptsächlich körperlich verstandene Beziehung durch eine geistige, wesentlichere ergänzt. Trotzdem, oder gerade deswegen, wird das lyrische Ich wieder von „Begierde" zu der Frau ergriffen. Die Frau wird hier sehr nüchtern als Objekt der Begierde („nahm ich ihre Brust") wahrgenommen. Formal ist auch dieses Gedicht ein Sonett, bei dem Brecht nicht auf die traditionelle Strophengliederung und den Endreim verzichtet, wohl aber auf ein durchgängiges Versmaß. Freie Rhythmen herrschen vor und lassen eine romantische Stimmung, entsprechend der nüchternen Situation, nicht aufkommen. Der Aufgesang gestaltet die kühle Abschiedsszene, der Abgesang dann die Konsequenz der menschlichen Annäherung. Die lyrische Begrifflichkeit entspricht nicht den traditionellen Chiffren oder Symbolen von Liebesgedichten, sondern ist dem unromantischen Alltag entnommen, um die Aussage zu verdeutlichen.

▷ S. 236 *Else Lasker-Schüler:* **Ein Liebeslied** (1943)
▷ S. 236 *Sarah Kirsch:* **Die Luft riecht schon nach Schnee** (1977)

▷ S. 236 1. **Else Lasker-Schüler**
- Wunsch, nicht mehr allein zu sein
- Sehnsucht nach dem bzw. der Geliebten
- Sehnsucht nach körperlicher Nähe
- Sehnsucht nach körperlicher Vereinigung

Sarah Kirsch
- keine direkte Äußerung von Sehnsüchten und Wünschen
- indirekt: Der Gewissheit wird Ausdruck gegeben, dass auch im Alter die Liebe andauern wird.

Anm.: Immortelle(n) (Z. 6) = Strohblume; frz. immortel = unsterblich

2. Idealisierte Vorstellungen von Liebesbeziehungen sind enthalten in: *J. W. Goethe:* Willkommen und Abschied; Maifest; *E. Mörike:* An die Geliebte; *E. Lasker-Schüler:* Ein Liebeslied.

Politische Lyrik: Gedichte gegen den Krieg

▷ S. 237 *Matthias Claudius:* **Kriegslied** (1779)
▷ S. 237 *Friedrich von Logau:* **Abgedankte Soldaten** (1654)

▷ S. 237 1./2. **Matthias Claudius**
- Ein lyrisches Ich stellt entsetzt und hilflos fest, dass Krieg herrscht.
- Es wünscht, daran keine Schuld zu haben, denn es stellt sich die Opfer solch eines Krieges vor, die schließlich anklagend vor ihm stehen werden (vgl. *Wolfgang Borchert:* Draußen vor der Tür).
- In der letzten Strophe werden die üblichen Kriegsgründe (Eroberung von Herrschaft und Land, Besitz von Reichtum und Ehre) als nicht begründet zurückgewiesen.
- Die einzige Hoffnung, dass (der immer wiederkehrende) menschliche Wahnsinn, Kriege zu führen, aufhört, sieht Claudius in dem Eingreifen einer göttlichen Macht („O Gottes Engel wehre / Und rede du darein!", Z. 1 f.).

Friedrich von Logau
- Klage über die Soldateska des Dreißigjährigen-Krieges; im Einzelnen sind die Soldaten gewissenlos, abgerissen, versehrt
- Zurückgelassen haben sie missbrauchte Frauen, Kinder ohne Väter.
- Sie sind schließlich besitzlose Habenichtse, ohne Pferde und Rinder, ohne Brot und Geld.
- Die Kriegsbeute haben Fremde verschleppt.

Ernst Stadler: **Der Aufbruch** (1913) ▷ S. 238

1. a) – Erinnerungen an einen in der Zwischenzeit beendeten Krieg (Z. 1–8) ▷ S. 238
   - im Gegensatz dazu die als paradiesisch empfundene anschließende Friedenszeit (Z. 9–16)
   - Drohen neuer, erschreckender Kriegszeichen (Z. 17–20)
   - lyrisches Ich wird wie alle anderen mitgerissen (Z. 21–28)
   - abschließende kritische Gedanken über das mögliche Ergebnis: Sieg oder Tod
   - Erkenntnis, dass die Schönheit der Welt viel wesentlicher als jeder Krieg ist (Z. 29–36)

   b) Um auffallend, eindringlich und schrill Gehör zu finden, orientiert sich Stadlers ausdrucksstarke Bildersprache an den Stilmitteln des Expressionismus (▷ S. 356 ff.).

Hermann Hesse: **Der alte Mann** (1939) ▷ S. 239

2. ▷ S. 239

Ernst Stadler
- 1870/71 Dt.-frz.-Krieg mit Sieg Deutschlands und anschließender Prosperität
- Kriegsstimmung vor dem Ersten Weltkrieg: Marokko-Krisen, 1913 Heeresverstärkung
- drohende Kriegsstimmung vor dem Ersten Weltkrieg bestimmt das Gedicht: Sorge, Ängste
- das lyrische Ich kann sich dem nationalen Taumel kaum entziehen („herrlichste Musik“, Z. 7; „ich war in Reihen eingeschient“, Z. 25)

Matthias Claudius
- 1778/79 Bayerischer Erbfolgekrieg (Joseph II. von Österreich versucht Niederbayern und die Oberpfalz zu erobern; daraus wird der Begriff von „Kron und Land“ [Z. 21] verständlich)
- Ausdruck ohnmächtiger Klage (absolutistische Fürstenherrschaft im 18. Jahrhundert!)
- deshalb Hinwendung an die göttliche Macht um Hilfe

Hermann Hesse
- vor dem Hintergrund von Hitlers Kriegspolitik: 1.9.1939 Angriff auf Polen
- das lyrische Ich warnt und klagt an vor dem Hintergrund der gemachten Kriegserfahrungen im Ersten Weltkrieg
- resignative Grundhaltung: „Unser Mühen war vergebens“ (Z. 8)

Marie Luise Kaschnitz: **Hiroshima** (1951) ▷ S. 239

1. a) Der Atombombenabwurf am 6. August 1945 auf Hiroshima (60 000 Tote, 100 000 Verletzte) und am 9. August 1945 auf Nagasaki, um den fanatischen Kampfeswillen der Japaner zu brechen und die Kapitulation zu erzwingen, veränderte den Krieg schlagartig. Die Massentötung, vor allem von Zivilisten, wird nun als singulärer Akt politischer Entscheidung und militärischer Durchführung möglich. ▷ S. 239

   b) Eigentlich ist die Verantwortung für den Einsatz einer Massenvernichtungswaffe von den Beteiligten nicht mehr zu tragen: Klösterlicher Rückzug von der Welt, Selbstmord oder Wahnsinn wären als Schuldeingeständnis zu erwarten.
   Tatsächlich jedoch muss das lyrische Ich erkennen, dass es in diesem konkreten Fall von Hiroshima keineswegs so ist: Ein Reporter fotografierte den Piloten, wie er anscheinend unbekümmert mit der Familie zu Hause spielte. Von Schuldgefühlen offensichtlich keine Spur. Hoffnungen hat die Dichterin – hier sind das lyrische Ich und Marie Luise Kaschnitz identisch – nur hinsichtlich der Macht des Journalismus: Vor dem „Auge der Welt“ (Z. 23) kann sich kein Schuldiger verbergen.

2. **Mögliche Ursachen des Krieges**
   - *Friedrich von Logau:* Hoffnung auf Kriegsbeute („Wer denn hat die Beute?“, Z. 10)
   - *Matthias Claudius:* machtpolitische Ziele eines imperialistischen Landes („Was hülf mir Kron und Land und Gold und Ehre?“, Z. 21)

- *Ernst Stadler:* übersteigertes Nationalgefühl („Vielleicht würden uns am Abend Siegesmärsche umstreichen“, Z. 29 f.)
- *Hermann Hesse:* Dummheit der Menschen; sie sind nicht fähig, aus den Fehlern der Vergangenheit zu lernen („Nun so ist der Sinn des Lebens / Wieder einmal Wahn geworden / ... / Unser Mühen war vergebens“, Z. 5 ff.)
- *Marie Luise Kaschnitz:* Verantwortungslosigkeit

Verantwortung für den Krieg
- *Friedrich von Logau:* habgierige, rohe, grausame Menschen
- *Matthias Claudius:* machtbesessene Politiker
- *Ernst Stadler:* Menschen, die sich vom Pathos nationaler Überheblichkeit mitreißen lassen
- *Hermann Hesse:* jede neue Generation, die nicht in der Lage ist, den Frieden zu genießen und aus der Geschichte zu lernen
- *Marie Luise Kaschnitz:* Menschen ohne Gewissen, die bereit sind, die schlimmsten Tötungsmechanismen in Gang zu setzen

Geforderte Konsequenzen
- *Friedrich von Logau:* sich der realistischen Kriegsgräuel bewusst werden
- *Matthias Claudius:* Der Einzelne soll sich aus dem allgemeinen Wahn der Kriegsbegeisterung heraushalten („... und ich begehre / Nicht schuld daran zu sein!“, Z. 3 f., 23 f.)
- *Ernst Stadler:* Die Menschen sollten sich, anstatt in den Krieg zu ziehen, lieber an den Dingen des Friedens erfreuen („Es war süß, zu weilen und sich versäumen“, Z. 12) und sich darüber bewusst werden, dass Krieg nicht nur Sieg bedeuten kann, sondern vor allem den unheroischen Tod des Einzelnen („Vielleicht lägen wir irgendwo ausgestreckt / unter Leichen“, Z. 31 f.)
- *Hermann Hesse:* Die Resignation des lyrischen Ichs überwiegt; indirekt steht aber die Forderung im Raum, dass die junge Generation die erarbeiteten Werte der älteren nicht immer wieder mutwillig aufs Spiel setzen soll.
- *Marie Luise Kaschnitz:* Menschen werden indirekt aufgefordert, sich über die Konsequenzen ihres Einsatzes von Massenvernichtungswaffen bewusst zu werden; aus Gewissensgründen sollten sie sich dagegen wehren.

Lernerfolgskontrolle/Klausurvorschlag

Günter Eich
Thesen zur Lyrik (vermutlich 1968)

Lyriker liefern zu ihren Gedichten die Poetik umsonst. Wie richtig sagt man sich beim einen, wie richtig beim andern, der das Gegenteil meint. Ratlos vor so viel Richtigkeit, tröstet man sich mit dem alten Fontane. Ja, es muss ein weites Feld sein.
Der zweite Grad der Erkenntnis: Da wird nicht von Gedichten gesprochen, sondern immer nur von den Gedichten des betreffenden Autors. Hier preist einer den richtigen Atem und man mag ihm zustimmen, auch wenn man von Gesundheit in der Lyrik nicht so viel hält.
Aber die Poetologen meinen, allgemeine Gesetze gefunden zu haben. Ich erlaube mir zu widersprechen. Jedes neue Gedicht verändert die Theorien. Elfenbeinerner Turm und Engagement, Simplizität und Experiment schließen sich nicht aus – es hat sich schon herumgesprochen.
Hundert Autoren – hundert verschiedene Möglichkeiten des Gedichts. Lange und kurze Gedichte, mittelkurze und mittellange.
So mit Skepsis gerüstet, sage ich einige Punkte meiner Poetik auf, eine private Wunschliste,

weiter nichts – das und so möchte ich schreiben:

Gedichte ohne die Dimension Zeit
Gedichte, die meditiert, nicht interpretiert werden müssen
Gedichte, die schön sind, ohne Schönheit zu enthalten
Gedichte, in denen man sich zugleich ausdrückt und verbirgt
Unweise Gedichte
Direkte Gedichte

Die Liste kann fortgesetzt werden.
Lyrik ist überflüssig, unnütz, wirkungslos. Das legitimiert sie in einer utilitaristischen Welt. Lyrik spricht nicht die Sprache der Macht – das ist ihr verborgener Sprengstoff.

(Günter Eich: Gesammelte Werke. Bd. 4. Hg. v. H. F. Schafroth. © Suhrkamp, Frankfurt/M. 1973, S. 413)

Bertolt Brecht
Auf einen chinesischen Theewurzellöwen (1951)

Die Schlechten fürchten deine Klaue
Die Guten freuen sich deiner Grazie.
Derlei
Hörte ich gern
Von meinem Vers.

(Bertolt Brecht: werkausgabe edition suhrkamp. Bd. 10: Gedichte 3. © Suhrkamp, Frankfurt/M. 1967, S. 997)

1. Analysieren Sie Günter Eichs „Thesen zur Lyrik“ vor dem Hintergrund Ihnen bekannter theoretischer und poetischer Auseinandersetzung mit der Gattung. Stellen Sie anschließend Bezüge her zu Brechts Gedicht „Auf einen chinesischen Theewurzellöwen“.

Erwartungshorizont

Eich greift das Problem auf, allgemeingültige Aussagen zur Gattung „Lyrik“ zu treffen. Nach einer kurzen Skizzierung der Problematik (Z. 1–19) stellt er sich auf die Seite derjenigen, die eine einengende Gattungsdefinition ablehnen und jedem Dichter die Erklärung von „Gedicht“ selbst überlassen (Z. 14–23). Eich umreißt mit einigen Stichworten seine Poetik, deren Gültigkeit auf ihn beschränkt ist. Der Text schließt mit einer allgemeinen Charakterisierung der Lyrik, die sich aber nicht auf Form und Inhalte, sondern auf ihre Funktion bezieht. Die Schüler/innen sollten einzelne Aspekte der „privaten Wunschliste“ Eichs genauer erläutern. Außerdem könnte gerade der letzte Abschnitt – mit dem Blick auf politische Lyrik, z. B. des Vormärz – kritisch hinterfragt werden.
Sprachlich-stilistisch sollten folgende Beobachtungen gemacht werden: Ein ironischer Unterton ist an machen Stellen nicht zu überhören (Z. 4, 19–13, 24 f.). Der generell prägnant-kurze Satzbau geht stellenweise in eine elliptische Sprechweise (Z. 21–23) und dann in eine stichwortartige Aufzählung über (Z. 28–36). Parallele Strukturen (Z. 2 f., 38–41) fördern die Eindringlichkeit der Aussagen; Kommunikation vorspiegelnde Formulierungen (Z. 2 ff., 10 f., 15 f., 19 f., 24 f.) lassen einen lockeren Plauderton entstehen.
Beim Vergleich mit dem Brecht-Gedicht bieten sich folgende Aspekte an:

- Auch hier persönlicher, „privater“ Wunsch eines Dichters zu seinen Gedichten;
- allerdings nicht auf werkimmanente Merkmale bezogen, sondern auf das Echo, die Wirkung beim Leser – keine Wirkungslosigkeit gewünscht, wie Eich (Z. 38) sie generell der Gattung zuschreibt – Brecht als politischer Dichter!
- sprachlich-formale Unterschiede aufgrund der verschiedenen Textarten;
- dennoch Ähnlichkeiten in der prägnant-kurzen Ausdrucksweise, Parallelismus als Mittel.

B III Epochen der deutschen Literatur

1 Mittelalter und Barock

Konzeption des Kapitels

Der gesamte Zeitraum vom 8. bis zum 18. Jahrhundert spielt im Deutschunterricht eine untergeordnete Rolle. Die Lebenswirklichkeit der Schüler/innen hat mit den Lebensumständen dieser Zeit so gut wie nichts mehr zu tun. Nur in einigen Zeugnissen der Architektur wie Domen, Burgen, Schlössern begegnen den heutigen Jugendlichen noch Relikte aus dieser Zeit, und einige, die sich für die so genannte klassische Musik interessieren, kennen wahrscheinlich Werke aus der Barockzeit. Den Schülerinnen und Schülern soll gezeigt werden, dass es auch vor der Entstehung der gemeinhin als klassisch verstandenen Literatur eines Lessing, Goethe, Schiller usw. Dichtung von Rang in Deutschland gab, dass diese Dichtung aber unter ganz anderen Entstehungsbedingungen und ästhetischen Gesetzen stand. Um das Neue in der Literatur des Epochenumbruchs am Ende des 18. Jahrhunderts erkennen und verstehen zu können, bedarf es eines Rückblicks auf die Vergleichsfolie der Literatur auf früheren historischen Stufen.
Das erste Teilkapitel **(„Mittelalter")** stellt zunächst den Bezug zur Allgemeingeschichte her und gibt dann einen kurzen Überblick über die Literatur der Zeit. Ausgewählt zu einem Kennenlernen an Textbeispielen wird der Minnesang, die wohl bedeutendste und am nachhaltigsten weiterwirkende kulturelle Leistung des Ritterstandes. Dabei werden die beiden Minnekonzepte, zwischen denen der Minnesang sich bewegte, die hohe und die niedere Minne dokumentiert. Der andere Zweig ritterlicher Literatur, der Ritterroman, der bis in unsere Zeit Ableger gefunden hat (z. B. Fantasyromane, Hollywoodfilme), wird in einem Projektvorschlag berücksichtigt.
Das zweite Teilkapitel **(„Barock [um 1600–1720]")** bietet einleitend die Möglichkeit, auf die historische Zeitenwende vom Mittelalter zur Neuzeit allgemeingeschichtlich einzugehen, um dann in zwei Textblöcken die bedeutenden, die Zeit prägenden Themenkreise vorzustellen: die typisch barocke Zerrissenheit zwischen Weltlust und Weltabkehr und die zentrale geschichtliche Erfahrung dieser Zeit, den Dreißigjährigen Krieg.

Literaturhinweise

Arno Borst: Lebensformen im Mittelalter. Propyläen, Berlin 1987

Helmut Brackert u. a. (Hg.): Mittelalterliche Texte im Unterricht. 2 Bde. München 1973/76

Joachim Bumke: Höfische Kultur. Bd. 1 und 2. dtv, München 1986

Norbert Elias: Über den Prozess der Zivilisation. Bd. 2. Suhrkamp, Frankfurt/M. 1997

Dieter Kühn: Ich, Wolkenstein. Eine Biografie. Insel, Frankfurt/M. 1980

Ders.: Der Parzival des Wolfram von Eschenbach. Insel, Frankfurt/M. 1986

Volker Meid: Barocklyrik. Metzler, Stuttgart 1986

Mittelalter im Literaturunterricht. Der Deutschunterricht, Heft 2/1992

Marian Szyrocki: Die deutsche Literatur des Barock. Eine Einführung. Rowohlt, Reinbek 1968

Texte/Gegenstände

S. 240 **1.1 Mittelalter**
S. 240 Ordo-System
S. 241 Die Literatur des Mittelalters im Überblick
S. 243 Minnesang
- *Der von Kürenberg:* Ich zôch mir einen valken
- *Albrecht von Johansdorf:* Ich vant âne huote
- *Hartmann von Aue:* Maniger grüezet mich alsô
- *Walther von der Vogelweide:* Under der linden

S. 246 Politische Spruchdichtung
- *Walther von der Vogelweide:* Ich saz ûf eime steine
- *Walther von der Vogelweide:* Ich hân mîn lêhen
- *Wolfgang Werth:* Hat er sein Lehen?

Intentionen

- eine Vorstellung von der Gesellschaftsordnung des Mittelalters gewinnen
- sich einen Überblick über Formen, Inhalte, Wirkungsabsichten, Entstehungs- und Rezeptionskontexte mittelalterlicher Literatur verschaffen
- die Geschlossenheit und Verbindlichkeit des mittelalterlichen Ordo-Systems im Gegensatz zur offenen bürgerlichen Gesellschaft erkennen
- Minnelieder im Originaltext und in Übersetzungen kennen lernen
- durch eine vergleichende Analyse von Minneliedern auf unterschiedliche Minnekonzepte („hohe"/„niedere Minne") schließen
- die Spruchdichtung in ihrer politischen Dimension erkennen
- in der Spruchdichtung die schwierige Situation eines Minnesängers in der Gesellschaft kennen lernen
- Einblick in sprachhistorische Entwicklungen auf semantischem, phonetischem und syntaktischem Gebiet gewinnen

Texte/Gegenstände

S. 249 **1.2 Barock (um 1600–1720)**
S. 249 Die Literatur zu Beginn der Neuzeit
S. 251 Carpe diem und Memento mori: Schlüsselmotive der Barockdichtung
- *Martin Opitz:* Carpe diem
- *Paul Fleming:* Wie er wolle geküsset sein
- *Christian Hofmann von Hofmannswaldau:* Vergänglichkeit der schönheit
- *Hans Baldung Grien:* Die drei Lebensalter des Weibes und der Tod
- *Christian Hofmann von Hofmannswaldau:* Die Welt
- *Theodor Kornfeld:* Ein Sand=Uhr
- *Andreas Gryphius:* Es ist alles eitel

S. 254 Der Dreißigjährige Krieg in der Barockliteratur
- *von Grimmelshausen:* Der Abenteuerliche Simplicissimus Teutsch
- *Andreas Gryphius:* Thrånen des Vaterlandes/Anno 1636

Intentionen

- sich die grundlegenden Änderungen beim Epochenumbruch vom Mittelalter zur Neuzeit vergegenwärtigen
- die Lebenseinstellungen „Carpe diem" und „Memento mori" als wichtige Motive der Zeit erfassen
- unterschiedliche literarische Auseinandersetzungen mit dem Dreißigjährigen Krieg kennen lernen
- einen Eindruck vom Inhalt und von der Erzählweise eines barocken Romans gewinnen
- ein barockes Sonett analysieren lernen
- Rückschlüsse auf das barocke Kunst- und Literaturverständnis ziehen
- Unterschiede im Sprachstand zwischen dem Deutsch eines Barockgedichts und dem heutigen Deutsch entdecken

1.1 Mittelalter

▷ S. 240 1. **Die Lehnspyramide: Gesellschaftsordnung im 12. Jahrhundert**

Kennzeichnend für die gesellschaftl. Ordnung des hohen MAs sind **Lehnsrecht und Grundherrschaft.** Diese Ordnung wird häufig mit der Vorstellung einer „Lehnspyramide" verbunden, in der vom König über versch. Stufen abwärts Rechte ausgeliehen werden (Lehen). Eine unterste Stufe der mal. Gesellschaft stellen zweifellos die unfreien Schichten dar, die der Verfügung von Herren über den von ihnen bearbeiteten Grund und Boden, aber auch über persönl. Rechte wie Freizügigkeit, Familiengründung und Erbschaft unterliegen. Doch schon diese Stufe ist in sich durch versch. Grade der Unfreiheit stark gegliedert. Innerer und äußerer Landesausbau (Kolonisation) begründen Privilegien, die zum Aufstieg ganzer Schichten, vornehmlich ins städt. Bürgertum und über Beamtenfunktionen der „Ministerialität" in den niederen Adel führen. Insbes. der **Aufstieg der Ministerialen,** der schon unter den Saliern in der Konkurrenz zwischen König und Reichsfürsten deutl. Formen angenommen hatte, wird zu einem wesentl. Element sozialer und kultureller Veränderung, weil sich in der Verschmelzung der ehemals unfreien Krieger *(milites)* und Beamten mit der Schicht des niederen Adels ein neues Selbstbewusstsein entwickelt, das in der Folge auch die höheren Schichten bis hin zum König erfasst. Entscheidend für diese erstaunl. Anleihe bei sozial niedriger Gestellten ist die Bedeutung, die die **Ritter** durch die **Verbindung von militär. und Verwaltungsfunktionen** gewinnen, die eine über das übl. Maß adliger Erziehung hinausgehende Bildung voraussetzt. In der **Idee des miles christianus,** des „christl. Kriegers", der seine kämpfer. Fähigkeiten nur noch auf Kreuzzügen hemmungslos beweisen darf, ansonsten aber dem Schutz des inneren Friedens, der Fürsorge für Schwache und Wehrlose verpflichtet ist, erhält diese Schicht eine eth. Zielsetzung, der sich auch der höhere Adel nicht entziehen kann. Die Realität ist jedoch von so hohen Idealen meist sehr weit entfernt. (Ein Ritter*stand* bildet sich erst im SpätMA.) Der Aufstieg der Ministerialen erfolgt zu sehr unterschiedl. Höhen, sodass auch hierin das Bild einer klaren Stufung als zu idealisiert gelten muss. Viele überschreiten nicht den Status von Beamten kleinerer Herren, einige wenige erlangen die Bedeutung von Reichsfürsten. Die Darstellung polit. Konflikte zwischen König und Fürsten einerseits und zwischen Kaiser und Papst anderseits erklärt wohl zur Genüge, warum auch für die Spitze der stauf. Gesellschaftsordnung die Pyramide nur ein Wunschbild sein konnte.

(dtv-Atlas zur deutschen Literatur. Tafeln und Texte. © dtv, München 1983, S. 51)

2. Mögliches **Tafelbild**: ▷ S. 241

Das Ordnungsverständnis

im Mittelalter	in der modernen Gesellschaft
statisches Bewusstsein ⟷	*dynamisches Bewusstsein*
→ Aufruf zur „Ordnung“ (Wiederherstellung der „gottgewollten Ordnung“ – bis zur Gewaltandrohung)	→ Aufruf zur Veränderung (Entwicklung) (evolutionär – revolutionär bis zur Gewaltandrohung)
↑ URSACHEN	↑
– gleichbleibende Bevölkerung	– wachsende Bevölkerung
– Bedarfswirtschaft (Landwirtschaft/Natur)	– Gewinnwirtschaft (Geldwirtschaft/Technik)
– gleichbleibender Konsum	– steigender Konsum
– Ergebenheit unter Gottes Wille	– Vertrauen in die eigenen Fähigkeiten
– Glaube an Gottes Eingreifen	– Wissen um Ursachen und Folgen
– Bildung = Erziehung zu Demut und Gehorsam (→ Glaube)	– Bildung = Erziehung zur Kritikfähigkeit Selbsterkenntnis und Selbstvertrauen (→ Wissenschaft)
– Voraussetzung: geringe Informationsmöglichkeiten	– Voraussetzung: breite Informationsmöglichkeiten
– Menschenbild: Gott bestimmt das Schicksal und den Platz des Menschen (Beten um göttliche Gnade)	– Menschenbild: selbst ernannte Menschenrechte (persönliche, gesellschaftliche und politische Pflicht zur Verwirklichung)

– andere Voraussetzungen
– anderes Grundverständnis
– unterschiedliche Beurteilungen
des Menschen, der sozialen Gesellschaftsordnung und ihrer Fehler

Die Literatur des Mittelalters im Überblick

▷ S. 242

1. **Mittelalter**	**Seit dem 18. Jahrhundert**
Gebrauchsliteratur: für einen Verwendungszusammenhang geschaffen (Vermittlung und Festigung des christlichen Glaubens; Bildung eines ritterlichen Standesbewusstseins)	Autonomie der Literatur: Ablösung von allen außerhalb ihrer selbst liegenden Zwecken; Aufsplitterung in verschiedene Literaturauffassungen zwischen l'art-pour-l'art und operationaler Literatur
Gesellschaftsliteratur: gemeinschaftliche Rezeption in einem Zuhörerkreis (christliche Gemeinde; Hofgesellschaft)	Individualliteratur: Rezeption durch einzelne Leser/innen
Geringe Bedeutung des Autors, der mit seinem Werk im Dienst einer Sache steht und von geistlichen oder weltlichen Herren abhängig ist Vorbildfunktion tradierter Muster und Regeln	Große Bedeutung des Autors als Schöpfer des Werks; Geniekult; Leben als freier Schriftsteller; Schutz des geistigen Eigentums Forderung nach Originalität und individueller Gestaltung

2. Der Vers mit seiner metrisch-rhythmischen Gestaltung und der Reim haben ihren Grund in der Darbietungs- und Rezeptionsform der frühen Literatur. Beides sind Klangmittel einer gebundenen Sprache, die erst beim Vortrag vor einer Zuhörerschaft voll und ganz zur Geltung kommen, und sie erleichtern das Auswendiglernen und Behalten der Texte für die Vortragenden. Erst mit der fortschreitenden Bildung und Lesefertigkeit der Laien entstand, in Frankreich schon im 13. Jahrhundert, der Prosaroman als Nachfolger des Epos in Versen.

Minnesang

▷ S. 243 *Der von Kürenberg:* **Ich zôch mir einen valken** (um 1160)
▷ S. 244 *Albrecht von Johansdorf:* **Ich vant âne houte** (um 1200)
▷ S. 245 *Hartmann von Aue:* **Maniger grüezet mich alsô** (um 1180)
▷ S. 245 *Walther von der Vogelweide:* **Under der linden** (um 1200)

▷ S. 246 1. **Frauenbild:**

von Kürenberg: Kommt nur indirekt – als lyrisches Ich – zum Ausdruck; eine offensichtlich hohe Herrin, die einen „wilden" jungen Ritter erzog und sich in ihn verliebte; wohl auch sich selbst zu Ehren schmückte sie ihn mit kostbarer Ausstattung, trotzdem ging er „fremd"; ihr bleibt nur übrig, Gott zu bitten, sie mit dem ehemals Geliebten wieder zusammen zu führen.
Albrecht: Hohe adlige „Herrin", meist mit Gefolge; lässt sich von einem Minnesänger besingen, kokettiert wohl gleichsam mit ihm, weist ihn aber brüsk zurück, als er aufdringlich wird. Als ständisch entrückte „Herrin" belehrt sie den im typischen Minnedienst Werbenden über den Sinn dieses höfischen Spiels.
Hartmann: Unterscheidung zwischen den vornehmen Damen von Stand, die auf Liebeserklärung abweisend reagieren (müssen), und den einfachen Frauen, die unverkrampft auf das Werben eines Minnesänger eingehen können.
Walther: Unterscheidung zwischen den „heren frowen" und dem einfachen Mädchen, das heimlich die Liebe genießt.

Lyrisches Ich und seine Befindlichkeit:
von Kürenberg: In der Rolle einer verlassenen, traurigen Geliebten wird der Angebetete sehnsuchtsvoll beschrieben; deren Liebesglück wird dem Willen Gottes bittend anheimgestellt.
Albrecht: In einem sogenannten „Wechsel" liegen zwei lyrische Ich vor, das des werbenden Sängers und das der Minneherrin, die sich dem höfischen Spiel entsprechend abweisend zeigt. Der Minnesänger spielt den sehnsuchtsvoll Verliebten, der aber auch sehr eingenommen von seiner eigenen Kunst ist; die überhöht Angebetete („Königin") spielt ihre typische Rolle der hohen Minne und zeigt dem Werbenden die kalte Schulter, wobei sie ihm die entsprechende Lehre des Höfischen und Sittlichen im „hohen" Minnespiel in geziemender Distanz erteilt.
Hartmann: Überdruss am Hofieren der vornehmen Damen und Bekenntnis zur Suche nach erwiderter Liebe bei einfachen Frauen.
Walther: Übermütiges Bekenntnis zur natürlichen Liebe im betonten Gegensatz zur traditionellen Form der „hohen Minne".

Verhältnis Liebende(r) – Geliebte(r)
von Kürenberg: Sehnsuchtsvolle, schmerzhafte Liebe, die nicht mehr erwidert wird, die aber Anlass gibt, die Liebe in göttlicher Erhöhung zu sehen.
Albrecht: Anbetende Verehrung; Verhältnis von Dienst und erhofftem Liebeslohn entsprechend dem Feudaldenken der Zeit; vollständige Untertänigkeit des „Knechtes" seiner „Herrin" gegenüber; Belehrung des im Minnedienst Stehenden ganz im Sinne des Bewusstseins adliger Exklusivität bzw. Überheblichkeit.
Hartmann: Ablehnung der einseitigen Verehrung der vornehmen Damen (hohe Minne); Wunsch nach Erhörung und gegenseitiger Liebe ohne Standesunterschiede, die man nur bei den einfachen Frauen findet (niedere Minne).

Walther: Die Geliebte gesteht in einer Mischung aus geziemender schamvoller Schüchternheit und übermütig empfundenem Glücksgefühl die neue, den „hohen Minnesang“ überwindende, gegenseitige Liebe, die auch körperlich in aller Natürlichkeit genossen wird. Der „späte Minnesang“ beginnt, auch „niedere Minne“ genannt.

4.

Bedeutungsentwicklung von „Weib“, „Frau“, „Dame“

Mittelhochdeutsch

wîp *allgem. Geschlechtsbezeichnung*
verheiratet
maget *unverheiratet*

vrouwe *sozial hochstehend, Herrin*
verheiratet
vrouwelin *unverheiratet*
juncvrouwe

Neuhochdeutsch

Weib *pejorativ, Schimpfwort*
(im Adj. „weiblich“ ist die mhd. Bedeutung erhalten)
Magd *Dienerin*
Mädchen *(im 17. Jh. durch Konsonantenerleichterung aus „Mägdchen“)*

Frau *allgem. Geschlechtsbezeichnung*
Fräulein *unverheiratet*
Jungfrau *unberührt*

Dame *(um 1600 aus dem Französischen)*
sozial hochstehend, zunächst nur für Frauen in Hof- und Adelskreisen, seit dem 18. Jh. Verbürgerlichung

Deutlich wird hier ein Gesetz sprachlicher Entwicklung, der so genannte pejorative Strudel, der es erforderlich macht, immer neue Hochwertbegriffe z. B. für Personen einzuführen.

5. **Phonetische Änderungen**

Diphthongierungen: û > au (▷ S. 247, V. 1: ûf > auf)
î > ei (▷ S. 245, V. 23: wîp > Weib)
iu (gesprochen „ü“) > eu > ei (▷ S. 247, V. 9: driu > drei)

Monophthongierungen: uo > u (▷ S. 245, V. 2: tuot > tut)
üe > ü (▷ S. 245, V. 1: grüezet > grüßt)
ie (im Mhd. als Diphthong gesprochen) > langes i, wobei das e im Nhd. als Längenzeichen in der Schrift erhalten bleibt (▷ S. 244, V. 38: di-enest > dienst)

Vokaldehnung: Die im Mhd. kurz gesprochenen Vokale in offenen Silben werden im Nhd. zu langen Vokalen (▷ S. 248, V. 1: haben > haben; ▷ S. 247, V. 7: leben > leben)

Abschleifen von Endsilben, Wegfall unbetonter Vokale oder Silben (▷ S. 247, V. 20: unde > und; ▷ S. 245, V. 1: Maniger > mancher)

Syntaktische Änderungen

Systematisierungen in der Flexion, z. B. Inf. lân, gân, stân (▷ S. 245, V. 5, 6, 8) > lassen, gehen, stehen

Wegfall der doppelten Verneinung: nicht enlânt (▷ S. 245, V. 24) > nicht lassen; desn mac niht gesîn (▷ S. 247, V. 16) > das kann nicht sein

Endstellung des flektierten Verbs im Nebensatz: ▷ S. 245, Walther V. 3

Semantische Änderungen Die starken Veränderungen auf diesem Gebiet werden deutlich, wenn versucht wird, ein paar Zeilen so zu übertragen, dass der Wortbestand erhalten bleibt:

Swâ ein edeliu schœne frouwe reine,	Wo eine edle, schöne, reine Frau,
wol gekleidet unde wol gebunden,	wohl gekleidet und wohl gebunden,
dur kurzewîle zuo vil liuten gât,	durch Kurzweil zu vielen Leuten geht,
hovelîchen hôhgemuot, niht eine	höflich hochgemut, nicht alleine

Hier können einige semantische Veränderungstendenzen aufgezeigt werden. So findet z. B. eine Verinnerlichung mancher Wortbedeutungen statt: Die mhd. Adjektive „edel" und „hovelich" bezeichnen zunächst etwas Äußerliches, nämlich die Zugehörigkeit zum Adel bzw. zur Hofgesellschaft; erst später werden daraus Bezeichnungen für innere Werte, für die Verhaltensqualitäten „edel" und „höflich" im heutigen Sinne. Auf die Bedeutungserweiterung, die das Wort „frouwe" erfahren hat, wurde oben bereits hingewiesen. Eine Bedeutungsverengung hat hingegen das Adjektiv „rein" durchgemacht, das heute innere oder äußere Sauberkeit und Unbeflecktheit bedeutet, im Mhd. aber noch auf Makellosigkeit, Erhabenheit, Glanz im weitesten Sinne hinweist. Eine Bedeutungsverengung finden wir auch bei dem Wort „dur" = „durch", das im Mhd. zusätzlich die Bedeutung „wegen", „um ... willen" umfasste. Ein Verschwinden von Wörtern bzw. Ersetzen durch andere zeigt sich in „wol gebunden". Mit der Mode, das Haar mit allerlei Bändern zu schmücken und hochzubinden, ist auch der Begriff verschwunden. Das langsame Verschwinden aus dem Sprachschatz kann man heute bei „Kurzweil" beobachten: Es gibt den Begriff noch, er wird aber selten benutzt und durch „Unterhaltung" ersetzt.

6. Weitere Themen für eine **Facharbeit:**
   - Das Bild der Frau im Minnesang und im mittelalterlichen Ritterroman an ausgewählten Beispielen.
   - Das Bild des Minnesängers in heutigen Darstellungen, z. B. in *Dieter Kühn:* Ich Wolkenstein. Eine Biografie. Insel Taschenbuch 497, Frankfurt/M. 1980
   - Ortsnamen und ihre sprachliche Entwicklung im Umkreis der Stadt/Gemeinde ...

Politische Spruchdichtung

▷ S. 247 *Walther von der Vogelweide:* **Ich saz ûf eime steine** (um 1200)
▷ S. 248 *Walther von der Vogelweide:* **Ich hân mîn lêhen** (um 1220)

▷ S. 248 1 a) Rolle des Sprechers

im ersten Spruch: Überlegene Haltung (siehe Dichterpose der bildlichen Darstellung!) des Intellektuellen, der über die Probleme der Welt philosophiert;

im zweiten Spruch: Dankbare, demutvolle Haltung des schließlich doch noch materiell versorgten alternden Minnesängers, überschwänglicher Gestus kontrastiert mit der Bitterkeit über das Gefühl der Verachtung vergangener Jahre.

2. a/b) Walthers Verständnis vom richtigen Leben = Ideale Einheit der mittelalterlichen Welt

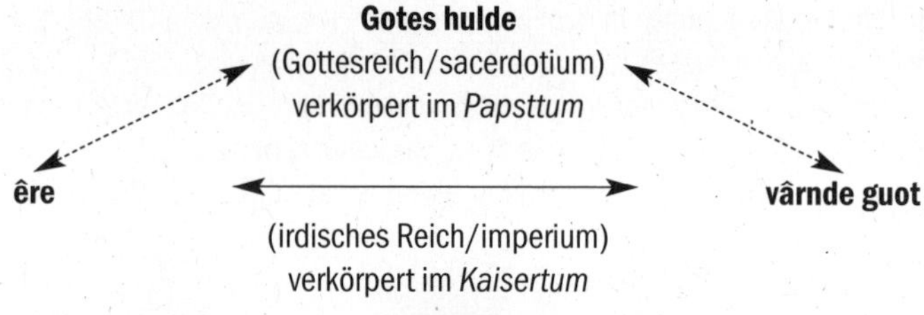

Walthers Problem: Die konkreten politischen und gesellschaftlichen Verhältnisse stören die ideale Einheit.
dazu: Das Weltreich (imperium) ist nicht in Ordnung, weil das Gottsreich (Papsttum) nicht in Ordnung ist.
Die Betrachtungsweise steht auch im traditionellen Zusammenhang mit der Antike. Als Ideal galt ein gleichberechtigtes Nebeneinander folgender Werte:
- Summum bonum (höchstes Gut/Weisheit der Philosophen)
- Honestum (Ehre/sittliches Verhalten)
- Utile (Nutzen/die äußeren Lebensgüter)

Dazu kommt im Mittelalter eine Neuinterpretation durch das Christentum:
- Göttlich: gotes hulde
- Irdisch: ere + varnde guot (persönliche Ehre und Besitz)

Konkretes historisches Problem:
1197 stirbt der staufische Kaiser Heinrich VI.
1198 kommt es zu Nachfolgestreitigkeiten:
- die Staufer pochen auf das Geblütsrecht (→ Philipp von Schwaben)
- einige Reichsfürsten wollen ihr Recht auf freie Kaiserwahl (→ Otto IV.; Welfe)

In diesem Streit, in dem auch der Papst (Innozenz III.), England (für Otto) und Frankreich (für Philipp) kriegerisch Partei ergriffen, sah Walther eine grundsätzliche Katastrophe des Ordo-Systems („fride unde reht sint sêre wunt", ▷ S. 247, V. 23).

3. a/b) Die Minnesänger, die ihre Kunst nicht nur aus Passion und zeittypischer Mode (wie die nicht nur namentlich bekannten adligen Sänger) betrieben, sondern daraus gleichsam einen Broterwerb machten, waren allem Anschein nach „zwielichtige Figuren" des Mittelalters: Als fahrende Sänger zogen sie von Burg zu Burg und unterhielten einerseits als kurzfristig sicherlich gern gesehene Gäste die Hofgesellschaft in deren sonst wohl oft langweiligen, einsamen Alltag. Als „Künstler" konnten sie sich einen Namen machen, der dann in der Regel auch in die Literaturgeschichte eingegangen ist. Andererseits galt das „fahrende Volk" – nicht anders als noch heute, man denke z. B. an die Zirkusleute – als soziale Außenseiter, wenn nicht sogar als Asoziale, mit denen man lieber keinen Kontakt haben wollte. Daraus ergaben sich logischerweise Probleme vor allem für die eher am gesellschaftlichen und politischen Geschehen orientierten Sänger der „Spruchdichtung": Als Außenseiter war es für sie schwierig, neutral Kritik zu üben oder eine Partei zu ergreifen, da sie jeweils von den Herren, vor denen sie vortrugen, materiell und existentiell abhängig waren. Eine existenzsichernde Belohnung, z. B. in Form eines Lehens, wohl eines kleines Landgutes, konnten allzu kritische Sänger wie Walther nicht ohne weiteres erhoffen, wollten sie nicht unwürdige Schmeichler werden. Die Absicht Walthers mit seinem Lied „Ich hân mîn lêhen" könnte ein tatsächliches Stoßgebet des Dankes an den Kaiser sein, ihn endlich nicht nur in seinen sozialen Hilferufen erhört, sondern ihn auch in seiner überragenden Bedeutung als Dichter gewürdigt zu haben.

1.2 Barock (um 1600–1720)

Die Literatur zu Beginn der Neuzeit

▷ S. 250

1. Wichtige technische Neuerungen wie der Buchdruck mit beweglichen Lettern, der zur Entstehung und Verbreitung von Rechenbüchern sowie technischen und medizinischen Druckwerken führt, und die Entdeckungsreisen (Columbus, Vasco da Gama), die das Bild von der Welt grundlegend verändern, wären hier zu ergänzen.

2. Vorbild für eine Wandzeitung zum Epochenumbruch um 1500 könnte sein: *Werner Stein:* Kulturfahrplan. F. A. Herbig Verlagsbuchhandlung, Berlin/München/Wien 1976, S. 696–714.

3. Titel: Historia von D. Johann Fausten, dem weitbeschreiten (berühmten) Zauberer und Schwarzkünstler (beherrscht die schwarze Magie). Wie er sich gegen dem Teufel auf eine benannte Zeit verschrieben, was er hierzwischen für seltsame Abenteuer gesehen, selbst angerichtet und getrieben, bis er endlich seinen wohlverdienten Lohn empfangen. Mehrerteils aus seinen eigenen hinterlassenen Schriften allen hochtragenden fürwitzigen und gottlosen Menschen zum schrecklichen Beispiel, abscheulichen Exempel und treuherzigen Warnung zusammengezogen und in den Druck verfertiget Jacobi IIII. Seid Gott untertänig, widersteht dem Teufel, so fliehet er von euch. Cum gratia et privilegio. Gedruckt zu Frankfurt am Main durch Johann Spies. 1588 (neue Rechtschreibung).
   Der anonyme Erzähler, der die in Studentenkreisen und im Volke kursierenden Anekdoten, Schwänke und sagenhaften Erzählungen, die um den Alchimisten und Quacksalber Georg oder Johann Faust kreisten, sammelte und hier zum Besten gibt, beruft sich auf die hinterlassenen Schriften seines Titelhelden. Das soll ihn als Verfasser autorisieren, den Wahrheitsgehalt seiner Geschichten verbürgen und ihre Fiktionalität in Abrede stellen. Das Romanhafte, das dies Volksbuch nach heutigem Verständnis durchaus hat, wird ausdrücklich abgestritten. Es soll hier nicht um Unterhaltung, um literarischen Genuss gehen, sondern um Nutzanwendung in einem bestimmten Gebrauchszusammenhang. Es handelt sich um einen Text im Dienste christlicher Unterweisung, um ein warnendes Beispiel vor menschlicher Überheblichkeit. Allerdings kann die so deutlich betonte religiöse Legitimierung auf dem Titelblatt eine zweite Intention nicht verleugnen, die es in die Nähe der heutigen Bücherwaschzettel rückt, nämlich die der Werbung. Der Leser/die Leserin wird neugierig gemacht auf die schrecklichen Frevel, von denen erzählt werden soll. Die Rechtfertigung für die Darbietung des Schändlichen heißt „Abschreckung“, dahinter verbirgt sich aber der Appell an die Abenteuer- und Sensationslust der Leser/innen.

Carpe diem und Memento mori: Schlüsselmotive der Barockdichtung

Martin Opitz: **Carpe diem** (1624) ▷ S. 251
Paul Fleming: **Wie er wolle geküsset sein** (1642) ▷ S. 251
Christian Hofmann von Hofmannswaldau: **Vergänglichkeit der schönheit** (1695) ▷ S. 252
Hans Baldung Grien: **Die drei Lebensalter des Weibes und der Tod** (um 1510) ▷ S. 252
Christian Hofmann von Hofmannswaldau: **Die Welt** (1679) ▷ S. 253
Theodor Kornfeld: **Ein Sand=Uhr** (1686) ▷ S. 253
Andreas Gryphius: **Es ist alles eitel** (1636) ▷ S. 253

---

1. ▷ S. 254

Die Auffassung von der Welt und dem Leben

Gemeinsamkeit:
Bewusstsein des Todes und der Vergänglichkeit
↓
widersprüchliche Folgerung

↙

- Carpe diem (Opitz)
- Naturgenuss statt Studieren
- Trinken, gutes Essen
- Gesang und Geselligkeit

unbeschwerter Lebensgenuss

↘

- Weltabkehr (Hofmannswaldau)
- Scheinhaftigkeit der Welt
- Ort des Kummers, der Krankheit und Unfreiheit
- Hinwendung zum Jenseits als Ort der Ewigkeit und Schönheit

Beide Gedichte finden ihre Entsprechung in dem Bild Hans Baldung Griens: Dem Carpe-diem-Motiv des ersten Gedichts entspricht die junge Frau in der Blüte des Lebens, die mit einer Hand ihr langes, offenes Haar (Zeichen erotischer Verführung) zurückstreicht und in der anderen einen Spiegel hält, in dem sie sich voller Selbstgenuss betrachtet. Hofmannswaldaus Weltabsage entspricht das Bild des Todes, der die Sanduhr über den Kopf der Schönen erhebt und damit an ihre Vergänglichkeit erinnert.

2. a) **Carpe diem**

- Ausrufezeichen → appellativer Charakter, Aufforderung zum Lebensgenuss
- unbeschwerter, heiterer Ton
- einfache, eingängige Sprache ohne rhetorische Ausschmückung
- Form eines (Trink-)Liedes:
  - kurze Verse im vierhebigen Trochäus
  - fünf gleich gebaute Strophen
  - in jeder Strophe zwei umarmende Reime, klingende Kadenz im Außenreim, stumpfe Kadenz im Innenreim

Die Welt

- Fragezeichen → Zweifaches Fragen nach dem Wesen der Welt erzeugt Nachdenklichkeit.
- reflexiver Sprachgestus aus Frage, Antwort, Folgerung
- hoher Sprachton, rhetorisch durchformt: Bilder (z. T. antithetisch), Parallelismen, Anaphern
- Form eines Lehrgedichts nach rhetorischem Schema:
  - Einleitung: parallele Fragen nach dem Wesen der Welt
  - Hauptteil: 6-fache, parallele Antwort in kunstvollen Bildern auf die Eingangsfrage
  - Schluss: Folgerung als Appell an die Seele, geschlossener Bau ohne Strophen
  - vier Kreuzreime: 1 und 3 klingende Kadenz, 2 und 4 stumpfe Kadenz
  - fünfhebiger Jambus

b) Opitz' Gedicht lässt an eine gesellige, studentische Runde denken. Hofmannswaldaus Gedicht ruft das Bild eines nachdenklichen lyrischen Ichs hervor, das mit sich selbst, mit seiner Seele, Zwiesprache hält.

3. a/b) In jeder größeren Gedichtsammlung werden sich weitere Texte zu den beiden Motiven finden lassen. Hieran könnte deutlich gemacht werden, dass es sich bei den Barockgedichten nicht um Erlebnislyrik, um authentische Ich-Aussagen zu bestimmten Lebenssituationen handelt, sondern um das Aufgreifen und Ausgestalten tradierter Motive oder lyrischer Gegenstände. Der Dichter erprobte seinen „Witz", wie es zu dieser Zeit hieß, und seine Kunstfertigkeit an den vorgegebenen Themen und Genres.

4. Die Eingangsfragen können beibehalten oder auch schon abgewandelt werden im Sinne eines heutigen Lebensgefühls. Der Sinn der produktiven Übung liegt darin, das eigene Weltverständnis in Bilder zu fassen und vor diesem Vergleichshintergrund in eine vertiefende Auseinandersetzung mit der barocken Welt- und Kunstauffassung einzutreten. Die Schüler/innen sollten davor gewarnt werden, sich allzu eng an die Formvorgabe des Gedichts von Hofmannswaldau zu halten, also z. B. das Reimschema zu kopieren.

Der Dreißigjährige Krieg in der Barockliteratur

▷ S. 254 *Hans Jakob Chr. von Grimmelshausen:* **Der Abenteuerliche Simplicissimus Teutsch** (1669)

▷ S. 256 1. Erzählform: Ich-Erzählung; in den Zeilen 1–37 ist das Erzählverhalten eindeutig auktorial: Mit weitem zeitlichem Abstand hält der Ich-Erzähler Rückblick, spricht direkt den Leser/die Leserin an (Z. 12 f.) und kommentiert das damalige Geschehen; seine Erzählhaltung ist distanziert-kritisch; vorherrschend ist die Reflexion. Ab Zeile 38 ändert sich das Erzählverhalten zu einem personalen hin, es wird aus der Sicht des erlebenden Ichs, des Kindes, erzählt, das die grausamen Vorgänge ganz naiv deutet bzw. missversteht. Der Erzähler nimmt einen nahe am Geschehen liegenden Erzählstandort ein. Allerdings wird die kindlich-naive Sicht auf die Vorgänge nicht ganz durchgehalten, denn in dem Vergleich mit der Suche nach dem „gülden Fell von Kolchis" (Z. 47 f.) wird der gebildete, rückblickende Erzähler vom Anfang des Kapitels erkennbar. Die kindlich-naive Sicht auf das Geschehen erscheint als Kunstgriff, Folter und Vergewaltigung in der Form einer grotesk verfremdeten Darstellung für die Leser/innen erträglich zu machen.

2. Der Erzähler weist zu Beginn auf das Dilemma hin, den „friedliebenden Leser" (Z. 2) nicht unmittelbar an der brutalen Wirklichkeit des Überfalls teilhaben zu lassen, andererseits aber als Chronist ein wahrhaftiges Bild von den Grausamkeiten des Krieges zu vermitteln. Seine Lösung dieses Dilemmas besteht darin, den Krieg als göttliches Strafgericht zu deuten, als Chance für den Menschen, auf den rechten Weg zu gelangen, also als Teil des göttlichen Heilsplans. Auf den erzähltechnisch-ästhetischen Kunstgriff in der Darstellung des Überfalls wurde schon unter 1 eingegangen. Die Einstellung zum Krieg und die daraus resultierende Darstellung unterscheidet sich deutlich von modernen Kriegsdarstellungen, z. B. von „Im Westen nichts Neues" (▷ S. 373 f.).

3. Der dokumentarische Bericht wird sowohl die kommentierende Sinndeutung des auktorialen Erzählers zu Beginn des Textes als auch die grotesk verfremdende Sichtweise des Kindes bei der Darstellung des Geschehens aufgeben und sich auf einen nüchtern-sachlichen Report der Ereignisse konzentrieren.

▷ S. 256 *Andreas Gryphius:* **Thrånen des Vaterlandes/Anno 1636**

▷ S. 256 1. a) Das lyrische Ich reiht sich zunächst ein in das kollektive, allgemeine Erleben des Krieges („Wir", V. 1) als alles umfassende, vollständige Zerstörung und Verheerung. In der letzten Strophe wechselt der Sprecher in die Ich-Form: Es folgt seine Deutung des Geschehens. Der Blick wird von den äußeren Folgen des Krieges auf die inneren gelenkt und damit zugleich vom Diesseitigen zum Jenseitigen. Der Krieg hat dem

Schlechten, Bösen im Menschen zum Siege verholfen und ihn sein Seelenheil, das ewige Leben, verlieren lassen. In den Augen des lyrischen Ichs ist das die eigentliche Katastrophe.

b) In beiden Texten wird der Krieg in Beziehung zum Jenseits gesetzt, erhält eine transzendentale Bedeutung. Die Schrecken und Zerstörungen des Krieges sind nicht der Untergang schlechthin, eine Katastrophe ohne höheren Sinn; sie stehen in einem größeren Zusammenhang. Dabei werden in beiden Texten verschiedene Aspekte der religiösen Einbindung akzentuiert. Simplicius sieht den Krieg als Strafgericht und als letztlich barmherziges Auf-den-rechten-Weg-Führen durch Gott, der Sprecher in Gryphius' Gedicht fasst den Krieg düsterer auf als die schwerste Prüfung für den Menschen, die so viele ihr Seelenheil verlieren lässt.

2. Das Gedicht hat die Form eines Sonetts: zwei Quartette mit dem Reimschema a b b a und zwei Terzette mit dem Reimschema c c d/e e d. Der Vers ist der im barocken Sonett so beliebte Alexandriner: sechshebiger Jambus mit einer deutlichen Zäsur nach der 3. Hebung. Die beiden Quartette bestehen aus jeweils zwei Sätzen: In Vers 1 und 5 stimmen Vers und Satz überein, der zweite Satz umfasst die jeweils restlichen drei Verse, die durch Enjambements verbunden sind und Aufzählungen enthalten. Das erste Terzett greift in der Satz-Vers-Struktur das Schema der Quartette auf, im zweiten Terzett bilden die drei Verse einen Satz (rhetorische Figur der Variatio). Diese Variatio in der Struktur des letzten Terzetts korrespondiert mit dem inhaltlich-gedanklichen Aufbau des Gedichts: Auch hier enthält die letzte Strophe etwas Neues, nämlich die antithetisch dem bis dahin entfalteten äußeren Zerstörungsszenario gegenübergestellte Pointe vom Verlust des Seelenheils.
Rhetorische Figuren:
- Parallelismen in den einzelnen Gliedern der Aufzählung, mit denen die Verheerungen des Krieges aufgefächert werden
- Klimax: „Feuer, Pest und Tod" (V. 8)
- Correctio: „... gantz / ja mehr denn gantz verheeret!" (V. 1)
- Tautologie: „Hertz und Geist" (V. 8); „Schantz und Stadt" (V. 9)
- Alliteration: „Schantz und Stadt" (V. 9)
- Periphrase: „Dreymal sind schon sechs Jahr" (V. 10)
- Hyperbel: „Rinnt allzeit frisches Blut" (V. 9); „Von Leichen fast verstopfft" (V. 11)
- Metonymie: „Schweiß und Fleiß" (V. 4) stehen für das Ergebnis, das zusammenfassend als letztes Glied der Aufzählung dann auch genannt wird: „Vorrath"
- Synekdoche: „die rasende Posaun / Das vom Blutt fette Schwerdt / die donnernde Carthaun" (V. 2 f.) stehen als Teile für das Ganze des Kriegsgeschehens
- Metapher „Das vom Blutt fette Schwerdt", ein Beispiel für das Gesuchte in der barocken Metaphorik: Das Schwert hat so viele erschlagen, gleichsam so viel Blut getrunken, dass es davon fett geworden ist.

Die kunstfertig gestaltete, geschlossene Form des Gedichts steht für Ordnung und Harmonie und scheint auf den ersten Blick einen krassen Gegensatz zum Inhalt mit den aufgezählten Kriegsfolgen zu bilden. Zu bedenken ist dabei aber, dass das gesamte zerstörerische Chaos des Krieges doch eingebunden bleibt in eine höhere, göttliche Ordnung, der letztlich jedes Kunstwerk zu dienen hat (s. Hinweise zu Aufgabe 1 b).

3. a) Übertragung in heutiges Deutsch:
Wir sind doch jetzt ganz, ja, mehr als ganz verheert!
Die beutegierigen Truppen, die dahinstürmende Posaune …

b) Deutlich werden sollte, dass man bei einer Übertragung nicht einfach die Wörter in ihre heutige Form bringen kann. Sehr viele haben ihre Bedeutung verändert. Die Vergleichspartikel „denn" ist heute durch „als" ersetzt; „frech" hat eine viel umfangreichere Bedeutung als heute (tapfer, kühn, lebhaft, gierig, ungezähmt etc.); Volk hat demgegenüber eine engere Bedeutung (Heerhaufe, Kriegerschar und dann erst Volksmenge) etc. Hier wäre ein geeigneter Moment, die Arbeit mit einem etymologischen Wörterbuch einzuführen oder – noch besser – mit dem Grimm'schen Wörterbuch.

Lernerfolgskontrolle/Klausurvorschlag

Christian Hofmann von Hofmannswaldau: **Die Wollust** (1619)

1.
Die Wollust bleibet doch der Zucker dieser Zeit /
Was kan uns mehr /denn sie / den Lebenslauf versüssen?
Sie lässet trinckbar Gold in unsre Kehle fliessen /
Und öffnet uns den Schatz beperlter Liebligkeit;
In Tuberosen[1] kan sie Schnee und Eiß verkehren /
Und durch das gantze Jahr / die Frühlings Zeit gewehren.

2.
Es schaut uns die Natur als rechte Kinder an /
Sie schenckt uns ungespart den Reichthum ihrer Brüste /
Sie öffnet eitlen Saal voll zimmetreicher Lüste /
Wo aus des Menschen Wunsch Erfüllung quellen kan.
Sie legt als Mutter uns / die Wollust in die Armen /
Und läst durch Lieb und Wein den kalten Geist erwarmen.

[...]

5.
Was nutzet endlich uns doch Jugend / Krafft und Muth /
Wenn man den Kern der Welt nicht reichlich wil genüssen /
Und dessen Zuckerstrom läst unbeschifft verschüssen /
Die Wollust bleibet doch der Menschen höchstes Guth /
Wer hier zu Seegel geht / dem wehet das Gelücke /
Und ist verschwenderisch mit seinem Liebesblicke.

6.
Wer Epicuren[2] nicht vor[3] seinen Lehrer hält /
Der hat den Weltgeschmack / und allen Witz verlohren /
Es hat ihr[4] die Natur als Stiefsohn ihn erkohren /
Er mus ein Unmensch seyn / und Scheusaal dieser Welt;
Der meisten Lehrer Wahn erregte Zwang und Schmertzen /
Was Epicur gelehrt / das kitzelt noch die Hertzen.

1 **Tuberose:** stark duftende Zierpflanze
2 **Epicur:** griechischer Philosoph um 300 v.Chr.; nach seiner Lehre liegt – verkürzt formuliert – der Sinn des Lebens im Streben nach Glück durch Freiheit von Schmerz und Unruhe und durch den Genuss von Freude und Lust
3 **vor:** für
4 **ihr:** sich

(Christian Hofmann von Hofmannswaldau: Gedichte. Auswahl und Nachwort v. M. Windfuhr. Reclam, Stuttgart 1964, S. 122–124)

1. Analysieren Sie das vorliegende Gedicht in Form und Inhalt.
2. Vergleichen Sie es mit dem im selben Jahr (1679) erschienen Gedicht „Die Welt" desselben Autors (▷ S. 253) und mit anderen Gedichten der Zeit.

Erwartungshorizont

Verstehensleistung

1. Formbeschreibung: regelmäßiger Bau der Strophen (Sestinen: 6 Verse; umarmender Reim, gefolgt von einem Reimpaar; stumpfe Kadenz im Außenreim, klingende Kadenz im Innenreim und im Reimpaar) und der Verse (Alexandriner, allerdings häufig ohne Zäsur); Übereinstimmung von Vers und Satz oder Teilsatz (Nebensatz) und damit keine echten Enjambements. Apodiktisches Sprechen in Sentenzen und rhetorischen Fragen (V. 2, 13–15).
   Rhetorische Figuren: Alliterationen („Zucker dieser Zeit“, V. 1; „Weltgeschmack und allen Witz“, V. 20); Personifikation der Wollust (1. Strophe) und der Natur (2. u. 6. Strophe); Metaphern („Zucker dieser Zeit“, V. 1; „trinckbar Gold in unsre Kehle fliessen“, V. 3; „öffnet eitlen Saal voll zimmetreicher Lüste“, V. 9; „dessen Zuckerstrom läst unbeschifft verschüssen“, V. 15); Tautologien in Zwillingsformeln („Schnee und Eiß“, V. 5; „Zwang und Schmertzen“, V. 23); Aufzählung („Jugend, Krafft und Muth“, V. 13); Paradoxa (V. 5 f.); Periphrasen (V. 19, 24).
   Eine ausreichende Leistung liegt vor, wenn die Regelmäßigkeit der Form und die rhetorische Kunstfertigkeit insgesamt erfasst und an besonders auffälligen Merkmalen belegt werden. Für eine gute Leistung ist ein differenzierterer und umfassenderer Nachweis nötig. Wichtig ist für eine solche Bewertung auch, dass die Form zum Gehalt und zur Intention in Beziehung gesetzt wird: Der breite Fluss der alexandrinischen Verse und das sentenzenhaft-apodiktische Sprechen kennzeichnen den Text als Lehrgedicht, das mit allen rhetorischen Mitteln seine „Persuasio“ entfaltet. Die harmonische Regelmäßigkeit und der rhetorische Prunk entsprechen außerdem der im Gedicht gepriesenen Schönheit der Welt und ihrer zu genießenden Lebensfülle.
   Inhaltsdeutung: Die im Titel thematisierte „Wollust“ ist hier offenbar nicht nur erotisch zu verstehen, sondern als Sinnenlust und Lebensgenuss in umfassendem Sinne. Es handelt sich um einen Preis der Welt, allegorisch als „Mutter Natur“ gefasst, die dem Menschen alle nur erdenklichen Köstlichkeiten und Freuden bietet, wenn er sich der richtigen Weltanschauung verschreibt, der Lehre Epikurs, dem unbeschwerten Genussstreben.

2. Das Gedicht gehört in die Tradition der „Carpe-diem“-Gedichte und verweist auf die eine Seite des barocken Lebensgefühls: auf die Erfahrung der Todesbedrohtheit und Vergänglichkeit (Dreißigjähriger Krieg) mit einem Nutzen der Zeit durch intensiven Lebensgenuss zu reagieren. Das Gedicht „Die Welt“ repräsentiert die andere Konsequenz der barocken Mentalität auf die Erfahrung der Vergänglichkeit und Nichtigkeit alles Irdischen: die Hinwendung zum Jenseits, zur Hoffnung auf das ewige Leben.
   Für eine ausreichende Leistung genügt diese Einordnung mit konkreten Bezügen zu Vergleichsgedichten. Für eine gute Leistung ist ein Hinweis auf das barocke Kunstverständnis zu erwarten: keine Erlebnislyrik, kein authentischer Ausdruck einer Gestimmtheit oder Befindlichkeit, kein persönliches Bekenntnis, sondern Rollengedichte, in denen es um die kunstvolle, formale Meisterung eines tradierten Themas geht. So kann Hofmannswaldau 1679 in einem Gedicht ein Plädoyer für die „Wollust“ halten und in einem anderen zur Weltabkehr mahnen.

Darstellungsleistung

- übersichtliche und zweckmäßige Anordnung der Teilergebnisse in Analyse und Vergleich
- Kohärenz und Stringenz in der Gedankenführung in den beschreibenden, deutenden und vergleichenden Partien
- fach- und sachgerechte Formulierungen auf einer angemessenen Sprachebene
- funktionsgerechtes, formal richtiges Zitieren
- Richtigkeit der äußeren Sprachform

2 Von der Aufklärung zum Vormärz (1720–1848)

Konzeption des Kapitels B III 2.1: Aufklärung (1720–1800)

Nach einer kurzen Kennzeichnung der Gesamtepoche und einer Orientierung über deren Hauptmerkmale im politisch-gesellschaftlichen und im literarhistorischen Bereich wird an einem Beispiel, dem Verhältnis des Menschen zur Natur, der Charakter als Umbruchszeit anschaulich verdeutlicht. Dieses Thema wird dann im Teilkapitel 2.2, das auf den Epochenumbruch um 1800 fokussiert ist, vertieft.

Das Teilkapitel 2.1 soll zunächst einmal eine Einführung in die erste Etappe dieser Zeitenwende, die Aufklärung, bieten. Es kann als Vorbereitung zur Lektüre einer Ganzschrift aus dieser Epoche, die Interpretation erweiternde Kontextuierung nach einer solchen Lektüre oder als Grundlage eines eigenständigen, im Umfang knapp bemessenen Unterrichtsvorhabens genutzt werden. Dabei sind die Texte und Arbeitsanregungen drei Schwerpunkten zugeordnet, die für die Behandlung dieser Epoche im Deutschunterricht von Bedeutung sein dürften:

Im ersten Teil (**„Was ist Aufklärung? – Zwei Antworten aus zwei Epochen“**) wird der grundlegenden Frage nach dem Selbstverständnis der Aufklärung nachgegangen. Zwei Philosophen, einer am Beginn der Aufklärungszeit, der andere an einem sehr viel späteren Zeitpunkt der Aufklärungstradition, geben ihre Antworten, die zu einer Auseinandersetzung mit dieser für unsere Welt prägenden geistigen Tradition führen sollten.

Der zweite Teil (**„Die Aufgaben der Literatur“**) bringt, ausgehend von den allgemeinen geistigen Grundlagen der Epoche im ersten Teil, eine fachspezifische Einführung in literaturtheoretische Überlegungen der Zeit, die mit Literaturkonzepten anderer Epochen kontrastiert werden sollen, um historische Verbindungslinien in den Auffassungen über die Literatur sichtbar zu machen.

Der dritte Teil (**„Anleitungen zum richtigen Handeln“**) bedeutet eine weitere Einführung, indem hier der lehrhafte Charakter und exemplarisch einige wichtige Inhalte und Zielsetzungen der Belehrung aufgezeigt werden. Die Auswahl der Autoren zeigt eine rigorose Konzentration auf die für die deutsche Aufklärung wichtigsten Namen: Kant, Lichtenberg und Lessing.

Literaturhinweise

Peter-André Alt: Aufklärung. Lehrbuch Germanistik. Metzler, Stuttgart 1996

Aufklärung. Der Deutschunterricht, Heft 6/1991

Rolf Grimminger (Hg.): Deutsche Aufklärung bis zur Französischen Revolution 1680–1789. 2 Bde. dtv, München 1980

Max Horkheimer/Theodor W. Adorno: Dialektik der Aufklärung. Fischer, Frankfurt/M. 1971

Neil Postman: Die zweite Aufklärung. Vom 18. ins 21. Jahrhundert. Berlin-Verlag, Berlin 1999

Jochen Schmid (Hg.): Aufklärung und Gegenaufklärung in der europäischen Literatur. Philosophie und Politik von der Antike bis zur Gegenwart. Wissenschaftliche Buchgesellschaft, Darmstadt 1989

Hans Friedrich Wessels (Hg.): Aufklärung. Ein literaturwissenschaftliches Studienbuch. Athenäum, Königstein/Ts. 1984

	Texte/Gegenstände	Intentionen
S. 260	**2.1 Aufklärung (1720–1800)**	– Kants Definition von Aufklärung und seine Unterscheidung zwischen öffentlichem und privatem Gebrauch der Vernunft verstehen und problematisieren – Jaspers' Anknüpfungen an Kants Definition und die Abweichungen von Kants Text erkennen – sich mit Jaspers' Unterscheidung von wahrer und falscher Aufklärung und von da aus mit der so genannten Dialektik der Aufklärung auseinander setzen – der Frage nach der Aufgeklärtheit unseres Zeitalters nachgehen
S. 260	Was ist Aufklärung? – Zwei Antworten aus zwei Epochen – *Immanuel Kant:* Beantwortung der Frage: Was ist Aufklärung? – *Karl Jaspers:* Wahre und falsche Aufklärung – *Johann Christoph Adelung:* Aufklärung und Vorurteile	
S. 263	Die Aufgaben der Literatur – *Christoph Martin Wieland:* Über Rechte und Pflichten der Schriftsteller	– Wielands Literaturauffassung herausarbeiten und in ein Schaubild umsetzen – Wielands aufklärerisches Literaturkonzept mit literaturtheoretischen Äußerungen aus anderen Epochen vergleichen und dabei Traditionsbildungen erkennen
S. 264	Anleitungen zum richtigen Handeln – *Immanuel Kant:* Der kategorische Imperativ – *Georg Christoph Lichtenberg:* Aphorismen – *Gotthold Ephraim Lessing:* Nathan der Weise – *Gotthold Ephraim Lessing:* Der Tanzbär – *Gotthold Ephraim Lessing:* Zeus und das Schaf	– die Verhaltensanleitungen der Aufklärung erläutern und sich mit ihnen auseinander setzen – die Lehre aus Nathans Ringparabel ermitteln und in ihrer historischen Bedeutung im Kontext von Lessings Auseinandersetzung mit christlicher Orthodoxie verstehen – Lessings Toleranzgebot aus „Nathan der Weise" kritisch auf seine generelle Verbindlichkeit überprüfen – die gesellschaftskritischen Ziele und Inhalte in Lessings Fabeln erkennen – die kritischen Intentionen in Lessings Fabeln auf heutige Verhältnisse übertragen – die Intentionen in Lessings Fabeln in ihrer Eignung als gesellschaftliche Leitvorstellungen hinterfragen

▷ S. 259 1. **Französischer Schlossgarten**
- Beherrschung der Natur
- Konstruktion geometrischer Figuren
- ästhetische Funktion: Fortsetzung der Symmetrie der Schlossanlage, Ornament, Zierrat
- Gestaltung nach den Regeln der Kunst

Englischer Schlossgarten
- Bewunderung der Fülle und Vielfalt der Natur
- Arrangement frei wachsender Pflanzen
- Unabhängigkeit von der Schlossanlage, Konzentration, Verdichtung natürlicher Schönheit
- Gestaltung nach der Natur

▷ S. 260 2. Texte, in denen die Natur thematisiert wird:
Friedrich Leopold Graf zu Stolberg: Natur (▷ S. 270); *Johann Wolfgang Goethe:* Auszüge aus „Die Leiden des jungen Werthers" (▷ S. 270, 272, 275 f.), Ganymed (▷ S. 271); *Sophie Mereau:* Das Blütenalter der Empfindung (▷ S. 274); *Joseph von Eichendorff:* Aus dem Leben eines Taugenichts (▷ S. 304 f.).
Allen Texten gemeinsam ist der schwärmerische Naturenthusiasmus. In ihrer erhabenen Schönheit, Größe und Wirksamkeit erfährt der Mensch den Schöpfergott, die Natur genießt daher religiöse Verehrung. Der Mensch kommt zu sich selbst, wenn er ihr ganz nahe ist bzw. in ihr aufgeht. Sie ist Fluchtraum aus der von Egoismen bestimmten, auf kleinliche Zwecke und Absichten hin ausgerichteten Gesellschaft. In der Anschauung oder besser noch in der Versenkung in die unendliche Harmonie der Natur wird der Mensch erst zum wahren Künstler, allerdings in einem inneren Schaffensprozess, der oftmals nicht aufs Papier gebracht werden kann (s. Brief Werthers vom 10. Mai; ▷ S. 270).
Dieses Naturverständnis grenzte sich nach zwei Richtungen ab: Es wandte sich gegen die Unterwerfung der Natur unter das Prinzip der Dekoration zur Bestätigung der Allmacht des absolutistischen Herrschers (s. französischer Schlossgarten) und es kehrte sich gegen das neue, das Bürgertum weitgehend beherrschende Interesse, die Natur wissenschaftlich zu erforschen und sie technisch-industriell nutzbar zu machen. Mit dieser Art von Nutzung und Ausbeutung der Natur entstand – modern gesprochen – eine „grüne" Gegenbewegung, die als überschwängliche Naturverherrlichung begann.

2.1 Aufklärung (1720–1800)

Was ist Aufklärung? – Zwei Antworten aus zwei Epochen

▷ S. 260 *Immanuel Kant:* **Beantwortung der Frage: Was ist Aufklärung?** (1784)
▷ S. 261 *Karl Jaspers:* **Wahre und falsche Aufklärung** (1950)
▷ S. 262 *Johann Christoph Adelung:* **Aufklärung und Vorurteile** (um 1780)

▷ S. 262 1. Jaspers greift auf Kant zurück und erläutert, was unter dem „Ausgang des Menschen aus seiner selbst verschuldeten Unmündigkeit" zu verstehen ist (Z. 1–43). Stichworte: einschränkungsloses Fragen und Forschen (Z. 8), selbst denken (Z. 15), Begründung als zentrales Prinzip (Z. 24), innerliches Dabeisein nur bei Selbstüberzeugung (Z. 36–39), Zu-sich-selbst-Kommen des Menschen (Z. 42 f.).
Jaspers geht nicht ein auf: Faulheit und Feigheit als Ursachen der Unmündigkeit (Kant, Z. 13–27); das Wirken der Vormünder (Kant, Z. 27–45); die Freiheit als Voraussetzung der Aufklärung (Kant, Z. 46–61); die Unterscheidung von öffentlichem und privatem Gebrauch der Vernunft (Kant, Z. 61–68).
Jaspers geht über Kant hinaus in der Unterscheidung zwischen wahrer und falscher Aufklärung (Z. 44–97) und dem daraus resultierenden zweideutigen Kampf gegen die Aufklärung: berechtigt gegen die falsche, unberechtigt gegen die wahre Aufklärung.

2. a) Um den Privatgebrauch der Vernunft handelt es sich z. B., wenn ein Richter bei der Anwendung und Auslegung der bestehenden Gesetze seinen Spielraum nutzt. Dieser Gebrauch ist insofern eingeschränkt,

als dieser Richter nicht selbst neue Gesetze machen oder ein neues Rechtssystem errichten darf, weil ihm das vernünftiger erscheint. Das darf er nur im öffentlichen Gebrauch der Vernunft, indem er z. B. in einer Fachzeitschrift oder anderen Publikation die bestehenden Gesetze kritisiert und ein neues Rechtssystem zur Debatte stellt.

b) Problematisch wird Kants Unterscheidung, wenn sich z. B. NS-Richter auf ihre Bindung an das bestehende (Unrechts-)Gesetz beriefen oder KZ-Wächter auf die ihnen erteilten Befehle.

3. b) **Pro:** Aufklärung erzeugt tatsächlich erst einmal Unzufriedenheit mit der eigenen als unzulänglich erkannten Situation. Veränderungen, vor allem revolutionäre, bedeuten immer Unruhen, die Befürchtungen aufkommen lassen.
Kontra: Adelungs Standpunkt widerspricht den demokratischen Prinzipien von Gleichheit und Gerechtigkeit. Es gibt im Sinne des modernen Menschenbildes keine ethisch zu rechtfertigenden Gründe, eine unaufgeklärte Gesellschaft im Zustand der Unmündigkeit zu belassen, da die Gefahr der Manipulation und der Ausbeutung besteht.

4. Zum Thema „Segen und Fluch der Aufklärung" lässt sich in allen Medien Stoff finden. Gestern lieferte diesen Stoff die Atomforschung und die Entwicklung der atomaren Technik, heute ist es die Gen-Forschung und der Aufbau einer Gen-Technologie. Auch an Entwicklungen im Bereich der Medizin oder der Medien ist zu denken. Das Prinzip der Aufklärung vom „einschränkungslosen Fragen und Forschen" (Jaspers, Z. 8) kann heute nur noch dialektisch aufgefasst werden. Zur Vorbereitung des Essay-Schreibens sollte in Anlehnung an die methodologischen Überlegungen (▷ S. 86 f.) ein Ideenstern (▷ S. 134) zum Stichwort „Aufklärung" angelegt werden. Bei der Verfertigung eines so komplexen Textes, wie es ein Essay darstellt, erscheint es ratsam, die Methode der Schreibkonferenz einzuplanen (▷ S. 14). Ebenso ließe sich eine fächerverbindende Arbeitsphase mit Philosophie zur „Dialektik der Aufklärung" einfügen.

5. Auch hier sollte eine Phase der Stoff- und Ideensammlung der Bearbeitung der eigentlichen Aufgabe vorgeschaltet werden. Zur Organisation und Durchführung der Diskussion ▷ S. 49 ff.

Die Aufgaben der Literatur

Christoph Martin Wieland: **Über Rechte und Pflichten der Schriftsteller** (1788) ▷ S. 263

1. ▷ S. 264

Gegenstand der Literatur:
die gesamte „Wissenschaft des Menschen"

Hauptmerkmale der Literatur:
Wahrhaftigkeit
Unparteilichkeit
Vorurteilslosigkeit
Freimütigkeit

Literatur

Aufgabe der Literatur:
Belehrung und Aufklärung
Beitrag zum „Menschen-Studium"

Voraussetzungen zu ihrem Entstehen:
Pressefreiheit
Wahrheitsstreben der Autoren

2. Die Aufgabe bietet sich für eine arbeitsteilige Erarbeitung in Kleingruppen an. Dabei könnte das unter 1 vorgeschlagene Schaubild als Raster für die Untersuchung der angegebenen literaturtheoretischen Schriften aus anderen Epochen dienen. Gegebenenfalls müsste das Raster von den einzelnen Gruppen um weitere Kategorien erweitert werden, wenn wichtige Aspekte ihres Textes sonst unberücksichtigt blieben.

3. Alle Texte entsprechen in exemplarischer Weise dem Wieland'schen Literaturkonzept. Zu einer genauen Überprüfung und Abarbeitung des Rasters aus 1 (mit Ausnahme der letzten Kategorie, die sich nicht aus den Texten ableiten lässt) bietet sich wiederum eine arbeitsteilige Untersuchung in Kleingruppen an.

Anleitungen zum richtigen Handeln

▷ S. 264 *Immanuel Kant:* **Der kategorische Imperativ** (1788)
▷ S. 264 *Georg Christoph Lichtenberg:* **Aphorismen** (1770–1799)

▷ S. 264 1. **Der kategorische Imperativ:** Hier bietet sich ein fächerverbindender Exkurs zu Kants Moralphilosophie mit dem Fach Philosophie an, wenn sich in der Lerngruppe Experten befinden, die einen Philosophiekurs belegt haben. Andernfalls kann hier nur versucht werden, die Begrifflichkeit des Kant'schen Satzes abzuklopfen und ein vorläufiges, alltagstheoretisches Verständnis dazu zu entwickeln.

Kant formuliert sein Moralprinzip als Aufforderung (Imperativ), die universale Gültigkeit (kategorisch) beansprucht. Er wendet sich an den das Handeln bestimmenden Willen, sein subjektives Prinzip so auszurichten, dass es als Verhaltensnorm für alle dienen könnte. Nur dann handelt der Mensch moralisch, d. h. gut. Die Handlungsabsichten dürfen also nicht von bloßem Egoismus, von Augenblicksstimmungen, aber auch nicht von Standes- oder Gruppeninteressen bestimmt werden. Der kategorische Imperativ geht vom Gleichheitsgrundsatz und von einer allgemeinen, vernunftgeleiteten Willensfreiheit aus.

Kants kategorischer Imperativ stellt alles bewusste Handeln unter eine hohe ethische Eigenkontrolle. Seine Ethik wurde als Fortschritt angesehen, weil sie Moral nicht über bestimmte inhaltliche Forderungen definiert. Er begnügt sich allerdings damit, den Willen, die Handlungsabsicht, vor dem ethischen Gebot zu verantworten, nicht aber das Ergebnis des Handelns, das ja trotz besten Willens keineswegs im Sinne einer allgemeinen Gesetzgebung sein muss. Sollte man aber nicht die Moralität unseres Handelns von den konkreten Folgen dieses Handelns abhängig machen? Kann man überhaupt ein Moralgesetz formulieren, das universelle Gültigkeit beansprucht, ohne die Situationen zu bedenken, in denen es zur Anwendung kommen soll?

Der erste Aphorismus Lichtenbergs: Nichts darf für selbstverständlich genommen werden. Jeder Lehrsatz hat einer Beweispflicht nachzukommen. Jaspers verweist in seiner Definition von Aufklärung darauf, dass der Mensch das Recht und nach Lichtenberg eben auch die Pflicht hat, über den Zweifel die „Wege zum Ursprung der Einsicht" nachzuschreiten, „statt sie als fertiges Ergebnis" hinzunehmen (▷ S. 261, Z. 19 ff.). Mit Lichtenbergs Bekenntnis zum Zweifel als Leitprinzip, das zum festen Bestandteil der Aufklärungstradition geworden ist (s. Bertolt Brechts großes Lehrgedicht „Lob des Zweifels") wird das christliche Bekenntnis zum Glauben als oberstem Prinzip abgelöst. Die Problematik, die darin steckt, lässt sich im Anschluss an Jaspers' Unterscheidung von wahrer und falscher Aufklärung (▷ S. 261 f., Z. 44 ff.) diskutieren.

Der zweite Aphorismus Lichtenbergs: Lichtenberg weist hier auf eine Gefahr hin, die durch die Aufklärung hervortrat. Das viele Lesen von Kind auf, das Sammeln von Kenntnissen führt zu einer Fremdbestimmung des eigenen Fühlens, Denkens, Sprechens und damit Lebens. Spontanes Urteilen und Verhalten aus einem ursprünglichen, eigenen Empfinden, nach einem eigenen Geschmack können sich nicht entwickeln, werden verschüttet von dem Ballast an Angelesenem, das sich im Gedächtnis abgelagert hat. Nach Lichtenberg bedarf es jetzt einer „tiefen Philosophie", einer weisen Einsicht in diese Mechanismen, um zum ursprünglichen, eigenen Empfinden und zu einem wirklich individuellen Existieren zurückzufinden. Lichtenberg arbeitet damit an einer Selbstaufklärung der Aufklärung. In diesem Zusammenhang kann auf das Problem des so genannten Fachidiotentums und letztlich auch wieder auf Jaspers' Unterscheidung von wahrer und falscher Aufklärung (s. o.) eingegangen werden.

3. Die beiden Bildungsziele, die Entfaltung der eigenen Persönlichkeit und die Übernahme gesellschaftlicher Verantwortung, lassen sich den Texten von Kant und Lichtenberg zuordnen: Kant betont die Verantwortlichkeit gegenüber dem Allgemeinen, Lichtenberg erinnert an die Bedeutung des individuellen Kerns jeder Per-

sönlichkeit, der nicht zugeschüttet werden dürfe. Dass diese beiden Ideale der Menschenbildung, die zwei Säulen der Aufklärung bilden, nicht leicht vereinbart werden können, lässt sich an vielen Beispielen aus dem Schulalltag belegen.

Gotthold Ephraim Lessing: **Nathan der Weise** (1779)

▷ S. 265

1. Nathans Geschichte erweist sich als Parabel (▷ S. 175 ff.), die als „Ringparabel" in die Literaturgeschichte eingegangen ist. Sie ist keine Erfindung Lessings, sondern eine Lesefrucht aus Boccaccios „Decamerone", die der Autor in sein Drama integriert hat. Drei wichtige Botschaften vermittelt Nathan durch seine Parabel: ▷ S. 267
   - Keine der drei genannten großen Weltreligionen ist wahrer, besser oder Gott wohlgefälliger als die anderen. Alle gründen sich auf Geschichte und es ist verständlich, dass jeder Mensch in der Tradition bleibt, in der er aufgewachsen ist und von der er über seine Eltern Gutes erfahren hat. Das bedeutet, dass jeder Anhänger einer Religion Toleranz gegenüber den Anhängern der anderen Religionen üben soll.
   - Kein Mensch, welcher Religion er auch angehören mag, ist im Besitz der Wahrheit; er kann nur nach der Wahrheit streben. Darin liegt die vornehmste Aufgabe des Menschen.
   - Die Wahrheit einer Religion erweist sich im Tun der Menschen. Sie müssen durch ihr Handeln die Wahrheit ihrer Religion offenbaren. Durch die bloße Lehre, durch Riten und Verhaltensnormen geschieht das nicht.

2. In den Plädoyers müssten jeder Missionierungseifer, jeder Fundamentalismus, dem es um die Durchsetzung der einen, reinen Lehre geht, und jedes Beharren auf der alleinigen Wahrheit der eigenen Glaubenssätze von Lessings aufklärerischen Ideen her, wie sie in Nathans Ringparabel deutlich werden, ad absurdum geführt werden.

3. Zu bedenken ist, dass Nathan einem Herrscher gegenübersteht, der der Lehre einer Parabel gegenüber aufgeschlossen ist, der auf Argumente hört und sich überzeugen lässt. Was aber, wenn das nicht der Fall ist? Kann man sich auch vom Streben nach toleranter Menschenliebe leiten lassen, wenn der Gegner fanatisch alles seiner Wahrheit zu unterwerfen sucht? Ist das Toleranzgebot nicht selbst eine Norm, die gegenüber anderen Setzungen durchgekämpft werden muss, um Aufklärung für alle zu ermöglichen?

Gotthold Ephraim Lessing: **Der Tanzbär** (1759) ▷ S. 267
Gotthold Ephraim Lessing: **Zeus und das Schaf** (1759) ▷ S. 267

1. ▷ S. 267

Abgelehnt wird das Leitbild des Hofmannes:	Propagiert wird das Leitbild des nicht öffentlich auftretenden, in seinem angestammten Bereich lebenden Menschen:
– das zeremonielle, elegante Verhalten nach der Hofetikette	– ein natürliches Verhalten und freies Auftreten
– Schmeichelei, List und Intrigenspiel, um die Gunst des Fürsten zu erwerben und aufzusteigen	– Leitlinien das Handelns: Verstand (Witz) und Tugend
– die Kunst, Komplimente zu drechseln	– Wort und Schwur ernst zu nehmen und zu halten
– die Ausübung von Macht und Gewalt	– Verzicht auf Macht, um sie nicht auszunutzen und anderen zu schaden
	– lieber Unrecht erleiden als Unrecht tun

Die Ablehnung des feudalabsolutistischen Ideals des Hofmannes wird damit begründet, dass eine solche Existenz von einer niederen Gesinnung zeugt und keine wahre Freiheit zulässt. Macht wird abgelehnt, weil sie allzu leicht zum Machtmissbrauch, zu rechtloser Gewaltausübung führt. Der Bürger kompensierte seine politische Ohnmacht damit, dass er sich dem lasterhaften Hof moralisch überlegen dünkte.

2. a) Deutlich werden sollte, dass eine so klare Abtrennung gesellschaftlicher Bereiche wie absolutistischer Hof vs. Bürgertum auf heutige Verhältnisse nicht einfach übertragbar ist. Vorsicht ist hier vor allem bei Klischees geboten, wenn z. B. demokratisch gewählte Politiker pauschal mit den Höflingen des 18. Jahrhunderts gleichgesetzt werden. Gewisse Parallelen ergeben sich im Hinblick auf Karrieristentum als Haltung, das aber nicht auf den politischen Bereich beschränkt bleibt.
   b) Zu problematisieren wäre, ob die Verachtung der höfischen Welt, der Verzicht auf Macht und der damit verbundene Appell, sich zu bescheiden und sich mit dem angestammten Bereich zufrieden zu geben, nicht allzu leicht in eine Untertanenmentalität abrutschen kann. Die politische Misere des deutschen Idealismus, der sich mit dem Bewusstsein moralischer Überlegenheit begnügte und die schnöde Wirklichkeit den verachteten Machthabern überließ, zeichnet sich hier ab.

Lernerfolgskontrolle/Klausurvorschlag

Gotthold Ephraim Lessing
Der Besitzer des Bogens (1759)

Ein Mann hatte einen trefflichen Bogen von Ebenholz, mit dem er sehr weit und sehr sicher schoss und den er ungemein werthielt. Einst aber, als er ihn aufmerksam betrachtete, sprach er: Ein wenig zu plump bist du doch! Alle deine Zierde ist die Glätte. Schade! – Doch dem ist abzuhelfen, fiel ihm ein. Ich will hingehen und den besten Künstler Bilder in den Bogen schnitzen lassen. – Er ging hin und der Künstler schnitzte eine ganze Jagd auf den Bogen, und was hätte sich besser auf einen Bogen geschickt als eine Jagd?
Der Mann war voller Freuden. „Du verdienst diese Zieraten, mein lieber Bogen!“ – Indem will er ihn versuchen, er spannt, und der Bogen – zerbricht.

(Gotthold Ephraim Lessing: Ausgewählte Werke. Bd. 2. Carl Hanser Verlag, München o. J., S. 49f.)

Jean de La Fontaine (1621–1695): **Der Rabe und der Fuchs**

Auf einem Baume Meister Rabe hockt,
im Schnabel hält er einen Happen Käse.
Vom Käseduft herbeigelockt,
spricht Meister Fuchs so fein, als ob er läse:
„Ei, guten Morgen, Herr von Rabe,
was seid Ihr hübsch, welch stattliches Gehabe!
Nein, ohne Lüge, Eurer Stimme Pracht,
wär sie so schön wie Dero Federtracht,
des Waldvolks König wäret, ohne Zweifel, Ihr!“
Der Rabe schnappt fast über vor Begier;
gleich soll der Wohllaut seiner Stimme schallen:
er reißt den Schnabel auf und lässt den Käse fallen;
den schluckt der Fuchs; es schmunzelte der Heuchler
und sprach: „Mein Herr, ein jeder Schmeichler
lebt gut und gern von dem, der auf ihn hört:
die Lehre ist doch wohl ein Stückchen Käse wert!“
Der Rabe, wütend und verdrossen,
schwor ab, jedoch zu spät, für immer solchen Possen.

(Therese Poser [Hg.]: Fabeln. Reclam, Stuttgart 1975, S. 18)

Gotthold Ephraim Lessing
Der Rabe und der Fuchs (1759)

Ein Rabe trug ein Stück vergiftetes Fleisch, das der erzürnte Gärtner für die Katzen seines Nachbars hingeworfen hatte, in seinen Klauen fort.

Und eben wollte er es auf einer alten Eiche verzehren, als sich ein Fuchs herbeischlich und ihm zurief: „Sei mir gesegnet, Vogel des Jupiter!“ – „Für wen siehst du mich an?“ fragte der Rabe. – „Für wen ich dich ansehe?“ erwiderte der Fuchs. „Bist du nicht der rüstige Adler, der täglich von der Rechten des Zeus auf diese Erde herab kömmt, mich Armen zu speisen? Warum verstellst du dich? Sehe ich denn nicht in der siegreichen Klaue die verfehlte Gabe, die mir dein Gott durch dich zu schicken noch fortfährt?“

Der Rabe erstaunte, und freute sich innig, für einen Adler gehalten zu werden. „Ich *muss*“ dachte er, „den Fuchs aus diesem Irrtume nicht bringen.“ – Großmütig dumm ließ er ihm also seinen Raub herabfallen und flog stolz davon.

Der Fuchs fing das Fleisch lachend auf und fraß es mit boshafter Freude. Doch bald verkehrte sich die Freude in ein schmerzhaftes Gefühl: Das Gift fing an zu wirken und er verreckte.

Möchtet ihr euch nie etwas anderes als Gift erloben, verdammte Schmeichler!

(Therese Poser [Hg.]: Fabeln. Reclam, Stuttgart 1975, S. 27)

1. Beschreiben Sie die Kunsttheorie, die sich aus der Fabel „Der Besitzer des Bogens“ ableiten lässt.

2. Vergleichen Sie die beiden Fabeln „Der Rabe und der Fuchs“ von La Fontaine und Lessing:
   a) formal unter Bezug auf die oben beschriebene Kunsttheorie
   b) in ihrer Aussageabsicht unter Bezug auf die Ideale der Aufklärung.

Erwartungshorizont

Verstehensleistung

1. Ablehnung der Kunst als bloße Verzierung. Der Nutzen eines Gegenstandes ist das Entscheidende, das Bedürfnis nach ornamentaler Verschönerung kann diesen Wert gefährden. Eine besonders positiv zu beurteilende Leistung liegt vor, wenn „der Bogen“ in der Fabel auf Literatur übertragen wird. Der literarische Text soll seinen Gegenstand treffen, z. B. als Fabel seine Lehre pointiert zum Ausdruck bringen, und nicht durch allerlei formale Ausschmückungen von der Aussage ablenken.

2. a) La Fontaine kleidet seine Fabel in Vers und Reim, in die Form eines Gedichts. Dabei variiert er kunstvoll das Reimschema: Kreuzreim für die Einleitung (V. 1–4), dann eine Kette von Paarreimen. Lessing wählt die einfache Prosaform, konzentriert die Aufmerksamkeit des Lesers ganz auf den kurz und prägnant dargebotenen Ablauf der Geschichte und die abschließende Verwünschung, die die Intention des Textes pointiert zum Ausdruck bringt. Die oben beschriebene Kunsttheorie wendet sich gegen die kunstvolle Einkleidung der Fabel in das Gewand eines Gedichtes, wie La Fontaine es macht. Die Aussageabsicht, die kritisch-lehrhafte Funktion der Fabel gewinnt durch die Formgebung bei La Fontaine nichts, im Gegenteil, sie droht hinter der künstlerischen Aufmachung zu verschwinden; der Leser/die Leserin erfreut sich an Vers und Reim und wird von der Lehre, die vermittelt werden soll, abgelenkt.
   b) In der Fabel La Fontaines wird der listige Schmeichler belohnt und der dumme Stolz dessen, der die Schmeichelei nicht erkennt, lächerlich gemacht. In den Anreden „Herr von Rabe“ (V. 5) und „Dero Federtracht“ (V. 8) wird als Ziel des Spotts die Eitelkeit und der blinde Ehrgeiz des Adels (König des Waldvolks werden) erkennbar, dem der kluge (bürgerliche) Fuchs gegenübersteht. Diesen gesellschaftskritischen Ansatz verschärft Lessing, indem er den Schmeichler nicht belohnt, sondern elendiglich untergehen lässt. Lessings aufklärerische Kritik richtet sich hauptsächlich gegen die Bürger, die als schmeichlerische Höflinge am Luxus des Adels meinten teilnehmen zu können.

Darstellungsleistung siehe S. 163 in diesem Handbuch.

2 Von der Aufklärung zum Vormärz (1720–1848)

Konzeption des Kapitels B III 2.2: Epochenumbruch: Aufklärung – Empfindsamkeit – Sturm und Drang

Der Abschnitt der Literaturgeschichte, in dem der Epochenumbruch zwischen 1770 und 1785 vorgestellt wird, ist als thematische Unterrichtseinheit gestaltet. Von einem zentralen Kanontext aus soll die literarische Entwicklung in ihrer Widersprüchlichkeit erschlossen werden.
Jeweils einem Auszug aus Goethes „Leiden des jungen Werthers" sind Ergänzungstexte zugeordnet, die in das Denken der Epoche führen. Das hat den Vorteil, dass nicht nur eine schematische Übersicht über die literarischen Werke der Zeit geboten wird, sondern eine Fokussierung auf Problembereiche erfolgen kann, zu denen die Menschen des ausgehenden 18. Jahrhunderts, welche in unterschiedlichen gedanklichen Kontexten zu Hause waren, unterschiedliche Ideen hatten. Das erste Problemfeld bilden die konkurrierenden Naturauffassungen **(„Natur als Spiegel der Seele")**, das zweite das des authentischen Erlebens von Liebe und Freundschaft, in das auch die Neuentwicklung der Gefühlssprache fällt **(„Sprache der Vernunft und Sprache des Herzens")**, das dritte die Rebellion des Genies gegen die Konventionen und gesellschaftlichen Normen der Zeit **(„Rebellion und Revolution")**. Die Ergänzungstexte variieren in der Textsorte: Essay, Briefroman, bürgerliches Trauerspiel, Hymne, Lied.

Literaturhinweise

Dieter Borchmeyer: Goethe – Der Zeitbürger. Carl Hanser Verlag, München 1999

Karlheinz und Margret Fingerhut: Epochenumbruch 1800: Aufklärung – Sturm und Drang. Cornelsen, Berlin 2002 (= Reihe „Kursthemen Deutsch")

Hans Peter Herrmann (Hg.): Goethes Werther. Kritik und Forschung. Wissenschaftliche Buchgesellschaft, Darmstadt 1994

Sven Jørgensen/Klaus Bohnen/Per Ohrgaard: Geschichte der deutschen Literatur 1740–1789. Aufklärung, Sturm und Drang, frühe Klassik. C. H. Beck, München 1990

Gerd Kaiser: Aufklärung, Empfindsamkeit, Sturm und Drang. Francke, Tübingen [5]1996 (= UTB 484)

Günther Klotz u. a. (Hg.): Literatur im Epochenumbruch: Funktionen europäischer Literatur im 18. und beginnenden 19. Jahrhundert. Aufbau Verlag, Berlin 1977

Matthias Luserke: Sturm und Drang. Autoren – Texte – Themen. Reclam, Stuttgart 1997

	Texte/Gegenstände	Intentionen
S. 269	**2.2 Epochenumbruch: Aufklärung – Empfindsamkeit – Sturm und Drang** – *Johann Wolfgang Goethe:* Zum Schäkespears-Tag – *Friedrich Leopold Graf zu Stolberg:* Natur	– den Epochenumbruch an repräsentativen Beispielen erarbeiten – am Beispiel Shakespeares Goethes Genie-Gedanken kennen lernen – die Übergänge zwischen Rationalität, Emotionalität und Fantasie als epochentypisch erkennen
S. 270	Natur als Spiegel der Seele – *Johann Wolfgang Goethe:* Die Leiden des jungen Werthers (Brief vom 10. Mai) – *Johann Wolfgang Goethe:* Ganymed – *Johann Wolfgang Goethe:* Die Leiden des jungen Werthers (Brief vom 18. August) – *Johann Wolfgang Goethe:* An den Mond – *Günter Kunert:* Mondnacht – *Sophie Mereau:* Das Blüthenalter der Empfindung – *Matthias Claudius:* Über Empfindsamkeit	– Naturenthusiasmus und religiöse Sprache der Epoche zuordnen – Naturenthusiasmus und subjektive Empfindung einander zuordnen – Naturemphase als Metaphernarsenal für die Darstellung von Gefühlen erkennen – die historische Kritik an Empfindelei und die historische Instrumentalisierung der Natur in Texten beobachten
S. 275	Sprache der Vernunft und Sprache des Herzens – *Johann Wolfgang Goethe:* Die Leiden des jungen Werthers (Schluss) – *Gotthold Ephraim Lessing:* Emilia Galotti	– im Fassungsvergleich den Zugewinn an kommunikativer Kompetenz beobachten – die Kommunikation zwischen Emilia und ihrer Mutter als typischen Frauendiskurs der Zeit erkennen
S. 278	Rebellion und Revolution – *Franz Kafka:* Prometheus – *Johann Heinrich Füssli:* Der gefesselte Prometheus – *Johann Wolfgang Goethe:* Prometheus – *Georg Forster:* Schilderung der kurfürstlichen Residenz Mainz – *Friedrich Schiller:* Die Räuber – *Christian Friedrich Daniel Schubart:* Die Fürstengruft – *Gottlieb Konrad Pfeffel:* Der freie Mann	– in Kafkas Umformung des Mythos moderne Gegenpositionen feststellen – in Goethes Hymne das Aufbegehren gegen Normen als Merkmal des Genies erkennen – in Forsters Schilderung konkrete Hinweise erfahren hinsichtlich der Richtung der Rebellion – Schillers „Räuber“ als Wiederaufnahme des gesellschaftskritischen Impulses der Genie-Epoche sehen lernen – Schubarts „Fürstengruft“ als literarisches Dokument des Übergangs vom Barock zum Sturm und Drang würdigen – Pfeffels zeittypische Freiheitsideale kennen lernen

2.2 Epochenumbruch: Aufklärung – Empfindsamkeit – Sturm und Drang

Gesellschaftlich spielt im Epochenumbruch des Jahrzehnts von 1770 bis 1780 die Konfrontation der bürgerlichen mit der Adelsgesellschaft die entscheidende Rolle. Sprachlich geht es vor allem um die Konfrontation der Sprache des Verstandes (Argumentation, klare Begriffe) mit der Sprache des Herzens (Enthusiasmus, Vokabular der Empfindungen).

In der feudalen Ständegesellschaft bestimmte sich die Position des Einzelnen durch seine Herkunft. Das Geschlecht, die Familie und deren Rang in der Gesellschaft gaben die Normen des Handelns vor. Richtschnur des Verhaltens war die Ehre.

In der bürgerlichen Wertvorstellung galt zunächst, dass alle Menschen als vernunft- und gefühlsbegabte Wesen nicht nur vor Gott, sondern auch voreinander gleich seien, unterschieden allerdings durch ihre persönlichen Fähigkeiten, durch Verstand und Bildung sowie die Fähigkeit, mit der Natur und mit anderen Menschen zu fühlen und zu empfinden. Kommunikations- und Empfindungsfähigkeit umfassten aber nicht nur den Umgang mit der Natur, das Gefühl für Liebe und Freundschaft, sondern auch das moralische Gewissen und das Freiheitsbewusstsein jedes einzelnen Individuums.

Mögliches **Tafelbild**:

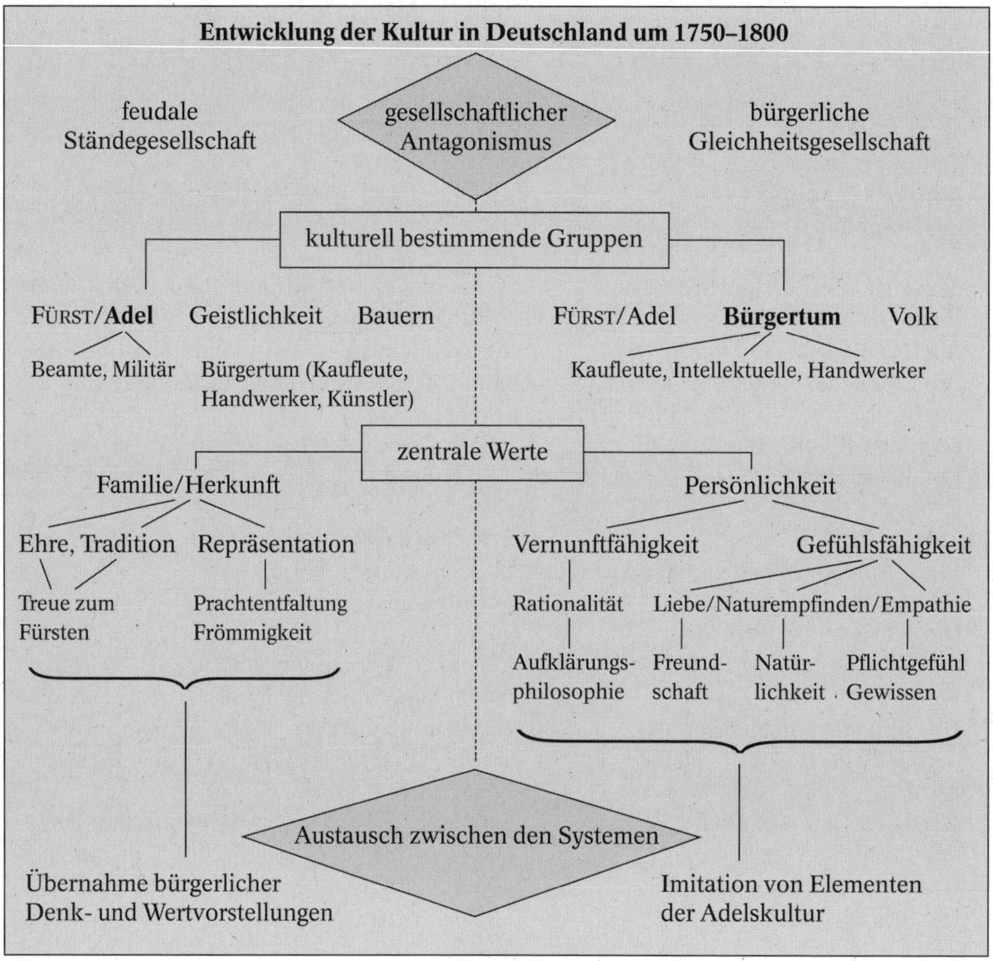

Johann Wolfgang Goethe: **Zum Schäkespears-Tag** (1771) ▷ S. 269

Shakespeare war schon für Lessing der Kronzeuge gegen das französische, höfisch geprägte Theater gewesen. Die Lebendigkeit und Dynamik seiner Figuren, die moderne Behandlung von Raum und Zeit wurden gegen die „antiken" Konventionen und die Regeln der barocken Tragödie ins Feld geführt. Für Herder und den jungen Goethe in Straßburg war Shakespeare das große Vorbild des genialen Dichters, der – wie die Natur selbst – aus sich heraus Großes schafft. In emphatischer Rede feiert der zweiundzwanzigjährige Student der Rechte Johann Wolfgang Goethe in seinem programmatischen Redetext zugleich sich selbst und seine neu gewonnene Auffassung von Schöpfertum: „Von Verdiensten, die wir zu schätzen wissen, haben wir den Keim in uns." (Z. 21 f.) Man hat diesen „Aufbruch" immer als Absage an die kalte Vernünftigkeit der Aufklärung verstanden, die Bewunderung für die „colossalische Größe" Shakespeares als Hinwendung zu irrationalen Bewertungen von Personen und Handlungen im „Sturm und Drang". Liest man den abgedruckten Abschnitt genauer, so findet man zwei zentrale Ideen: die der Entwicklung und die der Natur. Die Entwicklung der Kultur ist einmal vorgestellt als Fortschritt auf einem konsequent eingeschlagenen Weg, zum anderen als die Riesenschritte des Genies. Diskutiert wird die Richtung, die diese Entwicklung genommen hat und weiter nehmen soll. Das eigene Jahrhundert habe die Menschen „geziert und geschnürt", nun befreie der Blick zurück auf Shakespeare die Natur in ihm von dieser Unterdrückung. Gemeint ist damit die Kultur der höfischen Etikette, des Rokoko, der Erziehung der Kinder zu kleinen Erwachsenen, die Goethe an sich selbst erlebt hatte. Die gesellschaftskritische Rousseau'sche Argumentation „zurück zur Natur" ist hier zu einer Preisrede auf die schaffende Natur und den nach den Prinzipien der Natur schaffenden Künstler gemacht. Aus Shakespeares Dramen spricht „die Natur" als prometheische Instanz.
Der Textauszug ist in Goethes Originalorthografie abgedruckt. In einem kleinen Exkurs können Rechtschreibentscheidungen Goethes diskutiert werden. Sie zeigen, dass die Kennzeichnung von Vokalkürzen und -längen, die i/j-Differenzierung, die s/ß/ss-Regelungen noch „im Fluss" sind und dass sich Goethe zumeist nach der Regelung „schreibe, wie du sprichst", also phonetisch-phonologisch, entscheidet.

Friedrich Leopold Graf zu Stolberg: **Natur** (1778) ▷ S. 270

Der Naturenthusiasmus des Goethe-Freunds und Reisegefährten der Schweizerreise von 1775 Friedrich Leopold Graf zu Stolberg zeigt die Übergänge vom aufklärerischen zum romantischen Naturbegriff. Hier erscheint die Mutter Natur, die zugleich als Braut angesprochen wird, nicht als prometheisch-schöpferisch, sondern als das weibliche Prinzip schlechthin. Erotische Empfindungen mischen sich mit religiösen. Schönheit, Freiheit, Einfalt der Sitten, Erfahrung der Unendlichkeit, Zusammenklang des Mannigfaltigen, alle Hochwertbegriffe der Epoche sind – ohne Rücksicht darauf, dass sie sich unterschiedlichen Perspektiven verdanken – versammelt. Die Naturfreiheit, die man an den Schweizern glaubte studieren zu können, ist ein Gedanke der Aufklärung, die beseeligenden Anblicke der Natur erinnern an die empfindsame Rheinreise der Freunde Goethe und Stolberg, die Erfahrung der Unendlichkeit stammt aus Klopstocks Oden, die auch Werther und Lotte als Formulierung ihrer Gefühle schätzten. Der Schreiber selbst sieht sich einbezogen in die Harmonie des beseelt gedachten Kosmos.

1. Der Vergleich der beiden Textauszüge soll auf die beiden mit dem neuen Naturbegriff verbundenen Ideen des Sturm und Drang aufmerksam machen: die Vorstellung von der natura naturans, der schöpferischen Natur, die sich im Genie wiederholt, und von der Mutter Natur, die den Einzelnen in die Unendlichkeit ihrer „Seelenmelodie" aufnimmt. Gemeinsam ist beiden die Sprache des Enthusiasmus im Gefolge Klopstocks: ▷ S. 270

„Schön ist, Mutter Natur, deiner Erfindung Pracht" („Der Zürchersee"). Die Herkunft aus der Sprache und Denkweise der religiösen Erweckung des Pietismus ist deutlich zu spüren: Schönheit und Erhabenheit der Natur, Größe der menschlichen Figuren sind Ausweis göttlichen Wirkens.

2. Der Gefühlsbetonung des Sturm und Drang steht in Kants programmatischem Text die Akzentuierung des Verstandes gegenüber. Das Heraustreten des Menschen aus der Unmündigkeit ist ein Akt des Mutes, geistige Trägheit zu überwinden. Gemeinsam ist der Appell, Neues zu denken und zu fühlen, der Angriff auf die „Vormünder" (▷ S. 260, Z. 19), die die geistigen „Gängelwagen" (▷ S. 260, Z. 36 f.) bereithalten. Damit ist die Forderung nach Freiheit die Signatur der Epoche, die Aufklärung und Sturm und Drang zusammenfügt.

Natur als Spiegel der Seele

▷ S. 270 *Johann Wolfgang Goethe:* **Die Leiden des jungen Werthers** (1774), Brief vom 10. Mai

Die „wunderbare Heiterkeit", von der Werther seinem Briefpartner Wilhelm vorschwärmt, hat keinen konkreten Inhalt, sie wird von Werthers Naturerleben gespeist. Eine hohe Sensibilität für einzelne Erscheinungen ist gepaart mit religiöser Bewunderung für das Ganze der Natur. Dabei betont Werther den Einfluss dieser Seelenzustände auf den Künstler in ihm. Er kann nicht malen (schöpferisch sein), so sehr hat ihn das Erleben überwältigt. Er kann es aber beschreiben: Licht (die „hohe Sonne") und Dunkel (die „Finsterniß meines Waldes") erzeugen in ihm Farben. Ehrfurcht vor dem Erhabenen, Bewunderung gegenüber dem Kleinen, das Bewusstsein, selbst „Spiegel des unendlichen Gottes" zu sein, schaffen in ihm das Empfinden eines intensiven Austauschs zwischen dem eigenen Inneren und der gesamten Schöpfung. Auffällig ist die Widersprüchlichkeit zwischen „Heiterkeit" der Seele und empfundener „Gewalt der Herrlichkeit dieser Erscheinungen". Offensichtlich ist Werther zugleich glücklich und verunsichert.

▷ S. 271 *Johann Wolfgang Goethe:* **Ganymed** (1774)

Die Ganymed-Hymne, zur gleichen Zeit wie der „Werther" entstanden, benutzt das gleiche Bildarsenal (das dampfende [Nebel-]Tal, die Blumen und Gräser) zur Vermischung von erotischem und religiösem Enthusiasmus. Der Frühling erscheint in der allegorischen Gestalt eines Jünglings. Naturerleben ist wie ein erotisches Erleben dargestellt. Man kann die Akzente auch anders setzen: Die pantheistische Religiosität fantasiert Körperkontakte zu Blumen, Gras, Morgenwind und Nachtigall. In der Formulierung „umfangend umfangen" (V. 29) ist das androgyne Moment dieser Liebesbeziehung fassbar. Denn die Aufwärtsbewegung des Sprechers zum „allliebenden Vater" (V. 32) und die korrespondierende Abwärtsbewegung der Wolken wiederholen in der kosmischen Dimension die Liebesbegegnung von Mann und Frau. Von Goethe selbst ist die Ganymed-Hymne immer als Komplementärtext zu „Prometheus" (▷ S. 279) im Sinne der Dialektik von „verselbsten" und „entselbstigen" verstanden worden. Für die Zeitgenossen lag der provokatorische Wert dieses Gedichts in der Erotisierung der Beziehung des Menschen zu Gott und in der Verschmelzung von Natur- und Gottesbegeisterung. Der sowohl in „Prometheus" als auch in „Ganymed" artikulierte Pantheismus Goethes wurde als eine nicht nur ästhetische Blasphemie empfunden.

▷ S. 271 1. a) Das morgendliche Tal, die aufgehende Sonne, das Eindringen einzelner Lichtstrahlen in den dunklen Wald formen ein Landschaftsbild, das Werther begeistert. Ein zweites entsteht, wenn er am Bach liegt und die kleine Welt der Gräser, Blumen und Insekten bestaunt.

b) Werthers Naturbegeisterung kann nicht eindeutig an einzelnen Inhalten festgemacht werden. Es ist der

Blick auf die lebendig sich verändernde Landschaft (Goethe selbst hat immer wieder Landschaften gemalt) und das Erlebnis des unendlichen Gewimmels der kleinen Geschöpfe, die seinen Enthusiasmus in die Tradition Klopstocks („Die Frühlingsfeier") stellen. Von hier sind auch die religiösen Begriffe genommen: der Wald als „Heiligthum" (ein Dom), die Anrufung der „Gegenwart des Allmächtigen" (wie im Gottesdienst). Man kann die technische Ausweitung der menschlichen Perspektive durch die Erfindungen der Zeit als Grund für die Bewunderung Gottes im unendlich Großen (Fernrohr) und unendlich Kleinen (Mikroskop) nennen. Bei Goethe ist als Kern der Begeisterung die Göttlichkeit des Menschen auszumachen („deine Seele ist der Spiegel des unendlichen Gottes", Z. 38).

2. a/b) Die aus Reiseprospekten collagierbaren Natur-Bilder werden stereotype Formen von „Großartigkeit", Erhabenheit landschaftlicher Schönheit erbringen. Hochglanzbilder aus der Welt des mikroskopisch Kleinen (aus Zeitschriften wie „Geo", „Natur") werden beeindruckende Symmetrien oder andere ästhetische „Erlebnisse" vermitteln können. Den Bildern wird aber zumeist die Dimension der religiösen Verehrung des Angeschauten fehlen.

3. Anton Raphael Mengs, Dresdener, später spanischer Hofmaler und römischer Freund Johann Joachim Winckelmanns, malt die Beziehung Ganymeds zu Zeus als Knabenliebe. Die mythologisch verbrämte Provokation liegt hier in der „griechischen" Form der Erotik. Die klassizistische Konzeption der „Schönheit" der beiden männlichen Gestalten kontrastiert mit der des Sturm und Drang, bei der es auf die Intensität der Empfindung (und nicht die Ästhetik des Äußeren) ankommt. Goethe benutzt die antike Ganymed-Sage ebenso frei wie die von Prometheus (▷ S. 279). Sieht sich der Sprecher der Hymne als Ganymed, so müsste der liebende Zeus der Frühling sein. Ist Ganymed der Angesprochene (der jugendliche Frühling), so ist des Sprechers Aufwärtsbewegung zum Busen des allliebenden Vaters nicht mit der Erzählung der Sage vereinbar. Der Vergleichspunkt zwischen Hymne und Sage liegt nicht im Inhaltlichen, sondern im Atmosphärischen. Die Beziehung zwischen Gott und Knabe ist erotisch und wird als Metapher für die Beziehung zur göttlichen Natur eingesetzt.

Johann Wolfgang Goethe: **Die Leiden des jungen Werthers** (1774), Brief vom 18. August ▷ S. 272

1. a/b) Das Naturempfinden Werthers ist, wie er im Brief vom 10. Mai feststellt, Spiegel seiner Seele. Jetzt, im August, resumiert er in einem Riesensatz all das verlorene Glück dessen, der sich in der Natur aufgehoben und zu Hause wähnte. Das „innere glühende heilige Leben der Natur" (Z. 32 f.) wird noch einmal im Vokabular der Liebe beschworen (warm, Herz, Wonne, überströmen, Paradies ..., Z. 5 ff.), um dann, in einer genau auskalkulierten Antithese, die Abwesenheit dieses Glücks zu inszenieren. Nun tritt die Natur als „Abgrund des ewig offnen Grabs" (Z. 47) in ihrer „verzehrenden Kraft" in Erscheinung (Z. 64). Das „wiederkäuende Ungeheur" (Z. 70 f.) ist ebenso wie die liebende oder mütterliche Natur eine Konstruktion, die durch die Verabsolutierung einer Seite der Natur entsteht. Der Brief vom 18. August zitiert den vom 10. Mai inhaltlich, um in der Perspektivumkehr den Umschwung in Werthers Seele zu zeigen. Die Natur hat für den Schreiber dieser Briefe keinen Eigenwert, sondern nur einen Funktionswert. In Wirklichkeit ist der Schreiber wenig an der Natur, ganz erheblich an sich selbst interessiert. ▷ S. 272

2. Werthers Gedanken sind dementsprechend als subjektiv, stimmungsabhängig und empfindungsgeleitet zu charakterisieren. Die äußere Welt kann ihm nur deshalb „Spiegel der Seele" sein, weil er ständig Analogien zwischen der äußeren Wahrnehmung und seiner inneren Empfindung bildet.

3. *Lieber Werther!*
Dein Brief hat mich erschreckt. Ich habe ihn neben den gehalten, den du mir im Mai sandtest. Du hast wohl selbst an ihn gedacht, denn du schilderst aus der Erinnerung genau das, was dich damals begeisterte. Nun ist für dich alles anders. Was einstmals dein Glück ausmachte, ist nun Quel-

le deiner Leiden. Wie ist es möglich, dass die göttliche Natur dir nun als ein „wiederkäuendes Ungeheur" erscheint? Du musst sehr unglücklich sein, dass du so wenig Abstand von deinen Stimmungen nehmen kannst. Die Natur ist das eine und sie ist das andere. „Habe Mut, dich deines Verstandes zu bedienen", dieser Satz Kants ist auch hier am Platze. Der Verstand zeigt uns, dass wir uns weder mit der Natur identifizieren können noch dass wir das Leben und Sterben in der Natur als „ewig offenes Grab" verkennen dürfen. Du überlässt dich deinen Stimmungen. Vielleicht solltest du den Blick auf die Natur zur Korrektur dieser rein persönlichen Regungen nutzen.
Dein Wilhelm

▷ S. 273 *Johann Wolfgang Goethe:* **An den Mond** (1777/1789)
▷ S. 273 *Günter Kunert:* **Mondnacht** (1982)

▷ S. 273 1. Das Gedicht verwandelt Bilder der Natur in solche der Seele. Die Wanderung entlang des Flusses spiegelt den Lauf der Zeit und die Verlusterfahrungen, die damit verbunden sind, wider. Freundschaft scheint das einzig verlässliche Moment in dieser Bilanz zu sein. Das Gedicht verarbeitet Goethes Erfahrungen der frühen Weimarer Jahre. Der Text kann als weibliches Rollengedicht gelesen werden, in dem der Mond die Stellvertretung des (männlichen) Freundes einnimmt. Es kann aber auch als Lob der Freundschaft (Goethes mit Herzog Karl August?) verstanden werden, die über Enttäuschungen in anderen sozialen Beziehungen hinwegtröstet. Goethe schickte die erste Fassung an Frau von Stein, sie antwortete ihm mit einer Veränderung des Gedichts. Derartige biographische Hintergründe tragen zum näheren Verständnis der Natur-Seele-Korrespondenz des Gedichts selbst wenig bei. Freundschaft und Liebe sind gleichermaßen Sozialerfahrungen, die anfällig sind gegen Enttäuschungen. Der Gang durch die Nacht und am Fluss entlang bringt in Naturbildern zur Sprache, was den Menschen Goethe bewegt. Insofern ist „An den Mond" ein Erlebnisgedicht, dessen „Erlebnis" nicht in allen Einzelheiten aufgehellt werden muss, um beim Lesen nachvollzogen zu werden.

▷ S. 274 2. Goethe hat das Blatt, das die gleiche Stimmung am gleichen Ort zur gleichen Zeit festhält, später seinen naturwissenschaftlichen Zeichnungen zugeordnet. Auch als Maler hat er die „atmosphärischen Erscheinungen" wie Wolken, Nebelstreifen, Mondlicht mit seelischen Erfahrungen in Zusammenhang gebracht. Das Bild ist also einerseits ein Stimmungsbild, andererseits eine „ganzheitliche" Betrachtung der Natur, in der äußere Erscheinungen und menschliche Empfindungen eine Einheit bilden.

3. a) Günter Kunerts Gedicht bildet insofern einen Gegensatz zu Goethes Lied, als der Mond nicht mehr der Seelenfreund des Wanderers, sondern ein „lebloser Klotz" ist. Dass die Natur „unfühlend" sei, ist von Goethe selbst in seinem späteren Gedicht „Das Göttliche" (▷ S. 296) konstatiert worden. In dem hier vorliegenden sind aber die Naturbeobachtungen, die im Zusammenhang mit der ersten Landung von Menschen auf dem Mond gemacht wurden (geborstenes Geröll), aufgegriffen, um eine neue Form von Bildlichkeit zu gewinnen. „Mond" assoziiert hier Kälte, Menschenfeindlichkeit; die „Mondnacht" erinnert an die heulenden Wölfe der Draculafilme, dann an Erfrierende im Schnee. Diese Bilder sind für Kunert ebenso als Metaphern menschlicher Beziehungen zu lesen wie für Goethe, nur dass sie nicht tröstliche Bilder sind, sondern „Gleichnisse ohne Erbarmen".
   b) Die „Botschaft" ist antigoethisch und pessimistisch: Wir sind in der Gegenwart auch in die Geröllwüste des Mondes gelangt, wie wir überhaupt immer dorthin gelangen, „wo Leben unmöglich ist." Insofern ist Kunerts Naturbild eine Absage an die im „klassischen Erbe" geforderte „optimistische und humanistische" Sicht der Natur und der menschlichen Verhältnisse (so die offizielle Lesart der frühen Hymnen Goethes in der Literaturgeschichte der DDR).

Facharbeit/Referat
Goethes frühe Weimarer Jahre sind durch widersprüchliche Erfahrungen geprägt. Nach einer interessanten These (etwa des Psychologen K. R. Eissler) stellen die in dieser Zeit entstandenen Werke produktive Auseinander-

setzungen mit diesen Erfahrungen dar. So kann man in dem berühmten „Wandrers Nachtlied“ einen unbewussten Todeswunsch gegenüber Charlotte von Stein wiederentdecken. (*K. R. Eissler:* Goethe. Eine psychoanalytische Studie, 2 Bde. Stroemfeld, Frankfurt 1985. Bd. 1, S. 513–538). Dazu: *Christian Schacherreiter:* „Über allen Gipfeln ist Ruh“ oder: „Wie der Geheimrat Goethe auf dem Kickelhahn aus Kastrationsangst die Frau von Stein ermorden wollte.“ – In: Informationen zur Deutschdidaktik 23, Heft 1/1999, S. 63–70. Ziel einer solchen soziobiographischen Arbeit wäre es, Ansätze zu einer psychologischen Lektüre („Ein Text spricht immer auch von Dingen, über die er nicht redet“) zu erproben. Lektüren, die die Oberfläche der in den Texten dargestellten Inhalte durchstoßen, sind mit den in Sigrid Damms Roman „Vögel, die verkünden Land“ (Fischer, Frankfurt ²1989) vorgestellten Sachverhalten selbstständig zu bearbeiten.
Die Auseinandersetzungen um das „Erbekonzept“ ist gerade an Goethes „An den Mond“ genau zu studieren. Volker Braun hat in seinem Gedicht „Im Ilmtal“ (Gedichte. Reclam, Leipzig 1976, S. 92 f.) paradigmatisch entwickelt, wie das „individualistische“ bürgerliche Modell (ein Einzelner vergisst die Welt, zieht sich mit dem Freund zurück und „genießt“ privat die Natur und die Regungen des eigenen Inneren) durch ein kollektivistisches (ein Einzelner kann nur leben, indem er mit anderen zusammen arbeitet) ersetzt wird. Die Schlussstrophen lauten: „Zu den verstreuten, tätigen / Gefährten, wer es auch sei, muss ich kommen, und nie / Verlassen den großen Kreis. // Und was ich beginne, mit ihnen / Bin ich erst ich / Und kann leben, und fühle wieder / Mich selbst in meiner Brust.“

Kunert antwortet Goethe – antwortet er auch auf kritische Einwände einer fortschrittlichen Kulturpolitik?
Im Anschluss an eine Lesung seiner Gedichte kam Günter Kunert allgemein auf das Verhältnis des zeitgenössischen Dichters zum klassischen Erbe zu sprechen. Die optimistische Sicht des aufsteigenden Bürgertums, führte er aus, sei nicht mehr die Sicht der Gegenwart. Die Erfahrungen, die die Menschen mit sich selbst und mit der Natur gemacht hätten, seien nicht geeignet, uns hoffnungsfroh zu stimmen. Er erinnerte dabei an Kriege und soziale Kälte. Deshalb sei für ihn der Mond auch nicht, wie noch für den frühen Goethe, ein Teil der Natur, die mit uns zu empfinden fähig sei. Goethes eigene Kreidezeichnung zeige, wie sehr ihm an der Beseelung der Natur gelegen sei. Die Mondlandung habe ihm gezeigt: Weder einen Gott gebe es über den Wolken noch sei irgendwo im Weltall Mitempfinden mit den menschlichen Schicksalen zu finden. Der Pantheismus Goethes gehöre der Vergangenheit an.

Sophie Mereau: **Das Blüthenalter der Empfindung** (1794) ▷ S. 274

Goethes „Werther“ fand schnell zahlreiche Nachahmungen. Zu den bekanntesten zählen „Siegwart. Eine Klostergeschichte“ [1776] von Martin Miller und „Das Blüthenalter der Empfindung“ [1794] von Sophie Mereau. Diese „Werther-Verwertungen“ bedeuten eine Trivialisierung der empfindsamen Muster zu sentimentalen Werken.
Der abgedruckte Auszug aus dem „Blüthenalter der Empfindung“ lässt die Werther'sche Korrespondenz von Innen und Außen brüchig werden. Während die Natur sich im Frühling erneuert, irrt der Erzähler umher und vermag die entsprechenden Empfindungen nicht zu entwickeln. Aber einer anderen Figur, nämlich der in der einsamen Hütte lebenden Hirtin, wird all das zugeschrieben, was der Erzähler vermisst. Der Gang in diese Natur gebliebene Idylle kann auch den denkenden und leidenden Menschen aufrichten.

Matthias Claudius: **Über Empfindsamkeit** (1775) ▷ S. 274

Der „Wandsbecker Bote“, zugleich der Aufklärung wie der Empfindsamkeit verpflichtet, äußert sich kritisch zur Gefühligkeit, die sich rationaler Kontrolle entzieht. Dabei verteidigt er den Reichtum der echten Empfindung gegenüber dem „Unfug“, der mit ihr in der Literatur getrieben wird. Das „Spinngewebe der Empfindelei“ (Z. 9) ist mehr als eine einfache Übertreibung und Mode. Claudius sieht die Gefahr in der Vermischung der schönen Künste mit den Wissenschaften, während doch „Ernst und Kurzweil jedwedes seine eigne Federn“ (Z. 20 f.) habe. Gemeint ist damit, dass Goethe und seine Nachahmer solide Aussagen zur Natur und solche zu den eigenen Erlebnissen so ineinander übergehen lassen, dass die Grenze zwischen subjektiven und objektiven Urteilen ihre Gültigkeit verliert und mit der Empfindungsfähigkeit auch die Orientierung der Leser/innen in der Welt leiden könnte.

▷ S. 275

1. Die Fakten, über die in den zitierten Briefen Werthers und in Sophie Mereaus Roman geschrieben wird, sind nahezu die gleichen: Es ist Frühling, das neue Leben in der Natur beflügelt die menschlichen Betrachter. Die Natursensibilität wird indes in einer doppelten Richtung auslegbar: in Analogie oder in direkter Opposition zur anschaubaren Welt. Während Werther sich immer im Sinne einer Analogiebildung äußert und so die Natur zu einem Spiegel seiner Seele macht, lebt der Text Mereaus zunächst einmal von einer Opposition. Erst die Kunstfigur der „Hirtin“ überzeugt den Sprecher von der Übereinstimmung zwischen Mensch und Natur. Es ist vorauszusehen, dass im Verlauf des Romans mit einer Liebesbeziehung ein Stück der Natur-Unmittelbarkeit zurückgewonnen werden soll. Damit erhält der Titel eine leicht durchschaubare metaphorische Bedeutung: Der Frühling ist auch das „Blüthenalter der Empfindung“.

2. Der gefühlvolle Naturenthusiasmus hat weniger mit Natur zu tun als mit gesellschaftlichen Erfahrungen. Er kompensiert Frustrationen, z. B. die Erfahrung, die Werther in der Adels-Gesellschaft macht: ausgegrenzt und nicht hinreichend geachtet zu werden. Er ist zugleich eine Überreaktion auf religiöse Verunsicherungen. Der naive „Köhlerglaube“ der Vergangenheit steht nicht mehr zur Verfügung, also verehrt der Pantheist Gott in der Natur. Auch die Natur bringt Neues hervor, sie fühlt mit ihren menschlichen „Kindern“. Noch während die Sprache des religiösen Enthusiasmus auf Natur, Liebe, Kunst übertragen wird, verliert sie bereits an Glaubwürdigkeit. Claudius sieht diesen Prozess der Entleerung und warnt vor „ästhetischer Salbaderei“.

3. Mit „Werther-Fieber“ bezeichnet man die Identifikation jugendlicher Leser/innen mit der im Roman entfalteten Gefühlsseligkeit, Naturandacht und Verherrlichung eines „natürlichen“ Lebens. Man kleidete sich wie Werther, ahmte Werthers Sprache nach. Es ist allerdings nicht nachgewiesen, dass sich, wie häufig behauptet, auch Personen in der Nachfolge Werthers umgebracht hätten. Nüchterne Aufklärer wie Nicolai suchten durch Parodien („Freuden des jungen Werthers“ und „Leiden und Freuden Werthers des Mannes“ [1775]) das Werk um seine Wirkung zu bringen: Nicolai lässt Werther und Lotte heiraten und ihre Leidenschaft in ein bürgerliches Alltagsleben münden. Christliche Eiferer wie der Hauptpastor Johann Melchior Goeze (der schon Lessing angegriffen hatte) sahen literarisch getarnte Unmoral. Besonders der Freitod Werthers erregte die Gemüter. An einigen Orten (Leipzig) wurde der Roman vorübergehend verboten. Später haben Autoren in anderen Ländern (z. B. *Ugo Foscolo:* Le ultime lettere di Jacopo Ortis [1802]) gerade dieses Motivs wegen Goethes Werther aufgegriffen.

4. Eine Wandzeitung müsste mit Bildern und Textauszügen Goethes beginnen (eigene Landschafts-Zeichnungen Goethes; Bilder, die er schätzte, wie die im klassizistischen Stil gemalten von Christian Georg Schütz). Eine erste „Weiterentwicklung“ bildeten romantische Landschaften mit Ruinen und einsam in die Ferne blickenden Menschen (Caspar David Friedrich), dann Bilder von Realisten (ergänzt durch Beschreibungen Fontanes) und Expressionisten (Nolde, Meidner). Gerade hier könnte eine heimliche Affinität zwischen Seelen- und Naturzustand wiederentdeckt werden. Für die Moderne: charakteristische Bilder zerstörter Landschaften (Richter oder Kiefer) würden das Ende des Werther'schen Traums von der Korrespondenz zwischen menschlicher Seele und äußerer Natur in der Gegenwartskunst belegen.

Sprache der Vernunft und Sprache des Herzens

Zwei völlig unterschiedliche Werke – Goethes „Werther“ und Lessings „Emilia Galotti“ – stellen jeweils die gleiche Frage: Wie weit ist die Gesprächs- und Kommunikationsfähigkeit entwickelt, dass Menschen zur verbalen Konfliktregelung fähig sind? Wie gehen Personen der Zeit mit ihren Gefühlen um?

Johann Wolfgang Goethe: **Die Leiden des jungen Werthers** (1774/1783) ▷ S. 275

Lotte sieht sich nach Werthers Liebeserklärung zwischen Ehemann und (widerwillig) Geliebtem stehen. Im Vergleich der beiden Fassungen ist zu beobachten, was Goethe selbst in so kurzer Zeit an sprachlicher Differenzierung und kommunikativer Kompetenz gewonnen hat.

1. a/b) Lotte ist empfindsam und vernünftig, aber als Frau vermag sie nicht zu denken, dass ihr rationaler, im Leben stehender Mann „sie (und auch Werther) ganz im rechten Lichte sehen“ könne (Z. 34 f.). Das „ängstigt“ sie, aber sie weiß nicht, wie sie mit dieser Angst umgehen soll. Das Ergebnis der monologhaften Prüfung ihrer Situation, die in der ersten Fassung lediglich „Widerwillen und Verlegenheit“ (Z. 23 f.) erzeugte, ist in der zweiten die Einsicht: „Hätte eine glückliche Vertraulichkeit sie früher wieder einander näher gebracht, wäre Liebe und Nachsicht wechselweise unter ihnen lebendig worden und hätte ihre Herzen aufgeschlossen, vielleicht wäre unser Freund noch zu retten gewesen“ (Z. 60 ff.). Die Lotte der zweiten Fassung stößt bis zu einer Analyse der kommunikativen Defizite vor, die zwischen ihr, dem sensiblen (weiblichen) und Albert, dem tätigen (männlichen) Menschen, bestehen. Sie sieht, dass Albert besser ahnungslos bleibt. Er hat als Mann nicht die Voraussetzungen, mit ihr über ihre Situation zu sprechen. In der ersten Fassung war das einfach. Hier wussten alle Beteiligten Bescheid und nahmen Werthers Selbsttötung billigend in Kauf: Albert hatte sich nach dem Empfang von Werthers „Zettelgen“, heißt es, „ganz kalt nach seiner Frau“ gewendet und gesagt, sie solle Werthers Knaben die Pistolen geben: „Ich lass ihm glückliche Reise wünschen“. ▷ S. 276

   In der zweiten Fassung ist das gedämpft. Albert wendet sich nur „gelassen“ an seine Frau. Für Lotte verdichtet sich der Zustand dementsprechend nicht zu einem „Zustand des unaussprechlichsten Leidens“, sondern nur zu dem einer „unaussprechlichsten Ungewissheit“. Ihre Hoffnung auf eine kommunikative Konfliktlösung bildet ein starkes, retardierendes Moment.

   Leidenschaft, Liebe und Freundschaft, Verstand und Empfindung sind bei Werther einander anders zugeordnet als bei den übrigen Mitgliedern der Gesellschaft. Die Zuordnung von Emotionalität und Rationalität zu Frau und Mann, die Mischung beider in einer modernen Konzeption einer „emotionalen Intelligenz“ (*Daniel Golemann:* Emotionale Intelligenz. Aus dem Amerikanischen von Friedrich Griese. dtv, München 1997) sind auch heute weitgehend ungelöste Probleme: Kann ein Psychodrama, das sich zwischen Disziplin und Lust auf der intrapsychischen Bühne einer Person abspielt, entschärft werden? Wird Werther, dem seine gesteigerte Affektsprache die Rechtfertigung der Selbsttötung verschafft, wird Lotte, die vergeblich eine Konfliktlösung zu formulieren sucht, von heutigen Leser/innen als die authentischere Figur erlebt?

2. Die „fieberhafte Empörung der tausenderlei Empfindungen“ (Z. 14 f.), die Werther wortreich, Lotte weitgehend stumm erfährt, wird von Lotte bei der Übergabe der Pistolen durchdacht. Während Goethe am Herausgeberbericht über Werthers Geständnis und Abschiedsbrief bei seiner Überarbeitung des Romans im Jahre 1787 nichts ändert, greift er in diese Reflexionen der emotional verunsicherten Frau ganz massiv ein. Das kann zu einer näheren Untersuchung des Empfindsamkeitsdiskurses dienen und zu genderspezifischen Überlegungen führen, die die Zeit überspringen und fragen, was aus dem Selbstgespräch Lottes über die Geschlechterbeziehungen in dieser patriarchalischen Gesellschaft heute zu erfahren ist.

   Die zentrale Vorstellung, um die es Werther bei seinem Liebesgeständnis wie in seinem Abschiedsbrief an Lotte geht, ist das „Wonnegefühl: sie liebt mich“, der „Lebensbalsam“, die „Himmelswonne“. Er will lieber

sterben als hier Abstriche hinnehmen. Denn in diesem Ausstieg aus der überlebensnotwendigen Balance zwischen Verstand und Gefühl erlebt sich das „fühlbare Herz" intensiv selbst.
Einen interessanten Ordnungsversuch der Gefühlsbegriffe unternimmt die kognitionspsychologisch fundierte Begriffssemantik (*Werner Herkner:* Lehrbuch der Sozialpsychologie. Huber, Berlin/Stuttgart [5]1991, S. 140–170). Sie zielt auf den Aufbau eines semantischen Netzwerks, von dem Hirnphysiologen behaupten, dass es der Anordnung von Vorstellungen in unserem Kopf sehr nahe komme. In ein solches Netz können auch die von Werther geäußerten Begriffe und Metaphern „eingehängt" werden. Für jedes Gefühl gibt es einen Gedächtnisknoten, von dem Relationen zu anderen Knoten mit benachbarten Inhalten ausgehen. Zusammen mit der Nennung des Begriffs aktivieren sich alle im Netz mit ihm verbundenen Vorstellungen.
Die Selbstreflexion Werthers im Abschiedsbrief an Lotte dient als Ausgangspunkt für die nachfolgende Grafik. Werther schreibt: „O vergib mir! vergib mir! Gestern! Es hätte der letzte Augenblick meines Lebens sein sollen. O du Engel! Zum ersten Male, zum ersten Male ganz ohne Zweifel durch mein innig Innerstes durchglühte mich das Wonnegefühl: sie liebt mich! sie liebt mich! Es brennt noch auf meinen Lippen das heilige Feuer, das von den Deinigen strömte; neue warme Wonne ist in meinem Herzen. Vergib mir! vergib mir!"
(Sämtliche Werke. Artemis-Gedenkausgabe, Zürich 1949, Bd. 4, S. 502)

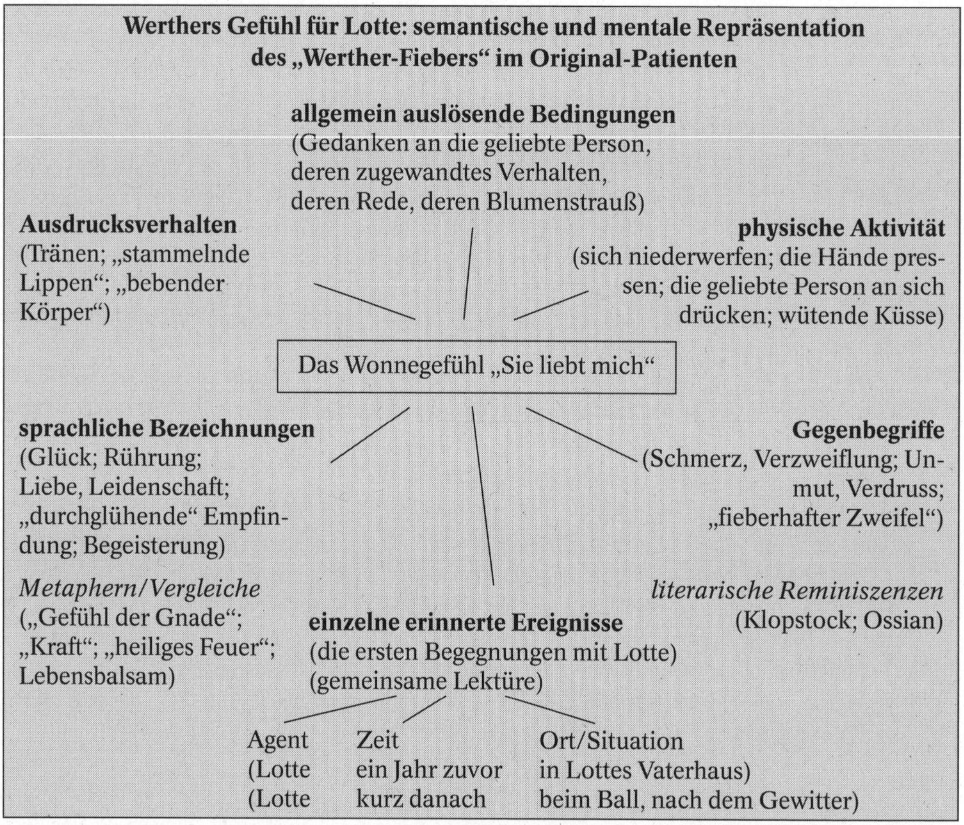

Das am Text entwickelte semantische Netz zu Werthers Bewusstsein von Lotte geliebt zu sein, wird mit denjenigen verglichen, die Schüler/innen als ihre eigenen Netze zu „Glück, geliebt zu sein" aufzeichnen. Dabei treten deutliche Diskrepanzen zutage, die die Fremdheit von Werthers enthusiastischem und durch Leiden geprägten Liebesbegriff gegenüber heutigen Vorstellungen dingfest machen. Es finden sich im Text von Werthers Briefen bei Liebes-, Todes- und Naturbegeisterung nahezu die gleichen Relationen zu physischen Aktivitäten, ein ähnliches Ausdrucksverhalten. Auch die erinnerten Ereignisse liegen nahe beisammen (Natur-, Lektüre- und Liebeserlebnisse Werthers gehen ineinander über). Die Netze, die die Semantik dieser Begriffe aus heutigem Verständnis aufzeigen, enthalten vor allem andere sprachliche Bezeichnungen, andere Synonyme, auch andere Gegenbegriffe und Metaphern. Zwar ist noch immer eine „allgemein auslösende Bedingung die innere Evokation der geliebten Person, aber Gegenbegriffe zu „Liebeserfahrung" sind eher „Skepsis", „Zweifel" (sie liebt mich vielleicht doch nicht so sehr) oder „Nüchternheit" (eine abwägende Einschätzung des Verhältnisses). Schließlich wird deutlich zwischen Natur-, Liebes- und gar Todesvorstellungen unterschieden.

Gotthold Ephraim Lessing: **Emilia Galotti** (1772)

▷ S. 276

Mangel an Selbstvertrauen und an Vertrauen in den anderen hatte Lessing schon beim ersten Blick in die bürgerliche Familie der Galottis kritisiert. Odoardo Galottis Misstrauen gegenüber Frau und Tochter, denen er Unkenntnis der Adelsgesellschaft und weibliche Eitelkeit vorwirft, und Emilias mangelnde Selbstsicherheit gegenüber den Annäherungsversuchen des Fürsten in der Kirche sind Ausdrucksformen desselben Defizits: Frauen, die ohne gesellschaftliche Verantwortung bleiben, werfen ihre Energie auf die Fantasie und das Gefühl. Sie fürchten, sich und die Umstände nicht in der Hand halten zu können. Emilia zieht im letzten Akt des Dramas den Tod der Selbstständigkeit in den Niederungen des Weiterlebenmüssens vor. Lotte hingegen begegnet in Werther einem Mann in der gesellschaftlichen Frauenrolle, dem es nicht gelingt, sein eigener „Wagenlenker" zu sein, und der sich deshalb für den Ausweg der Emilia entscheidet. Gerade das produziert ihre Verwirrung.

1. b) Das Sprachverhalten von Claudia und Emilia Galotti ist nicht das alltägliche Redeverhalten zwischen einer Mutter und ihrer sechzehnjährigen Tochter, sondern ist charakterisiert durch die weltkluge Rede der Beruhigung (Claudia) und die aggressive Rhetorik der moralischen Entrüstung (Emilia). Statt zu sagen: „Ich konnte mich in der Kirche nicht konzentrieren und beten", akzentuiert Emilia die Gegensätze in einem rhetorischen Parallelismus: „Nie hätte meine Andacht inniger, brünstiger sein sollen als heute: nie ist sie weniger gewesen, was sie sein sollte" (Z. 16 ff.) Sie dreht die abwiegelnde Rede der Mutter um. Aus „Dem Himmel ist beten wollen auch beten" macht sie verschärfend „Und sündigen wollen auch sündigen" (Z. 21 f.). Zugleich gibt sie dem Zuschauer damit einen Blick in ihre Psyche frei, die sie dann sofort – und mit Hilfe der Mutter – wieder verdeckt: Emilia hat die Lust, sündigen zu wollen, als Verwirrung erfahren. Das bedrohliche „etwas", das sich hinter ihr niedergelassen hatte, dem sie nicht auswich, um nicht Aufsehen zu erregen, spricht sie nicht einfach mit „Emilia" an, sondern mit dem „Namen – zürnen Sie nicht, meine Mutter – de[m] Namen Ihrer Tochter!" (Z. 43 f.). ▷ S. 278
   Diese barocke Distanzierung der Sprecherin von sich selbst kann ebenfalls als Psychogramm gelesen werden: Emilia bittet ihren Engel, sie mit Taubheit zu schlagen, aber sie hört zu, dreht sich um, nimmt den Prinzen wahr und verwickelt die Mutter in ein Ratespiel. Das ist mehr als eine inszenierte Dramatisierung des klassischen Botenberichts, sondern die spannende Einführung des „Ihn selbst", des Prinzen. Das Entsetzen der Mutter findet ebenfalls seltsame Worte: „O gesegnet sei ..." (Z. 67) ist doppeldeutig. Sie könnten auch auf eine unbewusste Komplizenschaft mit dem hochgestellten Verehrer deuten (die Odoardo zuvor schon geargwöhnt hatte). Das Gespräch konzentriert sich auf die Frage, was Männer – Väter wie Ehegatten – von Frauen über deren Empfindungen wissen sollten. Die Mutter vertritt die Position der Erfahrung, die Tochter die der ethischen Prinzipien. Da die Männer – wie der Albert des „Werther" – Frauen keine Kontrolle über ihre Emotionen zutrauen, sehen diese sich zu Formen der Verstellung und des Verschweigens genötigt. Widersprüchlich in Lessings Text ist, dass Emilias Verhalten, insbesondere die Amnesie, die das Gespräch mit dem Prinzen aus ihrem Gedächtnis löscht, genau dieses Vorurteil der Männer rechtfertigt. Mutter und Tochter verständigen sich auf eine „weibliche" Weise, die Odoardo nicht hätte verwundern dürfen: „Sag ihm nichts. Lass ihn nichts merken!" (Z. 149) – „Auch wird mir wieder ganz leicht." (Z. 152 f.) Das ist in der Tat eine Ironisierung des „gesunden Verstandes", der in dieser Situation auf eine kommunikative Konfliktlösung hätte setzen müssen.

2. a) Die Umschreibung des Dialogs in heutige Rede wird die Auffälligkeiten in den Lessing'schen Formulierungen aufdecken und die unter der geäußerten Rede versteckten sekundären (nicht bewusst geäußerten) Botschaften zu erkennen geben.

3. Rekonstruiert man die Erfahrungen, die implizit in diesem Dialog zur Sprache kommen, so erkennt man die Muster der patriarchalischen Familie. Die Mutter kennt die Eifersucht und Sorge der Männer um ihre „Ehre", die von der Tugendhaftigkeit ihrer Frauen und Töchter abhängt. Tragödien- und Komödienmuster, „Othello" und „Cosi fan tutte", können zur Verallgemeinerung des in diesem Gespräch aufgerufenen kulturellen Wissens der Geschlechter übereinander herangezogen werden. Auch Albert würde, berichtete ihm Lotte wahrheitsgemäß von Werthers Liebeserklärung und ihrer Reaktion darauf, sich ähnlich verhalten haben wie Odoardo Galotti. Den Gedanken einer partnerschaftlichen Kommunikation, in der Vertrauen vorherrscht, kann niemand der männlichen Beteiligten, können Lotte und Emilia nur in zaghaften Ansätzen denken: „Ich dächte doch, ich behielte lieber vor ihm nichts auf dem Herzen" (Z. 144 ff.).

Rebellion und Revolution

▷ S. 278 *Franz Kafka:* **Prometheus** (1917)
▷ S. 279 *Johann Heinrich Füssli:* **Der gefeesselte Prometheus** (1770/71)
▷ S. 279 *Johann Wolfgang Goethe:* **Prometheus** (1774)

Goethes Hymne entstand 1774 während der Arbeit an einem gleichnamigen Drama, in dem der Lehrer der Menschheit seinen Schützlingen auch die Werther'sche Sprache des Gefühls (für Liebe und Tod) beibringt. Nach der Veröffentlichung entwickelte sich der „Pantheismusstreit", in dem Goethe vorgeworfen wurde, er beschränke die Herrschaft Gottes auf den Himmel und nehme für sich selbst in Anspruch, wie ein Gott die irdische Welt gestalten zu können.

▷ S. 280

1. a) Das behandelte Problem des „Prometheus" ist der Protest des jugendlichen Genies gegen die patriarchalische Autorität. Diese wird in Frage gestellt, und zwar als theologische, politische und familiale Autorität, sie richtet sich gegen die patriarchalische Trias von Gott, Fürst und Vater.
   b) Die Auflösung der christlichen Ordnungsvorstellungen zeigt sich formal in der freien Rhythmik. Mitgemeint ist die politische Ordnung. Auch weltliche Autoritäten können so angeredet werden wie hier Zeus. „Hütte", „Herd", das eigene Feuer sind Bilder, die auch die Welt des sich autonom setzenden Bürgers vom fürstlichen Palast abgrenzen (s. *Georg Büchner:* Friede den Hütten, Krieg den Palästen, ▷ S. 321 ff.). Die Infragestellung der göttlichen Autorität erfolgt in einer Art innerem Dialog, in dem Prometheus seine Selbstvergewisserung als Abfolge rhetorischer Fragen vorträgt, auf die er selbst seine Antworten gibt (V. 29–51).

2. Bei Gustav Schwab ist von Prometheus, dem Menschenschöpfer, nicht die Rede. Der Ungehorsam des Titanen bezog sich auf das den Menschen von Zeus vorenthaltene Feuer. Goethe macht aus Prometheus denjenigen, der – wie der Gott der biblischen Schöpfungsgeschichte – aus Ton Figuren formt und ihnen Leben einhaucht. In der Hymne stellt er als Genie die Autorität des göttlichen Weltenordners in Frage.

3. Die Sprecher von „Prometheus" und „Ganymed" (siehe S. 176 f. in diesem Handbuch) bezeugen widersprüchliche Haltungen: Manifestation eines selbstbewussten Ich und Selbstentgrenzung in liebender Hingabe. Sie stehen zugleich komplementär zueinander. Goethe ließ die beiden Hymnen immer zusammen abdrucken. Auch die formale Opposition „blasphemische Rede" vs. „innerer Monolog" spiegelt komplementär Auflehnung vs. Hingabe.

4. Im ersten Schöpfungsbericht (1 Mose 1, 26) ist die Ebenbildlichkeit von Mensch und Gott betont. Der Schöpfer spricht: „Lasset uns Menschen machen, ein Bild, das uns gleich sei." Daraus ist der Herrschafts-

auftrag über die anderen Lebewesen abgeleitet. Im zweiten Bericht (1 Mose 2, 7 f.) ist Adams Entstehung aus einem „Erdenkloß" berichtet: „Und er blies ihm ein den lebendigen Odem." Beide Elemente sind in Goethes Prometheus-Hymne aufgegriffen. Daraus ist abzuleiten, dass Goethe im Gewand einer griechischen Mythe die Auseinandersetzung mit der christlichen suchte.

5. Kafka, der mehrfach mythische Erzählungen umarbeitete, hat die Sage von Prometheus verwendet, um die Themen „kollektives Gedächtnis", „Überlieferung", „Tradition" und „Wahrheit" zu erörtern. Ob er dabei direkt auf die Goethe'sche Version zurückgreift, bleibt offen. Sicher ist, dass Prometheus für ihn das Muster der (unberechtigten) Auflehnung gegen die göttliche Ordnung war. Er führt in seinem Text in der Erzählhaltung des unbeteiligten Mythenforschers die Dekonstruktion einer Überlieferung vor, indem er aus einer Sage deren vier macht, die er in Form einer Stufung anordnet. Die erste Variante greift die bekannte Version auf, der Schluss des Textes scheint als aitiologische, rätselhaft formulierte aphoristische Aussage über den Zusammenhang der Wahrheit mit dem Unerklärlichen der Auffassung des Autors am nächsten zu kommen. Dazwischen liegen eine narrativ entfaltete Aussage zum Schmerz, eine zum Vergessen, eine zu einer universellen Müdigkeit. Alle drei verändern die ursprüngliche Konstellation der Schuldbestrafung. In der ersten entzieht sich das Opfer der Strafe, indem es sich verwandelt (Metamorphose Mensch – Fels), in den beiden anderen erwächst, indem die Zeit das Geschehene überdeckt, eine neue Unübersichtlichkeit. „Vergessen" und „Müdigkeit" sind seltsam unkonkrete Aussagen. Das beruht auf einem Gleiten der Bedeutung: Metaphorische Rede („einer Sache müde werden") verwandelt sich unter der Hand in eine direkte Aussage (eine tatsächliche, Menschen, Tiere und Götter umfassende Müdigkeit). Nimmt man die Information zu Hilfe, dass Kafka nach dieser Erzählung zweieinhalb Jahre nichts mehr schrieb, so könnte man eine versteckte Beziehung zu Goethes Hymne in der Tatsache finden, dass in beiden Texten zur Position des Schreibenden Stellung bezogen wird. Goethe hatte in Prometheus den genialen Dichter als den Aufbegehrenden gezeichnet. Kafka sieht in ihm einen, den der Schmerz so verwandelt, dass er seine Persönlichkeit verändert. Diesem Schmerz folgen Vergessen und Müdigkeit als kosmische Metamorphose. Die Versuche, diesen Prozess erzählend zu klären, enden mit der Einsicht, dass es aus dem Grund der Wahrheit keinen Weg zu Erklärungen gibt. Die Unerklärbarkeit der Welt (das, was die Sage vorfindet), scheint das Einzige zu sein, was übrig bleibt.

6. **Goethe:** Prometheus scheint, trotz seiner an den Berg geschmiedeten Hand, noch relativ mächtig. Er überragt den Berg und wehrt sich offensichtlich mit der freien Hand gegen den anfliegenden Adler. Trotz des von Zeus wütend geschleuderten Blitzes erscheint Prometheus keineswegs als furchtsam und hilflos.
Füssli: Qualvoll zusammengeschnürt und ängstlich geduckt erwartet Prometheus den Adler, von dem lediglich der Kopf mit dem gefährlich wirkenden Schnabel dargestellt ist. Die untergehende – vielleicht auch aufgehende Sonne – wirft ein eher schonungsvolles Licht auf die dargestellte grausame Szene.

Georg Forster: **Schilderung der kurfürstlichen Residenz Mainz** (1792) ▷ S. 280
Friedrich Schiller: **Die Räuber** (1781) ▷ S. 281
Christian Friedrich Daniel Schubart: **Die Fürstengruft** (1783) ▷ S. 282
Gottlieb Konrad Pfeffel: **Der freie Mann** (1790) ▷ S. 283

Forsters Schilderung eines absolutistischen Hofes ist auch eine aussagekräftige historische Quelle, die Auskunft gibt über die unhaltbaren gesellschaftlichen Zustände der vorrevolutionären Zeit. Deren Kenntnis ist Voraussetzung, um die emphatisch vorgetragenen Kritikpunkte und Forderungen der jungen Revolutionäre der Sturm-und-Drang-Epoche zu verstehen. Was Goethe in mythologischer Einkleidung vorführt, den kraftgenialischen Herausforderer der göttlichen Ordnung, zeigt Schiller in studentischer Verkleidung. Moor und seine Mitstudenten trinken und diskutieren in einer Kneipe an der Grenze des Landes über menschliche Größe. Das Muster dieser Diskussion ist bekannt, es ist die pauschale Kritik an diesem „tintenklecksenden Säkulum" (Z. 5) durch die Kontrastierung der verachtenswert kleinen Gegenwart mit der als

„groß“ verstandenen Vergangenheit. Auch in der Französischen Revolution wird Robespierre den Franzosen die Römer als die vorbildhaften Akteure verlorener und wieder zu gewinnender Größe vorstellen. Größe ist definiert durch die personalen und emotionalen Werte: „Taten, Atem, Freiheit“ (Z. 73). In einem auf Ordnung, Gehorsam und Rationalität basierenden System sind das revolutionäre Impulse. Sie leben davon, dass die Leitbegriffe vage und positiv sind und konsensbildend wirken. Weder Karl noch die anderen wissen genau, was sie sich unter „Freiheit“ vorstellen, und so füllen sie den Begriff zunächst mit der Energie des Protests gegen erlebte Unfreiheit. Im Namen der „Menschheit“ (Z. 75 ff.) wird – in der Rolle der Räuber – Menschlichkeit zurückgestellt, weil es Menschen waren, die der Menschheit ihre Menschlichkeit entzogen haben.

Schubarts berühmtes Gedicht wurde während der zehnjährigen Gefangenschaft des Dichters auf dem Hohen Asperg „hingezürnt“, als der Herzog Carl Eugen wieder einmal sein Versprechen gebrochen hatte, Schubarts Freilassung zu verfügen. Seine Veröffentlichung hat zu der Verlängerung der Haft nicht unerheblich beigetragen. Auch die nachträglich eingefügten Strophen über die „guten Fürsten“ haben daran nichts ändern können. Szenerie und Sprache des Gedichts tragen noch Züge des barocken memento mori, die Haltung des Sprechers ist aber bereits ganz die Protesthaltung des Sturm und Drang und die soziale Anklage gegen das System des Absolutismus, die in Frankreich fünf Jahre später zu der großen Revolution führen wird.

Pfeffels aufwühlendes Gedicht über den „freien Mann“, den es in der Form zu seiner Zeit noch nicht gab, ist ein beredtes Zeugnis für die Entwicklung der heute allgemein als selbstverständlich angesehenen Menschenrechte. Es wird noch über ein Jahrhundert lang dauern, bis sie mühsam erkämpft sein werden, ein Prozess, über den man sich im Sinne der „Aufklärung“ auch immer wieder neu bewusst werden muss.

▷ S. 283

1. a) In einem „Sumpf, in dem Nattern, Kröten und Frösche hausten“, – so berichtet der Augenzeuge Saint-Simon – ließ Ludwig XIV. das Jagdschlösschen seines Vaters bei Paris zur glanzvollen Residenz erweitern. Von 1661 bis 1689 bauten bis zu 36 000 Arbeiter an der Schlossanlage, die danach immer wieder erweitert wurde. Es gibt etwa 2000 Räume. Die Spitze des französischen Adels wohnte, seiner eigentlichen Aufgaben als Landadlige ihrer Domänen entrückt, fast ständig in Paris. Zur Zeit Ludwigs XIV. umfasste der Hofstaat rund 20 000 Menschen, darunter eine Leibwache von mehreren tausend Mann, 338 Köche, 125 Sänger, 80 Pagen, 74 Kapläne, 68 Quartiermeister, 62 Herolde, 48 Ärzte, 40 Kammerherren, 12 Mantelträger, 8 Rasierer, 3 Bindenknüpfer. Weiter schreibt Saint-Simon: „In allem liebte er (Ludwig XIV.) Glanz, Verschwendung, Fülle. Es war wohlberechnet, dass er die Sucht, im hierin nachzueifern, in jeder Weise begünstigte ... Vom Hofe aus hat die Verschwendungssucht Paris, die Provinzen, das Heer ergriffen. Man schätzt einen jeden, der eine gewisse Stellung einnimmt, nur noch nach seinem Aufwand in Küche und Haus ein.“

(Der Hof Ludwigs XIV. Nach den Denkwürdigkeiten des Herzogs von Saint-Simon. Hg. v. W. Weigand. Leipzig 1913, S. 367 f.)

b) Aus der Sicht des so genannten „dritten Standes“ wird heftige und begründete Kritik an der verschwenderischen Hofhaltung und Sittenlosigkeit des Adels und der Selbstsucht des Klerus geübt. Forster plädiert hier noch nicht für die völlige Abschaffung dieser beiden elitären Stände, wie es die französischen Jakobiner zu dieser Zeit radikal fordern, sondern verurteilt ihre Lebensführung als verderbliches Vorbild für die arbeitende Bevölkerung (Z. 11 ff.). Insofern distanziert sich Forster wohl etwas von den radikalen französischen Revolutionären, die am 23. Januar 1793 ihren König, Ludwig XIV., und seine Frau hinrichten.

c) Durch den Kammerdiener erfährt Lady Milford, dass die Juwelen, die ihr der Herzog als Präsent schickt, mit dem Verkauf von „gepressten“ Soldaten bezahlt worden sind: „Gestern sind siebentausend Landskinder nach Amerika fort – Die zahlen alles.“ Auch die Art und Weise, wie die angebliche „Freiwilligkeit“ dieser wie Sklaven behandelten jungen Männer demonstriert wurde (Erschießung „etliche(r) vorlaute(r) Bursch“, die gewagt hatten zu fragen, „wie teuer der Fürst das Joch Menschen verkaufe“), wirft ein erschreckendes Bild auf diese Form des willkürlichen und entarteten Absolutismus. Siehe auch die heftige Anklage von Schubarts „Fürstengruft“ (▷ S. 282).

2. a) Die Urteile, die Moor und seine Freunde über Vergangenheit und Gegenwart fällen, sind Banalitäten in großen Worten, verbales Säbelrasseln. In einer Tabelle könnten die Schüler/innen zusammenstellen, welche Stereotypen jugendlichen Protests hier zusammenkommen:

das tintenklecksende Säkulum	**die große Vergangenheit**
– Theaterfeuer, nicht mal zum Pfeifeanzünden zu gebrauchen	– loher Lichtfunke des Prometheus
– studierende Ratten	– die Keule des Herkules
– Erforschung antiker Größe	– gelebte Größe
– Widerspruch zwischen Gegenstand und Person	
– Konventionen ohne Kraft	– die Welt der Tat, der großen Aktionen
– Speichelleckerei bei Fürsten und Unterdrückung der Machtlosen, Heuchelei, Kleingeistigkeit, Häme, Missgunst	– Natur
– Sklaven und Memmen	

b) Die Protestaktion, eine Räuberbande zu gründen und der verachteten Zivilisation den Krieg zu erklären, erhält in Moors bildhafter Rede eine vage Perspektive:
- Das Gesetz soll „unter [seinen] Fuß gerollt“ (Z. 74 f.) werden, weil es ihm den Atem erstickt und die Möglichkeit, große Taten zu tun, behindert hat.
- Das Sengen und Morden der Räuber soll wie ein Strafgericht über das „tintenklecksende Säkulum“ (Z. 5) hereinbrechen.

Dadurch fantasieren sich die trinkenden Studenten in die Rolle der Rächer hinein, die aus erlebten Frustrationen das Recht auf Rebellion ableiten. Ihr Studium der Alten benutzen sie, um sich dafür die Rechtfertigung zu konstruieren. Die Aktualisierbarkeit dieses Musters liegt auf der Hand. „Sturm und Drang“ erscheint in Schillers einleitender Dramenszene als reiner Jugendprotest. Umformuliert in eine politische Rede würden Moors Argumente lauten:
- Diese Zeit verdient den Untergang. Sie hat keine Größe mehr, sie studiert diese nur noch.
- Die Zeit ist korrupt und heuchlerisch. Die Menschen sind verdorben, sie haben keine mitmenschlichen Gefühle mehr, sondern denken nur noch an ihren Profit.

c) Facharbeit/Referat
Der in Schillers „Verbrecher aus verlorener Ehre“ erzählte Lebensweg des Christian Schwan ist ebenfalls gekennzeichnet durch Frustration und gesellschaftliche Zurückweisung. Der Verbrecher – weniger begütert als Karl Moor – ist ebenfalls kein „geborener“, sondern ein durch die gesellschaftlichen Umstände „gemachter“ Räuber und Mörder. Mit seiner Beichte leistet Schiller, wie er im Vorwort sagt, eine „literarische Leichenöffnung des Verbrechens“, die auf konkrete Systemverbesserungen (Strafvollzug, Gesetzgebung) zielt. Das ist in den „Räubern“ als einem Protest-Drama nicht der Fall. Hier soll der Zuschauer mehr zum Mitempfinden als zum Mitdenken aufgerufen werden.

3. a) Die Vorwürfe, die Schubarts Besucher der Fürstengruft gegenüber den absolutistischen Fürsten erhebt, können zu einer Anklageschrift gegen Carl Eugen von Württemberg ausgearbeitet werden:
Strophen 1–3: Stolz, Eitelkeit, die Fürsten als „Götzen ihrer Welt“
Strophe 4: Von Gott aus gesehen ist der Fürst nichts als Lohn oder Strafe der Völker.

Strophe 5: Die Särge der Fürsten sind Zeugnisse ihrer falschen Politik. Sie haben italienische Künstler ins Land geholt, niemand trauert ihnen nach.

Strophen 6–8: Die absolutistischen Fürsten waren Tyrannen, die Schrecken verbreiteten, weil ihre Urteile von keinem Gericht zu revidieren waren, weil sie Kritiker einsperren ließen, weil sie ein ausschweifendes Leben führten und unschuldige Mädchen mit der Syphilis ansteckten.

Strophen 9–10: Die auf das Jüngste Gericht wartenden Fürsten sind Tote. Würden sie zum Leben erweckt, würden sie weiter Schandtaten gegenüber denen, die sie arm gemacht haben, vollbringen.

Strophen 11–12: Das jagdbare Wild mästete sich auf den Feldern der Bauern, es durfte nicht verscheucht werden; der Soldatenhandel machte viele Landeskinder zu Bettlern und Krüppeln; die Familien der von fürstlichen Gerichten Verurteilten verarmten (so Schubart selbst).

b) Informationen über den „Landesvater“ Carl Eugen von Württemberg und über das kleine deutsche Fürstentum in der Zeit vor der Französischen Revolution finden sich z. B. in: *Peter Lahnstein:* Bürger und Poet. Dichter aus Schwaben als Menschen ihrer Zeit. Frankh'sche Verlagsbuchhandlung, Stuttgart 1966.

c) Eine Anklageschrift für ein „Fürstentribunal“ über den Württembergischen Herzog Carl Eugen wird neben den in der „Fürstengruft“ genannten allgemeinen Anklagepunkten gegen absolutistische Fürsten spezifische Vergehen auflisten müssen. Hierzu könnte – anhand des genannten Buches von Lahnstein – neben dem Soldatenhandel und der willkürlichen Behandlung des kritischen Dichters Schubart Carl Eugens Erziehungspolitik in der Hohen Carlsschule näher untersucht werden. Begabte Landeskinder – wie etwa Schiller, aber auch Schubarts Sohn Ludwig, – wurden in dieser „Sklavenplantage“ nach neuesten Erkenntnissen der Psychologie zu tüchtigen Beamten ausgebildet. Sie wurden aus ihren Familien entfernt (grundsätzlich keine Kontakte der Eleven zu ihren Familien) und ganz auf den Dienst am Hause Württemberg eingestellt. Dazu diente ein repressives System wechselseitiger Überwachung. Der Stundenplan enthielt – ganz anders als in traditionellen Universitäten – vorwiegend „moderne“ Wissenschaften wie Geografie, Kameralistik (Finanzwissenschaft), neue Sprachen, Philosophie, Medizin. Der Herzog legte persönlich fest, was jeder studieren sollte. So entschied er, dass Schiller Mediziner wurde. In Werken der Landesgeschichte werden die Aktivitäten des Herzogs heute nicht als zeittypische Verbrechen, sondern als Maßnahmen zur Modernisierung des Landes und seiner Verwaltung gewertet.

4. a/b)

Begriffe von „Freiheit“	**Heutige Grund- und Menschenrechte**
Selbstverantwortung	„Alle Staatsgewalt geht vom Volke aus.“ (GG, Art. 20)
Gesetzestreue	„Grundrechte binden Gesetzgebung ...“ (GG, Art. 1,3)
Glaubensfreiheit	GG, Art. 4
Toleranz	GG, Art. 2 und 3,3
Gleichheit	„Alle Menschen sind vor dem Gesetz gleich.“ (GG, Art. 3)
Bürgerrecht	Recht auf Staatsangehörigkeit (GG, Art. 16)
frei von Not	Recht auf gesicherte Lebenshaltung (UN-Menschenrechte, Art. 25)
Selbstbewusstsein	„Die Würde des Menschen ist unantastbar.“ (GG, Art. 1)
geistige Freiheit	Meinungsfreiheit (GG, Art. 5)
berechtigter Stolz	–

Lernerfolgskontrolle/Klausurvorschlag

Vorschlag 1

Christa Wolf
Eine Liste der verlorenen Wörter

Müssten wir nicht damit anfangen, eine Liste der verlorenen Wörter anzulegen, so wie die Naturforscher Listen der aussterbenden Arten angelegt haben, die täglich länger werden? Und ist es abwegig, zu vermuten, dass die sterbenden Wörter etwas mit den ausgestorbenen Tieren und Pflanzen zu tun haben? Weil wir geduldet haben, dass ein Wort wie „Ehrfurcht“ uns fremd geworden ist, ausgesondert, überflüssig, peinlich, bleibt eine Gefühlsstelle in uns taub, wenn wir Mitlebendes ausmerzen. In den Dichtungen der Nelly Sachs, wenn wir ihnen Zeile für Zeile nachspürten, würden wir so manches überholte Wort auffinden, doch würden wir diese Wörter nicht wieder zurückbringen können in unseren Sprachgebrauch, die Denk- und Fühlweisen unserem Alltagsleben nicht wieder einpflanzen können, die diese Wörter einst bezeichneten. „Es springt/ dieses Jahrhundert/aus seinem abgeschuppten Todkalender“, und reißt in seinem Sprung vieles mit sich, was es für unnütz hält und was wir erst wieder vermissen, worum wir vielleicht trauern werden, wenn es uns gelingen sollte, uns aus der Hypnose der neuen Heilslehre zu befreien, die uns einflüstert: Es geht uns gut; es geht uns jeden Tag besser!, und wenn wir uns auch aus dem Weichbild der überwältigenden Ablenkungsindustrie herausretten könnten, die auf diesem Satz aufbaut, sich durch ihn rechtfertigt und ihm, indem sie die Einschaltquoten als Maßstab für unsere wahren Bedürfnisse vorweisen kann, die Weihen unantastbarer Gültigkeit verleiht, während sie unsere Sensibilität allmählich abtötet.

(Und öffnet der Wörter Adernetz. – In: Frankfurter Rundschau, 18.12.1999, S. 6)

1. Fassen Sie den Auszug aus Christa Wolfs Preisrede auf die Dichterin Nelly Sachs (vom 5. Dezember 1999) zusammen und nehmen Sie selbst Stellung zu den vorgetragenen Gedanken.

2. Beziehen Sie Christa Wolfs Urteil über „unseren Sprachgebrauch, die Denk- und Fühlweisen [in] unserem Alltagsleben“ auf die Beobachtungen, die Sie an Werthers und Lottes Sprache gemacht haben.

Vorschlag 2

Gespräch über den Selbstmord
Werther berichtet im Brief vom 12. August über sein Gespräch mit Albert. Der Anlass sind Alberts Pistolen, mit denen sich aus Unachtsamkeit beinahe ein tödlicher Unfall ereignet hätte:

[…] Ich hörte endlich gar nicht mehr weiter auf ihn, verfiel in Grillen[1], und mit einer auffahrenden Gebärde drückte ich mir die Mündung der Pistole übers rechte Aug' an die Stirn. – Pfui!, sagte Albert, indem er mir die Pistole herabzog, was soll das? – Sie ist nicht geladen, sagte ich. – Und auch so, was soll's? versetzte er ungeduldig. Ich kann mir nicht vorstellen, wie ein Mensch so töricht sein kann, sich zu erschießen; der bloße Gedanke erregt mir Widerwillen.
Dass ihr Menschen, rief ich aus, um von einer Sache zu reden, gleich sprechen müsst: das ist töricht, das ist klug, das ist gut, das ist bös! Und was will das alles heißen? Habt ihr deswegen die inneren Verhältnisse einer Handlung[2] erforscht? Wisst ihr mit Bestimmtheit die Ursachen zu entwickeln, warum sie geschah, warum sie geschehen musste? Hättet ihr das, ihr würdet nicht so eilfertig mit euren Urteilen sein.
Du wirst mir zugeben, sagte Albert, dass ge-

1 **Grillen,** hier: Nachdenklichkeit

2 **Innere Verhältnisse einer Handlung:** die Beweggründe einer Tat

wisse Handlungen lasterhaft[3] bleiben, sie mögen geschehen, aus welchem Beweggrunde sie wollen.

Ich zuckte die Achseln und gab's ihm zu. – Doch, mein Lieber, fuhr ich fort, finden sich auch hier einige Ausnahmen. Es ist wahr, der Diebstahl ist ein Laster: aber der Mensch, der, um sich und die Seinigen vom gegenwärtigen Hungertode zu erretten, auf Raub ausgeht, verdient der Mitleiden oder Strafe? Wer hebt den ersten Stein auf gegen den Ehemann, der im gerechten Zorne sein untreues Weib und ihren nichtswürdigen Verführer aufopfert[4]? Gegen das Mädchen, das in einer wonnevollen Stunde sich in den unaufhaltsamen Freuden der Liebe verliert? Unserer Gesetze selbst, diese kaltblütigen Pedanten[5], lassen sich rühren und halten ihre Strafe zurück.

Das ist ganz was anders, versetzte Albert, weil ein Mensch, den seine Leidenschaften hinreißen, alle Besinnungskraft verliert und als ein Trunkener, als ein Wahnsinniger angesehen wird.

Ach ihr vernünftigen Leute! rief ich lächelnd aus. Leidenschaft! Trunkenheit! Wahnsinn! Ihr steht so gelassen, so ohne Teilnehmung da, ihr sittlichen Menschen! Scheltet den Trinker, verabscheut den Unsinnigen, geht vorbei wie der Priester und dankt Gott wie der Pharisäer[6], dass er euch nicht gemacht hat wie einen von diesen. Ich bin mehr als einmal trunken gewesen, meine Leidenschaften waren nie weit vom Wahnsinn, und beides reut mich nicht: denn ich habe in meinem Maße begreifen lernen, wie man alle außerordentlichen Menschen, die etwas Großes, etwas Unmöglichscheinendes wirkten, von jeher für Trunkene und Wahnsinnige ausschreien musste.

Aber auch im gemeinen Leben ist's unerträglich, fast einem jeden bei halbweg einer freien, edlen, unerwarteten Tat nachrufen zu hören: der Mensch ist trunken, der ist närrisch! Schämt euch, ihr Nüchternen! Schämt euch, ihr Weisen!

Das sind nun wieder von deinen Grillen, sagte Albert, du überspannst alles und hast wenigstens hier gewiss Unrecht, dass du den Selbstmord, wovon jetzt die Rede ist, mit großen Handlungen vergleichst: da man es doch für nichts anders als eine Schwäche halten kann. Denn freilich ist es leichter zu sterben, als ein qualvolles Leben standhaft zu ertragen. [...]

Die menschliche Natur, fuhr ich fort, hat ihre Grenzen: sie kann Freude, Leid, Schmerzen bis auf einen gewissen Grad ertragen und geht zugrunde, sobald der überstiegen ist. Hier ist also nicht die Frage, ob einer schwach oder stark ist? sondern ob er das Maß seines Leidens ausdauern kann? es mag nun moralisch[7] oder körperlich sein: und ich finde es ebenso wunderbar zu sagen, der Mensch ist feige, der sich das Leben nimmt, als es ungehörig wäre, den einen Feigen zu nennen, der an einem bösartigen Fieber stirbt.

Paradox[8]! sehr paradox! rief Albert aus.

3 **lasterhaft,** hier: unerlaubt, unzulässig
4 **aufopfert,** hier: tötet
5 **Pedant:** Mensch, der alles übermäßig genau nimmt
6 **Pharisäer:** Rechtgläubige; Anspielung auf Christi Verurteilung derer, die sich immer im Recht glauben
7 **moralisch,** hier: seelisch
8 **paradox:** widersprüchlich

(Johann Wolfgang Goethe: Werke. Bd. 4. Athenäum-Ausgabe. Königstein/Ts. o. J., S. 424 ff.)

1. Welches sind Werthers Argumente für, welches Alberts Argumente gegen das Recht eines Menschen sich selbst zu töten? Welche weiteren Gründe fallen Ihnen ein?

Vorschlag 3

Jakob Michael Reinhold Lenz:
Das wahre Leben

Wir werden geboren – unsere Eltern geben uns Brot und Kleid – unsere Lehrer drücken in unser Hirn Worte, Sprachen, Wissenschaften – irgendein artiges Mädchen drückt in unser Herz den Wunsch, es eigen zu besitzen, es in unsere Arme als unser Eigentum zu schließen, wenn sich nicht gar ein tierisch Bedürfnis mit hineinmischt – es entsteht eine Lücke in der Republik, wo wir hineinpassen – unsere Freunde, Verwandte, Gönner setzen an und stoßen uns glücklich hinein – wir drehen uns eine Zeit lang in diesem Platz herum wie die andern Räder und stoßen und treiben – bis wir, wenns noch so ordentlich geht, abgestumpft sind und zuletzt wieder einem neuen Rad Platz machen müssen – das ist, meine Herren, ohne Ruhm zu melden, unsere Biografie – und was bleibt nun der Mensch noch anders als eine vorzüglich künstliche kleine Maschine, die in die große Maschine, die wir Welt, Weltbegebenheiten, Weltläufe nennen, besser oder schlimmer hineinpasst.

Kein Wunder, dass die Philosophen so philosophieren, wenn die Menschen so leben. Aber heißt das gelebt? Heißt das, seine Existenz gefühlt, seine selbstständige Existenz, den Funken von Gott? Ha, er muss in was Besserem stecken, der Reiz des Lebens: denn ein Ball anderer zu sein ist ein trauriger, niederdrückender Gedanke, eine ewige Sklaverei, eine nur künstlerische, eine vernünftige, aber eben um dessentwillen desto elendere Tierschaft. Was lernen wir hieraus? Das soll keine Deklamation sein, ihr Herren, wenn Ihr Gefühl Ihnen nicht sagt, dass ich Recht habe, so verwünscht' ich alle Rednerskünste, die Sie auf meine Partei neigten, ohne Sie überzeugt zu haben. Was lernen wir hieraus? Das lernen wir hieraus, dass Handeln, Handeln die Seele der Welt sei, nicht Genießen, nicht Empfinden, nicht Spitzfündeln, dass wir dadurch allein Gott ähnlich werden, der unaufhörlich handelt und unaufhörlich an seinen Werken sich ergötzt: Das lernen wir daraus, dass die in uns handelnde Kraft unser Geist, unser höchster Anteil sei, dass allein unserm Körper mit allen seinen Sinnlichkeiten und Empfindungen das wahre Leben, die wahre Konsistenz, den wahren Wert gebe, dass ohne denselben all unser Genuss, all unsere Empfindungen, all unser Wissen doch nur ein Leiden, doch nur ein aufgeschobener Tod sind. Das lernen wir daraus, dass diese unsre handelnde Kraft nicht eher ruhe, nicht eher ablasse zu wirken, zu regen, zu toben, als bis sie uns Freiheit um uns her verschafft, Platz zu handeln: Guter Gott, und wenn es ein Chaos wäre, das du geschaffen, wüste und leer, aber Freiheit wohnt nur da, und wir könnten dir nachahmend drüber brüten, bis was herauskäme – Seligkeit! Seligkeit! Göttergefühl das!

(Jakob Michael Reinhold Lenz: Gesammelte Schriften. Hg. v. Ernst Lewy. Bd. 4. Cassierer, Berlin 1909, S. 71 ff.)

1. Interpretieren Sie den Text und verdeutlichen Sie an seinem Beispiel typische stilistische und ideologische Merkmale des Sturm und Drang. (Gegebenenfalls können Intention und Schreibweise des Textes auch mit vorherrschenden Tendenzen in der Literatur der Aufklärung verglichen werden.)

2 Von der Aufklärung zum Vormärz (1720–1848)

Konzeption des Kapitels B III 2.3: Klassik (1786–1805)

Das Kapitel ist als Ergänzung zum Epochenumbruchskapitel C 2.2 zu sehen. Es bietet eine Einführung und grundlegende Orientierung zur Weimarer Klassik Goethes und Schillers.
Die drei Texte des ersten Teils (**„Die Kunst: Freiheit und Gesetz“**) haben auf unterschiedliche Weise literatur- bzw. kunstprogammatischen Charakter. Auf die Ausarbeitung eines ästhetischen Programms sowie auf die Reflexion der Rolle des Dichters und der Funktion von Kunst und Literatur in der Gesellschaft haben die beiden Klassiker höchsten Wert gelegt. Hier erhalten die Schüler/innen Gelegenheit, einige Grundzüge der klassischen Literatur- und Kunstauffassung kennen zu lernen, von den anderen Konzeptionen der Umbruchszeit (Aufklärung und Sturm und Drang) abzugrenzen und mit heutigen Vorstellungen zu vergleichen.
Im zweiten Teil (**„Der Strom als Symbol: Zwei Gedichte Goethes“**) wird an einem beispielhaften Gedichtvergleich die Entwicklung verdeutlicht, die Goethe in seinem Literaturkonzept, aber auch in seinem Welt- und Lebensverständnis von seiner „Sturm und Drang“-Zeit hin zu seiner klassischen Periode genommen hat. Auf geradezu paradigmatisch unterschiedliche, epochenspezifische Weise wird in den Beispielgedichten der Strom als Symbol des Lebenslaufs gestaltet.
Der dritte Teil (**„Edel sei der Mensch ...“**) thematisiert den bis heute wohl am stärksten nachwirkenden Traditionsstrang aus der Zeit der Klassik, das Bildungsideal. Dieses Ideal in wesentlichen Momenten kennen zu lernen und sich damit auseinander zu setzen, dürfte auf das Interesse der Schüler/innen stoßen, da Elemente davon in zeitgenössischen Diskussionen um Ziele und Organisationsformen des Schul- und Hochschulsystems eine Rolle spielen. Überdies führt dieser Teil mit „Hyperions Schicksalslied“ von Hölderlin, das mit Goethes „Das Göttliche“ kontrastiert wird, eine Stimme ein, die nicht mehr vom Ton eines optimistischen Idealismus geprägt ist und eine andere Facette im Geistesleben der Zeit sichtbar werden lässt. Das Kapitel schließt damit, die Leitvorstellungen der Klassik in Abgrenzung zur Aufklärung und zum Sturm und Drang zusammenzufassen und das Verhältnis der drei Epochen zueinander zu bestimmen.

Literaturhinweise

Dieter Borchmeyer: Weimarer Klassik. Porträt einer Epoche. Athenäum/Beltz, Königstein/Weinheim 1998 (= Studienbücher Literaturwissenschaft)

Karl Otto Conrady (Hg.): Deutsche Literatur zur Zeit der Klassik. Reclam, Stuttgart 1977

Sigrid Damm: Christiane und Goethe. Eine Recherche. Insel, Frankfurt/M. 1998

Thomas Kopfermann: Epochenzentrum Weimar/Jena. Klett, Stuttgart 1999

Peter Lahnstein: Schillers Leben. Fischer Taschenbuchverlag, Frankfurt/M. 1984

Udo Müller: Klassik. 12 Arbeitsblätter mit didaktisch-methodischen Kommentaren. Klett, Stuttgart 1998

Karlheinz Schulz: Goethe. Eine Biografie. Reclam, Stuttgart 1999

Gert Ueding: Klassik und Romantik. Deutsche Literatur im Zeitalter der Französischen Revolution 1789–1815. dtv, München 1988

	Texte/Gegenstände	Intentionen
.286	**2.3 Klassik (1786–1805)** – *Johann Heinrich Wilhelm Tischbein:* Goethe in der Campagna di Roma	– ein Bild von der Dichterexistenz, wie sie von Schiller in seiner klassischen Periode gesehen wurde, gewinnen – dieses Dichterbild von dem der Aufklärung und von dem des Sturm und Drang abgrenzen
.286	Die Kunst: Freiheit und Gesetz – *Friedrich Schiller:* Die Teilung der Erde – *Friedrich Schiller:* Ankündigung der Monatsschrift „Die Horen“ – *Johann Wolfgang Goethe:* Natur und Kunst – *Friedrich Schiller:* Idealisierung als Aufgabe des Dichters – *Johann Joachim Winckelmann:* Gedanken über die Nachahmung der griechischen Werke in der Malerei und Bildhauerkunst	– das Literaturprogramm der Klassik anhand der Texte von Schiller und Goethe erarbeiten – überprüfen, inwieweit die Form der Gedichte diesem Literaturprogramm entspricht – Maßstäbe der klassizistischen Kunstauffassung erfassen – die idealistischen Vorstellungen Winckelmanns als kennzeichnend für die bildende Kunst – und Literatur – kennen lernen
.291	Der Strom als Symbol: Zwei Gedichte Goethes – *Johann Wolfgang Goethe:* Mahomets-Gesang – *Johann Wolfgang Goethe:* Mächtiges Überraschen	– die unterschiedliche Verwendung und Entfaltung des Stromsymbols erkennen – das jeweilige Welt- und Lebensverständnis, das hinter der unterschiedlichen Ausgestaltung des Stromsymbols steht, erfassen und unterschiedlichen Epochen in Goethes Leben zuordnen – die Kongruenz von Form und Inhalt in Gedichten beschreiben
.292	„Edel sei der Mensch …“ – *Johann Wolfgang Goethe:* Wilhelm Meisters Lehrjahre – *Johann Wolfgang Goethe:* Iphigenie. IV, 1 – *Johann Wolfgang Goethe/ Friedrich Schiller:* Epigramme – *Johann Wolfgang Goethe:* Das Göttliche – *Friedrich Hölderlin:* Hyperions Schicksalslied	– die Leitvorstellungen des klassischen Bildungsideals herausarbeiten und mit heutigen Bildungsvorstellungen vergleichen – Iphigenie als Vorbild für Wahrhaftigkeit kennen lernen – in den Epigrammen Goethes und Schillers einen pointierten Austausch über die Ideale der Weimarer Klassik sehen – Oden von Goethe und Hölderlin in ihrem inhaltlichen Aufbau, ihrer Aussage und ihrer Form vergleichen – die Epochenleitbilder von Aufklärung, Sturm und Drang und Klassik zusammenfassend vergleichen und das Verhältnis der Epochen zueinander klären – die Epochenleitbilder im Hinblick auf die heutige Zeit reflektieren

2.3 Klassik (1786–1805)

Die Kunst: Freiheit und Gesetz

▷ S. 286 *Friedrich Schiller:* **Die Teilung der Erde** (1795)

▷ S. 287

1. Die Rolle, die Schiller dem Dichter zuschreibt, ist grundsätzlich verschieden von allen so genannten Brotberufen wie Kaufmann oder Bauer, sie lässt sich auch nicht in die gesellschaftliche Hierarchie einfügen, die in der 2. und 3. Strophe angesprochen wird: Bauer, Adel, Bürgertum, Klerus, König. Der Dichter steht außerhalb des gesellschaftlichen „Zweckverbandes", sein Interesse richtet sich nicht auf die Teilhabe an materiellen Gütern oder auf eine Karriere in der Gesellschaft. Sein Reich befindet sich über der irdischen Welt; es ist das Reich der Fantasie (Träume), des Geistes, des Ewigen und Göttlichen. Im Bild des antiken Götterhimmels und der Sphärenharmonie werden die Ideale des Wahren und Schönen veranschaulicht, denen sich der Dichter zuzuwenden hat.

2. Als Erstes könnte in dem Vergleich mit Wielands Abhandlung darauf hingewiesen werden, dass dort der Begriff „Schriftsteller" und nicht „Dichter" verwendet wird. Die Schüler/innen könnten Assoziationen zu beiden Begriffen bilden, um sich die unterschiedlichen Konnotationen bewusst zu machen, die mit ihnen verbunden sind. Im Gegensatz zu Schillers wirklichkeitsentrücktem Bild des Dichters verweist Wieland den Schriftsteller gerade auf die Wirklichkeit, die er in allen Bereichen und Aspekten zu erforschen hat. „Die Wissenschaft des Menschen" (▷ S. 263, Z. 26) zu betreiben ist nach Wieland die Aufgabe der Literatur.

3. In Goethes Hymne „Prometheus" wird, typisch für den Geniekult des Sturm und Drang, die schöpferische Kraft des Künstlers gefeiert, die es ihm ermöglicht, eine eigene Welt aus sich heraus zu erschaffen und damit Gott gleich zu sein (▷ S. 279, V. 52 ff.). Schillers Dichter lehnt sich nicht gegen Zeus auf, sondern ordnet sich ihm unter, sieht gerade in der bewundernden Betrachtung des harmonischen Kosmos seine Aufgabe.

4. Die Arbeitsanregung soll dazu dienen, sich über die Rolle des Schriftstellers bzw. Künstlers in der Gesellschaft von heute Gedanken zu machen. Sinnvoll wäre es, Aussagen zeitgenössischer Schriftsteller/innen, z. B. aus Interviews, heranzuziehen.

▷ S. 287 *Friedrich Schiller:* **Ankündigung der Monatsschrift „Die Horen"** (1794)
▷ S. 288 *Johann Wolfgang Goethe:* **Natur und Kunst** (1800)

▷ S. 289

1. a) In beiden Texten wird die Trennung von Natur und Kunst, die häufig als gegensätzliche Bereiche verstanden werden, aufgehoben. In beiden Bereichen waltet nämlich das Prinzip von Ordnung und Gesetz. Schiller sieht das Walten des Gesetzes in der Natur im „Wechsel der Jahreszeiten" (Z. 99) und im „gleichförmigen Rhythmus des Sonnenlaufs" (Z. 94). Das Schöne muss sich „schon in seiner Geburt" (Z. 107 f.), bei seiner Entstehung also, „unter Regeln fügen" (Z. 108). Auch für Goethe kann künstlerische Vollendung nur durch „Beschränkung" (Z. 13), durch Bindung an Regel und Gesetz, erreicht werden. Hier zeigt sich ein deutliches Abrücken von dem Verständnis, das in Goethes Texten zu Natur und Kunst aus seiner „Sturm und Drang"-Periode erkennbar wird („Zum Schäkespears-Tag" ▷ S. 269; „Die Leiden des jungen Werthers, Brief vom 10. Mai" ▷ S. 270; „Prometheus" ▷ S. 279).
   b) Der paradoxe letzte Vers von Goethes Gedicht besagt: Die Freiheit der Kunst besteht in ihrer Bindung an Maß und Gesetz. Würde sie sich dem nicht fügen, verlöre sie sich an die Fülle der Einzelerscheinungen, bliebe in individuellen Anschauungen und Gefühlen befangen, wäre „dem Interesse der Gegenwart … unterjocht", wie Schiller anmerkt (Z. 19 f.). Erst die Bindung an Gesetze erhebt sie in das Reich der Freiheit über alles Materielle und Gesellschaftliche, das durch Partikularinteresse bestimmt ist.

2. Literaturprogramm der Klassik
   Inhalte: nicht das Tagesgeschehen, der Streit der Meinungen, sondern das, „was rein menschlich und über allen Einfluss der Zeiten erhaben ist" (▷ S. 287, Z. 23 f.); Geschichte, Philosophie und Wissenschaften liefern das Material, das durch künstlerische Gestaltung überzeitlich-beispielhaft wird und zum „stillen Bau bessrer Begriffe, reinerer Grundsätze und edlerer Sitten" (Z. 49 ff.) beiträgt.
   Wirkungsabsicht: zum „Ideale veredelter Menschheit" (Z. 45 f.) beitragen, „wahre Humanität ... befördern" (Z. 59 f.); nur dadurch wird eine gerechte Gesellschaftsordnung erreicht (Z. 51 ff.); ein direktes Eingreifen in politisch-gesellschaftliche Fragen bleibt der Dichtung versagt; operative Kunst wird abgelehnt (damit würde sie ihre Freiheit verlieren).
   Möglicher Exkurs über die Gründe für das Apolitische im Literaturverständnis der Klassik: Auswirkungen des Verlaufs der Französischen Revolution auf die deutschen Intellektuellen der Zeit.
   Verhältnis zu den Wissenschaften: Zusammenführung von Wissenschaft und Kunst, aber nicht im Sinne der Aufklärung, die der Kunst eine dienende, vermittelnde Rolle zuwies, sondern als gleichgestellte, sich gegenseitig beeinflussende Partner: Die Wahrheit (Wissenschaft) verleiht der Schönheit (Kunst) „ein dauerndes Fundament und eine höhere Würde" (Z. 62 ff.), andererseits wird durch die Kunst „Geschmack in die Wissenschaft" eingeführt (Z. 78 f.), d. h., die Wissenschaft wird von ihrer Abstraktheit befreit, anschaulich und damit der Allgemeinheit verständlich gemacht.
   Gestaltungsprinzipien: Einhaltung von Regeln und (Form-)Gesetzen

3. Beide Gedichte halten sich im formalen Aufbau und in der sprachlichen Gestaltung an feste Formen:
   - **„Die Teilung der Erde":** regelmäßiger Strophenbau, Kreuzreim mit regelmäßigem Wechsel von klingender und stumpfer Kadenz, festes Metrum: 5-hebiger Jambus; rhetorisch durchformte, literarische Hochsprache
   - **„Natur und Kunst":** genaue Einhaltung der Sonettform, festes Metrum: fünfhebiger Jambus; literarische Hochsprache

4. Seit der intensiven Beschäftigung mit der Antike in Renaissance und Humanismus galten Anspielungen und Rückgriffe auf die Antike als Ausweis von Bildung und Gelehrsamkeit, die den „poeta doctus" auszeichnen. In der Klassik gewinnt diese Tradition eine zusätzliche Bedeutung: In den Kunstwerken des klassischen Altertums fanden Schiller und Goethe die für ihr Kunstprogramm vorbildlichen Werke. Die idealisierte Antike bot den Klassikern die Gegenwelt, die sie ihrer als chaotisch und zerrissen empfundenen Wirklichkeit als erstrebenswert im Sinne der Entwicklung zur Humanität vor Augen halten konnten.

Friedrich Schiller: **Idealisierung als Aufgabe des Dichters** (1791) ▷ S. 289
Johann Joachim Winckelmann: **Gedanken über die Nachahmung der griechischen Werke in der Malerei und Bildhauerkunst** (1755) ▷ S. 289

---

1. Schiller und Winckelmann äußern hier im Wesentlichen dieselbe Auffassung von Kunst; Schiller formuliert seine Forderungen hinsichtlich vollkommener Kunst als allgemeine Forderungen an den Dichter, während Winckelmann diese in der Nachahmung griechischer Bildwerke sieht, die als ideale Vorbilder gelten. Gemeinsam ist beiden die Ausklammerung des Gewöhnlichen, „Gemeinen", wenn es um Harmonie und erhebende Schönheit in der Kunst geht. ▷ S. 291
   Die Freiheit in der Kunst ist nach dieser klassizistischen Theorie stark eingeschränkt, ganz extrem kommt dies bei Winckelmanns Forderung zum Ausdruck, wenn er die „Unnachahmlichkeit" heutiger Künstler paradoxerweise ausschließlich in der „Nachahmung der Alten" (▷ S. 290, Z. 23) sieht.

2. Winckelmanns Begründungen: „Nachahmung der Alten" bedeutet zurück zu den Quellen der „reinsten" Kunst; durch Nachahmung lerne man erst richtig diese Kunst zu verstehen; bei der Nachahmung könne man schneller lernen, „klug zu werden" (Z. 39) und mit „Sicherheit zu denken und zu entwerfen" (Z. 44 ff.).

3. Hier ist die fächerübergreifende Zusammenarbeit mit der Kunstlehrerin bzw. dem Kunstlehrer angebracht.

4. a) Die gehobene Gesellschaft des ausgehenden 18. Jahrhunderts löste sich im Rahmen der Aufklärung immer mehr von traditionellen mittelalterlichen Formen adligen Lebensstils, der im Barock des Absolutismus seinen teilweise bis zum Absurden gesteigerten Ausdruck fand (Unnatürlichkeit vor allem in der modischen Präsentation der Persönlichkeit.) Im Widerstand dagegen ist die geglaubte „natürliche" Schönheit solcher Büsten, wie die von Schadow, als Suche nach dem „wahren Menschlichen" zu sehen. Der Anspruch, der sich am „Edlen", am „Reinen" (vgl. Marmor als entsprechendes Material) orientiert, ist allerdings noch Ausdruck typisch elitären Denkens, wie es adliger Grundeinstellung der Zeit noch entsprach.

   b) Bei dieser kreativen Auseinandersetzung ist tieferes Verständnis klassischer und moderner Auffassungen von Kunst und Menschenbild Voraussetzung, um die zu erwartenden Vorwürfe an Winckelmann argumentativ belegen zu können.

Der Strom als Symbol: Zwei Gedichte Goethes

▷ S. 291 *Johann Wolfgang Goethe:* **Mahomets-Gesang** (1772/73)
▷ S. 292 *Johann Wolfgang Goethe:* **Mächtiges Überraschen** (1807/08)

▷ S. 292

1. a) **Mahomets-Gesang**

   Verlauf des Stroms:
   - Felsenquell im hohen Gebirge
   - Mitreißen von Bruderquellen
   - schlängelnder Lauf hinunter zur Ebene
   - mächtiges Anschwellen in der Ebene durch viele Bäche und Nebenflüsse
   - Schöpfer, der Städte entstehen lässt
   - Namensgeber für Länder
   - Träger von Schiffen
   - Vereinigung mit dem ewigen Ozean

   Mächtiges Überraschen

   Verwandlung des Stroms in einen See:
   - unaufhaltsames Dahinfließen des Stroms im Gebirge, um Ozean zu erreichen
   - Bergrutsch, der den Lauf des Stromes hemmt
   - Abebben der Wellen, Stau und Anschwellen des Wassers
   - Bildung eines Sees, in dem sich die Gestirne spiegeln, als neues Leben

   b) Der Strom symbolisiert das schöpferische religiöse Genie Mohammeds. Kennzeichnend sind die Unaufhaltsamkeit des Strebens, die mitreißende Führernatur, die Leben spendende Kraft, die riesenhafte Stärke und das sehnsuchtsvolle Aufgehen im Ewigen, Göttlichen.
   Das Welt- und Lebensverständnis ist geprägt davon, dass es gilt, unbeirrbar seinen Weg zu gehen, seinem inneren Ruf und seiner Bestimmung zu folgen, keinen Stillstand zu kennen, tätig zu sein, Kraft und Stärke zu zeigen, sich dem ewigen Kreislauf des Lebens hinzugeben (Bild des Flusses und des Ozeans als ewigem Wasserkreislauf).

   Ausdruck des Lebensideals des jungen Goethe der Sturm und Drang-Epoche

   Der Strom symbolisiert zunächst auch hier ein aktives, einem Ziel zustrebendes Leben, dem aber Einhalt geboten wird durch eine äußere Macht, die eine andere Existenzform erzwingt. Der See symbolisiert dann ein Zu-sich-selbst-Kommen, eine ruhigere Lebensform, die nicht zu einem Aufgehen im Ewigen hinstrebt, sondern sich als Spiegel des Ewigen (Gestirne) versteht: Begrenzung statt Entgrenzung.

   Ausdruck des Lebensideals des älteren Goethe der Klassik-Epoche

2. Für beide Gedichte könnte die Frage nach einer Kongruenz von Form und Inhalt erörtert werden. Wird nicht das unaufhaltsame Dahinströmen in „Mahomets Gesang“ formal umgesetzt in den Fluss freier Rhythmen, die in den Kurzversen, verbunden durch Enjambements, geradezu vorwärts drängen? Spiegelt andererseits die geschlossene, feste Form des Sonetts nicht das Stauen des Stroms zum See wider? Zu thematisieren ist in diesem Zusammenhang auch, ob sich nicht Bezüge herstellen lassen zwischen der Form der Gedichte und den Literaturkonzepten, die für ihre jeweilige Epoche typisch sind.

3. Kriterium für einen gelungenen Vortrag ist hier, ob das Zusammenspiel von Form und Inhalt hörbar gemacht wird.

„Edel sei der Mensch ...“

Johann Wolfgang Goethe: **Wilhelm Meisters Lehrjahre** (1795/96)

▷ S. 292

1.

▷ S. 294

Ziel des Lebens: *die allseits gebildete Persönlichkeit, die als öffentliche Person wirken kann*

Problem, dies Ziel zu erreichen: *der bürgerliche Stand*

Entwicklung eines Adligen:	***Entwicklung eines Bürgers:***
– *personelle Ausbildung = harmonische Ausbildung aller Anlagen*	– *spezialisierte Ausbildung bestimmter Fähigkeiten*
– *freier Anstand, gemessenes Wesen*	– *Befangenheit*
– *gibt alles durch Persönlichkeit*	– *gibt nichts durch Persönlichkeit*
– *darf und soll scheinen*	– *darf nur sein*
– *uneingeschränktes Tun und Wirken*	– *in beschränktem Gebiet leisten und schaffen*
↓	↓
öffentliche Person	*im Dienst befindliche Person*

Möglichkeit, das Problem zu lösen: *Theater als Ersatzwirklichkeit*

2. Das öffentliche Schulsystem beruft sich auf das klassische Ideal der Persönlichkeitsbildung, versucht es aber mit einer Spezialisierung zu verbinden (Wahl von Leistungskursen bzw. Schwerpunktfächern, Fachstudiengänge). Im Vergleich zu Wilhelm Meisters Bildungsvorstellung betont das heutige Schulsystem die kognitiven Fähigkeiten. Demgegenüber geht es Goethes Romanhelden auch um das Auftreten und die Wirkung einer Person, um Stimmbildung und Ausbildung der Bewegungen. Es wäre zu diskutieren, ob nicht – in Anlehnung an einige Privatschulen – der musische Bereich bei der Allgemeinbildung zu verstärken wäre durch Theaterspielen (wie bei Wilhelm Meister), Tanzen etc.

Johann Wolfgang Goethe: **Iphigenie. IV, 1** (1786)

▷ S. 294

1. a) Von König Thoas als Priesterin eingesetzt, ist Iphigenie trotzdem Gefangene in einem barbarischen Land. Obwohl der König sie liebt, wünscht sie sich sehnlichst nach Hause. Ihr Bruder Orest und dessen Freund Pylades überreden sie dazu, Thoas zu belügen, damit ihre gemeinsame Flucht gelinge. Hier regt sich Iphigenies Widerstand gegen diese Art von Betrug, der ihr wohl die Flucht ermöglichte, aber im Bewusstsein des Betrugs ihr auch die Reinheit nähme, mit der sie die Entsühnung ihrer Familie, auf der ein Fluch lastet, betreiben möchte. ▷ S. 295
   b) Iphigenie hat nicht gelernt zu lügen; sie fühlt sich fremdbestimmt. Die Lüge befreit nicht wie die Wahrheit; Lügen ängstigen und belasten.

▷ S. 295 *Johann Wolfgang Goethe/Friedrich Schiller:* **Epigramme** (1788–1805)

▷ S. 296 1./2. Die Arbeitsanregungen leiten dazu an, sich ein möglichst genaues Verständnis der Epigramme zu verschaffen und sich mit den Appellen, die sie an die Leser/innen richten, auseinander zu setzen. Deutlich werden sollte, dass in den Distichen wesentliche Maximen des klassischen Bildungsideals formuliert werden. In „Das Höchste" geht es um die vollkommene Ausbildung aller Anlagen, die dem Individuum mitgegeben sind. Wie der Schössling sich zu der vollendeten Pflanze entwickelt und Blüte und Frucht trägt, so soll der Mensch sich zu dem entfalten, was in ihm als mögliches Entwicklungsziel angelegt ist. Eine Parallele zu diesem Distichon hat Goethe in den Worten des Herrn im „Prolog im Himmel" seines „Faust I" gezogen: „Wenn er mir jetzt auch nur verworren dient, / So werd' ich ihn bald in die Klarheit führen. / Weiß doch der Gärtner, wenn das Bäumchen grünt, / Dass Blüt' und Frucht die künft'gen Jahre zieren."

In „Aufgabe" wird der Gleichheitsbegriff im Menschenbild der Klassik formuliert. Es geht nicht um Angleichung der Menschen untereinander, ein Gleichsein eines jeden mit den anderen, sondern darum, dass jeder seine Individualität vollkommen entfaltet und damit das Höchste erreicht, wie es im ersten Distichon geraten wird. In diesem Streben nach dem Höchsten, in der umfassenden Entfaltung der individuellen Anlagen, wird die wahre Gleichheit verwirklicht.

In „Schöne Individualität" wird das menschliche Idealbild entworfen, das auch als „schöne Seele" bezeichnet wird. Durch die Vernunft, an der jeder Mensch teilhat, ist das Individuum an das Ganze gebunden. Die Kräfte des Herzens, Gefühl und Empfindung, machen das Individuelle aus, lassen aber auch Einigkeit mit dem Ganzen erleben. Von dort kommt die Stimme der Neigung. Von „schöner Individualität" oder einer „schönen Seele" kann nur gesprochen werden, wenn die Vernunft mit dem Herzen in Einklang steht.

Die „Würde des Menschen" gibt zu bedenken, dass das hohe idealistische Menschenbild der Klassiker die Befriedung elementarer Lebensbedürfnisse voraussetzt. Von hier lässt sich eine Verbindungslinie zu Georg Büchner (▷ S. 321 ff.) und weiter zu Bertolt Brecht (▷ S. 196 ff., 201 ff., 230, 377, 386) ziehen. Die Xenien von Goethe und Schiller sind Spottverse auf die als „kleine Münze" gehandelten Ideale der Aufklärer (Nicolai) oder Empfindsamen (Stolberg). Das Xenion ist freundlich-ironisch zu verstehen, wenn Goethe der Autor ist, und selbstironisch, wenn es von Schiller stammt.

▷ S. 296 *Johann Wolfgang Goethe:* **Das Göttliche** (1783)
▷ S. 296 *Friedrich Hölderlin:* **Hyperions Schicksalslied** (1797)

▷ S. 296 1. Der **inhaltliche Aufbau** der beiden Gedichte ist gleich. In beiden wird der Bereich der Götter, das Göttliche, vom Menschen, seiner Welt und seinem Dasein, getrennt. Beide Gedichte schließen in ihrer Darstellung des Göttlichen an antike Vorstellungen an, Goethe, wenn er das lyrische Ich sagen lässt: „Und wir verehren / Die Unsterblichen, / Als wären sie Menschen" (V. 49 ff.), Hölderlin, indem er von „Genien" spricht, die in elysischen Gefilden wandeln (1. und 2. Strophe). Der Unterschied liegt allerdings darin, dass in Goethes Gedicht die Götter und ihre Welt nicht im Gegensatz zur Menschenwelt stehen. Zwar sind die Menschen der gefühllosen, keine moralischen Verdienste achtenden Natur (3. u. 4. Strophe), dem blinden Zufall (5. Strophe) und den ehernen Daseinsgesetzen des Stirb und Werde (6. Strophe) unterworfen, doch erheben sie sich über alle irdischen Wesen, indem sie das Gute und Rechte schaffen können und damit den „unbekannten Höhern Wesen" (V. 7 f.) nahe kommen, die sie „ahnen" (V. 9). Durch ihr edles, d. h., dem Wahren und Guten verpflichtetes Verhalten schaffen die Menschen erst die Vorstellung vom Göttlichen, machen die Götter zu den Bildern, die dann verehrt werden.

In Hölderlins Gedicht besteht dagegen ein als schmerzhaft empfundener Gegensatz zwischen göttlichem und menschlichem Bezirk. Die schicksallosen, in einem von Harmonie und Schönheit geprägtem Elysium lebenden Götter haben nichts zu tun mit der Menschenwelt (V. 7 ff.). Allenfalls schauen sie diese mit ihrem klaren Ewigkeitsblick an (V. 13 ff.). Anders als die Götter sind die Menschen fremdbestimmt (V. 16 ff.). Sie sind einem Schicksal ausgeliefert, das sie leiden lässt, indem es sie stufenweise ins Ungewisse hinabstürzt. Die **Begrifflichkeit** in Hölderlins Gedicht ist deutlich zweigeteilt. Die positiv konnotierten Wörter der ersten

beiden Strophen (wandelt, im Licht, auf weichem Boden, selige, glänzende, leicht, heilige, Säugling, bewahrt, blühet, ewig, Geist, stiller, Klarheit) kontrastieren mit den negativen der dritten Strophe (schwinden, fallen, leidende, blindlings, Klippe, geworfen, ins Ungewisse, hinab). In Goethes Gedicht dominieren Hochwertwörter den gesamten Text (edel, hilfreich, gut, heil, höhern Wesen, glauben etc.).
Dem Klassiker Goethe, der, von aufklärerischem Optimismus geprägt, die antike Götterwelt als lebendiges Vorbild für die Menschen sah, das durch ein Streben nach dem Wahren und Guten erreichbar erschien, steht der nachgeborene Hölderlin gegenüber, der die Götterwelt als ein verlorenes, fernes Ideal sehnsuchtsvoll betrachtet, das mit seinem Schicksal und dem der leidenden Menschen („uns", V. 16) nichts gemein hat.

2. Beide Dichter lehnen sich an Formen antiker Oden an: ungereimte Verse in hoher, feierlicher Sprache. Hölderlin hält sich dabei deutlicher an eine metrisch geprägte Versgestaltung (trochäisch-daktylisch, z. T. mit Auftakt). Der Strophenbau ist in beiden Gedichten nicht ganz einheitlich: bei Goethe 6 Verse pro Strophe mit Ausnahme der 3. Strophe (7 Verse) und der 6. Strophe (5 Verse), bei Hölderlin 6 Verse in der 1. Strophe, jeweils 9 Verse in der 2. und 3. Strophe.
Indem beide Dichter antiken Vorbildern folgen und die Gedichtform der Ode übernehmen, verwirklichen sie die klassische Forderung nach Maß und Gesetz in der Kunst. Allerdings handelt es sich nicht um eine akribisch genaue Nachahmung der tradierten Formen, also nicht um die bloße Erfüllung vorgegebener Muster, sondern um eine freie Verwendung, die das Bestreben zeigt, der Aussage die angemessene Form zu geben.

1. Epochenleitbilder ▷ S. 297

Klassik	
Mensch:	*allseits gebildete Persönlichkeit, die sich in den Dienst des Ganzen stellt*
Gesellschaft:	*Rahmen für das Individuum, das in der Bindung an Gesetze als öffentliche Person gestalterisch wirken kann*
Ziel:	*ein durch das Gesetz geregeltes Staatswesen, das durch Charakterbildung der Individuen entsteht*
Kunst/Literatur:	*Erschaffen des Schönen, das durch Beachtung von Gesetzen und Regeln entsteht, als Veranschaulichung des Wahren und Guten*
Natur:	*von ewigen Gesetzen bestimmter Kosmos, in den der Mensch eingebunden ist und mit dem er sich in seinem Schaffen in Einklang befinden soll*
prägende Kraft:	*Ideal der Einheit von Vernunft und Gefühl*

Oberflächlich betrachtet könnte man den Sturm und Drang als eine Gegenbewegung zur Aufklärung sehen. Er ist jedoch eher eine Radikalisierung (politisch-gesellschaftliche Zielsetzung, Menschenbild) und eine Ergänzung (zur Vernunft die Kräfte des Gefühls, zum lehrhaften Zweck des Kunstwerks seine Autonomie). Die Klassik könnte dann als ein Versuch angesehen werden, die beiden Strömungen, die nebeneinander fließen und z. T. auseinander zu streben scheinen, zu verbinden.

2. a/b) Eine Reflexion der Leitbilder der drei Epochen kann zum einen dazu dienen, unklare bzw. schiefe Vorstellungen, die sich in den Äußerungen der Schüler/innen zeigen, gerade zu rücken; sie hat damit für die Unterrichtseinheit die Funktion eines abschließenden Korrektivs. Zum anderen kann sie den Blick dafür öffnen, wo die historischen Ursprünge mancher Tendenzen im Geistesleben der Gegenwart liegen, und damit zur Selbstaufklärung beitragen.

Lernerfolgskontrolle/Klausurvorschlag

Vorschlag 1

Friedrich Schiller

Auszug aus einem Brief an Herzog Friedrich Christian von Augustenburg vom 13.7.1793

Der Versuch des französischen Volks, sich in seine heiligen Menschenrechte einzusetzen, und eine politische Freiheit zu erringen, hat bloß das Unvermögen und die Unwürdigkeit desselben an den Tag gebracht, und nicht nur dieses unglückliche Volk, sondern mit ihm auch einen beträchtlichen Teil Europens, und ein ganzes Jahrhundert, in Barbarei und Knechtschaft zurückgeschleudert. Der Moment war der günstigste, aber er fand eine verderbte Generation, die ihn nicht wert war, und weder zu würdigen noch zu benutzen wusste. Der Gebrauch, den sie von diesem großen Geschenk des Zufalls macht und gemacht hat, beweist unwidersprechlich, dass das Menschengeschlecht der vormundschaftlichen Gewalt noch nicht entwachsen ist, dass das liberale Regiment der Vernunft da noch zu frühe kommt, wo man kaum damit fertig wird, sich der brutalen Gewalt der Tierheit zu erwehren, und dass derjenige noch nicht reif ist zur *bürgerlichen* Freiheit, dem noch so vieles zur *menschlichen* fehlt.

[...]

Die Aufklärung, deren sich die höheren Stände unsers Zeitalters nicht mit Unrecht rühmen, ist bloß theoretische Kultur, und zeigt, im Ganzen genommen, so wenig einen veredelnden Einfluss auf die Gesinnung, dass sie vielmehr bloß dazu hilft, die Verderbnis in ein System zu bringen und unheilbarer zu machen. Ein raffinierter und konsequenter Epikurism[1] hat angefangen, alle Energie des Charakters zu ersticken, und die immer fester sich zuschnürende Fessel der Bedürfnisse, die vermehrte Abhängigkeit der Menschlichkeit vom Physischen hat es allmählich dahin geleitet, dass die Maxime[2] der Passivität und des leidenden Gehorsams als höchste Lebensregel gilt. Daher die Beschränktheit im Denken, die Kraftlosigkeit im Handeln, die klägliche Mittelmäßigkeit im Hervorbringen, die unser Zeitalter zu seiner Schande charakterisiert. Und so sehen wir den Geist der Zeit zwischen Barbarei und Schlaffheit, Freigeisterei und Aberglauben, Roheit und Verzärtelung schwanken, und es ist bloß das *Gleichgewicht der Laster*, was das Ganze noch zusammenhält.

Und ist dieses nun die Menschheit, möchte ich fragen, für deren Rechte der Philosoph sich verwendet, die der edle Weltbürger in Gedanken hat, und an welcher ein neuerer Solon[3] seine Ideen von einer Staatsverfassung realisieren möchte? Ich zweifle sehr. Nur seine Fähigkeit, als ein sittliches Wesen zu handeln, gibt dem Menschen Anspruch auf Freiheit; ein Gemüt aber, das nur sinnlicher Bestimmungen fähig ist, ist der Freiheit so wenig wert, als empfänglich. Alle Reform, die Bestand haben soll, muss von der Denkungsart ausgehen, und wo eine Verderbnis in den Prinzipien herrscht, da kann nichts Gesundes, nichts Gutartiges aufkeimen. Nur der Charakter der Bürger erschafft und erhält den Staat und macht politische und bürgerliche Freiheit möglich. Denn wenn die Weisheit selbst in Person vom Olymp herabstiege und die vollkommenste Verfassung einführte, so müsste sie ja doch Menschen die Ausführung übergeben.

Wenn ich also, Gnädigster Prinz, über die gegenwärtigen politischen Bedürfnisse und Erwartungen meine Meinung sagen darf, so gestehe ich, dass ich jeden Versuch einer Staatsverbesserung aus Prinzipien (denn jede andere ist bloßes Not- und Flickwerk) so lange für unzeitig, und jede darauf gegründete Hoffnung so lange für schwärmerisch halte,

1 **Epikurism:** Epikureismus, hier: sinnlicher Lebensgenuss (in Anlehnung an die Philosophie Epikurs)

2 **Maxime:** Grundsatz

3 **Solon:** Staatsmann und Gesetzgeber in Athen um 600 v. Chr.

bis der Charakter der Menschheit von seinem tiefen Verfall wieder emporgehoben worden ist – eine Arbeit für mehr als ein Jahrhundert. Man wird zwar unterdessen von manchem abgestellten Missbrauch, von mancher glücklich versuchten Reform im Einzelnen, von manchem Sieg der Vernunft über das Vorurteil hören, aber was hier zehn große Menschen aufbauten, werden dort fünfzig Schwachköpfe wieder niederreißen. Man wird in andern Weltteilen den Negern die Ketten abnehmen; und in Europa den – Geistern anlegen. Solange aber der oberste Grundsatz der Staaten von einem empörenden Egoismus zeugt, und solange die Tendenz der Staatsbürger nur auf das physische Wohlsein beschränkt ist, so lange, fürchte ich, wird die politische Regeneration, die man so nahe glaubte, nichts als ein schöner philosophischer Traum bleiben. Soll man also aufhören, darnach zu streben? Soll man gerade die Wichtigste aller menschlichen Angelegenheiten einer gesetzlosen Willkür, einem blinden Zufall anheimstellen, während dass das Reich der Vernunft nach jeder andern Seite zusehends erweitert wird? Nichts weniger, Gnädigster Prinz. Politische und bürgerliche Freiheit bleibt immer und ewig das heiligste aller Güter, das würdigste Ziel aller Anstrengungen und das große Zentrum aller Kultur – aber man wird diesen herrlichen Bau nur auf dem festen Grund eines veredelten Charakters aufführen, man wird damit anfangen müssen, für die Verfassung Bürger zu erschaffen, ehe man den Bürgern eine Verfassung geben kann [...]

(Fritz Jonas [Hg.]: Friedrich Schiller. Briefe. Kritische Gesamtausgabe in 7 Bänden. Bd. 3. Deutsche Verlags-Anstalt, Stuttgart 1892–96, S. 329 ff.)

1. Beschreiben und erläutern Sie nach einer genauen Durcharbeitung des Textes Schillers Zeitkritik und seine politischen Vorstellungen.

2. Setzen Sie diese Vorstellungen mit dem Literaturkonzept der Klassik, wie Sie es in literaturtheoretischen Texten Schillers und Goethes kennen gelernt haben, in Beziehung.

Erwartungshorizont

Verstehensleistung

1. Hauptthese am Ende des Textes: Oberstes Ziel aller Anstrengungen ist die politische und bürgerliche Freiheit als höchstes kulturelles Gut. Der Freiheitsbegriff wäre anhand des Textes etwa so zu klären: Die politische und bürgerliche Freiheit wird durch eine Verfassung (im Text mehrmals erwähnt) gewährt, die das bestehende absolutistische Herrschaftssystem ersetzt. Der einzig mögliche Weg zu diesem Ziel: Charakterbildung der Menschen; erst wenn die Menschen bereit und fähig sind sittlich zu handeln (Z. 55 ff.), können sie die Freiheit erhalten. Damit wendet sich Schiller gegen den politischen Umsturz (Französische Revolution) und gegen Reformen zur Beseitigung einzelner gesellschaftlicher Missstände (Z. 72 ff.).
   Für eine Verfassung und damit für die Freiheit hält Schiller seine Zeit noch nicht für reif, darauf hinzuarbeiten wird mehr als ein Jahrhundert dauern (Z. 75 ff.). Die Ursachen dafür finden sich in der kritischen Sichtung seiner Zeit, mit der er den Text beginnt: Beschränkung der Aufklärung auf die Theorie ohne Einfluss auf Versittlichung der Menschen; Orientierung der Menschen am Materiellen, am physischen Wohlergehen; Egoismus als oberster Grundsatz; Zusammenhalt des Ganzen nur noch durch das Gleichgewicht der Laster, wie z. B. Freigeisterei einerseits und Aberglaube andererseits.
   Die Konsequenz aus dieser Zeitkritik ist indessen nicht die Resignation, sondern ein Streben nach der politisch-gesellschaftlichen Veränderung, nur eben auf dem richtigen Wege: durch Charakterbildung die Bürger erschaffen, denen man eine Verfassung geben kann.

2. Die Literatur hat die Aufgabe der Charakterbildung und Veredelung des Menschen. Daher muss sie sich fernhalten vom politischen Tagesgeschehen und sich dem rein Menschlichen, dem Überzeitlichen zuwenden. Sie soll ihre Gegenstände in der Geschichte, in der Philosophie und in den Wissenschaften suchen und so

das Wahre mit dem Schönen vereinen. Um das Schöne zu erreichen, muss sie sich Regeln und (Form-)Gesetzen fügen.
Eine ausreichende Leistung liegt vor, wenn die Hauptthese Schillers, in groben Zügen seine Zeitkritik und die Grundstruktur des Textes erfasst werden, wenn die Aufgabe der Literatur in diesem Kontext benannt wird und ein Ansatz zu einer kritischen Auseinandersetzung argumentativ ausgeführt ist. Eine gute Leistung nähert sich dem oben skizzierten Erwartungshorizont in Vollständigkeit und Differenziertheit.

Darstellungsleistung
- übersichtliche und zweckmäßige Anordnung der Teilergebnisse in Textbeschreibung und Erläuterung
- Kohärenz und Stringenz in der Gedankenführung und beim Aufbau einer eigenen Argumentation
- fach- und sachgerechte Formulierungen auf einer angemessenen Sprachebene
- funktionsgerechtes, formal richtiges Zitieren

Vorschlag 2

Friedrich Nietzsche
Die Klassik des Philisters[1] (1873)

[…] Was urteilt aber unsere Philisterbildung über diese Suchenden? Sie nimmt sie einfach als Findende und scheint zu vergessen, dass jene selbst sich nur als Suchende fühlten. Wir haben ja unsere Kultur, heißt es dann, denn wir haben ja unsere „Klassiker“, das Fundament ist nicht nur da, nein, auch der Bau steht schon auf ihm begründet – wir selbst sind dieser Bau. Dabei greift der Philister an die eigene Stirn.
Um aber unsere Klassiker so falsch beurteilen und so beschimpfend ehren zu können, muss man sie gar nicht mehr kennen: Und dies ist allgemeine Tatsache. Denn sonst müsste man wissen, dass es nur eine Art gibt, sie zu ehren, nämlich dadurch, dass man fortfährt, in ihrem Geist und mit ihrem Mute zu suchen und dabei nicht müde wird. Dagegen ihnen das so nachdenkliche Wort „Klassiker“ anzuhängen und sich von Zeit zu Zeit einmal an ihren Werken zu „erbauen“, das heißt, sich jenen matten und egoistischen Regungen überlassen, die unsere Konzertsäle und Theaterräume jedem Bezahlenden versprechen; auch wohl Bildsäulen stiften und mit ihrem Namen Feste und Vereine bezeichnen – das alles sind nur klingende Abzahlungen, durch die der Bildungsphilister sich mit ihnen auseinander setzt, um im Übrigen sie nicht mehr zu kennen und um vor allem nicht nachfolgen und weiter suchen zu müssen.

1 **Philister:** hier: kleinlicher Besserwisser, engstirniger Mensch, Spießbürger

(Friedrich Nietzsche: Unzeitgemäße Betrachtungen. Erstes Stück. – In: Werke in drei Bänden, Bd. 1. Hg. v. Karl Schlechte. Carl Hanser Verlag, München 1954, S. 144 f.)

1. Arbeiten Sie die Kritik heraus, die Nietzsche hier übt.
2. Nehmen Sie dazu Stellung. Gehen Sie dabei auf die Zeit Nietzsches und auf unsere heutige Zeit ein.
3. Wie sollte man sich Ihrer Meinung nach mit „Klassikern“ auseinander setzen?

Vorschlag 3

Johann Wolfgang Goethe
Grenzen der Menschheit (1780/81)

Wenn der uralte
Heilige Vater
Mit gelassener Hand
Aus rollenden Wolken
Segnende Blitze
Über die Erde sät,
Küss' ich den letzten
Saum seines Kleides,
Kindliche Schauer
Treu in der Brust.

Denn mit Göttern
Soll sich nicht messen
Irgend ein Mensch.
Hebt er sich aufwärts
Und berührt
Mit dem Scheitel die Sterne,
Nirgends haften dann
Die unsichern Sohlen,
Und mit ihm spielen
Wolken und Winde.

Steht er mit festen,
Markigen Knochen
Auf der wohlgegründeten
Dauernden Erde,
Reicht er nicht auf,
Nur mit der Eiche
Oder der Rebe
Sich zu vergleichen.

Was unterscheidet
Götter von Menschen?
Dass viele Wellen
Vor jenen wandeln,
Ein ewiger Strom:
Und hebt die Welle,
Verschlingt die Welle,
Und wir versinken.

Ein kleiner Ring
Begrenzt unser Leben,
Und viele Geschlechter
Reihen sich dauernd
An ihren Daseins
Unendliche Kette.

(Johann Wolfgang Goethe: Werke. Hamburger Ausgabe in 14 Bänden. Bd. 1: Gedichte und Epen I. C. H. Beck, München 1996, S. 146 f.)

1. Arbeiten Sie die unterschiedlichen Menschenbilder heraus, die Goethe in den Gedichten „Prometheus" (▷ S. 279) und „Grenzen der Menschheit" entwirft.
2. Erläutern Sie, worin sich in „Grenzen der Menschheit" das Kunstprogramm der Klassik äußert.
3. Untersuchen Sie die sprachliche Gestaltung des Gedichts.
4. Worin liegt Ihrer Ansicht nach die Aktualität des Gedichts?

2 Von der Aufklärung zum Vormärz (1720–1848)

Konzeption des Kapitels B III 2.4: Romantik (1795–1840)

Dieses Kapitel gibt einen Einblick in die deutsche Romantik, die in vielen ihrer Strömungen an den „Sturm und Drang" und die Epoche der Empfindsamkeit anknüpft und sich von der Weimarer Klassik, noch deutlicher von der Aufklärung, abgrenzt. Das Kapitel gehört somit in die große Umbruchzeit (um 1800) und konzentriert sich auf drei für die Romantik wichtige Themenkreise.

Im ersten Teil (**„‚Das hat mit ihrem Singen ...' – Dichtung und Musik der Romantik"**) wird an die Affinität zwischen romantischer Poesie und Musik angeknüpft, die im romantischen Kunstlied eine bis in die heutige Zeit stark weiterwirkende Vereinigung eingegangen sind. Methodisch sollen hier Interpretationsverfahren im Mittelpunkt stehen, die über die Erarbeitung eines Vortrags, einer Darbietung und damit auch über andere Rezeptionsformen als das Lesen ablaufen. Die Beschäftigung mit den Vertonungen der Gedichte schließt sich da nahtlos an.

Der zweite Teil (**„Sehnsucht: ein romantisches Zentralmotiv"**) beschäftigt sich mit einigen in der romantischen Literatur immer wiederkehrenden Motiven, die sich um das hauptsächliche Gefühl im Gefühlskult der Romantik drehen, um die Sehnsucht. Dabei spielt das Motiv der Reise eine besondere Rolle, das sich höchst erhellend mit heutigen Vorstellungen vom Reisen kontrastieren lässt. Vom Sehnsuchtsmotiv sind schließlich auch die Texte romantischer Schriftstellerinnen bestimmt. Allerdings hat das Sehnsuchtsmotiv hier seinen ganz eigenen Charakter. Es geht dabei um das Ungenügen, das die Frauengeneration der Romantik an ihren Lebensmöglichkeiten empfand, und um ihr Verlangen, die einengenden Grenzen zu überwinden. Annette von Droste-Hülshoffs Gedicht „Am Turme" gehört in diesen Kontext. Ihr Lebensschicksal steht unter denselben zeittypischen Vorzeichen wie das der anderen hier genannten Frauen. Unter diesem Aspekt wird sie hier abweichend von vielen literaturgeschichtlichen Darstellungen der Romantik zugeordnet.

Der dritte Teil (**„Das Kunstprogramm der Romantik"**) gibt Gelegenheit, zusammenfassend das Literatur-, Kunst- und Weltverständnis der Epoche zu skizzieren.

Literaturhinweise

Günter Busse: Romantik. Personen – Motive – Werke. Freiburg 1982

Gerhard Hoffmeister: Deutsche und europäische Romantik. Metzler, Stuttgart [2]1990

Marie-Claire Hoock-Demale: Die Frauen der Goethezeit. München 1990

Romantik. Praxis Deutsch, Heft 118/1993

Hans Steffen (Hg.): Die deutsche Romantik. Vandenhoeck, Göttingen 1967

Benno von Wiese (Hg.): Deutsche Dichter der Romantik. Erich Schmidt Verlag, Berlin 1971

Christa Wolf: Kein Ort. Nirgends. Luchterhand, Darmstadt/Neuwied 1983

Dies.: Der Schatten eines Traumes. Karoline von Günderrode – ein Entwurf. – In: *Dies.:* Die Dimension des Autors. Essays und Aufsätze, Reden und Gespräche 1959–1985. Luchterhand, Darmstadt/Neuwied 1987

	Texte/Gegenstände	Intentionen
S. 299	**2.4 Romantik (1795–1840)**	– romantische Gedichte durch das Einstudieren von Vortragsmöglichkeiten erschließen
S. 299	„Das hat mit ihrem Singen …“ – Dichtung und Musik der Romantik – *Heinrich Heine/Friedrich Silcher:* Ich weiß nicht, was soll es bedeuten – *Joseph von Eichendorff/Robert Schumann:* Mondnacht – *Wolfgang Hufschmidt:* Schumanns Vertonung von Eichendorffs „Mondnacht“	– die Klangmittel romantischer Gedichte herausarbeiten und die Sprachmusikalität dieser Lyrik erfassen – Beispiele des romantischen Kunstliedes kennen lernen und das Verhältnis von Sprache und Musik in diesen Liedern reflektieren – die besonders enge Beziehung von Musik und Dichtung als epochenspezifisch begreifen – die Beispielgedichte in ihrem Wechselspiel von Form und Gehalt analysieren
S. 303	Sehnsucht: ein romantisches Zentralmotiv – *Joseph von Eichendorff:* Sehnsucht – *Caspar David Friedrich:* Frau am Fenster – *Joseph von Eichendorff:* Aus dem Leben eines Taugenichts – *Rahel Varnhagen von Ense:* Aus einem Brief an eine Freundin – *Bettina von Arnim:* Aus einem Brief an Goethes Mutter – *Karoline von Günderode:* Der Kuss im Traume	– in einem Text-Bild-Vergleich wichtige romantische Motive herausarbeiten – die Bedeutung der Sehnsucht, des Fern- und Heimwehs für den Gefühlskult der Romantik erkennen – ein Bild der Welt gewinnen, aus der der romantische Held auszubrechen sucht – das romantische Reisen mit heutigen Touristikvorstellungen vergleichen – die Ausbruchs- und Befreiungssehnsucht romantischer Frauen aus ihren gesellschaftlichen Zwängen und in ihrer besonderen Qualität verstehen – die neue Frauenrolle im Geistesleben der Zeit kennen lernen und an typischen Beispielen ein Bild vom Leben und Schaffen romantischer Frauen gewinnen
S. 307	Das Kunstprogramm der Romantik – *Joseph von Eichendorff:* Wünschelrute – *Novalis:* Wenn nicht mehr Zahlen und Figuren – Stimmen der Zeit	– das romantische Literaturverständnis in einigen Grundzügen skizzieren – Schlüsselbegriffe des romantischen Kunst- und Weltverständnisses zusammentragen und in einen Zusammenhang bringen – eine Bildinterpretation vor dem Hintergrund des romantischen Kunst- und Weltverständnisses anfertigen

2.4 Romantik (1795–1840)

„Das hat mit ihrem Singen …“ – Dichtung und Musik der Romantik

▷ S. 299 *Heinrich Heine/Friedrich Silcher:* **Ich weiß nicht, was soll es bedeuten** (1823/24)

▷ S. 300 1. a) Weit weniger als alle andere Lyrik ist die der Romantik für das Lesen bestimmt. Ihr liedhafter Aufbau, ihr intensives Spiel mit allen Klangmitteln von Reim, Assonanz, Alliteration, Metrum und Rhythmus, ihre Wortmusik verlangen den Vortrag als Darbietungsform und das Hören als Rezeptionsform. Solche Vorträge können Einzelvorträge, aber auch kleine szenische Darbietungen mit mehreren Sprechern sein. Die Frage nach der Angemessenheit der Vorträge führt über die Begründungen für die gewählten Darbietungsformen in ein Interpretationsgespräch.

b) **Inhaltlicher Aufbau:** Rahmen aus 1. und 6. Strophe, in denen das lyrische Ich in Erscheinung tritt; Erzählung des Märchens im Binnenteil (2.–5. Strophe) in der Er/Sie-Form.
Rolle des lyrischen Ichs: Es spricht in der ersten und letzten Strophe von sich; es ist von einer ihm selbst unerklärlichen Trauer befallen, die wohl von einem Märchen herrührt, das dem Sprecher nicht aus dem Sinn geht; dabei erinnert er sich nicht genau an das Ende des Märchens, glaubt nur, dass es mit dem Tod des Protagonisten endet.
Form des Gedichts: 6 gleichgebaute Strophen; metrisch-rhythmische Gestaltung: dreihebige Verse, alternierend oder auch mit zweisilbigen Füllungen, jeder Vers mit Auftakt, regelmäßiger Wechsel zwischen klingender und stumpfer Kadenz; Reimschema: Kreuzreim, bis auf „Kamme“ –, -same“ in der 4. Strophe reine Reime; alle Merkmale lassen sich unter dem Begriff „einfache Liedstrophe“ vereinigen (▷ S. 223); einfache Sprache, auffallende Stilmittel sind Wiederholungen („golden“, 3. u. 4. Strophe; „sie kämmt“, 3. u. 4. Strophe; „er schaut“, 5. Strophe), archaisierende Wortformen („sitzet“, „blitzet“, 3. Strophe; „Melodei“, 4. Strophe) und der betont schlichte Erzählduktus der Reihung mit „und“ („… und es dunkelt, / Und ruhig fließt …“, 2. Strophe; „Und das hat …“, 6. Strophe).
Angelegt ist die **Wirkung** des ganz volksliedhaften Gedichts auf ein Einschwingen des Hörers/Lesers in die Stimmung des lyrischen Ichs, das durch die Nachklänge eines alten Märchens eine unerklärliche Wehmut empfindet, vielleicht deshalb, weil das Märchen an eigene Sehnsüchte und unerfüllbare Liebe erinnert.
Eine gewisse Kongruenz zwischen Form und Inhalt besteht darin, dass das vollendet liedhafte lyrische Gebilde die am Ende betonte Macht des Gesangs widerspiegelt: Nicht die mit Geschmeide geschmückte Schönheit der Lorelei, ihre erotische Ausstrahlungskraft hat den Schiffer betört und ihn untergehen lassen, sondern ihr Singen.

2. a/b) Die Vertonung von Friedrich Silcher unterstreicht und vertieft die Wirkung dieses Gedichts. Die in Kongruenz von Form und Inhalt beschworene magische Macht des Gesangs fordert eine solche Vertonung geradezu heraus.

3. Das romantische Kunstlied, das sich von Anfang an größter Popularität erfreute und auch das Laienchorwesen in Deutschland stark geprägt hat, spricht offenbar in besonderer Weise das musikalische Empfinden und das Gefühl vieler Menschen an, unabhängig von kulturellen Prägungen durch Schichtenzugehörigkeit oder Nationalität. Heines „Lorelei“ hat in diesem Kontext ungeheure Beliebtheit erlangt, weil es den romantischen Liedton in vollendeter Weise getroffen hat. Die Nationalsozialisten, die den Juden Heine aus der deutschen Literaturgeschichte vertreiben wollten, gaben das Lied daher als Volkslied mit anonymen Verfasser aus.

Joseph von Eichendorff/Robert Schumann: **Mondnacht** (1837) ▷ S. 300
Wolfgang Hufschmidt: **Schumanns Vertonung von Eichendorffs „Mondnacht"** (1986) ▷ S. 301

1. **Zur Form:** Mischung aus reinen Reimen und Assonanzen (1. und 3. Strophe: erster und dritter Vers jeweils Assonanzen, zweiter und vierter Vers sowie der gesamte Kreuzreim der 2. Strophe reine Reime); regelmäßig alternierendes Metrum mit drei Hebungen und Auftakt, ein Bruch im regelmäßig alternierenden Fluss der Verse findet sich in den Synkopen „weit" und „flog" im Auftakt der Verse 10 und 11; regelmäßiger Wechsel zwischen klingender und stumpfer Kadenz; insgesamt die äußere Form der einfachen Liedstrophe (▷ S. 223). ▷ S. 302

   Auffallendes Strukturmerkmal ist der Rahmen, den die 1. und 3. Strophe um die 2. Strophe bilden und der auf dreifache Weise geschaffen wird:

   → 1. Strophe:
   - vergleichende „als ob"-Figur
   - Konjunktiv („Es war als hätt' ...")
   - Anspielung auf den antiken Mythos der Umarmung von Uranos und Gäa

   2. Strophe: Darstellung des nächtlichen Natureindrucks

   → 3. Strophe:
   - vergleichende „als ob"-Figur
   - Konjunktiv („flöge")
   - Anspielung auf den neuen Mythos (christliche Vorstellung von der ins Paradies heimfliegenden Seele)

   Zum Gehalt: Der Titel „Mondnacht" erschafft eine Traumatmosphäre, indem er alles Folgende in das diffuse, alle klaren Konturen verwischende, geheimnisvolle Licht des Mondes taucht. In seinem Licht, das die Erde in einer Art bräutlichem Blütenschimmer erscheinen lässt, vollzieht sich der Kuss von Himmel und Erde. Genau betrachtet ist dieses Mondlicht, das die scharfen Trennungen des Tages aufhebt, der vereinende Kuss bzw. der Traum davon. Die Erinnerung an den antiken Mythos der Vereinigung von Uranos und Gäa bleibt im Bereich des „als ob". Das lyrische Ich, das erst in der letzten Strophe hervortritt („meine Seele"), wendet sich in der 2. Strophe der nächtlichen Natur zu, verlässt die durch das „als ob" und konjunktivisches Sprechen gekennzeichnete Traumebene und nimmt die Umgebung wahr. Diese Umgebung wird synästhetisch mit allen Sinnen aufgenommen: Der Sprecher spürt das Wehen des Windes, hört das leise Rauschen der Wälder, sieht das Wogen der Ähren und die Gestirne am Himmel. Berührt vom traumhaft-mythischen Bild der Vereinigung von Himmel und Erde im verzaubernden Licht des Mondes und im Einklang mit der Natur, der durch alle Sinne erfahren wird, gewinnt die Seele Flügel. Der Bereich des Mythischen wird wieder betreten, aber jetzt der eines nicht mehr antiken, sondern neuen Mythos: Das lyrische Ich übersteigt seine Kreatürlichkeit, die es mit der wahrgenommenen Natur verbindet (2. Strophe) und erinnert sich seiner paradiesischen Heimat, seiner himmlischen Abkunft. Aber mit der zugleich erfolgenden Rückkehr des Sprechers zur Figur des „als ob" und zum Konjunktiv (wie in der 1. Strophe) macht er deutlich, dass der Flug der Seele eine ersehnte Möglichkeit, ein Traum, das bloße Aufscheinen eines paradiesischen Moments ist.

2. Hier bietet sich eine fachübergreifende Zusammenarbeit mit dem Fach Musik an. Im anderen Falle könnte ein intensives, vom Lesen der Partitur begleitetes Hören der Schumann'schen Vertonung und die Lektüre des Kommentars von Hufschmidt zumindest ansatzweise nachvollziehen lassen, wie die Umsetzung der Bilder und der gesamten lyrischen Konstruktion in das Medium der Musik vonstatten geht und wie die Wirkung des Gedichttextes dadurch modifiziert bzw. intensiviert wird.

3. Deutlich werden sollte in dieser zusammenfassenden Reflexion, dass die Musik in beiden Vertonungen eine die Gefühlsansprache intensivierende Wirkung hat. Die ohnehin schon stark auf das Empfinden, das Einschwingen in Stimmung und Atmosphäre des Textes ausgerichtete Wirkungsabsicht der Gedichte wird gesteigert durch die kongenialen Vertonungen, die das in Worten Dargestellte noch über die poetische Form

hinaus versinnlichen und die Breite und Intensität der Gefühlsvaleurs noch anreichern können. Sowohl von Literatur- als auch von Musikexperten, von Thomas Mann bis Theodor W. Adorno, ist Eichendorffs „Mondnacht" in Schumanns Vertonung als das schönste Lied der deutschen Romantik, wenn nicht der deutschen Sprache, als „Perle der Perlen" (Thomas Mann 1948), gepriesen worden.

Sehnsucht: Ein romantisches Zentralmotiv

▷ S. 303 *Joseph von Eichendorff:* **Sehnsucht** (1834)
▷ S. 303 *Caspar David Friedrich:* **Frau am Fenster** (1822)
▷ S. 304 *Joseph von Eichendorff:* **Aus dem Leben eines Taugenichts** (1826)

▷ S. 305 1. **Motiv des Einsam-am-Fenster-Stehens**

Gleich zu Beginn stellt sich das lyrische Ich in „Sehnsucht" in dieser Situation am Fenster vor; der Ich-Erzähler im „Taugenichts" spricht dies Motiv an, wenn er in Zeile 23 ff. davon berichtet, wie er in Herbst und Winter dem betrübten Gesang der Goldammer am Fenster gelauscht habe und nun im Frühling von ihrem lustigen Lied zum Reisen ermutigt worden sei; zu Caspar David Friedrichs Bild liefert dies Motiv den Titel.
Immer gewährt das Fenster den Blick in die Weite der Welt, lädt ein zum Verlassen der als dumpf und beengt empfundenen bürgerlichen Wohnung, deren Atmosphäre in Friedrichs Gemälde besonders deutlich wird. Die Frau, die da am Fenster steht, wird immer als für sich seiend, als allein, als Außenseiter dargestellt.

Motiv der Ferne

In „Sehnsucht" klingt das Posthorn aus weiter Ferne (V. 3 f.), das die Reiselust auslöst, und die Gegenden, von denen die Wanderburschen singen, liegen offenbar weit entfernt von der Umgebung des lyrischen Ichs (evoziert wird hier mit der zunächst wild gebirgigen Gegend in den Versen 13–16 und der nachfolgenden südlichen Kulturlandschaft der Weg über die Alpen nach Italien, der alte deutsche Sehnsuchtsweg). Der Ich-Erzähler im „Taugenichts" macht sich zunächst ganz unbekümmert um irgendwelche Ziele auf den Weg „in die Welt" (Z. 19), doch von den vornehmen Damen in der Kutsche gefragt, nennt er das Kühnste und Fernste, von dem er in seiner kleinen Welt gehört haben mag, die Kaiserstadt Wien. Auf dem Gemälde deutet der vorbeiziehende Mast eines Segelschiffs auf die ersehnte Ferne hin. Die Vorstellung der Ferne weist über ein konkretes, bekanntes oder aufgrund eigener Anschauung klar vorstellbares Reiseziel hinaus. Erst ein solches Ziel, das im unbestimmten, von Fantasievorstellungen gespeisten Bereich liegt, erweckt die Sehnsucht in der Form des Fernwehs.

Motiv der Natur

In „Sehnsucht" werden eine wild-romantische Natur (V. 13 ff.) und eine verträumte kulturgeprägte Gartenlandschaft (V. 17 ff.) geschildert, allerdings wird beides nur im Lied der Wanderburschen herbeizitiert und nicht konkret erlebt. Im „Taugenichts" ist die Natur die weite Welt der Wunder Gottes, die den engen Rahmen der dörflich-ländlichen Umgebung des Ich-Erzählers erweitert, sich in der Aufzählung der Bestandteile davon aber kaum unterscheidet („Bächlein, Lerchen, Wald und Feld", Z. 60). Die Einstellung zu den beiden so ähnlichen Welten ist freilich eine andere: Die enge Welt des Dorfes ist Arbeitsraum (Z. 36 ff.), während die Gärten, Felder, Wiesen und Wälder, durch die der Taugenichts zieht, „die freie Welt" bedeuten (Z. 38 f.). In Caspar David Friedrichs Gemälde wird ein Stück Natur im Fenster sichtbar.
In allen Fällen ist die Natur eine Gegenwelt zu dem Bereich, in dem sich der Protagonist/die Protagonistin befindet.

Motiv des Wanderns und der Reise

In den beiden Texten Eichendorffs wird dies Motiv direkt zum Gegenstand des Sprechens gemacht, in dem Gemälde wird es indirekt durch den Blick der Frau am Fenster auf den Schiffsmast dargestellt.
In dem Motiv des Wanderns und Reisens, das stets in hohem Maße positiv aufgeladen ist, zeigt sich die Aversion der Romantiker gegen alles Sesshafte als typisch für das Spießbürgerliche, zu dessen Tugenden die bescheidene Selbstbeschränkung auf die eigene Welt gehörte.

Motiv des Frühlings und Sommers
In „Sehnsucht“ wird der Sommer (V. 8, 24), im „Taugenichts“ der Frühling (Z. 15, 26) als die Zeit des Aufbruchs, des Wanderns und Reisens, dem trüben Herbst und Winter, der den Ich-Erzähler im Haus gefangen hielt, gegenüber gestellt. Auf dem Gemälde lassen sich durch das Fenster zartgrüne Frühlingsfarben und ein kaum bewölkter, lichter Himmel erkennen. Auffallend ist, dass die Natur mit der Seelenlage des Menschen in Einklang gesehen wird, sie ist nicht in erster Linie Wirklichkeitsabbildung, sondern Seelenlandschaft.
Motiv des Gesangs und der Musik
Dieses Motiv spielt nur in den beiden Texten von Eichendorff eine Rolle. In „Sehnsucht“ ist vom Posthorn (V. 4), vom Gesang der Wanderer (V. 11, 17) und vom Klang der Lauten (V. 22) die Rede. Im „Taugenichts“ ist der Aufbruch des Ich-Erzählers von Singen und Fiedeln begleitet (Z. 45–78).
Die besondere Affinität der Romantiker zu Gesang und Musik wurde schon im ersten Teil des Kapitels deutlich gemacht und findet hier auf anderer Ebene ihre Bestätigung. Wichtig ist die Tonkunst deshalb, weil sie mehr als die Sprache die Gefühle anzusprechen vermag (s. auch die Zitate von Schumann und Tieck, ▷ S. 308 f.).

2. Relikte der romantischen Reiselust und des Fernwehs lassen sich sicher in den Motiven mancher heutiger Touristen ausmachen, so, wenn Wanderer oder Rucksacktouristen der eng geregelten, bürgerlichen Welt in die Natur entfliehen oder wenn Globetrotter ihrem Fernweh erliegen. Der durch eine Reiseindustrie vermarktete Tourismus hat jedoch mit den Motiven und Formen der romantischen Reisevorstellungen nichts zu tun. Das Bild von der Natur als riesigem Vergnügungspark, der Reisende, der ungeheure Distanzen überwindet, ohne es zu bemerken, und doch eigentlich nur einen Schauplatz mit einem anderen tauscht, der die Ferne oft besser kennt als die nähere Umgebung, – all das wird den Schülern und Schülerinnen nur allzu vertraut sein.

3. a) Durch die Arbeit an den drei Begriffen und an ihrer Geschichte wird der Lernbereich „Reflexion über Sprache“ in die Unterrichtssequenz einbezogen.
   b) Fernweh und Sehnsucht sind beides Gefühle, die letztlich nicht auf Befriedigung aus sind, sondern das ersehnte Objekt so weit wegrücken, so im Diffusen und Unbestimmten lassen, dass es nie erreicht werden kann. Es sind Formen des Schmachtens, der romantischen Liebe darin verwandt, dass eine Erfüllung das aufrecht erhaltene Arrangement zerstören würde, das gerade den Gefühlsgenuss gewährt. Es sind sich selbst genießende Gefühle, die nur scheinbar ein Ziel außerhalb ihrer selbst haben. Im Gefühlskult der Romantik spielen sie daher eine tragende Rolle.

4. a) Der Vater ist Müller, gehört also zum Handwerkerstand. Vor Tagesanbruch geht er schon an die Arbeit, die sein ganzes Leben bestimmt. In der Sonne Sitzen wird als Faulenzerei verachtet und mit Hinauswurf bestraft, nach dem Motto „Nur wer arbeitet, bekommt auch zu essen“ (Z. 11 ff.). Das Leben verläuft in immer gleichen Kreisen. Ein Aufbruch aus dieser einförmigen, ganz und gar beschränkten Welt interessiert niemanden (Z. 39 ff.).
   b) Angelegt ist im Anfang der Erzählung, dass die hochgemut begonnene Weltfahrt des Taugenichts nicht ohne Konflikte abgehen wird. Die Realität, die geprägt ist von der Befriedigung elementarer Lebensbedürfnisse und von vielerlei gesellschaftlichen Normen und Zwängen, wie z. B. einer ständischen Gliederung mit ihren Folgen für das Individuum, wird mit dem auf das Ausleben von Gefühlen gerichteten Lebensidealen des Helden zusammenstoßen. Dass auch sein eigenes Inneres sich in einem Zwiespalt befindet, wird am Ende des Textauszugs deutlich: Das Fernweh des Taugenichts wird schon bald von Heimweh abgelöst (Z. 108 ff.). Allerdings kann er sich auch diesem Gefühl sehnsuchtsvoll-genießerisch überlassen. Der gesamte Duktus der Ich-Erzählung lässt auf eine glückliche Überwindung aller Konflikte schließen, auf ein Happyend.
   c) Zu erwarten wären hier Handlungsskizzen, wie man sie etwa in den so genannten road-movies findet. Zwar sind in diesen Filmen in Ansätzen häufig noch die typisch romantischen Motive vom Aufbruch aus

einer zu engen und geregelten Welt und die sehnsuchtsvolle Reise in irgendwelche Fernen ohne bestimmtes Ziel zu finden, doch die frühlingshafte bzw. sommerliche Natur als Fluchtraum und der gesamte euphorische Gefühlskult sind den Nachfahren des Taugenichts weitgehend verloren gegangen. Es könnte ein reizvolles Projekt sein, den „Taugenichts" in einen Drehbuchentwurf bzw. ein Exposé für ein „roadmovie" umzuschreiben.

▷ S. 305 *Rahel Varnhagen von Ense:* **Aus einem Brief an eine Freundin** (1816)
▷ S. 306 *Bettina von Arnim:* **Aus einem Brief an Goethes Mutter** (um 1806)
▷ S. 306 *Karoline von Günderode:* **Der Kuss im Traume** (1802)

▷ S. 306 1. **Schreibweise**

Brief der Rahel Varnhagen: ein ganz und gar assoziatives Schreiben, das an einen inneren Monolog erinnert; hier scheint sich jemand schreibend aus einer bedrückenden Wirklichkeit zu befreien, sich auf dem Papier einiger Wunschträume wie Freiheit, Sorglosigkeit, Einsamkeit, ungestörten Frieden, Liebe etc. zu versichern und eine Bundesgenossin für ihr ungelebtes Lebenskonzept zu suchen.

Brief Bettinas von Arnim: ein für das Briefeschreiben typisches privates Erzählen, das allerdings in die Öffentlichkeit gerückt wurde, als Bettina von Arnim ihre Briefe mit dem Hause Goethe stark überarbeitet unter dem Titel „Goethes Briefwechsel mit einem Kinde" 1835 veröffentlichte; auch ihren Briefwechsel mit der Günderode hat sie, an die Mode des Briefromans anknüpfend, veröffentlicht: „Die Günderode – Ein Briefroman": Beide Veröffentlichungen demonstrieren das Recht auf Subjektivität in der Literatur.

Das lyrische Ich ist im Gedicht der Günderode nicht als Frau direkt erkennbar; sie hat ihre Gedichte auch unter dem männlichen Pseudonym „Tian" veröffentlicht.

Gefühlswelt der Sprecherinnen

Hier finden sich starke Übereinstimmungen. Alle Texte basieren auf einem Leiden an der Wirklichkeit, die nicht die erwünschte Lebensweise bieten kann. Der Wunsch nach Ausbruch und Flucht herrscht vor („Freiheit, Einsamkeit" (Z. 8) bei Varnhagen; eine fantasierte Reise bei Arnim; nächtliche Träume bei Günderode). Auch Todeswünsche klingen deutlich an („einen Todesschuss, wenn es sein muss", Varnhagen, Z. 4 f.; „... dann früh sterben", Arnim, Z. 4; „... wie Lethes kühle Fluten", Günderode, Z. 14).

Stand der Emanzipation

Ein selbstbestimmtes, emanzipiertes Dasein ist in der Realität für die Autorinnen offensichtlich nicht vorstellbar; schmerzhaft empfundene Zurücksetzung als Frau.

Bezug zur Romantik

Für die Romantik typische Motive und Haltungen werden deutlich: Betonung der Subjektivität; Flucht aus dem beschränkten und geregelten bürgerlichen Leben; Aversion gegen Titel, Pflichten und Ämter; Vorliebe für das Rätselhafte und Antirationalismus (Varnhagen, Z. 18 u. 26 ff.); Kunstverehrung (Arnim, Z. 5 ff.); Reiselust; Flucht in Fantasiewelten; schmachtende, romantische Liebe; Vorliebe für die Nacht gegenüber dem Tag; Aufgehen in der Natur; Fernweh und Abenteuerlust. Typisch für die Romantik ist im formalen Bereich die Vorliebe für die Briefform (Subjektivismus) und für die Lyrik (als Ich-Aussprache).

2. Ein Sehnsuchtsgefühl kommt in allen drei Frauen-Texten zum Ausdruck (s. Aufgabe 1), jedoch unterscheidet es sich von dem Sehnsuchtsmotiv bei Eichendorff dadurch, dass es von einem gesellschaftlichen Ziel bestimmt ist, dem Streben nach Emanzipation, nach einem selbstbestimmten, gleichberechtigten Leben als Frau. Damit rückt die Sehnsucht, die aus den Texten der drei Frauen spricht, in die Nähe einer konkreten Utopie und bleibt nicht nur ein sich selbst genießendes Gefühl. Der Sehnsuchtston in der Frauenliteratur der Zeit hat eine existentielle Grundlage und entspringt weniger einer bloß künstlerisch-literarischen Pose wie bei den Romantikern.

3. a) Die Biografien der drei Autorinnen lassen ein neues Denken im Hinblick auf Lebenskonzepte von Frauen, aber auch die Bedrohungen, die daraus erwuchsen, deutlich werden. Zum ersten Mal in der Literaturgeschichte treten intellektuelle Frauen in größerer Anzahl hervor, begnügen sich nicht mehr nur mit der Rolle als Leserinnen, sondern spielen eine wichtige organisatorische und produktive Rolle im Geistesleben ihrer Zeit. Sie sind die Gründerinnen und das Zentrum der so genannten Salons, der Intellektuellenzirkel in reichen Privathäusern, die neben den Höfen und Theatern die kulturellen Mittelpunkte und Vermittlungsinstanzen bilden. Sie sind aber auch selbst schriftstellerisch tätig, beanspruchen einen gleichberechtigten Platz neben den schreibenden Kollegen, mit deren Zirkeln und Freundeskreisen sie eng verbunden sind, und leisten einen eigenständigen und wesentlichen Beitrag zur romantischen Literaturtheorie und -praxis. Welchen Preis sie dafür in ihrem Leben zu zahlen hatten, lassen die Texte im Schülerbuch zwar ahnen, ein genaues Bild davon gewinnt man aber erst durch die Beschäftigung mit ihren Biografien. Einen ersten Zugang dazu bietet: *Hiltrud Gnüg/Renate Möhrmann (Hg.):* FrauenLiteraturGeschichte vom Mittelalter bis zur Gegenwart. Metzler, Stuttgart 1985.
   b) Im Tagebucheintrag sollte auf produktive Weise noch einmal aufgearbeitet und vertieft werden, was die Analyse der Texte aufgezeigt hat: die Fluchträume, die aus der bedrückenden Wirklichkeit gesucht werden, darüber hinaus aber auch Skizzierungen alternativer Lebenskonzepte.

Das Kunstprogramm der Romantik

Joseph von Eichendorff: **Wünschelrute** (1835) ▷ S. 307
Novalis: **Wenn nicht mehr Zahlen und Figuren** (1800) ▷ S. 307

1. Wie die Wünschelrute in der Hand des Kundigen und Sensiblen die verborgenen, unterirdischen Schätze oder Wasseradern offenbart, so findet das Zauberwort des Dichters die in allen Dingen, in der gesamten Welt verborgene Poesie. Die Lebenswelt mit all ihren Bereichen, unsere Alltagswirklichkeit, ist nicht grundsätzlich getrennt vom Reich der Poesie. Die beiden Welten können sich vereinigen, jedoch bedarf es dazu des „Zauberworts", der magischen Phantasie des Dichters. Erst wenn es gelingt, in eine ästhetische Kommunikation mit der Wirklichkeit einzutreten, und sie damit frei von allen Zwecken und Nutzen zu sehen, eröffnet sich die Poesie, die Unendlichkeit und Schönheit, die in allen Dingen ruht. ▷ S. 307

2. **Aufbau:**
   Einer Kette von vier Konditionalsätzen (V. 1–10) folgt der mit „dann" eingeleitete Hauptsatz. Die ersten drei Konditionalsätze sind in jeweils zwei Verse unterteilt, die Reimpaare bilden, sind also ganz parallel gebaut, wobei der Parallelismus noch durch die Anapher „wenn" verstärkt wird (V. 1–6). Dieser Parallelismus wird dann leicht variiert, indem der vierte Konditionalsatz zwei durch „und" verbundene Bedingungen enthält und sich über zwei Paarreime hinzieht (V. 7–10). Der abschließende Hauptsatz bildet in Parallele zu den Konditionalsätzen ebenfalls ein Reimpaar.
   Kommentare zu den einzelnen Aussagen:
   - 1. Konditionalsatz (V. 1/2): Exakte Naturwissenschaften und Mathematik allein können die Welt nicht erklären, d. h., sie werden in ihrer Bedeutung anerkannt, aber als ergänzungsbedürftig dargestellt.
   - 2. Konditionalsatz (V. 3/4): Die Dichter und die Liebenden, also die, die sich von Fantasie und Gefühl leiten lassen, können ein tieferes Wissen haben als die Gelehrten.
   - 3. Konditionalsatz (V. 5/6): Die Welt muss befreit werden zu einem Leben außerhalb von Zwecken und Nutzbarmachungen, dann wird sie wieder ursprüngliche Welt, wird sich selbst zurückgegeben.
   - 4. Konditionalsatz (V. 7–10): Nicht das Licht (Aufklärung) bringt allein die Wahrheit hervor, sondern es muss ergänzt werden durch das Dunkel. Erst die Verbindung von Licht und Schatten, Tag und Nacht, lässt uns die Welt und ihre Wahrheit erfahren. Die Vernunft muss mit den Kräften des Ahnens und Glaubens, des Irrationalen, gepaart werden. Die überzeitlichen, allgemeinen Kenntnisse und Einsichten zum Lauf der Welt gewinnt man aus den Werken der Dichtung.

- Hauptsatz (V. 11/12): Wenn die genannten Bedingungen erfüllt werden, wird der ganze verkehrte Zustand der gegenwärtigen bürgerlichen Welt mit ihrem Zweckrationalismus, der Ausbeutung der Natur und Selbstentfremdung des Menschen hinweggefegt durch das Zauberwort des Dichters („Wünschelrute").

3. Als Vorarbeit zum Abfassen eines romantischen Literatur-Manifests könnten noch einmal die Arbeitsergebnisse zu allen Texten des Kapitels gesichtet und in Stichworten zusammengefasst werden:
▷ S. 299–302: das Vorbild des Volkslieds; Dichtung als Wortmusik, Musik als irrationalste und damit reinste der Künste; Aufgreifen von Märchen und Legenden; Verbindung von antikem Mythos und christlichen Vorstellungen; die Vorliebe für Mondschein und Nacht als Entgrenzendes und Zaubrisches; der Einklang mit der Natur; Poesie als Vorahnung des Flugs der Seele in ihre paradiesische Heimat
▷ S. 303–306: Sehnsucht als das romantische Grundgefühl; Fernweh und Heimweh als Zwillingskinder der Sehnsucht; Am-Fenster-Stehen, Aufbruch und Reise als literarische Motive der Wirklichkeitsflucht; die Landschaft als Seelenlandschaft
▷ S. 307–309: Betonung der Subjektivität der Literatur; Literatur als Freiheits- und Emanzipationsmanifeste, die aber nach innen in die Welt des Traumes und der Fantasie gelenkt sind
▷ S. 309: Aufhebung der Trennung von Poesie und Leben; die Wiederherstellung der ursprünglichen und wahren Welt, d. i. die poetisierte Welt.
Besonders gelungen wäre ein solches Manifest, wenn es in der Form zentrale Aspekte des romantischen Literaturverständnisses spiegelte, also nicht rational in stringenter Argumentation angelegt wäre, sondern assoziativ oder in beschwörenden Kreisen oder in bildhafter Sprache.

▷ S. 307 **Stimmen der Zeit**
▷ S. 309 *Caspar David Friedrich:* **Klosterruine Eldena** (1824/25)

▷ S. 309 1. Aus der Zitatensammlung lassen sich positive und negative Schlüsselwörter herausfiltern, die dann zu einer Mind-Map arrangiert werden könnten, erweitert um Ergebnisse aus der letzten Arbeitsanregung.

positive Schlüsselwörter:	***negative Schlüsselwörter:***
Religion	*Zivilisation, Kultur*
Kunst	*Dampfkraft der Maschine*
Gefühl	*abstrakte Mächte*
Traum	*Fleiß und Nutzen*
Natur	*künstliche Getriebe von Rädern etc.*
Müßiggang	*Wälder ausgehauen*
Kind	*Krieg der Welt*
Reisen	*Zweifel*
Freiheit	*alte Burgen, Überreste in Spitzbogen*
Erinnerungen	*kränkelnde Gegenwart*
Musik	
Poesie	
Nacht	
das Eigentümliche und Personelle	
Glauben	
Sonne, Tag	

2. Mehrere Zentralmotive romantischer Kunst werden hier kombiniert: Ruinen als Zeugen der großen Vergangenheit des Mittelalters; Natur bzw. Wald; Dämmerung; Menschenleben im Abseits von der geschäftigen, „verkehrten" Welt.

Lernerfolgskontrolle/Klausurvorschlag

Vorschlag 1

E. T. A. Hoffmann
Der goldene Topf (1813/14)

Hier wurde der Student Anselmus in seinem Selbstgespräche durch ein sonderbares Rieseln und Rascheln unterbrochen, das sich dicht neben ihm im Grase erhob, bald aber in die Zweige und Blätter des Holunderbaums hinaufglitt, der sich über seinem Haupte wölbte. Bald war es, als schüttle der Abendwind die Blätter, bald, als kos'ten Vögelein in den Zweigen, die kleinen Fittiche im mutwilligen Hin- und Herflattern rührend. – Da fing es an zu flüstern und zu lispeln, und es war, als ertönten die Blüten wie aufgehangene Kristallglöckchen. Anselmus horchte und horchte. Da wurde, er wusste selbst nicht wie, das Gelispel und Geflüster und Geklingel zu leisen halbverwehten Worten:
„Zwischendurch – zwischenein – zwischen Zweigen, zwischen schwellenden Blüten, schwingen, schlängeln, schlingen wir uns – Schwesterlein – Schwesterlein, schwinge dich im Schimmer – schnell, schnell herauf – herab – Abendsonne schießt Strahlen, zischelt der Abendwind – raschelt der Tau – Blüten singen – rühren wir Zünglein, singen wir mit Blüten und Zweigen – Sterne bald glänzen – müssen herab – zwischendurch, zwischenein, schlängeln, schlingen, schwingen wir uns Schwesterlein."
So ging es fort in Sinne verwirrender Rede. Der Student Anselmus dachte: „Das ist denn doch nur der Abendwind, der heute mit ordentlich verständlichen Worten flüstert." – Aber in dem Augenblick ertönte es über seinem Haupte wie ein Dreiklang heller Kristallglocken: Er schaute hinauf und erblickte drei in grünem Gold erglänzende Schlänglein, die sich um die Zweige gewickelt hatten und die Köpfchen der Abendsonne entgegenstreckten. Da flüsterte und lispelte es von neuem in jenen Worten, und die Schlänglein schlüpften und kos'ten auf und nieder durch die Blätter und Zweige, und wie sie sich so schnell rührten, da war es, als streue der Holunderbusch tausend funkelnde Smaragde durch seine dunklen Blätter. „Das ist die Abendsonne, die so in dem Holunderbusch spielt", dachte der Student Anselmus, aber da ertönten die Glocken wieder, und Anselmus sah, wie eine Schlange ihr Köpfchen nach ihm herabstreckte. Durch alle Glieder fuhr es ihm wie ein elektrischer Schlag, er erbebte im Innersten – er starrte hinauf, und ein Paar herrliche dunkelblaue Augen blickten ihn an mit unaussprechlicher Sehnsucht, sodass ein nie gekanntes Gefühl der höchsten Seligkeit und des tiefsten Schmerzes seine Brust zersprengen wollte. Und wie er voll heißen Verlangens immer in die holdseligen Augen schaute, da ertönten stärker in lieblichen Akkorden die Kristallglocken, und die funkelnden Smaragde fielen auf ihn herab und umspannen ihn, in tausend Flämmchen um ihn herflackernd und spielend mit schimmernden Goldfaden. Der Holunderbusch rührte sich und sprach: „Du lagst in meinem Schatten, mein Duft umfloss dich, aber du verstandest mich nicht. Der Duft ist meine Sprache, wenn ihn die Liebe entzündet." Der Abendwind strich vorüber und sprach: „Ich umspielte deine Schläfe, aber du verstandest mich nicht, der Hauch ist meine Sprache, wenn ihn die Liebe entzündet." Die Sonnenstrahlen brachen durch das Gewölk, und der Schein brannte wie in Worten: „Ich umgoss dich mit glühendem Gold, aber du verstandest mich nicht; Glut ist meine Sprache, wenn sie die Liebe entzündet."
Und immer inniger und inniger versunken in den Blick des herrlichen Augenpaars, wurde heißer die Sehnsucht, glühender das Verlangen. Da regte und bewegte sich alles, wie zum frohen Leben erwacht. Blumen und Blüten dufteten um ihn her, und ihr Duft war wie herrlicher Gesang von tausend Flötenstimmen, und was sie gesungen, trugen im Widerhall die goldenen vorüberfliehenden Abendwolken in ferne Lande. Aber als der letzte

Strahl der Sonne schnell hinter den Bergen verschwand, und nun die Dämmerung ihren Flor über die Gegend warf, da rief, wie aus weiter Ferne, eine raue tiefe Stimme:
„Hei, hei, was ist das für ein Gemunkel und Geflüster da drüben? – Hei, hei, wer sucht mir doch den Strahl hinter den Bergen! – genug geraunt, genug gesungen – Hei, hei, durch Busch und Gras – durch Gras und Strom! – Hei, – hei, – Her u – u – unter – Her u – u – u nter!" –
So verschwand die Stimme wie im Murmeln eines fernen Donners, aber die Kristallglocken zerbrachen im schneidenden Misston. Alles war verstummt, und Anselmus sah, wie die drei Schlangen schimmernd und blinkend durch das Gras nach dem Strome schlüpften; rischelnd und raschelnd stürzten sie sich in die Elbe, und über den Wogen, wo sie verschwunden, knisterte ein grünes Feuer empor, das in schiefer Richtung nach der Stadt zu leuchtend verdampfte. [...]
„Der Herr ist wohl nicht recht bei Troste!", sagte eine ehrbare Bürgersfrau, die vom Spaziergange mit der Familie heimkehrend, still stand und mit übereinander geschlagenen Armen dem tollen Treiben des Studenten Anselmus zusah. *Der* hatte nämlich den Stamm des Holunderbaumes umfasst und rief unaufhörlich in die Zweige und Blätter hinein: „O nur noch einmal blinket und leuchtet, ihr lieblichen goldnen Schlänglein, nur noch einmal lasst eure Glockenstimmchen hören! Nur noch einmal blicket mich an, ihr holdseligen blauen Augen, nur noch einmal, ich muss ja sonst vergehen in Schmerz und heißer Sehnsucht!" Und dabei seufzte und ächzte er aus der tiefsten Brust recht kläglich und schüttelte vor Verlangen und Ungeduld den Holunderbaum, der aber statt aller Antwort nur ganz dumpf und unvernehmlich mit den Blättern rauschte und so den Schmerz des Studenten Anselmus ordentlich zu verhöhnen schien. –
„Der Herr ist wohl nicht recht bei Troste", sagte die Bürgersfrau, und dem Anselmus war es so, als würde er aus einem tiefen Traum gerüttelt oder gar mit eiskaltem Wasser begossen, um ja recht jähling zu erwachen. Nun sah er erst wieder deutlich, wo er war, und besann sich, wie ein sonderbarer Spuk ihn geneckt und gar dazu getrieben habe, ganz allein für sich selbst in laute Worte auszubrechen. Bestürzt blickte er die Bürgersfrau an und griff endlich nach dem Hute, der zur Erde gefallen, um davonzueilen.
(E. T. A. Hoffmann: Sämtliche poetischen Werke. Bd. 1. Hg. v. H. Geiger. Emil Vollmer Verlag, Wiesbaden o. J., S. 184–186)

1. Interpretieren Sie den Text. Gehen Sie dabei auf inhaltliche und formale Aspekte ein.
2. Ordnen Sie den Text einer literaturgeschichtlichen Epoche zu und begründen Sie ihre Zuordnung.

Erwartungshorizont

Verstehensleistung

1. Zweiteilung des Textes in Traum und Wirklichkeit, dabei weist der Traum typische Märchenmerkmale auf: Magische Mächte wirken in die Wirklichkeit hinein (Tiere, Pflanzen, Wind und Sonnenstrahlen können sprechen, eine unerklärliche ferne Stimme erklingt); menschliche Qualitäten werden Tieren zugeschrieben (die blauen Augen der Schlange, die eine tiefe Sehnsucht im Helden erwecken); die Vorliebe für Gold und Edelsteine (Smaragde) als Zeichen für Schönheiten in der Natur; die Vorliebe für die Drei als magische Zahl (drei Schlangen, drei Ansprachen der Naturerscheinungen an Anselmus, Z. 64 ff.); formelhafte Wiederholungen („aber du verstandest mich nicht", Z. 65 f., 70, 75 f.), überhaupt Wiederholung als auffallendes Stilmittel.
   Mit der spöttischen Bemerkung der Bürgersfrau wird der Held aus dem Traum und der Leser/die Leserin aus dem Märchen gerissen, auf das er/sie sich bis dahin eingelassen hat. Anselmus' Verhalten (das Umarmen des Holunderbaums), das noch aus der Traum- bzw. Märchenwelt stammt, wird der Lächerlichkeit preisgegeben. Schließlich kehrt er in die Realität zurück, glaubt sich von einem Spuk geneckt und flieht beschämt davon.
   Der auktoriale Erzähler nimmt insgesamt eine neutrale Haltung ein und stellt die beiden Welten unkom-

mentiert nebeneinander. Dabei wird das Märchen von Anfang an von der Figur des „als ob" bestimmt (Z. 7, 11, 43). Der Held befindet sich nicht wirklich in der Märchenwelt, ist eben kein Märchenheld. Vielmehr ist das, was er erlebt, der Anschein eines Märchens, er blickt sozusagen in die Märchenwelt. So versucht er denn auch rationale Erklärungen für die wundersamen Erscheinungen zu finden (Z. 30 ff., 45 ff.). Allerdings zieht das märchenhafte Geschehen ihn mehr und mehr in seinen Bann, wird ab Zeile 52 zur Wirklichkeit für Anselmus. Andererseits heißt es im zweiten Teil: „... und dem Anselmus war es so, als würde er aus einem tiefen Traum gerüttelt ..." (Z. 132 f.). Auch hier zeigt sich die alles dominierende „als ob"-Figur, die den Leser/die Leserin fragen lässt, ob Anselmus' Erlebnis nicht doch etwas anderes als ein Traum war. Märchen und Wirklichkeit bleiben in der Schwebe.

Eine ausreichende Leistung liegt vor, wenn die Zweiteilung des Textes in zwei Bereiche erkannt, der Märchencharakter des ersten Teils in seinen wesentlichen Merkmalen beschrieben und das Verhältnis von Märchenwelt und Wirklichkeit ansatzweise reflektiert wird. Eine gute Leistung liegt vor, wenn der Kunstmärchencharakter durch Hinweise auf Feinheiten der literarischen Gestaltung (Onomatopoesien, Z. 17 ff., 105; Alliterationen, Z. 15, 92 f.; Chiasmus, Z. 95 f.; Synästhesie, Z. 83 f.) herausgearbeitet wird und das Verhältnis von Märchenwelt und Realität intensiver reflektiert wird, etwa durch Einbeziehen der „als ob"-Figur.

2. Zuordnung zur Romantik; Begründung: Vorliebe für das Märchen und alles Märchenhafte; Gegensatz zwischen Bürgerwelt und Poesie bzw. Poetisierung der Welt (der „ehrbaren Bürgersfrau" erscheint Anselms traum- bzw. märchenhaftes Erlebnis als Verrücktheit); Flucht in Fantasie- und Traumwelten; Hingabe an und Verzauberung durch die Natur; Vorliebe für die entgrenzende, die Bereiche vermischende Figur des „als ob"; Gefühlsgenuss und Sehnsuchtsmotiv (Z. 53 ff., 80); Motiv der Ferne (Z. 87, 91); Vorliebe für die Dämmerung mit ihrem diffusen, die Grenzen von Traum und Wirklichkeit auflösenden Licht.

   Ausreichend ist eine Leistung, bei der eine richtige Zuordnung mit einer knappen Begründung unter Hinweis auf etwa drei wichtige Merkmale vorgenommen wird. Eine gute Leistung liegt vor, wenn die Begründung ausführlich und differenziert das romantische Literaturprogramm an dem Text nachweist.

Darstellungsleistung
- übersichtliche und zweckmäßige Anordnung der Teilergebnisse der Analyse und der Textzuordnung
- Kohärenz und Stringenz der Gedankenführung in den beschreibenden, deutenden und einordnenden Teilen
- fach- und sachgerechte Formulierungen auf einer angemessenen Sprachebene
- Richtigkeit der äußeren Sprachform

Vorschlag 2

Joseph von Eichendorff
Die zwei Gesellen (1818)

Es zogen zwei rüstige Gesellen
Zum ersten Mal von Haus,
So jubelnd recht in die hellen,
Klingenden, singenden Wellen
Des vollen Frühlings hinaus.

Die strebten nach hohen Dingen,
Die wollten, trotz Lust und Schmerz,
Was Recht's in der Welt vollbringen,
Und wem sie vorübergingen,
Dem lachten Sinne und Herz. –

Der Erste, der fand ein Liebchen,
Die Schwieger kauft' Hof und Haus;
Der wiegte gar bald ein Bübchen
Und sah aus heimlichem Stübchen
Behaglich ins Feld hinaus.

Dem Zweiten sangen und logen
Die tausend Stimmen im Grund,
Verlockend' Sirenen, und zogen
Ihn in der buhlenden Wogen
Farbig klingenden Schlund.

Und wie er auftaucht' vom Schlunde,
Da war er müde und alt,
Sein Schifflein das lag im Grunde,
So still war's rings in die Runde,
Und über die Wasser weht's kalt.

Es singen und klingen die Wellen
Des Frühlings wohl über mir;
Und seh ich so kecke Gesellen,
Die Tränen im Auge mir schwellen –
Ach Gott, führ uns liebreich zu Dir!

(Joseph von Eichendorff: Sämtliche Gedichte. Hg. v. Wolfdietrich Rasch. dtv, München 1975, S. 56)

1. Entwickeln Sie den gedanklichen Aufbau des Gedichts und erläutern Sie seine Aussage.
2. Untersuchen Sie, wie die formale und sprachliche Gestaltung des Gedichts seine Aussage unterstützen.
3. Arbeiten Sie die Lebensplanung der beiden „Gesellen“ unter Berücksichtigung epochenspezifischer Wertmaßstäbe heraus.

Erwartungshorizont

1. Eichendorff zeigt unterschiedliche Lebenswege zweier Wandergesellen. Ausgangssituation ist ein Stimmungsbild des Aufbruchs im Frühling; Tatendrang und Lebenslust stehen in direktem Zusammenhang mit der Jahreszeit. Die Pläne der beiden Burschen werden in der zweiten Strophe als Ergebnis ethisch-moralischer Werte geschildert (Streben „nach hohen Dingen“). Die dritte Strophe zeigt die schließliche Lebensstation des ersten Gesellen: Er heiratet, gewinnt Eigentum auf dem Lande und bekommt einen männlichen Erben, sodass er sorglos und zufrieden in die Zukunft schauen kann. Einerseits entspricht das den Idealen, die in der zweiten Strophe genannt sind, andererseits ist es fraglich, ob damit tatsächlich die „hohen Dinge“ gemeint sind.
   Deutlich davon abgegrenzt wird das Schicksal des zweiten Gesellen geschildert: Die vierte Strophe zeigt einen Verführten, der den trügerischen Verlockungen erliegt. Verführt von einer „Spaßgesellschaft“, wie wir heute sagen würden, stürzt er tatsächlich ab („Schlund“). Welcher Art diese Verlockungen sind, bleibt unklar, deutlich ist lediglich das weibliche Element der „Sirenen“. Die nächste Strophe führt das Ende des Getäuschten vor, der zu spät aus seinem Lebensstrudel „auftaucht“ und vor einer gescheiterten Existenz steht. Anklingend an die erste Strophe resümiert das lyrische Ich in der letzten Strophe über die beiden Lebenswege; Tränen zeugen von der Gewissheit, dass die jungen Leute auch in der Zukunft wohl Schwierigkeiten haben werden, den richtigen Lebensweg zu finden, wenn sie nicht von Gott geführt werden.

2. Das Gedicht ist formal in sechs gleich gebaute Strophen gestaltet. Metrik und Reimschema (abbab) wirken volksliedhaft. Die Metrik ist unregelmäßig, vorherrschend sind 3-hebige Jamben, unterbrochen von Daktylen. Die a-Kadenzen sind durchgängig weiblich-klingend, die b-Reime männlich-stumpf. Die erste und die letzte Strophe sind parallel gebaut. Im Gegensatz zu den anderen Strophen (im Präteritum) ist die letzte Strophe im Präsens gehalten, Ausdruck für die allgemein gültige Aussage der beispielhaft dargestellten Problematik. Der Imperativ der letzten Zeile weist auf das grundsätzliche, auch in Zukunft geltende Problem hin. Landschaftsbilder (Frühling, Hof–Haus–Feld, Meer–Wasser) können als Ausdruck für reale Erlebnisse gelten, aber auch symbolisch verstanden werden: So stehen Hof–Haus–Feld auf dem Sicherheit bietenden festem Grunde, während Meer und Wasser als Sinnbilder für Sehnsucht, aber auch Unsicherheit gelten. Die vorherrschenden Assonanzen mit den hellen Vokalen e und i kennzeichnen die unbeschwerte Welt vor allem des ersten Gesellen, während die der dunklen, unheilvoll klingenden Vokale o und u die Verse prägen, die dem zweiten Gesellen gewidmet sind. Weitere auffällige Stilmittel: Epipher, die Verkleinerungsformen in der dritten Strophe können auf eine ironisierende Betrachtung der beschriebenen Idylle hinweisen. Oxymoron („farbig klingender Schlund“) verweist auf die poetisierte Vorstellung romantischer Welterfahrung. Antiethisches „sangen und logen“ äußert die dialektische Spannung zwischen epochentypischen Idealen und trügerischer Realität.

3. Eichendorff entwickelt hier entsprechend romantischer Vorstellungen die Sehnsuch nach neuen sinnstiftenden Wegen und Lebenszielen. Dieser Lebenssinn ist jedoch nicht unabhängig von gesellschaftlichen Normen zu finden und gelingt letztlich nur in der Besinnung auf religiöse Werte und Gottvertrauen. Von ungebrochener Aktualität ist Eichendorffs Warnung, in jugendlichem Überschwang und oberflächlicher Unbedachtheit den verlockenden Reizen der Welt (Fun-Gesellschaft!) zu erliegen, was nur ins Unglück führen kann.

2 Von der Aufklärung zum Vormärz (1720–1848)

Konzeption des Kapitels B III 2.5: Biedermeier und Vormärz (1830–1848)

Dieses Kapitel schließt die Zeit des großen Epochenumbruchs ab, in der die bürgerliche Gesellschaft und die bürgerliche Kultur sich etablieren. Die beiden mächtigen Traditionsströme der bürgerlichen Literatur haben sich herausgebildet, die unterschiedliche Reaktionen auf die als defizitär erlebte Welt darstellen: einerseits Aufbau einer Gegenwelt des schönen Scheins in Poesie und Kunst, andererseits offene Kritik an den Zuständen mit dem Appell zur Veränderung. In der gesellschaftlich-politisch sehr bewegten Zeit zwischen 1830 und 1848 treten diese beiden Strömungen in einem gewissen Widerstreit klar hervor. Ästhetische Ideale der „Kunstperiode", wie Heinrich Heine die Zeit der Klassik und Romantik nannte, finden im so genannten **Biedermeier** ihren Nachklang, während gesellschaftskritische Tendenzen, die schon in der Aufklärung und – radikaler noch – im Sturm und Drang entwickelt wurden, in der politischen Dichtung des **Vormärz** das Eingreifen in die öffentlichen Dinge fordern. Die beiden literarischen Strömungen stehen in deutlichem Kontrast zueinander und sollten in diesem Spannungsfeld den Schülerinnen und Schülern Aufschluss darüber geben, welche Grundpositionen Literatur einnehmen konnte und einnehmen kann: Weltflucht oder konkretes Engagement.

Literaturhinweise

Deutsche Dichter. Leben und Werk deutschsprachiger Autoren, Bd. 5: Romantik, Biedermeier und Vormärz. Hg. v. Gunter E. Grimm und Frank Rainer Max. Reclam, Stuttgart 1989

Heine in der Schule. Der Deutschunterricht, Heft 5/1997

Jost Hermand (Hg.): Der deutsche Vormärz. Reclam, Stuttgart 1967

Bruno Kaiser (Hg.): Die Achtundvierziger. Ein Lesebuch für unsere Zeit. Berlin/Weimar 1973

Helmut Koopmann: Das Junge Deutschland. Wissenschaftl. Buchgesellschaft, Darmstadt 1993

Florian Vaßen (Hg.): Restauration, Vormärz und 48er-Revolution. Die deutsche Literatur. Ein Abriss in Text und Darstellung. Bd. 10. Reclam, Stuttgart 1975

Texte/Gegenstände

S. 312 2.5.1 Die Literatur des Biedermeier
- *Annette von Droste-Hülshoff:* Der Weiher
- *Nikolaus Lenau:* An den Frühling
- *Ludwig Richter:* Der Landmann bei der Aussaat
- *Franz Grillparzer:* Der Halbmond glänzet am Himmel
- *Eduard Mörike:* Denk es, o Seele!

Intentionen

- sich über politische und gesellschaftliche Verhältnisse informieren
- Motive und Aussagen der Textbeispiele erschließen und im Zusammenhang mit den historischen Gegebenheiten verstehen
- traditionelle („gebundene") Formen der Lyrik als stilprägend erfassen und beurteilen
- Motive und Aussagen von Lyrik und zeitgenössischer Abbildung erfassen und vergleichen
- Möglichkeiten und Grenzen des Eskapismus erörtern
- Tendenzen der Trivialisierung herausarbeiten, und – vor allem hinsichtlich negativer Entwicklungen im Lauf des 19. und 20. Jahrhunderts – erklären und kritisieren
- weitere Textbeispiele vergleichend heranziehen

Texte/Gegenstände

S. 315 2.5.2 Die Literatur des Vormärz

S. 315 Frühe Formen gesellschaftskritischer Reportage
- *Bettina von Arnim:* In der Armenkolonie
- *Wilhelm Wolf:* Das Elend und der Aufruhr in Schlesien
- *Käthe Kollwitz:* Ein Weberaufstand

S. 319 Der Weberaufstand: Beispiele politischer Lyrik
- Das Blutgericht. Lied der schlesischen Weber
- *Georg Weerth:* Das Hungerlied
- *Heinrich Heine:* Die schlesischen Weber
- *Louise Aston:* Lied einer schlesischen Weberin

S. 321 „Friede den Hütten ...": Agitation in Flugschrift und Schauspiel
- *Georg Büchner:* Der Hessische Landbote
- *Georg Büchner:* Dantons Tod

Intentionen

- sich die sozialen Verhältnisse und Vorgänge des Vormärz vergegenwärtigen und sich über den zeitgeschichtlichen Kontext informieren
- Aufbau, Darstellungsweise und Intentionen der Texte herausarbeiten und mit der Gattung Reportage in Beziehung setzen
- die Texte mit neueren Beispielen der Gattung Sozialreportage vergleichen
- Gedichte im Hinblick auf Sprecherrolle und Adressaten, inhaltlichen Aufbau, Sprechweise und Stilmittel sowie Wirkungsabsicht vergleichend analysieren
- Grundmöglichkeiten politischer Lyrik reflektieren und problematisieren
- Adressatenbezug, Argumentationsstrategie, rhetorische Mittel und Intentionen einer politischen Flugschrift erfassen
- sich über die Wirkung einer Flugschrift und die Folgen für die Initiatoren informieren
- die revolutionäre Gewalt als Thema einer Dramenszene erkennen und kontroverse Positionen beschreiben
- die Argumentationsstruktur und die rhetorischen Mittel einer Rede als Gründe für ihre Wirkung analysieren
- sich über Büchners zwiespältiges Verhältnis zur revolutionären Gewalt informieren

▷ S. 311 1./2. Die Diskussion um gesellschaftskritische und eskapistische Literatur sollte dazu führen, die beiden Traditionsstränge, die in der Gleichzeitigkeit von Biedermeier und Vormärz zum ersten Mal als widerstreitende Grundrichtungen der Literatur hervortreten, nicht als antagonistisches Oppositionspaar zu verstehen und in der Bevorzugung der einen Richtung nicht die andere als minderwertig abzutun. Beide erfüllen für den einzelnen Leser/die einzelne Leserin wichtige Aufgaben und beide gehen von einem Ungenügen an der Welt aus, sie gehen auf Distanz zu dieser Welt und schaffen damit die Befreiung, die nötig ist, alles aus verändertem Blickpunkt zu sehen. Darin liegt ihre gemeinsame Leistung.

2.5.1 Die Literatur des Biedermeier

▷ S. 312 *Annette von Droste-Hülshoff:* **Der Weiher** (1838)
▷ S. 312 *Nikolaus Lenau:* **An den Frühling** (1838)
▷ S. 313 *Franz Grillparzer:* **Der Halbmond glänzet am Himmel** (1827)
▷ S. 313 *Eduard Mörike:* **Denk es, o Seele!** (1852)

▷ S. 314 1. ***Droste-Hülshoff:* Der Weiher**

- Unberührte Natur, friedlich, still
- belebte und unbelebte Natur im Einklang, vergleichbar einem frommen Gewissen
- weitere personifizierte Vergleiche: Weste (wohl Westwinde) küssen; Natur kann fühlen, tanzen, horchen, flüstern
- Ausdruck von (dreifach beschworenem) Frieden
- Das lyrische Ich steht gleichsam in verehrungswürdiger, distanziert betrachtender Haltung vor dem Idealbild.

***Lenau:* An den Frühling**

- Das lyrische Ich kommuniziert mit dem Frühling wie mit einem vertrauten Freund.
- Die Gewissheit über die Unberührtheit und heilsame Natürlichkeit ist erschüttert.
- Die Eisenbahn – als typisches Erscheinungsbild für die industrielle Revolution – bedroht die Natur.
- Der Frühling wird (rhetorisch?) befragt, wie es wohl mit der Natur und dem Menschen weitergehen wird.
- Trotz der groben Eingriffe durch Mensch und Technik „lächelt“ und „jubelt“ die unschuldige Natur, auch wenn das lyrische Ich große Zweifel für die Zukunft hegt

Zur formalen Unterscheidung siehe ▷ S. 220–223.

Droste-Hülshoff:

- nicht in einzelne Strophen unterteilt (→ Ausdruck der ungestörten Einheit der Natur)
- 12 Verse (Zahl göttlicher Harmonie! Vgl. 12 Stämme Israels, 12 Apostel)
- gebundene Sprache
- Versmaß; 4-hebiger Trochäus (unterstreicht in seiner regelmäßigen, feierlich wirkenden Betonung die Naturidylle)

Lenau:

- Gedicht mit 13 Strophen (Symbolik der Zahl 13: Unglückszahl!)
- gebundene Sprache
- regelmäßig gebaute Strophen: jeweils 4 Verse; Endreime als Kreuzreim (abab, cdcd, ...)
- Versmaß: 4-hebiger Jambus (Ausdruck vorwärts drängender Stimmung, entspricht dem Tempo der einsetzenden Technik, hier der Eisenbahn)

- Endreim:
  ungleiches Reimschema (abbaccddefef)
- unregelmäßige Kadenzen (bb / ff = weiblich, alle anderen männlich)
  (Ausdruck unterschiedlicher Aspekte der Natur, die trotzdem in sich in absoluter Harmonie zu sehen sind)
- häufige Klangfiguren der Alliteration unterstreichen die feierliche Sprache

- Fragen (1. Strophe, 7.–11. Strophe) und Ausrufe (4. Strophe)
  (Ausdruck eines emotional aufgewühlt geführten Dialogs; wirkt spannungsvoll)
- Klangfiguren der Alliteration sind seltener
  (Ausdruck liedhafter Harmonie wird nicht so gesucht)

2. ***Grillparzer:* Der Halbmond**

- Das lyrische Ich spricht mit dem Mond.
  Zweck des Gesprächs: Vergleich der Form des Halbmondes mit der Empfindung über die „Halbheiten“ im eigenen Leben
- Halbmond = Symbol für das eigene Leben
- „neblicht und kalt“ = negatives Stimmungsbild der resümierenden Selbstbespiegelung
- als unzureichende Halbheiten werden empfunden:
  - die ethische Zuordnung in gut und böse
  - die Freuden des Lebens in Verbindung mit Reue und Vergänglichkeit
  - das eigene Künstlertum
  - die Zerrissenheit der Seele, die sogar letztendlich von sinnentleerter Leere bedroht wird

***Mörike:* Denk es, o Seele!**

- Das lyrische Ich spricht mit der (eigenen?) Seele im Sinne des memento mori (▷ S. 251)
  Zweck des Gesprächs: Sich der eigenen Vergänglichkeit und auch eines plötzlichen Todes trotz aller Vitalität von Flora und Fauna bewusst werden
- ein grünendes Tännlein und ein blühender Rosenstrauch = Ausdruck für täuschende Lebensfreude
- ein begrüntes und blühendes Grab als sehr reale Möglichkeit = Ausdruck für das memento mori („Gedenke des Todes mitten im blühenden Leben!“)
- zwei schwarze Rösslein = nicht nur der Ausdruck für Lebensfreude („In munteren Sprüngen“), sondern für das Bewusstsein der Beerdigung
  → Die anscheinend so vitale Natur darf nicht darüber hinwegtäuschen, dass der Mensch mitten im Leben dem Tode sehr nahe sein kann.
- (Nicht ausgesprochen sind praktische Konsequenzen einer Lebensführung in diesem Bewusstsein.)

2.5.2 Die Literatur des Vormärz

Frühe Formen gesellschaftskritischer Reportage

▷ S. 315 *Bettina von Arnim:* **In der Armenkolonie** (1843)
▷ S. 316 *Wilhelm Wolf:* **Das Elend und der Aufruhr in Schlesien** (1844)

▷ S. 318 1. a) Aufbau und Inhalt der Reportagen:

In der Armenkolonie

1. Teil (Z. 1–15): Einleitender Überblick
   - Hinweise auf das Vogtland als Armenkolonie (Z. 1–4)
   - Warnung vor der Zusammenballung und Ausgrenzung der Armen (Z. 4–9)
   - Fokussierung auf die „Familienhäuser" als Beispiele besonderer Enge (Z. 9–15)

2. Teil (Z. 16–106): Darstellung zweier Familien als Beispiele
   - Kellerstube Nr. 3: Holzhacker-Familie (Z. 18–46)

     Merkmale des Pauperismus:
     - Familiensituation: Ehepaar und 16-jährige Tochter
     - Bericht des Vaters über Arbeitsunfähigkeit, ökonomischen Ruin, Verlust der Mietwohnung und Umzug ins Familienhaus, Zuschuss der Armendirektion
     - Gesamteinnahmen aus diesem Zuschuss, Gelegenheitsarbeiten, Arbeit der Frau und der Tochter: sechseinhalb Taler
     - Kosten für die Stube im Familienhaus, Kartoffeln als Nahrungsmittel, Brennholz: fünfeinhalb Taler
   - Stube Nr. 33: Tischler-Familie (Z. 47–106)

     Merkmale des Pauperismus:
     - Scham der Familie über ihre Lage (Selbstisolation) und Kommentar der Verfasserin dazu
     - Hinweis auf die überraschende, außergewöhnliche Reinlichkeit der Stube
     - Bericht der Mutter, die ein krankes Kind pflegt, über Entlassung ihres Mannes, seine Tagelöhnerarbeit als Farbenreiber, den Verkauf von Kleidern, Betten und Werkzeug im letzten Winter
     - Familiensituation: sieben Kinder, zwei davon lange krank
     - Klage der Mutter über den Hunger der Familie und die Drohung des Verwalters, sie wegen Mietrückstandes hinauszuwerfen
     - Hinweis der Mutter auf fehlende Unterstützung durch die Armendirektion und auf die Armensuppe als einziges Nahrungsmittel

Das Elend und der Aufruhr in Schlesien

1. Teil (Z. 1–78): Vorgeschichte des Weberaufruhrs in Peterswaldau
   - Namen der Dörfer, in denen die Not der Arbeiter am größten ist
   - Rückblick auf einen ersten kleinen Aufstand in Bielau
   - genaue Hinweise zu den Lohndrückermethoden der Fabrikanten Zwanziger in Peterswaldau
   - Ausdruck der Empörung durch den Verfasser über den Gegensatz von reichen Nichtstuern und armen Arbeitern (Kommentar)
   - detaillierte Darstellung des Reichtums der Zwanziger
   - Wiedergabe nicht verbürgter Zitate der Zwanziger zur Verhöhnung der Weber

2. Teil (Z. 78–131): Nacherzählung von Augenzeugenberichten zum Weberaufstand in Peterswaldau
   - wiederholtes Absingen des Weberliedes vor dem Hause der Zwanziger
   - Prügelstrafe für einen der Beteiligten im Hause Zwanziger und Übergabe an die Ortspolizei
   - Marsch der Weber am 4. Juni zum Hause der Zwanziger: Forderung nach höheren Löhnen und einem Geschenk

  - nach Ablehnung dieser Forderungen Sturm auf das Haus der Zwanziger: Zerstörung und Plünderung
  - Flucht der Zwanziger, die in keinem Nachbarort aus Angst vor den Webern aufgenommen werden

b) Hier ergibt sich eine erste Möglichkeit zur fächerverbindenden Zusammenarbeit mit dem Fach Geschichte. Geeignete Materialien:
  - *Handbuch der deutschen Wirtschafts- und Sozialgeschichte.* Hg. v. Hermann Aubin und Wolfgang Zorn. Union Verlag, Stuttgart 1971
  - *Hans-Ulrich Wehler:* Deutsche Gesellschaftsgeschichte. Bd. 2: 1815–1845/49. C. H. Beck, München 1987
  - *Sigrid und Wolfgang Jacobeit:* Illustrierte Alltagsgeschichte des deutschen Volkes 1810–1900. Pahl-Rugenstein Verlag, Köln 1987

2. **Darstellungsweise**

Gemeinsamkeiten in der sprachlichen Darstellungsweise:
- Hinweis auf die Authentizität und Wahrhaftigkeit des Dargestellten: bei Bettina von Arnim durch Hinweis auf die eigene Recherche vor Ort (Z. 16) und bei Wilhelm Wolf durch Hinweis auf den Bericht glaubhafter Augenzeugen, für die sich der Verfasser verbürgt (Z. 78–81)
- Detailgenauigkeit und die Tendenz zu Aufzählungen (Z. 50 ff., 76 ff.; Z. 63 f., Z. 103 ff.)
- exakte Zahlenangaben (Z. 35 ff.; Z. 27 ff.)
- indirekte Wiedergabe von Äußerungen der Beteiligten (Z. 93 ff.; Z. 67 ff.)
- Kommentare (Z. 4 ff., Z. 51 ff.)

Unterschied: In Bettina von Arnims Text spielt das Ich der Reporterin eine größere Rolle, der gesamte Bericht basiert auf einer eigenen Recherche vor Ort, auf persönlichem Augenschein, ergänzt durch Interviews der Betroffenen. Das Ich ist zumindest unterschwellig im gesamten Text anwesend, was den Eindruck stärkerer Subjektivität hervorruft. Wilhelm Wolfs Reporter-Ich taucht im Text nur an zwei Stellen auf: in der sich verbürgenden Anmerkung zur Glaubwürdigkeit der Augenzeugen (Z. 78–81) und im Kommentar (Z. 41–59). Der gesamte Bericht wirkt weniger von der subjektiven Wahrnehmung des Schreibers geprägt. Nach heute gängiger Definition der Gattung „Reportage", zu der die eigene Recherche vor Ort und damit das subjektive Erleben der Atmosphäre des Schauplatzes unerlässlich dazugehört, fiele nur Bettina von Arnims Text darunter. Wilhelm Wolfs Bericht entspricht lediglich einem erweiterten Reportagebegriff.

Haltung der Verfasser

Bettina von Arnim ist um eine sachliche Wiedergabe dessen bemüht, was sie selbst gesehen und von den Betroffenen gehört hat. Sie beschränkt sich auf zwei vorsichtige Kommentare, in denen sie indirekt vor der gesellschaftlichen Brisanz der Gettoisierung der Armen warnt („Das aber scheint gleichgültig zu sein ...", Z. 4 ff.) und die falsche Scham der Armen beklagt („Es ist leider jetzt so ...", Z. 51 ff.). Ihre Haltung ist die einer von Mitleid geprägten Sympathie, die dadurch bestärkt wird, dass die Bewohner der Familienhäuser sich der bürgerlichen Tugend der „Reinlichkeit" (Z. 54) überraschenderweise als fähig erweisen.

Wilhelm Wolf ergreift deutlicher Partei für die in Not Geratenen und klagt direkt die Schuldigen an, z. T. sogar mit Namen. Sein Kommentar ist von einem emotionalen Gestus der Anprangerung geprägt („Ach! wenn mich doch einer belehren wollte, warum der faulenzende Sohn reicher Eltern ...", Z. 41 ff). Selbst die Gewalttätigkeit der aufrührerischen Weber wird im Bild des „Stroms [, der] über seine Ufer [trat]" (Z. 90) als eine Art Naturereignis akzeptiert.

Intentionen

Bettina von Arnim, die sich in ihrem Buch an den „allergnädigsten König" wendet (▷ S. 315, Vorspann), will die Situation der Armen veranschaulichen und Mitleid erwecken, um Reformen herbeizuführen, die von einer patriarchalischen Obrigkeit vorgenommen werden sollen.

Wilhelm Wolf klagt agitatorisch die Reichen, Gutsbesitzer, Kapitalisten und Staatspensionäre an (Z. 42 ff.) und fordert indirekt zum revolutionären Angriff auf das bestehende Gesellschaftssystem auf.

3. Sozialkritische Reportagen, die auf Missstände in unserer Wohlstandsgesellschaft, häufiger aber noch auf Elend und Not in anderen Regionen der Welt hinweisen, lassen sich in allen Medien finden. Will man intensiver auf die Gattung Reportage und ihre Geschichte eingehen, bieten die in Buchform erschienenen Reportage-Klassiker von Egon Erwin Kisch und Günter Wallraff beispielhaftes Material. Ein umfangreiches gattungstypologisches Repertoire von Schreibhaltungen, Intentionen und Darstellungsweisen kann so entfaltet und auf die Anfänge sozialkritischer Gebrauchsliteratur im Vormärz zurückbezogen werden.

Der Weberaufstand: Beispiele politischer Lyrik

▷ S. 319 **Das Blutgericht.** Lied der schlesischen Weber (1844)
▷ S. 319 *Georg Weerth:* **Das Hungerlied** (1844)
▷ S. 320 *Heinrich Heine:* **Die schlesischen Weber** (1844)
▷ S. 320 *Louise Aston:* **Lied einer schlesischen Weberin** (1846)

▷ S. 321 1. **Sprecherrolle und Adressat**

- Das Blutgericht: Der Sprecher bleibt anonym, wird im Text nicht als „Ich" oder „Wir" greifbar, spricht von den Armen (V. 15, 18, 38, 44) bzw. dem armen Webersmann (V. 25) in der dritten Person; ab Strophe 4 wird das Gedicht von der Ansprache an die textimmanenten Adressaten beherrscht („Ihr Schurken ...", V. 13 ff.). Es handelt sich um die Fabrikanten, von denen einer sogar namentlich genannt wird (V. 9).
- Weerth: Sprecher ist das kollektive „Wir" der Hungerleider; textimmanenter Adressat ist der König, der für Brot sorgen soll.
- Heine: In den ersten beiden Versen, die damit eine Einleitung bilden, ist der Sprecher ein außenstehender Berichterstatter, dann wechselt die Sprecherrolle zum kollektiven „Wir" der Weber. Adressat ist die anonym bleibende Allgemeinheit.
- Aston: Die Sprecherin in der Form des lyrischen Ichs ist eine junge Weberin. Ein Adressat wird zunächst nicht direkt angesprochen, ist also der anonyme Hörer bzw. Leser; in den letzten beiden Strophen wird als textimmanenter Adressat der Himmel (V. 42) bzw. Gott (V. 53) angesprochen.

Thema/Motive und inhaltlicher Aufbau

- Das Blutgericht: Elend und Ausbeutung der Weber/Blutgericht und Folterstätte als Bilder für die Orte der Weber (1.–3. Strophe); der Hunger der Armen als Folge des Prassens der Reichen (4.–6. Strophe); die Methode der Lohnkürzungen bei angeblich schlechter Arbeit (7.–9. Strophe); zusammenfassender Hinweis auf das Elend der Armen und die Erbarmungslosigkeit der Reichen (10.–11. Strophe); Erinnerung an die Vergänglichkeit des Reichtums und die Rechenschaft beim Jüngsten Gericht (12.–13. Strophe)
- Weerth: Der Hunger der Armen/Einleitende Anrede an den König, um ihn zu informieren (V. 1 f.); Aufzählung der Wochentage als Hungertage (V. 3–8); abschließende Drohung an den König, für Brot zu sorgen oder dem Hunger der Armen zum Opfer zu fallen (V. 9–12)
- Heine: Die Bedrohung der alten gesellschaftlichen und staatlichen Ordnung durch die Weber/1. Teil des Rahmens: Die Wut der Weber und ihr Hinarbeiten auf den Untergang Deutschlands (1. Strophe); Binnenteil: der dreifache Fluch der Weber: 1. Absage an Gott als den Gott der Reichen, der die Armen nur verhöhnt (2. Strophe), 2. Aufkündigung des Gehorsams gegenüber dem König, der die Not durch Steuern verschärft und als Verbündeter der Reichen das staatliche Gewaltmonopol missbraucht (3. Strophe), 3. Absage an das Vaterland als Ort der Zerstörung aller natürlichen und menschlichen Werte (4. Strophe); 2. Teil des Rahmens: Wiederholung der Eingangsdrohung mit der Variante, dass das alte Deutschland dem Untergang geweiht ist, d. h., dass ein neues Deutschland entstehen soll (5. Strophe)
- Aston: Das elende Leben einer jungen Weberin/Elegisches Stimmungsbild nach den Mühen des Tages (1.–2. Strophe); Erinnerung an den Tod des Vaters und des Geliebten und an die verständnislose Reaktion der Leute (3.–4. Strophe); Versuch der sexuellen Ausbeutung der Notlage durch den Fabrikanten (5. Strophe); Bitte an Gott um moralische Widerstandskraft oder um den Tod, wenn er anders die Not nicht beenden kann (6.–7. Strophe)

Kennzeichnende sprachliche Mittel

- Das Blutgericht: Volksliedstrophe (Parodie auf das damals populäre Lied „Es liegt ein Schloss in Österreich") mit Wechsel von vierhebigem und dreihebigem alternierendem Vers; regelmäßiger Kreuzreim mit Ausnahme der 6. Strophe; regelmäßiger Wechsel zwischen stumpfer und klingender Kadenz; überwiegend Zeilenstil; Umgangssprache, mit Schimpfwörtern („Schurken", „Satansbrut", V. 13; „Kujone", V. 14; „Kannibalen", V. 42), Vulgärausdrücken („fresst", V. 15) und vorgeprägtem Sprachgut („Am Hungertuche nagen", V. 36; „euer Geld und euer Gut", V. 45; „Wie Butter an der Sonne", V. 47); emphatisches Sprechen mit vielen Ausrufen und rhetorischen Fragen; Wiederholungen, Parallelismen mit Anaphern, einfache Vergleiche bzw. Metaphern (Eingangsbild vom Gericht) als einzige rhetorische Figuren
- Weerth: Volksliedstrophe mit durchgehend dreihebigen Versen, aber unregelmäßiger Wechsel in den Füllungen (ein- und zweisilbig); regelmäßiger Kreuzreim; regelmäßiger Wechsel von klingender und stumpfer Kadenz; einfache Sprache; emphatisches Sprechen mit Ausrufen und einer rhetorischen Frage; Aufzählung, Wiederholungen, Parallelismen mit Anaphern als einzige rhetorische Figuren, sarkastisch-groteske Ironie in der Schlusspointe als auffallendes Stilmittel
- Heine: Liedhafte regelmäßige Strophe mit Refrain, Vierheber mit unregelmäßigen Füllungen (ein- und zweisilbig); regelmäßige Paarreime; Wechsel zwischen klingender und stumpfer Kadenz bis auf die letzte Strophe, dort nur stumpfe Kadenzen; kunstvolle Struktur aus Rahmen und drei Binnenstrophen (s. o.); kunstvoll-rhetorische Sprache mit verfremdender Bildlichkeit („fletschen die Zähne", V. 2; Personifikation Deutschlands, V. 3 u. 23, auch V. 16–19) und Variatio („Deutschland" – „Altdeutschland", V. 3, 23)
- Aston: Achtzeilige, regelmäßige Strophe mit dem Reimschema a b c b d e f e (eine Art doppelter Volksliedstrophe); regelmäßig alternierender Dreiheber; regelmäßiger Wechsel von klingender und stumpfer Kadenz; einfache Sprache, aber von einem romantischen Ton und romantischem Vokabular geprägt (Berge, rauschender Mühlbach, Mond, Lampe, Schrein: 1. Strophe; Nacht, geträumt, „weiß nicht, was ich gedacht": 2. Strophe; sanft und selig, „nicht wieder ist er kommen": 3. Strophe etc.); Grundstruktur eines Erinnerungsmonologs mit epischen Elementen (2.–4. Strophe)

Wirkungsabsicht

- Das Blutgericht: Aufrütteln der Leser/innen/Hörer/innen durch die krasse Darstellung des Elends und die agitatorische Anklage der (namentlich genannten) Schuldigen; der darin indirekt enthaltene Appell zur Änderung der Zustände wird am Ende umgebogen in eine Vertröstung auf die jenseitige Wiedergutmachung; damit Bestätigung tradierter christlicher Vorstellungen
- Weerth: Eine Art Ultimatum an den König, die Not zu beseitigen; indirekter Appell an das Kollektiv der Hungernden zum politischen Aufruhr (Sturz des Königs)
- Heine: Androhung des bevorstehenden Umsturzes, der das ganze System betrifft; indirekter Appell an alle Unterdrückten, sich der Revolution für ein neues Deutschland anzuschließen
- Aston: Elegische Klage über die eigene Notlage; indirekter Appell an das Mitleid der Leser/innen/Hörer/innen; eine Änderung wird ganz in Gottes Hand gelegt, resignativer Todeswunsch am Ende

2. Eine tabellarische Übersicht lässt sich auf der Basis der Stichwortsammlungen zu den vier Analysekategorien unter Aufgabe 1 erstellen. Am Ende müsste deutlich werden, dass die Gedichte „Das Blutgericht" und „Lied einer schlesischen Weberin" in Struktur und Gehalt trotz einiger Unterschiede zusammengehören (detaillierte Darstellung des Elends, Verharren in tradierten christlichen Vorstellungen, kein Appell zur gesellschaftlichen und politischen Veränderung) und die Gedichte von Weerth und Heine (Drohung an das herrschende System durch das Kollektiv der Hungernden und Ausgebeuteten und indirekter Appell zur Veränderung = operative politische Lyrik)

„Friede den Hütten …“: Agitation in Flugschrift und Schauspiel

▷ S. 321 *Georg Büchner:* **Der Hessische Landbote** (1834)
▷ S. 322 **Anonyme Karikatur um 1830**

▷ S. 323

1. Adressaten: Die Flugschrift wendet sich zu Beginn an alle Bewohner Hessens („dem hessischen Lande“, Z. 4), macht dann aber mit der Parole (Z. 23) und der Zweiteilung der Bevölkerung in Bauern und Handwerker einerseits und Fürsten und Vornehme andererseits (Z. 26 f.) deutlich, dass sie sich nur an Erstere richtet. Diese Bauern und Bürger werden mit dem Volk gleichgesetzt (Z. 35), die „Vornehmen“ fallen also nicht unter diesen Volksbegriff. Auch stellt sich das Bürgertum als geteilt dar: Ein Teil wird mit den Bauern gleichgesetzt (Handwerkertum) und gehört zum Volk; der andere Teil, das höhere Bürgertum, das z. B. in der Funktion von Räten im Dienst des Großherzogs steht, gehört zu denen, die das Volk als ihre Herde betrachten und es schinden (Z. 90 f.). Eine weitere Verengung des Adressatenkreises findet sich in Zeile 41, wo nur noch von den Bauern die Rede ist, die den weitaus größten Teil des Volkes bildeten. Erst nach der dualistischen Aufteilung der Bevölkerung in zwei feindliche Lager werden die Adressaten direkt angesprochen (Z. 96 ff.) und mit dem Vorwurf konfrontiert, die Unterdrückung der Menschen- und Bürgerrechte zu dulden (Z. 99) und Gott zu lästern, wenn sie die Fürsten als Herrscher von Gottes Gnaden anerkennen (Z. 115 ff.). Soziale und politische Ziele der Verfasser: Abschaffung der Ausbeutung des Volkes; Abschaffung der Steuern, mit denen die großherzogliche Regierung das Land auspresst; ein neues Staatsverständnis: Der Staat sind alle, daher soll der Staat das Wohl aller durch Gesetze sichern; Beseitigung der Fürstenherrschaft in Deutschland, die unrechtmäßig die kaiserliche Obrigkeit verdrängt hat; Demokratie und Volkssouveränität

2. Aufbau der Argumentationsstrategie
   1. Anweisungen zum Umgang mit der Flugschrift (Z. 4–22)
   2. Kampfparole, die die Intention der Flugschrift auf eine kurze Formel bringt (Z. 23)
   3. Beschreibung der dualistischen Spaltung der Gesellschaft in Volk und Vornehme, Ausgebeutete und Ausbeuter (Z. 24–44)
   4. Auflistung des Steueraufkommens und Beschreibung der Funktion der Steuern zur Aufrechterhaltung des Ausbeutungssystems (Z. 45–77)
   5. Beschreibung der großherzoglichen Regierung als Unterdrückungsapparat (Z. 78–99)
   6. Entlarvung des Gottesgnadentums als Teufelswerk (Z. 100–124)
   7. Prophezeiung: Beendigung der Fürstenherrschaft zugunsten demokratischer Verhältnisse (Z. 124–128)

   Rhetorische Mittel
   - Antithesen („Das Leben der Vornehmen …“, Z. 31 f. – „das Volk aber“, Z. 35; „ein langer Sonntag“, Z. 32 – „ein langer Werktag“, Z. 41; „Der Bauer“ – „der Vornehme“, Z. 37; „Korn“ – „Stoppeln“, Z. 40)
   - Auflistung genauen Zahlenmaterials (Z. 45–54)
   - Frage und Antwort (Z. 60–69; 78–95)
   - Aufzählungen, häufig dreigliedrig (Z. 41–44; 57; 90 f.), und Akkumulation (Z. 86–88)
   - Vergleiche und Metaphern („als ob“-Figur: Z. 24–31; 32; 36; 41; 42–44; 55 f.; 73–75; 89–91)
   - Anspielungen auf Inhalte und Sprache der Bibel (Z. 24–32; 100–103; 115–118)
   - Berufen auf historische Wahrheiten und Beispiele (Z. 105–107; 120 f.)

3. Geeignete Materialien
   - *Georg Büchner:* 1813–1837. Revolutionär, Dichter, Wissenschaftler. Katalog der Ausstellung Mathildenhöhe, Darmstadt. Verlag Stroemfeld/Roter Stern, Basel – Frankfurt/M. 1987
   - *Gerhard Schaub:* Georg Büchner/Friedrich Ludwig Weidig: Der Hessische Landbote. Texte, Materialien, Kommentar. Carl Hanser Verlag, München 1976
   - *Hans Mayer:* Georg Büchner und seine Zeit. Suhrkamp, Frankfurt/M. 1972

Georg Büchner: **Dantons Tod** (1835) ▷ S. 323

1. a/b) **Problem: revolutionäre Gewalt** ▷ S. 324

St. Justs Position
Die revolutionäre Gewalt ist berechtigt und notwendig.
Der Fortschritt der Menschheit, vom Weltgeist gelenkt, fordert seine Opfer.
Die Revolution beschleunigt den Fortschritt, daher häufen sich während ihres Ablaufs die Opfer.
Kein Mensch und keine Klasse hat Vorrechte; wer den Gang der Revolution aufhält, muss eliminiert werden.
Ziel der Revolution ist die Abschaffung der Tyrannei auf der ganzen Welt.

Dantons Position
Die revolutionäre Gewalt verselbstständigt sich und schlägt in Diktatur um.
Der Weg der Freiheit darf nicht unentwegt Gräber hinterlassen.
Die revolutionäre Gewalt lenkt von der Lösung der elementaren wirtschaftlichen Probleme ab, der Hunger der Massen wird dadurch nicht gestillt.

2. Argumentationsweise
Prämissen: 1. Existenz eines „Weltgeistes" (Z. 27), der die Entwicklung der Natur und die menschliche Geschichte lenkt; 2. Folge daraus: Bestimmung der Geschichte durch Fortschritt (Z. 33–38); 3. Gleichheit aller Menschen (Z. 42 ff.)
These: Die revolutionäre Gewalt (der Einsatz der Guillotine) ist berechtigt und notwendig.
Argument: Das Wirken des Weltgeistes in der Natur und in der menschlichen Geschichte hat Millionen Menschen das Leben gekostet.
Stützung durch Beispiele: Naturkatastrophen (Z. 9–14); die Gründung eines neuen Staates durch Moses (Z. 63–66); der bisherige Ablauf der Revolution (Z. 51–53)
Analogieschluss: Wenn alle Entwicklung in der Natur und in der menschlichen Geschichte bisher ihre Opfer forderten, sind auch die Opfer der Revolution als Teil des Fortschrittsweges der Menschheit (Z. 39–41; 66–68) berechtigt.
Folgerungen: 1. Aufgrund der Gleichheit der Menschen darf kein Einzelner und keine Klasse als Opfer des Fortschritts verschont bleiben (Z. 46–49).
2. In der Revolution als beschleunigtem Fortschreiten der Geschichte steigt die Zahl der Opfer (Z. 39–41; 57–59).
Rhetorische Mittel
- Akkumulation (Z. 9–14)
- Frage-Antwort (Z. 14–19)
- Aufzählung, Parallelismus und Anapher (Z. 20–26)
- Metaphern (Z. 40 f.; 51–57; 57–59; 71–74)
- Anspielung an die Bibel (Z. 63–66, 72 f.)
- Anspielung an den antiken Mythos und die antike Geschichte (Z. 69; 79)

3. Deutlich werden müsste die Kritik Dantons an dem rigorosen Idealismus St. Justs von einem materialistisch-pragmatischen Standpunkt aus. Dabei könnte Danton die Prämissen St. Justs, die Existenz eines Weltgeistes, der die Geschichte lenkt, und den damit verbundenen Fortschrittsoptimismus in Frage stellen. Von da ausgehend könnte er weiter fragen, inwiefern St. Just und seine Parteigänger sich berufen fühlen, sich als Arm des Weltgeistes auszugeben und in dessen Namen die Revolution als eine Art Erziehungsdiktatur zu verstehen, um der Menschheit auf dem rechten Weg voranzuhelfen, wobei dann alle Widerstrebenden beseitigt werden müssen. Er könnte darauf hinweisen, dass das revolutionäre Blutbad im Namen der Fortschrittsideologie verschleiere, dass die konkreten Probleme der Menschen wie die so genannte Magenfrage, die schließlich ein wichtiger Auslöser für die Französische Revolution war, nicht gelöst worden wären.

4. Geeignete Materialien
   - *Georg Büchner:* Dantons Tod. Ein Drama. – In: Kindlers Literaturlexikon. Bd. 6: Reclam, Stuttgart (RUB 6060)
   - Erläuterungen und Dokumente zu Georg Büchner: Dantons Tod. Reclam, Stuttgart (RUB 8104)
   - Interpretationen. Georg Büchner: Dantons Tod, Lenz, Leonce und Lena, Woyzeck. Reclam, Stuttgart (RUB 8415)

Lernerfolgskontrolle/Klausurvorschlag

Robert E. Prutz: **Rechtfertigung** (1842)

Man hat die Poesie verklagt,
Man zürnt mit uns Poeten,
Dass wir mit stolzem Muth gewagt,
Vor unser Volk zu treten:
Dass wir gewagt, mit lautem Ton
Die Schlummernden zu wecken,
Dass wir gewagt, auf ihrem Thron
Selbst Könige zu schrecken.

Schaut um Euch, sagt man: Alles still!
Die Lämmer gehn und grasen,
Die ganze Welt ist ein Idyll,
Was nützt es, Lärm zu blasen?
Ihr ruft zur Schlacht tagaus, tagein.
Wer soll die Schlachten schlagen?
So lasst doch das Trompeten sein,
Es will ja doch nichts sagen.

Die Muse ist ein Weib – wohlan!
Für Weiber ziemt die Klause.
Was ficht denn Eure Muse an?
Was will sie außerm Hause?
Macht Verse wieder, wie zuvor,
Singt: blühe, liebes Veilchen!
Und findet das kein offnes Ohr,
Je nun, so schweigt ein Weilchen. – –

Und wär' es auch, und wär' es so,
Wir wollen doch nicht schweigen!
Doch in die Lüfte stolz und froh,
Soll'n unsre Lieder steigen!
Und wären alle Lerchen stumm
Und alle Nachtigallen,
So soll die Freiheit doch ringsum
Von allen Zweigen schallen!

Was? Wenn der Mond am Himmel steht,
Und wenn die Sternlein flimmern,
Da soll Euch hurtig der Poet
Ein Mondscheinliedchen wimmern:
Doch wenn aus Nacht und Nebel bricht
Der Zukunft goldne Sonne,
Da, wollt Ihr, soll der Dichter nicht
Ausjauchzen seine Wonne?

An jedem Hälmchen, jedem Moos
Soll der Poet sich freuen.
Er soll die Blumen klein und groß
Poetisch wiederkäuen:
Doch wie? wenn der Geschichte Baum
Laut rauscht mit allen Zweigen,
Das freut Euch nicht? das hört Ihr kaum?
Da soll der Dichter schweigen?

Ihr lasst ihn gerne dies und das
Von Rausch und Reben singen,
Und wenn der Wein sich rührt im Fass,
Soll auch die Leier klingen:
Doch wenn der Geist, der ew'ge, gährt,
Dass alle Herzen dröhnen,
Das dünkt Euch nicht Besingens werth,
Da soll kein Lied ertönen?

Ihr hört dem Dichter ruhig zu,
Singt er von Liebesschmerzen,
Ihr kriegt nicht satt sein ewig: Du,
Du, du liegst mir im Herzen:
Doch wenn ein Mann zur Liebsten sich
Die Freiheit hat erkoren,
Da dünkt das Lied Euch kümmerlich,
Da schmerzen Euch die Ohren?

Nun gut, so rutscht denn auf dem Knie.
So räuchert Eurem Fetisch,
Und klagt, die neue Poesie
Sei gar zu unästhetisch:
Wir kümmern uns den Teufel drum,
Wie man uns kritisire,
Und ob ein feines Publicum
Uns höchlich degoutire! –

Dich, deutsche Jugend, Dich allein,
Dich suchen diese Lieder!
Dein Ohr ist wach, Dein Herz ist rein,
Dein Busen hallt sie wieder.
Die Jugend nur, die Jugend nur,
Die Jugend soll uns hören,
Und nicht Kritik und nicht Censur
Soll unsre Lieder stören! –

(Gedichte und Interpretationen. Bd. 4: Vom Biedermeier zum Bürgerlichen Realismus. Hg. v. Günter Häntzschel. Reclam, Stuttgart 1983, S. 178–180)

1. Analysieren Sie das Gedicht unter folgenden Aspekten: Sprecherrolle und Adressat, inhaltlicher Aufbau, die den Text kennzeichnenden sprachlichen Mittel, Wirkungsabsicht.
2. Ordnen Sie das vom Autor vertretene Literaturverständnis literarhistorisch ein und setzen Sie sich damit unter Bezugnahme auf Beispiele dieser Art von Literatur auseinander.

3 Vom Realismus zum Expressionismus (1848–1918)

Konzeption des Kapitels B III 3.1: Bürgerlicher Realismus (1848–1890)

Das Kapitel leitet in den dritten großen Abschnitt der Literaturgeschichte ein, in dessen Zentrum der Epochenumbruch zur Moderne steht. Der Zeit dieses Epochenumbruchs um die Jahrhundertwende gilt das Interesse des Deutschunterrichts in der Oberstufe in der Regel weit stärker als dem Zeitraum davor. Theodor Fontanes Romane gelten in der aktuellen Rezeptionsgeschichte als die einzigen deutschen Beiträge von Rang zum Komplex des bürgerlichen Realismus im Europa des 19. Jahrhunderts. Indessen lohnt eine nähere Beschäftigung mit dieser Epoche auch in Deutschland, zumal wenn im Unterricht ein Werk Fontanes thematisiert wird. Sie lohnt unter dem Aspekt des Nachfragens, was hier mit Realismus gemeint ist und ob bzw. inwiefern sich dieser Realismus von anderen Realismen unterscheidet. Das Kapitel will also nicht nur einen Einblick in eine literarhistorische Epoche geben, sondern auf ein bis heute vielfach diskutiertes allgemeines Problem der Kunst- und Literaturtheorie hinweisen.
Das Kapitel beginnt mit Zitaten, die unterschiedliche Realismuskonzepte schlaglichtartig deutlich werden lassen. Ausgehend davon wird dazu angeregt, sich einen ersten Überblick über die verschiedenen Realismen zu verschaffen und den Konzepten, die sich dahinter verbergen, nachzuforschen. Dann werden zwei programmatische Texte präsentiert, die auf dem Gebiet der bildenden Kunst und auf dem Gebiet der Literatur Grundzüge des bürgerlichen Realismus in seiner deutschen Spielart deutlich werden lassen, den man auch als poetischen Realismus bezeichnet. Ein Gemälde und zwei Auszüge aus epischen Werken bieten exemplarisch Gelegenheit, konkret und im Detail realistische Darstellungsweisen zu untersuchen, mit der Theorie in Beziehung zu setzen und sich mit ihrer Wirkung – auch in eigenen Schreibversuchen – auseinander zu setzen. Ein abschließender Projektvorschlag soll die schon zu Beginn des Kapitels mit dem Balzac-Zitat hergestellte Beziehung zu Formen des bürgerlichen Realismus außerhalb Deutschlands aufgreifen und entfalten.

Literaturhinweise

Hugo Aust: Literatur des Realismus. Metzler, Stuttgart 1981

Richard Brinkmann (Hg.): Begriffsbestimmungen des literarischen Realismus. Wissenschaftliche Buchgesellschaft, Darmstadt 1974

Klaus-Detlef Müller (Hg.): Bürgerlicher Realismus. Grundlagen und Interpretationen. Athenäum, Königstein/Ts. 1981

Wolfgang Preisendanz: Wege des Realismus. Zur Poetik und Erzählkunst im 19. Jahrhundert. Fink, München 1977

Martin Swales: Epochenbuch Realismus. Romane und Erzählungen. Erich Schmidt Verlag, Berlin 1997

Texte/Gegenstände

.326 **3.1 Bürgerlicher Realismus (1848–1890)**

- *Gottfried Keller:* Der grüne Heinrich
- *Theodor Fontane:* Was verstehen wir unter Realismus?
- *Adolph Menzel:* Das Eisenwalzwerk
- *Theodor Fontane:* Frau Jenny Treibel
- *Gottfried Keller:* Romeo und Julia auf dem Dorfe

Intentionen

- den bürgerlichen Realismus des 19. Jahrhunderts als eine Form des Realismus unter vielen begreifen
- sich über verschiedene Realismen informieren und diese gegeneinander abgrenzen
- wesentliche Merkmale des bürgerlichen Realismus in bildender Kunst und Literatur erfassen
- ein Werk der bildenden Kunst mit dem Konzept des bürgerlichen bzw. poetischen Realismus vergleichen
- die Erzählweise in epischen Textauszügen untersuchen und mit dem Konzept des bürgerlichen Realismus vergleichen
- sich mit den Inhalten und Wirkungsabsichten epischer Tesxtauszüge auseinander setzen
- sich über Autoren und Gesamttexte des bürgerlichen Realismus informieren
- eigene realistische Texte schreiben

3.1 Bürgerlicher Realismus (1848–1890)

▷ S. 327

1. **Balzac** betont den reinen Wiedergabecharakter seiner Darstellungsweise. Ein vermittelnder, künstlerisch gestaltender Erzähler wird negiert, das Selbstverständnis des Schriftstellers im Bild des genau und ohne eigenes Zutun mitschreibenden Sekretärs gefasst. Was mitgeschrieben wird, das diktiert die Gesellschaft selbst, d. h. der Autor protokolliert nur die gesellschaftlichen Zustände und Vorgänge seiner Zeit. Die geforderte Schreibhaltung ist Objektivität. Als Thema wird die Gesellschaft genannt. Balzac repräsentiert den bürgerlichen Realismus französischer Prägung, der auf den großen Gesellschaftsroman hin ausgerichtet war.
   Fontane betont ganz im Gegensatz zu Balzac die Wichtigkeit des vermittelnden, künstlerisch gestaltenden Erzählers, der eben nicht nur wie ein Sekretär mitschreibt, was das Leben diktiert. Thema für Fontane ist auch nicht die Gesellschaft, sondern er verwendet den umfassenderen, aber auch unbestimmteren Begriff „Leben“. Man assoziiert damit „Lebenswahrheit“, den „Griff ins volle Menschenleben“, das „Allgemein-Menschliche“. Der Subjektivität wird auf zweierlei Weise Tribut gezollt: Mit dem Erzähler, dessen Rolle als künstlerisch gestaltende Instanz hervorgehoben wird, ist eine subjektive Perspektive verbunden und das Leben, um das es in den Geschichten geht, wird von Subjekten geführt. Fontane vertritt hier den Standpunkt eines poetischen Realismus, obwohl sein Werk als einziges im Deutschland dieser Zeit als Beitrag zum großen europäischen Gesellschaftsroman gelten kann.
   Keller sieht weder im Abschreiben der Wirklichkeit noch in der stilistisch-formalen Gestaltung des Wirklichkeitsstoffs den wahren Realismus. Wichtig für ihn sind Notwendigkeit, Tiefe und Abgeschlossenheit. Damit rückt aber auch er den gestaltenden Künstler in den Vordergrund. Dieser ordnende und komponierende Künstler ist es, der dem aus der Wirklichkeit geholten Stoff einen inneren Zusammenhang, Bedeutung und Sinn sowie eine abgerundete Form gibt. Damit betont er nur eine andere Gestaltungsarbeit des Autors als die sprachlich-stilistische, die er als unzureichend betrachtet. Auch er vertritt damit den poetischen Realismus.
   Brechts realistisches Konzept weicht deutlich von den drei anderen ab. Ihm geht es nicht um eine sich objektiv gebende oder subjektiv künstlerisch gestaltende Wiedergabe der Wirklichkeit, weil damit immer nur die Oberfläche der Dinge dargeboten wird. Er will hinter die Fassaden schauen, die Hintergründe aufdecken, die verborgenen Strukturen und Mechanismen aufzeigen. Damit wird deutlich, dass sein Thema (wie bei Balzac) die Gesellschaft ist. Nur reicht es ihm nicht, diese so abzubilden, wie sie sich darbietet, sondern er will sie durchleuchten, will über die Verhältnisse, wie sie nach gründlicher Erforschung deutlich werden, aufklären. Brecht vertritt damit einen kritischen Realismus.

2. Deutlich werden sollte, dass es nicht *den* Realismus gibt, sondern nur eine Vielzahl von Realismen. Es geht um unterschiedliche Haltungen der Autoren zur Wirklichkeit, um unterschiedliche Wirklichkeitskonzepte und unterschiedliche Wirkungsabsichten. Als gemeinsamer Nenner aller Realismen lässt sich lediglich „eine gewisse erkenntnistheoretische Naivität“ ausmachen, wie Martin Swales (s. u.) schreibt, „die glaubt, dass es so etwas wie ein menschliches Selbst und wie eine materielle Welt gibt, und dass dieses Selbst nicht gefragt wird, ob es in der Materie leben will – es lebt notgedrungen und als Existentielles darin“ (a. a. O., S. 14).
   Neben allgemeinen Lexika und Speziallexika wie Gero von Wilperts „Sachwörterbuch der Literatur“ könnten einzelne Monographien zum Realismus-Problem herangezogen werden (s. Literaturhinweise S. 230 in diesem Handbuch).
   Weitere Realismus-Konzepte finden sich in Heinrich Bölls „Bekenntnis zur Trümmerliteratur“ (▷ S. 390 f.) und in der Darstellung des sozialistischen Realismus (▷ S. 410 ff.). Will man sich intensiver mit der Realismus-Frage auseinander setzen, kann man die Texte ▷ S. 329 ff. und 331 ff. mit den Texten aus dem Naturalismus (▷ S. 337 f. und 338 ff.), aus der Weimarer Republik (▷ S. 371 ff.) und aus der Zeit nach 1945 (▷ S. 390 ff.) bzw. nach 1989 (▷ S. 424 ff.) vergleichen und auf ihren jeweiligen Realismus hin untersuchen.

Gottfried Keller: **Der grüne Heinrich** (1879/80) ▷ S. 327

1. Standpunkt des Onkels: ▷ S. 328
   - Die Zeichnungen sollen die Wirklichkeit exakt abbilden und dabei alle naturwissenschaftlichen Gesetzmäßigkeiten beachten (Z. 17–26)
   - Nicht das Hässliche und Kranke soll sich die Kunst zum Gegenstand nehmen, sondern das Schöne und Gesunde, um „erbaulich" zu wirken (Z. 30–32).

2. Obwohl Heinrich unter freiem Himmel „nach der Natur" zeichnet, fertigt er „Kopfgeburten" an, weil er stilisiert, sich mit seinen „geschwärzten Blättern" (Z. 1) einer Mode anpasst, die ihn „marktschreierische Produkte" (Z. 57) hervorbringen lässt. Der Onkel bringt ihn auf den rechten Weg, indem er ihn seine Besitzung zeichnerisch inventarisieren lässt. Durch diese Art von „Gebrauchskunst" ist Heinrich zu einem genauen Ansehen der Gegenstände gezwungen und zu einer gewissenhaften Detailgenauigkeit bei der zeichnerischen Wiedergabe. Dadurch, dass er das einfache, von keinem Stilwillen überformte Abzeichnen der Dinge lernt, gelangt er zum Wahren. Das aber verschafft ihm die verloren gegangene künstlerische Befriedigung.

Theodor Fontane: **Was verstehen wir unter Realismus?** (1853) ▷ S. 328
Adolph Menzel: **Das Eisenwalzwerk** (Moderne Cyklopen, 1875) ▷ S. 328

1. Realistische Kunst ist die künstlerische Bearbeitung eines aus der Wirklichkeit genommenen Stoffs. Schlüsselbegriffe sind die „Läuterung", womit der Vorgang der künstlerischen Arbeit gemeint ist, und das „Wahre", das durch diese Arbeit am Wirklichkeitsstoff erreicht wird. ▷ S. 329
   Die Wirklichkeit als Gegenstand der Kunst, als ihr Stofffundus, umfasst die Gesamtheit der Welt: die Außenwelt in all ihren Erscheinungen, Kräften und Vorgängen, aber auch die Innenwelt des Menschen.

2. Fontane wendet sich hier gegen die beiden großen Strömungen, die in der Kunst vor der Mitte des 19. Jahrhunderts dominierten: die Kunst des Vormärz, die auf die Misere der politisch-sozialen Verhältnisse in Deutschland aufmerksam machen wollte und in ihrem appellativen Charakter, ihrem Parteiergreifen für die Armen und ihrem Ruf nach Veränderung als „Tendenzkunst" abgestempelt wird (s. Kap. B III 2.5.2) und die Romantik bzw. ihre Fortsetzung in trivialisierter Form.

3. In dem Streitgespräch könnten drei Grundpositionen, die die Diskussion um Wesen und Funktion von Kunst und Literatur seit dem 19. Jahrhundert bestimmen, verdeutlicht werden:
   - Der Standpunkt eines bürgerlichen Realismus, wie ihn Fontane und Keller vertreten, aber ähnlich auch noch Böll in seinem „Bekenntnis zur Trümmerliteratur" (▷ S. 390 f.)
   - Der Standpunkt der von Fontane abqualifizierten „Tendenzliteratur", die im Vormärz ihren ersten Höhepunkt erlebte, im Naturalismus ihre Fortsetzung fand (s. Kap. B III 3.2) und in verschiedenen Formen einer „engagierten Literatur" im 20. Jahrhundert weiterlebte. Hier könnte auch der „sozialistische Realismus" als eine Sonderform subsumiert werden.
   - Der Standpunkt einer dezidiert nicht-realistischen bzw. antirealistischen Kunst, wie sie programmatisch in der Romantik entwickelt wird (s. Kap. B III 2.4) und in neuromantischen Strömungen wie Symbolismus und Jugendstil (▷ S. 352 ff.), in bestimmten Tendenzen des Expressionismus (▷ S. 356 ff.) und in vielerlei Spielarten eines modernen „L'art-pour-l'art" ihre Fortsetzung findet.

4. Adolph Menzels Bild entspricht in exemplarischer Weise Fontanes Realismus-Begriff: Der Künstler wählt als Sujet ein Stück Wirklichkeit seiner Zeit, greift mit dem neuartigen Gegenstand der Fabrikhalle „hinein ins volle Menschenleben", bietet aber keine düstere Elendsmalerei im Sinne der Tendenzkunst, um auf die Misere der ausgebeuteten Arbeiter hinzuweisen, sondern ästhetisiert seinen Gegenstand, gestaltet ihn künstlerisch und unterzieht ihn damit der von Fontane geforderten „Läuterung". Durch eine kontrastive, weit

gefächerte, z.T. leuchtende Farbgebung lenkt er die Aufmerksamkeit des Betrachters auf den äußeren, durchaus farbenprächtig-reizvollen Augenschein eines Wirklichkeitsausschnitts und nicht auf ein soziales Problem. Seine intensive künstlerische Gestaltung vermittelt das von Fontane geforderte Wahre darin, dass das Walzwerk in überzeitlich-mythische Dimensionen gerückt wird, wobei die Arbeiter als „moderne Cyklopen" (s. Titel) erscheinen.

▷ S. 329 *Theodor Fontane:* **Frau Jenny Treibel** (1893)

▷ S. 331 1. **Lebensumstände:**
- aus kleinbürgerlichen Verhältnissen durch Heirat aufgestiegen, also keine Liebesheirat, sondern Ehe aus gesellschaftlichem Ehrgeiz
- Kommerzienrätin, hoher Lebensstandard: reiche Wohnung, Personal, Kutschwagen
- traditionelle Frauenrolle: keine Berufstätigkeit, apolitisch, Herrscherin über Familie und Haushalt

Gefühle/Gedanken:
- Aufsteigermentalität: ängstlich auf Abgrenzung nach „unten" bedacht, Streben nach „oben" (Z. 34)
- Unzufriedenheit mit ihrer auf Wohlstand ausgerichteten, von keinem höheren Sinn erfüllten, als prosaisch (Z. 29 f.) empfundenen Existenz
- Anwandlungen von Sehnsucht nach einem Leben, das auf Kunst und Wissenschaft ausgerichtet ist, bzw. nach einem einfachen, erfüllten Leben (Bild der Plätterin)
- Gefühl äußerster Bedrohung durch die nicht standesgemäße, heimliche Verlobung des jüngeren Sohnes

Aussehen: Der Text lässt auf eine gewisse Korpulenz (Z. 138 f.) schließen; außerdem sind von ihrem ausgeprägten Standesbewusstsein und ihrem gesellschaftlichen Ehrgeiz her eine reiche, auf Repräsentanz bedachte, vielleicht übertriebene Garderobe und ein entsprechender Schmuck zu vermuten.

2. Gezeigt wird eine von Standesunterschieden massiv geprägte Gesellschaft. Hier geht es speziell um die Kluft zwischen Bourgeoisie (Besitzbürgertum) und Bildungsbürgertum. Der Erzähler übt deutlich Kritik an der Bourgeoisie, die durch die Protagonistin repräsentiert wird. Ihre Sehnsüchte nach einem von Kunst und Wissenschaft bestimmten Leben oder nach einem von einfachen Tätigkeiten erfüllten Leben werden in Kommentaren des Erzählers als verlogen-sentimentale Selbsttäuschungen gekennzeichnet (Z. 54–65; 84 f.). Auch lässt er die Titelheldin sich in ihrer typisch bourgeoisen Denkweise selbst entlarven, wenn ihr Schwärmen für das Höhere, für Kunst und Wissenschaft, sich als bloße Spekulation darüber entpuppt, ob das nicht doch „einen feineren Klang" habe (Z. 38 f.). Was sie wirklich von Bildung und den Repräsentanten des Bildungsbürgertums hält, zeigt sich in ihrem panischen Schrecken über die Verlobung ihres vorher noch als langweilig geschmähten Sohnes mit der geistreichen Corinna. Unverkennbar in der Darstellung Jennys, besonders in ihrer Reaktion auf die Verlobung, ist eine gewisse Ironie, die auch die kritische Einstellung des Erzählers erkennbar werden lässt.

3. a/b) Die Fortsetzungsentwürfe wären unter dem Aspekt zu besprechen, ob und wie die Schüler/innen auf den im Textauszug angelegten zentralen Konflikt des Romans eingehen, auf die Frage nach der Heirat Leopolds und Corinnas. Die Schwäche Leopolds, die er in seinem ängstlichen Verhalten der Mutter gegenüber zeigt (Z. 90 ff.), und die in dem Textauszug deutlich werdende Kritik an Jenny als Repräsentantin der Bourgeosie lassen eine Hochzeit über die gesellschaftlichen Schranken hinweg und damit ein Happyend als unwahrscheinlich erscheinen.

▷ S. 331 *Gottfried Keller:* **Romeo und Julia auf dem Dorfe** (1856)

▷ S. 333 1. Sali und Vrenchen werden von einem leidenschaftlichen gegenseitigen Begehren ergriffen, von einer bedingungslosen, romantischen Liebe, die nach ihrer „Hochzeit", wie sie ihre körperliche Vereinigung nennen, mit dem gemeinsamen Tod besiegelt werden soll.

Die von romantischen Motiven durchsetzte nächtliche Natur („große Stille“, Z. 3; „magischen Wirkungen des Mondlichtes“, Z. 4 f.; „weißen Herbstnebel“, Z. 6; „hohe dunkle Wälder“, Z. 135; „Morgenröte“, Z. 142; „silbergrauen Strome“, Z. 144; „Mond, rot wie Gold“, Z. 144 f.) bildet die erhabene Kulisse, die mit dem dargestellten Liebestod ganz in Einklang steht.
Der Liebestod im Fluss wird als ewige Vereinigung gesehen („dort scheidet uns niemand mehr“, Z. 54) und verklärend antizipiert („jetzt werden wir selber Fische sein und zwei schöne große“, Z. 122 f.). Der Vorgang selbst wird kurz und sachlich berichtet (Z. 147–151), ohne dass das Schreckliche dieses Untergangs näher beschrieben würde.

2. a) Er/Sie-Erzähler; auktoriales Erzählverhalten eines Erzählers, der das Innenleben seiner Figuren genau kennt und mit psychologischem Feingefühl analysiert (Z. 25–48, 79–88); Außensicht mit Einschüben kurzen szenischen Erzählens wechselt immer wieder mit ausführlichen Innensichten auf die Gefühle der Personen; der Erzählstandort ist daher trotz aller grundsätzlichen räumlichen und zeitlichen Distanz des Erzählers zum Geschehen eine recht große Nähe zu seinen Figuren; die Erzählhaltung ist von Sympathie mit den Figuren gekennzeichnet, also affirmativ, zu dem Zeitungsbericht mit seinem moralisierenden Kommentar bleibt der Erzähler deutlich auf Distanz (indirekte Redewiedergabe).
   b) Erzählform und Erzählverhalten stimmen in beiden Texten überein. Allerdings beschränkt sich der Erzähler bei Fontane auf kurze Kommentare (Z. 54 f., 84 ff.), reflektiert weniger psychologisierend das Innenleben seiner Figuren, sondern lässt die Person in einem inneren Monolog selbst zu Wort kommen (Z. 26–53). Der Erzählstandort ist nicht von Nähe wie im Keller'schen Erzählen geprägt und auch die Erzählhaltung könnte man als distanziert bezeichnen, allerdings in der humorvoll-ironischen Variante, die niemals in eine scharfe, die Figuren ablehnende Kritik umschlägt.
   c) Die Erzählweise beider Autoren entspricht in wesentlichen Zügen dem Literaturkonzept des bürgerlichen Realismus. Beide holen sich ihren Stoff aus der ihnen vertrauten Wirklichkeit (Fontane schildert die bürgerliche Welt Berlins, in der er selbst lebt; Keller schreibt seine Geschichte nach einem Zeitungsbericht). Beide begnügen sich nicht mit einer möglichst objektiven, wirklichkeitsgetreuen Widerspiegelung, sondern führen mit dem auktorialen Erzähler und seiner psychologisch-erklärenden bzw. humorvoll-ironischen Sichtweise eine Instanz ein, die deutlich zwischen dem Stoff der Wirklichkeit und dem Leser/der Leserin in einem künstlerischen Schaffensprozess vermittelt. Dabei wird das Hässliche und Abstoßende abgemildert und verklärt. Jenny Treibel und ihre bornierte bourgeoise Welt erscheinen im Licht der humorvollen, mild-ironischen Darstellung ihres Erzählers nie als verabscheuungswürdig und unmenschlich. Der Erzähler bei Keller verklärt den Selbstmord zweier verliebter Jugendlicher, indem er einen romantischen Liebestod in einer erhaben-idyllischen Landschaft inszeniert und das elende Schicksal der beiden Bauernkinder mit dem „Romeo-und-Julia-Mythos“ in eins setzt.
   Als weiteres Beispiel für ein Erzählen im Stil des bürgerlichen Realismus kann der Anfang von Fontanes Roman „Effi Briest“ herangezogen werden (▷ S. 159 ff.).

3. a) Der Zeitungsbericht, für den die Daten und Fakten weitgehend durch die indirekte Wiedergabe am Ende der Keller'schen Erzählung geliefert werden, sollte als möglichst objektive Wirklichkeitswiedergabe den „poetischen Mehrwert“ noch einmal verdeutlichen, der durch die Umwandlung in eine Erzählung nach dem Konzept des bürgerlichen Realismus erreicht wird. Der Kommentar müsste im Gegensatz zu der Zeitungstextwiedergabe bei Keller von dem Bericht getrennt sein. In den Kommentaren der Schüler/innen kann deutlich werden, welche Haltung sie zu dem Geschehen einnehmen, um von da aus eine Auseinandersetzung mit der Wirkungsabsicht von Kellers Erzählung und ihrer Rezeption heute zu führen.
   b) 1. Der unversöhnliche Streit der Familien
      2. Die Liebe der beiden Kinder
      3. Die Aufregung beim ersten heimlichen Treffen (Z. 119–121)
      4. Das heimliche Treffen auf der Kirchweih
      5. Die gemeinsame Flucht in die abendliche Landschaft hinaus

4. Vermutlich werden die Schüler/innen genügend Adaptionen des „Romeo-und-Julia"-Motivs aus Filmen wie der „West Side Story" über „Porgy and Bess" bis hin zu den „Outsiders" kennen. Wo immer feindliche Gruppen sich gegenüberstehen und auf der Loyalität ihrer Mitglieder beharren, lässt sich das Motiv entwickeln. Als Vorbereitung für das Schreiben könnten zunächst solche Gruppenkonstellationen gesammelt werden. Um das Schreiben in einem überschaubaren Rahmen zu halten und bessere Vergleichsmöglichkeiten hinsichtlich der realistischen Darstellungsweise zu schaffen, könnte als gemeinsamer Erzählkern ein bestimmtes Moment im Ablauf der Romeo-und-Julia-Geschichte ausgewählt werden, z. B. das Kennenlernen oder das Ende.

Lernerfolgskontrolle/Klausurvorschlag

Theodor Fontane
Michel Protzen (1862)

Aus meiner frühesten Jugend entsinn' ich mich seiner. Er war damals erst ein Vierziger, hieß aber schon der „alte Protzen". Aufrecht stand er in der großen Rundtür seines Gasthofes und sah die Straße hinunter wie König Polykrates:

Dies alles ist mir untertänig:
Gestehe, dass ich glücklich bin.[1]

Er trug einen Rock von altdeutschem Schnitt mit ungeheuren Knöpfen und einen Kamm auf dem Scheitel. In den Nacken hinein fielen ihm die weißen Locken, und sein mächtiger Kopf, der durch die Pockennarben eher gewann als verlor, erinnerte an das Kurfürstenbild auf der langen Brücke. Michel hieß er und Michel war er, der deutsche Michel in optima forma[2]. Wie jeder Landesteil in einer bestimmten und dann typisch werdenden Figur kulminiert, so die Grafschaft Ruppin in Michel Protzen.

[...]

Er war nichts weniger als eine Idealgestalt, am wenigsten nach der Seite der Freiheit hin. Durchaus herrisch von Natur, wurzelte das Stück Bürgertum, das er vertrat, nicht in geklärten Anschauungen oder in dem Enthusiasmus eines frei fühlenden und nur das Große und Allgemeine im Auge habenden Herzens, sondern in dem Eigensinn und Eigennutz eines festen und sich selbst zum Mittelpunkt setzenden Egoisten. Er erinnerte durchaus an jene deutsch-mittelalterlichen Tage, wo man die Freiheit nicht um der Freiheit, sondern um seiner selbst willen liebte. Alles in Sehnsucht getaucht, aber anziehend und fesselnd, wie jedes, was aus Natur und Leidenschaft emporwächst. Dieser Gruppe von Gestalten gehörte Michel Protzen zu. Nichts von Idee und Prinzip, desto mehr von Charakter.

[...]

Er war ebenso populär, wie er derb war, und das will viel sagen. Die bloße Grobheit an sich leistet das nicht und erst wenn sie sich, wie bei Protzen, entweder mit Humor und Originalität oder aber andererseits mit Mut und Gesinnung paart, erobert sie die Herzen. Mannigfach sind die Anekdoten, die darüber im Schwange gehen. Rellstab[3], damals auf der Höhe seines Ruhmes, kam nach Ruppin, um seine Schwester zu besuchen. Er erschien zu Fuß und bat in Michel Protzens Gasthaus um ein Zimmer. „Mein Gasthof ist nicht für Leute mit Ränzel und Regenschirm." Und bei anderer Gelegenheit vor Gericht zitiert und in Gegenwart des Klägers zu zwei Taler Strafe verurteilt, weil er sich an diesem, einem Klempnergesellen, mit einer Ohrfeige vergriffen hatte, applizierte[4] er demselben sofort eine zweite und zahlte vier Taler.

1 Zitat aus Schillers Ballade „Der Ring des Polykrates"; ein vom Glück besonders begünstigter Herrscher
2 **optima forma:** in seiner besten Form
3 **Ludwig Rellstab:** ein Schriftsteller
4 **applizieren:** verabreichen

[...]

Ganz und gar eine deutsche Figur, in vielem ein Landsknechthauptmann vom Wirbel bis zur Zeh', besaß er auch den tief im germanischen Wesen liegenden Zug zum Hazard[5]. Wie unsere Urväter spielte er um all und jedes und nur das Ganze setzte er nicht ein, nicht Freiheit und Leben. Piquet und Whist en deux[6] zählten zu seinen Lieblingsbeschäftigungen und wenn sein Gegner um den Einsatz verlegen war, ging es, je nach Laune und Zahlungsmöglichkeit, um Klafter Holz und Gänse. Er war populär, aber nicht eigentlich beliebt. Um beliebt zu sein, dazu war er zu gefürchtet. Niemand war sicher vor ihm, denn sein Mund und seine Hand (wie schon an einem Beispiel gezeigt) waren gleich schlagfertig. Dazu gebrach's ihm an Gebelust, an jener Generosität, auf die hin die Schlagfertigkeit unter Umständen schon etwas sündigen kann. Gelegentlich war er nicht ohne Gutmütigkeit, aber sie glich bloßen Anfällen wie von Gicht oder Podagra[7]. Wie alle Despoten war er launenhaft.

[...]

So kam der Dezember 1855. Eines Morgens lief es durch die Stadt: Michel Protz ist tot. Das halbe Ruppin folgte und das ganze hat ihm in den Jahren, die seitdem vergangen sind, ein huldiges Ansehen bewahrt. Was verletzte, ist vergessen, was gefiel, ist in dankbarer Erinnerung geblieben.

5 **Hazard:** Glücksspiel

6 **Piquet und Whist en deux:** Kartenspiele

7 **Podagra:** Fußgicht

(Theodor Fontane: Sämtliche Werke. Bd. 9. Nymphenburger Verlagshandlung, München 1960, S. 118–121)

1. Unterstreichen Sie in Fontanes Porträt des Gastwirts Michel Protzen die wesentlichen Angaben über dessen Aussehen, Charakter und gesellschaftliche Stellung und fertigen Sie auf dieser Basis eine Personenbeschreibung an, die Sie für realistisch im Sinne einer genauen Wirklichkeitswiedergabe halten.
2. Vergleichen Sie Ihre Personenbeschreibung mit Fontanes Porträt und erläutern Sie die Unterschiede.

Erwartungshorizont

1. Eine aufrechte, von Besitzerstolz geprägte Haltung; altmodische Kleidung; lange, über den Kragen fallende weiße Haare; ein großer Kopf, von Pockennarben gezeichnet; von Natur aus herrisch; Egoismus als Hauptcharakterzug; Freiheit interessiert ihn nur in Bezug auf sich selbst, nicht als allgemeines Prinzip; Derbheit und Grobheit, gepaart mit Humor, der auf Kosten anderer geht; Vorurteile gegen unbürgerliche Menschen und Außenseiter; ohne Sinn für die Menschenwürde anderer und für Gerechtigkeit („Schlagfertigkeit"); eine Landsknechtsnatur; Spieler; nicht freigebig; Anfälle von Gutmütigkeit; in der Dorfgesellschaft fühlt er sich als König; ist wegen seiner Originalität populär, aber nicht beliebt; nach dem Tode huldigt ihm die Stadt und bewahrt ihn im Gedächtnis. Insgesamt ergibt sich ein Bild, das kaum Sympathien erwecken dürfte.
2. Fontane verklärt in seinem Porträt die Person, wobei die oben genannten, weitgehend negativen Kennzeichnungen sich alle in seinem Text finden lassen. Er umgibt sie aber im Sinne seines poetischen Realismus mit künstlerischen Ausgestaltungen, rückt sie in größere (z. B. mythische) Zusammenhänge oder deutet sie wohlwollend-humorvoll. So wird der Gastwirt gleich zu Beginn mit dem König Polykrates aus Schillers Ballade gleichgesetzt und damit mythisch überhöht. Statt „Haare" wird das poetischere Wort „Locken" verwandt, der Kopf ist nicht groß, sondern „mächtig", was zum Königsbild passt. Die Pockennarben werden aufgewertet, indem sie mit einem Kurfürstenbild in Zusammenhang gebracht werden. Durch die Gleichsetzung mit dem deutschen Michel in seiner besten Form wird eine weitere Mythisierung vorgenommen. In die gleiche Richtung geht es, wenn er als eine Art Inkarnation der gesamten Grafschaft Ruppin dargestellt wird. Sein Egoismus wird mit den Freiheitsvorstellungen des Mittelalters in Beziehung gesetzt, seine Grobheit und Menschenverachtung werden in witzig-humorvolle Anekdoten eingekleidet.

3 Vom Realismus zum Expressionismus (1848–1918)

Konzeption des Kapitels B III 3.2: Naturalismus (1880–1900)

Das Kapitel beschäftigt sich mit einer Epoche, die auf der Schwelle zwischen traditioneller bürgerlicher Kunstperiode und dem Anbruch der Moderne steht. Einerseits gehört der Naturalismus noch in den Kontext des Realismus, der in der gesamten europäischen Kunst und Literatur des 19. Jahrhunderts vorherrschend ist, andererseits verstand er sich als Avantgarde und wurde von der Masse des bürgerlichen Publikums als Provokation empfunden und abgelehnt.
Das Kapitel stellt in seinem ersten Teil (**„Eine neue Kunst: Angriffe und Rechtfertigungen"**) zwei Stellungnahmen ganz unterschiedlicher ideologischer Herkunft vor, die zeigen, wie umstritten die neue Spielart des Realismus in ihrer Zeit war. Eine Reihe von programmatischen Äußerungen naturalistischer Schriftsteller bilden dann den Schwerpunkt dieses Teils und geben Gelegenheit, das neue Literaturkonzept kennen zu lernen und sich damit auseinander zu setzen.
Der zweite Teil (**„Fenster in die Wirklichkeit"**) bietet Texte unterschiedlicher Gattungen an, deren inhaltliche und formale Analyse die Ergebnisse vertiefen und differenzieren kann, die bei der Erarbeitung des ersten Teilkapitels gewonnen wurden. Hier können die Schüler/innen überprüfen, mit welchen Mitteln und inwieweit das Literaturprogramm des Naturalismus in einzelnen Werken seiner Anhänger/innen eingelöst wurde.

Literaturhinweise

Richard Hamann/Jost Hermand: Deutsche Kunst und Kultur von der Gründerzeit bis zum Expressionismus. Bd. 2: Naturalismus. Akademie-Verlag, Berlin (Ost) 1959

Hanno Möbius: Der Naturalismus. Epochendarstellung und Werkanalyse. Quelle und Meyer, Heidelberg 1982

Naturalismus. Der Deutschunterricht, Heft 2/1988

Erich Ruprecht (Hg.): Literarische Manifeste des Naturalismus 1880–1892. Metzler, Stuttgart 1962

Texte/Gegenstände

S. 334 3.2 Naturalismus (1880–1900)

S. 334 Eine neue Kunst: Angriffe und Rechtfertigungen
- *Wilhelm Liebknecht:* Beitrag zu einer Parteitagsdebatte der SPD
- *Kaiser Wilhelm II.:* Aus einer Rede anlässlich der Enthüllung eines Denkmals zur preußisch-deutschen Geschichte
- *Émile Zola:* Vorwort zu „Thérèse Raquin“
- Eine der zehn Thesen der naturalistischen Schriftstellervereinigung „Durch!“
- *Wilhelm Bölsche:* Die naturwissenschaftlichen Grundlagen der Poesie
- *Arno Holz:* Die Kunst. Ihr Wesen und ihre Gesetze

Intentionen

- kritische Stimmen aus unterschiedlichen ideologischen Lagern zum Naturalismus kennen lernen und von der jeweiligen Kunstauffassung her begreifen
- sich mit diesen kritischen Stimmen und den damit verbundenen Kunstauffassungen auseinander setzen
- aus einigen programmatischen Äußerungen von Schriftstellern der Zeit ein naturalistisches Literaturkonzept entwickeln
- den Gründen für die Schwierigkeiten nachgehen, die das bürgerliche Lesepublikum mit den Werken des Naturalismus hatte
- das naturalistische Literaturprogramm mit dem des Vormärz und dem des bürgerlichen Realismus vergleichen

Texte/Gegenstände

S. 337 Fenster in die Wirklichkeit
- *Arno Holz/Johannes Schlaf:* Papa Hamlet
- *Gerhart Hauptmann:* Die Weber
- *Hedwig Dohm:* Frauenarbeit

Intentionen

- die Wirklichkeitsausschnitte naturalistischer Texte beschreiben
- die Texte unter den Aspekten Gattungszugehörigkeit und Wirkungsabsicht vergleichend analysieren
- die Erzählweise eines epischen Textes untersuchen und in ihrer Funktion für die Wirkungsabsicht mit den Erzählweisen in den epischen Texten des bürgerlichen Realismus vergleichen
- die Funktionen ausführlicher Bühnenanweisungen und der dialektgefärbten Sprache in einem naturalistischen Drama erläutern
- sich genauere Kenntnisse über die Situation der Frauen am Ende des 19. Jahrhunderts verschaffen

3.2 Naturalismus (1880–1900)

Eine neue Kunst: Angriffe und Rechtfertigungen

▷ S. 334 *Wilhelm Liebknecht:* **Beitrag zu einer Parteitagsdebatte der SPD** (1896)
▷ S. 335 *Kaiser Wilhelm II.:* **Aus einer Rede anlässlich der Enthüllung eines Denkmals zur preußisch-deutschen Geschichte** (1901)

▷ S. 335 1. Beide, Kaiser und SPD-Vorsitzender, lehnen die neue Kunst und Literatur, die mit dem Etikett „Naturalismus" versehen wurde, ab. Dabei gehen beide von einem Kunstverständnis aus, das von der Kunst einen Beitrag zur geistigen Gesundung, zu Erziehung und Bildung des Volkes erwartet. Verbunden ist für beide damit die Tabuisierung bestimmter Themen für eine eingehende, genaue und unverschleierte Darstellung. Zum einen ist es das Thema „Sexualität", das mit der Erforschung des menschlichen Trieblebens durch die beginnende Psychoanalyse eine neue Bedeutung erhielt, zum anderen ist es das Thema der weiterhin verschärften sozialen Frage, der elenden Lage der Arbeiterschaft.
Unterschiede zeigen sich hinsichtlich der Adressaten und der Erziehungsziele, auf die die Kunst hinarbeiten soll, aber auch in den Schuldzuweisungen für das Versagen der neue Kunst. Liebknecht sieht in den Werken dieser neuen Kunst die dekadenten Produkte einer kapitalistischen Gesellschaft, vor deren geistiger und moralischer Fäulnis das Proletariat geschützt werden muss. Kaiser Wilhelm sieht darin den Versuch, durch das Ausmalen der Scheußlichkeit des Elends die Kulturarbeit am Volke in seiner Gesamtheit zu torpedieren und mit dem Abstieg der Kunst in den „Rinnstein" (Z. 14) die unteren Schichten nicht zu einer „Pflege der Ideale" (Z. 5) anzuleiten.

2. Die offenen Briefe und das Auswertungsgespräch darüber sollten das Bewusstsein dafür schärfen, dass die beiden Stellungnahmen aus dem politischen Raum zur neuen Kunstrichtung die Tendenz zu Zensur und Funktionalisierung der Kunst im Dienst einer bestimmten Ideologie in sich bergen.

▷ S. 335 *Émile Zola:* **Vorwort zu „Thérèse Raquin"** (1867)
▷ S. 336 **Eine der zehn Thesen der naturalistischen Schriftstellervereinigung „Durch!"** (1886)
▷ S. 336 *Wilhelm Bölsche:* **Die naturwissenschaftlichen Grundlagen der Poesie** (1887)
▷ S. 336 *Arno Holz:* **Die Kunst. Ihr Wesen und ihre Gesetze** (1891/92)

▷ S. 336 1. a) Weitere programmatische Schriften finden sich in: *Erich Ruprecht (Hg.):* Literarische Manifeste des Naturalismus 1880–1892. Metzler, Stuttgart 1962

b)

Philosophische Grundlage: Positivismus *(A. Comte, H. Taine)*

Menschenbild ⟷	***Kunstauffassung***
Produkt der Faktoren Erbe (Rasse), Milieu und historische Situation	*Übernahme wissenschaftlicher Methoden: – Analyse – Experiment – Fallstudie*
Keine Willensfreiheit	
Handlungen als lückenlose Kausalketten erklärbar (mathematische Durchdringung)	*Ästhetische Qualität durch möglichst große Naturnähe: Kunst = Natur – x, wobei x als Faktor der subjektiven Gestaltung möglichst klein zu halten ist*

▷ S. 337 2. Mehrere Merkmale der naturalistischen Literatur wirkten für das Lesepublikum schockierend:
1. Das Identifikationsangebot eines Helden/einer Heldin fehlte. Zwar war auch die Hauptfigur des Romans

im bürgerlichen Realismus nicht mehr unbedingt der vorbildliche Held, der Leser/die Leserin konnte sich aber in sein Seelenleben einfühlen, Sympathie und Mitleid mit ihm empfinden. Mit den determinierten, von der Stillung elementarer Lebensbedürfnisse und von animalischen Trieben bestimmten neuen Protagonisten funktionierte das nicht mehr. 2. Statt einer reichen Innenwelt mit Seelengröße, erhabenen Gefühlen und tiefen Gedanken erlebten die Leser/innen bloße Triebhaftigkeit oder durch äußere Not diktierte Seelenlosigkeit und Gefühlsverrohung. 3. Nicht die erbaulichen Bereiche der Außenwelt mit einer positiven Atmosphäre, wie Natur, kultivierte Salons oder Bürgerstuben, dienten als Setting der Roman- und Dramenhandlungen, sondern die Elendsquartiere der Großstädte bzw. einer verarmten Landbevölkerung. 4. Die traditionellen Darstellungsmittel einer die Wirklichkeit verklärenden und überhöhenden Dichtung, wie Versbindung, Reim, Metrum, poetisierte Sprache, werden ersetzt durch bewusste Kunstlosigkeit und Alltagssprache in ihrer rohesten Form.

3. Zur Erarbeitung der Vergleiche bietet sich die Form der arbeitsteiligen Kleingruppenarbeit an. Deutlich werden sollte, dass der Naturalismus bei aller Betonung seines Charakters als provokativer Avantgarde sich durchaus auf Traditionen stützt und nicht etwas völlig Neues bedeutet. So verbindet ihn mit dem Vormärz die thematische Vorliebe für die Situation der Armen und Ausgebeuteten sowie die damit verbundene gesellschaftskritische Intention. Auch einige Tendenzen in der Wahl der Formen (Reportage, Flugschrift) und Darstellungsmittel (Übernahme von Alltagssprache) gleichen sich, wenn auch der Naturalismus in seiner Abkehr von allen traditionellen dichterischen Formelementen weit radikaler ist. Mit dem bürgerlichen Realismus deutscher Prägung verbindet den Naturalismus lediglich seine Hinwendung zur Wirklichkeit, in der Auswahl seiner Stoffe und in seiner Wirkungsabsicht unterscheidet er sich indessen massiv von diesem Vorgänger. Fontanes Absage an die „Tendenzkunst“ und sein Plädoyer für künstlerische „Läuterung“ (▷ S. 328 f.) stehen in direktem Gegensatz zu den programmatischen Äußerungen der Naturalisten (▷ S. 334 ff.). Das „– x“ in der Formel von Arno Holz müsste nach Fontanes Ausführungen gerade mit einem positiven Vorzeichen versehen werden. Für ihn ist die subjektive Gestaltung eben nicht ein bedauerliches Minus, das klein gehalten werden muss, um die Kunst möglichst mit der Natur gleich werden zu lassen, sondern ein Plus, das den aus der Natur geholten Stoff erst zum Kunstwerk macht.

Fenster in die Wirklichkeit

Arno Holz/Johannes Schlaf: **Papa Hamlet** (1889) ▷ S. 337
Gerhart Hauptmann: **Die Weber.** Auszug aus dem 2. Akt (1892) ▷ S. 338
Käthe Kollwitz: **Ein Weberaufstand [1844].** Blatt 1: Not (1893–97), Blatt 2: Tod ▷ S. 339
Hedwig Dohm: **Frauenarbeit** (1874) ▷ S. 340
Frauen in einer Wollmanufaktur in Huddersfield (um 1880) ▷ S. 340

---

1. a) **Papa Hamlet** ▷ S. 341
   - Ort: feuchte Dachstube („Wasserstreifen“, Z. 38 f.); karg möbliert: ein Bett mit einer Decke, ein Tisch mit Geschirr, ein Korb mit Lappen als Kinderbett
   - Atmosphäre: Kälte; Schmuddeligkeit; Verkommenheit
   - Personen: achten nicht auf sich („Unterhose“, Z. 2; offen stehende Nachtjacke, Z. 44 f.); empfinden ihr Leben als „Hundeleben“ (Z. 6); er ist ohne Arbeit, sie reibt sich mit Näharbeiten auf, ist krank; nackte Verzweiflung: beide weinen; der Vater will das asthmatische Kind zur Ruhe bringen, verliert sich in einen Anfall verzweifelter Wut und bringt es um; beide Eltern sind am Ende dem Wahnsinn nahe. Tendenz zur Entmenschlichung in der Darstellung: „heisres Gebell“ (Z. 47), „wühlte es“ (Z. 48), „vornüber geduckt“ (Z. 82), „gekrallt“ (Z. 84), „Er stierte“ (Z. 84)

   Die Weber
   - Ort: enge, niedrige, verräucherte Stube; Fenster mit Papier und Stroh zugestopft; Wohnung und zugleich Arbeitsplatz: Webstühle und Spulräder, die die Luft mit Getöse und Staub erfüllen; notdürfti-

ges Mobiliar und Gerümpel; alter Hausrat; Weidenruten zum Reparieren schadhafter Körbe; Kartoffelschalen zum Trocknen, um sie gegen ein bisschen Buttermilch beim Bauern einzutauschen
- Atmosphäre: Enge, Schmutz, Lärm, Not
- Personen: zwei Schwestern (22 und 15 Jahre alt) arbeiten an Webstühlen; mager; notdürftig und mit groben Stoffen gekleidet; deren Bruder (20 Jahre alt), ein missgestalteter Idiot; er arbeitet am Spulrad; das tut auch die Mutter, eine verkrümmte Frau; abgemagert; mit runzliger, blasser Haut; entzündete Augen; Kropfhals; in verschlissene Tücher und Lappen gehüllt; der vierjährige Sohn der älteren Schwester: barfüßig und zerlumpt, vor Hunger weinend; die Familie wartet auf den Vater, der Ware beim Fabrikanten abgeliefert hat; die Mutter wird von panischer Angst erfasst, dass er das Geld im Wirtshaus vertrinkt. Auch hier die Tendenz zur Entmenschlichung in der Darstellung: „spinnenartigen Extremitäten“ (Z. 11 f.), „fast winselnd“ (Z. 107)

Frauenarbeit
- Ort: Aufzählung mehrerer Fabriken in England mit Frauenarbeit, aber auch Hinweise auf Feldarbeit und das Schleppen von Kanalschiffen durch Frauen; genauerer Einblick in die von Hitze und Schmutz bzw. von Hitze und Nässe gekennzeichnete Arbeit in den Baumwollmühlen bzw. Flachspinnereien
- Atmosphäre: unmenschlich harte Arbeitsbedingungen
- Personen: Frauen, die die gröbsten und anstrengendsten Arbeiten verrichten müssen, während ihnen höhere und einträglichere Beschäftigungen vorenthalten werden wegen ihrer „zarten Konstitution oder Schamhaftigkeit“ (Z. 25 f.); diese bleiben unbeachtet, wenn sie in den erstickend heißen Baumwollmühlen und Flachsspinnereien halbnackt arbeiten müssen; für einen Hungerlohn nehmen sie Krankheiten in Kauf, besonders die Tuberkulose, die ihre Lebenserwartungen auf 20–30 Jahre beschränkt; Mütter werden von den Fabrikanten bevorzugt eingestellt, weil sie wegen des Brots für ihre Kinder vor keiner Arbeit zurückschrecken und noch leichter ausgebeutet werden können.

b) **Papa Hamlet:** Auszug aus einer Erzählung. Die Wirkungsabsicht ist es, ein Stück Wirklichkeit miterleben zu lassen, die Entmenschlichung des Menschen unter bestimmten Elendsbedingungen anschaulich zu zeigen. Im Unterschied zu den Texten des Vormärz und anderen Beispielen „engagierter Literatur“ vermittelt „Papa Hamlet“ nur indirekt einen Appell zur Veränderung der Verhältnisse, die zur Entmenschlichung führen.

Die Weber: Auszug aus einem Drama. Auch hier geht es darum, den Rezipienten ein Stück Wirklichkeit miterleben zu lassen. Allerdings wird hier die Entmenschlichung deutlicher aus der wirtschaftlichen Not und den unmenschlichen Arbeitsbedingungen hergeleitet, sodass der indirekte Appell zur Veränderung der Verhältnisse stärker mitschwingt.

Frauenarbeit: Bericht mit Nähe zur Sozialreportage. Information über die Situation der Frauen in der Arbeiterschicht. Die Verfasserin belegt ihre These, „je gröber, je anstrengender die Arbeit, desto besser für die Frauen“ (Z. 30 ff.) mit zahlreichen Beispielen. Der Bericht gewinnt über die bloße Information hinaus den Charakter einer Anklage gegen die Ausbeutung der Frauen im europäischen Industriesystem. Der Appell zur Veränderung tritt deutlich hervor. In der Einleitung wird überdies auf eine weitere Ungerechtigkeit gegenüber Frauen auf einer anderen Ebene hingewiesen: Sie haben als Wissenschaftlerinnen und Autorinnen keinen ungehinderten Zugang zu öffentlichen Bibliotheken.

2. Das Erzählverhalten und die Erzählhaltung sind neutral. Die szenische Darstellung herrscht vor, mithin die Alltagssprache der Personen mit ihren Satzfetzen, ihrem Gestotter und Gestammel. Aber auch das Tropfen der Dachrinne wird noch in Zeitdeckung (Erzählzeit = erzählte Zeit) im Text lautmalerisch wiedergegeben. Der Erzähler tritt ganz hinter der dargestellten Wirklichkeit zurück, ist im Text so gut wie gar nicht mehr erkennbar. Er beschränkt sich ganz und gar auf ein Referieren des Geschehens und auf die Wiedergabe des Dialogs: Damit bleibt er streng bei der Außensicht.
In den epischen Texten des bürgerlichen Realismus tritt in auktorialem Erzählverhalten der Erzähler als vermittelnde Instanz deutlich hervor. Er wechselt zwischen Außensicht und Innensicht, erläutert mit feinem psychologischen Gespür die Gefühle seiner Figuren, kommentiert das Geschehen, stellt Korrespondenzen

zwischen Außen- und Innenwelt bzw. zwischen Naturkulisse und Handlung her und zeigt deutlich seine Einstellung zu seinen Protagonisten in Sympathie oder auch ironisierend-kritischer Distanz. Die Funktion dieser Erzählweise ist es, eben nicht nur ein Fenster in die Wirklichkeit zu öffnen, wie es der Erzähler im naturalistischen „Papa Hamlet" tut, sondern den Wirklichkeitsausschnitt vermittelnd zu gestalten. Ein Vergleich zwischen der programmatischen Schrift Theodor Fontanes einerseits („Was verstehen wir unter Realismus?", ▷ S. 328 f.) und der von Arno Holz andererseits („Die Kunst. Ihr Wesen und ihre Gesetze", ▷ S. 336) verdeutlicht die ganze Spannbreite realistischen Erzählens zwischen bürgerlichem Realismus und Naturalismus.

3. a) Da im naturalistischen Theater ein Fenster in die Wirklichkeit geöffnet werden sollte, musste auf der Bühne der gewählte Realitätsausschnitt detailgetreu nachgebaut werden. Also musste der Autor eine minutiöse Beschreibung für die auf der Bühne zu reproduzierende Wirklichkeit anfertigen.
   b) Ein Umschreiben der vom schlesischen Dialekt gefärbten Sprache in eine andere Alltagssprache bewirkt eine Verfremdung, zerstört die Illusion, ein Stück Wirklichkeit zu betrachten, hebt das Konzept des Naturalismus auf.
   Hier bietet sich fachübergreifend die Besprechung der ausdrucksstarken Zeichnungen von Käthe Kollwitz (s. auch ▷ S. 317, Blatt 4: Weberzug) zum Weberaufstand 1844 an, die zeichnerische Vermittlung der düsteren Atmosphäre von Elend und Hoffnungslosigkeit in den engen, dunklen Behausungen, in denen der Webstuhl – die Menschen an den Rand drängend und der Arbeit unterordnend – im Mittelpunkt des Raumes und des Lebens steht (Blatt 1). Die verhärmten Gesichter der Menschen zeigen Resignation, ihre Augen sind blicklos, stumpf auf den Webstuhl oder nach innen gerichtet. Während die Frau am Bett ihres Kindes noch zur Verzweiflung fähig ist, Emotionen ausdrücken kann, zeigt Blatt 2 vollkommene Erschöpfung, die Menschen bieten selbst dem Tod, wenn er nach ihnen greift, keinen Widerstand.

4. a) Offensichtlich hatte eine Frau Ende des 19. Jahrhunderts, die wissenschaftlich und/oder publizistisch arbeiten wollte, mit erheblichen Schwierigkeiten zu kämpfen. Allein in der Benutzung öffentlicher Bibliotheken gab es laut Hedwig Dohms Erfahrungsbericht keine Gleichberechtigung mit ihren forschenden bzw. schreibenden Kollegen. Biografien von Frauen, die in dieser Zeit begannen, wissenschaftliche und publizistische Tätigkeiten anzustreben (wie Hedwig Dohm), bieten für eine intensive Beschäftigung mit dem Stand der Emanzipationsgeschichte um 1900 anschauliches Informationsmaterial.
   Weiteres Informationsmaterial bieten Sozialstudien zur Situation der Frau am Ende des 19. Jahrhunderts. Empfehlenswert zur Information über die allgemeine Situation der Frau, die Emanzipationsbestrebungen und über einzelne Persönlichkeiten, die in Kultur und Wissenschaft öffentlich hervorgetreten sind, ist das fünfbändige Werk von *Georges Duby/Michelle Perrot:* Geschichte der Frauen. Bd. 4: 19. Jahrhundert. Hg. v. Geneviève Fraisse und Michelle Perrot. Fischer, Frankfurt/M. 1997.
   b) Hedwig Dohm muss sich in ihrem Bericht auf englische und französische Quellen zum Thema Frauenarbeit stützen. Material aus Deutschland, seien es soziologische Untersuchungen, seien es eigene Recherchen, steht ihr nicht zur Verfügung. So beziehen sich alle Beispiele bis hin zu den Verdienstangaben (Z. 90) auf Frankreich oder England. Auch kann sie in ihren Beispielen nicht so konkret und anschaulich ins Detail gehen wie z. B. Bettina von Arnim in ihrem Bericht über das Vogtland (▷ S. 315 f.), sie bleibt eher auf ein zusammenfassendes Referieren angewiesen (Z. 36–56; 92–100), bemüht sich in einigen Passagen aber auch um eine detaillierte Darstellung (Z. 57–68; 75–82).
   Die von Hedwig Dohm dargestellte Realität der Arbeitswelt kontrastiert die romantisierende Zeichnung der Arbeiterinnen in einer englischen Wollmanufaktur. Hübsche, sonntäglich adrett gekleidete, gesunde und wohlgenährte Mädchen und Frauen arbeiten emsig in einer sauberen, lichtdurchfluteten Fabrikhalle; die vermittelte Atmosphäre erinnert an die einer guten Stube, wo die Zeit mit sinnvoller Tätigkeit verbracht wird. Das Mädchen im Vordergrund, mit Brusttuch und weißer Schürze, schaut sinnend in die Ferne – und unterbricht die Arbeit, was eine sofortige Bestrafung zur Folge gehabt hätte.

Lernerfolgskontrolle/Klausurvorschlag

Cäsar Flaischlen
Einen braunwollenen Umhang …

Einen braunwollenen Umhang über dem zerknitterten, großmustrigen Kattunkleid, kauert sie am Fenster und blickt auf die Waldwipfel und auf das Meer in der Ferne … fast unbeweglich …
Ein scharfes, mageres, versorgtes Gesicht mit harten, stechenden Augen, wie Menschen haben, die sie nicht schließen dürfen, wenn sie müde sind … und doch wieder so voll Glück, so kindlich dankbar froh und freudestrahlend, als ob es die Erfüllung langer Jahre, die endliche Verwirklichung eines Lebenswunsches, dass sie hier sitze: die grünen Wipfel vor dem Fenster und das blaue Meer …
den altmodischen Strohhut mit Bindebändern über das windzerzauste, angegraute Haar herabgekrämpt und in der verarbeiteten trockenen Hand ein lächerliches Zwitterding von Arbeitsbeutel und Reisetasche, wie aus Großmutters Zeiten …
Nach einer Weile zieht sie langsam die Uhr … eine kleine silberne Uhr an geflochtenem Seidenschnürchen …
und plötzlich werden ihre Augen tieftraurig … als ob mit einem Male alles, was hinter das Meer versunken lag, mit der kleinen Uhr vor sie träte … alles, was sie so gemacht, wie sie ist, hart und grau.
Kopfschüttelnd kapselt sie das Gehäuse auf, sieht in das Werk, zieht die Hutnadel und tippt in den Räderchen herum…
(Walter Schmähling [Hg.]: Naturalismus. Reclam, Stuttgart 1977, S. 218 [= Die deutsche Literatur. Ein Abriss in Text und Darstellung. Bd. 12])

1. Erarbeiten Sie sich aus dem Text ein genaues Bild von der dargestellten Person und schreiben Sie auf dieser Basis einen inneren Monolog, der Herkunft, Lebensumstände, Wünsche und Ängste der Person deutlich werden lässt. Versehen Sie den Gesamttext dann mit einer Überschrift, die die Person kennzeichnet.
2. Analysieren Sie Flaischlens Text unter dem Aspekt der Wirkungsabsicht und ordnen Sie ihn literaturgeschichtlich ein.

Erwartungshorizont

Verstehensleistung

1. Deutlich werden müsste in dem inneren Monolog die Herkunft der Frau aus dem Kleinbürgertum. Sie könnte eine Angestellte oder eine Lehrerin, aber auch Hausfrau und Mutter in einer kleinbürgerlichen Familie gewesen sein, die sich einen Lebenswunsch (Urlaub am Meer) erfüllt. Die einfache, altmodische Kleidung (Z. 1 f., 15 f., 18 f.), der Hinweis auf die unermüdliche, harte Arbeit (Z. 6–9, 17 f., 27 f.) und das Warten auf die Reise als „Erfüllung langer Jahre“ (Z. 11) lassen eine Einordnung in die oberen Schichten des Bürgertums nicht zu. Andererseits weisen die silberne Uhr (Z. 22) und die Tatsache, dass sie überhaupt eine Urlaubsreise ans Meer machen kann, darauf hin, dass die Frau nicht zur Arbeiterschaft oder zur Schicht des Dienstpersonals gehört. In Bezug auf ihre Lebensumstände müsste der innere Monolog verdeutlichen, dass sie ihr Berufsleben oder ihre Aufgaben als Hausfrau und Mutter wohl hinter sich hat und sich nun die lang ersehnte Reise vom Ersparten gönnt. Dass sie dabei in höchst bescheidenen Verhältnissen lebt, zeigt ihre wenig ansehnliche, altmodische, z. T. lächerlich wirkende Aufmachung. Ihr Wunsch ist es, einmal als Urlaubsreisende die Natur, vor allem das Meer (Z. 4, 14, 26), zu erleben. Ihre Ängste werden sichtbar, wenn sie aufgeregt in dem Räderwerk der kleinen silbernen Uhr herumstochert, ihrem einzigen wertvollen Besitz: unvorhergesehene Ausgaben drohen, die den schmalen Urlaubsetat überschreiten werden.
   Die Überschrift im Original lautet: „Das alte Fräulein“. Eine ähnliche Kennzeichnung kann erwartet werden, wenn der innere Monolog in der oben skizzierten Weise entwickelt wird.

2. Die Wirkungsabsicht des Textes ist es, die Momentaufnahme eines Wirklichkeitsausschnitts zu geben. Der Sprecher/die Sprecherin begnügt sich mit einer detaillierten Außensicht und schließt nur an zwei Stellen aus dem Blick der Augen auf die Gefühle der Person (Z. 7–14, 24–28). Der Sprecher/die Sprecherin zeigt hier eine gewisse Nähe zur Figur und erzeugt beim Leser/bei der Leserin Mitleid mit ihr. Ein sozialkritischer Appell im Sinne einer engagierten Literatur ist in dem Text nicht enthalten. Die literaturgeschichtliche Einordnung ist nicht ganz einfach. Der Text erschien 1898, gehört in das Umfeld des Naturalismus, entspricht vom Milieu und vom thematisierten Wirklichkeitsausschnitt her aber nicht dem, was die Schüler/innen mit dieser Epoche verbinden. Zu erwarten ist indessen, dass sie den Text mit seiner Wirklichkeitsabbildung in das breite Spektrum des Realismus einordnen. Der Verzicht auf einen kommentierenden oder das Innenleben erläuternden, künstlerisch intensiv gestaltenden Sprecher bzw. Erzähler könnte auf den Naturalismus schließen lassen, der nur die Augenblicksaufnahme eines Stücks trister Wirklichkeit geben will.
Eine ausreichende Leistung liegt vor, wenn aufgrund einer zutreffenden Analyse der Wirkungsabsicht die Einordnung in das Spektrum des Realismus erfolgt und der innere Monolog insgesamt zu den Vorgaben der Außensicht passt, die in der Vorlage geliefert wird. Je differenzierter und genauer der innere Monolog die Person kennzeichnet und je präziser die Einordnung in das Spektrum des Realismus erfolgt, desto höher rückt die Bewertung in die oberen Notenbereiche.

Darstellungsleistung
- Einhaltung der Form des inneren Monologs (Ich-Form, reflexive Schreibweise)
- kohärente und stringente Gedankenführung in Analyse und Einordnung des Textes
- sach- und fachgerechte Formulierungen auf einer angemessenen Sprachebene
- funktionsgerechte, formal richtige Zitate
- Richtigkeit der äußeren Sprachform

3 Vom Realismus zum Expressionismus (1848–1918)

Konzeption des Kapitels B III 3.3: Epochenumbruch um 1900: Naturalismus – Symbolismus – Expressionismus

Der Epochenumbruch um 1900 erschütterte nicht nur die Traditionen der Literatur und brachte dort neue Inhalte und Formen hervor, sondern vollzog sich in unterschiedlichsten gesellschaftlichen, wissenschaftlichen und kulturellen Bereichen. Das Kapitel soll den Schülerinnen und Schülern ein möglichst umfassendes und anschauliches Bild der tief greifenden Veränderungen in verschiedenen Gebieten vermitteln. Deshalb ist es mit dem Blick auf die bildende Kunst, die mit der Befreiung vom Abbildhaften und Schönen und der zunehmenden Verselbstständigung der künstlerischen Mittel einen ähnlichen Umbruch erlebte wie die Dichtung der Jahrhundertwende, fächerverbindend angelegt. Das analytisch und kreativ-produktiv orientierte Kapitel stellt eine große Spannbreite an Stilrichtungen vor, die sich um die Jahrhundertwende in Kunst und Literatur ausprägten und die teilweise bis heute ihre Gültigkeit besitzen.
Das erste Teilkapitel **(„Literatur und Kunst: Aufbruch in die Moderne“)** zeigt am Beispiel der Naturdarstellung sowohl die Stimmung der jungen Künstlergeneration zwischen Untergang und Aufbruch als Thema von Lyrik und Malerei auf als auch deren Strukturen zwischen Bewahrung traditioneller Formen und experimenteller Auflösung. Der konkrete Vergleich einzelner Gedichte mit Bildern macht Besonderheiten verschiedener Stilrichtungen durch eine Verknüpfung des Verbalen mit dem Visuellen unmittelbar anschaulich. Die Thematik von Vergehen und Entstehen wird am konkreten Beispiel des Motivs „Ophelia“ vertieft.
Das zweite Teilkapitel **(„Literarische Strömungen: Vom Naturalismus zum Expressionismus“)** bietet Manifeste, Malerei und Dichtung kontrastierender Stilrichtungen. Die Tendenzen zwischen naturnaher Wirklichkeitsabbildung, wirklichkeitsüberhöhender Exklusivität und experimenteller Neuschöpfung in Literatur und Kunst werden anschaulich aufgezeigt. Der Schwerpunkt liegt beim Expressionismus und der Verarbeitung der Kriegserlebnisse in Lyrik und Malerei.
Im dritten Teilkapitel **(„Krise der Sprache – Krise der Existenz“)** wird die in Sachtexten vorgestellte Problematik Denken – Sprache – Wirklichkeit an die tief greifende Sinn- und Sprachkrise des Epochenumbruchs geknüpft und anhand der Auslegung von Kafka-Parabeln beleuchtet.

Literaturhinweise

Wolf-Dieter Dube: Der Expressionismus in Wort und Bild. Klett-Cotta, Stuttgart 1983

Walter Fähnders: Avantgarde und Moderne 1890–1933. Metzler, Stuttgart/Weimar 1998

Cordula Grunow u. a.: Epochenumbruch 1900: Krise der Sprache. Cornelsen, Berlin 2002 (= Reihe „Kursthemen Deutsch“)

Franz Herre: Jahrhundertwende 1900. Deutsche Verlags-Anstalt, Stuttgart 1998

Werner Hofmann: Die Moderne im Rückspiegel. Hauptwege der Kunstgeschichte. C. H. Beck, München 1998

Jahrhundertende – Jahrhundertwende. Der Deutschunterricht, Heft 2/2000

Naturalismus. Der Deutschunterricht, Heft 2/1988

Texte/Gegenstände	Intentionen
S. 343 3.3.1 Literatur und Kunst: Aufbruch in die Moderne S. 343 Naturbilder um 1900: Visionen der Erneuerung und des Untergangs S. 347 Die Ästhetik des Hässlichen: Ophelia S. 349 Literatur und Kunst um 1900	– im Vergleich literarischer und künstlerischer Ausdrucksformen den Erkenntnisgewinn fachübergreifenden Denkens nutzen – neue Aufgaben und Strukturen von Literatur und Kunst als Merkmale des Umbruchs der Jahrhundertwende erkennen – den Stilpluralismus in Literatur und Kunst an gemeinsamen Motiven vergleichend erarbeiten und Merkmale einzelner Stilrichtungen erfassen – den Umgang mit Wahrnehmung und Wirklichkeit in einzelnen Stilrichtungen unterscheiden – produktionsorientierte Methoden des kreativen Schreibens und des Malens für das Verständnis von Texten und Bildern nutzen – ein Motiv in der Literatur und Kunst der Jahrhundertwende verfolgen und dabei gestalterische und thematische Gemeinsamkeiten und Unterschiede erfassen – sich die Ursachen für die Perspektivenvielfalt um die Jahrhundertwende bewusst machen – fachübergreifende Aspekte anderer Aufgabenfelder nutzen, um Erkenntnisse zu vertiefen und auszuweiten
S. 351 3.3.2 Literarische Strömungen: Vom Naturalismus zum Expressionismus S. 351 Naturalismus und Impressionismus (1880–1910) S. 352 Symbolismus und Jugendstil (1890–1920) S. 356 Expressionismus (1905–1925)	– programmatische, literarische und künstlerische Zielrichtungen, ihre Tragfähigkeit und Aktualität reflektieren – Konventionen und neue Formen in sprachlichen und malerischen Gestaltungen analysieren – Unterscheidungskriterien für einzelne Stilrichtungen festigen und anwenden – die Besonderheiten einzelner Stile kreativ-produktiv nachgestalten und nachempfinden – Krieg, Weltende und Großstadt als typische Themen der Literatur und Kunst der Jahrhundertwende kennen lernen
S. 363 3.3.3 Krise der Sprache – Krise der Existenz	– Sprachskepsis und Zeitgeist der Jahrhundertwende miteinander in Beziehung setzen
S. 366 Franz Kafka: Die Welt als Parabel	– Parabeln von Kafka in ihrer existenziellen Fragestellung interpretieren

3.3.1 Literatur und Kunst: Aufbruch in die Moderne

▷ S. 343 *Franz von Lenbach:* **Lily Merk** (Ausschnitt, 1902)
▷ S. 343 *Pablo Picasso:* **Weiblicher Kopf** (1907)

▷ S. 343 1.–3. Die Bildbeispiele sollen die Schüler/innen über das Auge an die neuen Gestaltungsprinzipien heranführen, welche die traditionell als „schön" und „harmonisch" geltenden Motive in Frage stellen. Die Ergebnisse zu Picassos Bild lassen sich auf die neuen Inhalte und Strukturen der modernen Literatur übertragen.

	***Franz von Lenbach:* Lily Merk**	***Pablo Picasso:* Weiblicher Kopf**
Eindruck/ Wirkung	vertraut, ruhig, harmonisch, anmutig, realistisch, altmodisch	befremdlich, aggressiv, deformiert, „hässlich", abstrakt, modern
Gestaltungsweise	naturalistisch: Illusion von Wirklichkeit (Erscheinungsfarbe, körperhafte Licht- und Schattenmodellierung, richtige Proportionen, Detailgenauigkeit, unsichtbarer Pinselduktus)	kubistisch: Eigenständigkeit von Form und Farbe (unrealistische, aber ausdrucksstarke Farben, Auflösung der Räumlichkeit zur Fläche, Deformation der Proportionen, Abstraktion, sichtbarer Pinselduktus)
Menschendarstellung	naturgetreue Wiedergabe des sichtbaren Äußeren Mensch ist Zentrum und alleiniger Zweck der Darstellung Hervorhebung edler, schöner Züge	Vorstellung von den Dingen in ihrer Urform/in ihren inneren Gesetzen Mensch ist als Motiv nur Anlass, Farb-Form-Beziehungen darzustellen Gleichzeitigkeit mehrerer charakteristischer Ansichten auf Kosten des „Schönen"
Realitätsauffassung	dem Realismus des 19. Jhs. und damit der Tradition mimetischer Naturabbildung (besteht seit der Renaissance) verpflichtet: Wirklichkeit ist das von einem Standpunkt aus Wahrnehmbare	Die Wirklichkeit ist vielschichtig, abhängig von der Perspektive des Betrachters: Verzicht auf einen gültigen Betrachterstandpunkt, Aufsplitterung der Perspektiven (z. B. innen – außen, en face – Profil)
Aufgabe der Kunst	Kunst ahmt die äußere Wirklichkeit nach (wie die Fotografie). Kunst hebt das Schöne, Wahre, Gute des Dargestellten hervor. Kunst um des Gegenstands/Inhalts willen	Kunst wird von Tradition der Nachahmung befreit: Autonomie von Farbe und Form. Innerbildliche Beziehungen werden selbst zum Gegenstand der Kunst Kunst um der Kunst, der Form, willen

Naturbilder um 1900: Visionen der Erneuerung und des Untergangs

▷ S. 346 1.–4. Für einen unmittelbaren Vergleich von Entsprechungen eignen sich: *Stramm:* Vorfrühling – *Dix:* Sonnenaufgang; *Morgenstern:* Frühling – *von Stuck:* Frühling; *Holz:* Phantasus – *Monet:* Frühlingslandschaft; *Rilke:* Herbst – *Schiele:* Herbstbaum in bewegter Luft; *Trakl:* Der Gewitterabend – *van Gogh:* Sternennacht; *Morgenstern:* Fisches Nachtgesang – *Mondrian:* Blühende Bäume.

Die Aufgaben 1–4 sollten an arbeitsteilige Gruppen verteilt werden, da sich einzelne Ergebnisse überschneiden können. Ziel ist die gegenseitige Ergänzung und Unterstützung der Ergebnisse. Es werden unterschiedliche Beziehungen geknüpft zwischen: Gedicht und Bild (1.), Gedicht und Gedicht (2.), Bild und Bild (3.). Während die ersten drei Aufgaben analytisch angelegt sind, ist die letzte Aufgabe eine kreativ-produktive: Gedicht und Bild (4.).

Gedicht	Stimmung/Thema	Wahrnehmung/ Wirklichkeit	Gestaltungsmittel
Hofmannsthal: **Vorfrühling**	Vergänglichkeit („kahle Alleen", „Wehn", „flog … vorbei", „löschte", „blasse Schatten"); geheimnisvolle Stimmung	Überhöhung der Realität: verborgene Wirklichkeit („seltsame Dinge") hinter der sinnlich wahrnehmbaren Welt	konventioneller Aufbau (Strophen, Reimschema); erlesene Wortwahl; Personifikation
Stramm: **Vorfrühling**	beklemmende, aggressive Untergangsstimmung; Gleichsetzung von Krieg und bedrohlicher Natur; Verlust des Ich als Subjekt	Betonung der sinnlichen, synästhetischen Wahrnehmung; Darstellung des inneren Wesens der Dinge; Absage an die Ästhetik	Auflösung der Form; Syntax und Wortgebrauch unkonventionell („narben"); Änderung grammatischer Funktionen; Personifikation
Morgenstern: **Frühling**	Erneuerung (erwachende Liebe); Harmonie; Gleichsetzung von Mensch und Natur	Überhöhung der Wirklichkeit; Betonung des Schönen	unkonventionelle Form (Zeilengefüge aus einem Satz, kein Reim); Personifikation
Holz: **Phantasus**	Einswerden von Mensch und Natur; Harmonie	genaueste Beobachtung der Wirklichkeit; unmittelbares sinnliches Erlebnis; synästhetische Wahrnehmung	Sekundenstil (Aneinanderreihung kurzer Eindrücke, feinste Nuancen in der Wortwahl); unkonventionelle Form (Zeilengefüge um die Mittelachse); Reimwort („ich")
Rilke: **Herbst**	Vergänglichkeit (Wiederholung „fallen"); Melancholie; Bewusstsein des Untergangs, aber Geborgenheit (in Gott); Harmonie	verfeinerte Wahrnehmung; Überhöhung der Wirklichkeit (Naturerscheinung als Symbol von Seelenstimmungen); verborgene Welt hinter der wahrnehmbaren Wirklichkeit	konventionelle Form; Metaphorik; Symbolik („ferne Gärten"); Personifikation; „erlesene" Wortwahl; Gegensätze „fallen" – „halten", „aller" – „Einer"
Trakl: **Der Gewitterabend**	Untergangsstimmung; Aggression; Angst; bedrohliche Natur	Ausdruck von Empfindungen; Darstellung des inneren Wesens der Dinge	konventionelle Form (Strophen, Reimschema); ungewöhnlicher Wortgebrauch; Farbsymbolik
Morgenstern: **Fisches Nachtgesang**	kein Abbild/Inhalt, sondern nur Assoziation, etwa: Fische, Wellen, Töne	abstrakte Vorstellung von der Dingwelt; großer Deutungsfreiraum für den Rezipienten	Autonomie der Form über den Inhalt: Sprache als visuelles Material; Auflösung von Syntax, Wort, Bedeutung zu Zeichen mit bildnerischer Ordnung

Bild	Stimmung/Thema	Wahrnehmung/ Wirklichkeit	Gestaltungsmittel
***Dix:* Sonnenaufgang**	Untergangsstimmung; Aggression; bedrohliche Natur	Ausdruck von Empfindungen; Darstellung des inneren Wesens der Dinge	expressiver Gestus, „aggressive" Farbgebung (Schwarz, Gelb)
***von Stuck:* Frühling**	geheimnisvolle Gleichsetzung von Mensch und Natur; Harmonie	Gegenbild zur rational erfahrbaren Wirklichkeit in der Allegorie; Verweis auf verborgene Wirklichkeit hinter den Dingen; Welt des schönen Scheins	konventionelle Malerei; Betonung des Zarten; exklusive Farbgebung (Violett)
***Monet:* Frühlingslandschaft**	helle, warme Frühlingsstimmung; Erneuerung der Natur; Belebung	Darstellung des augenblicklichen, sinnlich wahrnehmbaren Eindrucks	Auflösen der Formen; Flimmern durch komplementäre Farbtupfer, nuancierte Lichtwerte
***Schiele:* Herbstbaum in bewegter Luft**	Vergänglichkeit (kahle Äste, grauer Grund); Morbidität; Melancholie	Überhöhung der Wirklichkeit durch Ästhetisierung der Form; verfeinerte, sensitive Wahrnehmung; Ausdruckhaftigkeit des Gegenstandes	Reduktion von Farbe und Form; Abstraktion; Betonung des Bizarren; Verselbstständigung der Formen, Linien und Flächen
***van Gogh:* Sternennacht**	Entsprechung von menschlicher Empfindung und Bewegung in der Natur: Unruhe (Wirbel) und Frieden (Nacht, leuchtende Sterne); seelenvolle Natur	ausdrucksstarke Übersteigerung der sinnlichen Wahrnehmung; Darstellung des Wahrnehmbaren als Anlass Gefühle auszudrücken	Eigenständigkeit von Farbe (Farbsymbolik, Komplementärkontrast) und Form (spiraliger Duktus); Anthropomorphisierung der Natur
***Mondrian:* Blühende Bäume**	bewegte und doch ruhige Ordnung; Konstruktion von Natur (als Entstehen und Vergehen)	abstrakte Vorstellung von der Dingwelt; großer Deutungsfreiraum für den Rezipienten	absolute Loslösung der Darstellungsmittel vom Abbildhaften: Abstraktion nahezu bis zur Ungegenständlichkeit, Reduktion von Farbe und Form

5. Einzelne Besonderheiten der Kunst und Dichtung um die Jahrhundertwende lassen sich in der Tabelle zu den Aufgaben 1–4 finden.
   Die Jahreszeiten sind als Motiv des Entstehens und Vergehens ein beliebtes Sujet in der Literatur und Kunst der Jahrhundertwende. Betonung sollten die inhaltlichen Kontrastpaare (Untergang/Vergänglichkeit – Aufbruch/Erneuerung) und die formalen Gegensätze (Konvention/Tradition – Experiment/Regellosigkeit) als zeitgleiche Phänomene finden. In der Gleichzeitigkeit des Ungleichen sollen der Widerspruch, die Relativität und Pluralität der Sichtweisen als Grundmuster der Jahrhundertwende erkannt werden.

Die Ästhetik des Hässlichen: Ophelia

1. **Zusatztext** zur Figur der Ophelia: ▷ S. 348
Shakespeare: **Hamlet** (IV,7)
„Es neigt ein Weidenbaum sich übern Bach
Und zeigt im klaren Strom sein graues Laub,
Mit welchem sie phantastisch Kränze wand
Von Hahnfuß, Nesseln, Maßlieb, Kuckucksblumen,
Dort, als sie aufklomm, um ihr Laubgewinde
An den gesenkten Ästen aufzuhängen,
Zerbrach ein falscher Zweig, und niederfielen
Die rankenden Trophäen und sie selbst
Ins weinende Gewässer. Ihre Kleider
Verbreiteten sich weit und trugen sie
Sirenengleich ein Weilchen noch empor,
Indes sie Stellen alter Weisen sang,
Als ob sie nicht die eigne Not begriffe,
Wie ein Geschöpf, geboren und begabt
Für dieses Element. Doch lange währt' es nicht,
Bis ihre Kleider, die sich schwer getrunken
Das arme Kind von ihren Melodien
Hinunterzogen in den schlamm'gen Tod."
(William Shakespeare: Sämtliche Dramen.
Bd. 3: Tragödien. Winkler, München o. J, S. 680 f.)

2. *Arthur Rimbaud:* Tod als Schlaf (V. 1) und Traum (V. 5, 12); *Georg Heym:* Tod als Qual (V. 16), der Fragen offen lässt (V. 7); *Gottfried Benn:* Tod als sinnlose, nahezu nebensächliche Auslöschung

3. a) ***Rimbaud:* Ophelia:** Die wechselseitige Durchdringung des Menschlichen und der Natur gleicht einem harmonischen Einswerden. Ophelia, das „weiße Traumbild" (V. 5), wird mit der „großen Lilie" (V. 2) gleichgesetzt. Nach dem Tod vereint sich der „Geist" des Menschen für „mehr als tausend Jahre" (V. 7) mit einer Natur, die vor allem positive Assoziationen weckt („Sternenfeier", V. 1; „ferner Wald", V. 4; „Abendhauche", V. 8; etc.). Während der Mensch in die Natur zurückkehrt, wird diese menschlich belebt („Der Wind küsst", V. 9; „vom Wasser sanft gewiegt", V. 10; „weint die Weide", V. 11; etc.).
***Heym:* Ophelia I:** Das Einswerden von Mensch und Natur wird als Prozess der Verwesung wahrgenommen, die Tierwelt vereinnahmt die menschlichen Überreste (V. 1, 13 f.). Von Ophelia, die nur im Titel benannt wird, bleibt nicht mehr als eine skelettierte Wasserleiche („ihres Hirnes Schrein", V. 6). Ihre „beringten Hände" (V. 2) stehen im Kontrast zum Natürlichen; der Mensch als Fremdkörper in der Natur. Tiere, die sich vornehmlich nachts bewegen, wecken eher unheimliche Assoziationen („Wasserratten", V. 1; „Fledermäuse ... wie Nachtgewölk", V. 10/13; „langer, weißer Aal", V. 13; „Glühwurm" – statt „Glühwürmchen", V. 14; etc.). Auch bei der Natur überwiegen dunkle Assoziationen („Schatten des großen Urwalds" (V. 3 f.), „letzte Sonne, die im Dunkel irrt" (V. 5; etc.).
***Benn:* Morgue. Schöne Jugend:** Der poetische Titel „Schöne Jugend" erweckt Erwartungen, die dann zynisch brutal unterlaufen werden. Mit dem kalten, distanzierten Blick des Arztes am Sektionstisch (Benn war Arzt) wird der Mensch als Ding betrachtet. Der Übergriff der Tiere auf den toten Menschen erscheint als grauenhafter, brutaler Akt. Der Tod „eines" Mädchens wird zur Nebensache, wenn bei der Sektion der „Weg" der Ratten über ihren Mund, durch die Speiseröhre in das Körperinnere ins Zentrum gerückt wird. An die Figur der Ophelia erinnern nur noch das „Schilf" und der Wassertod der Ratten. Mensch und Natur stehen sich fremd gegenüber.

Zuwendung und Mitleid gelten den jungen Ratten. Mit seiner provokanten Umkehrung aller Werte entlarvt Benn die Verlogenheit einer Gesellschaft, die menschenunwürdige Verhältnisse zulässt und in Feiertagsreden die humanistische Bildung preist, er zielt auf eine Mentalität, die Tierschutzgesetze für wichtig erachtet und die Vergasung von Menschen hinnimmt. Benns makabrer Text richtet sich aber auch gegen die spießbürgerliche Vorstellung von Poesie, die sich an sentimentalen, pseudoromantischen „Volksliedern" im Stile von „Schön ist die Jugend bei frohen Zeiten" orientierte (Anspielung im Titel „Schöne Jugend"). Die zu Klischees gewordenen Reizwörter dieser Poesie (Jugend, Mund eines Mädchens, Laube, Nest, Schwesterchen) werden in Benns Text verfremdet.

b) **Kubin** hebt in seiner düsteren Zeichnung eher den schauerlichen Aspekt des Todes im Wasser hervor, bei dem die Wasserpflanzen ihre Lebenskraft aus dem schon verwesenden, toten Körper ziehen. Leben und Tod, Mensch und Natur vereinen sich komplementär.
Millais/Klimt: Bei Millais finden wir ein harmonisches Miteinander von blühender Natur und einer beseelten Ophelia. Auch bei Klimt vereinen sich Mensch, Tier und Pflanze in einer traumhaften, harmonischen Atmosphäre.
Munch vereint das Weibliche auf geheimnisvolle Weise mit der Natur (die Haare gehen in Wellen über). Eher düstere, beängstigende Assoziationen werden durch die Verbindung von Liebe (femme fatale) und Tod/Verderben (dunkle Augenhöhlen, skelettartige Konturen) geweckt.

4. Bei allen Dichtern und Malern lassen sich Zeichen einer Ästhetisierung des Todes finden, v. a. bei Rimbaud, Millais und Klimt, die das Geheimnisvolle, Exklusive des Todes in den Vordergrund stellen. Gemeinsam ist diesen Dichtern und Künstlern der Wunsch, in einer „rückläufigen Metamorphose" ins Vegetabile unterzutauchen und ein Teil der Natur zu werden. Benn stellt die literarische Ästhetisierung des Todes in Frage, indem er in einer zynischen Brechung die nüchterne Betrachtung des toten verdinglichten Leibes, die eher Abscheu und Ekel auslöst, mit dem dreifach wiederholten Wort „schön" kontrastiert.

▷ S. 349 Literatur und Kunst um 1900

▷ S. 349 2. Die Literatur- und die Kunstwissenschaften bieten in der Zuordnung einzelner Autoren und Künstler zu Stilrichtungen kein einheitliches Bild. Da die Stilrichtungen nahezu zeitgleich verlaufen und viele Dichter und Maler im Verlauf ihrer Entwicklung mit unterschiedlichen Ausdrucksformen experimentiert haben, ist es nicht immer einfach, einzelne Personen konkret an einen Stil zu binden. Die Übersicht (▷ S. 350) orientiert sich an den Hauptwerken, die folgende Auflistung an den aufgeführten Beispielen.

Realismus:	*Lenbach: Lily Merk*
Naturalismus/ Impressionismus:	*Holz: Phantasus, Monet: Frühlingslandschaft*
Symbolismus:	*Hofmannsthal: Vorfrühling; Rilke: Herbst, Schiele: Herbstbaum in bewegter Luft*
Jugendstil:	*Morgenstern: Frühling, von Stuck: Frühling*
Kubismus:	*Picasso: Weiblicher Kopf, Mondrian: Blühende Bäume*
Expressionismus:	*Stramm: Vorfrühling, Trakl: Der Gewitterabend, Dix: Sonnenaufgang, van Gogh: Sternennacht*
(Konkrete Poesie:	*Morgenstern: Fisches Nachtgesang)*

3. Bei allen Widersprüchen, die sich hinter den „Ismen" verbergen, sollte auch diskutiert werden, worin die Gemeinsamkeiten liegen könnten (z. B. Weltverlust, Lebensangst, Ungewissheit).

4. Die Einsicht, dass direkte Erkenntnis nicht möglich ist, sondern nur die Wahl eines Modells, mit dem man erkennt, führte eher zu einer starken Verunsicherung des Menschen. Die Schüler/innen erfahren, dass zwischen neuen Ausdrucksformen in Kunst, Musik und Literatur eine konkrete Verbindung aufzuzeigen ist. In der **Musik** wird die traditionelle Harmonielehre durch Arnold Schönbergs 12-Ton-Musik erweitert, in der **Malerei** wird die Gegenständlichkeit in der Abbildung im Kubismus und Expressionismus aufgelöst, und auch in der **Literatur** setzen sich ganz neue Darstellungskonzepte durch. Auf dem Gebiet des Dramas bricht das epische Theater Bertolt Brechts mit altgewohnten Darstellungs- und Rezeptionsweisen, auf dem Gebiet der Epik entsteht der moderne Roman mit der Abwendung vom auktorialen Erzähler und der Hinwendung zu Formen des personalen Erzählens, der multiperspektivischen Montage, der erlebten Rede und des inneren Monologs, und auf dem Gebiet der Lyrik entsteht das hermetische Gedicht, gekennzeichnet durch die so genannte absolute Metapher oder Chiffre.
Der Beginn der Moderne fällt in die Zeit des politischen Umbruchs in Deutschland vom Kaiserreich zur Weimarer Republik (Geschichte). Untersuchungen über die Entwicklung der modernen Metropolen und ihrer Lebensbedingungen (Erdkunde) runden das Bild der Epoche ab.
Zusatztext zur Vertiefung der – zeitgenössisch wahrgenommenen – Krisenhaftigkeit der Zeit:

Theobald Ziegler
Die geistigen und sozialen Strömungen des neunzehnten Jahrhunderts (1911)

[...] Jede Zeit ist Übergangszeit. Aber niemals ist es am Ende einer Periode einer Generation so klar gewesen wie den Menschen ums Jahr 1900, dass das nächste Jahrhundert einen anderen, vor allem einen bestimmteren, ausgesprocheneren Charakter tragen werde und tragen müsse als das letzte Jahrzehnt des zu Ende gehenden neunzehnten. Und so lebten sie nicht nur tatsächlich in einer Übergangsperiode, sondern – das ist der tiefere Sinn von „Fin de siècle" – sie fühlten sich auch als Menschen dieses Übergangs. Übergangszeit aber ist böse Zeit, vor allem weil in ihr die Gedanken und Gefühle auf allen Punkten zwiespältig geworden sind. Zwiespältig gegenüber von Staat und Politik: auf der einen Seite eine Anspannung des nationalen Gedankens, der sich oft bis zum Chauvinismus[1] steigert und einengt, und auf der andern Seite ein Wiederaufleben humanitärer und ein Erstarken sozialer Bestrebungen, die vielen in jeder Form als anti- und international verdächtig sind; ein Heroenkultus hier, der da, wo der Heros fehlt, zum Byzantinismus[2] wird, und eine Demokratisierung der Gesellschaft dort, die auch die alten unhistorischen Gedanken von absoluter menschlicher Gleichheit wieder aufleben lässt. Zwiespältig waren und sind wir weiter noch immer gegen Kirche und Religion: ein neu erwachendes Interesse für religiöse Dinge macht sich spürbar, und daneben immer noch das alte Sichabkehren von allem Kirchentum und Christentum. Zwiespältig in Sitte und Sittlichkeit: der soziale Geist, der von allen die gleiche Hingabe an das Wohl des Ganzen verlangt, hat mehr und mehr Herzen und Köpfe erobert, und daneben hat die Nietzschesche Individualitätslehre, die das schrankenlose Recht des Sich-Auslebens für die geniale Persönlichkeit in Anspruch nimmt und zu dem Zweck alle sittlichen Werte umwerten möchte, begeisterte Anhänger gefunden; von einer „neuen Ethik" in mehr als einem Sinn ist vielfach die Rede. Zwiespältig war man auch auf dem Gebiet der Kunst und Poesie: noch immer wurde das Klassische als Bildungsmittel benützt und verehrt oder doch historisch respektiert, und daneben die Abwendung vom klassischen Ideal als einem innerlich Unwahren und der realistische Werdedrang einer die Wahrheit auf Kosten der Schönheit pflegenden Kunstweise. Und zwiespältig endlich gegen die Grundlagen der Gesellschaft und der sie durchdringenden Kultur überhaupt: ein Festhalten und Sich-Anklammern an das Bestehende, als wäre es

1 **Chauvinismus:** extrem patriotische, nationalistische Haltung
2 **Byzantinismus:** unwürdige Unterwürfigkeit

durchweg ein Vernünftiges und bleibend Wertvolles, und auf der anderen Seite ein Anstürmen gegen dieses Bestehende, als wäre es bereits von allen guten Geistern der Vernunft und der Sittlichkeit verlassen und könnte nicht eilig genug bis zum letzten Baustein abgetragen und in Trümmer geschlagen werden, dem historischen Sinn des Jahrhunderts trat ein revolutionärer Sturm und Drang gegenüber. So hat es rings um uns her gegärt und gebrodelt und uns alle in seine Strudel mit hineingerissen; und festen Boden unter den Füßen hat uns auch das erste Jahrzehnt des neuen Jahrhunderts fast noch nirgends gebracht, wir haben uns nur an diesen allgemeinen Fluss der Dinge gewöhnt, er hat das Peinliche für uns verloren.

So war es eine Welt voll Gegensätze, dieses „Fin de siècle", in der alles chaotisch durcheinander quirlte und wogte, Karneval und Aschermittwoch zugleich, kraftvoll aufstrebende Renaissance und pessimistisch müde Dekadence; eine Zeit der „Ruhelosigkeit und Reizbedürftigkeit", aber auch der Ruhebedürftigkeit und Reizübersättigung, des Sich-Verlierens an das Zerstreuende der Außenwelt und des Sich-Sehnens nach Wiedergewinnung eines Innerlichen und Einheitlichen. Und die Menschen dieser Zeit auf der einen Seite voll Überschätzung des Intellektuellen, von des Gedankens Blässe von früher Jugend auf angekränkelt und deshalb in ihrer Nervosität von unausgesprochenen und unaussprechlichen Stimmungen bewegt, und daneben doch praktisch, utilitaristisch, voll Willen und Streben nach Macht; pessimistisch und blasiert, tief innerlich müde auf der einen Seite und auf der andern vom Willen zum Leben, von Lebensdrang und Lebensfreudigkeit empor gerissen und empor gepeitscht, tatkräftig vorwärts, ehrgeizig aufwärts strebend: frei von Vorurteilen, ungläubig und kritisch, kühl bis ans Herz hinan, und daneben ergriffen von allerlei Mystik oder doch anempfinderisch damit spielend, voll Neugier und Interesse für alles Rätselhafte und Geheimnisvolle, für alles Tiefe und Hinterweltliche, und die Wissenschaft selbst in den Dienst des Aberglaubens herabziehend oder gar diesen in die Form okkultistischer Wissenschaft kleidend. […]

(Theobald Ziegler: Die geistigen und sozialen Strömungen des 19. Jahrhunderts. Georg Bondi, Berlin 1911)

1. a) Stellen Sie anhand des Textes die wesentlichen, einander widerstrebenden Zeitströmungen zusammen.
   b) Welches tief greifende Phänomen konstatiert Ziegler in den verschiedenen Lebensbereichen?

2. Im Zentrum der künstlerischen Auseinandersetzungen des 19. Jhs. steht die Natur. Skizzieren Sie die unterschiedlichen Auffassungen von „Natur" bei Naturalisten, Symbolisten und Expressionisten.

3.3.2 Literarische Strömungen: Vom Naturalismus zum Expressionismus

Naturalismus und Impressionismus (1880–1910)

▷ S. 351 *Wilhelm Leibl:* **Drei Frauen in der Kirche** (1878–82)
▷ S. 351 *Claude Monet:* **In der Blumenwiese** (1876)

▷ S. 351 1. Für Holz ist die ungenaue Abbildung der Natur ein „mangelhafter" künstlerischer Versuch, den er mit der „Schmierage" von Kindern gleichsetzt. Die Umsetzung von Wirklichkeit in ihr Abbild trägt immer den „Mangel" an Genauigkeit in sich, der durch die künstlerischen Mittel und die Subjektivität des Künstlers entsteht. Der Autor/Künstler ist eher ein Aufzeichnender als ein Ausdrückender. Seine Kunst liegt in der möglichst genauen Beobachtung und der handwerklichen Beherrschung der Darstellungsmittel.

2. Leibls Bild entspricht in seiner nahezu „fotografischen“ Genauigkeit den Forderungen von Arno Holz. Auch wenn es anatomische „Fehler“ gibt (Verhältnis Körper – Hände) beeindruckt die Exaktheit, die bis in die Lesbarkeit des Textes im Buch geht. Die Malerei Leibls folgt den Grundprinzipien naturalistischer Kunst: Illusion von Raum, Körper und Stofflichkeit sowie zeichnerische, anatomische und farbliche Richtigkeit.

3. b/c) Mögliches **Tafelbild:**

Wilhelm Leibl: **Drei Frauen in der Kirche**	*Claude Monet:* **In der Blumenwiese**
Unterschiede	
– Innenraum	– Außenraum
– Disziplin, (innere Verpflichtung)	– Freizeit, Vergnügen
– Darstellung bleibender Werte	– augenblicksbestimmter Eindruck
– zeichnerischer Stil, unsichtbarer Duktus, Betonung der gegenständlichen Konturen (Dinge grenzen sich voneinander ab)	– malerischer Stil, sichtbarer Duktus, Betonung des Atmosphärischen (Dinge verschmelzen miteinander)
Ähnlichkeiten	
– Motiv der Lesenden	
– Ruhe, Vertiefung	
– genaue Wiedergabe äußerer Erscheinungen:	
– Genauigkeit der Details auf der Oberfläche der Dinge	– Genauigkeit der Lichteffekte auf der Oberfläche der Dinge

4. Neben der inhaltlichen Entsprechung im Bereich des Sujets: „Schönes, grünes, weiches Gras. Drin liege ich. Mitten zwischen Butterblumen!“ (▷ S. 345, Z. 1 ff.), durch die Monets Bild fast eine Illustration des Gedichts von Holz sein könnte – und umgekehrt –, liegt die Ähnlichkeit auch im formalen Bereich. Die unmittelbare, nuancenreiche Wiedergabe einer momentanen Stimmung, in der einzelne Effekte zu einem Gesamtbild verschmelzen, ist ein gemeinsames Merkmal impressionistischer Lyrik und Malerei.

Symbolismus und Jugendstil (1890–1920)

Jean Moréas: **Der Symbolismus** (1886) ▷ S. 352
Hermann Bahr: **Symbolisten** (1894) ▷ S. 352
Gustav Klimt: **Die Erwartung** (1905–10) ▷ S. 353

1. a) Der Symbolismus zeichnet sich weniger durch definierbare Inhalte und Formen aus als durch Negation und Abgrenzung: Er wendet sich gegen den entmystifizierenden Positivismus des Naturalismus, gegen „rhetorische und realistische Verfahren“ (Z. 36 f.) zur genauen Wiedergabe von Gefühlen sowie deren Ursachen und Wirkungen. Das symbolistische Verfahren sucht ein dem Gefühl fremdes, entlegenes Symbol, das dennoch die gleiche Stimmung trifft. ▷ S. 353
   b) Jean Moréas definiert den Symbolismus aus Sicht der Kritiker, die dem neuen Stil die formale Ästhetisierung, die rätselhafte Symbolik und die Tendenz zum Synästhetischen vorwerfen (Z. 6–10).
   c) Gustav Klimt leitete von 1897 bis 1905 die von ihm mit begründete Künstlervereinigung der Wiener Secession. Die Künstler kehrten sich von der etablierten Kunstauffassung eines an naturalistischen Stilmitteln orientierten Altmeistertums ab und wendeten sich gegen den Historismus der offiziellen Akademiemalerei. Sie suchten nach neuen ästhetischen, dem modernen Leben adäquaten Ausdrucksformen.

Das Gemälde entspricht nicht nur in Titel („Die Erwartung") und Motiv (luxuriöse Frauengestalt mit ausdrucksstarker, geheimnisvoller Mimik, Gestik und Haltung) der gekünstelten Exklusivität und dem Schönheitsdrang des neuen Stils. Vor allem die Gestaltungsweise betont das erlesen Künstliche, Unrealistische (Vorherrschen der Farbe Gold, Aufheben der Räumlichkeit, Verschmelzen des Körperlichen und Ornamentalen, Verselbstständigung ornamentaler Linien mit dem symbolischen Motiv der Spirale, Augensymbole). Die Kunst löst sich von der Aufgabe Wirklichkeit abzubilden und thematisiert sich selbst, indem sich Farben und Formen vom Objekt lösen und Eigenleben gewinnen (L'art pour l'art-Prinzip).

2. b) Aspekte symbolischer Bedeutungen (s. auch Aufgaben ▷ S. 354 f.):

Rilke: Stellung/Funktion des Menschen in seinem Lebensraum/im Kosmos: „Aufgereihten", „Spielende", „Tanzfigur"
Schwebezustand/Ungewissheit: „zwischen Fall und Flug", „Wurf", „steigt" – „neigt"
Gott: „Ball", „unsichtbar plötzlich in uns einzugleiten", „Unentschlossener"

George: Vergänglichkeit/absterbende Kultur: „totgesagter park", „ferne lächelnde gestade", „späte rosen", „letzte astern", „herbstliches gesicht"

▷ S. 354 *Rainer Maria Rilke:* **Der Ball** (1908)

▷ S. 354 1. In seinen so genannten Dinggedichten findet Rilke eine Möglichkeit, die Dinge in poetischer Sprache zu erfassen. In der Konzentration auf einen Gegenstand, ein Tier oder einen Menschen will der Dichter das Objekt in seinem innersten Wesen begreifen und symbolisch deuten. Zunächst wird das Ding, hier „Der Ball", in seiner äußeren Gegenständlichkeit und Funktion erfasst („Runder", „Fliegen"). Die folgende Bestimmung dessen, was das Ding ist (V. 5), führt weg vom konkreten Gegenstand und hin zu seiner symbolischen Bedeutung. Das „unentschlossene" Schweben zwischen „Fall und Flug" rückt das Unaussprechbare der reinen Bewegung in den Vordergrund. Die Verse 12 ff. verweisen symbolisch auf die kosmischen Bewegungen, in denen der Werfende und Fangende, der Mensch, zum Mitspieler wird. Die Gesetzmäßigkeit im Rhythmus des Daseins zwischen Fliegen und Fallen, Steigen und Neigen wird an kosmische Vorstellungen, aber auch an die von einem diese Bewegungen ordnenden Gott geknüpft. Der Ballwurf/das Ballspiel ist ein häufiges Motiv bei Rilke. Der Mönch des „Stundenbuchs" vergleicht Gott mit dem Ball: „Wie einen Ball/hätt ich dich in alle wogenden Freuden/hinein geschleudert, dass einer dich finge/und deinem Fall/mit hohen Händen entgegenspringe,/du Ding der Dinge." (*R. M. Rilke:* Werke in sechs Bänden. Bd. 1: Das Stundenbuch. Insel Verlag, Frankfurt/M. 1982, S. 21)

2. Unterschiedliche Perspektiven: Nähe, Intimität, Einfühlung durch direkte Ansprache („Du") und distanzierte, sachliche Betrachtung; genaue Beobachtung äußerer Erscheinung („Runder", „Fliegen", „Fall und Flug" etc.) und überhöhende, abstrakte Bedeutungszuschreibung („sein Eigenes" etc.)

▷ S. 354 *Stefan George:* **komm in den totgesagten park** (1897)
▷ S. 355 *Stefan George:* **Über Dichtung** (1903)

▷ S. 354 ▷ S. 355 1.–4./1.–2. Die Textbeispiele von Stefan George und Rainer Maria Rilke dokumentieren einige Aspekte der großen antirealistischen und antinaturalistischen Bewegung, die auch als neuromantische Strömungen (1890–1920) bezeichnet werden. Der radikalste unter ihnen in der Ablehnung einer Literatur, die gesellschaftlich eingreifen, Veränderungen herbeiführen oder auch nur Aussagen zu einer Weltanschauung machen will, ist Stefan George.
Das Gedicht „komm in den totgesagten park" macht Georges Dichtungsverständnis beispielhaft deutlich. Analog zu dem ästhetisierenden Flaneur im Park bewegt sich der Dichter in der Sprache, greift die Kostbarkeiten auf und arrangiert sie zu formvollendeten Kunstwerken: In jeder Strophe wird das Reimschema gewechselt. Der Aura erlesener Exklusivität entspricht auch das Schriftbild des Gedichts.

Expressionismus (1905–1925)

Ernst Stadler: **Form ist Wollust** (1914) ▷ S. 356
Franz Marc: **Kämpfende Formen** (1914) ▷ S. 356

1./2. Dass Form selbst zum Inhalt von Lyrik und Malerei wird, ist eine der revolutionären Neuerungen in Kunst und Literatur der Jahrhundertwende. Erst die Expressionisten (und die weitaus extremeren Dadaisten) fanden radikal neue Ausdrucksformen. In Stadlers Gedicht stehen Form und Inhalt noch in Widerspruch zueinander. Die Entgrenzungsdynamik scheint mühsam in einer traditionellen Form gebändigt. Die „Lust" an der Form thematisiert Franz Marc in seinem Bild, das ähnlich wie Stadlers Text noch im traditionellen Rahmen bleibt. Inhalt des Gedichts und Motiv des Bildes drängen aus ihren begrenzenden Formen hinaus. ▷ S. 356

Margarete Susman: **Expressionismus** (1918) ▷ S. 356

1. a/b) Susman kritisiert die Tendenz der „Verschönerung" (Z. 25, 76 ff.) einer entsetzlichen Zeit durch „sanftes Säuseln" (Z. 76) und „güldne Harfe" (Z. 24). Der „Stille, Anmut, Verschlossenheit, Scham" (Z. 74) der Dichter, v. a. dem „einsamen Sehnsuchtsschrei Stefan Georges" (Z. 23), setzt sie den „expressionistischen Schrei" als Ausdruck der Seele und die Aufforderung zum Handeln entgegen: Antwort auf die Zeit, in der „das Entsetzliche uns überwältigt" (Z. 30), sind Schreien (Z. 15 ff., 55 ff., 67), Entscheidung (Z. 28, 36, 52 ff.), Befreiung (Z. 36, 69), Erneuerung (Z. 36, 72) und Lebendigkeit (Z. 27, 59, 68). ▷ S. 357

3. Stichworte zur Interpretation: Leiden an der gesellschaftlichen Atmosphäre; Sehnsucht nach Aufbruch und Revolution; starke innere Bewegtheit, die sich Ausdruck und Ziel sucht; Absage an tradierte Formkunst, an Harmonie und Schönheit; Dichten als Hindrängen zur revolutionären Tat, zum Aufruf, zum Manifest, zum utopischen Entwurf, zum Sprengen aller ästhetischen, gesellschaftlichen und persönlichen Eingrenzungen.

Else Lasker-Schüler: **Weltende** (1905) ▷ S. 357
Ludwig Meidner: **Apokalyptische Landschaft** (1912) ▷ S. 358
Jakob van Hoddis: **Weltende** (1911) ▷ S. 358

1. a) Hoddis nutzt eine konventionelle Form, einen simplen Reim und eine einfache Wortwahl, mit der banale Alltagsdinge bezeichnet werden. In starkem Kontrast hierzu steht der Inhalt, in dem die Dinge unerwartet und disparat aufeinander stoßen. ▷ S. 358
   b) Heterogenität der Bildbereiche, Groteske als Verfremdung, Fragmente der alltäglichen Lebenswelt werden mit der Vision ihrer Zerstörung konfrontiert; Ästhetik des Hässlichen; amimetische Darstellungsweise, Reihung vielfältiger Eindrücke; dämonische Welt, in der die Materie ein Eigenleben führt; gleichzeitige Enthumanisierung und Degradation des Menschen zum Objekt

2. a) Beide Gedichte spiegeln die apokalyptische Welterfahrung der jungen Expressionisten. Else Lasker-Schüler arbeitet noch mit dem traditionellen Vergleichsverfahren („als ob", „wie") und einem rational nachvollziehbaren inhaltlichen Aufbau; das Weltende erscheint noch als Drohung. Mit den Mitteln der Groteske wird in van Hoddis' Gedicht die Spießerwelt zur Hölle gewünscht. Die tradierte feste Form mit Reim und Metrum, die Harmonie vorspiegelt, steht im Spannungsverhältnis zum provokanten Inhalt.

3. Das Zerbrechen der Formen, die Chiffrierung und die Bedeutung der Farbe sind Analogien in Malerei und Dichtung des Expressionismus. Ludwig Meidner über seine Bildsprache, mit der er zum Wesenskern der Dinge durchdringen will: „Es ist nicht möglich, mit der Technik der Impressionisten unser Problem zu bewältigen. Wir müssen alle früheren Verfahren [...] vergessen und ganz neue Ausdrucksmittel uns zu eigen machen. Das Erste ist: dass wir sehen lernen, dass wir intensiver und richtiger sehen als unsere Vorgänger. Die

impressionistische Verschwommenheit und Verundeutlichung nützt uns nichts." (Kunst und Künstler. Berlin, 12. Jahrgang, 1914. – In: *Wieland Schmied:* Neue Sachlichkeit und magischer Realismus in Deutschland 1918–1933. Hannover 1969, S. 242)

▷ S. 358 *Georg Heym:* **Tagebucheintragung** (1911)
▷ S. 359 *Georg Heym:* **Der Krieg** (1911)

▷ S. 359 1. Untergangsstimmung, wachsende Anspannung und der Wunsch nach Veränderung, wie er auch in der Tagebucheintragung Heyms deutlich wird, machen den Krieg zu einem visionären, lang ersehnten, reinigenden Ereignis, das einen radikalen Neuanfang verspricht. Der Kriegsausbruch 1914 wird mit kollektiver Kriegsbegeisterung als kulturrevolutionäres Ereignis begrüßt.
Heym verarbeitet in seinem Gedicht kein Kriegserlebnis, sondern entwickelt eine Idee des Krieges. Der Krieg fungiert als Flucht aus dem als stagnierend und langweilig empfundenen Frieden. Der Druck bevorstehender Bedrohung und Gefahr wird in eine ästhetische Vision verwandelt; die Angst vor dem Untergang schlägt um in Lust: Krieg als zwar grausige, aber ästhetisch faszinierende, dämonische Gestalt, Krieg als Metapher des Umbruchs, als allegorische, mythische Urgewalt mit apokalyptischer Kraft, deren Zerstörungswut die Stadt Gomorrha stellvertretend für die Metropolen mit ihren extremen Lebensbedingungen, ihrer lärmenden Zivilisation, ihrer entindividualisierten Massengesellschaft und ihrer überkommenen Ordnung trifft.

2. – klare strophige und metrische Gliederung mit monotonem, reihendem Effekt (Anaphern: „Aufgestanden", „In", „Und", „Über"; durchgängiger Paarreim); in starkem Kontrast zur Geschlossenheit der Form steht der Inhalt (Explosion zerstörerischer Kräfte, z. B. Zerstörung des romantischen Mondes)
   – bildhafte Sprache, Farbbegriffe als Stimmungsträger („schwarze Hand", „schwarzes Haupt", „schwarze Gassen", „schwarze Welt", „weiß bedeckt", „blauer Flammenschwall", „roter Hund", „rote Zipfelmützen", „gelbe Fledermäuse", „gelber Rauch"): identische Farbwahl bei Dix
   – Auge und Ohr werden angesprochen:
     • optisch: „Dämmrung", „Schatten", „fremde Dunkelheit", „Gesicht erbleicht", „Dunkel", „erhellt", „finstre Ebenen", „flackernd", „glühnde Trümmer", „Widerschein", „toten Dunkels", Farbadjektive
     • akustisch: „Abendlärm", „still", „wimmert ein Geläute dünn", „er schreit", „es schallet", „laute Kette", „Waffenschall", „Mäuler schrein"
   – Neben Metaphern der Dunkelheit kennzeichnen Kälte und Tiefe die erstarrte zivilisatorische Welt, Hitze und Höhe die wilde, bewegte Zerstörung. Kontrastpaare:
     • Kälte: „Frost", „Eis", „kalte Wüstenein"
     • Hitze: „Glut", „Feuer", „Vulkane", „Feuerhaufen", „Flamme", „brennen", „glühnden", „Fackel", „Brande", „Pech und Feuer"
     • Tiefe: „Aufgestanden unten aus Gewölben tief', „fällt", „finstre Ebenen", „versank", „Abgrund", „unten auf den Straßen", „unten auf Gomorrh"
     • Höhe: „steht er groß", „Mond", „Auf den Bergen", „Turm", „riesig", „Über ...", „Über ..."

▷ S. 358 *Franz von Stuck:* **Der Krieg** (1894)
▷ S. 359 *Alfred Kubin:* **Der Krieg** (1907)
▷ S. 360 *Georg Trakl:* **Grodek** (1914)
▷ S. 360 *Alfred Lichtenstein:* **Punkt** (1914)
▷ S. 360 *August Stramm:* **Patrouille** (1914); **Sturmangriff** (1915)
▷ S. 360 *Otto Dix:* **Krieg** (1914)/**Der Krieg** (Mittelteil des Triptychons, 1929–32)

▷ S. 361 1. a) Die vier Gedichte zeugen vom Umschlagen der Euphorie in Ernüchterung und Desillusion angesichts der brutalen Kriegsrealität. Ohnmacht, Angst und Sinnverlust prägen die Stimmung der Gedichte, aus denen unmittelbares Erleben spricht.

b) **Auffassung von Krieg**	**sprachliche Mittel**
Grodek: Verzicht auf Abbildung objektiver Realität: Erfahrung des Grauens im Krieg durch subjektive Sinneswahrnehmungen; rational nicht mehr auflösbare Chiffren: evoziert wird eine Reihe von Bildern: Herbst, Abend, Verfall, Tod, Dunkelheit, Verwesung, Zerstörung	Auflösung der grammatischen Struktur; Enjambement: mit jeder Zeile wird die Aufmerksamkeit unvermittelt einem neuen Realitätsfragment zugewandt; verlebendigte Landschaft („tönende Wälder" etc.); akustischer („tönen" etc.) und optischer Sinn („goldnen Ebenen", „blauen Seen" etc.) werden angesprochen; Zäsur in den akustischen Wahrnehmungen (V. 7 ff.): Wechsel in andere Bewusstseinsebene: Ruhe nach Lärm; dunkle Vokalharmonie: Dominanz tiefer Klänge
Punkt: Krieg als schmerzhaftes, Individualität vernichtendes Erlebnis; Auflösungsprozess des Ich bis zur vollständigen Auslöschung; radikale Vernichtung des empfindenden Menschen und der gesamten Welt	anthropomorphe Züge der Dinge (V. 1, 5) im Kontrast zum hilflos Schmerz empfindenden lyrischen Ich (V. 2–4); bildhafte Kontraste („wüsten ... fließen" etc.); ungewöhnliche Chiffren: „erloschnen Kopf", „Dornrosen meines Fleisches" „Giftlaternenschein"; nüchterne Parataxe grauenhafter Vorstellungen (V. 8 f.); Kontrast: konventionelle Form/schockierender Inhalt
Patrouille; Sturmangriff: „Subjekt" ist nicht das „Ich", sondern Dinge bzw. Zustände/Erscheinungen; Erfahrung der brutalen Kriegswirklichkeit wird in Bild- und Wortbrocken umgesetzt (Kongruenz von Inhalt und Form)	eigenwilliges Sprachexperiment: Zerschlagen der gewohnten Ordnung, grammatische Funktionen der Wortarten werden vertauscht; Syntax erscheint zerfetzt, Artikel und Konjunktionen getilgt; Prinzip der Verknappung, der Kontraktion; Rhythmus atemlos, gehetzt; Zeilenstil, extreme Bildkontraste, ungewöhnliche Metaphern; chiffrenhafte Formulierungen: („Blinde schlächert wildum"); disparate Einzelbilder (Wirklichkeitsverlust)

2. a/b) **Auffassung von Krieg**	**Gestaltungsmittel**
von Stuck: Vision: allegorische Darstellung: Lorbeer bekränzter Jüngling, in herrischer, gleichgültig-erhabener Haltung; Ästhetisierung des Todes	Grausige Erscheinung in illusionistischer Darstellung; Teilung der Bildbereiche durch Komposition und Farbe (Leichen in Aufsicht und harten Schwarz-Weiß-Rot-Kontrasten, Krieg in Untersicht und warmen Brauntönen); exklusive Farbwahl unterstreicht ästhetische Faszination
Kubin: Vision: Personifikation als gigantischer mythischer Krieger, der die anonyme Menschenmasse zermalmen wird; Ästhetisierung von Tod und Untergang	Grausige Erscheinung ruft ästhetische Faszination hervor; dynamische Komposition (Betonung der Diagonalen); Verzerrung ins Groteske; perspektivisch vergrößerte, tierartige Füße (Untersicht), unsichtbares, durch Helm verdecktes Gesicht und merkwürdige Rüstung betonen das „reizvoll" Fremdartige der Figur
Dix (1914): euphorische Vision: Krieg als dynamische Kampfaktion; Faszination der modernen Technik; Auflösung von Natur, Mensch und Maschine wird zu einem dynamischen Prozess	Futuristische Aufsplitterung der Formen in Bewegung; Zerlegung der Gegenstände in dynamische Strukturen und Kraftfelder (Betonung der Diagonalen, Dreieck und Kreise); Reduktion aufs „Ursprüngliche": Grundfarben, Schwarz und Weiß; rhythmische Wiederholung von Farben und Formen; Farbfelder fleckenartig verteilt (Blick springt: Effekt der Unruhe); Simultanität
Dix (1929–32): reale Kriegserfahrung (Verfolgung als „entarteter Künstler"): Krieg als Vernichtung; Dinge und Menschen werden in der Zerstörung gleich gemacht.	Altmeisterlich realistische Malerei mit einer Übersteigerung ins Groteske; realistische Darstellung des körperlichen Verfalls; Farben der Zerstörung und Verwesung (Schwarz-, Grau-, Brauntöne, Blutrot, „totes" Weiß); Kontrast von Form und Inhalt: dynamische Komposition und Totenstarre

Mögliches **Tafelbild** zur Erarbeitung der historischen Situation:

Expressionismus

Historische Situation

Obrigkeitsstaat mit Adel und Besitzbürgertum als herrschender Schicht
Imperialismus: aggressive Außenpolitik und Militarisierung der Gesellschaft
Wirtschaftskrise nach dem Boom der Gründerjahre
Widerspruch zwischen klassischem Bildungsideal und Wirklichkeit

↓

Krisenbewusstsein

Erwartung einer gewaltsamen Lösung der Krise (reinigendes Gewitter)	Hinwendung zu radikalen politischen Ideen (Sozialismus, Anarchismus)	kulturrevolutionärer Protest: – Zertrümmerung tradierter Formen – Schock durch Aufheben gewohnter Rezeptionsmuster – Ausdruck ohne Rücksicht auf Schönheit und Hässlichkeit – Expressivität statt Wiedergabe von Impressionen; Schrei – Verfremdung, Verzerrung

▷ S. 362 **Epochenübersicht: Expressionismus (1905–1925)**

▷ S. 362 1. a) Auffällig ist, dass sich jedes Kunstprogramm über die Abgrenzung zum vorausgegangenen Kunstbegriff definiert, sich als Gegenbewegung versteht. Die extremste Neuerung geht vom Expressionismus aus, da hier die Form in radikaler Weise aufgelöst und so selbst thematisiert wird.

2. b) Mögliches Projekt: Beliebte und unbeliebte Literatur/Kunst: Sammeln von Gedichten und Bildern der Jahrhundertwende; Entwicklung eines Fragebogens zu Formen und Inhalten; Umfrage unter der Bevölkerung, Auswertung, Präsentation

3.3.3 Krise der Sprache – Krise der Existenz

▷ S. 363 *Friedrich Nietzsche:* **Über Wahrheit und Lüge im außermoralischen Sinne** (1873)

▷ S. 364 1. Friedrich Nietzsche übt Kritik an der (naturalistischen) Wahrnehmung der Dinge (Z. 3, 61), die zu keiner Erkenntnis über deren Wesen führen kann. Er belegt, wie vor allem die Sprache beim Versuch die Dinge zu erfassen versagt; das „Ding an sich“ ist sprachlich nicht zu ergründen. Denn Worte sind lediglich das letzte Glied in einer Kette der sukzessiven Entfernung von der dinglichen Realität (Z. 47 ff.): Bereits in der sinnlichen Wahrnehmung entfernt sich der Mensch von der Erkenntnis der Dinge. Der „Nervenreiz“, den das Ding im Akt der Wahrnehmung auslöst, ist schon nicht mehr das Ding selbst, sondern gibt nur dessen äußere Oberfläche wieder. Das daraus im Hirn entstehende „Bild“ ist lediglich eine Übertragung dieses Reizes und die Bezeichnung des Bildes durch den „Laut“ eine Nachformung dieses Bildes. Der Versuch, die Dinge in ihrem Wesen, in ihrer inneren „Wahrheit“ zu erfassen, bedeutet paradoxerweise Distanzierung statt Annäherung und ist demnach eine bloße „Illusion“ (Z. 1 f., 75).

Hugo von Hofmannsthal: **Ein Brief** (1901/02) ▷ S. 364

1. a/b) Hofmannsthals fiktiver Brief verweist auf ein Kennzeichen modernen Sprach-, Kunst- und Weltverständnisses. Dem modernen Autor wird die alltägliche Sprache als Gebrauchsmittel der auf Nützlichkeit ausgerichteten bürgerlichen Gesellschaft fragwürdig. Wie alle Dinge ihren eigentlichen Wert verlieren, indem sie bloßen Warencharakter annehmen, wird auch die Sprache als Gebrauchsmittel verschlissen. Besonders abstrakte Begriffe und große Worte wie „Geist", „Seele" etc., mit denen Phrasen gedroschen werden, mit denen manipuliert und gelogen wird, zerfallen dem Dichter „im Munde wie modrige Pilze" (Z. 61). Er treibt auf eine Sprach- und Kommunikationslosigkeit in der bürgerlichen Alltagswelt zu, die seine Außenseiterposition und Isoliertheit erklären. Dafür versucht er auf der Suche nach einer Sprache der Innenwelt mit der Dingwelt in eine ästhetische Kommunikation zu treten, den ursprünglichen Sinn der Dinge zu erfassen und ein mythisches Verständnis der Welt wiederzugewinnen (Z. 107 ff.). ▷ S. 365
   Das Problem des Lord Chandos spiegelt nicht nur das Zeitgefühl der Jahrhundertwende (Moderne), sondern darüber hinaus auch aktuelle Schwierigkeiten der Erfassung von Wirklichkeit (Postmoderne). Eine modern zersplitterte Welt, die in bloßen Metareflexionen mit Formen spielt, originär abzubilden, mag ähnlich problematisch sein wie bereits zu Zeiten der Moderne.

2. a) Der Zerfall der bezeichnenden Begriffe setzt metaphorische Bilder frei (Worte schwimmen, gerinnen zu Augen, Z. 82 f.). Hofmannsthal betont in suggestiven Sprachbildern die sinnliche Wahrnehmung. Er will in die Dinge eintauchen, seinen Geist in sie ergießen (Z. 111). In der visuellen Sprache der Dinge, der mythisch-traumhaften Bildersprache, sucht er zum Wesen der Dinge vorzudringen. Sehen ist kein ausschließlich rezeptiver Vorgang mehr, sondern eine produktive Form der Annäherung an die Dingwelt.
   - Metaphern, Vergleiche, Beispiele des Sehens: „... alle Dinge ... in einer unheimlichen Nähe zu sehen: so wie ich einmal in einem Vergrößerungsglas ein Stück von der Haut meines kleinen Fingers gesehen hatte, ..." (Z. 70), „Es gelang mir nicht mehr, sie mit dem vereinfachenden Blick der Gewohnheit zu erfassen." (Z. 77), „Sie gerannen zu Augen, die mich anstarrten und in die ich wieder hineinstarren muss ... in die hinabzusehen mich schwindelt ..." (Z. 83), „Augenblick" (Wiederholung des Wortes: Z. 95, 97, 100), „... über die sonst ein Auge mit selbstverständlicher Gleichgültigkeit hinweggleitet ..." (Z. 113), „... mit ungeblendetem Blick ... geistigen und leiblichen Erscheinungen ..." (Z. 128)
   - Metaphern, Vergleiche, Beispiele des Schmeckens: „... schäumende laue Milch in mich hineintrank ... süße und schäumende Nahrung des Geistes in mich sog." (Z. 20, 26), „... Worte in den Mund zu nehmen..."(Z. 46), „... zerfielen mir im Munde wie modrige Pilze." (Z. 60).

   b) Der Brief als private Mitteilungsform außerhalb der öffentlichen Kultur ist die einzige Möglichkeit, trotz der beklagten Sprachkrise weiter zu schreiben. Der fiktive Brief ist eine Mischform und damit eine Alternative, öffentliches Schweigen und privates Sprechen zu vereinen (s. auch Goethes „Werther", ▷ S. 272, 275 f.).

   c) Paradoxie: Hofmannsthal behauptet schreibend, nicht mehr schreiben zu können.

3. Beide äußern ihr Unbehagen an der Zeichenhaftigkeit der Sprache und zeigen deren Grenzen auf: Wörter sind lediglich Zeichen für Dinge und nicht die Dinge selbst. Trotzdem stellt sich die Frage, wie weit sich Sprache und Realität voneinander entfernen. Hier können die einzelnen Stilrichtungen befragt werden, ob sie das Problem aufgreifen und durch neue Inhalte und Formen Lösungen anbieten.

Franz Kafka: Die Welt als Parabel

Vgl. andere Textbeispiele von Franz Kafka: „Der Nachbar“ (▷ S. 136), „Der Prozess“ (▷ S. 162), „Vor dem Gesetz“ (▷ S. 177), „Auf der Galerie“ (▷ S. 179).

▷ S. 366 *Franz Kafka:* **Der Steuermann** (1920)
▷ S. 366 *Franz Kafka:* **Gib's auf!** (1922)
▷ S. 366 *Franz Kafka:* **Kleine Fabel** (1920)

▷ S. 366 1. a) **Der Steuermann:**

Struktur: Mit einer wörtlichen (rhetorischen?) Frage, die das erzählende Ich stellt, wird der Leser direkt in das schon kulminierende Geschehen einer dramatischen Aktion eingeführt: Das Ich sieht sich in seiner bisherigen Funktion als Steuermann auf einem Schiff in dunkler Nacht von einem unbekannten, hoch gewachsenen, dunklen Mann gewaltsam vom Steuerrad verdrängt. Die von ihm zu Hilfe gerufene Mannschaft reagiert jedoch nicht, sondern akzeptiert vorbehaltlos den neuen Steuermann, der sie lediglich anherrscht, ihn nicht zu stören. Verzweifelt und resigniert wird in einem abschließenden Ausruf und einer anklagenden Frage diese Mannschaft als gedankenlos und sinnlos über die Erde „schlurfendes“ Volk verurteilt.

Figuren: Auf der Bildebene agieren lediglich angedeutete Figuren: das Ich als verdrängter, verunsicherter Steuermann, ein gefährlich wirkender, „dunkler, hoch gewachsener“ fremder Mann als Usurpator des Schiffes und eine träge, verantwortungslose Mannschaft kräftiger Matrosen, die sich von dem Fremden schnell einschüchtern lässt und ihren alten Steuermann in seiner wichtigen Funktion nicht verteidigt.

Sprachliche Gestaltung: Die knappe Erzählung in einfacher Prosa wird durch wörtliche Rede unterbrochen, was die Dramatik des Geschehens unterstreicht. Die allgemein verständliche Darstellung auf der Bildebene kontrastiert mit der Rätselhaftigkeit des plötzlichen Ereignisses, dessen Ursachen oder dessen Entwicklung im Unklaren bleiben. Ohne gliedernde Elemente wird das Geschehen in seiner drängenden, knappen Form als Ausdruck eines dramatischen Höhepunktes wiedergegeben. Die anklagenden Vorwürfe der beiden abschließenden Sätze wirken dagegen etwas abgesetzt vom Geschehen und verweisen so eher auf die Allgemeingültigkeit des Problems.

Problemstellung: Die unrechtmäßige, gewaltsame Usurpation eines verantwortungsvollen Postens; plötzliche, unvorhergesehene Wendung, die nicht mehr rückgängig gemacht werden kann; Hilflosigkeit, in Verbindung mit eigener Unsicherheit und Schwäche; vergebliche Hoffnung auf Hilfe von anderen, wenn man selbst zu schwach ist; Verantwortungslosigkeit und Bequemlichkeit der gelenkten Masse, die träge und schwankend dem folgt, der sie mit herrischer Bestimmtheit im Griff hat; Selbstbestimmung und Fremdbestimmung der Richtung, die man glaubt, einschlagen zu müssen. (Dieser Text kann, im Gegensatz zu fast allen anderen Texten von Kafka, in besonderem Maße auch politisch verstanden werden: vgl. Novemberrevolution 1918 und – vorausschauend – Hitlers sog. „Machtergreifung“!)

Gib's auf!

Struktur: Nach einer nur angedeuteten Situationsbeschreibung („früh am Morgen“, „Straßen rein und leer“, das erzählende Ich auf dem Weg zum Bahnhof), in der nähere Angaben über Ort, Zeit, Personen oder Umstände ausgespart bleiben, kulminiert das Geschehen sofort in einer fast panikartigen Hektik nach der Suche des richtigen Weges „zum Bahnhof“. Auslöser ist ein Zeitvergleich (persönliche Uhr – Turmuhr). Das scheinbar harmlose Geschehen findet in einer auf den ersten Blick völlig unverständlichen Reaktion eines Schutzmannes, der nach dem Weg gefragt wurde, sein abruptes, rätselhaftes Ende.

Figuren: Ein erzählerisches Ich, über das konkret nichts Genaueres gesagt ist. Indirekt ist zu erschließen, dass es fremd in einer Stadt ist, die es noch nicht sehr gut kennt, und sich in einer gewissen Eile auf dem Weg zum Bahnhof befindet, wahrscheinlich, um weiterzufahren. Wohin, bleibt ebenfalls unklar. Das Ich scheint eher unsicher und fremdbestimmt zu sein, sonst würde die Entdeckung, dass es später dran ist als ursprünglich geglaubt, nicht solche panikartige Reaktion auslösen, wobei der wohl sicher geglaubte Weg zum Bahnhof noch fraglich wird. Ein Schutzmann, der zufälligerweise in der Nähe ist, selbstverständlich ein offiziell Angestellter in dieser fremden Stadt, an den sich der Hilfesuchende höflich wendet, reagiert völlig anders als erwartet: Er fragt nach, gleichsam als ob es absolut ungewöhnlich ist, nach dem Weg gefragt zu werden, und wendet sich dann noch mit einem unverständlichen „Gib's auf" von dem Hilfesuchenden ab, der sich nicht nur hilflos, sondern geradezu wie ein Dummkopf stehen gelassen vorkommen muss.

Sprachliche Gestaltung: Unvermitteltes Einsetzen der Erzählung ohne Einleitung oder Hinführung: Der erste Satz, bestehend aus drei kurzen Aussagen (Parataxen), suggeriert noch Ruhe und Ordnung, während schon der zweite die Hektik des Zeitdrucks in einer längeren syntaktischen Fügung (auch hypotaktisch) zum Ausdruck bringt. Die abschließende direkte Rede zwischen dem Schutzmann und dem erzählenden Ich macht die Dramatik des nur scheinbar banalen Geschehens deutlich. Der offene Schluss verweist auf eine parabolische Deutung und die Notwendigkeit einer inhaltlichen Auseinandersetzung mit dem Erzählten.

Problemstellung: Das nicht näher umschriebene Ich weist auf die Allgemeingültigkeit der dargestellten Problematik hin; die Unbestimmtheit von Ort, Zeit und Umständen legt eine parabolische Ausdeutung im Sinne von existenziellen Größenordnungen nahe; die Stadt als das eigene Leben, in dem man sich „noch nicht sehr gut" auskennt, der frühe Morgen des Aufbruchs als Beginn des Lebensweges, auf dem alles noch geordnet, aber auch einsam erscheint; der Weg zum Bahnhof als persönlicher Lebensweg, den man allein geht / gehen muss; der Bahnhof als Zielort, der mit Ankunft und Abfahrt den Tod (Ende, Beginn?) symbolisieren kann; der Zeitvergleich, der die subjektive Bemessung in Frage stellt und relativiert, als die offizielle Autorität der Turmuhr (von „oben"!) bemerkt wird; der Schrecken über diese unverhoffte Entdeckung löst Unsicherheit aus: Lebenskrisen (Torschlusspanik, midlife-crisis) entstehen; niemand kann einem dabei verbindlich den richtigen weiteren Lebensweg zeigen, nicht einmal anscheinend dazu beruflich extra bestellte Amtspersonen, wie der Schutzmann (→ Pfarrer, Ärzte, Psychologen etc.); wer seinen eigenen Lebensweg nicht zu finden vermag, auch in dem mit zunehmendem Alter wachsenden Bewusstsein, dass einem die Zeit schneller verrinnt als man ursprünglich glaubte, der wird resignieren, letztlich in Hoffnungslosigkeit scheitern („gib's auf").

Kleine Fabel:

Struktur: Monologisches Gespräch einer Maus. Beginn mit einem Seufzer über die deprimierende Erkenntnis, dass die Welt mit jedem Tag „enger" werde. Rückblickend wird die Entwicklung dieser Erkenntnis während ihres Lebensweges von der Maus geschildert; angesichts des unausweichlichen Todes, der nun in Form einer Mausefalle droht, greift die Katze in das Gespräch ein mit einem die Fabel abschließenden Ratschlag, der in seiner Absurdität der Maus nichts nützt, sondern deren Tod besiegelt. Anstelle der Lehre, die üblicherweise eine Fabel beschließt, steht hier der fatale Rat der Katze, der in zynischer Verkehrung einer „Lebenslehre" den unausweichlichen Tod der Maus bedeutet.

Figuren: Maus und Katze als eigentlich passendes Tierpaar einer Fabel. Die Maus verkörpert hier das hilflose Wesen, das sich seiner begrenzten Existenz mehr und mehr bewusst wird, ohne aber eine Lösung daraus ableiten zu können, die Katze dagegen die Klugheit, die einen – trotz aller Erkenntnis über den schließlich drohenden Tod – nicht retten kann, sondern einem nur die Tragödie von dessen Unausweichlichkeit brutal deutlich macht. Dass die Maus alleine auftritt, ohne eingebettet zu sein in ein zahlreiches Mäusevolk, macht die Tragik der Aussage nur umso deutlicher.

Sprachliche Gestaltung: Monolog der Maus, in dem sie über den Verlauf des eigenen Lebens reflektiert, abgeschlossen von einem zynischen Ratschlag der Katze. Denkbar ist auch eine dialogische Situation zwischen beiden, was dann die Fehleinschätzung der Maus hinsichtlich der Begrenztheit ihrer Erkenntnisfähigkeit noch unterstreichen würde. Das einleitende „Ach" kennzeichnet die resignierende Grundstimmung der kleinen Fabel, die tatsächlich auf keine hilfreiche Lehre hinausläuft, sondern den Tod in seiner Natürlichkeit, aber auch Brutalität als schicksalhaften Zynismus verdeutlicht.

Problemstellung: Die Erkenntnis der Maus und ihr unausweichliches Ende entsprechen der menschlichen Erfahrung mit Lebensweg und Tod. Am Anfang des Lebens herrscht das Gefühl beängstigender Orientierungslosigkeit vor, die ersten Grenzmarkierungen in der anscheinenden Offenheit aller Möglichkeiten werden dankbar wahrgenommen. Mit zunehmendem Alter aber ergreift den Menschen das Gefühl der Einengung und Begrenztheit seiner Möglichkeiten. In rückblickend unbegreiflicher Schnelle erkennt man im Alter den kurz bevorstehenden Tod, vor dem es kein Ausweichen gibt. Der Ratschlag, „die Laufrichtung [zu] ändern", ist unrealistisch, hier auch nicht ernst gemeint, denn der Tod lauert überall. In der Absurdität des „guten Rates" der Katze liegt eben keine beruhigende Erkenntnis, sondern das hilflose Wissen um den unausweichlichen Tod. Hier fehlt jede religiöse Dimension hinsichtlich einer transzendenten Sinngebung (dieser Aspekt sollte bei der Lösung der Aufgabe 2 b berücksichtigt werden). Im Sinne einer kreativen Auseinandersetzung mit der Probleamtik sollen die Schülerinnen und Schüler in betontem Kontrast zu Kafkas Beurteilung zu anderen, dann nicht so brutal-hoffnungslosen Betrachtungen kommen können.

Lernerfolgskontrolle/Klausurvorschlag

Vorschlag 1

Stefan George
Es lacht in dem steigenden Jahr dir … (1897)

Es lacht in dem steigenden jahr dir
Der duft aus dem garten noch leis.
Flicht in dem flatternden haar dir
Eppich[1] und ehrenpreis[2].

Die wehende saat ist wie gold noch ·
Vielleicht nicht so hoch mehr und reich ·
Rosen begrüssen dich hold noch ·
Ward auch ihr glanz etwas bleich.

Verschweigen wir was uns verwehrt ist ·
Geloben wir glücklich zu sein ·
Wenn auch nicht mehr uns beschert ist
Als noch ein rundgang zu zwein.

1 **Eppich:** Efeu
2 **Ehrenpreis:** Pflanzengattung mit ca. 300 Arten, darunter auch einige Heilkräuter und das Vergissmeinnicht (Veronica chamaedrys)

(Stefan George: Sämtliche Werke in 18 Bänden. Hg. v. der Stefan-George-Stiftung, Stuttgart. Bd. 4: Das Jahr der Seele. Bearb. v. Georg. P. Landmann. Klett-Cotta, Stuttgart 1982, S. 89)

Arno Holz: **Ehrenpreis** (1898)

ich
bücke mich,
kniehockkaure und tastpflücke
behutsam ... nachdenklich ... vorsichtig
eine kleine,
zartschlanke, schlichte,
bescheiden, weißtüpfelig, dunkeläderig
blaue,
feuchtfrisch, treuäugig,
feinblätterig unscheinbare,
einfache, simpele
Wiesenblume.
„Veronica chamaedrys."
Ehrenpreis!

(Arno Holz: Das Werk. Bd. 10. Berlin 1925)

1. Analysieren Sie die Gedichte und vergleichen Sie sie miteinander vor dem epochalen Hintergrund. Berücksichtigen Sie dabei, dass beide Dichter derselben Generation angehörten.

Erwartungshorizont

Stefan George:

- Stimmung: Melancholie, Endzeitstimmung, Vergänglichkeit
- Abwendung von der alltäglichen Wirklichkeit und Hinwendung zur Rätselhaftigkeit der Welt (Rundgang ist keine Routine, sondern die letzte Möglichkeit, im allgemeinen Absterben der Kultur den subjektiven Sinnesgenuss zu zelebrieren)
- Betonung der Untergangsstimmung durch Symbolik/Metaphorik („steigendes Jahr", „Duft lacht", „Rosen begrüßen"): Ende des Jahres als Ende der Welt, Hinweis auf fortgeschrittenes Zeitalter („steigenden Jahr", „leis", „bleich", „noch", „nicht mehr", vergehende Pflanzen)
- konventionelle Form:
  - drei Strophen mit je vier Versen, Kreuzreim
- auffällige Eigenheiten der Form (als Zeichen der Exklusivität):
  - erlesene Wortwahl
  - ausgefallener Rhythmus: Wechsel im Metrum (zwei Verse steigend, zwei Verse fallend)
  - durchgehende Kleinschreibung mit Ausnahme der Versanfänge
  - hoch gesetzter Punkt am Versende
- Stil: Symbolismus (Gegenbewegung zum Naturalismus)

Arno Holz:

- Stimmung: Lebensfreude, Genuss des Augenblicks, Naturnähe
- Reduktion eines Vorgangs auf eine Situation: flüchtiger Augenblicksausschnitt wird durch die Summe einzelner sinnlicher Impressionen beschrieben, die erst ein Gesamtbild entstehen lassen
- keine Metaphorik oder Symbolik (Misstrauen gegen die Metapher als Merkmal subjektiver Gestaltung)
  - Keine Übertragbarkeit auf hintergründigen Sinn, sondern direkte, unmittelbare Wirklichkeit der Natureindrücke
- unkonventionelle Form:
  - Zeilenkomposition um die Mittelachse (florale Verschlingung mit Auflösung ins Schimmernde, Flimmernde)

- kein Reimschema (der Reim widerspricht als künstlerisches Mittel dem naturalistischen Anliegen des Impressionismus), Rhythmus durch Reihung und ähnliche Wortendungen
- artistische Wortfolge
- zahlreiche Adjektive: intensive Wahrnehmung sowohl im optischen („weißtüpfelig", „blau", „dunkelädrig", „unscheinbare") als auch im haptischen Bereich („feuchtfrisch", „behutsam", „vorsichtig")
- Sekundenstil des Naturalismus: erzählte Zeit und Erzählzeit sind nahezu deckungsgleich (V. 4.: „behutsam ... nachdenklich ... vorsichtig"); durch Satzzeichen werden Dehnungen, Betonungen, Pausen genauestens fixiert
- Wortschöpfungen („kniehockkaure", „tastpflücke")

– Stil: Impressionismus

Parallelen:

– Entstehungsjahre: Gleichzeitigkeit des Ungleichen als Merkmal des Epochenumbruchs
– Motiv des Ehrenpreis:
  - Holz: Betrachtung mit nahezu wissenschaftlicher Detailgenauigkeit (naturalistische Darstellungsmittel: Poesie als exakte Wissenschaft)
  - George: Veredelung des Krauts zum Haarschmuck

Vorschlag 2

Franz Kafka
Eine kaiserliche Botschaft (1917)

Der Kaiser – so heißt es – hat dir, dem Einzelnen, dem jämmerlichen Untertanen, dem winzig vor der kaiserlichen Sonne in die fernste Ferne geflüchteten Schatten, gerade dir hat der Kaiser von seinem Sterbebett aus eine Botschaft gesendet. Den Boten hat er beim Bett niederknieen lassen und ihm die Botschaft ins Ohr zugeflüstert; so sehr war ihm an ihr gelegen, dass er sich sie noch ins Ohr wiedersagen ließ. Durch Kopfnicken hat er die Richtigkeit des Gesagten bestätigt. Und vor der ganzen Zuschauerschaft seines Todes – alle hindernden Wände werden niedergebrochen und auf den weit und hoch sich schwingenden Freitreppen stehen im Ring die Großen des Reichs – vor allen diesen hat er den Boten abgefertigt. Der Bote hat sich gleich auf den Weg gemacht; ein kräftiger, ein unermüdlicher Mann; einmal diesen, einmal den andern Arm vorstreckend schafft er sich Bahn durch die Menge; findet er Widerstand, zeigt er auf die Brust, wo das Zeichen der Sonne ist; er kommt auch leicht vorwärts, wie kein anderer. Aber die Menge ist so groß; ihre Wohnstätten nehmen kein Ende. Öffnete sich freies Feld, wie würde er fliegen und bald wohl hörtest du das herrliche Schlagen seiner Fäuste an deiner Tür. Aber stattdessen, wie nutzlos müht er sich ab; immer noch zwängt er sich durch die Gemächer des innersten Palastes; niemals wird er sie überwinden; und gelänge ihm dies, nichts wäre gewonnen; die Treppen hinab müsste er sich kämpfen; und gelänge ihm dies, nichts wäre gewonnen; die Höfe wären zu durchmessen; und nach den Höfen der zweite umschließende Palast; und wieder Treppen und Höfe; und wieder ein Palast; und so weiter durch Jahrtausende; und stürzte er endlich aus dem äußersten Tor – aber niemals, niemals kann es geschehen – liegt erst die Residenzstadt vor ihm, die Mitte der Welt, hochgeschüttet voll ihres Bodensatzes. Niemand dringt hier durch und gar mit der Botschaft eines Toten. – Du aber sitzt an deinem Fenster und erträumst sie dir, wenn der Abend kommt.

(Franz Kafka: Sämtliche Erzählungen. Hg. v. Paul Raabe. Fischer Taschenbuch Verlag, Frankfurt/M. 1979, S. 138)

1. Interpretieren Sie die Parabel von Franz Kafka:
   - Gehen Sie von der Parabel als literarischer Form aus.
   - Berücksichtigen Sie vor allem den historischen und den philosophischen Interpretationsansatz.
   - Hilfreich können Gesichtspunkte der Sprachfunktionen (siehe ▷ S. 487) hinsichtlich der Aspekte Inhalt, Ausdruck und Appell sein.
   - Gehen Sie ansatzweise auf die sprachliche Gestaltung ein.

Erwartungshorizont

Die Parabel ist charakterisiert von der Übertragung einer grundsätzlichen Lehre, existenzielle Fragen betreffend, von einer konkreten Bildebene auf eine zu deutende Inhaltsebene. In der vorliegenden Parabel wird die Geschichte von einem im Sterben liegenden Kaiser erzählt, der eine letzte, offensichtlich ganz wesentliche Botschaft an einen anscheinend völlig unbedeutenden „jämmerlichen Untertanen" am Rande seines Reiches sendet. Die Übermittlung erfolgt durch einen offensichtlich sehr gut geeigneten Boten. Doch durch die Größe des Reiches und seine besonderen Umstände kann diese Botschaft nie ihren erwartungsvollen Empfänger erreichen. Am Ende der Geschichte wird gerade diese Person mit dem Personalpronomen „du" ausgedrückt, sodass sich der Leser direkt als eben dieser Empfänger angesprochen fühlen muss.
In diesem Text stellen sich für Parabeln typische Interpretationsfragen, zum Beispiel: Was enthält diese Botschaft? Wer ist mit dem sterbenden Kaiser gemeint? Was ist das für ein Bote, und weshalb ist es für ihn unmöglich, seinen Auftrag zu erfüllen? Warum wartet diese einzelne, jämmerliche Person („du") so sehnsüchtig auf diese ihr eigentlich unbekannte Botschaft? Inwieweit bin ich als Leser hier selbst angesprochen?
Franz Kafka wurde 1883 in Prag, damals noch österreichisch, als deutscher Jude geboren. Er führte bis zu seinem frühen Tod 1924 in Wien ein oft von Bitterkeit, Unsicherheit und Angstgefühlen geprägtes Leben. Dem Jahr 1917, in dem diese Parabel entstand, kommt hier möglicherweise eine besondere Bedeutung zu, als Kafka nämlich erfahren musste, dass er an lebensbedrohender Kehlkopftuberkulose erkrankt ist, an der er schließlich auch starb. Sein literarisches Werk wurde – unter anderem – nun sicherlich auch von diesem lebensbedrohenden Schicksal und der damit verbundenen existenziellen Angst besonders beeinflusst. Charakteristisch für Kafkas Figuren, vor allem in seinen nun folgenden Werken, ist nämlich, dass sie allesamt in einem ständigen Gefühl des Ausgeliefertseins leben, ohne allerdings genau zu wissen, wem sie eigentlich ausgeliefert sind und aus welchen Gründen. In der vorliegenden Parabel wird dieser Zustand der Ungewissheit, der Angst und des unbestimmten Gefühls, trotzdem auf eine ganz wichtige „Botschaft" warten zu müssen, in der Person deutlich, die sich am (Lebens-)„Abend" eine vielleicht erlösende Nachricht von ihrem „Kaiser" erträumt. Ist hier unser aller Lebensabend gemeint, wenn wir noch auf Antworten warten, zum Beispiel auf Fragen nach dem Sinn unseres nun zu Ende gehenden Lebens? Da der Empfänger dieser erhofften Antwort hier mit „Dir, dem Einzelnen, dem jämmerlichen Untertanen" direkt angesprochen wird, fühlt man sich nicht nur als verunsicherter Leser, sondern als Mensch, der sich über die Rätselhaftigkeit seiner Existenz mehr oder weniger bewusst ist, betroffen.
Intentionen eines Autors lassen sich auch durch die Berücksichtigung der jeweiligen Sprachfunktionen (Inhalt/Darstellung, Ausdruck, Appell) erschließen. Einerseits haben wir es hier – oberflächlich betrachtet – mit einer allgemein verständlichen Darstellung zu tun, die sich im Erzählen einer scheinbar einfachen Geschichte äußert: Ein Kaiser stirbt, übermittelt aber noch kurz vor seinem Tod einem geeigneten Boten vor dem angetretenen Hofstaat eine wichtige, geheime Botschaft. Der Bote schafft es aber trotz aller Anstrengungen nicht, mit diesem gleichsam „letzten Willen" zu einem verängstigt geflohenen Untertanen am Rande des Kaiserreichs, der eigenartigerweise mit „du" angesprochen wird, vorzudringen. Auf dieser äußerlichen Bildebene betrachtet gibt die Geschichte noch wenig Sinn. Berücksichtigt man allerdings die Sprachfunktionen der Beziehungsebene (Ausdruck, Appell), so erhellen sich einige Zusammenhänge. Hier drücken sich zum Beispiel deutlich Beklommenheit und Angst aus, Angst vor einem übermächtigen Kaiser, vor dessen lichterfüllter Erscheinung, die nur göttlich sein kann, da man in den fernsten Schatten geflüchtet ist; Angst vor einem staatlichen und gesellschaftlichen System, das undurchdringlich ist; Angst davor, dass wir Menschen eine göttliche Botschaft

erwarten, von der wir wissen, dass sie uns in dieser Welt nie erreichen wird; Angst davor, dass sogar die göttliche Autorität, die offensichtlich das Geheimnis der Sinngebung kennt, am Ende ist und selbst stirbt. Hier drängen sich Vergleiche mit unserer Sinn- und Welterfahrung, die kulturell, aber auch individuell verstanden werden können, auf. Der appellative Aspekt der Parabel wird vor allem im letzten Satz deutlich: Die unvermittelte persönliche Anrede mit dem vertraut klingenden „du" zwingt uns, die rätselhaft dargestellte Problematik auf uns selbst zu beziehen und im Hinblick auf eine persönliche Perspektive neu zu überdenken.
Der Sinn auch dieser Parabel ist es, durch eine indirekte Argumentation keine vorgefertigten Antworten auf existenzielle Fragen zu geben, was Religionen für sich beanspruchen, sondern Anregungen zu geben, in der Auseinandersetzung mit der Sinnfrage eigene Lösungsansätze zu suchen und zu erwägen. Im Vergleich zur vorliegenden Geschichte bedeutet das zum Beispiel, dass wir bei diesen existenziellen Problemen vielleicht nicht so ängstlich und vor allem so passiv sein sollten wie die Person, an die die Botschaft gerichtet ist. Wir wären, um beim Vergleich zu bleiben, sogar aufgefordert, dem Boten möglichst entgegenzugehen, uns selbst um die erhoffte Botschaft zu bemühen und nicht hoffnungslos zu resignieren. Welche sinnstiftenden Botschaften erwarten wir im Leben, vor allem angesichts des Todes? Eine verbindliche Antwort auf diese Frage kann einem – in einer Kultur, die sich aufgeklärt versteht – tatsächlich niemand „überbringen", jeder muss sie selbst für sich finden. Ist dabei die angeblich „richtige" Antwort von einem Gott gegeben, wie es alle Religionen für sich in Anspruch nehmen? Für jeden gläubigen Menschen liegt hier eine Gewissheit, die ihm Sicherheit vermittelt oder vorgaukelt. Aber gerade diese Gläubigkeit ist es ja, die in der aufgeklärten, modernen Welt in Frage gestellt wird. Für Kafka könnte es bedeutet haben, dass er, zutiefst im Glauben verunsichert, das Ende der Religionen sieht, indem er seinen „Kaiser" bzw. Gott sterben lässt. Dessen letzte, wichtigste Botschaft hat außerdem keine Chance, ihren Empfänger zu erreichen. In der Darstellung Kafkas nimmt der Palast in der unüberwindlichen Residenzstadt als unmöglich zu überwindendes Hindernis breiten Raum ein. Sind es die äußeren, die materiellen Bedingungen der Welt, die eine „göttliche Botschaft" behindern? Somit müssten wir, wenn wir Kafkas Darstellung folgen, unserer materialistisches Weltverständnis als Haupthindernis dafür ansehen, existenzielle Sinnfragen befriedigend beantworten zu können.
Sprachlich ist Kafka ein Meister eindringlicher, bedrückender Darstellung, was vor allem darauf beruht, dass die große Distanz zwischen der realen, beeindruckenden Bildwelt und den irreal wirkenden Zusammenhängen beim Leser Verunsicherungen schafft, die zur Auseinandersetzung mit diesem schwierigen Dichter geradezu zwingen. Dazu zählt auch die oft rätselhafte Metaphorik auf der Bildebene, die ebenfalls zur Deutung zwingt. Die syntaktische Gestaltung steht hier, wie auch in vielen anderen Texten von Kafka, in engem Zusammenhang mit der Aussage: Als der Bote sich durch den Palast, die Stadt und die Menschenmenge seinen Weg kämpft, sind die Aufzählungen der Hindernisse lediglich durch Strichpunkte voneinander getrennt, um das unendlich erscheinende Geflecht der Hindernisse zu betonen. Wie in anderen Parabeln Kafkas spielt auch der Schluss (-Satz) eine bedeutende Rolle: Die Rätselhaftigkeit des Erzählten kommt hier voll zum Ausdruck, gleichzeitig ergeben sich hier aber auch Ansätze der Deutung.

Vorschlag 3

Franz Kafka
Heimkehr

Ich bin zurückgekehrt, ich habe den Flur durchschritten und blicke mich um. Es ist meines Vaters alter Hof. Die Pfütze in der Mitte. Altes, unbrauchbares Gerät, ineinander verfahren, verstellt den Weg zur Bodentreppe. Die Katze lauert auf dem Geländer. Ein zerrissenes Tuch, einmal im Spiel um eine Stange gewunden, hebt sich im Wind. Ich bin angekommen. Wer wird mich empfangen? Wer wartet hinter der Tür der Küche? Rauch kommt aus dem Schornstein, der Kaffee zum Abendessen wird gekocht. Ist dir heimlich, fühlst du dich zu Hause? Ich weiß es nicht, ich bin sehr unsicher. Meines Vaters Haus ist es, aber kalt steht Stück neben Stück, als wäre jedes mit seinen eigenen Angelegenheiten beschäftigt, die ich teils vergessen habe, teils niemals kannte. Was kann ich ihnen nützen, was bin ich ihnen, und sei ich auch des Vaters, des alten Landwirts Sohn. Und ich wage nicht, an der Küchentür zu klopfen, nur von der Ferne horche ich, nur von der Ferne horche ich stehend, nicht so, dass ich als Horcher überrascht werden könnte. Und weil ich von der Ferne horche, erhorche ich nichts, nur einen leichten Uhrenschlag höre ich oder glaube ihn vielleicht nur zu hören, herüber aus den Kindertagen. Was sonst in der Küche geschieht, ist das Geheimnis der dort Sitzenden, das sie vor mir wahren. Je länger man vor der Tür zögert, desto fremder wird man. Wie wäre es, wenn jetzt jemand die Tür öffnete und mich etwas fragte. Wäre ich dann nicht selbst wie einer, der sein Geheimnis wahren will?

(Franz Kafka. Sämtliche Erzählungen. Hg. v. Paul Raabe. Fischer Taschenbuch Verlag, Frankfurt/M. 1970. S. 320)

1. Geben Sie den Inhalt dieser Erzählung erklärend wieder.
2. Gehen Sie der Frage nach, welche Interpretationsansätze es zur Erschließung solcher Texten gibt, und entscheiden Sie, welcher hier angebracht ist.
3. Erläutern Sie, was an diesem Text typisch kafkaesk ist.

4 Von der Literatur der Weimarer Republik bis zur Exilliteratur (1919–1945)

Konzeption des Kapitels B III 4.1: Die Literatur der Weimarer Republik (1919–1933)

In vier kurzen Textblöcken werden jeweils zwei Texte aus den Bereichen Essay, Roman, Publizistik und Lyrik angeboten. Auf ein Beispiel aus der Gattung Drama wurde verzichtet, weil die wichtigste Entwicklung auf diesem Gebiet, Bertolt Brechts episches Theater, an anderer Stelle vorgestellt wird (▷ S. 201 ff.).
Den ersten Textblock bilden mit den Aufsätzen von Heinrich Mann („Geist und Staat") und Thomas Mann ([öffentlicher] „Brief an den sozialdemokratischen preußischen Kultusminister Adolf Grimme") zwei **Essays**, die den noch öffentlich geäußerten Willen engagierter Literaten zum Ausdruck bringen, gegen die sich gefährlich abzeichnende Entwicklung hin zur geistlosen Barbarei der Nationalsozialisten Stellung zu beziehen.
Für den zweiten Textblock wurden aus der Fülle bedeutsamer Zeitromane Auszüge aus Alfred Döblins „Berlin Alexanderplatz" und Erich Maria Remarques „Im Westen nichts Neues" ausgewählt. Beide **Romane** haben in ihrer Zeit, aber auch in der Rezeptionsgeschichte eine große Bedeutung erlangt, wenn auch aus unterschiedlichen Gründen. Döblins Großstadtroman mit seiner neuartigen Montagetechnik gehört zu den herausragenden Werken, die die Tradition der modernen Epik begründeten. Remarques Antikriegsroman dagegen ist formal eher konventionell und ist in seinem literarischen Wert von Literaturkritik und -wissenschaft nicht eben hoch eingeschätzt worden, dafür aber ist er so etwas wie ein Dauer-Bestseller.
Im dritten Textblock werden mit Kurt Tucholsky und Egon Erwin Kisch zwei der wichtigsten Autoren aus dem Bereich der **Publizistik** präsentiert, die in der Weimarer Republik eine kaum je wieder erreichte Blütezeit erlebte. Die satirische Glosse „Staatsmorphium" ist ein typisches Beispiel für Tucholskys mit spitzer Feder geführten Kampf gegen eine Justiz, einen Staat und eine Öffentlichkeit, die – auf dem rechten Auge blind – zu einer Aufarbeitung des Krieges und einer politischen Ordnung, die dazu führte, nicht fähig bzw. willens waren. Das andere Textbeispiel macht mit dem Klassiker der Reportage, dem „rasenden Reporter" Egon Erwin Kisch, bekannt, dessen Werk diese Gattung maßgeblich prägte.
Der letzte Textblock schließlich ist einem neuen Ton im **Gedicht** gewidmet, der in der so genannten Gebrauchslyrik der „Neuen Sachlichkeit" angeschlagen wurde. Zu dieser neuen Art von Dichtung bekannten sich gleichermaßen Erich Kästner wie Bertolt Brecht, obwohl sie in ihren Schreibweisen ganz unterschiedliche Wege gingen.

Literaturhinweise

Jan Berg u. a.: Sozialgeschichte der deutschen Literatur von 1918 bis zur Gegenwart. Fischer, Frankfurt/M. 1981

Jost Hermand/Frank Trommler: Die Kultur der Weimarer Republik. Fischer, Frankfurt/M. 1988

Wolfgang Rothe (Hg.): Die deutsche Literatur in der Weimarer Republik. Reclam, Stuttgart 1974

Erhard Schütz: Romane der Weimarer Republik. Fink, München 1986

Weimarer Republik. Der Deutschunterricht, Heft 2/1997

	Texte/Gegenstände	Intentionen
S. 367	**4.1 Die Literatur der Weimarer Republik (1919–1933)**	– die neue Rolle des Schriftstellers als engagierter Staatsbürger begreifen, der auch außerhalb seines Werkes in die öffentliche Meinungsbildung eingreift
S. 369	Essayistische Reflexion: Geist und Macht – *Heinrich Mann:* Geist und Staat – *Thomas Mann:* Brief an den sozialdemokratischen preußischen Kultusminister Adolf Grimme	– das Bemühen politisch sensibilisierter Schriftsteller erkennen, im Sinne der Demokratie ein entsprechendes Bewusstsein in der Bevölkerung über die Massenmedien zu prägen – grundsätzliche Unterschiede in der Bewertung des „Geistes" hinsichtlich seiner Funktion im Staate erkennen und beurteilen
S. 371	Neue Erzählweisen: Großstadt und Krieg – *Alfred Döblin:* Berlin Alexanderplatz – *Erich Maria Remarque:* Im Westen nichts Neues	– Thema, inhaltlichen Aufbau, Erzählweise und Intentionen von Romanauszügen erarbeiten – Gemeinsamkeiten und Unterschiede in Darstellungsweise und Wirkungsabsicht aufzeigen – sich einen Überblick über die gesamten Romantexte verschaffen – die Verfilmungen von Romanen vergleichen und sich mit den Problemen von Literaturverfilmungen auseinander setzen
S. 374	Der journalistische Blick: Zeitkritik – *Kurt Tucholsky:* Staatsmorphium – *Egon Erwin Kisch:* Sing-Sing	– publizistische Texte in ihren Hauptmerkmalen beschreiben, ihre Intentionen herausarbeiten und sie auf dieser Basis bestimmten Textsorten zuordnen – Texte im Hinblick auf die darin dargestellte Wirklichkeit miteinander vergleichen – sich mit der Frage nach der Aktualität von Texten und dem Leseinteresse, das sie erwecken können, auseinander setzen
S. 377	Gebrauchslyrik: Sozialkritik – *Erich Kästner:* Kurt Schmidt, statt einer Ballade – *Bertolt Brecht:* Die Nachtlager	– der gesellschaftspolitischen Grundhaltung, die aus Gedichten spricht, nachfragen – sich ein Gedichtsverständnis durch eine vergleichende Analyse erarbeiten – zu den Aussagen und den Schreibweisen von Gedichten Stellung beziehen – den Begriff „Gebrauchslyrik" klären – weitere Gedichte der „Gebrauchslyrik" zuordnen und die Zuordnungen begründen

4.1 Die Literatur der Weimarer Republik (1919–1933)

Essayistische Reflexion: Geist und Macht

▷ S. 369 *Heinrich Mann:* **Geist und Staat** (1931)

▷ S. 370 *Thomas Mann:* **Brief an den sozialdemokratischen preußischen Kultusminister Adolf Grimme** (1933)

▷ S. 371 1. a/b) ***Heinrich Mann:* Geist und Staat**

- Geist und Staat als Großmächte, deren Verhältnis zueinander verstanden werden muss
- untergeordnete Teilkräfte: Künste/Wissenschaften ↔ pol. Gewalten
- Geist: Die Fähigkeit, der Wahrheit nachzugehen
- Staat: sucht Vorteile für die Menschennatur
- dabei: Zweck → Staat (Bsp.: Gerechtigkeit = zweckvoll)
- Sittlichkeit vollendet sich im Geiste (seit 3000 Jahren gezüchtetes Gewissen; Gefahr: Rückfälle!)
- Sittlichkeit äußert sich in Religionen, Philosophien, Künsten, vor allem in der Dichtkunst
- staatliche „soziale" Einrichtungen = sittlich
- dieser „Geist" musste sich drei Jahrtausende gegen die Wirklichkeit und ihren Staat behaupten
- Menschenklasse, die die Sittlichkeit vertritt: Priester, Philosophen, Dichter (Bedingung: Ohne Nutzen und äußere Vorteile!)
- Behauptung: Das wahre Leben sei das des Geistes (nicht das des Staates).
- Das Allgemeine, Ewige = Reich des Geistes
- Die Geistigen stehen in einem kämpferischen Widerspruch zu den politisch Mächtigen (oft triumphierend, noch öfter leidend).

***Thomas Mann:* Brief an ... Adolf Grimme**

- Bekenntnis zur sozialen Republik
- der geistige Mensch bürgerlicher Herkunft gehört auf die Seite des Arbeiters und der sozialen Demokratie
- Kritik an Menschen, die auf die soziale, die politische und gesellschaftliche Sphäre hochmütig herabblicken
- Nicht erlaubt sind:
  - diese wertvergleichende Gegeneinanderstellung der persönlich-innerlichen und der gesellschaftlichen Welt und
  - eine Kontrastierung von Metaphysik und Sozialismus (ungerechtfertigte Abwertung als Wille zum Termitenglück)
- Das Politische und Soziale ist ein Bereich des Humanen.
- Kunst soll die Einheit von Leiblichkeit und Geistigkeit, des Natürlichen und Menschlichen vereinen.
- Kunst = das Zünden des Geistes in der Materie
- Das Humane umschließt, die innere (geistige) und die äußere Welt (das Politisch-Soziale).
- Literaten bleiben aufgefordert, im Staate zur Vermenschlichung und Vergeistigung, zur Durchdringung mit Form und Vernunft, mit Freiheit und Gerechtigkeit beizutragen.

c) ***Heinrich Mann:* Geist und Staat**

Thesenartig wird einleitend festgestellt, dass „der Geist und der Staat die beiden alles umfassenden Großmächte“ (Z. 1 ff.) sind, deren Verhältnis verstanden werden müsse. Abschließend geht Heinrich Mann noch einmal auf dieses Verhältnis ein (Z. 111 ff.), um es dort zu differenzieren, als dass „Beziehungen zwischen Geist und Staat eigentlich undenkbar“ sind. Die (gesellschaftliche, politische) Wirklichkeit sei es, die das Verhältnis herstelle, nicht die Idee des Geistigen. Der „Geist“ könne lediglich im idealistischen Sinne fordern, sei dann aber letztlich der „politisch mächtigen Wirklichkeit“ ausgeliefert: Er könne siegen und triumphieren, aber auch unterliegen, was häufiger der Fall sein würde.

Im Mittelteil des Essays (Z. 9–110) wird diese Grundeinstellung argumentativ entwickelt:

- Der „Geist“ wird idealistisch definiert („sittlich“), der „Staat“ pragmatisch („Zweck“).
- Beleg aus dem historischen Kontext: Fortschritte und Rückfälle in drei Jahrtausenden Geschichte werden konstatiert: Gefahr lauere vor allem durch die Gewalt, die gesetzliche Ansprüche erhebe (Zeitbezug zu 1931!).
- Abgrenzung der geistigen Sittlichkeit in Religion, Philosophie und Kunst vom staatlichen Zweckdenken (Einschränkung: Soziale Einrichtungen und Milde gegenüber Feinden gelten als sittlich)
- Geist und Sittlichkeit seien keine Selbstverständlichkeiten, sondern das Ergebnis einer verantwortungsbewussten „Menschenklasse“ von Priestern, Philosophen und Dichtern.
- Selbstlos würden sie das ewige, das „höhere Leben des Geistes verkünden“.
- Demgegenüber sei der Staat „sterblich“ und könne „in Gerechtigkeit und Wahrheit nicht einmal einen Tag bestehen“.

***Thomas Mann:* Brief an ... Adolf Grimme**

Einleitende Begründung: Ein persönliches Bekenntnis erneuern zur sozialen Demokratie

- Deutliche Abgrenzung zu einer Haltung, in der das Geistige („Welt der Innerlichkeit, der Metaphysik, des Religiösen und so fort“) hochmütig auf die politische und gesellschaftliche Sphäre herabblickt (Bezug zu der Haltung seines Bruders!).
- Behauptung: Diese wertvergleichende Gegeneinanderstellung sei heute nicht erlaubt.
- Das „Politische und Soziale“ sei ebenso „ein Bereich des Humanen“ wie das angeblich höhere Geistige.
- Persönlicher Bezug: Als Künstler habe man ein humanes Interesse, wenn man die „Vertiefung ins Menschliche“ suche.
- Die Kunst sei das eigentlich vollendete „Dritte Reich“ (Abgrenzung zur NS-Parole), in dem die Einheit von Leiblichkeit und Geistigkeit zur Geltung komme.

In einem emotionalen Bekenntnis („Wir werden ...“), sicherlich auch hinsichtlich der Sozialdemokratie, endet der Brief: Den Willen zur Vermenschlichung und Vergeistigung eines sozialen Staates sich nicht verleiden lassen durch eine Argumentation, wie sie in Heinrich Manns Essay formuliert wird.

(So gesehen kann dieser Brief als eine indirekte Antwort von Thomas Mann auf die öffentlich gemachten Positionen seines Bruders Heinrich gelten!)

Mögliches **Tafelbild:**
- zu Heinrich Mann

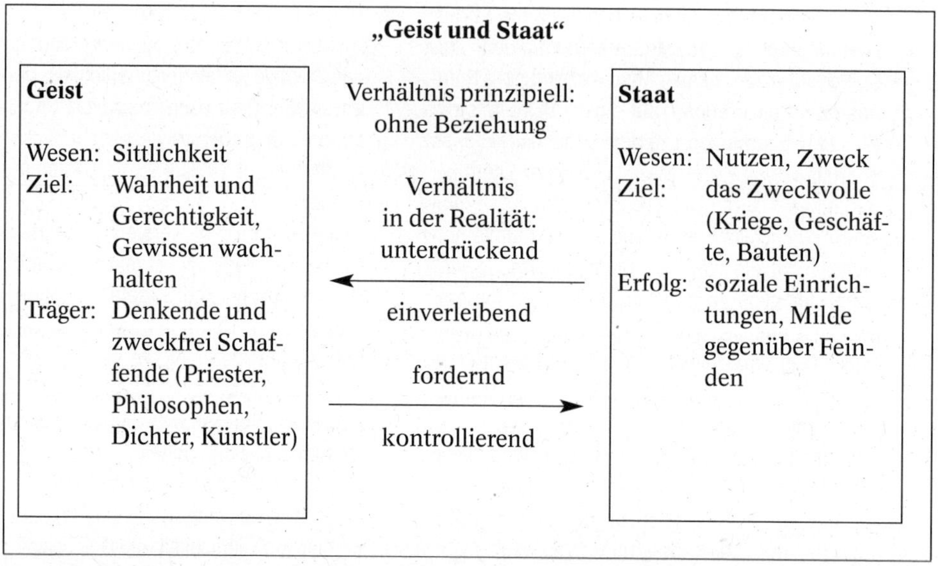

- zu Thomas Mann

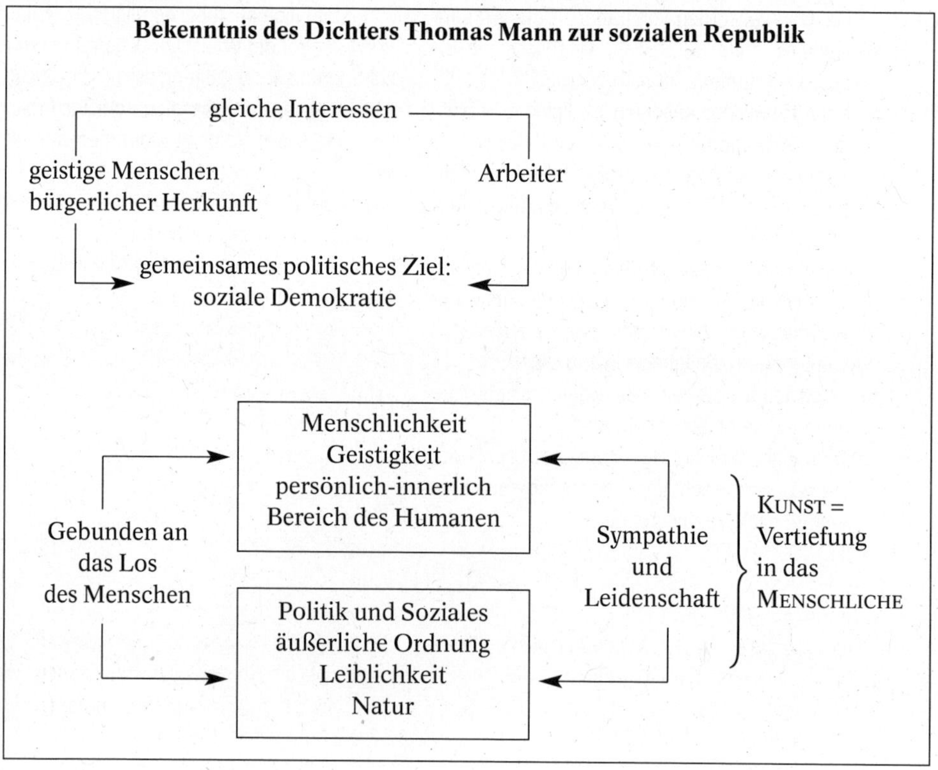

Neue Erzählweisen: Großstadt und Krieg

Alfred Döblin: **Berlin Alexanderplatz** (1929) ▷ S. 371
Erich Maria Remarque: **Im Westen nichts Neues** (1929) ▷ S. 373

▷ S. 374

1. ***Döblin:* Berlin Alexanderplatz**
Berliner Großstadtleben an einem Februartag

Inhaltlicher Aufbau

Montage simultaner Wirklichkeits- und Bewusstseinsfragmente
- die Baustelle auf dem Alexanderplatz mit der Dampframme
- die Menschen und ihr Aussehen: Arbeiter und Passanten
- die Straßenbahnen und ihre Topographie
- die Geschäfte mit ihren Auslagen und die Straßenhändler mit ihren Angeboten
- Wind und Wetter
- biologische und ernährungswissenschaftliche Hinweise
- verfremdete Bibelzitate und Predigttexte
- historische Namen und Kommentare dazu

Erzählweise

- Er-Erzählung: Das Erzähler-Ich taucht im Text zwar auf (Z. 142), wird jedoch nicht zum Erzählgegenstand, sondern gibt nur einen kurzen ironischen Kommentar ab. Es ist nur eine Stimme in dem vielstimmigen Chor, der hier im Erzählen zu Wort kommt, z. B. das „Wir" der Passanten (Z. 50), das auch als „man" auftritt, (Z. 83 ff.) und das „Wir" der Arbeiter (Z. 91 ff.).
- Neutrales Erzählverhalten: Verschiedene Wirklichkeitsausschnitte werden wie in einer Filmmontage zusammengefügt und durch eine Art Stimme aus dem Off (Z. 129–150) ergänzt.
- Erzählstandort: Nähe, da unmittelbar aus dem Geschehen heraus im Präsens erzählt wird.
- Sichtweise: überwiegend Außensicht; nur gelegentlich werden Gedanken und Gefühle eingestreut (Z. 21–27; 83–87; 91–93; 137–150)
- Erzählhaltung: Neutral.
- Darbietungsform: ein vielfältiges Gemisch unterschiedlicher Sprachmaterialien:
  - Onomatopoesien („Rumm, rumm ...", Z. 1, 15; „Ruller, ruller ...", Z. 36)
  - umgangssprachlicher, im Berliner Volkston gehaltener Erzählbericht (Schilderung der Dampframme und der Passanten Z. 1; 50)

***Remarque:* Im Westen nichts Neues**
Das Grauen des Grabenkriegs

Wechsel von allgemeiner, Darstellung des Kollektivs der Frontsoldaten und konkretem Einzelschicksal
- die Situation der Frontsoldaten
- die Unterweisung der Neulinge durch die alten Frontsoldaten
- der Tod eines Kameraden des Ich-Erzählers
- die schrecklichsten Verwundungen
- der Sinn und Zweck des Sterbens

- Ich-Erzählung: Gegenstand des Erzählens ist das Schicksal des Frontsoldaten Paul (Z. 55) und seiner Kameraden; im vorliegenden Auszug des Romans dominiert ganz die „Wir"-Form des Erzählens, d. h. der Ich-Erzähler geht im Kollektiv der Kameraden auf, für die er spricht.
- Auktoriales Erzählverhalten: Der Erzähler kommentiert und deutet das Geschehen (Z. 3 f.); stellt eine Frage, die er zur Erläuterung beantwortet (Z. 12 f.), und er hat den Überblick über das Gesamtgeschehen, das er in Aufzählungsketten zusammenfasst.
- Erzählstandort: zwischen Nähe und Distanz; die Nähe wird durch das Präsens suggeriert, das als ein Erzählen aus der Situation heraus erscheint; das auktoriale Kommentieren und zusammenfassende Auflisten aller Vorgänge vermittelt dagegen eine gewisse Distanz.
- Sichtweise: überwiegend Außensicht; dargestellt wird, was die Soldaten tun und sehen, weniger das, was sie denken und empfinden (Z. 3 f.; 5 f.; 17–22).
- Erzählhaltung: affirmativ gegenüber den Personen, kritisch-distanziert gegenüber dem Kriegsgeschehen und dem Sinn des Ganzen

- Geschäfts- und Werbesprache (Z. 55–67; 106–111; 128 f.)
- Wissenschaftssprache (Z. 71 ff.; 97 ff.)
- Auflistung der Straßenbahnhaltestellen (Z. 114–120)
- Verfremdung feierlicher Sprachformeln und Predigtparodie (Z. 122 f.; 129–140)
- Sprachspiele (Z. 62 f.; 67 f.; 78 f.)
- Auflistung historischer Namen (Z. 141)

– Darbietungsform: überwiegend Erzählbericht mit kurzen Einschüben szenischer Partien). Die Sprache mischt Soldatenjargon mit einer Alltagssprache, die die Dinge nüchtern und schonungslos beim Namen nennt. Prägendes Stilmittel ist die Aufzählung in Form der asyndetischen Reihung (Z. 1 ff.; 15 ff.), häufig verbunden mit Parallelismen und Anaphern (Z. 28–48; 57–69).

Intention

Den Leser/die Leserin das Chaos der modernen Großstadt möglichst unmittelbar erfahren lassen, durch die Anspielungen auf Religion und Geschichte aber auch das Chaos mit Mächten in Beziehung setzen, die das Hier und Jetzt der äußeren Wirklichkeit überschreiten (umfassende Welthaltigkeit).

Den Leser/die Leserin mit der grauenhaften Wirklichkeit des Grabenkrieges konfrontieren; Mitleid mit den Frontsoldaten erwecken und auf den Wahnsinn des Krieges hinweisen (Antikriegsroman).

Gemeinsamkeiten: Beide Texte sind deutlich von einem krassen Realismus geprägt; beide vermitteln ein Stück Wirklichkeit ihrer Zeit.

Unterschiede: Die Art und Weise, wie sie ihre Leserschaft mit der Wirklichkeit konfrontieren:
Remarque hält sich an ein traditionelles Erzählsystem mit relativ einfachen stilistischen Mitteln, das dem Leser/der Leserin nicht viel abverlangt (s. o.). Er setzt auf den vermittelnden Erzähler, der sich als miterlebendes Ich bzw. Wir für das Erzählte verbürgt, der aber auch in auktorialer Weise den Überblick hat, Kommentare abgibt und den Leser/die Leserin durch die erzählte Welt leitet. Er versucht Intensität herzustellen, indem er das Geschehen in Aufzählungsketten verdichtet, die die schlimmsten Schrecken aneinander reihen.
Döblin verwendet eine neuartige Montagetechnik, die den Leser/die Leserin einem Kaleidoskop von Wirklichkeitsmomenten und – damit verbunden – unterschiedlichsten Sprachformen aussetzt und ihm zumutet, sich darin zurecht zu finden, Leerstellen zu füllen und Bezüge herzustellen. Dabei geht er über die Ebene der erfahrenen äußeren Realität hinaus und kontrastiert sie mit Versatzstücken aus Religion, Geschichte etc. Es entsteht ein neuer supra-realer Kosmos, der für Sinndeutungen des Lesers/der Leserin wesentlich offener bleibt als der Text Remarques, der vom Erzähler deutlich auf eine bestimmte Deutung des erzählten Geschehens hin ausgerichtet ist.

2. Hier wäre die Gelegenheit, im Unterricht durch Referate auch weitere Zeitromane (s. Auflistung ▷ S. 368, erste Spalte) vorstellen zu lassen.

3. An dem Vergleich der beiden Verfilmungen lassen sich exemplarisch die beiden Möglichkeiten bei Literaturverfilmungen aufzeigen. Lässt man einmal die bloß stofforientierte Adaption (▷ S. 469) beiseite, die die Bezeichnung „Romanverfilmung" kaum verdient, steht auf der einen Seite die Tradition der illustrierenden Adaption, die – meist mit der herkömmlichen Dramaturgie des klassischen Erzählkinos – den Handlungsverlauf des Textes in Bildsequenzen umsetzt und auf der anderen Seite die interpretierende Adaption, die Auseinandersetzung mit dem Text mit filmspezifischen Mitteln. Für die erste steht Lewis Milestones Remarque-Verfilmung von 1930, für die zweite Rainer Werner Fassbinders Döblin-Verfilmung von 1979/80, in der er versucht, auf die Döblin'sche Montagetechnik filmisch zu reagieren.

Der journalistische Blick: Zeitkritik

Kurt Tucholsky: **Staatsmorphium** (1925) ▷ S. 374
Egon Erwin Kisch: **Sing-Sing** (1930) ▷ S. 375

▷ S. 376

1. ***Tucholsky:* Staatsmorphium**

Textsorte

satirische Glosse

Merkmale

- Wechsel zwischen berichtenden und kommentierend-urteilenden Aussagen (1. Absatz, Z. 1: Bericht; Z. 2 ff.: Kommentar; Z. 5 f.: Bericht)
- schockierende Metaphorik (Verdinglichung des Menschen): „Ding" (Z. 3–5), „Stumpf" (Z. 7, 27), „das Bündel Schmerzen" (Z. 18)
- kontrastierender Vergleich (Z. 13–19)
- verfremdend unangemessener Sprachgebrauch (Katachrese): „entlaufenen Kaiser" (Z. 14)
- provokative Pointe (Z. 40 f.)

Intention

Aufrüttelnder Appell an die Leser/innen (60 Mio. Deutsche), den unmenschlichen Umgang des Staates mit den Kriegsopfern zu unterbinden

***Kisch:* Sing-Sing**

Textsorte

Reportage

Merkmale

- Wechsel zwischen der Wiedergabe subjektiver Eindrücke des Reporters aufgrund persönlicher Recherche vor Ort (Z. 1–8, 82–141), detaillierten Fakten- und Datenangaben (Z. 9–18, 42–81) und Zusatzinformationen zum historischen Hintergrund (Z. 19–41). Eingestreut sind zahlreiche kommentierende Anmerkungen sarkastisch-ironischer Art (Z. 26–32, 52 f., 82–85, 95–97, 120, 125–127, 141).
- direkte Anrede an den Leser/die Leserin, der/die in den Rundgang mit einbezogen wird (Z. 82 ff.)
- Verwendung des Präsens als Tempus direkter Vergegenwärtigung
- Verwendung zahlreicher rhetorischer Figuren: Emphase durch Ausruf und rhetorische Frage (Z. 6, 74); Aufzählung mit Klimax (Z. 24 f., 27 f., 29 f.); Zeugma zur Verdinglichung des Menschen (Z. 60); Katachrese und Metapher (Z. 46: „Mieter"; Z. 90: „Tanzsaal"; Z. 34: „Wabe"); Sarkasmen und Ironie (s. o.)

Intention

Information über das Gefängnis „Sing-Sing" und indirekte Kritik am Strafvollzug in den USA

2. a) In beiden Texten geht es um die Darstellung eines aktuellen Wirklichkeitsausschnitts; in beiden Texten wird dem Leser/der Leserin intensiv die Atmosphäre vor Ort vermittelt, insofern weist Döblins Roman auch Züge einer Reportage auf. Der Unterschied besteht darin, dass Döblin mit seiner Montagetechnik (s. o.), das Subjekt des wahrnehmenden und berichtenden bzw. erzählenden Vermittlers stärker in den Hintergrund treten lässt und im gesamten Roman die Großstadtdarstellung mit der Geschichte eines Einzelschicksals (des Helden Franz Biberkopf) koppelt.

   b) Da beide Texte sich deutlich auf ein Stück Wirklichkeit ihrer Zeit beziehen, könnte man sie als veraltet und als nur noch historisch interessant betrachten. Ob von ihrer ästhetischen Qualität oder durch die Herstellung aktueller Bezüge (Großstadtchaos heute; der umstrittene Strafvollzug in den USA unserer Tage) genügend Anreiz für heutige (jugendliche) Leser/innen ausgeht, müsste die Diskussion ergeben.

Gebrauchslyrik: Sozialkritik

▷ S. 377 *Erich Kästner:* **Kurt Schmidt, statt einer Ballade** (1930)
▷ S. 377 *Bertolt Brecht:* **Die Nachtlager** (1931)

▷ S. 378 1. a) Beide Gedichte sind unverkennbar von einer gesellschaftskritischen Haltung geprägt; beide stellen die Gesellschaft ihrer Zeit als von Ausbeutung geprägt dar und appellieren auf unterschiedliche Weise für eine Veränderung der Verhältnisse.

b) ***Kästner:* Kurt Schmidt, statt einer Ballade**

Form

Ballade (▷ S. 223)
- regelmäßige strophische Gliederung
- Kreuzreim als durchgehendes Reimschema
- festes Metrum: 5-hebig alternierend
- Erzählgedicht

Die letzte Strophe durchbricht die traditionelle feste Form durch geänderte Verszahl und ein anderes Reimschema.

Inhaltlicher Aufbau

Einleitung: Vorstellung des Titelhelden (V. 1 f.)
Hauptteil:
- Darstellung seines eintönigen Tagesablaufs (V. 3–16)
- Zusammenfassung seines tristen Lebenslaufs (V. 28–40)

Schluss: Wiederholung des Tagesablaufs und sarkastische Pointe (Selbstmord des Titelhelden)

Sprachliche Gestaltung

- Einfache, betont unpoetische Alltagssprache: Abkürzungen und Klammern wie in der Verwaltungssprache (V. 2), Gebrauch von Ziffern (V. 3–8, 24, 41–44)
- umgangssprachliche Floskeln: „fremde Fräuleins" (V. 12) und die Verse 14, 17, 23
- einfache Metaphern und Vergleiche (V. 13, 25, 36)
- unangemessener Wortgebrauch (Katachresen): „... schlief er sich satt" (V. 9), „... war auch bloß eine Art Gemüse" (V. 37)
- Zeilenstil (Enjambement nur vom 1. zum 2. Vers): formale Entsprechung zum eintönigen Tages- und Lebenslauf des Helden
- Parodie auf die Heldenballade in der Wahl des „Helden" und in der sprachlichen Gestaltung

***Brecht:* Die Nachtlager**

Form

Freie, rosaähnliche Form ohne Reim und ohne festes Metrum mit unterschiedlicher Vers- und Strophenlänge

- Gedankenlyrik

Inhaltlicher Aufbau

- Teil 1: Mitteilung einer Nachricht, die der Sprecher über das mildtätige Verhalten eines Mannes in New York erhalten hat.
- Teil 2: Reflexion dieses Verhaltens in dialektischer Manier und spiegelsymmetrischer Anordnung:
  - These: Die Welt wird nicht anders (V. 6 ff.)
    - Antithese: Einigen wird geholfen (V. 9 ff.)
      - Symmetrieachse: Aufforderung an den Leser/die Leserin (V. 12)
    - Antithese: s. o. (V. 13 ff.)
  - These: s. o. (V. 16 ff.)

Sprachliche Gestaltung

- Kunstlose Alltagssprache ganz ohne Bildlichkeit und andere rhetorische Mittel; nur zwei Formulierungen weichen vom gängigen Sprachgebrauch ab: das mythisch-befremdende „der ihnen zugedachte Schnee" (V. 11) und das archaisch feierliche „der du das liesest, Mensch!" (V. 12)
- Enjambements in der ersten Strophe, die aus einer hypotaktischen Fügung besteht, ab V. 6 Zeilenstil aus Parataxen.

Textverständnis

Kästners parodistisches Spiel mit der Balladenform entlarvt die bildungsbürgerliche, in den Schulen tradierte Vorliebe für die Heldenballade als Feiertagsdichtung, die von der Wirklichkeit und dem dort gültigen Menschenbild, nämlich der völligen Selbstentfremdung durch die Reduzierung auf die Ware Arbeitskraft, ablenkt.

Brechts dialektisches Lehrgedicht bietet keine Lösung, also eine fertige Lehre, die der Leser/die Leserin übernehmen könnte: Die aus Mitleid resultierende private Hilfsaktion ist zugleich human und die Entwicklung zu einer humanen Gesellschaft behindernd, nachahmenswert und verwerflich. Der Denkprozess wird in Gang gehalten, der Leser/die Leserin muss die Lösung selbst finden.

2. Brecht hat im Vorwort zu seiner ersten Gedichtsammlung, der 1927 erschienenen „Hauspostille", angemerkt: „Die Hauspostille ist für den Gebrauch der Leser bestimmt", und Erich Kästner bekennt sich in seiner kurzen literaturtheoretischen Schrift „Prosaische Zwischenbemerkung" von 1929 ausdrücklich zu einer „Gebrauchslyrik". Er versteht darunter Gedichte, die „im Umgang mit den Freuden und Schmerzen der Gegenwart notiert [wurden] und für jeden, der mit der Gegenwart geschäftlich zu tun hat ... bestimmt [sind]". Abgelehnt werden alle „Reimspielereien", alles Seiltanzen mit der Sprache, also jede Art von l'art-pour-l'art-Poesie, sowie alles Singen und Sagen von der „Herzallerliebsten mein" und von dem „Blümlein auf der Wiesen", also jede neuromantische Liebes- und Naturlyrik. (*Erich Kästner:* Prosaische Zwischenbemerkung. – In: *Ders.:* Gesammelte Schriften für Erwachsene. Bd. 1: Gedichte. Droemer Knaur, München/Zürich o. J., S. 111)

Lernerfolgskontrolle/Klausurvorschlag

Vorschlag 1

Egon Erwin Kisch
Zum zehnten Male ...

Zum zehnten Male, Jubiläum also, wütet im Sportpalast in der Potsdamer Straße das Sechstagerennen. Dreizehn Radrennfahrer, jeder zu einem Paar gehörend, begannen am Freitag um neun Uhr abends die Pedale zu treten, siebentausend Menschen nahmen ihre teuer bezahlten Plätze ein, und seither tobt Tag und Nacht, Nacht und Tag das wahnwitzige Karussell. An siebenhundert Kilometer legen die Fahrer binnen vierundzwanzig Stunden zurück, man hofft, sie werden Weltrekord drücken, jenen historischen Weltrekord, als in sechs nächtelosen Tagen von 1914 zu Berlin die Kleinigkeit von 2460, 960 Kilometern zurückgelegt wurde, worauf der Weltkrieg ausbrach.

Sechs Tage und sechs Nächte lang schauen die dreizehn Fahrer nicht nach rechts und nicht nach links, sondern nur nach vorn, sie streben vorwärts, aber sie sind immer auf dem gleichen Fleck, immer in dem Oval der Rennbahn, auf den Längsseiten oder auf den fast senkrecht aufsteigenden Kurven, unheimlich übereinander, manchmal an der Spitze des Schwarmes, manchmal an der Queue[1] und manchmal – und dann brüllt das Publikum: „Hipp, hipp!“ – um einige Meter weiter; wenn aber einer eine Runde oder zwei voraus hat, ist er wieder dort, wo er war, er klebt wieder in dem Schwarm der Dreizehn. So bleiben alle auf demselben Platz, während sie vorwärts hasten, während sie in rasanter Geschwindigkeit Strecken zurücklegen, die ebenso lang sind wie die Diagonalen Europas, wie von Konstantinopel nach London und von Madrid nach Moskau. [...]

Gleichmäßig dreht sich die Erde, um von der Sonne Licht zu empfangen, gleichmäßig dreht sich der Mond, um der Erde Nachtlicht zu sein, gleichmäßig drehen sich die Räder, um Werte zu schaffen, – nur der Mensch dreht sich sinnlos und unregelmäßig beschleunigt in seiner willkürlichen, vollkommen willkürlichen Ekliptik, um nichts, sechs Tage und sechs Nächte lang. Der Autor von Sonne, Erde, Mond und Mensch schaut aus seinem himmlischen Atelier herab auf das Glanzstück seines Œuvres, auf sein beabsichtigtes Selbstporträt, und stellt fest, dass der Mensch – so lange wie die Herstellung des Weltalls dauerte – einhertritt auf der eig’nen Spur, rechts, links, rechts, links. – Gott denkt, aber der Mensch lenkt, lenkt unaufhörlich im gleichen Rund, wurmwärts geneigt das Rückgrat und den Kopf, um so wütender angestrengt, je schwächer seine Kräfte werden und am wütendsten am Geburtstage, dem sechsten der Schöpfung, da des Amokfahrers Organismus zu Ende ist, und hipp, hipp, der Endspurt beginnt. Das hat Poe[2] nicht auszudenken vermocht: dass am Rand seines fürchterlichen Mahlstroms[2] eine angenehm erregte Zuschauermenge steht, die die vernichtende Rotation mit Rufen anfeuert, mit Hipp-Hipp! Hier geschieht es, und hier erzeugen sich zweimal dreizehn Opfer den Mahlstrom selbst, auf dem sie in den Orkus[3] fahren.

Ein Inquisitor, der solche Tortur, etwa „elliptische Tretmühle“ benamst, ausgeheckt hätte, wäre im finstersten Mittelalter selbst aufs Rad geflochten worden, – ach, auf welch ein altfränkisches, idyllisches Einrad! Aber im zwanzigsten Jahrhundert muss es Sechstage-Rennen geben. Muss! Denn das Volk verlangt es. Die Rennbahn mit den dreizehn strampelnden Trikots ist Manometerskala[4] einer Menschheit, die mit Wünschen nach äußerlichen Sensationen geheizt ist, mit dem ekstati-

1 **Queue, die:** Ende einer Menschenschlange, Kolonne

2 **Poe/Mahlstrom:** Anspielung auf die Horror-Erzählung „Der Mahlstrom“ von Edgar Allen Poe, in der ein gewaltiger Strudel im Meer die Schiffe, die ihm zu nahe kommen, in den Abgrund reißt

3 **Orkus:** Totenreich, Unterwelt

4 **Manometer:** Druckmessgerät

schen Willen zum Protest gegen Zweckhaftigkeit und Mechanisierung. Und dieser Protest erhebt sich mit der gleichen fanatischen Sinnlosigkeit, wie der Erwerbsbetrieb, gegen den er gerichtet ist. Preise werden gestiftet, zum Beispiel zehn Dollar für den Ersten in den nächsten zehn Runden. Ein heiserer Mann mit dem Megaphon ruft es aus, sich mit unfreiwillig komischen, steifen Bewegungen nach allen Seiten drehend, und nennt den Namen des Mäzens, der fast immer ein Operettenkomponist, ein Likörstubenbesitzer oder ein Filmfabrikant ist oder jemand, auf dessen Ergreifung eine Prämie ausgesetzt werden sollte.

Ein Pistolenschuss knallt, es beginnt der Kampf im Kampfe, hipp, hipp, die dreizehn sichtbar pochenden Herzen pochen noch sichtbarer. Beine treten noch schneller, rechts, links, rechts, links. Gebrüll des Publikums wird hypertrophisch[5], hipp, hipp, man glaubt in einem Pavillon für Tobsüchtige zu sein, ja beinahe in einem Parlament, der geschlossene Schwarm der Fahrer zerreißt. Ist es ein Unfall, wenn der Holländer Vermeer[6] in der zweiten Nacht in steiler Parabel vom Rad saust, mitten ins Publikum? Nein: out. Ändert es etwas, dass Tietz[6] liegen bleibt? Nein, es ändert nichts, wenn die Roulettkugel aus dem Spiel schnellt. Man nimmt eine andere. Wenn einer den Rekord bricht, so wirst du Beifall brüllen, wenn einer den Hals bricht – was geht's dich an? Hm, ein Zwischenfall. Oskar Tietz war Outsider vom Start an. Das Rennen dauert fort. Die lebenden Roulettbälle rollen. „Hipp, Huschke![6] Los, Adolf!“[6] – „Gib ihm Saures!“ – „Schiebung!!“

Von morgens bis mitternachts ist das Haus voll, und von mitternachts bis morgens ist der Betrieb noch toller.

5 **hypertrophisch:** übermäßig, überzogen

6 Namen von Teilnehmern

(Egon Erwin Kisch: Gesammelte Werke in Einzelausgaben. Bd. 5: Der rasende Reporte/Hetzjagd durch die Zeit/Wagnisse in aller Welt/Kriminalistisches Reisehandbuch. © Aufbau Verlag, Berlin/Weimar 1972)

1. Analysieren Sie den Text und ordnen Sie ihn einer Textsorte zu.
2. Geben Sie dem Text eine Überschrift und begründen Sie Ihre Titelwahl unter Berücksichtigung der Textsorte und der Wirkungsabsicht.

Erwartungshorizont

Verstehensleistung

1. Der Text bietet zunächst Informationen über ein konkretes Stück Wirklichkeit (das 10. Berliner Sechstage-Rennen in Sportpalast in der Potsdamer Straße). Es werden genaue Angaben gemacht: über die Teilnehmerzahl (Z. 3), den Beginn der Veranstaltung (Z. 5), die Zuschauerzahl, die zu fahrenden Kilometer (Z. 9), den Vorgang des Rennens mit seinen Besonderheiten (Z. 17–30, 83–102), die Namen einiger Fahrer (Z. 103, 106, 114). Diese Informationen sind eingebunden in eine anschauliche Darstellung der Atmosphäre vor Ort, die nur ein Miterlebender, ein Besucher des Sechstage-Rennens geben kann (Z. 26 ff., 85 ff., 94 ff.). Hinzugefügt werden Hintergrundinformationen historischer (Z. 12–16) und geografischer Art (Z. 34–36). Einen weiten Raum nehmen Kommentare ein, in denen der Berichterstatter seine subjektive Sicht auf das Rennen verdeutlicht. Er stellt einen ironischen Bezug zu den Kreisbahnen im Kosmos und zum Schöpfungsakt Gottes her (Z. 37–58), er setzt ebenso ironisch das Rennen in Beziehung zu einem literarischen Werk (Z. 60–67), er spielt auf die Inquisition an (Z. 68–72) und er deutet es als Protest gegen die Unterwerfung des Menschen unter die Zweckhaftigkeit in der modernen, vom Erwerbstrieb bestimmten Gesellschaft (Z. 72–83). Auch mit Roulettkugeln werden die Fahrer verglichen (Z. 107, 113).
   Auffallend in der sprachlichen Gestaltung sind die vielen rhetorischen Figuren: sprachliche Bilder verschiedener Art („wütet ... das Sechstagerennen“, Z. 1 f.; „tobt ... das wahnwitzige Karussell“, Z. 7 ff.; „er klebt wieder in dem Schwarm der Dreizehn“, Z. 29 f.; „wurmwärts geneigt das Rückgrat“, Z. 54; „Amokfahrer“, Z. 58; „elliptische Tretmühle“, Z. 68 f.; „man glaubt in einem Pavillon für Tobsüchtige zu sein, ja beinahe in einem

Parlament", Z. 99–101, das letzte Beispiel ist außerdem ein ironischer Seitenhieb auf die Volksvertretung); leitmotivisch den Text durchziehende Wiederholungen („Hipp, hipp!"; „rechts, links"); Frage-Antwort-Wechsel (Z. 102–106); ironische Verfremdungen von Zitaten und Redensarten (Z. 51–53), auf die ironischen Anspielungen auf den Schöpfungsmythos wurde oben schon hingewiesen; Chiasmen („Tag und Nacht, Nacht und Tag", Z. 8; „Von morgens bis mitternachts ... und von mitternachts bis morgens", Z. 116 f.; Paronomasie („Wenn einer den Rekord bricht ... wenn einer den Hals bricht", Z. 108 f.); Correctio („in seiner willkürlichen, vollkommen willkürlichen Ekliptik", Z. 42 ff.). Die Kombination von Information, persönlichem Eindruck aus der Recherche vor Ort und Kommentierung bei literarisch ambitionierter Gestaltung verweist auf die Textsorte Reportage.

2. Der Originaltitel lautet: „Elliptische Tretmühle". Die Titelgebungen müssen zwei Kriterien erfüllen: Sie müssen textsortengerecht so formuliert sein, dass sie Neugier erwecken und einen Leseanreiz bieten, und sie müssen die kritische Haltung des Autors, die in seinen Kommentaren zu dem Sportereignis zum Ausdruck kommt, verdeutlichen.
Eine ausreichende Leistung liegt vor, wenn der Text als Reportage erkannt und in den dazu gehörenden wesentlichen Merkmalen analysiert wird und die Überschrift von den beiden angegebenen Merkmalen her begründet wird. Je genauer und differenzierter der Nachweis gelingt, dass es sich um ein Beispiel für die Textsorte Reportage handelt, und je klarer die Intention zur Begründung der Titelgebung herausgearbeitet wird, desto höher in der Notenskala ist die Bewertung anzusiedeln.

Darstellungsleistung
- übersichtliche und zweckmäßige Anordnung der Analyseergebnisse
- Kohärenz und Stringenz in Beschreibung, Erläuterung und Argumentation
- fach- und sachgerechte Formulierungen auf einer angemessenen Sprachebene
- funktionales und formal richtiges Zitieren
- Richtigkeit in der äußeren Sprachform

Vorschlag 2

Bertolt Brecht
Über das Frühjahr (1928)

Lange bevor
Wir uns stürzten auf Erdöl, Eisen und Ammoniak
Gab es in jedem Jahr
Die Zeit der unaufhaltsam und heftig grünenden Bäume.
Wir alle erinnern uns
Verlängerter Tage
Helleren Himmels
Änderung der Luft
Des gewiß kommenden Frühjahrs.
Noch lesen wir in Büchern
Von dieser gefeierten Jahreszeit
Und doch sind schon lange
Nicht mehr gesichtet worden über unseren Städten
Die berühmten Schwärme der Vögel.
Am ehesten noch sitzend in Eisenbahnen
Fällt dem Volk das Frühjahr auf.
Die Ebenen zeigen es
In alter Deutlichkeit.
In großer Höhe freilich
Scheinen Stürme zu gehen:
Sie berühren nur mehr
Unsere Antennen. R

*(Bertolt Brecht: werkausgabe edition suhrkamp.
Bd. 8: Gedichte 1. © Suhrkamp, Frankfurt/M. 1967, S. 314)*

1. Interpretieren Sie das Gedicht unter Berücksichtigung von Form und Inhalt. Beziehen Sie in Ihre Interpretation eine Einordnung des Gedichts in die literarische Strömung der „Neuen Sachlichkeit“ ein.
2. Vergleichen Sie Brechts Text mit den Assoziationen, die der Begriff „Frühlingsgedicht“ bei Ihnen auslöst, und nehmen Sie ausgehend von Ihren Assoziationen zu dem Text Stellung.

4 Von der Literatur der Weimarer Republik bis zur Exilliteratur (1919–1945)

Konzeption des Kapitels B III 4.2: Literatur im Dritten Reich (1933–1945)

Neben der Geschichts- sollte sich auch die Literaturwissenschaft eingehend mit der Zeit der NS-Gewaltherrschaft beschäftigen, um über ein vertieftes Verständnis zu notwendigen Abwehrkräften gegen immer noch lebendige Ideen dieser schrecklichen Ideologie beizutragen.
Ausgewählt wurden zwei zeittypische Erscheinungsformen damaliger Literatur, die legal in Deutschland erschien: zum einen die der nicht nur an die Diktatur angepassten Literaten, sondern sie auch noch aktiv unterstützenden Schreiber **„nationalsozialistischer Literatur"**, zum anderen die trotz ihrem Verbleib im Nazi-Deutschland nicht zu verachtenden Dichter, die im Rahmen einer **„inneren Emigration"** lebten, schrieben und veröffentlichten.
Ausgewählt wurden für den ersten Teil der agitativen NS-Literatur drei typische Texte, in denen die Politik Hitlers verherrlicht und verharmlost wird; deren Analyse und Interpretation soll offensichtliche, eindeutige, aber auch versteckte Belege für ihren propagandistischen Zweck liefern. Die Auseinadersetzung mit diesen direkten Textquellen aus dem Nationalsozialismus soll aufklärerisch über Inhalte, Methoden und Ziele dieser gefährlichen Ideologie wirken.
Die sich anschließenden vier anscheinend unpolitischen Gedichte stehen für die **„innere Emigration"**, in die sich viele Künstler geflüchtet hatten, um einer direkten Konfrontation mit den Nazis aus dem Weg zu gehen. Wenn sie allerdings als indirekte, als versteckte kritische Auseinandersetzung mit dem politischen System des Nationalsozialismus (Georg Britting, Werner Bergengruen, Gottfried Benn) und dem Krieg (Hermann Hesse) angesehen werden, zeigen sich hier ernst zu nehmende und keineswegs feige Dichter, die zwar ihre Heimat nicht aufgeben wollten oder mussten, aber trotzdem der Kultur des Humanismus verbunden blieben.

Literaturhinweise

Siegfried Bork: Missbrauch der Sprache. Tendenzen nationalsozialistischer Sprachregelung. Bern 1970

Walter Jens: Vom Geist der Zeit. Der Dichter unter dem Diktator. Kritik und Würdigung der inneren Emigration im Nazi-Reich. – In: Die Zeit Nr. 47, 16.11.1979, S. 57 f.

Hans Dieter Schäfer: Das gespaltene Bewusstsein. Deutsche Kultur und Lebenswirklichkeit 1933–1945. München 1989

Ralf Schnell (Hg.): Kunst und Kultur im deutschen Faschismus. Stuttgart 1978

Lutz Winkler: Studie zur gesellschaftlichen Funktion faschistischer Sprache. Frankfurt/M. 1970

Joseph Wulf: Literatur und Dichtung im Dritten Reich. Eine Dokumentation. Reinbek 1966

Texte/Gegenstände	Intentionen
S. 378 4.2 Literatur im Dritten Reich (1933–1945) S. 378 Nationalsozialistische Literatur – *Heinrich Anacker:* Opfer – *Bruno Brendel:* 12. September 1938 – Der Führer spricht … – *Arno Breker:* Die Partei – *Paul Jessen:* Die heilige Pflicht	– menschenverachtenden Fanatismus erkennen, der den jungen Menschen einredet, der Tod im beginnenden Krieg sei ein sinnvolles Opfer – begreifen, dass der Krieg in der NS-Ideologie kein Unglück bedeutet, sondern Voraussetzung für das „Glück" ist – die Figur Adolf Hitlers als wesentlich für den propagandistischen Erfolg des Nationalsozialismus erkennen – den pseudoreligiösen Anspruch des Nationalsozialismus als Ersatz-Religion erfassen – die Massenwirksamkeit der Propaganda und ihrer Mittel (Volksempfänger) berücksichtigen – die triviale Aneignung klassischer bürgerlicher Formen und Werte in ihrer Verlogenheit durchschauen – begreifen, wie eine falsch verstandene Ästhetik massenwirksam werden kann und die tatsächliche Politik verschleiert – typische Motive und Sprachbilder der sog. „Blut-und-Boden-Mystik" politisch angepasster Literaten als hohle Phrasen durchschauen – den deutschtümelnden Stil als anachronistisch und missverstandenen Sprachpurismus erkennen – das revolutionäre Bemühen der Dichter nach dem Kriege um eine neue Sprache im Hinblick auf diese scheinbar „schöne", tatsächlich verlogene Literatur begreifen
S. 380 Innere Emigration – *Georg Britting:* Raubritter – *Werner Bergengruen:* Wandlung – *Gottfried Benn:* Einsamer nie – – *Hermann Hesse:* Leb wohl, Frau Welt	– im Bild des Hechtes ein Symbol erkennen für den „Führer" – Brittings Gedicht als indirekten Aufruf zum Widerstand sehen – die Aufforderung erkennen, sich von dem totalitären, pseudo-religiösen Anspruch der NS-Ideologie zu lösen und sich im traditionell christlichen Sinne der göttlichen Führung anzuvertrauen – die Hinwendung an den „Geist" herauslesen, die der Dichter für sich und den aufmerksamen Leser beansprucht – Hesses Text als Zeugnis einer Zeit verstehen, die im Chaos des Krieges unterzugehen droht – trotz aller angerichteter „Scherben" die Hoffnung auf die letztlich Unzerstörbarkeit der Welt nicht aufgeben

4.2 Literatur im Dritten Reich (1933–1945)

Nationalsozialistische Literatur

▷ S. 378 *Heinrich Anacker:* **Opfer** (1939)
▷ S. 379 *Bruno Brendel:* **12. September 1938 – Der Führer spricht ...**
▷ S. 379 *Arno Breker:* **Die Partei** (um 1940)
▷ S. 379 *Paul Jessen:* **Die heilige Pflicht** (1942)

▷ S. 379

1. Die NS-Ideologie besteht im Wesentlichen aus drei weltanschaulich verstandenen Aspekten, die insgesamt den Anspruch erheben, eine existenziell gefährdete Welt (die der Arier) vor dem Untergang retten zu können und einen heilsgeschichtlichen (eschatologischen) Weg anzubieten, der eine tausendjährige glückliche Zukunft für das deutsche Volk verspricht, nachdem Hitler „seinen Lebenskampf" erfolgreich geführt haben wird.
   - **Faschismus**
     Beispielhafte Merkmale: Gegen Demokratie und alle ihre wesentlichen Werte gerichtet; Führergedanken; Befehl und Gehorsam; eine selbst ernannte (männliche!) Elite führt eine angeblich dumme Masse; Beeinflussung weniger über den Intellekt, der abgelehnt wird, als vielmehr über die Gefühle; Körperertüchtigung als Vorbereitung zum Kampf; massenwirksame theatralische Auftritte und Aufmärsche; Militarismus; Uniformierung; Gleichschritt; Fahnen und andere äußerliche Kennzeichen, die die Gemeinsamkeit betonen; Andersdenkende werden nicht toleriert, sondern als Volksfeinde bekämpft.
   - **Rassenlehre**
     Beispielhafte Kennzeichen: Die Verschiedenartigkeit der menschlichen Rassen wird in eine Verschiedenwertigkeit umgedeutet. Arier gelten als höchste Form der menschlichen Rassen, als ehrlich, edel und kulturschaffend; andere Rassen, wie die Slawen, gelten dagegen als minderwertig, aber noch für Sklavendienste für die Herrenrasse zu gebrauchen, die unterste Ebene der Werteskala dieser pseudo-wissenschaftlich „belegten" Rassenlehre, die auf Vererbung des Blutes beruht, nehmen so genannte „Schädlingsrassen" ein, die sich angeblich blut- und kulturzerstörerisch in höheren Wirtsvölkern eingenistet haben; sie gilt es zu vernichten, wenn das Wirtsvolk (Sozialdarwinismus!) nicht untergehen will. Diese tragische Rolle war vor allem Sinti und Roma und den Juden, aber auch anderen Randgruppen oder geistig Behinderten zugedacht, was dann zu den bekannten Massenvernichtungen führte.
   - **Lebensraum-Politik**
     Beispielhafte Merkmale: Nur gesunde Völker wachsen angeblich, minderwertige dagegen nicht; im Laufe der Zeit ergibt sich demnach ein „natürliches" Ungleichgewicht zwischen Volkszahl und Lebensraum, was dazu führt, dass sich die stärkere Rasse von der schwächlichen den Lebensraum erkämpft, was den Krieg als naturgegeben erscheinen lässt. Diesen neu zu erobernden „Lebensraum" sah Hitler für das deutsche Volk hauptsächlich in Osteuropa.

H. Anacker	***B. Brendel***	***P. Jessen***
– Als „letztes Ziel" (Z. 3) gilt der Sieg im Kampf (gegen innere „Volksfeinde" oder äußere Feinde „minderwertigen Blutes"). – Das „Glück" (Z. 11) wird einem nicht geschenkt und kann nicht auf friedliche Weise erreicht werden, dafür müssen „völkische Blutopfer" erbracht werden. Das Leben gilt als rein funktionaler Überlebenskampf, in dem es keinen Platz für Gefühle gibt. – Der Tod im kriegerischen Überlebenskampf der eigenen Rasse ist wie ein Naturgesetz hinzunehmen: „Fallen müssen viele" (Z. 1). – Die anderen sind diesen Helden verpflichtet: Als kämpferische Schicksalsgemeinschaft sind sie stigmatisiert („Mal" auf der Stirn, Z. 6 f.). – Aufruf an die Nachkommen wird „eingehämmert" (Z. 10), sie haben sich der Propaganda und ihrer Mittel der Gehirnwäsche hinzugeben. – Der Krieg und der Tod in ihm werden im humanistischen Sinne nicht in Frage gestellt.	– der Führer als Lichtgestalt mit pseudoreligiösen Eigenschaften („Engel", Z. 4) – Das Volk wird in tiefster Seele ergriffen (nicht intellektuell überzeugt!) und lässt sich wie auf einem vom Führer gezauberten „Altar" (Z. 8) „entbrennen"; die politische Einflussnahme geschieht allein über die Emotionen, die durch die religiösen Ansprüche fanatischen Charakter bekommen. – Der Anspruch der NS-Ideologie, eine bedrohte, existenziell gefährdete Welt (die der „Arier") zu retten, wird in dem Bild des Schutzengels (Z. 4 ff.), das für Hitler steht, verkörpert. – Die Propaganda der Nazis, die behauptet, die Jahre der Weimarer Republik verdammen zu müssen, kommt in Z. 11 f. zum Ausdruck: „all die Jahre, in denen wir vor Leid zu sterben meinten". – „Die Rettung neu Geborener" (Z. 15) steht für den pseudoreligiösen Anspruch, dass mit dem Nationalsozialismus eine neue Zeit beginne.	– Der Arier empfindet, im Gegensatz zu den angeblich minderwertigen oder zerstörerischen Rassen, „edel" und „groß". Die „Treue" (Z. 1) oder die „heilige Pflicht" ist es, die „um des ewigen Ackers willen" (Z. 10) da ist, für die „Sippe" (Z. 9) und „für das ganze Volk" (Z. 24). – „Du bist nichts, dein Volk ist alles" – in diesem Sinne will der Ich-Erzähler seine „Pflicht erfüllen" (Z. 43) und im Kampfe bereitwillig sterben. – Die phrasenreiche Rhetorik der Nazis, die den tatsächlich mörderischen Charakter ihrer Ideologie verschleiern half, drückt sich hier vielfach aus: „Der Acker, der ist unsere Pflicht, wie er ewig ist" (Z. 7 ff.). – absoluter Gehorsam gegenüber dem Führer, gegen jeden Feind zu kämpfen („da wird der Führer befehlen, ...", Z. 20 ff.) – unreflektierte Kampfesfreude und selbstverständliche Todesbereitschaft (Z. 23 ff.) – geschlechtsspezifische Zuordnungen

2.

H. Anacker	B. Brendel	P. Jessen
– Allgemein an das Volk gerichtet, das Angst vor dem beginnenden Krieg hat → Beruhigung, Verbreitung von Siegesgewissheit besonders wohl an die junge Generation → Angst nehmen, Opferbereitschaft entwickeln – an die zukünftigen Deutschen → Kampfbereitschaft	– allgemein an das deutsche Volk gerichtet, mit dem sich der Dichter identifiziert („uns") → Bestätigung und Förderung der messianischen Massensuggestion, die Hitler vielfach auslöst	– an eine breite deutsche Leserschicht, die in einem hier missverständlichen Sinn des Bildungsbürgertum, „das gute Buch" liebt → Förderung der nationalistischen Grundeinstellung, Vertrauen in den Führer schaffen, Angst vor dem Tod im Krieg nehmen, diesem Tod einen höheren Sinn geben

Innere Emigration

▷ S. 380 *Georg Britting:* **Raubritter** (1935)
▷ S. 380 *Werner Bergengruen:* **Wandlung** (1936)
▷ S. 380 *Gottfried Benn:* **Einsamer nie** – (1936)
▷ S. 380 *Hermann Hesse:* **Leb wohl, Frau Welt** (1944)

▷ S. 381 1. a) ***Georg Britting:* Raubritter**

Der Hecht als deutliches und kennzeichnendes Symbol für Hitler, der seit drei Jahren an der Macht ist: gefährlicher Raubfisch mit „Unholdsaugen" (Z. 3); die zweite Strophe verweist eher auf den Faschismus allgemein als „uralte" Form der Knechtung von Menschen.

Ein „Steinwurf" (Z. 9) genügt, um die Gefahr zu verscheuchen: Gewalttätige Straßenschlachten können damit wohl nicht mehr gemeint sein, denn die gab es 1935 nicht mehr. Die Frage bleibt also, wer diesen erlösenden „Stein" werfen könnte.

Die beruhigenden Blumen („Sumpf-" und „rot" könnten auf den Untergrundkampf der Sozialdemokraten und Kommunisten hinweisen) schaukeln wie ein „Seeräuberboot" auf dem Wasser, das der „Hecht" aufgewühlt hat. Hoffung auf illegale „Piraterie", das heißt auf Widerstand im Untergrund?

***Werner Bergengruen:* Wandlung**

Aufforderung, sich von den weltlichen Dingen, auf die die Nazis so großen Wert legten (vgl. *Paul Jessen:* Die heilige Pflicht) zu lösen und sich dem christlichen Gott anzuvertrauen und nicht der propagierten „Heilsfigur" Hitler (vgl. *Bruno Brendel:* Der Führer spricht ...) zu trauen; die Farbe „braun" und der „graue Bitterwein" (Z. 7) verweisen ebenfalls in ihrer Symbolik auf das politisch herrschende System, aber auch auf den Herbst, in dem eine Jahreszeit auf natürliche Weise zu Ende geht; Hoffnung auf ein Absterben des NS-Systems nach den Anfangserfolgen? Der Beobachter, der am Wegesrand und am Prellstein hockt, „das bist nicht mehr du": Hinweis auf den Identitätsverlust des Dichters, der sein Ich im totalitären System aufgeben müsste, der nicht mehr als abwehrender „Prellstein", als hilfreiche und schützende Instanz der Öffentlichkeit funktionieren kann; oder sind damit allgemein die Menschen (das noch diese Art von Literatur lesende Du!) im faschistischen Massenwahn gemeint, die nicht mehr kritisch und klar denken sollen? Hinwendung zur Gewissheit göttlicher Geborgenheit, trotz aller irdischen Gefährdungen (letzte Str.) und damit Abwendung von den ideologischen Heilsversprechungen.

***Gottfried Benn:* Einsamer nie –**

Das „Du" des Gedichts kann einmal der Dichter selbst sein (Selbstgespräch), der sich dem weltlichen Glück, dem zweifelhaften „Rausch der Dinge", wie es nach drei Jahren Hitler-Herrschaft ständig propagiert wurde, entzieht und sich im Dienst des „Gegenglückes, dem Geiste“ (Z. 12) sieht. Diese Welt des Intellekts in der Tradition humanistischer Ideen wurde von den Nazis als typisch jüdisch abgelehnt und bekämpft. Allerdings vermisst das lyrische Ich angesichts der – oberflächlich betrachtet – erstaunlichen Erfolge der Nazis seine „Siegesbeweise“ (Z. 7); die resignative Grundhaltung des Dichters im Jahr 3 nach der sog. Machtergreifung ist unüberhörbar und steht in krassem Gegensatz zur offiziellen und verbreiteten Lebenseinstellung.

***Hermann Hesse:* Leb wohl, Frau Welt**
1944, ein Jahr vor Kriegsende, als die ganze Welt in einem mörderischen Zerstörungskampf von Massenvernichtungswaffen (vor allem Bombenterror auf Städte) unterzugehen droht, konstatiert Hesse diesen Zustand der Zerstörung, ganz im Gegensatz zu offiziellen Durchhalteparolen der Nazis, die noch den Endsieg propagieren: Solch eine Sichtweise unvorsichtig formuliert, zum Beispiel in einem Gespräch, das angezeigt wurde, konnte den Tod wegen „Wehrkraftzersetzung“ bedeuten. Die Welt, die die Nazis für sich in Anspruch genommen hatten und sie „vor dem internationalen Judentum retten“ wollten, ist von ihnen zerstört worden. Hesse klagt nun aber nicht die Verursacher der Katastrophe an, sondern verabschiedet sich als dankbarer Bewohner dieser Welt, der aber auch ihren Jammer „satt“ hat (Z. 16). Die Hoffnung, dass die „Frau Welt“, im Gegensatz zur Männerwelt der Nazis und des Krieges, sich wieder verjüngen wird, beschließt das resignative Gedicht dann doch noch versöhnlich und hoffnungsvoll. Die Zukunft liegt in dem „uralten Zauber“ der Welt, nicht in ideologisch begründeten Heilsversprechungen der Menschen, von denen sich Hesse nicht nur räumlich, sondern vor allem innerlich distanzierte.
(Hesse lebte seit 1931 zwar sicher in der Schweiz, besuchte aber Deutschland öfter und verlegte viele seiner Werke in Deutschland, bis im April 1944 sein Verleger Peter Suhrkamp von der Gestapo verhaftet wurde. Die Nazis hätten ihn gerne als „deutschen Dichter“ für sich in Anspruch genommen, wogegen er sich wehrte. Dieses Gedicht gehört dann zu den Werken, die offiziell nicht mehr im Nazi-Deutschland erscheinen durften, sondern illegal unter der Hand verbreitet wurden.)

2.

	Britting	**Bergengruen**	**Benn**	**Hesse**
Thematik	Widerstand gegen eine Gefährdung	Abwendung von der Welt, Hinwendung zu Gott	Abwendung von der materiellen, Hinwendung zur geistigen Welt	Verabschiedung der zerstörten Welt und Hoffnung auf deren Erneuerung
Motive	Gefahr in Form eines Raubfisches wird verscheucht	Wanderschaft zu Gott	Abwendung von den Äußerlichkeiten der Welt	Wehmütiger Abschied von einer in Scherben geschlagenen Welt
Perspektiven des Sprechers	Heimlicher Beobachter des Geschehens	Überirdische Perspektive des Wissenden	Erhabener Sprecher, der kritisch hinterfragt	Aus der Mitte der betroffenen Geschädigten heraus
Lyrische Intention	Wecken der Hoffnung, dass die Gefahr verscheucht wird	Aufruf, sich Gott anzuvertrauen	Anregungen, sich in seinem Dasein kritisch zu hinterfragen	Abwendung von der Zerstörung der Welt und Wecken von Hoffnungen auf einen Neubeginn

4 Von der Literatur der Weimarer Republik bis zur Exilliteratur (1919–1945)

Konzeption des Kapitels B III 4.3: Exilliteratur (1933–1945)

Das Kapitel stellt drei Aspekte der Exilliteratur vor. Damit sollen typische Probleme gezeigt werden, mit denen sich die Schriftsteller konfrontiert sahen, die gezwungen oder freiwillig Deutschland während der nationalsozialistischen Diktatur verlassen haben.
Die in dem Kapitel dargebotenen Texte lassen sich drei Erarbeitungsschwerpunkten zuordnen: Im ersten Teil **(„Standpunkte")** können die Schüler/innen an der Reaktion dreier Schriftsteller auf die Ereignisse 1933 repräsentative Einstellungen und Haltungen aus intellektuellen Kreisen zum Nationalsozialismus und seiner „Machtübernahme" kennen lernen und den Hintergründen für diese Haltungen nachfragen sowie das Schicksal der Kontrahenten weiterverfolgen.
Im zweiten Teil **(„Das Leben im Exil")** sollen den Schülerinnen und Schülern an zwei Beispielen, die durch eigene Recherchen ergänzt werden können, die Existenzbedingungen des Exils mit seinen materiellen, geistigen und seelischen Nöten anschaulich gemacht werden. Dabei sollen ihnen die Voraussetzungen, unter denen die Werke der Exilschriftsteller entstanden und verbreitet werden konnten, bewusst werden. Daran lassen sich grundsätzliche Fragen zur Produktion von Literatur und zum Verhältnis des Schriftstellers zu seiner Sprache und zu seiner Nation anknüpfen.
Im dritten Teil **(„Gedichte im Exil")** zeugen die drei lyrischen Beispiele von den schwierigen Bedingungen des Schreibens, von der Hoffnung auf Wiederkehr und von der Bitterkeit darüber, die Heimat verlassen und eine neue Heimat suchen zu müssen. Die Gedichte geben darüber ein ausdrucksstarkes und kennzeichnendes Stimmungsbild.

Literaturhinweise

Exilliteratur/Antifaschistische Literatur. Diskussion Deutsch, Heft 59/1981

Konrad Feilchenfeldt: Deutsche Exilliteratur 1933–1945. Kommentar zu einer Epoche. Winkler, München 1986

Ernst Loewy (Hg.): Exil. Literarische und politische Texte aus dem deutschen Exil 1933–1945. Bd. 1: Mit dem Gesicht nach Deutschland. Bd. 2: Erbärmlichkeit und Größe. Bd. 3: Perspektiven. Fischer, Frankfurt/M. 1981/82

Alexander Stephan: Die deutsche Exilliteratur 1933–1945. München 1979

Hans-Albert Walter: Deutsche Exilliteratur 1933–1945. Darmstadt 1972

	Texte/Gegenstände	Intentionen
.381	**4.3 Exilliteratur (1933–1945)**	– sich über das Schicksal deutscher Schriftsteller/innen nach 1933 informieren und sich mit ihren Lebenswegen auseinander setzen
.381	Standpunkte – *Klaus Mann:* Brief an Gottfried Benn – *Oskar Maria Graf:* Verbrennt mich!	– unterschiedliche Standpunkte von Schriftstellern anhand ihrer Texte beschreiben – den Argumentationsaufbau in den Texten nachvollziehen und die Intentionen der Texte formulieren
.384	Das Leben im Exil – *Klaus Mann:* Der Wendepunkt – *Lion Feuchtwanger:* Der Schriftsteller im Exil	– sich ein Bild vom Leben im Exil machen und sich die spezifischen Schreibbedingungen vergegenwärtigen – durch eigene Recherchen eine Dokumentation zu den Lebens- und Schaffensbedingungen im Exil erstellen
.386	Gedichte im Exil – *Bertolt Brecht:* Schlechte Zeit für Lyrik – *Carl Zuckmayer:* Elegie von Abschied und Wiederkehr – *Walter Mehring:* Der Emigrantenchoral	– Brechts Lyrikprogramm von traditioneller Lyrik abgrenzen, Intention und Schreibweise in ihren wesentlichen Merkmalen erfassen – den inhaltlichen Aufbau von Gedichten analysieren und die Gedankengänge beschreibend nachvollziehen – die Rolle des lyrischen Ichs beschreiben und die Aussageabsicht von Gedichten erfassen

4.3 Exilliteratur (1933–1945)

Standpunkte

▷ S. 381 *Klaus Mann:* **Brief an Gottfried Benn** (1933)
▷ S. 383 *Oskar Maria Graf:* **Verbrennt mich!** (1933)

▷ S. 383 1 **Klaus Mann:** Sein rigoroser Antifaschismus hat nicht primär politische Gründe, sondern resultiert daraus, dass er im Nationalsozialismus das schlechthin Ungeistige verkörpert sah. Er geht aus von der in der deutschen Kulturgeschichte tief verwurzelten Überzeugung vom Gegensatz zwischen Geist und Macht und identifiziert im Faschismus die Macht in ihrer zum Gewaltkult pervertierten Form, die zu allem Geistigen in Todfeindschaft steht. Daher muss von jedem, der sich dem Geist verpflichtet sieht, ein unmissverständliches Parteiergreifen gegen den Faschismus verlangt werden. Das unentschieden-zweideutige Verhalten, das Klaus Mann von dem verehrten Gottfried Benn erfahren hat, läuft schon auf einen Verrat am Geist und auf eine prinzipiell und für immer vollzogene Trennung (Z. 65 ff.) von der Welt des Geistes hinaus. Klaus Mann sagt sich hier eindeutig von jeder Art von Irrationalismus mit der darin enthaltenen Zivilisationskritik los, der ihn in seiner Jugend fasziniert hat, den er jetzt aber als Weg zu Hitler beargwöhnt. Er versteht Benns „Flucht zu den Schachtelhalmen" als Reaktion auf marxistische Versuche, das literarische Leben der Soziologie unterzuordnen. Davor empfindet er dieselbe Abscheu wie Benn, zieht daraus aber andere Konsequenzen.

Gottfried Benn: Er sieht im Nationalsozialismus eine Art Volksbewegung, einen Aufbruch auf einem neuen Weg, und meint sich vor dieser Bewegung nicht verschließen zu dürfen. Er ist damit bestimmt von einem romantischen Glauben an das Volk als lebendiger Einheit, an eine Volksindividualität, die sich eigenständig und unabhängig von allen Staatstheorien entwickelt. Das Geistesleben ist ein Teil davon. Wer sich daraus löst, sich von seinem Volk trennt und ins Ausland emigriert, kann die Entwicklung nicht verstehen, weil er sie nicht miterlebt, und verliert die Berechtigung mitzureden.

Oskar Maria Graf: Sein Antifaschismus hat mit seinem Bekenntnis zum Sozialismus eindeutig politische Wurzeln. Er argumentiert jedoch nicht politisch und erklärt etwa den Nationalsozialismus aus seinen gesellschaftlichen und wirtschaftlichen Ursachen, sondern sieht in ihm – ähnlich wie Klaus Mann – einen bornierten, barbarischen Nationalismus, der alles Geistesleben in Deutschland zum Erliegen bringt und mit Deutschland als Kulturnation nichts zu tun hat. Vor diesem Hintergrund kann er es nur als Schande und als Vernichtung seiner Schriftstellerexistenz empfinden, von den Nazis auf die weiße Autorenliste gesetzt worden zu sein.

2. **Brief an Gottfried Benn**

Intention: Benn, der in den Augen des Verfassers ein wichtiger deutscher Autor und Repräsentant des deutschen Geistes ist, soll zu einer eindeutigen Stellungnahme gegen den Nationalsozialismus bewegt werden.

Argumentationsstruktur

1. Legitimierung des Schreibers (Anteilnahme als bewundernder Leser) und Anlass des Briefes (Gerüchte über den Verbleib Benns in der gleichgeschalteten Akademie der Künste) (Z. 1 ff.)
2. Einräumung: Einverständnis mit Benns Ablehnung der marxistischen Literaturtheorie und -praxis (Z. 22 ff.)
3. Kritik an Benns Hinwendung zum Irrationalismus (Z. 33 ff.)
4. Begründung dieser Kritik mit dem Hinweis auf die Affinität des Irrationalismus zu reaktionären politischen Strömungen und damit letztlich zum Nationalsozialismus (Z. 49 ff.)
5. Beschwörender Appell, sich nicht weiter politisch „zweideutig" zu verhalten, um nicht für immer der Seite, der der Schreiber sich zugehörig fühlt, verloren zu gehen (Z. 59 ff.)
6. Prophezeiung, dass der Adressat von der Gegenseite keinen Dank ernten wird, da alles Geistige dort verachtet wird (Z. 70 ff.)
7. Bitte um Antwort

Verbrennt mich!
Intention: Der Verfasser ergreift öffentlich Partei für die verbrannten Dichter, provoziert die Nationalsozialisten zur Verbrennung seiner Werke und schließt sich den Exilierten an. Er gibt die Stellungnahme ab, die Klaus Mann von Gottfried Benn erwartet.
Argumentationsstruktur
1. Ironisch-antithetische Darstellung des „Falls" Oskar Maria Graf: einerseits Verhaftungsversuch und Durchsuchung seiner Wohnung – andererseits Erscheinen auf der weißen Liste empfohlener Bücher (Z. 1 ff.)
2. Indirekter Appell in Form einer rhetorischen Frage, diese Einstufung seiner Bücher aufzuheben (Z. 26 f.)
3. Begründung des Appells durch eine scharfe Absage an den Nationalsozialismus als barbarischen Zerstörer des deutschen kulturellen Lebens und Verfolger der sozialistischen Freunde Grafs (Z. 28 ff.)
4. Wiederholung und Erweiterung des Appells mit der Aufforderung, Grafs Bücher zu verbrennen (Z.56 ff.)
5. Prophezeiung der Unauslöschlichkeit des deutschen Geistes und der ewigen Schande seiner Verächter (Z. 64 ff.)

3. Klaus Manns prophetische Warnung ging bald in Erfüllung. Benns gesamtes Werk, sein geistiger Habitus passten nicht in das von den neuen Herren bestimmte Klima der Zeit. Am 15. Februar war Benn kommissarischer Leiter der Abteilung „Dichtkunst" in der Akademie geworden, schon am 8. Juni wird er von einem der völkischen Barden abgelöst. Der endgültige Bruch kommt mit der Niederschlagung des so genannten Röhm-Putsches, als das Regime die Ermordung politischer Gegner und missliebiger Persönlichkeiten offen als staatliches Machtinstrument einsetzt und damit jedem Rechtsstaat Hohn spricht. Benn gesteht sich jetzt seinen Irrtum von 1933 ein, kann sich aber nach seiner öffentlichen Reaktion auf Klaus Manns Brief nicht zur Emigration entschließen. Jetzt findet er in einem Brief an Ina Seidel hinsichtlich des Verhältnisses von Geist und Macht zu ganz ähnlichen Einsichten wie einst Klaus Mann in seinem Brief: „Es sind zwei Reiche". Sein Ausweg: Er tritt als Oberstabsarzt in die Armee ein, was er in einer mehr als fragwürdigen Wendung als „aristokratische Form der Emigration" bezeichnet. Die Einstellung der Machthaber ihm gegenüber wird in einer Rezension deutlich, die zu einem Band „Ausgewählte[r] Gedichte" anlässlich seines 50. Geburtstags 1936 in der offiziellen Wochenzeitschrift der SS erschien; er wird dort als „Ferkel" und „widernatürliches Schwein" apostrophiert, seine Lyrik wird als „dreckige Schmierereien" abgetan, schließlich wird ihm empfohlen: „... scher dich doch dahin, wo deine Genossen Kerr, Tucholsky, Kästner sitzen". (Der Werdegang Benns lässt sich für Schüler/innen am einfachsten nachlesen in: *Walter Lennig:* Benn. Rowohlt Monographie Nr. 50071.)

4. Auch über Klaus Mann und Oskar Maria Graf können sich die Schüler/innen informieren in: *Uwe Naumann:* Klaus Mann. Rowohlt Monographie Nr. 50332; *Georg Bollenbeck:* Oskar Maria Graf. Rowohlt Monographie Nr. 337.

Das Leben im Exil

Klaus Mann: **Der Wendepunkt** (1942) ▷ S. 384
Lion Feuchtwanger: **Der Schriftsteller im Exil** (1943) ▷ S. 384

1. Das Bedrückende in Klaus Manns Text ist wohl, dass die Heimat, die für Zugehörigkeit, Geborgenheit, Schutz steht, als das schlechthin Fremde, Bedrohende, Vernichtende erscheint. Längst ist der Unterschied zwischen dem nationalsozialistischen Regime und Deutschland verwischt. Beim Bummel im Traum über eine deutsche Straße gibt es keine friedlichen Passanten mehr, nur feindlich-musternde Blicke und schließlich verfolgende und einschließende Menschenmassen. Selbst die Häuser, die Straßen und der verhangene Himmel erscheinen als feindselige Elemente und fügen sich in die tödliche Bedrohung ein. ▷ S. 385
Lion Feuchtwanger wendet nicht den Blick zurück zur Heimat. Er schildert das Leben im Exil recht mitleidlos

als tragikomische Existenz, der viele durch Selbstmord ein Ende setzten. Am schlimmsten ist für ihn das Abgeschnittensein von der eigenen Sprache, das zu einem Identitätsverlust führt.

2. Eine umfassende Textsammlung dazu bietet: *Ernst Loewy* (s. Literaturhinweise, S. 290 in diesem Handbuch). Romane, die das Leben im Exil darstellen: *Klaus Mann:* Der Vulkan. Roman unter Emigranten (1939); *Lion Feuchtwanger:* Exil (1940); *Anna Seghers:* Transit (erschienen 1939–1941).

Gedichte im Exil

▷ S. 386 *Bertolt Brecht:* **Schlechte Zeit für Lyrik** (1939)
▷ S. 386 *Carl Zuckmayer:* **Elegie von Abschied und Wiederkehr** (1939)
▷ S. 387 *Walter Mehring:* **Der Emigrantenchoral** (1934)

▷ S. 387 1. **Thematik:**
- Brechts lyrisches Ich reflektiert über die Möglichkeiten, angesichts der entsetzlichen „Reden des Anstreichers", Gedichte zu schreiben; Abkehr von der traditionellen Lyrik wird notwendig, der Blick des Dichters hat sich vom Schönen, von der Idylle, von dem, was das Publikum gerne hört, unter den bedrohlichen politischen Eindrücken, die Brecht aus Deutschland im dänischen Exil erreichen, abgewendet.
- Zuckmayer lässt sein lyrisches Ich die Gewissheit aussprechen, dass nach einer Rückkehr nach Deutschland nichts mehr so sein wird wie vorher: Neben äußerlichen Kriegszerstörungen erwartet er auch sonstige tiefgreifende, beängstigende Veränderungen. Allein die Erinnerungen werden bleiben.
- Mehring fordert die Emigranten direkt dazu auf, hoffnungsvoll in die ungewisse Zukunft zu schauen und die Vergangenheit der Heimat ohne jegliche romantische Reminiszenzen zu vergessen.

Perspektivische Darstellung:
In allen drei Gedichten steht das lyrische Ich in direktem persönlichen Bezug zum eigenen Schicksal.
- Brecht und Zuckmeyer beginnen mit dem Bekenntnis „Ich weiß" und erwarten von der Leserschaft, dass hinter der nun folgenden Erkenntnis die persönliche Autorität ihres Namens, ihres Schicksals steht.
- Mehring ruft ebenso unmissverständlich sehr persönlich dazu auf, das Schicksal des Emigranten zu akzeptieren und nach vorne zu schauen, er ist einer von ihnen und macht ihnen Hoffnung.

Formale Gestaltung:
- Brecht wendet sich hier am weitesten von der traditionellen Form der gebundenen Sprache ab; angesichts dessen, was er heute sehen muss, käme ihm „ein Reim ... wie Übermut" (Z. 16) vor. Deswegen vorherrschende freie Rhythmen, unterschiedliche Strophen- und Verslängen, keine Endreime. Das „Schöne" (vgl. Z. 3) in der Sprache wird bewusst aufgegeben.
- Zuckmayer dagegen verzichtet nicht auf die traditionellen Möglichkeiten der Lyrik: Drei gleich gebaute Strophen mit 5-hebigem Vers (Jamben), Reimschema ababcdcd (durchgängiger Kreuzreim), Betonung lyrischer Bilder und Klangfarbigkeit (viele ausdrucksstarke Metaphern, mehrfache Alliterationen: „Auch wird der Wind noch durch die Weiden gehen", Z. 10, oder „ein Schatten wird an unsrer Seite schreiten", Z. 13).
- Mehring verwendet ebenfalls traditionelle Mittel der gebundenen Sprache: drei Strophen, die allerdings nicht exakt gleich gebaut sind. Grafische Hervorhebung der Anfangswörter, die den appellativen Charakter des Gedichts betonen, Verse in freien Rhythmen gebaut, kein festes Reimschema, umfassende Reine, Paarreime und Kreuzreime kommen vor, Verse in unterschiedlicher Länge, hervorgehobene Kurzverse (Z. 8/9; 13/14; 24/25; 29/30; 40/41) weisen auf die Möglichkeit einer Vertonung als politisches Lied.

Intention:
- Brecht rechtfertigt seine offensichtlich neue Art des Dichtens vor einem verunsicherten Publikum, das eigentlich die „Stimme" des „Glücklichen" gerne gehört hat (1. Str.); diese Zeit ist nun mit Hitler vorbei (letzte Str.); das Entsetzen darüber lässt es für den Dichter nicht mehr zu, über das Schöne zu schreiben.

- Zuckmayer äußert sich mit elegischem Ton über seine Schreckensvision hinsichtlich der politischen Zukunft Deutschlands, seiner Heimat, die es so für ihn nicht wieder geben wird. Ein direkter Adressat ist nicht angegeben.
- Mehrings Intention ist sehr deutlich und direkt an seine Schicksalsgefährten, die Emigranten aus Nazi-Deutschland, gerichtet: Er ruft sie verbittert, aber ungebrochen dazu auf, ihr Schicksal anzunehmen, nicht sentimental nach rückwärts zu schauen, dafür aber hoffnungsvoll in ihre neue Zukunft, deren eigentliche Heimat jeder in sich selbst trägt.

2. Mögliche Aspekte der Diskussion:
   - Autor und lyrisches Ich sind in dieser Art von Bekenntnisliteratur nahezu identisch.
   - Die schicksalhafte Betroffenheit gibt dem Autor bzw. dem lyrischen Ich ein hohes Maß an Überzeugung.
   - Als Adressaten sind eigentlich die Leser im nationalsozialistischen Deutschland gemeint, die die meisten Texte aus dem Exil allerdings nicht erreichten.
   - National gesinnte Deutsche sollen die Exilanten nicht leichtfertig als „Drückeberger“ oder gar als „Verräter“ titulieren.
   - Exilanten machten sich mit diesen Texten, die häufig nur in Zeitschriften im Ausland erschienen sind, gegenseitig Mut.

5 Literatur nach 1945

Konzeption des Kapitels B III 5.1: Literatur im geteilten Deutschland

Das Kapitel B III 5.1 wirft die Frage auf, ob mit den beiden deutschen Staaten in der Folge des Kalten Krieges auch zwei deutsche Literaturen entstanden. Eine Synopse (▷ S. 388ff.) gibt einen ersten Überblick über die beiderseitige literarische Entwicklung, lässt gemeinsame Trends und Unterschiede deutlich werden. Zwei Teilkapitel entfalten wichtige Themenkreise, Entwicklungstendenzen und Etappen des literarischen Lebens hüben und drüben.

Das erste Teilkapitel (**„Themen und Tendenzen der Literatur in der Bundesrepublik“**) ist in fünf Unterabschnitte gegliedert, um in das unübersehbare Ineinanderfließen literarischer Gruppierungen, Strömungen, Trends und Moden Markierungspunkte zu setzen.

Den ersten dieser Markierungspunkte bildet unter der Überschrift **„Bestandsaufnahme und Neuanfang“** die unmittelbare Nachkriegszeit. Hier wird der Begriff der Trümmerliteratur geprägt und die Gruppe 47 bildet sich unter dem Eindruck einer gescheiterten Kulturentwicklung und der Notwendigkeit auch experimenteller Neuanfänge der Literatur nach dem Krieg.

Der zweite Abschnitt beinhaltet die **„Auseinandersetzungen mit Krieg und Zerstörung“**, wo die wirkungsvollste Form der Nachkriegsliteratur, die Kurzgeschichte, in Wolfgang Borchert und Heinrich Böll ihre herausragenden Vertreter findet.

Der dritte Abschnitt (**„Der Holocaust als Thema der Literatur“**) ist einem Thema gewidmet, dem sich die deutsche Literatur stellen musste. Das geschah relativ spät, wie auch die KZ-Prozesse erst in den 60er-Jahren stattfanden. So kann Paul Celans „Todesfuge“ eigentlich nicht in die Literatur der Bundesrepublik eingeordnet werden. Sie bildet indessen den Bezugspunkt für die späteren Texte und soll das Nachdenken über die Möglichkeiten einer Auseinandersetzung mit dem Holocaust in Gang setzen.

Der vierte (**„Zeitkritik und Sprachartistik“**) und fünfte Abschnitt (**„Selbstfindung und Beziehungen“**) verweisen auf zwei zeitlich versetzte, die literarische Entwicklung der BRD prägende Tendenzen. Der erste versammelt Texte aus den 50er- und 60er-Jahren, die auf eine höchst artistische Weise eine deutliche Kritik am gesellschaftlich-politischen System im Wirtschaftswunderland Bundesrepublik artikulieren. In diesen Werken gewann die bundesrepublikanische Literatur Anschluss an die moderne Weltliteratur. Dass der gesamte Literaturbetrieb diesen Weg nur sehr langsam beschritt, zeigt die Ablehnung Koeppens Anfang der 50er-Jahre. Der folgende Abschnitt lässt sich thematisch und z. T. auch formal als eine Reaktion auf die Gesellschaftskritik verstehen. Beispielmaterial für solche Reaktionen im Bereich erzählender Prosa und der Lyrik findet sich an verschiedenen Stellen des Schülerbuches, auf die in diesem Abschnitt mit Seitenangaben verwiesen wird.

Literaturhinweise

Heinz Ludwig Arnold: Kritisches Lexikon zur deutschsprachigen Gegenwartsliteratur (KLG). München 1978ff. (Loseblattsammlung)

Hermann Glaser: Deutsche Kultur 1945–2000. Carl Hanser Verlag, München/Wien 1997

Kindlers Literaturgeschichte der Gegenwart. Bd. 1.2: Die Literatur der Bundesrepublik Deutschland. Hg. v. Dieter Lattmann. Frankfurt/M. 1980

Ralf Schnell: Geschichte der deutschsprachigen Literatur seit 1945. Metzler, Stuttgart 1993

Texte/Gegenstände		Intentionen
S. 390	**5.1.1 Themen und Tendenzen der Literatur in der Bundesrepublik**	– sich ein anschauliches Bild von der Nachkriegszeit verschaffen – sich mit Bestandsaufnahmen zu Anfang der bundesrepublikanischen Nachkriegsliteratur auseinander setzen
S. 390	Bestandsaufnahme und Neuanfang – *Heinrich Böll / Hans Werner Richter / Günter Eich*	– das literarische Programm der „Trümmerliteratur“ in einer Übersicht deutlich machen – dieses Programm als realistisches Konzept einordnen und mit anderen Realismen vergleichen
S. 393	Auseinandersetzungen mit Krieg und Zerstörung – *Wolfgang Borchert / Heinrich Böll / Marie Luise Kaschnitz*	– den Typus der Nachkriegskurzgeschichte in Form und Inhalt erfassen – lyrische Gestaltungsbeispiele der Nachkriegszeit vergleichend interpretieren
S. 396	Der Holocaust als Thema der Literatur – *Paul Celan / Nelly Sachs / Erich Fried / Wolfdietrich Schnurre*	– literarische Verfahren und Sprechweisen zur Thematisierung des Holocausts kennen lernen – angemessene Darbietungsmöglichkeiten für die Texte erarbeiten und ihre Wirkung vergleichen – das Problem der künstlerischen Auseinandersetzung mit diesem Thema diskutieren
S. 399	Zeitkritik und Sprachartistik – *Ingeborg Bachmann / Hans Magnus Enzensberger / Eugen Gomringer / Wolfgang Koeppen / Helga M. Novak / Ulla Hahn*	– Gemeinsamkeiten und Unterschiede in Inhalt und Form der Gedichte herausarbeiten und sie in ihrer Wirkung reflektieren – diese Gedichte mit Lyrikbeispielen aus anderen Perioden der Literatur der Bundesrepublik vergleichen und ihre Spezifika erfassen – Inhalt und Erzählweise eines Romanausschnitts detailliert analysieren – den zeitkritischen Intentionen des Romans nachgehen und sich einen Eindruck von seiner Rezeptionsgeschichte als Beispiel für die Entwicklung des geistigen Klimas in der Bundesrepublik verschaffen
S. 403	Selbstfindung und Beziehungen – *Ulla Hahn / Sarah Kirsch / Friederike Mayröcker / Erich Fried / Angelika Mechtel / Gerold Späth*	– die Hinwendung zum Privaten und Subjektiven in Kurzgeschichten und Gedichten als Trend in der literarischen Entwicklung der späteren Bundesrepublik durch Textvergleiche verfolgen

5.1 Literatur im geteilten Deutschland

▷ S. 388 1. a) Folgende Texte des Schülerbuchs könnten exemplarisch miteinander verglichen werden:

Bundesrepublik Deutschland	**DDR**
Günter Eich: Inventur (1945/46), S. 392; *Wolfgang Borchert:* Mein bleicher Bruder (1946/47), S. 393 f.	*Johannes R. Becher:* Ihr Mütter Deutschlands ... (1946), S. 409
Heinrich Böll: Bekenntnis zur Trümmerliteratur (1952), S. 390 f.; *Ders.:* Mein teures Bein (1950), S. 394 f.	*Wolf Biermann:* Prolog für den Film „Spur der Steine" (1965), S. 412; *Erik Neutsch:* Spur der Steine (1964), S. 412 ff.
Paul Celan: Todesfuge (1948), S. 396	*Johannes R. Becher:* Die Asche brennt auf meiner Brust (1948), S. 409
Wolfgang Koeppen: Das Treibhaus (1953), S. 400 f.	*Friedrich Wolf:* Bürgermeister Anna (1950), S. 411 f.; *Brigitte Reimann:* Franziska Linkerhand (1974), S. 417 ff.; *Stefan Heym:* 5 Tage im Juni (1974), S. 419 f.
Helga M. Novak: Feldwege zementiert (1978), *Ulla Hahn:* Schöne Landschaft (1985), S. 402	*Karl Mickel:* Der See (1963), *Sarah Kirsch:* Im Sommer (1976), S. 415; *Reiner Kunze:* Sensible wege (1969), S. 416
Ulla Hahn: Lied der Amsel (1995); *Sarah Kirsch:* Zuversicht (1974); *Friederike Mayröcker:* falsche Bewegung (1981); *Erich Fried:* Was es ist (1983), S. 403	*Eva Strittmatter: Liebe (1980), S. 416*
Ingeborg Bachmann: Reklame (1956), *Hans Magnus Enzensberger:* Bildzeitung (1957), S. 399; *Eugen Gomringer:* 3 variationen zu „kein fehler im system" (1969), S. 400	*Günter Kunert:* Das Telefon (1980), S. 422; *Uwe Kolb:* Hineingeboren (um 1975), *Bert Papenfuß-Gorek:* Doch das KAOS käme (1990), *Lutz Rathenow:* Türen (1975), S. 423

b) Deutlich werden sollte, dass die Entwicklung der Literatur in den beiden deutschen Staaten unterschiedlich verlief. Das kann nicht wundernehmen, da die Bedingungen, unter denen die Literatur hüben und drüben entstand, stark differierten (s. Synopse, ▷ S. 388 ff.). Neben der Zeitversetzung einzelner Tendenzen, wie der Auseinandersetzung mit dem Faschismus, der Literatur der Arbeitswelt und der Frauenliteratur, die in der DDR früher einsetzten als in der Bundesrepublik, lassen sich zwei grundlegende Unterschiede beobachten: Mit dem staatlich verordneten „sozialistischen Realismus" war die DDR-Literatur auf ein realistisches Schreibkonzept hin ausgerichtet, zu dem es in der Bundesrepublik nur gelegentliche Parallelen gab, etwa in der „Trümmerliteratur", allerdings mit einer anderen politischen Orientierung. Andererseits spielten in der westlichen Literatur das Formexperiment und das Bemühen um den Anschluss an die literarische Moderne eine wichtige Rolle, während dergleichen in der DDR als „Formalismus" und „Subjektivismus" von der offiziellen Kulturpolitik abgelehnt wurde. Erst im letzten Jahrzehnt des Bestehens der DDR fand im Hinblick auf das Spiel mit der Form ein „Tapetenwechsel" und damit eine Annäherung an die Entwicklung in der Bundesrepublik statt. Ob diese Unterschiede dazu berechtigen, von zwei Literaturen zu sprechen, bleibt umstritten. Fragwürdig an dieser These ist, dass sie eine Einheitlichkeit der Literatur innerhalb der beiden deutschen Staaten suggeriert und so tut, als habe es nur zwei deutsche Literaturen gegeben. Indessen gab es in Ost und West viele unterschiedliche Strömungen, sodass man eher von vielen deutschen Literaturen sprechen könnte.

5.1.1 Themen und Tendenzen der Literatur in der Bundesrepublik

Bestandsaufnahme und Neuanfang

Heinrich Böll: **Bekenntnis zur Trümmerliteratur** (1952) ▷ S. 390
Hans Werner Richter: **Fünfzehn Jahre Gruppe 47** (1962); darin: ▷ S. 391
Günter Eich: **Inventur** (1945/46) ▷ S. 392

1./2. **Heinrich Bölls** Kennzeichnung seiner literarischen Arbeit: ▷ S. 393

Die ersten Schritte der Nachkriegsdichtung: „Trümmerlitatur“

Von Gegnern ursprünglich abwertend gemeint:

Aber: ***Trümmer*** *entsprachen der* ***Realtität***
- *Leben in Trümmern*
- *menschliche Verletzungen*
- *keine Idylle*

Bsp.:
- *Schwarzhändler und*
- *ihre Opfer*
- *Flüchtlinge*
- *Heimkehrer*

Aber:

Das nahmen Gegner übel und lehnten diese Art von einer nicht gerade „erbauenden“ Literatur ab.

→ *Davon wurde schonungslos geschrieben!*
(Ohne „Binde vor den Augen“; Z. 49 f.)
Themen

Krieg | *Heimkehr* | *Trümmer*

Dazu: Entsprechend realistische Sprache!
Es wäre zu grausam, die Zeitgenossen in eine Idylle zu entführen („Blindekuh“; Z. 56).

Hans Werner Richters Kennzeichnung der literarischen Arbeit der Gruppe 47:

Ursprung

politisch-publizistischer Natur

Absicht

- *Wiederholung des NS verhindern*
- *neues demokratisches Deutschland*

Problem

- *Literatur war nicht schuldlos am Geschehen 1933–1945*

→ ***Folge*** ←

Neuanfang nötig
- *neue Sprache*
- *neue Substanz*
- *neue Konzeption*

- *Widerstand gegen „Schönschreiber"*
- *gegen die „Sklavensprache" des NS = „Kahlschlag"*

Methode: Bestandsaufnahme bzw. schonungslose Wahrheit
dafür: Preisgabe der traditionellen Poesie

Kennzeichen der Gruppe 47:
- *ersetzte fehlende Zeitschriften (→ Öffentlichkeit)*
- *Kristallisierungspunkt für Gespräch, Kritik, Diskussion*
- *Sammelpunkt für einen Neuanfang*
- *einziger Kommunikationspunkt der jungen Schriftsteller*
- *setzte Maßstäbe*
- *neue Form literarischer und publizistischer Kommunikation:*
  → Vorlesen, spontane Kritik durch die Anwesenden

3. ***Günter Eich:* Inventur**

- Thema: Heimkehr in eine total zerstörte Welt („Trümmer")
- Bestandsaufnahme ohne jegliche poetische Reminiszenz
- Aufzählung von Alltäglichkeiten
- lyrische Erfahrung orientiert sich am existenziell Notwendigen der Nachkriegszeit
- realistische Sprache ohne traditionelle Gebundenheit
- Verzicht auf traditionelle Themen und Aussagen der Lyrik

***Wolfgang Borchert:* Mein bleicher Bruder**

- Thema: Krieg
- Protagonist ist kein Held, ganz im Gegenteil, es ist Täter und Opfer zugleich
- schonungslose Darstellung menschlicher Verletzungen äußerlicher und seelsicher Art
- Zertrümmerung der gängigen Klischees von Tapferkeit, soldatischer Kameradschaft und Heldentod
- umgangssprachliche Elemente verdrängen die traditionelle gehobene Sprache schöngeistiger Literatur

***Heinrich Böll:* Mein teures Bein**

- Thema: Heimkehr eines Kriegsversehrten in eine – menschlich und materiell – zertrümmerte Welt, die ihn nicht mehr brauchen kann
- der Protagonist als Krüppel, der nur als Kostenfaktor angesehen wird
- Zertrümmerung der Propaganda-Klischees „Opfer für die Heimat", „Helden kehren heim" oder „Dank des Vaterlandes"
- menschliche Erniedrigungen statt arischen Herrentums
- illusionslose Sprache, die die Realität deutlich zum Ausdruck bringt

4. a) Die totale Zerstörung (nicht nur!) Deutschlands nach dem Zweiten Weltkrieg desillusionierte die Menschen, vor allem die Dichter völlig: Die gängigen Werte hatten sich als hilflos oder gar als irrtümlich erwiesen, äußerliche Schäden und innerliche Beschädigungen waren offensichtlich, die Vergangenheit hatte in der Katastrophe geendet und die Zukunft war absolut unsicher. Vor diesem Hintergrund ist es nicht verwunderlich, dass Böll und andere zutiefst erschütterte Schriftsteller den Themen, den sprachlichen Formen und vor allem der Intention der Vorkriegsliteratur (ganz zu schweigen von der brünstigen NS-Literatur) misstrauten und sich vor neue literarische Aufgaben gestellt sahen: Schonungslos die Realität, die Wahrheit zu beschreiben, sie sprachlich selbst zu Wort kommen zu lassen, wie dokumentarische Sachwalter. (Das Theater hat in den 60er-Jahren diese Realismusvorstellung in politischen Dokumentarspielen besonders radikal zum Ausdruck gebracht, ▷ S. 407.) Den Lesern sollten die Augen geöffnet werden, um ihnen die vielfach notwendigen Neuanfänge zu erleichtern. Dichter, wie Böll oder Borchert, fühlten sich selbst brutal „heruntergeholt vom hohen Ross eines Dichterfürsten", als sie sich dem Terror des Hitler'schen Regimes ausgesetzt sahen und auch noch im Wahnsinn des Krieges mitmachen mussten. Die grausame Realität hatte alle Illusionen, auch hinsichtlich einer schöngeistigen, erhebenden Poesie völlig zerstört. (Da es Widerstände gegen diese Art des neuen Schreibens durch Kritiker und Dichter gab, die sich trotz aller bitteren Erfahrungen mit dem „Dritten Reich" eher an der Tradition der – wie sie glaubten – von den Nazis unbeschädigten bürgerlichen Kultur orientierten, ergab sich eine Art von „Weichenstellung" zweier sich zum Teil missachtender literarischer Strömungen in Deutschland.)

b) Im Vergleich zu Theodor Fontanes Realismusvorstellung (▷ S. 328 f.) sind Heinrich Bölls Ideen radikaler: Er konnte „das Leben" sicherlich nicht als „Marmorsteinbruch, der den Stoff zu unendlichen Bildwerken in sich trägt" (▷ S. 328, Z. 22 ff.) verstehen; mit dem edlen „Marmor" lässt sich die Zeit des NS-Terrors nicht angemessen umschreiben. Vergleichbarer erscheint hier der Naturalismus (▷ S. 334 ff.), der ebenfalls radikal soziale Missstände schonungslos anprangerte; hier waren es allerdings vor allem soziale Probleme, die mit politischen Reformen noch zu beheben waren.

Auseinandersetzungen mit Krieg und Zerstörung

Wolfgang Borchert: **Mein bleicher Bruder** (1946/47) ▷ S. 393
Heinrich Böll: **Mein teures Bein** (1950) ▷ S. 394
Marie Luise Kaschnitz: **Die Angst vor einem neuen Krieg** (1947) ▷ S. 395

1. a) **Borchert:** Nichtlinearer Handlungsaufbau (Handlung beginnt und endet an einem Sonntagmorgen, dazwischen Rückblenden); Wechsel der Erzählperspektive (auktorial, Innenperspektive mit innerem Monolog); die Innenperspektive gibt einen Einblick in die durch die Kriegsumstände deformierte Psyche des Protagonisten; kurze Sätze, parataktische Fügungen, häufige Ellipsen, Wiederholungen bewirken große Eindringlichkeit, Unmittelbarkeit und Vergegenwärtigung des Geschehens; Symbole verdichten die Aussage („Blutspritzer" – das Kainsmal auf der Stirn des Brudermörders) ▷ S. 396
Böll: Personales Erzählen betont die Betroffenheit des Protagonisten und seines Falls und löst Parteinahme für ihn aus. Das Vorherrschen der wörtlichen Rede lässt das Problem für den Leser sehr direkt erscheinen. Der psychische Kontext wird dadurch im Rahmen des bekannten historischen Kontextes hervorgehoben und gewinnt an Bedeutung. Die entstandene Entfremdung zwischen versehrtem Kriegsheimkehrer und der Gesellschaft wird verdeutlicht durch abstrakte Begriffe („Sie" – „Der Mann"), zudem ist das kennzeichnend für die Übertragbarkeit des Problems auf die damalige Gesellschaft; Symbole verdichten die Aussage („Schuhputzer in einer Bedürfnisanstalt auf dem Platz der Republik", Z. 16 ff.) als anscheinend gerechten „Lohn des Vaterlandes" für das „geopferte Blut". Die Kriegsparolen werden dadurch ins Lächerliche gezogen. Erschreckende Sprachbilder, die gleichzeitig brutale Kontraste darstellen, verdeutlichen die Absurdität des menschenverachtenden Krieges („den haben sie totgeschossen, der kostet nichts mehr", Z. 68).

b) **Borchert:** Der Leutnant wurde wegen seiner hellen Hautfarbe und seines hängenden Augenlids gehänselt, vor allem von dem Unteroffizier Heller, den er insbesondere wegen dessen „Weiber" beneidete. Die Gelegenheit, den gehassten Untergebenen loszuwerden, nützt der Leutnant kaltblütig berechnend aus, indem er ihn als Melder auf einen gefährlichen Gang losschickt, den er eigentlich selbst hätte machen sollen. Er nimmt also den Tod des Unteroffiziers mehr als billigend in Kauf. Die hämische Freude über den gelungenen Plan macht deutlich, wie Menschen in extremen Situationen eines unmenschlichen Krieges, der zerstörerische Aggressionen freisetzt und deren Ausleben erlaubt und befiehlt, verrohen. Sie entfremden sich ihrer selbst und setzen sich über die Gebote der Menschlichkeit und Brüderlichkeit hinweg. So gesehen ist der Leutnant Opfer und Täter zugleich.

Böll: Der Protagonist ist ein kriegsversehrter Heimkehrer mit nur einem Bein, der eine höhere Rente beantragt hat. Stattdessen soll er eine erniedrigende Arbeit annehmen, wogegen er sich wehrt. Während der Auseinandersetzung mit dem verständnislosen Beamten zeigt er sich mutig und greift dessen unmenschliche Argumentation auf, dass sein im Kriege verlorenes Bein für den Staat ein teures Bein sein wird, bedenke man die lebenslange Rente. Im Gegenteil, sein Bein sei billig, berücksichtige man, unter welchen Umständen er es verloren hat. Er war kleiner Soldat an der vordersten Front und musste seinen Kopf bzw. sein Bein dafür hinhalten, dass die Stäbe hinten mit den höheren Offizieren rechtzeitig fliehen konnten. Als Kriegsheimkehrer, der „auch im Kopf völlig gesund" (Z. 56 f.) ist, weil er die tatsächlichen Zusammenhänge, unter denen er und sein gefallener Kamerad noch geopfert wurden, erkannt hat und sich nun wehrt (wenn auch erfolglos, wie es das Ende der Geschichte andeutet), fordert er sein Recht.

2. a) **Lyrischer Sprecher:** Ein neutraler Beobachter der gefährlichen Situation in den ersten drei Versen; Perspektivwechsel zu einem betroffenen „Wir" (Z. 4 und ab Z. 6 bis zum Schluss); Frage einer sich des Problems völlig unklaren Person (Z. 4).

Sprachliche Gestaltung: Unregelmäßig gebautes Gedicht, drei unterschiedlich lange Strophen und Verse mit freien Rhythmen; unregelmäßiges Endreimschema, ein Vers steht ohne Reimbindung isoliert da (Z. 5) und wird dadurch in seiner Aussage – er stellt auch die einzige Frage dar – hervorgehoben; die beruhigende Aussage der ersten vier Verse über den beginnenden Aufbau nach dem Kriege, über die neue Zeit und das Ende des Hungers wird stilistisch in eher traditionell gebundener Form ausgedrückt. Der formale Bruch setzt mit der Frage nach der scheinbar unbegründeten Angst (Z. 6) ein; die Verse werden nach und nach kürzer und verdeutlichen die inhaltliche Aussage einer spiralförmig sich verdichtenden Folge von neuen drohende Kriegsbildern. Das Ende des Gedichts erstirbt in seiner konkreten Aussage elliptisch: Die Folgen dieses neuen Krieges – es ist hier an den alles zerstörenden Atomkrieg gedacht – sind unvorstellbar und nicht mehr konkret ausdrückbar.

Aussageabsicht: Nur zwei Jahre nach dem Zweiten Weltkrieg warnt die Dichterin eindringlich vor den Gefahren eines neuen Krieges. Die sorglose Bevölkerung, die sich dem Wiederaufbau hingibt und froh ist über das tägliche Brot, wird beunruhigt mit der Frage nach ihrer Angst: Man sei eigentlich furchtlos, nur der Krieg könne wieder kommen mit all seinen zerstörerischen Folgen. Dass dieser neue Krieg dann „für immer" „das Land" ersterben (Z. 20/14) lasse, wird am Schluss deutlich ausgedrückt. Dieses Warngedicht reflektiert den historisch-politischen Hintergrund in der Sowjetunion unter Stalin, der 1947 eine kommunistische Internationale („Kominform") gründet, um dem Werben der USA mit Marshallplan-Mitteln in ihrem besetzten Gebiet aggressiv zu begegnen. Dass die Sowjetunion zu der Zeit auch an einem Kernwaffenprogramm arbeitete, war bekannt; 1949 wird der erste erfolgreiche Test dieses Bemühen und die damit verbundenen Ängste bestätigen.

b) ***Kaschnitz:* Die Angst ...**
- der Aufbau nach dem Krieg hat schon begonnen, die größte Not ist gelindert
- die Dichterin warnt hinsichtlich der trügerischen Gegenwart
- der Blick ist in die bedrohte Zukunft gerichtet; Schreckensbilder aus dem vergangenen Krieg
- sprachlich dem Stil der neuen Zeit angepasst, wenn auch noch mit deutlichen Merkmalen traditioneller Lyrik (Reime, sprachliche Bilder, vgl. Z. 1/2; 4; 16/17)

***Eich:* Inventur**
- die Not des gerade zu Ende gegangenen Krieges ist noch überall spürbar
- der Dichter registriert seine kärgliche Welt lediglich und ist froh, überhaupt wieder schreiben zu können
- der Blick ist auf das Hier und Jetzt gerichtet
- radikalere Umsetzung neuer Stilmittel, lediglich Strophe und Vers sind beibehalten

Der Holocaust als Thema der Literatur

Paul Celan: **Todesfuge** (1948) ▷ S. 396
Nelly Sachs: **Chor der Geretteten** (1946) ▷ S. 397
Erich Fried: **Diese Toten** (1985) ▷ S. 398
Wolfdietrich Schnurre: **Die Zwerge** (1958) ▷ S. 398

1. a) **Paul Celan:** Assoziative, eindringliche Bilder, zum Teil in expressionistisch beeindruckender Art und Weise, prägen das Gedicht. Die „schwarze Milch" ist dabei eine Chiffre, die erst aus dem Zusammenhang heraus gedeutet werden kann und ihre erschreckende Aussage bis heute nicht verloren hat. Die hier assoziierte Bedrohung wird konfrontiert mit typischen Bildern, die SS-Mannschaften oder Leiter von Konzentrationslagern von sich, ihrer Mordtätigkeit, ihrem Sadismus, ihrer Gleichgültigkeit, ihrer zum Schein getragenen Sentimentalität und ihrem arroganten „Ariertum" abgaben. ▷ S. 399

Nelly Sachs: Aus der Sicht geretteter Insassen eines Konzentrationslagers, deren Glück über die Befreiung noch ganz hinter den Todesbildern der erlebten Vergangenheit zurücksteht, werden Bitten an die anderen, die Bürger draußen, an „uns" formuliert, ihnen das neu geschenkte Leben zu ermöglichen, indem dafür sensibilisiert werden soll, wie den Geretteten und noch kaum Lebensfähigen rücksichtsvoll begegnet werden soll. Das gemeinsame Band zwischen den ehemaligen Insassen der Lager und der Bevölkerung draußen ist allerdings zerrissen und nicht mehr herzustellen.

Erich Fried: Die ermordeten Juden entsprechen nicht dem üblichen Klischee, das die vielfachen Vorurteile bedingte – das ist Frieds Aufruf in seinem Gedicht: Es bestand kein Unterschied zwischen Juden und Deutschen, bis auf die Stigmatisierung und Terrorisierung der jüdischen Mitbürger; es bestand und besteht überhaupt kein begründbares Zeichen der Unterscheidung zwischen den Ermordeten und den anderen: Es waren lediglich „Menschen" wie du und ich; wer in diesem Sinne den scheinbar Andersartigen tötet, tötet „seinesgleichen" bzw. „sich selbst" (Z. 29 ff.).

Wolfdietrich Schnurre: In einer märchenhaft verkleideten Parabel wird die Unhaltbarkeit der rassistischen Vorwürfe den Juden (andere verfolgte Minderheiten sind hier genau so denkbar!) gegenüber verdeutlicht. Ihre Anklage, ihre tragische Rolle als unschuldig Verurteilte, die schuldig werdenden Bürger und die verantwortungslosen Täter werden metaphorisch und symbolisch dargestellt.

Zeitkritik und Sprachartistik

▷ S. 399 *Ingeborg Bachmann:* **Reklame** (1956)
▷ S. 399 *Hans Magnus Enzensberger:* **Bildzeitung** (1957)
▷ S. 400 *Eugen Gomringer:* **3 variationen zu „kein fehler im system"** (1969)

▷ S. 400 1. a) Um die Aufzeichnung des Primärverständnisses in Gang zu bringen, empfiehlt es sich der Lerngruppe Eingangsformulierungen vorzugeben, z. B.: Ich verstehe den Text als ...; Für mich enthält der Text ...; Mit den Mitteln der/des ... erreicht der Text bei mir ...

b) ***Bachmann:* Reklame**

Inhaltlicher Aufbau: Verzahnung von vier Fragen, die die Bedrohtheit der menschlichen Existenz und die Suche nach Orientierung zum Ausdruck bringen (V. 1, 3; 7, 9, 11; 13, 15; 17, 19, 20), mit Hinweisen auf die Beschwichtigungsmittel der Reklame, die im Kursivdruck eingeschoben sind. Der Kontrast, der zwischen beiden Elementen besteht, wird durch das dreimalige „aber" hervorgehoben (V. 1, 5, 17). Das lyrische Ich tritt hier in Form des „wir" in Erscheinung, als Kollektiv der Zeitgenossen, die sich die bangen existentiellen Fragen stellen müssen, auf die die Reklame als Antwortersatz reagiert. Damit enthält das Gedicht eine deutliche Kritik an dem Sinnsurrogat, das die Reklame darstellt, aber auch an einer Lebensweise, in der das Sein des Menschen vom Konsum bestimmt wird.

Lyrische Mittel: Verzicht auf die traditionellen Mittel von Reim, Metrum und Strophik. Collagetechnik verschiedener Sprachelemente: Fragen und Anspielungen auf die Werbung. Die Anspielungen werden geprägt vom wichtigsten rhetorischen Mittel aller Werbung: der Wiederholung („ohne Sorge", V. 2, 4, 16; „mit Musik", V. 6, 8, 12; „heiter", V. 8, 10; „am besten", V. 14, 18); der im letzten Beispiel verwendete Superlativ ist ebenfalls kennzeichnend für die Werbesprache. In der neologistischen Metapher „Traumwäscherei" (V. 16) erscheint in einem Wort das gesamte Wesen der Reklame verdichtet; diese Chiffre fällt besonders auf, da sie neben „Schauer aller Jahre" (V. 15) die einzige Metapher des Gedichts ist.

***Enzensberger:* Bildzeitung**

Inhaltlicher Aufbau: Zweiteilung des Gedichts: 1. Teil: Drei parallel gebaute Strophen, in denen die Leserschaft der Bildzeitung in drei Gruppierungen angesprochen wird: a) die männlichen Arbeiter und kleinen Angestellten (Markenkleber für die Rentenversicherung und von den Stechuhren Kontrollierte), b) ihr weibliches Pendant, die Sekretärinnen und Dienstleisterinnen aller Art (Stenotypistinnen und Maniküren), c) das gesamte Volk, die Masse der Arbeitnehmer und Wähler im Allgemeinen (Sozialpartner und Stimmvieh). Ihnen wird Reichtum (1. Strophe), Schönheit (2. Strophe) und Stärke (3. Strophe) versprochen, was allerdings ins Reich des Märchens verwiesen wird (V. 7 f., 15 f., 23 f.). Mit den falschen Versprechungen werden jeweils typische Bildzeitungsinhalte assoziiert: Zum Reichtum gehören die Fußballwelt (V. 3 f.), die Hofberichterstattung mit ihren Prinzenhochzeiten (V. 5 f.) und die Toto- und Lottotipps. Zur Schönheit gehören die Filmkarrieren in Abhängigkeit von den Produzenten (V. 11 ff.) und die Misswahlen (V. 14). Zur Stärke gehören die politische und wirtschaftliche Macht, die allerdings bei den „Präsidenten" liegt (V. 19), während der kleine Mann seine Stärke beim Autofahren demonstrieren darf (V. 20, 22). 2. Teil: Die letzte Strophe, fast doppelt so lang wie die anderen, greift in dreifacher Wiederholung die Anreden an die Bildzeitungsleserschaft auf und stellt dann dem Schein der falschen Versprechungen die Wirklichkeit gegenüber: Die Leser/innen des Massenblatts sind „an Lügen reich" (V. 27 f.), „stark erniedrigt" (V. 28) und „schön besudelt" (V. 30). Höhnisch wird ihnen prophezeit, dass sie an all den Lügen, Surrogaten, Erniedrigungen durch die Mächtigen und Zerstörungen in ihren Lebensbedingungen „eingehn" werden (V. 26), ein ironischer Bestattungswunsch wird ihnen zugerufen, in dem die Bildzeitung mit einem Leichentuch gleichgesetzt wird (V. 35 ff.). Der Sprecher, der im Text nicht direkt in Erscheinung tritt, stellt sich den textimmanenten Adressaten gegenüber, entlarvt die Bildzeitung in ihrer Täuschungs- und Verdummungsfunktion, provoziert aber mit seinem ironisch-hohnvollen Schluss auch die Käufer/innen, die sich schließlich freiwillig von dem publizistischen „Leichentuch" einwickeln

(V. 36 ff.) lassen. Indirekt ist damit der Appell verbunden, dem allen durch Kaufboykott des Massenblatts ein Ende zu machen.

Lyrische Mittel: Strophik als traditionelles lyrisches Mittel. Collage aus Anspielungen und Periphrasen (V. 3–6), Wortspielen und Wortvertauschungen (V. 2, 9, 17, 20), verfremdeten Zitaten (V. 7 f., 15 f., 23 f., 35), Katachresen und Metaphern (V. 12–14, 26–34, 36 f.). Hinzu kommen Wiederholungen, Parallelismen und Anaphern (V. 1, 8, 10, 16, 18, 24; 22; 25) sowie Alliterationen („Markenstecher" – „Mittelstürmer" – „Mark", V. 2–4; „Turandot" – „Tip" – „Tischlein", V. 6 f.; „Boxhandschuh" – „Blitzlicht", V. 20 f.; „Lohnstreifen und Lügen", V. 27).

***Gomringer:* 3 variationen ...**

Inhaltlicher Aufbau: Der Aufbau ist ganz von formalen Prinzipien bestimmt: In der ersten Versgruppe wandert der Anfangsbuchstabe des zweiten Worts („f") nach rechts, zuerst durch das zweite Wort (V. 2 ff.), dann durch das dritte und vierte Wort (V. 7 ff.), springt dann in die nächste Zeile in das erste Wort (V. 15 ff.), um schließlich seinen ursprünglichen Platz wieder zu erreichen (V. 19). In der zweiten Versgruppe springt das „t" aus dem letzten Wort in das vorletzte Wort, das dann mit diesem Fremdkörper in allen Buchstabenkombinationen durchgespielt wird. In der dritten Versgruppe werden die Wörter umgestellt und unter Verwendung von Anagrammen, die zu Neologismen führen, immer wieder neue Sätze gebildet.

Lyrische Mittel: Gomringer fasst die Sprache als Spielmaterial auf und kombiniert Wörter, Buchstaben und Laute zu immer neuen „Konstellationen", wie er seine Texte selbst nannte. Sie gehören zur so genannten konkreten Poesie, die das Interesse der Leser/innen ganz auf die rein sprachliche und formale Seite des Textes lenkt. Häufig liegt die Hauptintention darin, den Rezipienten zum Weiterspielen mit dem vorgelegten Sprachgebilde zu veranlassen. Ob darüber hinaus ein Sinn gesehen wird, bleibt ganz dem Leser/der Leserin überlassen. Im vorliegenden Text könnte man wegen des ironischen Kontrasts zwischen der behaupteten Fehlerfreiheit des Systems und den ständigen Störungen darin ein In-Frage-Stellen heutiger Systemgläubigkeit und eine Warnung vor allzu großer Systemabhängigkeit sehen; allerdings wird die Systemkritik nicht explizit und auf der Bedeutungsebene formuliert.

2. a) Hier kann es nicht darum gehen, Gomringers Verfahren exakt nachzuahmen, sondern mit dem Material der anderen Gedichte zu spielen. Dabei können einzelne Sätze aus den Gedichten aufgegriffen werden, aber auch einzelne Schlüsselwörter oder die Überschriften.

Wolfgang Koeppen: **Das Treibhaus** (1953)

▷ S. 400

1. a) Koeppens Roman zeichnet ein negatives Bild der gesellschaftlich-politischen Verhältnisse in der frühen Bundesrepublik. Kennzeichnend ist das im Textauszug enthaltene Schlüsselwort „Restauration" (Z. 51 f.). Noch einzelne äußere Schäden (Z. 6 f.) zeugen vom Krieg, aber das Volk kehrt zur Tagesordnung zurück, will sich nur irgendwie „durchfretten" (Z. 30 f.) und hat sein Verhältnis zum Staat nicht geändert. Die Politik wird wie eh und je den Politikern überlassen, die man um ihre Privilegien beneidet und vor denen man keine Achtung hat. Von einem demokratischen Bewusstsein kann keine Rede sein, die alten Parolen der rechtsradikalen Demokratieverächter aus der Weimarer Republik vom Parlament als „Quasselbude" und den Abgeordneten, die „nur an die Krippe drängeln", machen an den Stammtischen weiter die Runde, die Träger und Handlanger der Diktatur kommen ohne Strafe davon und kehren in ihre einflussreichen Stellungen in Industrie, Verwaltung, Bildungswesen etc. zurück. Die Flüchtlinge aus den von Deutschland verlorenen Ostgebieten sind noch keineswegs in ihrer neuen Heimat integriert und sind voller Verbitterung über die neuen Verhältnisse. ▷ S. 401

   b) Keetenheuve ist der Begriff „Volk" als Vorstellung eines einheitlichen Kollektivs problematisch geworden, da er zu sehr an die „Volksgemeinschaft" erinnert, die die Nationalsozialisten propagierten, um sie dann nach Bedarf als „Menschenmaterial" zum Einsatz zu bringen (Z. 1 ff.). Keetenheuve ist Individualist und setzt auf das mündige Individuum, das sich nicht einfach einsetzen lässt (Z. 19 ff.). Er misstraut dem „gesunden Volksempfinden“, der dumpf-antidemokratischen Haltung der breiten Masse, und beobachtet mit Skepsis die Freisprechung der „Männer der Diktatur“ (Z. 50). Selbstkritisch sieht er allerdings auch, dass er als Abgeordneter die Entwicklung mitträgt und der allgemeinen Restauration dient, die er innerlich zutiefst ablehnt (Z. 51 f.). Er ist ein Zerrissener, ein skeptisch-intellektueller Einzelgänger unter den Abgeordneten (vgl. die Distanz zu den „Herren“ Z. 53–72). Aufgrund seiner kritischen Distanz zum Adenauer-Staat kann man ihn parteipolitisch schwerlich dem bürgerlich-konservativen Lager zuordnen, andererseits gehört er mit seinem Eingeständnis, der Restauration zu dienen, nicht zur radikalen Linken, die eine grundlegende Änderung der gesellschaftlichen Verhältnisse fordert. Seine Position befindet sich irgendwo im linksliberalen Feld; aus anderen Stellen des Romans geht hervor, dass er zur SPD gehört.

c) Erzählweise:
   - Erzählform: Er-Erzählung
   - Erzählverhalten: vorwiegend personal; der Erzähler versetzt sich in seinen Protagonisten, sieht alles aus dessen Sicht und vermittelt dessen Bewusstseinsinhalte
   - Erzählstandort: Nähe; es wird aus dem Erleben des Protagonisten heraus erzählt
   - Sichtweise: überwiegend Innensicht mit kurzen Einschüben von Außensicht, die aber sofort wieder Reflexionsprozesse in Gang setzen
   - Erzählhaltung: distanziert-skeptisch, kritisch
   - Darbietungsform: Dominanz der erlebten Rede, in der über weite Strecken der Bewusstseinsstrom des Protagonisten wiedergegeben wird

d) Die typografische Umsetzung des Textes wird am besten in arbeitsteiliger Kleingruppenarbeit vorgenommen, bei der sich jede Gruppe nur ein kurzes Textstück vorzunehmen braucht, um die Mikroanalyse mit größtmöglicher Genauigkeit durchführen und die außerordentliche Kunstfertigkeit in der sprachlichen Gestaltung erkennen zu können. Die erzählerische Intention dieser Gestaltung kann darin gesehen werden, den Leser/die Leserin durch die kunstvolle Strukturierung und damit auch Rhythmisierung der Satzkaskaden in der Rezeption der ausgedehnten Gedankengänge, Bewusstseinsströme und Tagträume Keetenheuves nicht ermüden zu lassen.

▷ S. 402 2. Koeppens Roman um den fiktiven SPD-Abgeordneten Keetenheuve, der aus Verzweiflung über die politisch-gesellschaftliche Entwicklung der Bundesrepublik in der restaurativen Adenauer-Ära, aber auch über sein Scheitern im privaten Leben mit dem Sprung von einer Rheinbrücke Selbstmord begeht, wurde wie die beiden anderen Romane des Autors aus der Frühzeit der Bundesrepublik („Tauben im Gras“, 1951 und „Der Tod in Rom“, 1954) von Kritik und Lesepublikum abgelehnt. Marcel Reich-Ranicki hat diese heute unverständliche Reaktion auf ein Werk, das inzwischen zu den herausragenden literarischen Ereignissen der deutschen Literatur nach 1945 gezählt wird, in seiner Studie „Der Fall Koeppen“ beschrieben und zu erklären versucht (*Marcel Reich-Ranicki:* Wer schreibt, provoziert. Kommentare und Pamphlete. dtv, München 1966). Er führt zwei mögliche Gründe an, einen politischen und einen ästhetischen: Politisch wurde Koeppens kritische Sicht auf die Wiederaufbauzeit als unbequem-störende „Nestbeschmutzung“ abgelehnt und wahrnehmungsästhetisch war eine breitere Leserschaft für diese Art modernen Erzählens (s. auch ▷ S. 171 f.) noch nicht aufnahmebereit, da durch die nationalsozialistische Abschottung Deutschlands von allen künstlerischen Avantgarden ein Entwicklungsrückstand auf diesem Gebiet bestand.

Helga M. Novak: **Feldwege zementiert** (1978) ▷ S. 402
Ulla Hahn: **Schöne Landschaft** (1985) ▷ S. 402

▷ S. 403

1. **Helga M. Novak**
   - Brutale menschliche Eingriffe in die Natur
   - Straßen durchziehen („durchschneiden") die Natur
   - eine vom Menschen durchorganisierte, aber als lebensfeindlich empfundene Welt
   - Betonwüsten
   - Natürliches wird durch Künstliches ersetzt
   - Landschaftsverbrauch
   - Gesundheitsgefährdungen

   Ulla Hahn
   - Naturkatastrophen, die dem Menschen immer wieder seine Grenzen aufzeigen: Stürme, Überschwemmungen, Vulkanausbrüche (erschreckend und faszinierend!)
   - wenn sich die Natur eine vom Menschen verbaute Welt zurückerobert
   - als unmöglich erachtetes Durchsetzungsvermögen natürlicher Kräfte gegen die Zivilisation, z. B. wenn sich Wildtiere Nischen in Städten zurückerobern
   - wenn Menschen in einer deprimierend zubetonierten Welt Trost finden in kleinen Naturerscheinungen (Blumentopf, Vogelbauer)

Selbstfindung und Beziehungen

Ulla Hahn: **Lied der Amsel** (1995) ▷ S. 403
Sarah Kirsch: **Zuversicht** (1974) ▷ S. 403
Friederike Mayröcker: **falsche Bewegung** (1981) ▷ S. 403
Erich Fried: **Was es ist** (1983) ▷ S. 403

---

1. **Verständnis von Liebe:** ▷ S. 404
   - Hahn sieht in der Liebe die Möglichkeit einer gemeinsamen, distanzierten Selbstbeobachtung und einer damit möglicherweise verbundenen Selbstreflexion, um bewusster zu leben und zu lieben.
   - Kirsch sieht die Liebe durch ein langes, gemeinsames Leben gefährdet. Die Emotionen der Frau finden bei ihrem ermüdeten Mann keine Erwiderung, außer sie ergreift die Initiative und zwingt ihn, durch Distanzierung sich ihrer wieder bewusst zu werden und sie (und die Liebe) neu zu suchen.
   - Mayröcker stellt die Liebe in der Phase der Trennung dar, sie ist so weit erkaltet, dass kein Kuss mehr getauscht wird. Das lyrische Ich ist darüber beunruhigt und traurig.
   - Fried stellt die irrationale Liebe allen anderen berechnenden Überlegungen entgegen und demonstriert so ihre oft unbegreifliche und gegenüber vernünftigen Argumenten unzugängliche Macht.

   Funktionen der sprachlichen Bilder:
   - Hahn verwendet Bilder gängiger Naturtopoi und stellt damit ihr Gedicht in eine lange Tradition abendländischer Liebeslyrik.
   - Kirsch konfrontiert den Leser mit surrealistisch wirkenden Sprachbildern, die sich nicht auf den ersten Blick erschließen. Daneben verwendet sie Andeutungen aus der Tradition der Liebeslyrik, wie das Haar, das Liebende bindet (Z. 5 f.), oder das Zitat aus einem Liebesgedicht Walthers von der Vogelweide (Z. 23; vgl. ▷ S. 245 f.).
   - Mayröckers Sprachbilder entsprechen alltäglichen Situationen und geben der im Einzelfall als tragisch empfundenen Abschiedsszene einen gewöhnlichen Anstrich.
   - Fried personifiziert die Liebe in ihrer Auseinadersetzung mit den „vernünftigen" Gegnern und betont dadurch den persönlichen Charakter dieser Beziehung, den Außenstehende gerade deswegen oft nicht begreifen können.

   Lyrische Form:
   - Hahns Gedicht besteht aus zehn Zeilen unregelmäßiger Verse in freien Rhythmen ohne Endreim.

- Kirschs Gedicht ist in zwei Teile gegliedert, das Einrücken der 12. Zeile markiert den Einschnitt. Die Verse haben kein festes Metrum, allerdings verzichtet Kirsch nicht ganz auf den Endreim, der aber kein durchgängiges Schema hat.
- Mayröckers Gedicht hat ebenfalls eine moderne, offene Form, auffällig sind hier kurze Verse, gebrochen und durch eine betonte Zeichensetzung gekennzeichnet, was als Ausdruck einer emotionalen Bewegtheit gedeutet werden kann.
- Frieds Liebesgedicht besteht aus vier unterschiedlich langen Strophen mit unregelmäßigen Versen ohne Endreime. Formal wird die wörtliche Wiederholung der konstatierten Erkenntnis der „Liebe" dreimal vorgetragen, sodass Wiederholungen (Parallelismen) der Einsprüche gegen die Liebe in ihrer gebetsmühlenhaften Art für die unendlichen Widerstände und Hemmungen stehen, denen sie ständig ausgesetzt ist.

  In allen Gedichten geht es um Ich-Aussprachen, um Selbstbildnisse und Reflexionen der Befindlichkeit des lyrischen Ichs, auch um Momentaufnahmen, in denen das lyrische Ich eine plötzliche Erfahrung festhält. Diese Rückbesinnung auf das Ich im Gedicht war eine Reaktion auf die Dominanz gesellschaftskritischer, politischer Lyrik in den 60er-Jahren, deren operativer Impetus mit dem Scheitern gesellschaftlicher Gegenentwürfe durch die 68er-Bewegung erlahmt war.

▷ S. 404 *Angelika Mechtel:* **Katrin** (1976)

▷ S. 405 2. Die Erzählung ist vor allem gekennzeichnet von Aufzählungen alltäglicher Erfahrungen eines erzählenden Ichs („Katrin"), die meistens mit dem Personalpronomen der ersten Person Singular („Ich"), aber auch einige Male mit dem des Plural von kleinen und größeren Alltäglichkeiten in einer Ehe berichtet, die zumeist von der Ehefrau gemeistert oder erduldet wurden. Die Erzählhaltung entspricht dem traditionellen Frauenbild, das seine Rolle Im-sich-Fügen in eine gesellschaftlich anerkannte Familie verstand. Aus diesen sozialen Normen unserer Gesellschaft entsteht dann ein unüberschaubares Geflecht zahlloser Pflichten und Demütigungen, die vor allem durch die weibliche Unterordnung bedingt sind. Diese werden hier anscheinend spontan und wahllos formuliert wiedergegeben, allerdings in einer Art und Weise, die einem Aufschrei des Widerstandes gleicht, der trotz aller Bemühungen um Selbstständigkeit und Selbstverwirklichung nicht gelang. Im Gegenteil, am Schluss droht das Schicksal der Tochter in eine ähnliche Lebensbahn zu geraten. Die Wiederholung der als tragisch empfundenen Rolle von Ehefrau und Mutter, die man nicht einfach ablegen kann, ist trotz aller Erfahrungen und Erziehungsbemühungen anscheinend vorprogrammiert.
Der Verzicht auf eine poetische Sprache weist ebenfalls auf die alltäglichen, ganz und gar „unprosaischen" Beispiele der dargestellten Frauenrolle hin. Die zusammenhangslos aufgezählten Feststellungen erinnern stilistisch an rechtfertigende Gedankenabläufe einer Frau, die in Bitterkeit ihr Eheleben rekapituliert.

3. Mögliche Aspekte der Diskussion:
   - Wachsendes Selbstbewusstsein der Frauen durch größere wirtschaftliche und finanzielle Selbstständigkeit (Voraussetzungen: Schulausbildung, Studium, Berufsausbildung)
   - Aufgrund des ich-orientierten Selbstwertgefühls entscheiden sich Frauen immer öfter bewusst gegen die Ehe (Single-Dasein, Alleinerziehende).
   - Wachsendes Selbstbewusstsein führt vermehrt zu Trennungen und Scheidungen, bei denen die Initiative von der Frau ausgeht.
   - Allmähliche Veränderung der Männerrolle (Hausmann, Erziehungsjahr) begünstigt den Trend zu mehr Selbstständigkeit und wachsendem Selbstbewusstsein der Frau.
   - Die naturgegebene Rolle der Frau als Mutter lässt eine absolute gesellschaftliche Gleichstellung der Frau nicht zu.
   - Frauen nehmen trotz der genannten Entwicklungen immer noch häufig weniger angesehene und geringer bezahlte Tätigkeiten als Männer an.
   - Frauen sind in Gesellschaft, Politik und Industrie seltener in Führungspositionen vertreten als Männer.

Gerold Späth: **Angela Sutter – Ein Lebenslauf** (1980) ▷ S. 406

1. a) – Eine durchorganisierte Welt, die die Freiheit einengt ▷ S. 406
   - verlangte Unterordnung und Einfügung der Jugendlichen in die Welt der Erwachsenen
   - wirtschaftlicher Druck bis zur Versklavung
   - Umweltzerstörungen
   - unsinnige, wertlose Bildungsinhalte der Schulen
   - Prägung der der Leistungsgesellschaft durch Technokraten
   - übergroße Macht der Industriegesellschaft („Vergewaltigung", Z. 49)
   - totale Verweigerung: Rauschgift

   b) Die Zukunftsperspektiven werden in jugendlicher Umgangssprache (Jargon), die auch an den mündlichen Sprachgebrauch erinnert, frech und mit aggressivem Ton formuliert. Übertreibungen und vereinfachende Gegenüberstellungen entsprechen dieser jugendlichen Darstellung und Anklage. Die Erzählung klingt wie eine aufmüpfige Rede an eine Autoritätsperson, die der Ich-Erzählerin die Vorteile der modernen Gesellschaft aufzeigen will („Sorry, Sir!", Z. 30). Ausdrucksstarke, zum Teil übertreibende und derbe Wortwahl als Kennzeichen jugendlichen Protests („Berufssklavengewimmel", Z. 26; „Sauereien mit dem Wal", Z. 33) gegen eine angepasste „Irrwitzgesellschaft" (Z. 43).

Lernerfolgskontrolle/Klausurvorschlag

Vorschlag 1

Heiner Müller
Das Eiserne Kreuz

Im April 1945 beschloss in Stargard in Mecklenburg ein Papierhändler, seine Frau, seine vierzehnjährige Tochter und sich selbst zu erschießen. Er hatte durch Kunden von Hitlers Hochzeit und Selbstmord gehört.

Im Ersten Weltkrieg Reserveoffizier, besaß er noch einen Revolver, auch zehn Schuss Munition. als seine Frau mit dem Abendessen aus der Küche kam, stand er am Tisch und reinigte die Waffe. Er trug das Eiserne Kreuz[1] am Rockaufschlag, wie sonst nur am Festtagen.

Der Führer habe den Freitod gewählt, erklärte er auf ihre Frage und er halte ihm die Treue. Ob sie, seine Ehefrau, bereit sei, ihm auch hierin zu folgen. Bei der Tochter zweifle er nicht, dass sie einen ehrenvollen Tod durch die Hand ihres Vaters einem ehrlosen Leben vorziehe.

Er rief sie. Sie enttäuschte ihn nicht.

Ohne die Antwort der Frau abzuwarten, forderte er beide auf, ihre Mäntel anzuziehen, da er, um Aufsehen zu vermeiden, sie an einen geeigneten Ort außerhalb der Stadt führen werde. Sie gehorchten. Er lud dann den Revolver, ließ sich von der Tochter in den Mantel helfen, schloss die Wohnung ab und warf den Schlüssel durch die Briefkastenöffnung.

Es regnete, als sie durch die verdunkelten Straßen aus der Stadt gingen, der Mann voraus, ohne sich nach den Frauen umzusehen, die ihm mit Abstand folgten. Er hörte ihre Schritte auf dem Asphalt.

Nachdem er die Straße verlassen und den Fußweg zum Buchenwald eingeschlagen hatte, wandte er sich über die Schulter zurück und trieb zur Eile. Bei dem über der baumlosen Ebene stärker aufkommenden Nachtwind, auf dem regennassen Boden, machten ihre Schritte kein Geräusch.

Er schrie ihnen zu, sie sollen vorangehen. Ihnen folgend, wusste er nicht, hatte er Angst, sie könnten ihm davonlaufen, oder wünschte er, selbst davonzulaufen. Es dauerte nicht lan-

1 **Eisernes Kreuz:** deutsche militärische Auszeichnung

ge und sie waren weit voraus. Als er sie nicht mehr sehen konnte, war ihm klar, dass er zu viel Angst hatte, um einfach wegzulaufen, und er wünschte sehr, sie täten es. Er blieb stehen und ließ sein Wasser. Den Revolver trug er in der Hosentasche, er spürte ihn kalt durch den dünnen Stoff. Als er schneller ging, um die Frauen einzuholen, schlug die Waffe bei jedem Schritt an sein Bein. Er ging langsamer. Aber als er in die Tasche griff, um den Revolver wegzuwerfen, sah er seine Frau und die Tochter. Sie standen mitten auf dem Weg und warteten auf ihn.

Er hatte es im Wald machen wollen, aber die Gefahr, dass die Schüsse gehört wurden, war hier nicht größer.

Als er den Revolver in die Hand nahm und entsicherte, fiel die Frau ihm um den Hals, schluchzend. Sie war schwer und er hatte Mühe, sie abzuschütteln. Er trat auf die Tochter zu, die ihn starr ansah, hielt ihr den Revolver an die Schläfe und drückte mit geschlossenen Augen ab. Er hatte gehofft, der Schuss würde nicht losgehen, aber er hörte ihn und sah, wie das Mädchen schwankte und fiel.

Die Frau zitterte und schrie. Er musste sie festhalten. Erst nach dem dritten Schuss wurde sie still.

Er war allein.

Da war niemand, der ihm befahl, die Mündung des Revolvers an die eigene Schläfe zu setzen. Die Toten sahen ihn nicht, niemand sah ihn. Das Stück war aus, der Vorhang gefallen. Er konnte gehen und sich abschminken.

Er steckte den Revolver ein und beugte sich über seine Tochter. Dann fing er an zu laufen. Er lief den Weg zurück bis zur Straße und noch ein Stück die Straße entlang, aber nicht auf die Stadt zu, sondern westwärts. Dann ließ er sich am Straßenrand nieder, den Rücken an einen Baum gelehnt, und überdachte seine Lage, schwer atmend. Er fand, sie war nicht ohne Hoffnung.

Er musste nur weiterlaufen, immer nach Westen, und die nächsten Ortschaften meiden. Irgendwo konnte er dann untertauchen, in einer größeren Stadt am besten, unter fremdem Namen, ein unbekannter Flüchtling, durchschnittlich und arbeitsam.

Er warf den Revolver in den Straßengraben und stand auf. Im Gehen fiel ihm ein, dass er vergessen hatte, das Eiserne Kreuz wegzuwerfen. Er tat es.

(Im Licht des Jahrhunderts. Deutsche Erzähler unserer Zeit. Berlin ²1965)

1. Geben Sie den Inhalt der Kurzgeschichte wieder und deuten Sie deren Aussage.
2. Untersuchen Sie die erzähltechnischen und sprachlichen Mittel, die die Aussage unterstützen, und belegen Sie diese mit geeigneten Textstellen.

Erwartungshorizont

Inhalt und Aussage

Im April 1945 hört ein Papierhändler, Reserveoffizier im Ersten Weltkrieg, von Hitlers Selbstmord. Aus Treue zum Führer beschließt er, ihm mit seiner Familie in den Tod zu folgen. Zwischendurch zögernd zwar, erschießt er seine 14-jährige Tochter und seine Frau. Anstatt nun die Waffe gegen sich selbst zu richten, flieht er nach Westen, um irgendwo als unbescholtener Bürger unterzutauchen. Zuvor wirft er die Dinge, die ihn belasten könnten, weg: den Revolver und das Eiserne Kreuz.

Die einzelnen Stationen können gedeutet werden als der Weg eines blinden Anhängers einer inhumanen Ideologie, der in seiner scheinbaren Ausweglosigkeit bereit ist, natürliche Werte zu opfern und brutale Grausamkeiten sogar an nahe stehenden Mitmenschen zu begehen. Vor der letzten Konsequenz, sich selbst zu töten, schreckt er zurück und beginnt ein „neues Leben", in dem seine Vergangenheit und damit auch seine persönliche Schuld für ihn nicht mehr existieren. Es geht also um die Entlarvung solch unerbittlicher Scheinwelten, die einer kritischen Prüfung nicht standhalten. Das Böse an der Geschichte ist, dass solche Menschen ihre Vergangenheit abschütteln können, ohne dass erkennbar wäre, dass sie nicht unter ähnlichen Umständen in der Zukunft mit derselben Blindheit einem unmenschlichen Programm folgten.

Erzähltechnische und sprachliche Mittel

- Die Kurzgeschichte eignet sich, in ihrer knappen Form das fürchterliche äußere und innere Geschehen pointiert auszudrücken.
- Die Stilmittel des Berichts (knapp, sachlich, wenig ausschmückende Details) erwecken den Anschein von Objektivität.
- Die Personen der Handlung haben keine Namen, sind nahezu Funktionsträger; das Geschehen wird entpersonalisiert und ohne tiefer gehende psychologische Begründung dargestellt. Dadurch erreicht der Autor Distanz zum Geschehen.
- Die Mittelpunktfigur zeigt rudimentäre menschliche Regungen (Angst, Zuneigung zur Tochter), was das Geschehen verschärft.
- Die indirekte Rede schafft Distanz und betont die Typenhaftigkeit der Personen.
- Häufige satzwertige Partizipien und Infinitivkonstruktionen erzeugen den Eindruck von vorwärts drängendem Geschehen und Atemlosigkeit.
- Symbolik des Eisernen Kreuzes: Tapferkeit vor dem Feinde, nationale Ehre, treue Gefolgschaft bis in den Tod, Requisit der Selbstdarstellung, ablegbare Äußerlichkeit.

Vorschlag 2

Peter Bichsel
Die Tochter (1964)

Abends warteten sie auf Monika. Sie arbeitete in der Stadt, die Bahnverbindungen sind schlecht. Sie, er und seine Frau, saßen am Tisch und warteten auf Monika. Seit sie in der Stadt arbeitete, aßen sie erst um halb acht. Früher hatten sie eine Stunde eher gegessen. Jetzt warteten sie täglich eine Stunde am gedeckten Tisch, an ihren Plätzen, der Vater oben, die Mutter auf dem Stuhl nahe der Küchentür, sie warteten vor dem leeren Platz Monikas. Einige Zeit später dann auch vor dem dampfenden Kaffee, vor der Butter, dem Brot, der Marmelade.

Sie war größer gewachsen als sie, sie war auch blonder und hatte die Haut, die feine Haut der Tante Maria. „Sie war immer ein liebes Kind", sagte die Mutter, während sie warteten.

In ihrem Zimmer hatte sie einen Plattenspieler, und sie brachte oft Platten mit aus der Stadt, und sie wusste, wer darauf sang. Sie hatte auch einen Spiegel und verschiedene Fläschchen und Döschen, einen Hocker aus marokkanischem Leder, eine Schachtel Zigaretten.

Der Vater holte sich seine Lohntüte auch bei einem Bürofräulein. Er sah dann die vielen Stempel auf einem Gestell, bestaunte das sanfte Geräusch der Rechenmaschine, die blondierten Haare des Fräuleins, sie sagte freundlich „Bitte schön", wenn er sich bedankte.

Über Mittag blieb Monika in der Stadt, sie aß eine Kleinigkeit, wie sie sagte, in einem Tearoom. Sie war dann ein Fräulein, das in Tearooms lächelnd Zigaretten raucht.

Oft fragten sie sie, was sie alles getan habe in der Stadt, im Büro. Sie wusste aber nichts zu sagen.

Dann versuchten sie wenigstens, sich genau vorzustellen, wie sie beiläufig in der Bahn ihr rotes Etui mit dem Abonnement aufschlägt und vorweist, wie sie den Bahnsteig entlanggeht, wie sie sich auf dem Weg ins Büro angeregt mit Freundinnen unterhält, wie sie den Gruß eines Herrn lächelnd erwidert.

Und dann stellten sie sich mehrmals vor in dieser Stunde, wie sie heimkommt, die Tasche und ein Modejournal unter dem Arm, ihr Parfüm; stellten sich vor, wie sie sich an ihren Platz setzt, wie sie dann zusammen essen würden.

Bald wird sie sich in der Stadt ein Zimmer nehmen, das wussten sie, und dass sie dann wieder um halb sieben essen würden, dass der Vater nach der Arbeit wieder seine Zeitung lesen würde, dass es dann kein Zimmer mehr mit Plattenspieler gäbe, keine Stunde des Wartens mehr. Auf dem Schrank stand eine Vase

aus blauem schwedischem Glas, eine Vase aus der Stadt, ein Geschenkvorschlag aus dem Modejournal.
„Sie ist wie deine Schwester", sagte die Frau, „sie hat das alles von deiner Schwester. Erinnerst du dich, wie schön deine Schwester singen konnte?"
„Andere Mädchen rauchen auch", sagte die Mutter.
„Ja", sagte er, „das habe ich auch gesagt."
„Ihre Freundin hat kürzlich geheiratet", sagte die Mutter.
Sie wird auch heiraten, dachte er, sie wird in der Stadt wohnen.
Kürzlich hatte er Monika gebeten: „Sag mal etwas auf Französisch." – „Ja", hatte die Mutter wiederholt, „sag mal etwas auf Französisch." Sie wusste aber nichts zu sagen.
Stenografieren kann sie auch, dachte er jetzt.
„Für uns wäre das zu schwer", sagten sie oft zueinander.
Dann stellte die Mutter den Kaffee auf den Tisch. „Ich habe den Zug gehört", sagte sie.

(Peter Bichsel: Eigentlich möchte Frau Blum den Milchmann kennen lernen. © Suhrkamp, Frankfurt/M. 1993)

1. Analysieren Sie die vorliegende Kurzgeschichte. Gehen Sie dabei insbesondere auf die dargestellte Situation, die Figuren und die Erzählweise ein.
2. Welche Bedeutung hat diese Kurzgeschichte für Sie heute? Beurteilen Sie unter dieser Fragestellung den Text und ziehen Sie dabei zum Vergleich andere Ihnen bekannte Kurzgeschichten heran.

Lösungsskizze

1./2. **Situation:** Alt gewordene Eheleute warten auf die alltägliche Heimkehr ihrer erwachsenen berufstätigen Tochter; all ihr Interesse, ihr Stolz, aber auch ihre Sorgen sind auf die Tochter gerichtet.
Figuren: Mann und Frau haben sich nach langen Jahren der Ehe fast nichts mehr zu sagen. Ihr Selbstverständnis beziehen sie ganz aus der Existenz ihrer noch nicht anwesenden Tochter, nach der sie sogar ihren Alltag ausrichten.
Erzählweise: Er-Erzähler; auktoriale, neutrale Erzählhaltung; Außensicht und Innensicht wechseln sich ab; Erzählbericht mit eingestreuter Figurenrede
Vergleichbare Erzählungen: *Angelika Mechtel:* Katrin (▷ S. 404)
Margret Steenfatt: Im Spiegel (▷ S. 188)
Franz Kafka: Heimkehr (S. 268 f. in diesem Handbuch)

Vorschlag 3

Nicolas Born: **Bahnhof Lüneburg, 30. April 1976**

Es ist 5 Uhr 45, unausgeschlafene Autolandschaft,
als habe damit alles endgültig seinen Platz.
(Nichts mehr anrühren, nichts bewegen!)
Ohnmächtig schluckende Frühaufsteher, Rauch
auf nüchternen Magen, Aktentaschen, aufmuckende
Blicke zwischen den flappenden Pendeltüren.
Frau zieht das Rollo des Zeitungsstandes hoch. Birken.
Violetter Schaum.
Es ist noch nicht hell, ein bläulicher Abglanz
des Himmels hängt zwischen den Bäumen.
Postkarren rattern über den Bahnsteig.
Etwas später macht die Gaststätte auf. Wer eintritt bin ich.

Ein Zug ist eingefahren; wenn er steht, hört man ihn
knistern und stöhnen. Das Material erschöpft
und müde.
Vor nicht langer Zeit lag hier Schnee.
Schlafende Parkuhren.
Schlafende Oberleitung.
Diesige Helligkeit schwebt ein, ohne jede Härte wie
– ich muss mich zusammennehmen – die weiche Hand mit der Äthermaske.
Welch ein Morgen und welch ein Auge darin.
Wie verlassen und müde ich bin.
Wie krank und verwohnt ein Schnellzug vorbeiweht.
Der Kellner nimmt mir die Tasse weg die noch nicht
leer ist. Eine Frau raucht mit gespreizten Fingern.
Dass sie so früh daran denkt die Finger zu spreizen.
Leere Streichholzschachtel auf dem Tisch, Zellophan
und Silberpapier. Das Wasser rauscht im Spülbecken.
Kleine zähe Frau, deren Gesicht neben der Kaffeemaschine
erscheint, wie die Rückblende in einem Zufallsfilm
den noch keiner gesehen hat.

(Nicolas Born: Gedichte. 1967–1978. © Rowohlt, Reinbek 1978, S. 212f.)

1. Fertigen Sie eine Beschreibung der Struktur und der sprachlichen Gestaltung des Gedichts an und erläutern Sie Funktion und Wirkung der formalen Merkmale.

2. Schreiben Sie in der Er-Form ein kurzes Prosaporträt des lyrischen Ichs, in dem seine äußere und innere Situation deutlich wird.

Lösungsskizze

1. **Inhaltliche Struktur:** Beschreibung einer morgendlichen Stimmung am Bahnhof (Z. 1–12). Betrachtung und Erleben der Szene durch das lyrische Ich (Z. 13–31).
   Sprachliche Gestaltung: Moderne Lyrik ohne die traditionellen formalen Merkmale, wie festes Versmaß, Strophen und Endreim; freie Rhythmen, prosaischer Grundton als Ausdruck einer als unromantisch empfundenen Stimmung. Viele Ellipsen und kurze Sätze betonen die spontan empfangenen Eindrücke des lyrischen Ichs. Gebrauchsmuster alltäglichen Sprechens prägen den Stil, gelegentlich unterbrochen von ungewöhnlichen Begriffsbildungen, z. B. Personifikationen (Z. 1, 14, 16 17–20), Vergleiche (Z. 19f., 30); Farbsymbolik (Z. 8f.); detaillierte Beschreibung von Einzelbeobachtungen.

5 Literatur nach 1945

Konzeption des Kapitels B III 5.1.2: Literatur in der Deutschen Demokratischen Republik

Die in diesem Kapitel getroffene Textauswahl verdeutlicht einerseits, dass sich – bedingt durch staatspolitische Entscheidungen und die damit verbundenen Maßnahmen in der Kulturpolitik – im Vergleich zum anderen Teil Deutschlands in der DDR eine eigenständige Entwicklung in der Literatur vollzog bzw. vollziehen musste. Insbesondere durch die zurückkehrenden Emigranten ist die Literatur hier lange Zeit geprägt gewesen durch die **„Auseinandersetzung mit dem Faschismus“.** Im Sinne der unterstützenden Funktion, die der Kunst im DDR-Staat zukam, entwickelte sich in den 50er- und 60er-Jahren die Literatur des **„Sozialistischen Realismus“** bzw. die **„Ankunftsliteratur“**; letztere markiert die beginnende Aufbauphase des Sozialismus.
Andererseits sind etwa ab Mitte der 60er-Jahren bzw. ab den 70er-Jahren bereits durchaus wieder einige gemeinsame Tendenzen in der Literaturentwicklung beider deutscher Staaten erkennbar. So könnte man insgesamt von einer „Politisierung in der deutschen Literatur“ sprechen, die z.B. unter der Überschrift „Eingriffe/Einsprüche“ zusammengefasst werden kann. Auch die DDR-Führung ließ kurzzeitig Kritik zu **(„Liberalisierungstendenzen“)**, die aber 1976 ihren jähen Abbruch fand **(„Neue Repressalien“)**. Viele DDR-Schriftsteller ließen sich dadurch allerdings nicht einschüchtern, sie übten zunehmend verdeckte bzw. aber auch offene Regimekritik **(„Tapetenwechsel“ – Kritik am Staat)**. Dadurch waren sie immer öfter staatlichen Repressalien ausgesetzt und mussten z. T. die DDR verlassen.
Da zunehmend kritische Tendenzen in der Literaturentwicklung beider deutscher Staaten feststellbar sind, sprechen manche Periodisierungen Ende der 70er-Jahre bzw. seit den 80er-Jahren schon wieder von deutlich feststellbaren Ansätzen einer deutschen Literatur.

Literaturhinweise

Kurt Böttcher: Besprechungen zur Gegenwartsliteratur. Bd. 2: Literatur der Deutschen Demokratischen Republik. Volk und Wissen, Berlin (Ost) 1980

Wilfried Bütow: Literatur im Überblick. Von den Anfangen bis zur Gegenwart. Volk und Wissen, Berlin (Ost) 1990

DDR-Literatur: Was bleibt? Der Deutschunterricht, Heft 5/1996

Horst Haase u. a. (Hg.): Geschichte der deutschen Literatur. Literatur der Deutschen Demokratischen Republik. Volk und Wissen, Berlin (Ost) 1976

Ursula und Rudolf Heukenkamp: Schriftsteller der Gegenwart: Karl Mickel. Volk und Wissen, Berlin (Ost) 1985

Klaus Jamatz/Christel Berger (Hg.): Weggenossen. Fünfzehn Schriftsteller der DDR. Philipp Reclam jun., Leipzig 1975

Gerd Rötzer: Geschichte der deutschen Literatur. Buchner, Bamberg 1996

Günther Rüther: „Greif zur Feder, Kumpel.“ Schriftsteller, Literatur und Politik in der DDR 1948–1990. Droste, Düsseldorf 1991

	Texte/Gegenstände	Intentionen
S. 409	**5.1.2 Literatur in der Deutschen Demokratischen Republik**	– Lyrik kennen lernen, die sich mit dem Zweiten Weltkrieg und seinen Folgen auseinander setzt – sprachliche Möglichkeiten zur unterschiedlichen Gestaltung eines Themas untersuchen – biografische Bezüge bei Interpretationen einbeziehen
S. 409	Auseinandersetzung mit dem Faschismus – *Johannes R. Becher:* Die Asche brennt auf meiner Brust – *Johannes R. Becher:* Ihr Mütter Deutschlands … – *Johannes Bobrowski:* Bericht	
S. 410	Sozialistischer Realismus – *Friedrich Wolf:* Bürgermeister Anna – *Wolf Biermann:* Prolog für den Film „Spur der Steine“ – *Erik Neutsch:* Spur der Steine	– sich mit der in der Aufbauliteratur dargestellten neuen Rolle der Frau auseinander setzen – dramaturgische Mittel und ihre Wirkung erkennen – literarische Figuren charakterisieren – in der Literatur des Bitterfelder Weges dargestellte Probleme kennen lernen – das Eingreifen des Staates sichtbar machen
S. 414	Ankunft im Alltag – *Karl Mickel:* Der See – *Sarah Kirsch:* Im Sommer – *Eva Strittmatter:* Liebe – *Reiner Kunze:* Sensible wege	– lyrische Texte der Ankunftsliteratur in deren Unterschiedlichkeit kennen lernen – formale Besonderheiten erfassen und erklären – unter besonderer Beachtung biografischer Aspekte interpretieren – gemeinsame Tendenzen in der Literatur beider deutscher Staaten herausarbeiten
S. 416	Liberalisierungstendenzen und neue Repressalien – *Günter Kunert:* Rennfahrer – *Brigitte Reimann:* Franziska Linkerhand – *Stefan Heym:* 5 Tage im Juni – *Bertolt Brecht:* Die Lösung – *Reiner Kunze:* Die wunderbaren Jahre	– Werke, die die Liberalisierungsphase repräsentieren, kennen lernen – epische Texte in Auszügen analysieren und interpretieren – einen Tagebucheintrag oder einen Brief formulieren – die Verarbeitung eines historischen Ereignisses in Texten vergleichen und werten
S. 422	„Tapetenwechsel“ – Kritik am Staat – *Günter Kunert:* Das Telefon – *Uwe Kolbe:* Hineingeboren – *Bert Papenfuß-Gorek:* Doch das KAOS käme – *Lutz Rathenow:* Türen – *Volker Braun:* Tapetenwechsel	– über moderne Medien nachdenken – verschiedenartige Vertreter der „neuen Lyrikergeneration“ kennen lernen – die Suche nach neuen Ausdrucksmöglichkeiten mit Hilfe der Sprache begreifen – massive Kritik am DDR-Staat verdeutlichen – die Haltungen von Autoren in ihren literarischen Darstellungen und ihrem Leben aufzeigen

5.1.2 Literatur in der Deutschen Demokratischen Republik

Auseinandersetzung mit dem Faschismus

▷ S. 409 *Johannes R. Becher:* **Die Asche brennt auf meiner Brust** (1948)
▷ S. 409 *Johannes R. Becher:* **Ihr Mütter Deutschlands …** (1946)
▷ S. 410 *Johannes Bobrowski:* **Bericht** (1961)

▷ S. 410 1. a) Becher musste zur Zeit des Nationalsozialismus in die Sowjetunion emigrieren und fand hier eine zweite Heimat. In seiner Dichtung nach 1945 setzte er sich mit der Schuldfrage des deutschen Volkes auseinander, zeigte aber auch die beginnende Wandlung und nationale Erneuerung in Deutschland. Bobrowski (1917–1965) wurde in Tilsit, im damaligen Ostpreußen, geboren. In Berlin lebend begegnete er seiner Heimat als Soldat der faschistischen Wehrmacht wieder. In seinen Werken thematisiert er die Rolle, die sein Volk bei den Eroberern gespielt hat. Angeregt zu seinem Gedicht „Bericht" wurde Bobrowski durch ein Foto, das die jüdische Partisanin Bajla Gelblung bei ihrer Hinrichtung zeigt.

Die Asche brennt …	**Ihr Mütter Deutschlands …**	**Bericht**
Thema:		
Auseinandersetzung mit dem Faschismus; Frage nach der Schuld; Benennen der Verantwortlichkeit	(siehe erste Spalte)	(siehe erste Spalte)
Bezug Sprecher – Thematik:		
fühlt sich als Deutscher zutiefst schuldig an Naziverbrechen und am Krieg	nicht Selbstaufgabe und Resignation, sondern Aufruf zum Optimismus	bewusste Zurückhaltung (bereits im Titel sichtbar)
Sprache:		
bildhaft-methaphorisch	appellativ	nüchtern-sachlich
Motive/Symbole:		
Asche als Symbol für umgekommene Menschen; Brennen der Asche als Prozess des Sich-Schuldigfühlens, der noch immer andauert; Mensch: Sinnbild für humanes Handeln (im umgekehrten Sinn gebraucht)	Mütter: Symbol für neues Leben, für Fortbestehen eines Volkes; Heiligtum: Symbol für etwas besonders Wertvolles (hier für gefallene Söhne)	Partisanin: Symbol für Widerstand; Offizier: Symbol für Wehrmacht und Vernichtung; Ghetto: Symbol für Isolation, Ausgegrenztsein
Gehalt/Kernaussage:		
große Schuldgefühle: von den Naziverbrechen gewusst, aber nichts aktiv dagegen unternommen zu haben; lyrisches Ich (autobiografischer Bezug) ist von tiefem Schuldgefühl beherrscht, dadurch fast ausgelöscht	Aufforderung zum Neubeginn, gegen Tendenzen von Selbstaufgabe; Überzeugtsein von der Möglichkeit eines Neubeginns	Kontrast zwischen dem tadellosen Äußeren der verhörenden Offiziere und ihrem eigentlichen Wesen verdeutlicht die Verbrechen der Nazis; hier: besonders gegenüber den Juden

b) sprachliche Form:

zweistrophig; Schweifreim, bedeutungstragende Reimwörter; Metaphern, sprachliche Bilder, Chiasmus; Wiederholung und Variation sinntragender Wörter	zweistrophig; unreiner Paarreim; Metaphern; Personifikation (hier: positiv in die Zukunft weisend); Ausruf (als Ausdruck zukunftsweisender Gewissheit)	einstrophig; übliche Ordnung der Zeilen nach Sinneinheiten aufgehoben; berichtende Aneinanderreihung von Fakten wie Aufzählung (ohne Wertung)

2. Brennen der Asche: Schuldgefühle, wie der Krieg im Innern des lyrischen Sprechers nachwirkt; mein Herz vor Scham verbrennen: tiefstes Schuldgefühl, das fast bis zur Selbstaufgabe geht; zum Firmament flehen: der lyrische Sprecher bekennt sich schuldig und hofft auf Vergebung; nicht die Hand gerührt: nichts gegen Naziherrschaft und Krieg getan zu haben; Mütter Deutschlands: einerseits die Frau verkörpernd, andererseits Gewissheit einer positiven Zukunft; Segen über Trümmerstädten: schlimme Bedingungen eines neuen Anfangs

Sozialistischer Realismus

Friedrich Wolf: **Bürgermeister Anna** (1950) ▷ S. 411

Dieses Volksstück hat einen besonderen Stellenwert in der damaligen Literatur: Es werden Widersprüche unter den neuen Machthabern gestaltet; erstmals steht als handlungstragende Figur eine Frau im Mittelpunkt, die um ihre Gleichberechtigung kämpft. Dies zeichnet erst Zeitstücke der 60er-Jahre aus. Wolf wollte mit dieser Komödie ein optimistisches Lebensgefühl vermitteln. Wegen der Schwierigkeit, solche neuen Themen lustspielartig zu verarbeiten, verwendet er noch traditionelle Komödienmotive, wie Ehestreit und Verwechslungssituationen. Die historischen Widersprüche werden noch nicht umfassend und tiefgründig dargestellt.

1. Zur Untersuchung der Dialogführung: ▷ S. 412
   - anfangs relativ ausgewogenes Verhältnis der Redeanteile zwischen Anna und Jupp
   - Dominanz Annas ab Z. 31 (Darstellung der ähnlich schwierigen Situation an der Heimatfront; Verdeutlichung durch Klimax, Akkumulation, Z. 43 ff.)
   - Zuspitzung des Dialogs durch Jupps Unverständnis bezüglich Annas Rolle als Frau und Bürgermeisterin und Herunterspielen ihrer geleisteten Arbeit
   - Vorhandensein von relativ vielen Stichwortverzahnungen
     - zur Verdeutlichung des Aufeinander-Eingehens beider Gesprächspartner („die draußen", Z. 4 f.; „Lassen wir das", Z. 19 f.; „träumte", „geträumt", Z. 22 f.; „meine Arbeit", „deine Arbeit" Z. 69 f. etc.)
     - zur Sichtbarmachung der zugespitzten Situation innerhalb der Dialogführung: Worte des Gesprächspartners werden zwar aufgegriffen, aber in veränderter Form/in anderer Bedeutung benutzt („was der Mensch braucht", Z. 87; „was der Mensch zulässt", Z. 90; „was ihm [dem Mann] zusteht", Z. 101)
   - Regieanweisungen verdeutlichen die Konfliktentwicklung und -zuspitzung („plötzlich", Z. 72; „heftig", Z. 82; „packt sie", Z. 88; „zornig", Z. 103; „rennt hinaus", „knallt die Tür zu", Z. 105 f. etc.)
   - Vergleiche machen das emotionale Aufgewühltsein der Dialogpartner sichtbar („wie Rekruten", Z. 79; „wie die Mauersteine", Z. 92; „wie mit Eisenklammern", Z. 95 f.; „wie die Beutemacher", Z. 98 f. etc.)
   - Elemente des Komischen (z. B. Anna will über ihre Arbeit als Bürgermeisterin reden, Jupp interessiert sich nur für ihre Weiblichkeit; Anna drückt Jupps Hände herab)

2. Zielsetzung des Szenenspiels: tiefgründiges Hineindenken in die Figuren und ihr Handeln, Sichtbarmachen auch von Unausgesprochenem. Zu beachten ist: Die Figuren-Sprecher müssen im Dialog den Alter-Egos genügend Zeitraum zur Äußerung lassen.

▷ S. 412 *Wolf Biermann:* **Prolog für den Film „Spur der Steine"** (1965)
▷ S. 412 *Erik Neutsch:* **Spur der Steine** (1964)

Der Roman erzählt von Leben und Arbeit auf einer Großbaustelle der DDR, die hier den fiktiven Namen „Schkona II" für „Leuna II" trägt. Er nimmt Bezug auf reale Ereignisse der Jahre 1959–61. Neutsch versucht durch seine Figurenauswahl und -anordnung einen Querschnitt der Gesellschaft zu geben, hier hauptsächlich des Bereiches der Industrie. Der Held des Romans ist Hannes Balla. Für ihn wird die „Spur der Steine" zum Sinnbild dafür, was er als Brigadier einer Zimmererbrigade auf verschiedenen Baustellen geleistet und wie er sich dabei in komplizierten Auseinandersetzungen und Irrwegen als Persönlichkeit entwickelt hat.

▷ S. 414

1. Probleme: Planerfüllung (Plan = Gesetz), obwohl der Plan im Widerspruch zur Realität steht (Z. 1–44); falsche Bilanzierung/Geldmangel (Z. 29 ff.); Verschwendung von Material (Z. 2–21) – Mangel an Material (Z. 45 ff.); Nicht-Auslasten der Arbeitszeit wegen Materialmangel (Z. 50 ff.); Bestechung (Z. 96 ff.)

2. Ungeduldig, aufsässig, wendet „Wildwestmethoden" auf der Baustelle an, ist „ungekrönter König der Baustelle" (Z. 47 ff., 62 ff., Z. 84); denkt nur an sich und die Brigade (Z. 50 ff., 88 ff.); ist stur und unbelehrbar (Z. 88 ff.); spöttisch (Z. 79, 95); besticht andere und nutzt sie aus, um seine Ziele zu realisieren (Z. 101 ff.); spielt Probleme herunter (Z. 36 ff.)

3. Zu beachten ist, dass Ballas Charakter deutlich wird und seine Sprache seinem Wesen entspricht. Mögliche inhaltliche Aspekte seiner Rechtfertigung: Er liebt kein Herumlungern, will Geld verdienen, fühlt sich als Brigadier für seine Leute verantwortlich, will nicht Sündenbock für die Planungsmängel anderer sein.

4. Der Film machte aufmerksam auf: Dogmatismus; Widersprüche zwischen „oben" und „unten"; krasse Mängel der sozialistischen Planwirtschaft, insbesondere in der Arbeitsorganisation; Scheinmoral (Lügen zum Vertuschen von Mängeln, Gleichsetzung von wahrer Liebe mit Schürzenjägerei); menschliches Versagen von höheren Parteifunktionären; Fragwürdigkeit der Auslegung des Parteistatutes und von Parteientscheidungen; Folgen des Formalismus u. a. m. Der Prolog zum Film könnte nach der Film-Rezeption oder auch separat eingesetzt werden. Die Schüler/innen sollen begründete Vermutungen anstellen, weshalb vor dem Verbot des Films das Biermann-Lied herausgenommen wurde.

Ankunft im Alltag

▷ S. 415 *Karl Mickel:* **Der See** (1963)
▷ S. 415 *Sarah Kirsch:* **Im Sommer** (1976)
▷ S. 416 *Eva Strittmatter:* **Liebe** (1980)
▷ S. 416 *Reiner Kunze:* **Sensible wege** (1969)

▷ S. 416

1. a) Mickel: zerstörte, mit Unrat und Abwässern vergiftete Natur, mit Tierkadavern übersät; kraterhafter See erinnert an Naturkatastrophe; Riese, der den See leersäuft
   Kirsch: ländliche Idylle; gleichförmiges Leben; intakte Natur, in der sich die Menschen wohlfühlen, Tiere frei und ungefährdet bewegen können; „Zeitungswelt" als Unheil bringende Gegenwelt
   c) Vorinformation: „Der See" gehört zur so genannten neuen Lyrik der 60er-Jahre. Das Gedicht erschien in der Anthologie „In diesem besseren Land", hg. v. Karl Mickel und Adolf Endler 1966. Die darin enthaltenen Gedichte sind meist sehr schwierig, weisen viele sprachliche Eigentümlichkeiten auf. Sie weichen ab von der sozialistischen Ästhetik, die das Schöne nur in Harmonie mit dem Guten und Wahren zeigte. Vor dem Hintergrund der wissenschaftlich-technischen Revolution der 60er-Jahre sahen sich die Autoren veranlasst, neue Wertigkeiten und Konstellationen mit anderen sprachlichen Mitteln auszudrücken.

Sie stießen damit auf viel Unverständnis, weil sie schwierig zu rezipieren waren. Zu den Gedichten, die damals am meisten diskutiert wurden, gehört „Der See".
Kontroverse Interpretationsansätze (eine Auswahl):
- See als Ort der Verwesung, der die negativen Auswirkungen des technischen Fortschritts symbolisiert („gefüllt mit [toten] Fischleibern", V. 1; „Wo alte Schuhe zuhaus sind", Z. 7 etc.)
- Zerstörung des natürlichen Kreislaufs der Natur („unersättlicher Kreislauf/Leichen und Laich", V. 14 f.)
- ironische Darstellung der Menschheitsgeschichte, des evolutionären Prozesses (rücksichtslose und zerstörerische Aneignung der Welt), Appell an Leser/innen, ihr Handeln zu überdenken
- Zuordnung des Gedichts zur Lyrik der „Fress- und Saufgedichte" wegen des Zusammenhangs zwischen Essen und Sinnlichkeit; Selbsterhaltung, aber auch Lähmung und Zerstörung hervorrufend
- Realität mischt sich mit Fiktivem (Abtauchen des lyrischen Ichs zum „Seegrund" der Menschheit)
- Phasen der erdgeschichtlichen Entwicklung erscheinen willkürlich (Personifizierung: Aufprall des Planeten, der die Mulde des Sees geschaffen hat; Komet „Wasserkopf", wird als „Herr" bezeichnet)
- Verspottung der Natur (vergleichbar Goethes „Prometheus", der Zeus verspottete): Naturvorgänge erscheinen wie Krankheiten (Alliterationen), Sprachspiel mit Kometen, Erscheinung der Landschaft als grotesker Menschenkopf, Beschreibung der Naturabläufe in großem Tempo (Ausdruck menschlicher Überlegenheit), Mensch stellt sich der Natur handelnd gegenüber (Ausrufe, Fragen, Kommentare)
- der Mensch bewegt die Geschichte, lyrisches Ich hat ein positives Verhältnis zu Veränderungen

Sarah Kirsch, die vor ihrer schriftstellerischen Karriere das Studium der Biologie abgeschlossen hat, thematisiert in ihren Gedichten neben der Liebe vor allem die Natur, die Beziehung des Menschen zu ihr.
Kontroverse Interpretationsansätze zu dem Gedicht „Im Sommer":
- ausgewogenes Verhältnis von Unberührtheit der Natur und Nutzung durch den Menschen („Trotz riesiger Felder und Maschinen", V. 2); die Zivilisation ist noch nicht zum Problem geworden („Dünnbesiedelt", Z. 1; 11 f.)
- Mensch und Tier leben im Einklang mit der Natur („Noch fliegt die Graugans, ...", V. 8 ff.)
- Darstellung der Schönheit der Natur („Buchsbaumgärten", „Feuerrot leuchten die Felder", V. 4, 15)

Beide Gedichte sind etwa zeitgleich entstanden; doch das Verhältnis des Menschen zur Natur wird völlig unterschiedlich gesehen. Die Schriftsteller der Bundesrepublik widmeten sich zu dieser Zeit ähnlichen Themenbereichen; zur Veranschaulichung dieser Tatsache könnten die Gedichte von *Helga M. Novak* (Feldwege zementiert) und *Ulla Hahn* (Schöne Landschaft, ▷ S. 402) vergleichend besprochen werden.

2. a/b) Eine Besonderheit der Gedichte in den 60er-Jahren sind parabolisch angelegte Ausdrucksweisen, die von den Autoren bewusst gewählt wurden, um Mehrdeutigkeit zu provozieren. Der Gedichtband, dem das Gedicht „Sensible Wege" den Titel gab, durfte in der DDR nicht veröffentlicht werden.
Der Mensch reagiert auf Einflüsse, Maßregeln seiner Mitmenschen, der Politik und Gesellschaft ebenso sensibel wie die Natur. Die Psyche eines Menschen kann zerstört werden, sodass in seinem Innern alles Lebendige abstirbt. Um das zu betonen, wurde der letzte Vers durch eine Leerzeile abgehoben.
Kunze greift mit dem Bild der gerodeten Wurzeln ein Thema von Peter Huchels Gedicht „Der Garten des Theophrast" auf, mit dem Huchel auf sein persönliches Schicksal anspielt. Er wurde wegen seiner Kritik an der Politik der DDR gemaßregelt, schließlich 1971 als Chefredakteur der Literaturzeitschrift „Sinn und Form" abgelöst und verließ die DDR. Auch Reiner Kunze bekam die Repressalien des DDR-Staates zu spüren, die ihn und seine Familie psychisch so stark belasteten, dass sich ernsthafte gesundheitliche Auswirkungen zeigten. 1977 reiste er aus der DDR aus.

3. a) In ihrem Gedicht vergleicht Eva Strittmatter die Liebe mit einer „furchtbaren Flamme", in der man „zusammenbrennt", die fast zur Selbstaufgabe führt. Im Lebensalltag wird die Liebe zur „Glut", aber nicht zu „Asche"; sie spendet lebensnotwendige „Wärme" zur Meisterung von Problemen, sie erhält am Leben. Solange die „Glut" der Liebe „glimmt", kann jederzeit wieder das „Feuer" der Liebe entstehen.

Liberalisierungstendenzen und neue Repressalien

▷ S. 417 *Brigitte Reimann:* **Franziska Linkerhand** (1974)

Der Ausschnitt aus Brigitte Reimanns Roman „Franziska Linkerhand" behandelt das Problem des Verlassens der DDR um die Zeit des Mauerbaus. Diese Thematik könnten die Lehrer/innen im Zusammenhang mit DDR-Schriftstellerbiografien und Texten, die die Ereignisse des Jahres 1989 darstellen, wieder aufgreifen.

▷ S. 419 1. a) Franziska ist entschieden gegen die Ausreise ihrer Eltern, weiß nicht, wie sie ihrem alten Vater die Schwierigkeiten und Probleme verdeutlichen soll; hat Angst, dass er „unter die Räder kommt", gegen die Konkurrenz im Verlagssystem nicht bestehen kann; erinnert ihn an die Schwierigkeiten des Aufbaus in der DDR, versucht dem Vater die Folgen seiner naiven Haltung aufzuzeigen.

b) Franziska erinnert sich wehmütig an die Kindheit (Rückblende Z. 10 ff.); sie kann ihre Eltern nicht verstehen, die alles „verscherbeln, was nicht niet-und nagelfest ist" (Alliteration, Z. 27 f.)
Franziska unterstreicht die Unüberlegtheit des Tuns ihrer Eltern und verdeutlicht ihre diesbezügliche Missachtung (Erhöhung der Dramatik der Situation durch folgende sprachliche Mittel):
- Bilder, Vergleiche („hilfloser Blick eines Kurzsichtigen", Z. 71 f.; „er kommt unter die Räder „, Z. 75 f.; „Der Zug ist durch." Z. 91 f.; „Du sitzt in deinem Zauberberg „, Z. 94 f.)
- pejorative Verben und Wendungen („abhaut", „absetzen", „davonmachen" etc.)
- Metapher: Zola wird als „brutaler Flachkopf" (Z. 96 f.) bezeichnet; durch Vergleich wird die Stellung des Vaters gegenüber Hemingway verdeutlicht (Z. 97–101)
- Franziska stellt Wesensmerkmale der beiden deutschen Staaten gegenüber: BRD: überaus harter Konkurrenzkampf (Z. 79 ff.): niemand erinnert sich nach fünfzehn Jahren mehr an den Verlag (Z. 83 ff.), hingegen DDR: Hoffnung auf ein besseres Leben/Verdeutlichung der DDR-Realität, mit der man zurechtkommen muss (Hyperbel Z. 11: „nicht für Könige bauen").

2. a/b) Diese kreativen Schreibaufgaben sollen die kontroversen Positionen untermauern, begründen und verstehen helfen. Franziska bedenkt in ihrem Tagebucheintrag ggf. einige Beweggründe der Eltern, der Vater könnte sich die Gründe für sein Vorhaben einfach von der Seele schreiben.

▷ S. 419 *Stefan Heym:* **5 Tage im Juni** (1974)
▷ S. 420 *Bertolt Brecht:* **Die Lösung** (1953)

▷ S. 421 2. a) Lächerlichkeit der Situation (Witte will als Einzelner eine Masse aufhalten, Z. 92 ff.; Bild: Witte wird als „blaffendes Hündchen" bezeichnet, „das um Aufmerksamkeit bettelte", Z. 96 f.); Sinnlosigkeit des Bemühens Wittes, die Arbeiter aufzuhalten (Bild und Vergleich: „sie waren vorbeigeflutet an ihm wie das Wasser am Brückenpfeiler", Z. 106 ff.); die wahren Gedanken und Gefühle Wittes werden genannt („Irre, dachte Witte, irre", Z. 68, 119 f.); Selbsterkenntnis Wittes bezüglich der Unsinnigkeit seines Tuns („Irre auch er selber", Z. 68)

b) Funktion der Einschübe: Erhöhung der Authentizität und Objektivierung der Ereignisse; Verdeutlichung verschiedener Sichtweisen bezüglich der historischen Vorgänge.

3. a) Der lyrische Sprecher in Brechts Gedicht steht auf der Seite des Volkes. Dies zeigt sich deutlich am Ende des Gedichtes (V. 7 ff.) in der fast sarkastisch anmutenden Frage. Diese Aufgabenstellung könnte zusammen mit Aufgabe 3 b) bearbeitet werden, um die Widersprüchlichkeit in Brechts Äußerungen herauszustellen.

b) Als Basis dieses Referats könnten folgende Auszüge aus der Brecht-Biografie von *John Fuegi* dienen:

Brecht zum Aufstand vom 17. Juni 1953

Brecht war früh auf, hörte Radio und telefonierte mit Freunden, um Neuigkeiten und Rat einzuholen. Er schlug der Regierung sofort vor, das Ensemble könnte die Sendegestaltung von Radio DDR für den ganzen Tag übernehmen, aber es blieb bei Operettenmusik.

Um 8 Uhr am Morgen versuchte Brecht, mit hochrangigen Funktionsträgern in der DDR-Regierung und Wladimir Semjonow, dem geheimdiensterprobten sowjetischen Hochkommissar, direkt Kontakt aufzunehmen. Er diktierte drei Briefe. Einer hatte den Wortlaut: „Lieber Genosse Semjonow, darf ich Ihnen in diesem Augenblick meine unverbrüchliche Freundschaft zur Sowjetunion ausdrücken. Ihr …" In einem anderen an Grotewohl hieß es: „Lieber Genosse Grotewohl, was können wir von der Akademie der Künste und vom Berliner Ensemble aus tun? Werden Sie im Rundfunk sprechen? Es wäre gut. Wir würden gern als Einleitung und Abschluß Lieder und Rezitationen von Ernst Busch und anderen Künstlern bringen. In steter Verbundenheit mit der Sozialistischen Einheitspartei Deutschlands Ihr …". Der dritte Brief lautete: „Werter Genosse Ulbricht, die Geschichte wird der revolutionären Ungeduld der Sozialistischen Einheitspartei Deutschlands ihren Respekt zollen. Die große Aussprache mit den Massen über das Tempo des sozialistischen Aufbaus wird zu einer Sichtung und zu einer Sicherung der sozialistischen Errungenschaften führen. Es ist mir ein Bedürfnis, Ihnen in diesem Augenblick meine Verbundenheit mit der Sozialistischen Einheitspartei Deutschlands auszudrücken." […]

Als Brecht und Wekwerth am 17. Juni von der Stalinallee ins Berliner Ensemble zurückkehrten, berief Brecht eine Personalversammlung ein. Höchst ungewöhnlich für ihn, hielt er eine ausführliche Ansprache an die Ensemble-Arbeiter. Laut Wekwerth hatte Brecht wenig anderes zu sagen als das Offenkundige, nämlich daß es notwendig sei, daß die Regierung mit den Arbeitern Gespräche führe. […] Das unwiderlegbare Zeugnis, das Hunderttausende von Arbeitern abgelegt hatten, wurde verdrängt durch nebensächliche und pauschale Spekulationen über die viel weniger zahlreichen Demonstranten, die vielleicht oder vielleicht auch nicht Provokateure aus dem Westen waren. Wenn man Brecht folgt, war der 17. Juni 1953 nicht so sehr das interne Problem einer inkompetenten zentralisierten Wirtschaft und eines paranoiden Zentralkomitees, das mit den Arbeitern nach Belieben umsprang, als vielmehr das Werk von „zwielichtigen Elementen", vermeintlich von der CIA ermutigten Protofaschisten aus dem Westen. Gewiß war die CIA in der Lage, Leute anzustacheln, und mag es in diesem Fall in geringem Maße getan haben; aber dies ging am eigentlichen Problem vorbei: Die DDR-Regierung hatte den Kontakt zur Arbeiterschaft verloren, und das galt auch für Brecht. R

(John Fuegi: Brecht & Co. Biographie. Europäische Verlagsanstalt/Rotbuch Verlag, Hamburg 1997, S. 783 ff.)

Reiner Kunze: **Die wunderbaren Jahre** (1976) ▷ S. 421

1. a) Die drei Texte verdeutlichen Alltagserscheinungen in der DDR, vor allem, wie sie sich in den Lebensbereichen von Kindern und Jugendlichen (das sind die „wunderbaren Jahre") äußerten. Mit der Textsammlung solcher Momentaufnahmen demonstrierte Kunze die Auflehnung des Individuums in einem totalitären Regime, es sind heftige indirekte Anklagen der SED-Diktatur. Kunze verarbeitete hier auch konkrete Erfahrungen als Vater einer Tochter, die wegen ihrer kritischen Haltung der SED gegenüber die Oberschule verlassen musste und deshalb sogar einen Selbstmordversuch unternahm. Ein Jahr nach Erscheinen der Texte in Westdeutschland musste Kunze die DDR (1977) verlassen. ▷ S. 421

b) *Sechsjähriger:* Erziehungsergebnis staatlich gelenkter Feindbilder. Der geforderte „unversöhnliche Hass auf den Klassenfeind" führt schon bei den Kleinsten zu solch grausamen Grundeinstellungen, wie hier dargestellt.
Draht: Entlarvung parteipolitischer Definitionen von angeblichen „Klassenfeinden" als willkürlich und unsinnig.
Beweggründe: Reglementierung und Einschüchterung von Schülern von parteipolitischer Seite bis in die intimsten Bereiche persönlicher Trauer hinein. Beleg für die Unterdrückung christlicher Gemeinden.

„Tapetenwechsel" – Kritik am Staat

▷ S. 422 *Günter Kunert:* **Das Telefon** (1980)

Dass Kunert dem Telefon nur Negatives zuschreibt, liegt sicherlich in der Entstehungszeit des Textes. 1980 verschärften sich die gesellschaftlichen Widersprüche in der DDR und damit der Druck der Stasi gegenüber den Bürgern, die sich überall beobachtet und „abgehört" fühlten.

▷ S. 422 1.

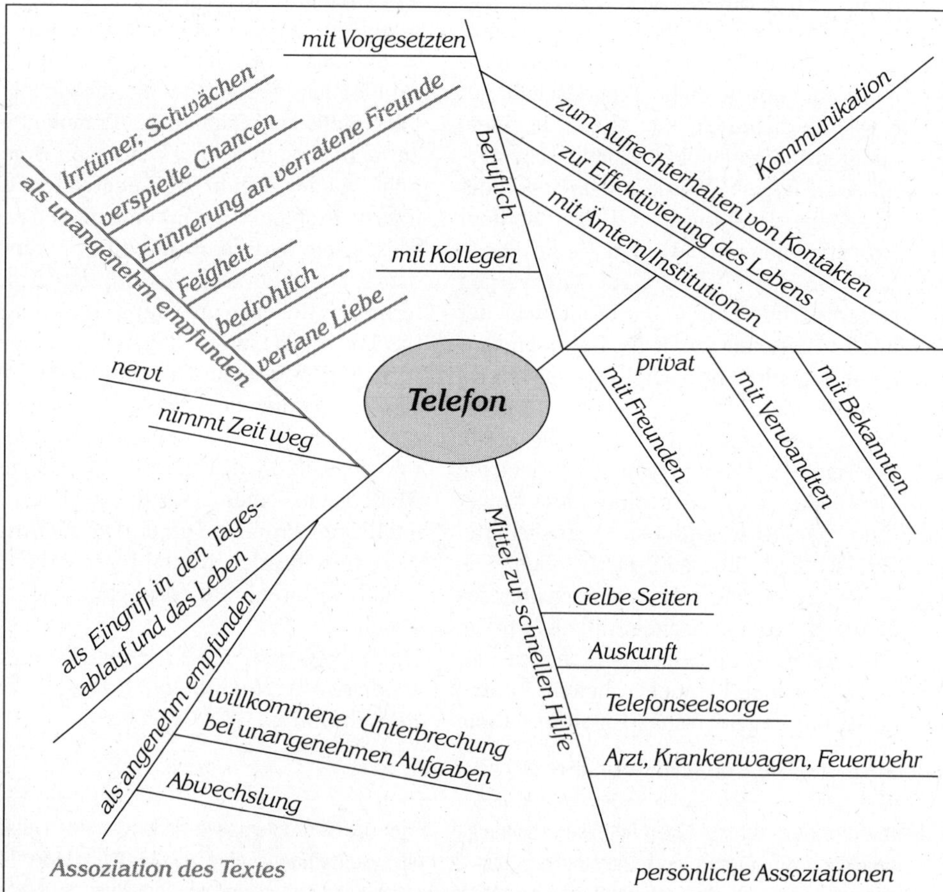

2. Die Mittel der modernen Technik sollen der Verbesserung der Kommunikation zwischen den Menschen dienen, aber es besteht die Gefahr, dass gerade dadurch der direkte persönliche Kontakt verloren geht, es sogar zur Vereinsamung kommen kann.

3. Auch Kafkas Erzählung thematisiert die Angst, mit anderen Menschen angemessen zu kommunizieren. Das Telefonieren wird auch hier eher als Abhörinstrument gesehen. Der Ich-Erzähler ist kaum noch in der Lage, Kontakte zu knüpfen, da sein Misstrauen anderen gegenüber ständig wächst. Er vereinsamt so immer mehr.

Uwe Kolbe: **Hineingeboren** (um 1975) ▷ S. 423
Bert Papenfuß-Gorek: **Doch das KAOS käme** (1990) ▷ S. 423
Lutz Rathenow: **Türen** (1975) ▷ S. 423
Volker Braun: **Tapetenwechsel** (1989) ▷ S. 423

Die genannten Schriftsteller wurden in die DDR hineingeboren, sie gehören zur so genannten neuen Lyrikergeneration. Sie identifizierten sich aber nicht mit dem herrschenden gesellschaftlichen System. Ihr Leben war gekennzeichnet durch Isolation; meist hatten sie keine Berufe und gingen Gelegenheitsjobs nach. Auf Dauer führte das zu Konflikten mit dem Staat. Der Prenzlauer Berg im Ostteil der Stadt Berlin war Treffpunkt dieser jungen Lyrikergeneration. Ihre Gemeinsamkeit bestand darin, dass sie gegen jegliche herkömmliche Ordnung waren.

1. Das Gedicht ist als Chiffre für die Lyrikergeneration der „Hineingeborenen" aufzufassen, eine bestimmte Deutung ist nicht beabsichtigt. Es weist eine deutliche Zweiteilung auf (V. 1–6, 7–12). Im ersten Teil beschreibt der lyrische Sprecher ein Landschaftsbild, das ihm Freiraum bis zum Horizont gewährt. Er fühlt sich mit der Natur verbunden (V. 5 f.). Im zweiten Teil des Gedichts engt das Land ihn ein. Das Gegensätzliche wird durch die Adjektive „hoch" und „weit" (1. Teil) und „klein" und „eng" (2. Teil) sowie durch „zaundurchsetzte Ebene" und „Stacheldrahtlandschaft" verdeutlicht. Dem „Sonnenbaum am Horizont", der durch die Zusammensetzung der Substantive „Sonne" und „Baum" etwas Schönes, Lebendiges assoziiert, wird im zweiten Teil ein „schwarzer Baum" der Leblosigkeit entgegengestellt. „Wind" und „Vögel" aus den ersten Versen werden wieder aufgegriffen (Z. 11 f.), aber durch die Adjektive „hart" und „fremd" wird eine negative Beziehung zur Natur deutlich. Durch das Fehlen von Verben und die elliptischen Sätze wirkt das Gedicht statisch und starr, was noch durch den Hakenstil und die Inversion verstärkt wird. ▷ S. 423

2. Bert Papenfuß-Gorek trat meist als Sänger in Rock- und Punkbands der alternativen Szene auf, wo er seine virtuosen Sprachschöpfungen ausprobierte. Gorek bindet Aussagen an Einzelwörter, welche aus nicht zusammengehörigen Wortteilen gebildet sind („StaatsGott", „Staatsmahd"). Es entsteht eine eigene Sprache: „GOttstett", „GOhott", „Huehott", „Ueberhaupt". Goreks Gedichte widersetzen sich geltenden grammatikalisch-orthografischen Regeln, „v" wird z. B. durch „f" ersetzt. Er missbraucht die Sprache, um auf ihren Missbrauch aufmerksam zu machen. Seine Gedichte sind Überraschungsspiele; er sieht im Unterschied zur sinnentleerten spätbürgerlichen „konkreten Poesie" Sprache als Experimentierfeld und kommt so auf den Ursprung des Wortsinns zurück. Auf den ersten Blick könnte man auf einen vordergründig religiösen und gesellschaftlichen Bezug dieses Gedichts schließen, wogegen sich Papenfuß-Gorek aber verwahrte.

3. ***Rathenow:* Türen:** Bereits in der Überschrift wird die das Gedicht prägende Metapher genannt. Türen können geöffnet sein und eine Verbindung zwischen Zimmern, Menschen herstellen. Sie können aber auch verschlossen sein, zugehalten werden und Menschen ausgrenzen. Die letzten beiden Verse stellen eine Zusammenfassung der Aussagen des Gedichts dar.
In der ersten Strophe werden in Form einer Antiklimax Zustände von Türen aufgezählt (angefangen von für jedermann offenen bis zu geschlossenen, den Zutritt verwehrenden Türen). Die zweite Strophe beinhaltet Hinweise, wie sie auf Türen zu finden sind, wiederum vom Positiven zum Negativen geordnet. „Komm einfach rein!" ist eine Aufforderung für einen Freund, für jemanden, der das Zimmer immer und ohne Ankündigung betreten kann. Derjenige weiß dies: Normaldruck im Gedicht, weil diese Aufschrift nicht wirklich an der Tür hängt. Die folgenden fünf Aufforderungen finden sich an Türen von Institutionen und Ämtern; sie sind durchgängig mit Großbuchstaben gedruckt, um den Befehlscharakter ihres Inhalts hervorzuheben. Die hie-

rarchische Ordnung beginnt mit einem freundlichen Hinweis und endet bei einem Verbot. Diese Strophe wirkt durch ihren Druck auffälliger. Anschließend kann diskutiert werden, ob Rathenows beabsichtigte Wirkung nur DDR-spezifisch zu sehen ist.

***Braun:* Tapetenwechsel:** Das Gedicht thematisiert Zustände in der ehemaligen DDR, besonders die beginnende Ausreisewelle im Jahre 1989. Die Überschrift assoziiert Verschönerung, Verbesserung eines Zimmers, Ortswechsel (z. B. Ausbrechen aus dem Alltagstrott). Das Gedicht wird von der Metapher „Haus" geprägt. Es ist nicht nur vom „Tapetenwechsel" die Rede, sondern sogar vom „Umbau" des Hauses, der aber keine Verbesserungen bringt (Z. 3 ff.). Dieser nicht gelungene Umbau steht symbolisch für den in den letzten Jahren nicht erfolgreich vollzogenen „Umbau" des DDR-Staates. „Die Verwaltung" (Staats- und Parteiführung) versuchte, gewisse „Umbauten" (Veränderungen im Sinne von Perestroika und Glasnost) durchzuführen, die aber misslangen. Sie erfolgten „in aller Stille", meist ohne die Bevölkerung entsprechend einzubeziehen. Das Resultat war, dass die Leute das „Haus", die DDR, verließen.

Lernerfolgskontrolle/Klausurvorschlag

Vorschlag 1

Anna Seghers
Das siebte Kreuz

Bei der Flucht aus dem KZ Westhofen verletzte sich Georg Heisler beim Sprung über eine mit Scherben besetzte Mauer an der Hand. Nach langem Zögern geht er zum ihm unbekannten jüdischen Arzt Dr. Löwenstein, der die Verletzung behandelt.

Schließlich stand er vor dem Arzt. Er wurde nach Name, Adresse, Beruf gefragt. Er machte irgendwelche Angaben. Die Wände schwankten schon, er glitt in einen Abgrund aus Weiß und Glas und Nickel, einen vollkommen reinlichen Abgrund. Beim Abgleiten machte man ihn aufmerksam auf die Rassenzugehörigkeit des Arztes. […] „Setzen Sie sich", sagte der Arzt.

Er hatte sich schon in der Tür gedacht, dass dieser Patient einen überaus ungünstigen Eindruck machte. Er kannte seine Vorzeichen: keine klaffenden Wunden, keine Geschwüre, der zarteste dünnste Hauch über und unter den Augen, bei diesem Mann war er schon ein schwärzlicher dichter Schatten. Was mochte ihm fehlen? […] Er begann den Verbandfetzen abzuwickeln. Ein Unfall? Ja. Durch den starken Bann hindurch, in den ihn sofort jede Wunde schlug und jede Krankheit, weil er ganz und gar Arzt war, spürte er wieder eine Beklommenheit beim bloßen Anblick des Mannes, stärker noch als vorhin, was war denn das für ein Verband? Aus einem Jackenfutter. Er rollte ihn ganz langsam ab. Was war das überhaupt für ein Mensch? Alt? Jung? Seine Beklommenheit wuchs, schnürte ihm den Hals zu, als sei ihm der Tod noch nie so nah gewesen in den neunzehn Jahren, in denen er Kranke heilte.

Er sah auf die Hand, die jetzt offen vor ihm lag. Sie war gewiss bös zugerichtet, so bös aber doch nicht, dass sie das Vorzeichen rechtfertigte auf der Stirn und den Augen des Mannes – wovon war der Mann so erschöpft? Er kam wegen der Hand. Er hatte sicher noch eine andere, ihm vielleicht selbst unbekannte Krankheit. Man musste die Glassplitter jetzt herausnehmen. Der Mann musste eine Spritze bekommen, er sackte ihm sonst ab. […] Wird er die Spritze vertragen? Doch auch das Herz dieses fremden Mannes ist, wenngleich nicht ganz in Schuss, so schlecht nicht dran. Was fehlt dem Mann also? Warum folgte er eigentlich nicht seinem Drang, die Krankheit des Mannes herauszufinden? Warum war der Mann nicht sofort nach dem Unfall ins nächste Spital gelaufen? Der Dreck steckte doch schon mindestens über Nacht drin. Er wollte fragen, auch um den Mann, wenn er jetzt mit der Pinzette anrückte, von seiner Hand abzulenken. Der Blick des Mannes hielt ihn zurück. Er stockte. Er sah sich die Hand nochmals genau an, dann kurz das Gesicht des Mannes, seine Jacke, den ganzen Mann. Der Mann verschob ein wenig den Mund und sah ihn schräg, aber fest an.

Der Arzt wandte sich langsam ab, wobei er selbst fühlte, wie er bis in die Lippen erbleichte. Und wie er sich selbst in dem Spiegel erblickte über dem Waschbecken, da lag es schon schwärzlich auf seinem eigenen Gesicht. Er schloss die Augen. Er seifte sich seine Hände und wusch sie mit unendlicher Langsamkeit und ließ das Wasser laufen. Ich habe Frau und Kinder. Warum kommt der Mensch zu mir? Bei jedem Schellen zittern müssen. Und was man mir Tag für Tag alles antut.

Georg sah auf den weißen Rücken des Arztes. Er dachte: Doch Ihnen nicht allein. Der Arzt hielt die Hände unter das Wasser, dass es spritzte. Nicht mehr zum Aushalten, was man mir antut. Jetzt noch das dazu. Das gibt es doch gar nicht, dass man so leiden muss.

Georg dachte [...]: Aber doch Sie nicht allein. Da drehte der Arzt seinen Kran[1] ab, er trocknete seine Hände mit einem frischen Handtuch, er roch das Chloroform zum ersten Mal so, wie es sonst nur seine Patienten riechen – warum ist der Mann gerade zu mir gekommen? Gerade zu mir? Warum?

Er drehte den Kran wieder an. Dann wusch er sich zum zweiten Mal. Das geht dich überhaupt nichts an. Zu dir ist bloß eine Hand ins Sprechzimmer gekommen, eine kranke Hand. Ob die aus dem Ärmel eines Spitzbuben heraushängt oder unter dem Flügel eines Erzengels, das kann dir ganz egal sein. Er drehte den Kran wieder ab und trocknete seine Hände. Dann machte er seine Spritze zurecht. Als er Georgs Ärmel zurückschlug, merkte er, dass der Mann kein Hemd unter der Jacke trug. Das geht mich nichts an, sagte er sich, mich geht die Hand an. Georg schob seine verbundene Hand in die Jacke und sagte: „Vielen Dank." Der Arzt hatte ihn nach Geld fragen wollen, aber der Mann hatte sich in einem Ton bedankt, als sei er umsonst behandelt worden. Wenn er auch im Hinausgehen taumelte, kam es dem Arzt jetzt doch vor, als sei die Hauptkrankheit nur in der Hand gewesen.

1 **Kran:** Wasserhahn

(Anna Seghers: Das siebte Kreuz. © Aufbau Verlag, Berlin 1946)

1. Interpretieren Sie den Romanausschnitt. Gehen Sie dabei besonders auf die inneren Konflikte der beiden Figuren ein und beurteilen Sie die Entscheidung des Arztes.

Erwartungshorizont

1. Innerer Konflikt des jüdischen Arztes Dr. Löwenstein:
   - einerseits: Berufsethos, sein hippokratischer Eid (Humanität); andererseits: die Gefahr durch den ungewöhnlichen Patienten, der offensichtlich etwas zu verbergen hat; als Jude ist er im NS-Staat ausgegrenzt und immer gefährdet (Z. 67 f.); er muss fürchten, selbst deportiert zu werden, hat aber auch Verantwortung für seine Familie zu tragen und muss deshalb unauffällig bleiben
   - Löwenstein fällt seine Entscheidung, Georg Heisler zu behandeln, nicht leicht:
     - Er stellt sich ständig Fragen, die sich auf seinen Patienten beziehen (Z. 16 f., 25 f., 35, 46 ff. u. a.) bzw. auf seine gefahrvolle Situation (z. B. Z. 80 f.)
     - Der Arzt ist seelisch so mitgenommen, dass er „bis in die Lippen erbleichte" und im Spiegel den schwärzlichen Schatten zu sehen glaubt, den er zuvor unter Georgs Augen beobachtet hatte.
     - Um sich zu beruhigen und Zeit für seine Entscheidung zu gewinnen, wäscht sich der Arzt zweimal langsam die Hände (Pilatus-Motiv: „seine Hände in Unschuld waschen")
     - Schließlich sagt er sich, dass „bloß eine Hand [...] gekommen [ist]" (Personifizierung, Correctio), dass es egal ist, wem sie gehört (Z. 84 ff.).

Bewertung: Löwensteins Entscheidung, den verdächtigen Patienten zu behandeln, ist moralisch sehr hoch einzuschätzen und sicher nur schwer nachzuvollziehen.
Auch für Georg Heisler ist die Situation von Angst und Ungewissheit begleitet:

- Er hat sich den Entschluss, einen Arzt aufzusuchen, nicht leicht gemacht (Z. 1); er weiß nicht, wie der Arzt reagieren wird und verbirgt seine Identität (Z. 2 f.).
- Verschärft wird die Angst Georgs vor Entdeckung durch seinen schlechten Allgemeinzustand (Z. 11 ff.)

Der Romanauszug wird von einem auktorialen Erzähler dargeboten ohne Erzählerwertung; die Leser/innen erfahren so Gedanken und Gefühle beider Hauptfiguren und werden zu Wertungen herausgefordert.
Vorwiegend werden Gedanken und Empfindungen der Figuren, v. a. des Arztes, beschrieben, wenig wörtliche Rede ist vertreten. Die inneren Monologe verdeutlichen die inneren Konflikte der Figuren.
Ihr Aufeinandertreffen ist sehr dramatisch gestaltet:

- Die Angst beider Figuren ist das beherrschende Motiv.
- Durch das genaue Beschreiben von Details und eine Zeitgestaltung, in der erzählte Zeit und Erzählzeit fast deckungsgleich sind, kann der Leser/die Leserin die dargestellte Situation gut mit- und nachempfinden.
- Viele Fragesätze und anaphorische Satzanfänge steigern die Spannung und lenken die Aufmerksamkeit auf den inneren Konflikt des Arztes.

Vorschlag 2

Reiner Kunze
Schießbefehl

Ich fahre zum Vater, sagt er, nimmt das Motorrad, und ich denke, warum kommt er denn nicht wieder, wo er bloß bleibt, langsam werde ich unruhig, da kommen die und sagen, ich soll nach P... kommen, er hat über die Grenze gewollt, und sie haben ihn erwischt. Also bin ich mit dem nächsten Zug nach P... gefahren, er hat schon gestanden, sagen sie, und als ich mich nicht mehr beherrschen konnte und mir die Tränen kamen, haben sie gesagt, machen Sie sich keine Sorgen, gute Frau, Ihr Gerhard lebt, er hat gut gegessen, und jetz schläft er. Und wenns während der Armeezeit gewesen wäre, wärs schlimmer. Er hatte doch gerade seinen Facharbeiter mit Abitur gemacht, und am Montag sollte er einrücken ... Und dann, am Montagnachmittag, kommen die von hier und sagen, ich soll am Dienstag nach P... kommen. Ich backe einen Kuchen, kaufe ein, und dann sagen sie mir in P..., ob ich denn nicht wüsste, ob denn unsere nichts gesagt hätten, er hat sich erhängt. Mit der Unterhose. Und sie hätten ihm einen Zettel gegeben, ob er mir nicht ein paar Worte schreiben wolle, aber er hätte abgelehnt. Wie er mir das hat antun können ... Und sehen darf ich ihn nicht, nur noch kurz vor der Feier, die im Gefängnis stattfindet. Aushändigen können sie mir nur die Urne.

(Reiner Kunze: Die wunderbaren Jahre. S. Fischer Verlag. Frankfurt/M. 1976)

1. Gehen Sie einleitend auf die hier angesprochene Thematik ein.
2. Entwickeln Sie den zugrunde liegenden Vorfall.
3. Erarbeiten Sie die sprachlichen Mittel und erörtern Sie deren Wirkung.
4. Welche Einstellung zum Staat DDR äußert sich hier und welche Konsequenzen musste das für einen Dichter wie Reiner Kunze haben?

Lösungsskizze

1. Fluchtversuche vieler DDR- Bürger über die Berliner Mauer oder über die innerdeutsche „Todesgrenze"; Schießbefehl für die DDR-Grenztruppen bei „Republikflucht".

2. Ein junger Mann, der gerade sein Facharbeiterabitur gemacht hat, unternahm offensichtlich einen Fluchtversuch, ohne die Mutter in seine Fluchtpläne eingeweiht zu haben. Er wurde wohl entdeckt und erschossen. Die Information der Mutter durch die offiziellen SED-Organe ist durchsetzt von Lügen und Ausflüchten.

3. Die Mutter als direkt betroffene Ich-Erzählerin; personales Erzählverhalten drückt eine extreme Innensicht aus; affirmative Erzählhaltung als Ausdruck des Schockzustandes der Mutter; innerer Monolog (stream of consciousness) verdeutlicht den Versuch der Ich-Erzählerin, die gerade erlebten Eindrücke gedanklich noch einmal nachzuvollziehen, um das Unbegreifliche zu verstehen; die ungenauen Bezeichnungen („sie", „die") für die gefürchtete Staatsmacht zeigen die Distanz zwischen Volk und Staat auf; Bruch in der Logik (Erhängen mit der Unterhose!) verweist auf die Lügenhaftigkeit der Täter und des Systems

4. Einstellung zur DDR: Angst und absolutes Misstrauen der Bürger
   Konsequenzen: Veröffentlichungsverbot, Berufsverbot, Verfolgung durch die Staatssicherheit, vielfache Repressalien bis hin zu Verhaftung und langjähriger Gefängnisstrafe, bei Gelegenheit Flucht in den Westen

5 Literatur nach 1945

Konzeption des Kapitels B III 5.2: Deutschsprachige Literatur nach 1989

Mit diesem Kapitel wird der Anschluss an die unmittelbare Gegenwartsliteratur hergestellt, wobei die durch die Wiedervereinigung 1989 für Deutschland hervorgerufene politische Umbruchsituation auch als literaturgeschichtlicher Einschnitt gewählt wurde.
Das Kapitel ist zweigeteilt: Zum einen werden – vermittelt durch lyrische Textbeispiele – **„Reaktionen auf die ‚Wende'"** thematisiert. Das lyrische Sprechen spiegelt sich somit in thematisch und motivisch verwandten Gedichten, wobei zu diskutieren ist, ob es sich dabei um politische Lyrik im engeren Sinne handelt. Berücksichtigt wird zumindest die Entwicklung in der zeitgenössischen Literatur, wieder Themen der Öffentlichkeit und der Politik zu verarbeiten.
Zum anderen wird unter der Überschrift **„Neue Orientierungen: Biografisches Schreiben"** einer Literaturlandschaft Rechnung getragen, die verstärkt (post-)moderne Lebensgeschichten zum Gegenstand hat.
Das Kapitel soll Anregungen für die Schüler/innen liefern, sich mit Gegenwartsliteratur zu beschäftigen und Antworten auf die Fragen zu finden: Worüber schreiben zeitgenössische Schriftsteller/innen? Was und wie bringen sie es zur Sprache? Die vorgestellten Ausschnitte aus Romanen können dazu motivieren, sie als Ganzschrift privat oder im Unterricht lesen zu wollen.

Literaturhinweise

Autobiografisches Erzählen. Praxis Deutsch, Heft 152/1998

Margret Behringer/Juliane Köster: Romane der Gegenwart: Literarisches Schreiben heute. Cornelsen, Berlin 2002 (= Reihe „Kursthemen Deutsch")

Karl Otto Conrady: Von einem Land und vom andern. Gedichte zur deutschen Wende. Edition Suhrkamp, Leipzig – Frankfurt/M. 1993

Dokumente der Wiedervereinigung Deutschlands. Hg. v. Ingo von Münch. Kröner, Stuttgart 1991

Frauen dichten anders. 181 Gedichte mit Interpretationen. Hg. v. Marcel Reich-Ranicki. Insel, Frankfurt/M. 1998 (darin Interpretation zu Kerstin Hensels „Vita": *Walter Hinck:* Selbstporträt in Giftfarbe, S. 820–822)

Gegenwartsliteratur. Der Deutschunterricht, Heft 4/1999

„Schlafes Bruder". Materialien zu Robert Schneiders Roman. Reclam, Leipzig ^{2}1996 (Essays, Interpretationen, Rezensionen zum Buch und zum Film)

Volker Wehdeking: Die deutsche Einheit und die Schriftsteller. Literarische Verarbeitung der Wende seit 1989. Kohlhammer, Stuttgart 1995

	Texte/Gegenstände	Intentionen
S. 424	**5.2 Deutschsprachige Literatur nach 1989**	– sich mit der politischen Umbruchsituation 1989/90 auseinander setzen – lyrisches Sprechen als Möglichkeit einer persönlichen Reaktion auf unmittelbar Erfahrenes erkennen – Lyrik als Ausdruck ausschnitthafter Wahrnehmung, pointierter Raffung und sprachbildhafter Zusammenschau der „Wendezeit“ verstehen – den Begriff der politischen Lyrik im engeren Sinne reflektieren – Romane mit dem Thema der deutschen Wiedervereinigung in Form von Referaten kennen lernen
S. 424	Reaktionen auf die „Wende“ – *Heinz Czechowski:* Die überstandene Wende – *Adelheid Johanna Hess:* Verfehlt – *Sarah Kirsch:* Aus dem Haiku-Gebiet – *Yaak Karsunke:* zur schönen aussicht – *Günter Grass:* Späte Sonnenblumen – *Kerstin Hensel:* Vita – *Durs Grünbein:* Novembertage I. 1989 – *Reiner Kunze:* Die Mauer	
S. 427	Neue Orientierungen: Biografisches Schreiben – *Zoë Jenny:* Party – *Bernhard Schlink:* Der Vorleser – *Martin Walser:* Ein springender Brunnen – *Robert Schneider:* Schlafes Bruder	– sich mit (post-)modernen Lebensgeschichten auseinander setzen – Figurencharakteristik erstellen – produktionsorientierte Methoden des kreativen Schreibens nutzen, um selbst Alltagsszenen zu verfassen – Etikettierungen für die Literatur der 90er-Jahre diskutieren – über das Bedürfnis, Gefühltes, Erlebtes, Geträumtes aufschreiben zu wollen, nachdenken – zentrale Metaphern klären – sprachliche Besonderheiten im semantischen und syntaktischen Bereich untersuchen – Beschreibungsvokabular epischer Texte anwenden können – produktiv mit einem Textausschnitt umgehen – Leseerwartungen im Anschluss an einen Romanbeginn bewusst machen

5.2 Deutschsprachige Literatur nach 1989

Reaktionen auf die „Wende“

▷ S. 426

1. Da für die heutigen Schüler/innen „Wende“ bereits ein historisches Datum bedeutet, ist es wichtig, zumindest einen ersten Eindruck über die Stimmung in Deutschland während der Maueröffnung durch Filmmaterial zu vermitteln. Es können auch entsprechende CD-Roms hinzugezogen werden.

2. a) Das erste Gedicht von Czechowski kann als Motto angesehen werden: Der lyrische Sprecher lebt in einer Übergangs- und Zwischenzeit (s. Kirschs Jahreswechsel- und Reise-Metaphorik). Auch in den anderen Gedichten lässt sich die Skepsis gegenüber dem, was zukünftig werden wird, ablesen. Sie sind getragen von: Erwartungen, Hoffnungen, Ernüchterung, Aufbruch ins Unbekannte, Ungewissheit, Zweifel, Zukunftssorgen, Schwierigkeiten des Zusammenlebens, Selbstbespiegelung, Fremdheitsgefühlen zwischen Ost und West, Entwurzelung, Prüfung von Vergangenem und Gegenwärtigen, Suche nach Klärungen, Verstehensproblemen, Fragen nach den Tätern und Opfern als Thema der literaturpolitischen Kontroversen. „Die Mauer“ – Realität bis 1990 – gewinnt nun als metaphorischer Ausdruck (im Kopf, im Herzen) Bedeutung.

   b) Hier kann den Schülerinnen und Schülern die Möglichkeit gegeben werden, selbst zu überlegen, wie sie diese Aufgabe methodisch bewältigen wollen. – Um die historische Umbruchsituation herauszuarbeiten, können Versfragmente unterschiedlicher Gedichte collagenartig zusammengestellt werden, wobei eine Aufhebung der Zeilenumbrüche durchaus sinnvoll erscheint. Hier könnte auch ergänzend mit Fotomaterial gearbeitet werden (Bild-Text-Collagen):

   Wendezeit

   *„hinter uns … **vor** uns“ ? (Czechowski)*
   *„Winde aus alten Zeiten … unter dem Himmel des **Neuen** Jahres“ (Kirsch)*
   *„meine **Heimat** sieht erbärmlich aus … **noch immer** trage ich Reisekleider“ (Kirsch)*
   *„einen **neuen anfang** wagen gänzlich **unbelastet** von ihren **früheren Taten**“ (Karsunke)*
   *„**Noch** ragen Strünke“ (Grass)*
   *„das Speicheln **hinter** mir, **vor** mir das Schmeicheln“ (Hensel)*
   *„Ist was **vorbei**? Bin ich der Mächtgen Konterfei des Machtlosen **nun** frei?“(Hensel)*
   *„Erklärten … meine **Geiselnahme** für **beendet**“ (Grünbein)*
   *„Die ersten schliefen schon … Auf teurem Pflaster **träumend freien Grund**.“ (Grünbein)*

   Als Variation kann auch eine Zeittabelle angelegt werden:

Ost	***Ost/West***	***ein vereintes Deutschland?***
Vergangenheit	*Gegenwart*	*Zukunft*
bekannt	*kein Verstehen*	*unbekannt*
schweigen	*kein Erkennen*	
	MAUER	
…	*im verkopften Herzen*	

3. Politische Lyrik (aufgefasst als stoffliche Untergruppe von Lyrik) wird von Dichtern verfasst, die politisch Partei ergreifen wollen und die Hoffnung haben, mit ihren Gedichten gesellschaftlich wirksam zu werden. In diesem Zusammenhang taucht auch immer wieder die Klage über den Funktionsverlust von Poesie auf. Im engeren Sinne sind die lyrischen Textbeipiele daher weniger dieser Textgruppe zuzuordnen, vielmehr sind sehr subjektive Stimmungen enthalten, es werden Gefühlslagen, psychologische Probleme angesprochen,

Zwischenmenschliches (Hess, Kirsch) steht im Vordergrund. Dabei spiegelt sich deutlich die Orientierungslosigkeit in der Umbruchsituation. Beispiele wie die von Grass, Karsunke und Grünbein sind eher dieser Stoffgruppe zuzurechnen, da sie deutlich Kritik an politischen Entscheidungen üben. Hier kann eine politische Funktionszuweisung poetischer Texte vorgenommen werden.
Für einen Leistungskurs sind die Frankfurter Poetikvorlesungen von Hilde Domin mit dem Titel „Das Gedicht als Augenblick von Freiheit" (1987/88; Fischer Taschenbuch Verlag, Frankfurt/M. 1993) interessant, in denen Domin einen Überblick über die Entwicklung in der Nachkriegslyrik gibt. Thematisiert werden darin auch unterschiedliche Motivationen, Lyrik zu verfassen.
Mögliche **Facharbeitsthemen:**
- Die Darstellung der Wende in Gedichten ostdeutscher und westdeutscher Autoren und Autorinnen
- Die Verarbeitung der historischen Entwicklungen in Erich Loests Roman „Nicolaikirche" (Leipzig, 1995)
- Die literarische Darstellung der „Wende" in Gert Neumanns „Anschlag" (Köln, 1999)

Neue Orientierungen: Biografisches Schreiben

Zoë Jenny: **Party** (1997) ▷ S. 427

2. a) Distanzierte Wahrnehmung der Party-Welt durch die Ich-Erzählerin. In der Außensicht ist die kritische Distanz größer, sie hat selbst keine Motivation, die Disko-Atmosphäre erleben zu wollen, und wird von Rea eingeführt, der sie folgt, deren Kontakt sie aber verliert. In dieser Phase setzt die Innensicht ein, als sie selbst „Teil einer großen Körpermaschine" (Z. 26) zu werden scheint und vom Disko-Fieber überwältigt wird, bis sie Lea „aus der Umklammerung fortreißt" (Z. 41) und sie wieder befreit. ▷ S. 427
   b) – „schnelle, dumpfe Schläge dröhnen" (Z. 1 f.)
   – „tropische Hitze" (Z. 8)
   – „ein Nebel", der einem die „Orientierung" nimmt (Z. 9 f.)
   – „Schlachthof" mit „Haken ..., an denen einst Tierleiber hingen" (Z. 11 ff.) etc.
   → Verdeutlichung der unwirklichen, packenden Atmosphäre

Bernhard Schlink: **Der Vorleser** (1995) ▷ S. 427

1. a) Der Erzähler berichtet aus der Außenperspektive, die große und damit kritische Distanz zum Romangeschehen erzeugt. Die Betroffenheit des Ich-Erzählers liegt einerseits weit zurück, sodass kritische Reflexion und Selbstbeurteilung möglich werden, andererseits aber fühlt er sich immer noch intensiv dem Erlebten ausgesetzt, sodass – vor allem in der Form des inneren Monologs (vgl. Z. 10 ff.), der einer Innenperspektive entspricht – das Erlebte hier noch nicht bewältigt erscheinen kann. ▷ S. 428
   b) Bedeutung der Erinnerungen für den Erzähler: „Sehnsucht nach vergangenem Glück" (Z. 2 f.); Auslösung von Traurigkeit über „das Wissen, was danach kam" (Z. 7 f.); Reflexion über das eigene Erscheinungsbild als Jugendlicher (Z. 24 ff.); Traurigkeit über die Erkenntnis, dass das Leben nicht alle jugendlichen „Versprechen" halten konnte (Z. 48 ff.)
   Bedeutung der Erinnerungen für Hanna: Angst vor der verdrängten Vergangenheit („verstaubte Truhe", Z. 69); Angst vor unangenehmen Entdeckungen (Analphabet; KZ-Aufseherin).

Martin Walser: **Ein springender Brunnen** (1998) ▷ S. 429

1. Es soll reflektiert werden, ob Gedachtes, emotional Besetztes sprachlich festgehalten werden kann. Manche Schüler/innen werden berichten, dass sie Gefühle aufschreiben wollten, aber merkten, dass das, was da steht, nicht identisch ist mit dem Erlebten, Geträumten. Das geschriebene Wort hatte nicht mehr die Spannkraft, die in der Vorstellung noch vorherrschte. Auch das Ringen um treffendere Wörter zählt zum Erfahrungsbereich der Schüler/innen, ohne dass eine außenstehende Person dies eingefordert hat. ▷ S. 429

2. a) Die **Erzählweise** kann mit Unterstützung des Baumdiagramms (▷ S. 93), das die Gesichtspunkte für eine Beschreibung epischer Texte zusammenfasst, erstellt werden.
   - Handlungsebene: kurze äußere Handlung (Z. 1–4, 20), vor allem Darstellung der inneren Handlung (Z. 5–19, 23–70)
   - Zeit: zunächst stark zeitraffend: „... Johann fuhr wieder mit dem Zug in die Schule. Auf der Rückfahrt ...“ (Z. 2 f.), dann eher zeitdeckend bzw. zeitdehnend (detaillierte Gedankenwiedergabe)
   - Erzählform: Er-Erzähler
   - Erzählverhalten: auktorialer Erzähler
   - Standort: Nähe
   - Sichtweise: Innensicht von Johann
   - Erzählhaltung: neutral – affirmativ
   - Darbietungsform: (über den Erzähler): beschreibendes/berichtendes Erzählen; (über die Figur/Johann): Bewusstseinsstrom, erlebte Rede

   b) **Sprachliche Besonderheiten**
   - Wechsel von Hypotaxe und Parataxe bis hin zum Einwortsatz: „Der Sprache.“ (Z. 57)
   - Parallel gebaute Sätze mit sich wiederholendem Satzanfang: „Er hatte den Traum durch Aufschreiben zerstört. Er hatte ...“ (Z. 49 ff.)
   - Wiederholungen
     - Verben: „Diesen Traum hätte er ihr erzählen müssen. Sie erzählte ...“ (Z. 26 ff.)
     - der zweite Teil eines Satzes wird zum Anfang des nächsten: „Jeden Tag gab es etwas, was er ihr nicht sagen konnte. Was er nicht sagen konnte, schreiben?“ (Z. 28 ff.)
   - Neologismen, meist Nomenkomposita: „Beschämungskraft“ (Z. 35), „Traumüberfluss“ (Z. 46)
   - Metapher des Floßes: „Auf einem Floß aus Sätzen ...“ (Z. 58 ff.); des springenden Brunnens
   - Tempuswechsel: das Erzähltempus (Präteritum/Plusquamperfekt) wird mitunter von Präsensformen abgelöst (Z. 41, 48)
   - Funktion: Die für Johann bedrängende Frage, wie er mit einem Traum umgehen soll, der ihm besonders wichtig ist (erzählen, schreiben ...?), wird durch die oben genannten sprachlichen Besonderheiten für die Leser/innen deutlich. Johann schreibt zunächst ohne zu überlegen. Aus einem Wort resultiert ein anderes, aus einem Satz ein anderer: Dieses Verfahren erinnert an einen springenden Brunnen (Z. 26–37). Die Sprache erhält Eigendynamik, sie generiert sich selbst. Erst als der Verfasser (Johann) eine Intention hat – er will den Traum aufschreiben –, geraten die Sätze strukturierter. Doch die Reflexion hat ihre Kehrseite: Denn nun hat er den Traum zerstört (Z. 43–63).

   c) Zur Metapher des springenden Brunnens: Die Eigenschaften von Sprache werden in der Metapher des springenden Brunnens verbildlicht. Sprache ist damit etwas Selbstproduktives, Selbstschöpferisches. Sprache wird als etwas Unmittelbares, Unbedingtes vorgeführt. Um im Bild zu bleiben: Einmal im Fluss, sprudelt sie wie von selbst, ohne dass Deutungen, Interpretationen, Reflexionen diese formen, überformen oder gar verformen. Einzelne Sätze verschwinden wie einzelne Wasserfontänen in einem Kontext, erhalten einen anderen Sinn, gehen in ihm auf, um dann wieder in einzelne Bestandteile zu zerfallen. Dies erinnert auch an die Technik des automatischen Schreibens (écriture automatique): den Willen außer Kraft setzen und sich der Sprache überlassen. In diesem Zusammenhang könnte das automatische Schreiben praktiziert werden (▷ S. 127).

▷ S. 430 *Robert Schneider:* **Schlafes Bruder** (1992)

▷ S. 430 1. Das erste Kapitel bietet eine Zusammenfassung des gesamten Romans, der erste Satz ist die knappste Inhaltsangabe, die man leisten kann. Deutlich weist der Erzähler daraufhin, dass es sich um „eine Geschichte“ und damit um Erzähltes handelt. Der Leser/die Leserin wird bereits hier mit den zentralen Motiven des Romans konfrontiert: Liebe, Schlaf und Tod (siehe auch Kapitelüberschrift).

Erwartungen

- im Hinblick auf Inhalte: Im Mittelpunkt des Romans steht ein junger Musiker (Künstlerroman), der ein unglücklich Liebender (Liebesroman) ist. Er fällt einer (pseudo-religiösen) Wahnvorstellung („wer schlafe, liebe nicht" Z. 23) zum Opfer und geht schließlich daran zugrunde (tragischer Grundton).
- im Hinblick auf den Sprachstil: eher Stil des 19. Jahrhunderts („... sein Leben zu Tode brachte", Z. 2 f.; „war in ... Liebe ... entbrannt", Z. 5 f.), der auch an die Bibelsprache erinnert; es wird psychologisierendes Vokabular benutzt, aber es gibt auch Anklänge an einen Trivialroman.
- im Hinblick auf die Erzählerrolle: auktorialer Erzähler, der den Leser/die Leserin stark lenkt, seine/ihre Interpretation beeinflusst, da der Erzähler Erklärungen sowie Wertungen vornimmt und vorwegnimmt, auch wenn er in Form der indirekten Rede referiert (Konjunktivgebrauch) und vorgibt, nur „beschreiben" zu wollen: „Die Welt dieses Menschen ... wollen wir beschreiben." (Z. 26 ff.) Es wird wohl chronologisch, linear erzählt werden und dabei wird der Erzähler weiterhin das epische Präteritum benutzen. Er verspricht Spannung aufgrund eines außergewöhnlichen Helden und einer unerhörten Begebenheit. Außerdem fördert er die Lesemotivation, indem er eine Vorausdeutung vornimmt: „... bis dass er (= Elias) das Geheimnis der Unmöglichkeit seines Liebens zu Grunde geforscht hätte" (Z. 9 f.).

Die Information, dass diese Erwartungen von Schneider im Verlauf des Romans permanent aufgebrochen und Kontraste sowie Widersprüche den Lesevorgang begleiten werden, könnte eine Lesemotivation für die Schüler/innen darstellen.

Mögliche **Facharbeitsthemen:**

- Ein postmoderner Roman wird zum Erfolgsbuch: *Robert Schneider:* Schlafes Bruder
- Die Problematik der Literaturverfilmung am Beispiel der Vilsmaier-Verfilmung von „Schlafes Bruder"
- Goethes „Werther" und Schneiders „Schlafes Bruder" – ein Vergleich
- Jens Sparschuh nennt seinen Roman „Der Zimmerspringbrunnen" einen Heimatroman. Inwiefern nimmt er Bezug auf die literarische Tradition?

5 Literatur nach 1945

Konzeption des Kapitels B III 5.3: Zweisprachige Schriftsteller/innen in Deutschland

Zu der Wirklichkeitsbeschreibung in der deutschen Literatur gehören seit geraumer Zeit die doppelkulturellen Erfahrungshorizonte. Vielfältige Zwänge und Anlässe haben Menschen veranlasst, die Heimat zu verlassen und in einem anderen eine neue Existenz zu suchen. Inzwischen leben Millionen Menschen „zwischen zwei Sprachen“. Es stellt sich die Frage, wie sie leben, in welcher Sprache sie denken, träumen und schreiben.
Der Aspekt der Zweisprachigkeit soll hier insofern thematisiert werden, dass ein Schriftsteller als Fremd-Sprache die deutsche Sprache hat und in dieser seine Werke verfasst. Mit der historischen Entwicklung der Migration in Deutschland hat sich mittlerweile auch eine so genannte Migrantenliteratur etabliert. Verarbeitet werden vor allem die spannungsreichen persönlichen und kulturellen Identitätsprobleme, die sich den in Deutschland lebenden Ausländerinnen und Ausländern stellen. Die Begegnung von Kulturen in Sprache und literarischen Texten geschieht somit aus dem Blickwinkel der Migranten. Hierfür wurden insbesondere Kurztexte ausgewählt, aber auch ein Ausschnitt aus einer längeren Erzählung.

Literaturhinweise

Irmgard Ackermann (Hg.): In zwei Sprachen leben. dtv, München 1983

Nergiz Akçora/Lisa Böcker: Du kennst dich selber nicht. – Was soll all dies Lesen? Reflexion der Verstehens- und Darstellungsprozesse von Literatur. Erzähltexte zur Migration. Hg. v. der Regionalen Arbeitsstelle zur Förderung ausländischer Kinder und Jugendlicher (RAA). Gelsenkirchen 1996 (= Impulse für das Interkulturelle Lernen, Heft 6)

Als Fremder in Deutschland. Berichte, Erzählungen, Gedichte von Ausländern. dtv, München 1982

Gino Chiellino: Literatur und Identität in der Fremde. Kiel 1989

Hilde Domin: 5. Vorlesung: Sisyphos: die tägliche Anstrengung, das Unmögliche zu tun. – Der schreibende Asylant als Sonderfall der Sisyphos-Existenz. – Das Postulat der zweiten Chance: der Neubeginn. – In: *Dies.:* Das Gedicht als Augenblick von Freiheit. Frankfurter Poetikvorlesungen. Fischer Taschenbuchverlag, Frankfurt/M. 1993, S.85–101

Horst Hamm: Fremdgegangen – freigeschrieben. Einführung in die deutschsprachige Gastarbeiterliteratur. Königshausen & Neumann, Würzburg 1988

Literatur fremder Kulturen: Türkei. Der Deutschunterricht, Heft 5/1993

Paul Michael Lützeler: Schreiben zwischen den Kulturen. Beiträge zur deutschsprachigen Gegenwartsliteratur. Fischer, Frankfurt/M. 1996

Heidi Rösch: Interkulturell unterrichten mit Gedichten. Verlag für Interkulturelle Kommunikation, Frankfurt/M. 1995

Andrea Zielke-Nadkarni: Migrantenliteratur im Unterricht. Hamburg 1993

Texte/Gegenstände

.430 **5.3 Zweisprachige Schriftsteller/innen in Deutschland**

- *Srđan Keko:* In zwei Sprachen leben
- *Costas Gianacacos:* Überfüllt
- *José Bosch y Barrera:* Zwei Aphorismen
- *Claudina Marques Coelho:* Was verrät denn ein Name?
- *Franco Biondi:* In der pizzeria der altstadt
- *Franco Biondi:* Deutsche Sprachübung
- *Emine Sevgi Özdamar:* Mutterzunge

Intentionen

- eigene Fremdheitserfahrungen reflektieren
- über die Möglichkeiten und Grenzen von Zweisprachigkeit nachdenken
- Deutsch als Literatursprache für Ausländer/innen kennen lernen
- Migrantenliteratur als Fiktionalisierung von Erfahrung wahrnehmen
- die thematische Pluralität und Differenz von Kulturen in den Blick rücken
- interkulturelle Erfahrungen aus der Perspektive der Ausländer kennen lernen
- sich mit der Übersetzungsproblematik auseinander setzen
- Migrantenliteratur als Bereicherung erfahren
- im Projekt die Vielfalt einer ethnisch unterschiedlich zusammengesetzten Lerngruppe unterrichtlich nutzen

5.3 Zweisprachige Schriftsteller/innen in Deutschland

▷ S. 431 1. a/b) Mögliche Ergänzung des Schemas:

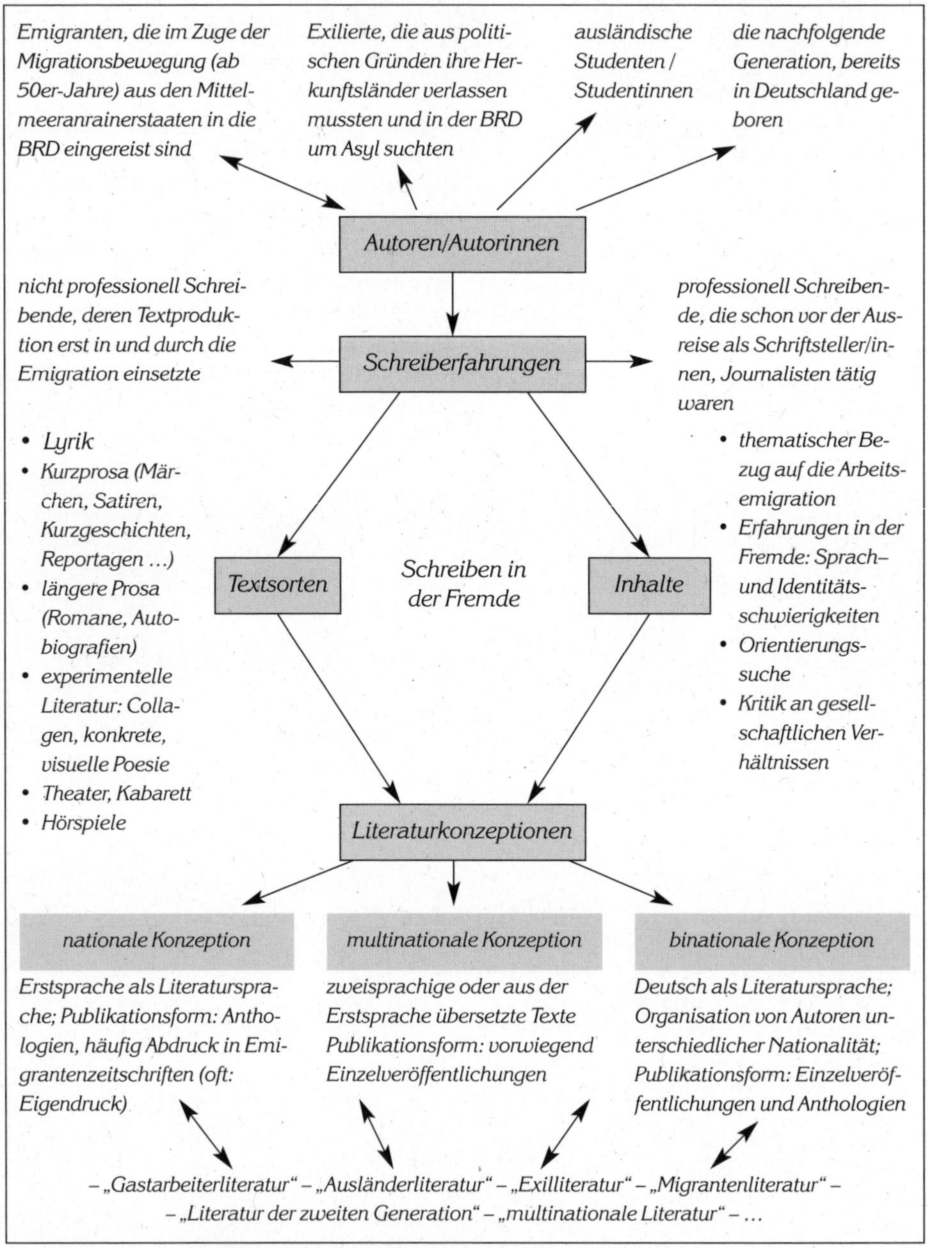

▷ S. 435 1. a) Auch wenn z. T. sehr unterschiedliche subjektive Erfahrungen genannt werden, können die genannten Aspekte clusterartig an der Tafel gesammelt werden.

b) Mögliche Erfahrungen: nach Worten suchen müssen, Schwierigkeit, treffende Begriffe zu finden, der Schreibfluss ist in Frage gestellt, Begriffe der Fremdsprache und der Erstsprache mischen sich in den Gedanken.

3. a) Erfahrungen, Konflikte: Sprachschwierigkeiten; Schwierigkeiten mit Amtssprache; Unverständnis; Missverständnis bei Behörden; Erfahrungen, seiner Persönlichkeit, seiner Identität beraubt zu werden; Erfahrung der Isolation; Sehnsucht nach der Heimat (Biondi: „weggespülter Rückkehrwunsch"); Wartehaltung, während der die Aktivitäten im Zustand des Verstummens enden (Biondi: „in der pizzeria"), fehlende Menschlichkeit; nur als Arbeitskraft gesehen werden, nicht als Person; unbedingte Anpassung ans Gastland; finanzielle Abhängigkeit; eigene Existenz wird als fremdbestimmt erlebt (Biondi); gesetzlich festgelegter Handlungsspielraum wird als einengend empfunden.

b) Kulturelle Unterschiede werden meist nicht begrifflich genau benannt, sondern müssen erschlossen werden. So wirkt die von Gianacacos geschilderte Atmosphäre im Akropolis-Express durch die verschiedenen Menschen, die Art, wie sie aufeinandertreffen (Z. 12 f., 15), und ihr in aller Knappheit angesprochenes ‚Reisegepäck' (Z. 16 ff.) lebendig und bunt, für uns auch fremd. Als klare Unterschiede werden Bürokratisierung, Traditionen der Namensgebung, Trend zu Sparsamkeit statt Fülle, zu Zeitreduktion statt Geruhsamkeit thematisiert. Kulturelle Gemeinsamkeiten (z. B. Lebenstüchtigkeit, s. Bosch y Barrera) müssten eher von den Schülerinnen und Schülern eingebracht werden. Dies regt dazu an, ausländische Mitschüler/innen zu befragen oder eigene Reiseerlebnisse einzubringen.

c) Rolle der Muttersprache/Erstsprache und der Zweitsprache
- Im Zusammenhang mit der Textcollage (▷ S. 431) wirkt der Aphorismus von Keko so, dass er in seiner Muttersprache „Zuflucht" sucht, wenn er Anfeindungen (in deutscher Sprache) ausgesetzt wird. Wird der Aphorismus unabhängig betrachtet, dann kann je nach Situation die Erst- oder die Zweitsprache diese Zufluchts-Funktion haben.
- Die Schwierigkeiten, sich in der Migration über die eigenen Empfindungen auszutauschen, führen zum Verstummen (Biondi) oder zu Sprachschwierigkeiten (statt glatten Sätzen, werden nur raue Sätze, Satzhülsen formuliert).
- Bei Özdamar wird der allmähliche Verlust, in der Erstsprache unmittelbar zu fühlen, zu denken, thematisiert und damit die voranschreitende Entfremdung von der eigenen Kultur bemerkt.

4. a) Mögliche Gründe für den Entschluss, das Deutsche als Literatursprache zu wählen:
- Bedürfnis, die spezifische Situation der Emigration aus dem Herkunftsland und die Immigration in die Bundesrepublik zu bewältigen, indem eine kulturelle Ausdrucksform gefunden wird; Ziel: Überwindung der Emigration und Integration in die neue Gesellschaft
- für den Beginn eines neuen Lebensabschnittes in einem neuen/ungewohnten Lebensraum auch sprachliche Signale setzen; sprachliches Ertasten der ersten Eindrücke, später spachliche Präzisierungen für das zunehmende Erfassen der Realität; bewusst gegen eine mögliche Verstummung oder Abschottung in einem – zunächst – fremden Alltag anschreiben
- Adressaten: Migranten und das deutschsprachige Publikum; das Gemeinsame betonen und Brücken schlagen zu den deutschen Bürgern und zu den Ausländern anderer Sprachherkunft
- Literatur als Artikulationsraum (zu-Wort-kommen); Autoren wollen sich nicht nur mit der verloren gegangenen Heimat beschäftigen
- mit den literarischen Texten einen Beitrag im multikulturellen Verständigungsprozess leisten; der Gebrauch der gemeinsamen (deutschen) Sprache schafft die Bildung einer gemeinsamen Identität in der Fremde (Ziel: gemeinsame multinationale Identität)

b) Die Migrantenliteratur kann einen kulturellen Austausch ermöglichen:
- größeres Verständnis dafür, wie sich Ausländer/Migranten hier fühlen; steht einer Wahrnehmungsdimension entgegen, die den Fremden zu einem exotischen Wesen entfremdet
- aber Warnung vor Authentizität: Auch bei der „Migrantenliteratur" handelt es sich um fiktive Texte
- Migranten lassen ihren spezifischen Umgang mit Sprache, wie sie ihn aus ihrem Sprachgebiet kennen, auch in die deutsche Alltagssprache einfließen (= neue literarische Elemente); das so genannte Gastarbeiterdeutsch kann als Stilmittel eingesetzt werden

B IV Medien

Konzeption des Kapitels

Das erste Kapitel (**„Der Weg ins Medien- und Informationszeitalter“**) steigt mit einem historischen Rückblick ein und zeigt, wie die Medien Telegrafie und Fotografie zu einer Atomisierung der Welt geführt haben. Zu fragen ist, ob mit dem Internet eine Entwicklung zu ihrem vorläufigen Abschluss kommt, die in den beiden genannten Medien schon angelegt ist. Mit Blick auf den Unterschied zwischen Internet und dem traditionellen Medium Zeitung, das die Schüler/innen aus der Mittelstufe kennen, wird über den Unterschied zwischen Information, Wissen und Erkenntnis reflektiert. Die Bezeichnung unseres Zeitalters als „Informationszeitalter“ kann so kritisch hinterfragt werden.
Das zweite Kapitel (**„Massenmedium Fernsehen“**) knüpft an den unmittelbaren Erfahrungshorizont der Schüler/innen als Mediennutzer/innen an, um die alltägliche Lebenspraxis zwischen Fernsehen und Medien zu problematisieren und deren Hauptfunktionen Information, Meinungsbildung und Unterhaltung zu hinterfragen. Die Texte spannen den Bogen von traditioneller sowie aktueller Fernsehkritik über Medientheorien bis hin zur Reflexion von Möglichkeiten der Manipulation in Talkshows. Ziel dieses Kapitels ist es, die Schüler/innen in die Lage zu versetzen, kritisch über Massenmedien reflektieren und in einer medial bestimmten Lebenswelt einen eigenen Standpunkt zwischen kulturpessimistischer und euphorischer Medienkritik bestimmen zu können. Die Medienkompetenz soll auch durch die produktive Aufarbeitung eigener Recherchen zum Umgang mit Medien in der Projektarbeit gefördert werden.
Das dritte Kapitel (**„Literatur – Film – Literaturverfilmung“**) versucht dem Medium Spielfilm in möglichst komplexer Weise gerecht zu werden, damit sich die exemplarisch aufgezeigten Kriterien der Filmanalyse auch auf andere Filme übertragen lassen. Am Beispiel des Spielfilms sollen unterschiedliche Analyseaspekte und -methoden sowie kreative Umgangsweisen mit dem Medium vorgestellt werden. Zu beiden Filmen („Lola rennt“ [1998], „Zwölf Uhr mittags“ [1952]) werden die Untersuchungsbereiche didaktisch so aufbereitet, dass anhand einzelner filmischer Kategorien in die Grammatik der Filmsprache eingeführt werden kann (Strukturanalyse, z.B. Sprache der Kamera, Montageformen, Zeitgestaltung, Bild-Ton-Beziehung). Gleichzeitig wird das Medium Film verstanden als ein Text (erweiterter Textbegriff), sodass sich die üblichen Verfahren im Umgang mit Texten auf den Spielfilm beziehen lassen (filmnarrative Strukturen, Handlungsaufbau, Figurengestaltung, Zeitgestaltung, Stoff, Sprache im Film). Fachübergreifende Aspekte des Kapitels ergeben sich primär aus einer Betrachtung der Bereiche Bild (Mise en scène – Bildgestaltung und ihre Wirkung) und Ton (Filmmusik und ihre Wirkung).
Dem spezifischen Medium Literaturverfilmung wird in Form von programmatischen Texten, übergreifenden Fragestellungen und Projektanregungen nachgegangen. Die allgemeinen Kategorien der Filmanalyse werden dabei auf die Analyse von Literaturverfilmungen übertragen.

Literaturhinweise

Gerd Brenner: Methodentraining: *Projekt Medien und Meinungsbildung.* Cornelsen, Berlin 2002 (= Reihe „Kursthemen Deutsch")

Barbara Deiker/Wilhelm Gast: Film und Literatur. Analysen. Materialien, Unterrichtsvorschläge. Diesterweg, Frankfurt/M. 1993

Filmanalyse. Praxis Deutsch, Heft 140/1996

Werner Kamp/Manfred Rüsel: Vom Umgang mit Film. Volk und Wissen, Berlin 1998

Lexikon des internationalen Films. Hg. v. Kath. Institut für Medieninformation (KIM) und Kath. Filmkommission für Deutschland. Rowohlt, Reinbek 1995

Medien im Deutschunterricht. Praxis Deutsch, Heft 153/1999

James Monaco: Film verstehen: Kunst, Technik, Sprache. Hamburg 1980

Klaus M. und Ingrid Schmidt (Hg.): Lexikon der Literaturverfilmungen. Deutschsprachige Filme 1945–1990. Metzler, Stuttgart/Weimar 1995

Michael Töteberg (Hg.): Metzler-Film-Lexikon. Metzler, Stuttgart/Weimar 1995

Ders. (Hg.): Tom Tykwer: Lola rennt. Rowohlt, Reinbek 1998

Texte/Gegenstände	Intentionen
▷ **S. 436** **1 Der Weg ins Medien- und Informationszeitalter**	– Fernsehen und Internet als Weiterentwicklung von Telegrafie und Fotografie verstehen
▷ **S. 436** **1.1 Die Atomisierung der Welt** – *Hubert Burda:* Das Unheimliche der Fotografie – *Neil Postman:* Die Atomisierung der Welt durch die Medien des 19. Jahrhunderts	– den historischen Bedeutungswandel von „Information“ reflektieren
▷ **S. 438** **1.2 Im weltweiten Info-Dorf: Ein Leben voller Gerechtigkeit, Gleichheit, Höflichkeit?** – *N. Postman/John Perry Barlow:* Streitgespräch über das Internet – *Alexander Roesler:* Bequeme Einmischung. Internet und Öffentlichkeit – *Adrian Suter:* Höflichkeit im Internet – Ergebnis einer Internet-Recherche – *Neil Postman:* Information – Wissen – Erkenntnis	– anhand kontroverser medientheoretischer Ansätze die Struktur und den Einfluss vor allem neuer Medien reflektieren (Freiheit der Nutzung von Massenmedien, Manipulation durch Medien) – Verhaltens- und Schutzregeln zum Umgang mit dem Internet diskutieren und entwickeln – Argumentationsstrukturen und Informationsgehalt der medienkritischen Texte untersuchen, Informationen auswerten und argumentieren – Information, Wissen und Erkenntnis im medienkritischen Diskurs begrifflich unterscheiden können
▷ **S. 443** **1.3 Projekte**	– Kommunikationsverhalten in Medien sowie Gemeinsamkeiten und Unterschiede verschiedener Medien recherchieren und auswerten
▷ **S. 445** **2 Massenmedium Fernsehen**	– gesellschaftliche und politische Auswirkungen des Fernsehens abschätzen
▷ **S. 445** **2.1 Fernsehen – Monopolist ganz eigener Art?** – *P. Bourdieu:* Über das Fernsehen	
▷ **S. 447** **2.2 Politik und Gesprächskultur im Fernsehen** – *S. Frey:* Politik im Fernsehzeitalter – *Gerhard Bliersbach:* Das Paradox der Talkshow	– die These von der „Personalisierung der Politik“ durch das Fernsehen diskutieren – die Regiemaßnahmen hinsichtlich der Inszenierung von Talkshows analysieren und anwenden
▷ **S. 451** **2.3 Gewalt und Fernsehen** – *Karl Otto Saur:* Ist Fernsehen für Kinder schädlich? – *Britta Paulekat:* Medienaufklärung statt Zensur	– Hauptaussagen von Texten als Thesen formulieren – Berechtigung und Wirksamkeit von Zensurmaßnahmen diskutieren
▷ **S. 453** **2.4 Projekte**	– Fernsehsendungen nach vorgegebenen oder selbst erarbeiteten Kriterien beobachten und auswerten

S. 454 **3 Literatur – Film – Literaturverfilmung**

S. 454 **3.1 Filmvergleich: „Lola rennt“ (1998) und „Zwölf Uhr mittags“ (1952)**

S. 455 **3.1.1 Die Struktur eines Spielfilms analysieren**

Stoff, Dramaturgie und Erzählformen
- *Tom Tykwer:* Schicksal und Zufall

Figuren und Charaktere
Dialoge untersuchen
- Drehbuchauszug aus „Lola rennt“

Zeit und Zeitgestaltung
Fimtradition und Filmzitat

- die individuelle und überindividuelle Rezeption von Spielfilmen reflektieren
- die Struktur filmischer Kategorien gezielt beobachten und auswerten
- Begriffe der Literaturanalyse auf das Medium Film anwenden und untersuchen
- zu Filmszenen kreativ schreiben und Filmszenen nachspielen
- analog zu kommunikationstheoretischen Analysen Dialoge im Film untersuchen
- Zeit und Zeitgestaltung als wesentliches Mittel filmischen Erzählens erkennen
- filmische Tradition als wesentliches Element von Spielfilmen erkennen lernen

S. 461 **3.1.2 Detailanalyse: Elemente der Filmsprache**

Einstellungsgrößen
Kameraperspektive
Kamerabewegung
Mise en scène (Das In-Szene-Setzen)
Montage
Bild-Ton-Beziehung

- im analytischen und produktiven Umgang mit Filmen die mehrdimensionale filmsprachliche Struktur als eine Grammatik der Filmsprache kennen und anwenden lernen
- produktiv mit dem Medium Film umgehen (kreatives Schreiben: Fortsetzen von Szenen, Essay, Filmkritik; komplexes Filmprojekt: einen kurzen Videofilm drehen)

S. 468 **3.2 Verfilmung von Literatur**

- *Rainer Werner Fassbinder:* Literatur und Leben
- *Knut Hickethier:* Der Film nach der Literatur ist Film
- *Alexander Kluge:* Literarische und filmische Mittel

- die spezifischen Möglichkeiten der Medien Literatur und Film an einem selbst gewählten Stoff untersuchen und ihre jeweiligen Intentionen und Funktionen vergleichen
- eine kurze Literaturverfilmung produzieren

- Formen der filmischen Adaption von Literatur
- *Irmela Schneider:* Aus einem Drama wird ein Film
- *Siegfried Lenz:* Literaturverfilmung am Beispiel des Romans „Deutschstunde“
- *Arthur C. Clarke:* 2001 – Odyssee im Weltraum

- Typen filmischer Adaption von Literatur kennen lernen
- die Verfilmung eines Dramas untersuchen
- einen Romananfang mit einem Filmbeginn analysieren

S. 474 **3.3 Projekte**

- arbeitsteilig eine Videoverfilmung für die Schulöffentlichkeit erstellen

1 Der Weg ins Medien- und Informationszeitalter

1.1 Die Atomisierung der Welt

▷ S. 436 *Hubert Burda:* **Das Unheimliche der Fotografie** (1988)

▷ S. 436 1. Burda weist zwei Gefahrenmomente auf, die mit dem Fotografieren verbunden sind: Zum einen verleitet es Menschen dazu, die Welt der unmittelbaren Wahrnehmung mit der Welt der Abbilder zu verwechseln. Zum anderen werden Menschen, die fotografiert werden, zu Objekten verwandelt.

▷ S. 437 *Neil Postman:* **Die Atomisierung der Welt durch die Medien des 19. Jahrhunderts** (1999)

▷ S. 437 1. Der amerikanische Medienkritiker Postman, ein ehemaliger Grundschullehrer, hat schon früh sich mit den negativen Auswirkungen moderner Medien beschäftigt. In seinem Buch „Wir amüsieren uns zu Tode", das ihn berühmt machte, versucht er zu zeigen, wie die Häppchenkultur des Fernsehens, auch bei so genannten Informations- und Wissenssendungen, dem abendländischen Verständnis von Bildung widerspricht: TV-Sendungen verzichten auf einen curricularen Fortschritt oder eine entsprechende Vertiefung, die Sendungen erfordern kein Vorwissen, die Mühsal des Lernens wird durch die Möglichkeit, jederzeit „aussteigen" zu können, ersetzt.
Postman zeigt, wie die Telegrafie den öffentlichen Gedankenaustausch zerbricht. Er zitiert Mumfords Wendung von der „zerbrochenen Zeit und der zerbrochenen Aufmerksamkeit". Die Fotografie, das zweite Medium, löst den Kontext auf, isoliert Ausschnitte aus ihrem Zusammenhang.

2. Postman geht davon aus, dass Fernsehen und vor allem Internet als Verbindung aus Tele- und Fotografie verstanden werden kann. Vor dem Hintergrund einer kritischen Reflexion dieser Aussage kann auch nach prinzipiellen Unterschieden zwischen Fernsehen und Internet gefragt werden: Ist z. B. das vorwiegend auf Visualität sich stützende Fernsehen eine Fortsetzung der Fotografie, ist das (zumindest zurzeit noch) eher textlastige Internet eine Fortsetzung der Telegrafie? Wird die Möglichkeit zur Interaktion und Reaktion, die im Internet gegeben ist, auch vom Fernsehen der Zukunft genutzt werden können?

1.2 Im weltweiten Info-Dorf: Ein Leben voller Gerechtigkeit, Gleichheit, Höflichkeit?

▷ S. 438 *Neil Postman/John Perry Barlow:* **Streitgespräch über das Internet** (1997)

▷ S. 439 1. **Postman:** Die Informationsflut lenkt von konkreten gesellschaftspolitischen Problemen ab; Information kann die Probleme nicht lösen.
Nachteile des Internets: Potenzierung der Informationsflut, Vereinsamung des Individuums vor der Maschine
Barlow: Gesellschaftspolitische Probleme beruhen auch auf mangelnder Information; Information kann Probleme lösen helfen.
Vorteile des Internets: Gleichheit der Nutzer, Gemeinschaft der Individuen in der Maschine

Alexander Roesler: **Bequeme Einmischung. Internet und Öffentlichkeit** (1997) ▷ S. 439

1. Der Autor unterscheidet mit Blick auf die öffentliche Kommunikation drei Möglichkeiten, die er historisch verortet: ▷ S. 441

Prinzip	**Kommunikation**	**Verkündigung** (Einbahn-Verkündigung)	**Interaktion**
historische Beispiele	antike Polis, Aufklärung	Massenmedien TV und Radio, 20. Jh.	Internet
Raum	Agora (Marktplatz), Klub	„verkürzte Öffentlichkeit“	elecronic agora

Die elecronic agora weist dabei drei Merkmale auf: die Gleichheit; die Möglichkeit, dass alles zum Gegenstand des Diskurses gemacht werden kann; die Unabgeschlossenheit des Publikums. Gerade das letzte Merkmal war in der antiken Polis (Unterscheidung Vollbürger – Nichtbürger) und in den Klubs der Aufklärung (Bildungselite) so nicht gegeben. Die durchweg positive Einschätzung der neuen elektronischen Kommunikationsmöglichkeiten, die der Autor vornimmt, reizt zur Gegenrede.

2. Die in der Arbeitsanweisung erwünschten Textformen (Essay, Glosse u. a.) können als Vorbereitung auf den Aufgabentyp V im schriftlichen Deutschabitur verstanden werden, wie er ab dem Schuljahr 2004 eingesetzt wird: Textanalyse und Texterörterung, wobei die erörternde Stellungnahme in Form einer der genannten pragmatischen Textformen eingefordert werden kann.

Adrian Suter: **Höflichkeit im Internet – Ergebnis einer Internet-Recherche** (2000) ▷ S. 441

1. Die face-to-face-Kommunikation erlaubt über das Zusammenspiel von Sprache und körpersprachlichen Signalen (z. B. Mimik, Gestik) eine ständige Überprüfung auf Glaubwürdigkeit und Verlässlichkeit des Gesagten. Dies ist in der Situation der Internet-Kommunikation, die von allen körpersprachlichen Merkmalen abstrahiert, nicht möglich. ▷ S. 441

2. Als Arbeitserleichterung ist im Folgenden der Regelkatalog wiedergegeben, wie er sich unter http://www.kirchwitz.de/~amk/dni/netiquette im August 2001 fand (Texte im Internet sind ständiger Überarbeitung ausgesetzt; auch ändern sich die Adressen, unter denen sich die Dokumente ansteuern lassen):

Die Netiquette

Die Netiquette soll Ihnen helfen, die Sitten und Gebräuche kennen zu lernen, die sich im deutschsprachigen Teil des Usenets (den „de.*“-Newsgruppen) eingebürgert haben. So können Sie einige der häufigsten Stolpersteine vermeiden.
Es folgen einige Tips, wie man das Netz effizient und auch höflich zur Zufriedenheit aller benutzen kann (und sollte):

- Vergessen Sie niemals, dass auf der anderen Seite ein Mensch sitzt!
- Erst lesen, dann denken. Noch einmal lesen, noch einmal denken. Und_dann_erst posten!
- Teilen Sie etwas Neues mit!
- Ihre Artikel sprechen für Sie – Seien Sie stolz auf sie!
- Nehmen Sie sich Zeit, wenn Sie einen Artikel schreiben! Vernachlässigen Sie nicht die Aufmachung Ihres Artikels!
- Achten Sie auf die „Subject:“-Zeile!
- Denken Sie an die Leserschaft!
- Vorsicht mit Humor, Ironie und Sarkasmus!
- Kürzen Sie zitierten Text auf das notwendige Minimum!

- Benutzen Sie E-Mail!
- Geben Sie eine Sammlung Ihrer Erkenntnisse an das Netz weiter!
- Achten Sie auf die gesetzlichen Regelungen!
- Benutzen Sie Ihren wirklichen Namen, kein Pseudonym!
- Vorsicht mit Kommerziellem!
- Vorsicht mit Binaries und Multipart-Artikeln!
- „Du“ oder „Sie“?

1. Vergessen Sie niemals, dass auf der anderen Seite ein Mensch sitzt!

Wenn sie Ihre Artikel verfassen, denken viele Leute leider nicht daran, dass die Nachrichten nicht von Computern gelesen werden, sondern von anderen Menschen.

Ihre Nachricht kann nicht nur von Leuten im deutschsprachigen Raum gelesen werden, sondern auf der ganzen Welt. Lassen Sie sich also besser nicht zu verbalen Ausbrüchen hinreißen.

Bedenken Sie: Je ausfallender und unhöflicher Sie sich gebärden, desto weniger Leute sind bereit, Ihnen zu helfen, wenn Sie selbst einmal etwas brauchen.

Eine einfache Faustregel: Schreiben Sie nie etwas, was Sie dem Adressaten nicht auch vor anderen Leuten ins Gesicht sagen würden.

2. Erst lesen, dann denken. Noch einmal lesen, noch einmal denken. Und_dann_erst posten!

Die Gefahr von Missverständnissen ist bei einem schriftlichen Medium besonders hoch. Vergewissern Sie sich mehrmals, dass der Autor des Artikels, auf den Sie antworten wollen, auch das gemeint hat, was Sie denken. Insbesondere sollten Sie darauf achten, ob nicht vielleicht Ironie, Sarkasmus oder eine ähnliche Variante des Humors benutzt wurde, ohne ihn mit dem Smiley-Symbol :-) zu kennzeichnen.

3. Teilen Sie etwas Neues mit!

Ihr Artikel wird an ein Millionenpublikum weltweit verteilt. Teilen Sie daher etwas Neues mit, wenn Sie einen Artikel schreiben!

Machen Sie Ihren Standpunkt klar und drücken Sie sich verständlich aus. Durch schlüssige Argumentation können Sie von vornherein viele Missverständnisse vermeiden.

Denken Sie aber daran, dass niemand gerne Artikel liest, die mehrere hundert Zeilen lang sind. Ihr Artikel sollte kurz und prägnant sein, jedoch ohne dass dabei das Verständnis auf der Strecke bleibt.

Wer eine Signatur unter seinem Artikel verwenden möchte, sollte dort etwas mitteilen, was noch nicht aus seinem Artikel oder dessen Header hervorgeht. Die Signatur sollte maximal vier Zeilen lang sein.

Der so genannte Footer ist im Usenet unüblich und unerwünscht. Man bezeichnet damit im Allgemeinen einen von der Software selbst erstellten Text, der automatisch dem Artikel-Inhalt (Message-Body) hinzugefügt wird. Im Gegensatz zur Signatur entzieht sich der Footer im Wesentlichen dem Einfluss des Benutzers (z.B. Hinweise, durch welche Programme der Artikel verarbeitet wurde).

Ebenfalls unerwünscht sind so genannte „human gateways“. Man sollte nicht seine Aufgabe darin sehen, Artikel aus verschiedenen für jedermann zugänglichen anderen Newsgruppen, Netzen oder Informationsdiensten (z. B. Z-Netz, T-Online, Videotext, AOL usw.) ins Netz weiterzuleiten.

4. Ihre Artikel sprechen für Sie – Seien Sie stolz auf sie!

Die meisten Leute im Netz kennen und beurteilen Sie nur aufgrund dessen, was Sie in News und Mails schreiben. Versuchen Sie daher, Ihre Artikel leicht verständlich und möglichst fehlerfrei zu verfassen.

Ein Wörterbuch neben dem Rechner mag als Übertreibung erscheinen, andererseits wird ein möglichst fehlerfreier und gut formulierter Artikel ernster genommen als ein vor Fehlern beinahe unleserlicher oder durch schlechte Wortwahl unverständlicher Artikel.

Bedenken Sie, dass Ihr Anliegen schlecht vertreten wird durch einen Artikel, der nicht elementaren Anforderungen an Stil, Form und Niveau genügt.
Vielleicht lesen Ihre zukünftigen Kollegen oder Ihr zukünftiger Chef mit. Vorurteile bilden sich leicht.

5. Nehmen Sie sich Zeit, wenn Sie einen Artikel schreiben!

Einige Leute denken, es reiche aus, einen Artikel in wenigen Minuten in den Rechner zu „hacken". Besonders im Hinblick auf die vorangegangenen Punkte ist das aber kaum möglich. Sie sollten sich Zeit nehmen, um einen Artikel zu verfassen.
Vergewissern Sie sich vor dem Schreiben, ob nicht bereits andere eine gleichwertige Antwort verfasst haben. Dadurch kennen Sie einen Teil der nachfolgenden Diskussion und können vorgebrachte Argumente bei Ihrem Beitrag schon berücksichtigen.
Jeder Artikel sollte vor dem endgültigen Abschicken mindestens einmal vollständig durchgelesen und überarbeitet werden.
Manchmal empfiehlt es sich auch, den Artikel noch einmal zu überschlafen. Oft stellt sich am nächsten Tag heraus, dass man zu impulsiv reagiert oder eine Beleidigung verfasst hat.

6. Vernachlässigen Sie nicht die Aufmachung Ihres Artikels!

Durch Groß- und Kleinschreibung wird der Text leserlicher. Absätze dienen der Gliederung und lockern den Text auf. Darüber hinaus sollten Punkte und Kommas selbstverständlich sein.
Eigener und zitierter Text sollten grundsätzlich durch eine Leerzeile getrennt werden.
Auf Blocksatz verzichten Sie besser, da unterschiedlich breite Leerschritte das Lesen erschweren.
Sie sollten die Breite der eigenen Zeilen unter etwa 70 Zeichen halten, damit auch nach mehrmaligem Zitieren von Text (Quoten) die Standardzeilenbreite von 80 Zeichen nicht überschritten wird. Zudem wissen professionelle Schreiberlinge längst, dass Zeilen mit mehr als etwa 70 Zeichen vom Menschen nur noch mit Anstrengung zu lesen sind (zählen Sie doch einmal die Zeichen pro Zeile in Ihrer Tageszeitung).
Weitere grundlegende Hinweise zur Textgestaltung finden Sie beispielsweise im Duden (Regeln für das Maschinenschreiben) oder in der entsprechenden DIN 5008 (Schreib- und Gestaltungsregeln für die Textverarbeitung).

7. Achten Sie auf die „Subject:"-Zeile!

Wenn Sie einen Artikel verfassen, achten Sie bitte besonders auf den Inhalt der „Subject:"-Zeile (umgangssprachlich auch „Betreff" oder „Thema" genannt). Hier sollte in kurzen Worten (möglichst unter 40 Zeichen) der Inhalt des Artikels beschrieben werden, sodass ein Leser entscheiden kann, ob er von Interesse für ihn ist oder nicht.
In länger dauernden Diskussionen kann es passieren, dass das Thema, über das debattiert wird, vom ursprünglichen „Subject" abweicht. Bitte ändern Sie die „Subject:"-Zeile entsprechend ab. Eine gute Angewohnheit ist es, wenn Sie das alte Thema zusätzlich auch noch angeben; bei Antworten auf solche Artikel (Followups) sollte das alte Thema aber entfernt werden. Ein Beispiel:
Bei einem Followup schlägt Ihr Newsreader standardmäßig das alte (bisherige) Thema vor:
Subject: Re: Kohlrabi im Vorgarten
Die Diskussion ist aber längst auf das Thema „Erbsen im Treibhaus" abgeschweift. Benutzen Sie das spezielle Schlüsselwort „was:" und ändern sie wie folgt:
Subject: Erbsen im Treibhaus (was: Kohlrabi im Vorgarten)
Followups auf Ihren neuen Artikel sollten nur noch das Thema
Subject: Re: Erbsen im Treibhaus
erhalten.

8. Denken Sie an die Leserschaft!

Überlegen Sie sich vor dem Posten eines Artikels oder Followups, welche Leute Sie mit Ihrer Nachricht erreichen wollen. Ein Artikel mit dem Titel „Fernseher Bj. 1972 an

Selbstabholer“ ist in einer regionalen Newsgruppe sicher wesentlich besser aufgehoben als in einer weltweit lesbaren „de.*“-Gruppe. Wählen Sie die Gruppe (oder Gruppen), in der Sie schreiben, sorgfältig aus. Sie sollten diese Gruppen auch selbst lesen. Posten Sie, wenn irgendmöglich, nur in_eine_Gruppe.
Ein „Crossposting“ eines Artikels in mehrere, womöglich inhaltlich verwandte Gruppen ist nicht empfehlenswert. Wenn Sie dennoch ein Crossposting (durch Angabe mehrerer Gruppennamen in der „Newsgroups:“-Zeile) erzeugen, lenken Sie bitte darauf folgende Artikel mit Hilfe der „Followup-To:“-Zeile in_eine_Gruppe.
Benutzen Sie eine Newsgruppe mit der Endung „.misc“, wenn keine dem Thema angemessenere spezielle Gruppe existiert.
Crosspostings über mehrere News-Hierarchien sind grundsätzlich zu vermeiden.
Speziell für Ankauf und Verkauf wurde die Unter-Hierarchie „de.markt.*“ eingerichtet, um entsprechende Artikel aus allen anderen Gruppen fernzuhalten. Bitte respektieren Sie das!

9. Vorsicht mit Humor, Ironie und Sarkasmus!

Achten Sie darauf, dass Sie Ihre ironisch gemeinten Bemerkungen so kennzeichnen, dass keine Missverständnisse provoziert werden. Bedenken Sie: In einem schriftlichen Medium kommt nichts von Ihrer Mimik und Gestik herüber, die Sie bei persönlichen Gesprächen benutzen würden.
Im Netz gibt es für diesen Zweck eine Reihe von Symbolen, die man Smileys nennt; die gebräuchlichsten sind :-) und :-(. Wenn Ihnen nicht sofort auffällt, was diese Smiley-Symbole bedeuten sollen, legen Sie den Kopf doch einfach auf die linke Schulter und schauen sie noch einmal :-).
Für den Leser gilt: Erscheint Ihnen ein Text missverständlich oder unlogisch, ziehen Sie in Betracht, dass er ironisch oder sarkastisch gemeint sein könnte. Bitten Sie im Zweifelsfall den Autor per E-Mail um eine Erklärung, statt sofort ein Followup zu posten.

10. Kürzen Sie zitierten Text auf das notwendige Minimum!

Es ist eine gute Angewohnheit, kurze Ausschnitte des Textes, auf den man sich bezieht, wörtlich zu zitieren und dem eigenen Text voranzustellen.
Machen Sie es sich zur Angewohnheit, nur gerade so viel Original-Text stehen zu lassen, dass dem Leser der Zusammenhang nicht verloren geht. Zitierter Text (Quote) stellt nur eine grobe Gedankenstütze dar, viel wichtiger ist das, was Sie an neuen, interessanten, eigenen Gedanken hinzuzufügen haben.
Zitieren Sie bereits zitierten Text nach Möglichkeit nicht erneut. Statt Text wortwörtlich zu zitieren, kann er auch durch eine kurze, in eckige Klammern [] gesetzte Umschreibung ersetzt werden.
Ein Beispiel:

>> Wenn Sie einen Followup-Artikel schrei-
>> ben, wird Ihnen der gesamte Text, auf
>> den Sie sich beziehen, von Ihrem News-
>> reader-Programm zum Bearbeiten ange-
>> boten.
>> [weitere Ausführungen über Newsrea-
>> der-Programme gelöscht]
>
> Der Originaltext wird dabei im Allgemei-
> nen durch das Zeichen „>“ eingerückt
> (ähnlich wie dieser Absatz), um klar er-
> sichtlich zu machen, dass es sich dabei
> um zitierten Text handelt. Lassen Sie
> zur Übersichtlichkeit zwischen zitiertem
> und eigenem Text jeweils eine Leerzeile
> Freiraum.

Zitieren Sie nur Text, auf den Sie auch Bezug nehmen!
Lassen sie den Originaltext aber auch nicht ganz weg! Der Leser Ihres Artikels hat den Artikel, auf den sie sich beziehen, mit hoher Wahrscheinlichkeit nicht mehr exakt in Erinnerung und hat ohne eine Gedankenstütze große Mühe, den Sinn Ihrer Ausführungen zu erkennen.
Das Zitieren von Unterschrift oder Signatur ist eine leider weit verbreitete Unsitte und unerwünscht.
Beim Zitieren sind den einzelnen Zeilen vo-

rangestellte Initialen nicht erforderlich, weil Newsreader-Software anhand der internen Artikel-Verkettung (wozu das Schlüsselwort „References“ im Header von Artikel dient) dies individuell auf Wunsch darstellen kann. Aus dem gleichen Grund ist bei der einleitenden namentlichen Anrede die Wiederholung von Subject, Message-ID, Newsgroup-Namen, Datum und den meisten anderen Header-Zeilen überflüssig.

11. Benutzen Sie E-Mail!

Wenn Sie dem Autor eines Artikels etwas mitteilen wollen, überlegen Sie bitte, ob dies eine Bereicherung der laufenden Diskussion ist und auch andere interessieren könnte – oder ob nicht eine einfache E-Mail besser geeignet wäre.

Ein Beispiel: Hitzige Diskussionen arten manchmal in wüste Beschimpfungsorgien (so genannte „Flame Wars“) aus. Spätestens dann ist der Zeitpunkt gekommen, ab dem außer den Streithähnen niemand mehr an der Diskussion interessiert ist.

Auch Hinweise auf Rechtschreibfehler, technische Probleme, offensichtliche Irrtümer oder Netiquetteverstöße tätigt man besser per E-Mail.

Es ist normalerweise unhöflich, Antworten per E-Mail auch noch einmal zusätzlich öffentlich zu posten. Man sollte sich entscheiden: entweder E-Mail oder News, aber nicht beides. Tun Sie es dennoch, sollten Sie unbedingt zu Beginn der Nachricht darauf hinweisen, etwa „[posted and mailed]“. Doch vergessen Sie nicht: Es ist besser, Sie entscheiden sich für _ein_Kommunikationsmedium – E-Mail oder News!

Generell gilt: Wenn Sie etwas mitteilen wollen, das auch Millionen andere Leute interessieren dürfte, benutzen Sie News. Andernfalls ist E-Mail passender.

12. Geben Sie eine Sammlung Ihrer Erkenntnisse an das Netz weiter!

Wenn Sie eine Frage an die Netzgemeinde gestellt und darauf Antworten per E-Mail empfangen haben, welche eventuell auch andere Leute interessieren könnten, fassen Sie die Ergebnisse (sinnvoll gekürzt) zusammen und lassen Sie damit auch andere von den Antworten auf Ihre Frage profitieren.

Haben Sie mit dem Schlüsselwort „Followup-To: poster“ im Header Ihres Artikels veranlasst, dass Antworten auf Ihren Artikel nicht veröffentlicht, sondern automatisch nur an Sie per E-Mail geschickt werden, sollten Sie nach angemessener Zeit eine Zusammenfassung Ihrer Erkenntnisse veröffentlichen (und diese Absicht auch in Ihrem Artikel ankündigen).

Weisen Sie von vornherein darauf hin, wenn Sie ohnehin eine Zusammenfassung posten wollen. Damit vermeiden Sie überflüssige Antworten der Art „Bitte poste doch eine Zusammenfassung“, „Bitte sende mir eine Zusammenfassung per E-Mail“, „Send me a copy“, „Me too“, „Add me“ usw.

Entsprechend gilt für die Leser: Wenn Sie gern möchten, dass jemand eine Zusammenfassung veröffentlicht, bitten Sie ihn per E-Mail darum, auf gar keinen Fall öffentlich (Followup).

Bedenken Sie: Es gilt als unhöflich, in einer Newsgruppe, die man nicht liest, nur Fragen zu stellen und Antworten per E-Mail einzufordern. Niemand liest gern Newsgruppen, in denen nur Fragen gestellt werden, aber keine Antworten stehen.

13. Achten Sie auf die gesetzlichen Regelungen!

Achten Sie darauf, dass Sie mit Ihrem Artikel keine Gesetze brechen!

Seien Sie vorsichtig beim Zitieren aus urheberrechtlich geschützten Werken! Begehen Sie keine Straftaten! Rufen Sie nicht zu Straftaten auf!

Wenn sie unsicher sind, ob Sie die Rechte eines anderen vielleicht verletzen könnten, fragen Sie ihn vorher per E-Mail, was er von Ihren Absichten hält.

Das Veröffentlichen von E-Mails ist – abgesehen von seinen möglichen rechtlichen Konsequenzen – unhöflich und sollte nicht ohne die explizite Einwilligung des Autors geschehen.

Da Ihre Artikel von einem Millionenpublikum gelesen werden, seien Sie zurückhaltend mit dem, was Sie über andere sagen. „Usenet is not a right", aber natürlich ist Usenet deshalb kein rechtsfreier Raum.

14. Benutzen Sie Ihren wirklichen Namen, kein Pseudonym!

In der Mailbox-Szene und bei einigen Internet-Anbietern verbergen die Nutzer ihre wahre Identität hinter einem Pseudonym und schreiben manchmal Dinge, die sie sich sonst nicht erlaubt hätten. Aufgrund der negativen Erfahrungen, die viele Leute im Netz mit den Trägern solcher Pseudonyme gemacht haben, sollten Sie Ihre Artikel mit Ihrem wirklichen Namen („real name") versehen.

In einigen Newsgruppen, in denen es um sehr sensible Themen geht (z.B. sexuelle Gewohnheiten etc.), werden Pseudonyme bzw. Artikel, die über so genannte Anonymous-Remailer (auch „Anon-Server" genannt) gepostet wurden, in Ausnahmefällen geduldet.

Pseudonyme bzw. Anonymous-Remailer bieten übrigens keinen Schutz, wenn man dem Netz oder seinen Teilnehmern schaden oder wenn man Straftaten begehen will. Wie bei den meisten elektronischen Medien ist im Ernstfall eine nachträgliche Rückverfolgung möglich.

15. Vorsicht mit Kommerziellem!

Ein gewisses Maß an kommerzieller Information wird im Netz durchaus geduldet. Beispielsweise Adressen von Firmen, die ein bestimmtes Produkt anbieten, nach dem jemand gefragt hat. Als unverschämt gilt dagegen die Verbreitung von reinen Werbeinformationen. Insbesondere dann, wenn ein gewisses Volumen überschritten oder unaufgefordert gepostet wird.

Bedenken Sie: Dies ist ein nicht-kommerzielles Netz und niemand will die Übertragungskosten für unverlangte Werbung bezahlen.

16. Vorsicht mit Binaries und Multipart-Artikeln!

Binär-Dateien (Grafik, Musik, ausführbare Programme usw.) sind in den Diskussionsgruppen dieses Netzes unerwünscht. Für Binär-Dateien gibt es spezielle Newsgruppen. Im Allgemeinen ist es jedoch besser, auf Binär-Dateien in den News zu verzichten und stattdessen nur auf entsprechende Download-Möglichkeiten via FTP oder WWW hinzuweisen.

Gleiches gilt für so genannte „Multipart"-Artikel. Manche Newsreader-Software kodiert den Artikelinhalt in verschiedenen, alternativen Darstellungsformaten (normaler Text, HTML, LaTeX, Word usw.), obwohl die meisten Netzteilnehmer nur reinen Text darstellen können. Seien Sie rücksichtsvoll und bieten Sie alternative Darstellungsformate besser via FTP oder WWW an. In der „de.*"-Hierarchie ist es üblich, nur normalen Text zu benutzen.

17. „Du" oder „Sie"?

Aus der Deutschsprachigkeit der „de.*"-Hierarchie erwächst die Frage, ob man andere Netzteilnehmer in News und Mail „duzen" oder „siezen" sollte. Es gilt normalerweise: Wer selbst siezt, will gesiezt werden. Wer duzt, will selbst geduzt werden.

Die meisten Teilnehmer der „de.*"-Hierarchie duzen sich jedoch, unabhängig von ihrer gesellschaftlichen Stellung. Und viele, die siezen, tun dies nur anfangs, weil sie noch nicht wussten, dass die meisten ein „du" bevorzugen. Wird man gesiezt, sollte man aber dennoch nicht gleich mit dem „du" beginnen, sondern vorher fragen, ob dies für den anderen in Ordnung ist.

Wahrscheinlich ist diese Netiquette einer der wenigen Artikel im Netz, in dem Sie mit voller Absicht gesiezt werden.

Zusammenfassung der Dinge, die Sie bedenken sollten:

- Vergessen Sie niemals, dass auf der anderen Seite ein Mensch sitzt!
- Erst lesen, dann denken. Noch einmal lesen, noch einmal denken. Und_dann_erst posten!
- Teilen Sie etwas Neues mit!
- Ihre Artikel sprechen für Sie – Seien Sie stolz auf sie!
- Nehmen Sie sich Zeit, wenn Sie einen Artikel schreiben! Vernachlässigen Sie nicht die Aufmachung Ihres Artikels!
- Achten Sie auf die „Subject:“-Zeile!
- Denken Sie an die Leserschaft!
- Vorsicht mit Humor, Ironie und Sarkasmus!
- Kürzen Sie zitierten Text auf das notwendige Minimum!
- Benutzen Sie E-Mail!
- Geben Sie eine Sammlung Ihrer Erkenntnisse an das Netz weiter!
- Achten Sie auf die gesetzlichen Regelungen!
- Benutzen Sie Ihren wirklichen Namen, kein Pseudonym!
- Vorsicht mit Kommerziellem!
- Vorsicht mit Binaries und Multipart-Artikeln!
- „Du“ oder „Sie“?

Neil Postman: **Information – Wissen – Erkenntnis** (1999) ▷ S. 442

1. Das englische Wort „junkie“ bezeichnet einen Drogenabhängigen. Postman nutz die ungewöhnliche Wortschöpfung Informations-Junkie, um einen vermeintlichen Leitbegriff unserer Zeit, nämlich die Information, abzuwerten. Information ist für ihn zunächst wertlos, weil sie nicht nach den Ursachen fragt. ▷ S. 443

1.3 Projekte

▷ S. 443 Für den Vergleich der Massenmedien könnte den Schülerinnen und Schülern folgendes Formblatt ausgegeben werden, in dem sie während der Präsentationen der einzelnen Gruppen wichtige Ergebnisse stichwortartig eintragen können. Das Formblatt kann auch als Orientierungshilfe für den Aufbau eines Vortrages dienen:

Was leisten die Medien?
Formblatt zum stichwortartigen Notieren wichtiger Ergebnisse

Datum der Recherche: ______________________

Medien	**Presse**	**Rundfunk**	**Fernsehen**	**Internet**
Wichtige Meldungen				
Rangliste der Meldungen (etwa: die fünf wichtigsten Meldungen)				
Informationsdichte (z. B. Wortzahl, Dauer der Beiträge)				
Illustrationshilfen (Bilder, Kommentare im Verhältnis zur Meldung)				

2 Massenmedium Fernsehen

2.1 Fernsehen – Monopolist ganz eigener Art?

Pierre Bourdieu: **Über das Fernsehen** (1996) ▷ S. 445

2. ▷ S. 447

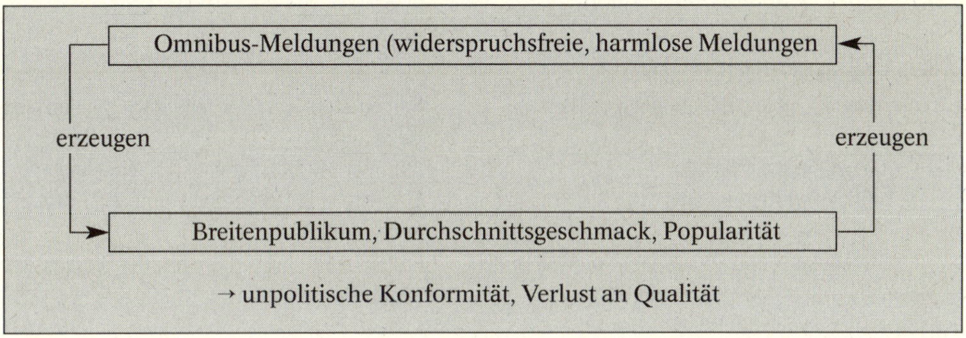

2.2 Politik und Gesprächskultur im Fernsehen

Siegfried Frey: **Politik im Fernsehzeitalter** (1999) ▷ S. 447

1. b) Freys Kernthese ist, dass die Auswirkungen des technologischen Fortschritts, der sich etwa im Massenmedium Fernsehen zeigt, auf die Politik lange Zeit zu Unrecht kaum beachtet worden sind: Nuancen des Aussehens und der Gestik werden dem Publikum ganz nah vor Augen geführt, sodass bei der Beurteilung von Politikern die gleichen spontanen Informationsverarbeitungsprozesse aktiviert werden wie bei der Beurteilung von Personen aus dem nahen sozialen Umfeld. ▷ S. 448

3. a) In einem **Schaubild** sollte deutlich werden, wie die Personalisierung politischer Macht, die eine vielerorts zu beobachtende Erscheinung ist, auf die Nutzung der Massenmedien zielt, ihrerseits – wie in einem Teufelskreis – aber durch die Möglichkeiten der Massenmedien weiter verstärkt wird:

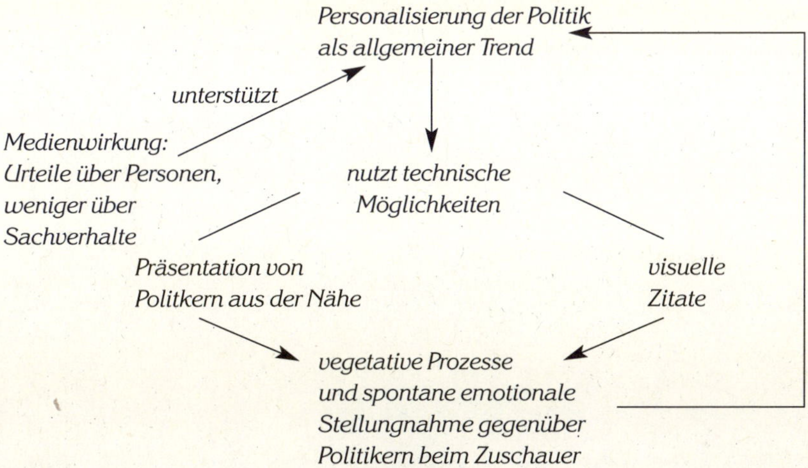

b) Die vegetativen Prozesse und die spontanen emotionalen Stellungnahmen, die bei der Meinungsbildung von Politikern eine Rolle spielen, können zu Sympathie und Nachsicht gegenüber Politikern führen, selbst wenn ihre Haltungen oder Handlungen kritikwürdig sind – das nonverbale Charisma lässt diese Kritik erst gar nicht aufkommen oder rasch (wie bei einer Beschichtung) abgleiten.

▷ S. 449 *Gerhard Bliersbach:* **Das Paradox der Talkshow** (2000)

▷ S. 451 1. a/b)

Sequenz	**Manipulation**
– Vorspann mit Themennennung	
– Begrüßung und Erläuterung des Themas	Kombination von zwei Behauptungen und einer Befürchtung
– Begrüßung der Gäste	Auswahl der Teilnehmer und Nicht-Teilnehmer
– Einspielung eines Films	Einzelstellungnahme zum Vorteil von Privatschulen als Abschluss
– Überleitung und Einbeziehen von Willi Lemke	Ersteinbeziehung des Gastes, der Filmaussage bestätigt

2.3 Gewalt und Fernsehen

▷ S. 451 *Karl Otto Saur:* **Ist Fernsehen für Kinder schädlich** (1992)
▷ S. 452 *Britta Paulekat:* **Medienaufklärung statt Zensur** (1997)

▷ S. 453 1. **Saur:** Der Autor ist gegen eine Verteufelung des Mediums Fernsehen. Seine Hauptaussagen:
- TV ist keine Verblödungsmaschine
- Wirkung des Mediums ist abhängig von der Alltagswelt der Kinder
- Kinder übernehmen Gut-Böse-Klischees, wie sie in von ihnen bevorzugten Programmen auftreten
- Kinder haben unterschiedliche Angstschwellen

Paulekat: Die Autorin ist gegen eine Zensur von TV-Sendungen. Ihre Hauptaussagen:
- Zensur macht neugierig
- Kinder ahmen erfolgreiche Modelle nach
- Möglichkeit zur Entwicklung eigener Interessen und großer Erfahrungshorizont verhindern unkritisches Nachahmen
- Gründe für gewalttätiges Verhalten sind im sozialen Umfeld zu suchen

2.4 Projekte

Die einzelnen Nachrichtensendungen könnten mit folgendem Protokollblatt beobachtet werden: ▷ S. 453

Datum:	Programm:	Titel der Sendung:	Uhrzeit:

Reihenfolge der Nachrichten	Thema (mit Zitat)	Filmbeitrag = 1; Bericht eines Korrespondenten = 2; Vorlesen des Nachrichtensprechers = 3; Interview bzw. Augenzeugenbericht = 4
1	„____________“	1 ☐ 2 ☐ 3 ☐ 4 ☐
2	„____________“	1 ☐ 2 ☐ 3 ☐ 4 ☐
3	„____________“	1 ☐ 2 ☐ 3 ☐ 4 ☐
4	„____________“	1 ☐ 2 ☐ 3 ☐ 4 ☐
5	„____________“	1 ☐ 2 ☐ 3 ☐ 4 ☐

3 Literatur – Film – Literaturverfilmung

3.1 Filmvergleich: „Lola rennt“ (1998) und „Zwölf Uhr mittags“ (1952)

Der Film „Lola rennt“ war in seinem Erscheinungsjahr 1998 ein enormer Publikumserfolg (mehr als zwei Millionen Zuschauer in den ersten Monaten). Als postmoderner Autorenfilm spricht er mit dem Bekenntnis zum Gemachten, der offenbaren Künstlichkeit der filmischen Mittel und der Story, die Medienkompetenz Jugendlicher an (Videoclip-Ästhetik) und bietet die Chance, das eigene Wahrnehmungsverhalten zu reflektieren. In thematischer Hinsicht wird die aktuelle Lebenswirklichkeit Jugendlicher des ausgehenden 20. Jahrhunderts aufgegriffen (postmoderne Figurenkonzeption, Komplexität des Seins zwischen Zufall und Schicksal, Sinnfindung und Selbstverwirklichung, Zeit, bedingungslose Liebe, Großstadtleben).
Als typischer amerikanischer Hollywoodfilm der 50er-Jahre folgt der Western „Zwölf Uhr mittags“ den Gesetzen traditionellen filmischen Erzählens. Die Figuren sind zwischen „gut“ und „böse“ angelegt, die filmischen Mittel illusionieren Realität und die Handlungsdramaturgie folgt klassischenPrinzipien. So bietet der Film einerseits einen Kontrast zum experimentellen Film „Lola rennt“. Andererseits eröffnen sich aber auch durch verwandte Motive und Filmbilder Anknüpfungsmöglichkeiten, über die sich Traditionen und Publikumserwartungen beider Filmgenres entschlüsseln lassen.

3.1.1 Die Struktur eines Spielfilms analysieren

▷ S. 455 1.–3. Es empfiehlt sich, den Film zunächst in voller Länge zu präsentieren und anschließend die Eindrücke auszutauschen. Der Film sollte ohne übergreifende Fragestellung und ohne konkreten Arbeitsauftrag angesehen werden, um
- nicht in die Erstrezeption einzugreifen,
- die Offenheit subjektiver Wahrnehmung zu garantieren,
- unterschiedliche Wirkungen des Films auf unterschiedliche Zuschauer/innen zuzulassen (konstruktivistische Wahrnehmungstheorie).

Durch den Einfluss der Diskussion und durch Beobachtungsaufträge wird sich bei der zweiten Vorführung die Wahrnehmung des Films ändern und „objektiveren“ Maßstäben annähern.
In methodischer Hinsicht lassen sich Verfahren des Umgangs mit Texten auf den Umgang mit Filmen übertragen. So könnte man zunächst nur den Vorspann präsentieren, um über mögliche Genreassoziationen, die hier angeboten werden, zu diskutieren (vgl. die Methode des verzögerten Lesens). Sicherlich wäre es auch reizvoll, die Vorgeschichte und die letzte Episode als in sich abgeschlossenen Kurzfilm zu präsentieren, um die Struktur einer einfachen Happyend-Geschichte zu hinterfragen. Solche Methoden widersprächen jedoch der gewohnten Rezeption von Filmen im Kino.

4. a) Vergleichbare Aspekte der beiden Filme:
   - Zeit: als konkretes Motiv (der Zeitpunkt 12 Uhr, Zeitdruck, Uhren) sowie als Struktur der Filme (z. B. Realzeit = Filmzeit, filmische Mittel der Dynamisierung)
   - Bewegung: Warten/Stillstand und Eile/Bewegung als Kontraste in beiden Filmen
   - Liebe: Liebe und das Infragestellen ihrer Bedingungslosigkeit durch Bewährungsproben
   - Figuren: Isolation der Helden („allein gegen alle“), die Frau als Retterin des Mannes in Not (die Frau greift für den Mann zur Waffe)

- Mise en scène: leere Straßen, extreme Perspektiven
- Motive: Pistole

b) In „Lola rennt" geht es um:
- die Frage nach der Offenheit, den Möglichkeiten des Lebens
- unterschiedliche Lebenskonzepte
- die Macht des Zufalls und des Schicksals
- die Kausalität von Zeit und Raum
- Dynamik, Spontaneität
- die Themen Zeit, Liebe, Tod und Geld
- die Künstlichkeit der Welt
- mediale Wahrnehmung

5. Ein unkommentierter Sequenzplan zu „Lola rennt" ist auf S. 371 in diesem Handbuch abgedruckt.

Leitmotive

Uhr (Symbol der unaufhaltsam näher rückenden Zeit): Vorspann, Zeichentrickuhr, Wanduhr bei Lola, Supermarktuhr, Glasuhr im Büro des Vaters, Armbanduhr der alten Dame, Casinouhr

Farben: Rot: Haare, Telefon, Radfahrerhemd, Autos, Krankenwagen, Plastiktüte, rote Bettszenen, Ampel („Stopp, Manni!"), Bolle-Schriftzug, Baustellenabgrenzungen, Plakate, Schriftzug ENDE
Grün: Polizei, Lolas Hose, Plakate, Plastiktüte, Bilder im Büro, Bäume

Spirale (Symbol für endlose Bewegung): Zeichentrick-Tunnel, Dominosteine, Treppe, kreisende Kamerafahrten, Verzierung in der Haustür, Wandplakat, rotierende Spirale an der Hauswand, Muster im Bettzeug, Roulette, Frisur auf Ölbild im Casino

Bewegung: Lauf, Kameraführung, Schnitt, Zeitlupe, Zeitraffer, Spirale, Schildkröte (Lolas Haustier, Bild auf der Tüte des Stadtstreichers)

Zahl Drei: Episoden, Lolas Schreie

Zahl 20: 20 Minuten, 20 im Roulette

Pistole: Supermarkt, Polizist, Banküberfall, Stadtstreicher und Manni

Tasche: „Die Tasche", Plastiktüten (Geldtüte, rote, grüne, goldene Tüte, Tüten des Stadtstreichers)

Filmtechnische Mittel

In „Lola rennt" werden unterschiedliche Realitätsebenen durch den Wechsel des Filmformats kontrastiert. Die inhaltlich thematisierten Möglichkeiten des Lebens finden so eine formale Entsprechung in den Möglichkeiten der Filmbilder:
- 35 mm Film: Szenen in der Gegenwart Lolas und Mannis als Zeichen unmittelbarer Realität
- Video: Szenen, in denen Lola und Manni nicht vorkommen (Stadtstreicher in der U-Bahn, Büro des Vaters, Unfälle Herrn Meiers, Imbissbude) als Behauptung, „die Welt außerhalb dieser beiden sei künstlich und unwirklich" (Tykwer)
- Zeichentrick und digitale Bilder: Lola als Zeichentrickfigur und Kamerafahrt mit dem Fußball als Hinweis darauf, dass in dem Film – wie im Märchen, im Comic oder im Computerspiel – alles geschehen kann
- Foto: Lebensläufe der Nebenfiguren, „Figurenroulette" um Lola, Reiseziele des Stadtstreichers
- Schwarz-Weiß: Rückblenden
- Zeitlupe und Zeitraffer: Mittel der Dynamisierung
- Unschärfe: aus der unkonkreten Menschenmenge im Vorspann werden – wie durch Zufall – scheinbar beliebige Figuren (Nebendarsteller) durch Schärfe konkret

Musik

Die Filmbilder und die Musik sind präzise aufeinander abgestimmt. Auffallend sind vor allem drei recht unterschiedliche Musikstücke: Tom Tykwers rasanter Soundtrack „I wish" begleitet Lola nahezu unentwegt, er ändert jedoch seine Färbung mit jeder Episode. In etlichen Szenen ist nur das Pochen des Technorhythmus zu hören. Unterbrochen wird der Soundtrack durch den – langsameren – Song Dinah Washingtons „What a difference a day makes“ (Flucht in Zeitlupe) und das – noch langsamere – klassische Stück „The Unanswered Question“ von Charles Ives (Lolas und Mannis Tod).

Dialoge

- Eine wesentliche Bedeutung haben die Bettdialoge zwischen Lola und Manni (vgl. ▷ S. 459, Aufgabe 1 b). In ihnen wird die Liebe als treibende Kraft in Frage gestellt. Zugleich knüpfen sie mit ihrem Konjunktiv „Was wäre wenn ...?“ und dem In-sich-Kreisen von Frage und Antwort an zentrale Fragen und Aussagen des Vorspanns an (Textinserts und Off-Kommentar):
- „Wir lassen nie vom Suchen ab, und doch, am Ende allen unseres Suchens sind wir am Ausgangspunkt zurück und werden diesen Ort zum ersten Mal erfassen.“ (T. S. Eliot)
- „Nach dem Spiel ist vor dem Spiel.“ (Sepp Herberger, Fußballtrainer, der die WM-Elf von 1954 zum Sieg führte.)
- „Der Mensch ... die wohl geheimnisvollste Spezies unseres Planeten. Ein Mysterium offener Fragen ... Wer sind wir? Woher kommen wir? Wohin gehen wir? Woher wissen wir, was wir zu wissen glauben? Wieso glauben wir überhaupt etwas? Unzählige Fragen, die nach einer Antwort suchen, einer Antwort, die wieder eine neue Frage aufwerfen wird, und die nächste Antwort wieder die nächste Frage und so weiter und so weiter ... Doch ist es am Ende nicht immer wieder die gleiche Frage ... und immer wieder die gleiche Antwort?“ (Im Vorspann gesprochen vom „Märchenerzähler“ Hans Paetsch; vgl. Ernst Blochs Vorwort zum „Prinzip Hoffnung“: „Wer sind wir? Wo kommen wir her? Wohin gehen wir? Was erwarten wir? Was erwartet uns?“)
- Die Wiederholung von Aussprüchen (z. B. „Warte, ich komme, ich schaff's!“) erzeugt – wie einige Motive des Films – Assoziationen zu Märchen und Magie.

Stoff, Dramaturgie und Erzählformen

▷ S. 456 1. **Plot:** Die junge Lola bekommt einen Anruf von ihrem Freund Manni. Er bittet sie zu helfen, in zwanzig Minuten 100 000 DM (ca. 50 000 Euro) zu beschaffen, welche er seinem Gangsterboss schuldet und die er durch eine Dummheit verloren hat. Lola, die Manni bedingungslos liebt, rennt los, um sich bei ihrem Vater, dem Chef einer Bank, das Geld zu leihen. Als er sie abweist und Lola zu spät bei Manni eintrifft, der die Zeit wartend in einer Telefonzelle verbrachte, hat dieser schon einen Supermarkt überfallen. Lola hilft ihm und beide flüchten mit der Beute. Als sie von der Polizei gestellt werden, wird Lola durch ein Versehen erschossen. In einer traumartigen Zwischenszene stellt Lola Mannis Liebe in Frage. Sie erwacht und beginnt ihren Lauf von Neuem, passiert dieselben Orte und begegnet denselben Passanten. Wieder bittet sie ihren Vater um das Geld und erzwingt es sich diesmal durch Waffengewalt. Als sie mit der Beute glücklich bei Manni eintrifft, wird dieser von einem Krankenwagen überfahren.
Nun stellt Manni in einer traumartigen Zwischenszene Lolas Liebe in Frage. Er erwacht und Lola bekommt eine dritte Chance; sie beginnt ihren Lauf von Neuem. Diesmal verpasst sie ihren Vater und versucht ihr Glück im Casino. Während es Manni zwischenzeitlich gelingt, sein Geld zurück zu bekommen, gewinnt Lola 100 000 DM beim Roulette-Spiel. Mit dem Geld stellt Manni seinen Boss zufrieden, womit er eine Karriere als Krimineller beginnen könnte. Aber mit Lolas Gewinn sieht das Paar möglicherweise einer anderen Zukunft entgegen.
Mythos: „Lola rennt“ spielt mit den Motiven großer Mythen. Schicksal, Liebe, Tod, Allmacht und Glück stehen dabei imVordergrund:
- Mythos der bedingungslosen Liebe, die Zeit, Schicksal und Tod bezwingen kann („Liebe kann alles“: die Zeit wird zurückgedreht, der Tod der Protagonisten ist ungeschehen). Die Liebenden erhalten eine neue Chance, wenn sich ihre Liebe im Leben bewährt (vgl. den antiken Stoff von „Orpheus und Eurydike“; Sartre: „Das Spiel ist aus“).
- Mythos der Omnipotenz: Wenn man nur „wirklich“ will, kann alles gelingen (z. B. 100 000 DM in zwanzig Minuten besorgen).

- Mythos vom Glück des Tüchtigen: Wer sich anstrengt, dem hilft auch das Glück (z. B. irren sich die Polizisten beim Banküberfall im richtigen Moment; im Roulette fällt die richtige Zahl).

Thema: Der Film bietet einerseits viele thematische Facetten (vgl. ▷ S. 455, Aufgabe 4 b), diese können jedoch in das übergreifende Thema „Kausalität, Weltkonzepte und die Macht des Zufalls und des Schicksals" (Tykwer) gefasst werden.

2. a) Filmgenres: Action-, Kriminal-, Science-Fiction-, Kriegs-, Horror-, Kult-, Kinder-, Dokumentar-, Kurz-, Episodenfilm, Thriller, Komödie, Serie, Literaturverfilmung, ...

   b) Das populäre Hollywoodkino spezialisiert sich auf bestimmte Genres. So werden auf der Rezipientenebene durch das Wiedererkennen und das Antizipieren bestimmter Muster die Erwartungen des Publikums durch Klischees gedeckt. Der „anpruchsvolle" Film hingegen, besonders der postmoderne Autorenfilm, bricht gerade diese Erwartungen und überschreitet durch eine Mischung unterschiedlichster Genres in einem Film gezielt Grenzen.

   c) „Lola rennt" arbeitet mit Zitaten und Versatzstücken traditioneller Filmgenres.
   Schon im Vorspann werden unterschiedlichste Genreassoziationen angeregt: Horrorfilm, Dokumentarfilm, Märchenfilm, Sportfilm, Zeichentrickfilm, Kriminalfilm, Actionfilm, Kunstfilm.
   Einige Motive werden im Film aufgenommen, neue kommen hinzu:
   - Actionfilm: Schießerei, Verfolgung, Autocrash, Geschwindigkeit, Zeitdruck, Effekte (zersplitterndes Glas)
   - Liebesfilm: Paare (Lola – Manni, Vater – Geliebte), „Liebe kann alles", Bettdialoge, Happyend für die Liebenden
   - moderner Märchenfilm: drei Handlungsalternativen, magische Fähigkeiten, blinde Seherin, Dingmagie (Tasche, Schildkröte, Pistole)
   - experimenteller Kunstfilm: Variation filmtechnischer Mittel, offenes Bekenntnis zur Künstlichkeit der Filmwelt
   - „Sinnfilm"/Problemfilm: intellektuell anspruchsvolle Geschichte mit existenziellen Fragen
   - Kriminalfilm: Mannis Deal, Überfälle, Polizei, Gangsterklischee (Ronnie: Glatze, schwarzes Leder, schwarze Limousine)

3.–5. Klassische geschlossene Dramaturgie in **„Zwölf Uhr mittags":** ▷ S. 455
- Exposition: Sheriff und Gesellschaft, Amy und Kane heiraten
- Konfliktaufbau: Miller kündigt sich an, woraus sich unterschiedliche Konflikte entwickeln: Kane – Banditen, Kane – Amy, Kane – Gesellschaft, Kane – Kane
- Höhepunkt: Der Zug mit Miller kommt an, Amy will abreisen, Kampf (Showdown)
- Retardierung: Amy kehrt um und hilft Kane, Miller nimmt Amy als Geisel
- Schluss: Kane siegt, Amy siegt, die Gesellschaft verliert (Happyend?)

Drei kleine geschlossene Dramaturgien in **„Lola rennt":**
- Erste Episode (Fehlversuch)
  - Vorgeschichte/Rahmenhandlung: Telefonat (Konflikt Geld, Zeit und Liebe)
  - Konflikt: kein Geld vom Vater (Lage spitzt sich zu)
  - Überfall Supermarkt (Wende zum tragischen Ende)
  - Flucht mit Geld (Hoffnung auf ein Happyend)
  - Lolas Tod (tragisches Ende)
- Zweite Episode (Fehlversuch)
  - Vorgeschichte/Rahmenhandlung: Telefonat (Konflikt Geld, Zeit und Liebe)
  - Konflikt: kein Geld vom Vater (Lage spitzt sich zu)
  - Überfall Bank (Wende zum tragischen Ende)
  - Flucht mit Geld (Hoffnung auf ein Happyend)
  - Mannis Tod (tragisches Ende)

- Dritte Episode (Problemlösung)
  - Vorgeschichte/Rahmenhandlung: Telefonat (Konflikt, Geld, Zeit und Liebe)
  - Konflikt: Lola verpasst den Vater (Lage spitzt sich zu)
  - Casino (Wende zum glücklichen Ende)
  - Manni verfolgt den Stadtstreicher und gibt ihm die Waffe (Furcht vor Unglück)
  - Zweimal 100 000 DM (Happyend)

„Lola rennt" verzichtet auf eine klassische deduktive Filmexposition. Der/die Zuschauer/in lernt das Paar Lola und Manni direkt über deren Konflikt kennen, sie befinden sich unmittelbar in existentieller Gefahr. Die Vorstellung der Protagonisten und der Konflikt fallen so zusammen.

Sieht man in den drei Episoden eine Kontinuität in Form einer Steigerung der Handlung auf einer je höheren Stufe, so ist als visuelle Strukturierung anstelle von drei aufeinander folgenden Dreiecken (klassischer Handlungsaufbau) die Spirale hilfreich. Lola bewegt sich kreisend (wie im Spiel/Computerspiel), um auf ein jeweils höheres Level zu gelangen. Schließlich nimmt Lola Wissen (z. B. Umgang mit der Waffe) und Emotionen (z. B. Aggression gegenüber dem Vater) aus der einen in die nächste Episode mit. Für eine solche Deutung sprechen auch Details (wie z. B. die Veränderung bei den Nonnen). Weitere Hinweise darauf, dass die Figuren von Episode zu Episode etwas dazu lernen und sich entwickeln:

- In der dritten Episode knurrt sie als Zeichentrickfigur den Hund auf der Treppe an und überspringt ihn: Sie lernt zunehmend, sich gegen ihn zur Wehr zu setzen.
- Lola steigt in der dritten Episode einfach in den Krankenwagen ein; sie weiß aus der Episode davor, dass Fragen nichts nutzt.
- Schuster regt sich von Episode zu Episode mehr auf, was mit einem Herzinfarkt endet. In der zweiten Episode hält er sich schwer atmend die Hand aufs Herz. Außerdem gibt er sich – so eine mögliche Deutung – mehr und mehr als Lolas Vater zu erkennen.

Die Geschichte um Lola und Manni würde sich dann von Episode zu Episode steigern und nach allen denkbaren Katastrophen (Tod der Protagonisten, Zerstörung der Familie) ein Happyend finden. Die Wirkung einer anderen Reihenfolge der Episoden mit den Schülerinnen und Schülern zu überdenken ist lohnenswert.

6. a/b) Anders als in der erzählenden Literatur ist im Film ein ständiger Wechsel des Erzählstandpunktes, der Haltungen und Perspektiven üblich. Hat der Wechsel in der Literatur häufig die Funktion der Irritation, so würde ein durchgängiges Erzählprinzip etwa aus der Ich-Perspektive (subjektive Kamera) im Film eher irritieren. Ein identischer Blick des Protagonisten und der Kamera ist kaum durchzuhalten.

   „Lola rennt" hat sowohl auktoriale als auch personale Erzählelemente. Die auktoriale Kamera führt uns z. B. zu wahrnehmungstechnisch unmöglichen Standpunkten (extreme Vogelperspektiven, Extremzooms) oder erzählt parallel gleichzeitig ablaufende Ereignisse (Parallelmontage), sie kann Lola vorauseilen und abwechselnde Schauplätze zeigen. Die rein subjektive/personale Kamera begegnet uns nur selten, so z. B. wenn der Blick Lolas mit dem der Kamera verschmilzt (Blick auf die Nonnen im Vorbeirennen, Blick aus der Froschperspektive auf die Uhren).

   Im Sinne der Identifikation mit dem Protagonisten durch literarisches personales Erzählen spricht man im Film von der Reflektorfigur, die z. B. den literarischen Ich-Erzähler ersetzen kann. Hier ist das Geschehen eng an einen Protagonisten gebunden; dessen Erleben und Wahrnehmung teilt der Zuschauer/die Zuschauerin unmittelbar, auch wenn die Kamera die Filmfigur verlässt. So erleben wir auch das Geschehen personal aus Lolas Perspektive.

   Die Mindscreen (innere Leinwand) ist ein weiteres Mittel personalen Erzählens im Film: Hier werden dem Zuschauer/der Zuschauerin Bewusstseinsbilder des Protagonisten gezeigt (z. B. Lolas Freunde und Verwandte, an die sie in der Rahmenhandlung denkt, die roten Zwischenszenen – solange man sie als Traum/Vision oder Erinnerung auffasst).

   Irritierend ist in „Lola rennt" sicherlich die Mischung unterschiedlicher Formate (vgl. Aufgabe 5, ▷ S. 455), mit der die Künstlichkeit des Films betont wird. Es wird verhindert, dass die Zuschauer/innen völlig in die fiktionale Filmwelt eintauchen und vergessen, dass sie eine mediale Wirklichkeit sehen.

Tom Tykwer: **Schicksal und Zufall** (1998)

▷ S. 457

7. a/b) Die „angeblichen Gesetze des Erzählens“ sind die des klassischen Hollywood-Kinos, z. B. durchgängige Chronologie/Geradlinigkeit der Handlung mit Anfang, Mitte und Ende, Plausibilität des Geschehens, Illusionscharakter der filmtechnischen Mittel. (Vgl. Lyotards „Das postmoderne Wissen“, in dem er vom „Ende der großen Erzählungen“ spricht.) ▷ S. 457

8. a/b) Determinierung und Offenheit des Lebens, Sinnfindung und Identitätsproblematik sind zentrale Themen moderner Romane des 20. Jahrhunderts. Vergleiche zu den Romanfiguren Max Frischs (z. B. „Homo faber“, „Stiller“) bieten sich ebenso an wie die zu den Figuren Franz Kafkas (z. B. „Der Prozess“, „Das Schloss“, „Amerika“).

9. a/b) Determinanten für das Schicksal der Figuren, Beispiel Lola:

Determinanten	**schicksalhafte vs. zufallsbedingte Handlungsführung**
Herkunft und Erziehung	– emotionsgeladene Begegnungen mit dem Vater – zunehmende Ablösung vom Elternhaus
Persönlichkeit/Charakter	– postmoderner Lebensentwurf, in dem die Persönlichkeit je nach vorhandener Situation viele Facetten zeigen kann – Selbstfindung durch die Entscheidung, das Geld durch die Besinnung auf eigene Fähigkeiten zu beschaffen (Casino)
Religion/Bestimmung	– Gebet („Hilf mir!“ in der Laufszene vor dem Casino) – magische Fähigkeiten (Beeinflussung der Roulettekugel)
aktuelle gesellschaftliche Einflüsse	– Suche nach Selbstverwirklichung in der Kriminalität – Verteidigung der Liebe gegen alle Vernunft – Bedingungen anonymen Großstadtlebens
Umstände der Zeit und des Raumes	– Auflösung der Kausalität der Zeit (Widerruf der Chronologie) – Auflösung der Kausalität des Raumes (Erreichen von Orten innerhalb Berlins, die weit auseinander liegen)
Zufall	– Infragestellen sämtlicher Determinanten durch den Zufall: Der Lauf der Handlung hängt von Sekunden und Zufallsbegegnungen ab.

Als Kontrast zu Lola bietet sich die Untersuchung der Figur Herrn Meiers an: Trotz aller Zufälle entgeht er seinem Schicksal nicht und wird in jeder Episode in einen Autounfall verwickelt.

10. a) Im Gegensatz zu den vielfältigen Möglichkeiten in „Lola rennt“ hängt Kanes Schicksal von der logischen Verknüpfung der Ereignisse in der Kausalität von Zeit (der Zeitpunkt zwölf Uhr mittags rückt näher, tritt ein und hat unwiderrufliche Folgen) und Raum (der Zug mit dem Banditen rollt kontinuierlich heran) ab. Kanes Rolle als Westernheld setzt zudem eine bestimmte Persönlichkeitsstruktur voraus, die ihn nach gesellschaftlich vorgegebenen Mustern handeln lässt (seine Entscheidung, auf Kosten des persönlichen Glücks für das gesellschaftliche Wohl gegen das Schlechte zu kämpfen).

    b) Auch wenn sich die äußeren Bedingungen in der Geschichte von „Zwölf Uhr mittags“ durch einen lapidaren Zufall änderten, erlaubte es die feste Rollenzuschreibung der Figuren im klassischen Westerngenre kaum, sich anders als erwartet zu verhalten. Die Schüler/innen können hier aber eine Westernparodie entwickeln, indem sie unterschiedliche – überraschende – Verhaltensweisen (z. B. in der Beziehung zwischen den Partnern) durchspielen.

Figuren und Charaktere

▷ S. 458

1. **Lola:** Bei Lola stehen eher typisch männliche Eigenschaften im Vordergrund: psychische Energie sowie körperliche Kraft, Aktivität, Entschlossenheit und Mut. Sie vertritt damit ein aktuelles Frauenbild, das typisch männliches und weibliches Verhalten vereint. Mit ihren rot gefärbten Haaren, der Kleidung, dem Schmuck und der Bauchtätowierung erscheint sie als so genanntes Girly, wie es der aktuellen Mode nicht nur Großstadt-Jugendlicher der späten 90er-Jahre entspricht.
   Manni: Manni ist kein typisch männlicher Filmheld, dem alles gelingt. Er strebt zwar eine Karriere als Krimineller an, verliert aber allen Mut, als sich die Dinge anders als erwartet entwickeln. Seine Aktivitäten (Überfall, Verfolgung des Stadtstreichers) sind von Unsicherheit und mangelndem Überblick geprägt. Er reagiert nur auf die Handlungen anderer und gibt sich – einem eher weiblichen Rollenklischee folgend – passiv hilflos und unterlegen.
   Kane: Kane verkörpert den typisch männlichen Filmhelden, der entschlossen für die großen gesellschaftlichen Grundprinzipien Ordnung, Gerechtigkeit, Leben in Würde und Freiheit einsteht. Er ist bereit, für den gesellschaftlichen Auftrag sein privates Glück zu opfern. Sein Ziel verfolgt er allen Anfechtungen durch weibliche Interessen zum Trotz.
   Amy: Amy (deren Name sie schon passiv charakterisiert: aimèe = die, die geliebt wird) steht für die typisch weiblichen Prinzipien Häuslichkeit, Familie und Fortpflanzung ein. Sie erscheint zunächst hilflos angesichts der Entscheidungen ihres Mannes. Jedoch entwickelt sich Amy, als sie entgegen ihren Prinzipien (Gewaltlosigkeit) handelt und ihren Mann mit Waffengewalt rettet. Allerdings tut sie dies nicht, weil sie die Werte Kanes (z. B. Gerechtigkeit auf der Welt) will, sondern weil sie sich den „Erzeuger" und „Ernährer" für ihr privates Glück sichern muss.

2. a/b) Folgende Szenen bieten sich an:
   „Lola rennt": 1. Episode, Manni vor dem Supermarkt um 11:59 Uhr (Wie fühlt er sich, als Lola nicht pünktlich erscheint?)
   „Zwölf Uhr mittags": Streitgespräch zwischen Kane und Amy nach der Hochzeit (Wie fühlt sich Kane nach Amys Abreise?) oder die Begegnung von Kane und Amy im Hotel
   Anregung: Beginnen Sie mit folgenden Sätzen:
   Amy: „Wenn er sich jetzt nicht zu mir bekennen kann ..."
   Kane: „Wenn sie sich jetzt nicht zu mir bekennen kann ..."
   Manni: „Wenn sie es jetzt wieder nicht schafft ..."
   Lola: „Wenn er es mir jetzt nicht zutraut ..."

3. In beiden Filmen wird die Liebe auf eine harte Bewährungsprobe gestellt. Jedes Mal sind es dabei die Frauen, die aus Liebe zu außergewöhnlichem, „unweiblichem" Handeln bereit sind.
   Lola gibt ihr wohlbehütetes Dasein im Elternhaus auf, um Manni zu helfen. Amy wird ihren Grundsätzen als Quäkerin untreu, um Kane zu helfen. Lola, die ihre Beziehung zu Manni reflektiert und hinterfragt, ist bereit, aus Liebe zu handeln und viel zu riskieren. Manni, der nicht viel über seine Beziehung zu Lola nachdenkt, sondern eher diffus „fühlt", erwartet von seiner Freundin, dass sie ihr Versprechen „Liebe kann alles" durch Handeln einlöst.
   Kane hat bereits mit Helen Erfahrungen in der Liebe gemacht. Diese erscheint als selbstbewusste Frau, die weiß, was sie will. Insofern ist sie als gehorsame Frau eines Mannes, der ebenfalls weiß, was er will, ungeeignet. Im Rahmen ehelicher Liebe erwartet Kane von Amy auch deren Unterwerfung unter seine Prinzipien. Er möchte „aus der Ehe das Beste machen", befürchtet aber, mit Amy „hinterm Ladentisch zu landen".
   Amy erwartet von Kane, dass dieser mit der Eheschließung seinen Beruf und seine sozialen Interessen zurückstellt und ähnlich zurückhaltend handelt wie seine Freunde, die mit ihrem Rückzug nur für ihr privates Wohlbefinden einstehen. So scheint ihre Liebe zu Kane zunächst wenig wichtig zu sein, als ihre Vorstellungen vom privaten Glück gefährdet werden.

4. a/b) Die Rollenmuster und -erwartungen in den Liebesbeziehungen sind in „Lola rennt" und damit in heutiger Zeit wesentlich facettenreicher und überraschender angelegt als in „Zwölf Uhr mittags" und damit in den 50er-Jahren. In dem Western zeigt sich eine jahrhundertealte Tradition im Verhalten der Geschlechter, wie sie erst in den späten 60er-Jahren hinterfragt und aufgebrochen wurde.
Insofern lassen sich unhinterfragte traditionelle Rollenmuster auch eher in älteren Filmen finden. Diese Muster werden natürlich bis heute in Filmen beibehalten, zunehmend entwickelt sich aber auch ein neues Bild der Frau als Filmheldin. Die starke, selbstbewusste und aktive Heldin tritt seit den 90er-Jahren zunehmend als festes Rollenmuster auf (z. B. *Luc Besson:* Das fünfte Element, 1997; *Sam Raimi:* Schneller als der Tod, 1995, in dem Sharon Stone die „männliche" Hauptrolle der Westernheldin spielt).

Dialoge untersuchen

1. a) Der Kern des Konflikts besteht eher in einem kommunikativen als in einem inhaltlichen Problem. Es geht um das unterschiedliche Maß an Reflexion – nicht an Liebe – der beiden Partner. So tritt im Gespräch auch eher die Beziehungsseite und weniger die Inhaltsseite in den Vordergrund. Manni ist sich seiner Liebe zu Lola in jeder Beziehung sicher, geht jedoch eher unreflektiert mit dieser Frage um. Womöglich hat er sie sich noch nie gestellt. Lola hingegen erscheint als die überlegene, weil reflektiertere Gesprächspartnerin. ▷ S. 459
   b) Der Dialog zwischen Lola und Manni ist ein Frage-Antwort-Spiel, das sich im Kreis dreht. Während Manni darum bemüht ist, in sich hineinzuhorchen und möglichst ehrlich zu antworten, lässt Lola ein Feuerwerk an Fragen los, die Mannis Formulierungsversuche immer wieder in Frage stellen. Kernwörter des Gesprächs sind „wissen", „glauben" und „fühlen". Lola setzt „wissen" mit „sich sicher sein" gleich, während Manni eher im diffusen Bereich des Fühlens und Glaubens argumentiert. Er ist ihr damit ständig unterlegen. Lola wendet die Thematik schließlich in den Konjunktiv, um Manni dazu zu bringen, seine Liebe zu ihr zu überdenken. Seine Versuche, das Gespräch auf eine Metaebene zu bringen („Sag mal, spinnst du jetzt?", „Es fühlt, dass da jemand gerade zu viel blöde Fragen stellt"), scheitern zunächst. Erst mit „Ey, Lola, was ist los?" unterbricht er die Interpunktion, und nun ist es Lola, die dreimal „Ich weiß nicht" wiederholt und ihre Überlegungen schließlich mit „... glaub ich" beendet.
   Hier könnte sich das Gespräch mit verkehrten Rollen fortsetzen (möglicher kreativer Schreibauftrag).
   c) Das Gespräch versetzt den/die Zuschauer/in zunächst in Erstaunen: Kann es sein, dass sich Lola, die sogar ihr Leben aus Liebe zu Manni riskiert, dieser Liebe gar nicht sicher ist? Sie verwickelt ihren Freund in ein auswegloses, profanes Gespräch, wie es viele aus ihrem Alltag kennen und wie man es in einem solch außergewöhnlichen Filmgeschehen nicht erwartet hätte.
   Der Dialog wirkt einerseits als Klammer, welche die Episoden zusammenhält und stets an Lolas Handlungsmotivation erinnert. Er gibt dem Geschehen aber auch den neuen Antrieb: Lola stellt ein zweites Mal ihre Liebe zu Manni unter Beweis.
   Bezüglich des Themas „Determination und Offenheit des Lebens" lässt sich der Dialog auch an die Texte im Vorspann anbinden (▷ S. 456, Texte zum Film).

2. Kane und Amy kommen nur einmal über ihre Beziehung ins Gespräch: Als Kane sich entscheidet zu kämpfen und Amy ihn verlässt (15. Filmminute). Beide Partner erscheinen hier ähnlich stark und fest in ihren Überzeugungen. Amy bezieht ihre Festigkeit aus ihrem Glauben als Quäkerin (um die Mitte des 17. Jahrhunderts in England entstandene religiöse Gemeinschaft in der Tradition der Wiedertäufer, die jede Form von Gewalt ablehnt). Kane argumentiert aus seiner Überzeugung heraus, mit oder ohne Beruf als Sheriff derselbe verantwortungsbewusste und entschlossene Mann zu sein, der sich dem Kampf nicht entziehen darf.

Zeit und Zeitgestaltung

▷ S. 460 1. Die Korrespondenz von Erzählzeit und erzählter Zeit hat insofern Einfluss auf die Wahrnehmung des Rezipienten, als sie die Identifikation mit dem Geschehen erhöht. Der zeitliche Ablauf wirkt realer, die Zuschauer erleben das Verstreichen der Filmzeit als Realzeit mit.
Allerdings erscheint uns die Dauer des Geschehens nicht unerträglich; durch filmische Mittel der Dynamisierung wie z. B. Schnittfolge und -schnelligkeit entsteht Kurzweil (z. B. werden in der Parallelmontage zeitgleiche Handlungsstränge nacheinander gezeigt: Lola rennt, während Manni telefoniert/während der Vater mit der Geliebten spricht).

2. a) – Die Laufszenen suggerieren schon an sich ein Höchstmaß an Bewegung (Objektbewegung). Der Geschwindigkeitseffekt kann jedoch durch filmische Mittel noch erhöht werden (wie z. B. in der ersten Laufszene): schnelle Schnittfolge; Jump-Cuts (Schnittfolge mit „fehlenden" Einzelbildern: Lola startet und entfernt sich von der Kamera, wir sehen sie von hinten); abrupte Veränderung des Hintergrunds während der Kamerafahrt bei gleicher seitlicher Perspektive auf Lola (Lola läuft quer durch Raum und Zeit); verschiedene Perspektiven (Lola von vorne, von der Seite, von hinten); Überblendungen (Lola auf/in der Brücke); Flackern durch die Säulen der Brücke; „treibender" Technorhythmus (Tykwer: „Musik soll nicht kommentieren, sondern die gleiche Wirkung wie die Bilder haben").
   - sekundenschnelle Standfotos des Schicksals der Nebenfiguren
   - Splitscreen: Zwei Handlungen, die parallel stattfinden, werden gleichzeitig gezeigt (z. B. Lola läuft auf die Bank zu, der Vater verlässt sie gleichzeitig. Die Ruhe in den Bewegungen des Vaters erhöht durch den Kontrast die Geschwindigkeit Lolas).
   - Die Handkamera suggeriert durch ihr Wackeln und ihre Schwenks Bewegung (z. B. Streit zwischen Lola und Vater im Büro).
   - Das Schuss-Gegenschuss-Verfahren (s. ▷ S. 464) suggeriert eine Bewegung des Betrachters, der die Figuren abwechselnd anschaut (z. B. Manni im Supermarkt und Lola vor der Schaufensterscheibe).
   - Zeitraffer (z. B. der Uhrzeiger im Vorspann)
   - Eine unbewegte Szene, deren Inhalt die Darstellung aus einer Einstellung mit einer Einstellungsgröße erlaubte, wird durch viele Schnitte und einen Wechsel der Einstellungsgrößen optisch kurzweiliger und damit in der Wahrnehmung „schneller" (z. B. die roten Bettszenen).
   - In der ersten Episode steht Lola vor der Bank und verharrt einen Moment. Man sieht verschwommen eine junge Frau auf sie zukommen, welche sich nach einem Schnitt in eine alte Frau verwandelt hat, die Lola anspricht: Zeitsprung von einem ganzen Leben!

b/3. b) Schnittfolgen mit Bildern von unter einer Sekunde Dauer (z. B. Standfotos) überlasten die Wahrnehmung. Die zunehmende Beschleunigung in sämtlichen Lebensbereichen hat jedoch ihre Auswirkung auf unser Wahrnehmungsvermögen. Jugendliche sind eher an die Geschwindigkeit schneller Bilderfolgen aus der Videoclip-Ästhetik gewöhnt und erfassen Mehrfachinformationen meist besser als Ältere. Insofern spiegelt das Motiv der Dynamisierung gesellschaftliche und kulturelle Realität am Ende des 20. Jahrhunderts.

c) Die Unterbrechungen der Geschwindigkeit durch Verlangsamung unterstreichen durch den Kontrast die Schnelligkeit der Bewegungen. Neben den Bildern, die abwechselnd in rasanten Schnitten und langen Einstellungen folgen, sind es aber auch Ton und Handlung, die den Kontrast bewirken: Der schnelle Technorhythmus wird durch Stille (Tod, Bettszenen) oder langsame Orchestermusik (Tod) unterbrochen. Handlungen werden durch Ruhe (Vater und Geliebte im Büro) oder Unruhe (Lola im Büro) kontrastiert.

3. a) Uhren, Spirale, Technorhythmus, Rennen/Warten, Schildkröte, Dominosteine

4. In der Literatur ist vor allem das Verhältnis von Erzählzeit und erzählter Zeit interessant:
   - Zeitdeckung, z. B. in wörtlicher Rede, im stream of consciousness

- Zeitraffung, z. B. in Zeitsprüngen, in der Konzentration auf bedeutsame Kernszenen
- Zeitdehnung, z. B. in der Simultantechnik

Filmtradition und Filmzitat

1. a/b) Es ist kurz nach „zwölf Uhr mittags“, die Banditen erwarten Kane zum Showdown. Kane ist bereit, den Kampf aufzunehmen. Er geht einer Situation entgegen, aus der er als Held hervorgehen wird. Manni hat vergeblich auf Lola gewartet und geht auf den Supermarkt zu, den er überfallen wird. Die Anspielung auf die Westernszene unterstreicht das Komische seines Auftretens; seine Tat wird nicht heldenhaft sein, da er nur kraft der Waffe als Symbol von Männlichkeit – und nicht kraft seines Mutes und seiner Stärke – den Überlegenen spielen kann. Es ist allzu deutlich, dass eine Pistole und ein „männlicher Westerngang“ allein noch keinen Helden schaffen. So ist es dann auch Lola, welche schließlich die Situation meistert. ▷ S. 460

2. a) *Akira Kurosawa:* Rashomon (1950)
Gewaltverbrechen, der Mord an einem Mann und die Vergewaltigung seiner Frau durch einen Banditen, werden dreimal hintereinander erzählt. Hier allerdings aus der jeweils subjektiven Perspektive der Beteiligten. Die „Wahrheit“ ist nicht zu ermitteln, sie ist jeweils konstruiert.
Alain Resnais: Sie raucht/Sie raucht nicht (1993)
Zwei in sich geschlossene Filme schildern zwei unterschiedliche Handlungen mit demselben Figurenpersonal. Beide Filme gehen von derselben Situation aus, entwickeln aber durch einen Zufall (die Heldin raucht in der Anfangsszene oder sie raucht nicht) einen gänzlich anderen Handlungsverlauf.
Krzysztof Kieslowski: Der Zufall möglicherweise (1981)
Der mögliche Lebensweg eines Orientierung suchenden Studenten wird in drei Episoden mit unterschiedlicher Handlung erzählt. Die Ausgangssituation bleibt gleich, aber der Protagonist erreicht seinen Zug oder er erreicht ihn durch Zufall nicht, sodass sich sein Leben durch das Zusammentreffen mit unterschiedlichen Figuren in den Episoden extrem unterschiedlich entwickelt. Tykwer zitiert einzelne Teile des Films direkt: Eingangsszene mit einer Kamerafahrt in den geöffneten Mund, Anrempeln einer Frau durch den rennenden Protagonisten („Pass doch auf“).
Harold Ramis: Und täglich grüßt das Murmeltier (1993)
Ausgehend von einer gleichbleibenden Ausgangssituation wiederholt sich für einen Fernsehreporter die Zeit nach Ablauf eines Tages: Er wacht unendliche Male am selben Tag auf. Während seine Umgebung und alle Figuren unverändert bleiben, entwickelt er sich in den einzelnen Episoden so weit, dass er kraft der gewonnenen Liebe zu einer Frau den Bann der Zeitfalle lösen kann.
Alfred Hitchcock: Vertigo (1958)
Tykwer zitiert einzelne Motive aus dem Film: Spirale (Motiv im Vorspann), Gemälde mit „Spiralfrisur“ im Casino (Frau mit „Spiralfrisur“ vor Gemälde im Museum), unendliche spiralartige Treppe, Szenen mit Rotfilter
b) Das Laden des populären Computerspiels „Tomb Rider“ (mit der weiblichen Heldin Lara Croft) erzeugt ein ähnliches fiependes Geräusch, wie es in „Lola rennt“ eingesetzt wird.

3. Die traditionelle Film-Lola ist die Inkarnation gefährlicher Erotik, ein typisiertes Frauenbild in einer „verklemmten“ Gesellschaft: Lebedame, femme fatale, Kurtisane, Tänzerin, mythenumwobene Figur einer Nachtklubtänzerin und -sängerin. ▷ S. 461
Zunächst hat Tykwers Lola mit der typischen Film-Lola nicht viel gemeinsam. Vergleichbar sind vielleicht die persönliche, charakterliche Stärke, die Eigenständigkeit, die Macht über das „starke“ Geschlecht, die Farbe Rot als symbolhaftes Merkmal. (Die Farbe Rot kann je nach Kontext sowohl Erotik und Luxus als auch Kraft und Macht symbolisieren.)

3.1.2 Detailanalyse: Elemente der Filmsprache

Einstellungsgrößen

▷ S. 461 1. **Weit:** Die Einstellung wirkt symbolisch: Die Schienen verlieren sich ins Endlose; der Zug wird kommen und mit ihm das Unheil; die Zeit wird ablaufen.
Totale: In der Einstellung mit Kane auf der leeren Hauptstraße erkennt der Zuschauer den räumlichen Zusammenhang: Rückzug der Bewohner, Kanes Verlassenheit, offenes „Schussfeld" für die Banditen.
Halbtotale: Als Lola dem Stadtstreicher an der Straßenecke begegnet, muss der Betrachter die gesamte Situation überblicken können. Sollte sie nämlich bemerken, an wem sie da vorbeiläuft, hätte der Stadtstreicher mit seinen vielen Tüten und seinen unbeholfenen Bewegungen keine Chance, der schnellen Lola zu entkommen.
Halbnah/Amerikanisch: Kane hantiert mit seinem Colt, während er mit Amy spricht. Seine Entscheidung ist gefallen: Er wird für die Erhaltung gesellschaftlicher Werte kämpfen und sich nicht mit Amy in das private Glück zurückziehen. Die Waffe als Symbol für Gewalt steht zwischen Kane (der Gewalt einsetzen muss) und Amy (die Gewalt ablehnen muss).
Nah: Der Zuschauer beobachtet gespannt den entgeisterten Blick des Polizisten und die noch erhobene Waffe. An der Mimik lässt sich ablesen, wie ihm langsam bewusst wird, was geschehen ist.
Groß: Die Zuschauer/innen beobachten an Lolas unbewegtem Gesicht genau, was in ihr vorgeht. Sie projizieren in das Gesicht das, was sie selbst zu fühlen glauben. Die Wirkung von Authentizität, Ergriffenheit ist in dieser angespannten Situation sehr groß.
Detail: Die Spannung ist extrem hoch, als die Kamera (durch Computeranimation) im Casino mit der Roulettekugel läuft: Wird es die 20?

▷ S. 463 3. Um die Fülle an möglichen Beispielen zu reduzieren, könnten nur die Anfangsszenen von Spielfilmen verglichen werden. Hier wird zwischen induktiver (von Detail-/Großaufnahmen zu Totale-/Weitaufnahmen) und deduktiver (von Totale-/Weitaufnahmen zu Detail-/Großaufnahmen) Exposition gesprochen:
In **„Lola rennt"** dominieren von Anfang an Nah- und Großaufnahmen. Die Zuschauer/innen erfahren kaum einen räumlichen Zusammenhang, erhalten keinen Überblick. Die Einstellungen unterstreichen die Konfusion, verstärken den Konflikt und steigern die Spannung: induktive Exposition.
In **„Zwölf Uhr mittags"** hingegen werden die Zuschauer/innen sukzessive an die Figuren herangeführt. Erst sehen sie die Szenerie aus der Distanz (Weit und Totale am Anfang vor der Stadt), dann rücken sie immer näher an die Figuren heran (Halbtotale und Nah bis zur Vermählungsszene): deduktive Exposition.

Kameraperspektive

▷ S. 463 1. In beiden Filmen tauchen immer wieder Uhren auf. Sie strukturieren die Filme und erinnern so immer an die ablaufende Zeit. Um die Macht der Zeit zu verdeutlichen, werden sie in beiden Filmen nahezu immer aus der Froschperspektive gezeigt.
Kanes Überlegenheit wird häufig durch eine leichte Untersicht unterstrichen. Im Gegensatz dazu wird Amy, die der Betrachter fast immer aus leichter Aufsicht wahrnimmt, in ihrer Unterlegenheit gezeigt.

2. In beiden Filmen gibt es extreme Vogelperspektiven auf die beiden Protagonisten Lola und Kane. Wir sehen sie dann winzig klein auf leeren Plätzen. So wird die Verlorenheit und Isolation der Figuren deutlich.
In „Lola rennt" wirkt die Großstadt Berlin unnatürlich entvölkert, wodurch der Effekt verstärkt wird, Lola laufe durch Zeit und Raum.
Die extreme Vogelperspektive (Topshot) unterstreicht in „Lola rennt" das Gefühl, Lola könne eine Art Spielfigur sein, die wir – wie in Computerspielen – über ein riesiges Spielfeld laufen sehen. Lola rennt dreimal über den Gendarmenmarkt in Berlin. In der ersten und zweiten Episode sehen wir sie aus der Vogelper-

spektive. Beim ersten Überqueren läuft sie „gegen“ das Karomuster, beim zweiten entlang einer durch den veränderten Kamerawinkel diagonal wirkenden Linie. Beim dritten Mal sehen wir sie bildausfüllend aus der Froschperspektive. Man könnte diesen Effekt als zunehmende Sicherheit Lolas deuten.

Kamerabewegung

1. a/b) Sobald sich Lola nicht bewegt – also steht, wartet, überlegt –, bewegt sich die Kamera in auffälliger Weise: Entweder entfernt sie sich von Lola, indem sie in die extreme Vogelperspektive geht oder sie fährt kreisend um sie herum. So ist es die Kamera – und mit ihr sind es die Zuschauer/innen –, die sich scheinbar ständig bewegt. Sowohl die Vogelperspektive als auch das Kreisen sind beobachtende, wartende Bewegungen, als wolle man Lolas Entscheidung abwarten. ▷ S. 464

2. Amy und Helen (53. Filmminute): Die Zuschauer/innen sind hier sehr dicht bei den Filmfiguren und nehmen im Wechsel jeweils die Perspektive der Figur ein, die zuhört. Interessant ist, dass Amy dabei in leichter Aufsicht und Helen in leichter Untersicht gezeigt wird, obwohl beide die gleiche Körpergröße haben. Die Zuschauer/innen erleben so physisch die Über- bzw. Unterlegenheit der Gesprächspartnerinnen. In dem Moment, in dem das Gespräch an Emotionalität gewinnt („Was sind Sie nur für eine Frau?“) und Amy sich verteidigt, wird sie in Großaufnahme gezeigt und die Aufsicht wird verringert. Die Zuschauer/innen – und mit ihnen Helen – sind nun sehr nah bei ihr; Amys Glaubwürdigkeit wird unterstrichen.
Kane und Harvey (57. Filmminute): Zunächst bleibt die Kamera unbewegte Beobachterin der Handlungsachse zwischen den beiden Männern. Kane und Harvey sowie das Pferd werden dabei in der Halbtotale und in der Amerikanischen gezeigt. Die Zuschauer/innen sollen – anders als bei den Frauen, bei denen in der Auseinandersetzung vor allem die Mimik bedeutsam ist – die Bewegungen der Männer verfolgen können, deren Gespräch jeden Moment in eine Schlägerei ausarten könnte. Erst als sich der Ton verschärft, geht die Kamera in das Schuss-Gegenschuss-Verfahren. Die Figuren werden in Nah und Groß gezeigt,die Zuschauer/innen werden emotional involviert. Auch hier ist wieder die Perspektive interessant. Kane wird in der Untersicht und Harvey in extremer Aufsicht gezeigt, wobei der Unterschied in der Kameraposition größer ist als der der tatsächlichen Körpergröße.

3. Spannung durch Kontrast: Suggestion der unmittelbaren Beteiligung (Handkamera); Suggestion des Gemachten, Unechten (Videomaterial)

Mise en scène (Das In-Szene-Setzen)

1. Bilder weisen im Film – neben der Musik – dem Geschehen über die erzählte Geschichte hinaus vielschichtige Bedeutungsebenen zu. Die filmische Bildsprache lässt sich mit den Begriffen der Kunst erfassen. Schüler/innen, die am Kunstunterricht teilnehmen, könnten im Rahmen eines Referats wesentliche Aspekte der Bildgestaltung vorstellen. ▷ S. 465

2./3. – Farbe in „Lola rennt“: Rot ist die Symbolfarbe für Energie und Kraft, in den Zwischenszenen (im Kontext mit dem Bett) auch für Erotik. Der durchgängige Komplementärkontrast Rot-Grün im Film unterstreicht die Wirkung der roten Farbe. Auf dem Bild korrespondieren Lolas Rot (Haare) und Grün (Hose) mit dem der beiden Wandplakate, die dort – kaum bemerkbar, aber dennoch wirkungsvoll – angebracht wurden.
 – dynamische Komposition in „Lola rennt“: Neben der Bewegung auf der Handlungsebene unterstreicht die Bildkomposition den Eindruck von Dynamik, indem z. B. viele Diagonale den Bildraum strukturieren. Besonders wirkungsvoll ist das Muster auf dem Gendarmenmarkt, auf dem wir Lola aus der Vogelperspektive sehen. Lola läuft diagonal, was ihre Bewegungsrichtung unterstreicht.
 In dem Beispiel ist das Bild schräg gekippt. Hier wird nicht nur durch die vielen Diagonalen (Straße,

Wand, Eisenträger) die Dynamik unterstrichen, sondern auch die Anstrengung Lolas. Der/die Zuschauer/in hat den Eindruck, Lola laufe bergan. In den nachfolgenden Bildern – vor allem in der Zeitlupe – sieht man Lola die Anstrengung an; sie wird es nicht schaffen, pünktlich zu sein.

– geschlossene und offene Formen sowie Tiefenwirkung in „Zwölf Uhr mittags“:
Geschlossene Formen können als optische Eingrenzung des Blicks sowohl Geborgenheit als auch Enge und Ausweglosigkeit einer Situation suggerieren. Im Film wechseln sich weite Außenaufnahmen und geschlossene Innenräume ab. Interessant ist z. B. ein Vergleich der Landschaftsaufnahmen in der Anfangsszene (Offenheit, Freiheit) und der weiten Außenaufnahmen der Schienen. Durch die strenge Symmetrie und den Kontext der Einstellung werden hier eher Enge und Unausweichlichkeit symbolisiert.
In dem Bild sieht man, wie sich die Banditen auf die Ankunft ihres Anführers vorbereiten; sie legen ihre Sporen ab – später werden sie in der Fortsetzung der Szene ihre Pistolengürtel umlegen. Durch die Staffelung der Figuren sehen wir diesen Vorgang dreifach in unterschiedlichen Einstellungsgrößen (Detail, Halbnah, Halbtotale). Der Blick in den weiten Raum wird durch die gestaffelten Figuren im Vordergrund verstellt, sodass der weite, offene Raum geschlossen, beklemmend eng wirkt. Die offenen Räume, durch die sich Kane auf seiner Suche nach Hilfe bewegt, werden mit den engen, zugestellten, oft auch durch Symmetrie geschlossen wirkenden Szenen kontrastiert.

Montage

▷ S. 465 2. In dieser Schnittfolge, die Filmgeschichte gemacht hat, folgen die Bilder im Rhythmus der Uhr, der Musik, des Herzschlags. Der Bilderrhythmus unterstreicht so den Takt der erbarmungslos ablaufenden Zeit. Die Großeinstellungen lenken die Aufmerksamkeit der Zuschauer/innen dabei auf die emotionale Disposition der einzelnen Figuren. Die Gangster sind ernst und erwartungsvoll, Kane wirkt sowohl gefasst als auch sorgenvoll, Amy dagegen ängstlich, aufgescheucht, Helen wirkt aufmerksam, aber gespannt abwartend.
Interessant in der Bilderfolge sind die Einblendung des Stuhls (Assoziationsmontage) und die Bewegung Amys, die erst wie Helen nach links guckt, sich dann aber nach rechts – zu Kane – wendet. Ihre Blicke begegnen sich über den harten Schnitt hinweg: Amys Entscheidung, Kane zu helfen, fällt in diesem Moment.

▷ S. 466 3. Die Bildmontage in „Lola rennt“ (1. Episode) kurz vor 12:00 Uhr ist eine so genannte innere Montage, in der unterschiedliche Bilder collagenartig zu einem Bild montiert werden. Das Thema Zeit wird hier nicht wie in „Zwölf Uhr mittags“ durch den Sekundenrhythmus auf einer formalen Ebene präsentiert, sondern durch die Komprimierung unterschiedlicher Handlungen in einem Bild. Wir sehen Lola rennen, Manni warten, die Zeit ablaufen und hoffen, dass sie es schaffen wird, gegen die Zeit anzulaufen.

4./5. **„Lola rennt“:** Parallelmontage: Lola rennt zum Supermarkt, Manni überfällt den Supermarkt
Analogmontage: fliegende Plastiktüte, fliegender Telefonhörer
Assoziationsmontage: Reiseziele des Stadtstreichers
„Zwölf Uhr mittags“: Analogmontage: Kircheninnenraum, Schienen
Assoziationsmontage: Montage vor 12:00: Millers Stuhl

Bild-Ton-Beziehung

▷ S. 467 1. „Lola rennt“: elektronischer Technorhythmus – „Zwölf Uhr mittags“: typischer Westernsong (Gitarre)
a) „Lola rennt“: Der Soundtrack „Wish“ verändert in jeder der drei Episoden seine Tendenz. Tykwer beschreibt die drei Varianten folgendermaßen:
1. Episode: „hochtonige, fiebrige Acidklänge und 80er-Jahre-Sounds“
2. Episode: „aufgekratzter Gesang, ausgeklügelte Drum'n'Bass-Rhythmen“
3. Episode: „elektronisches Popstück mit Breakbeat-Einflüssen“
Der den Laufszenen unterlegte Technorhythmus mit seinen Wiederholungen hebt das Zeitgefühl auf.

b) Der Soundtrack zu „Lola rennt" hat nicht die Funktion, die Filmbilder zu untermalen und zu begleiten, sondern er hat ein ähnliches Gewicht wie die Bilder selbst.

2. a) Der Song „What a difference a day makes" (Dinah Washington) unterbricht den Technorhythmus und wirkt nach Franka Potentes extrem subjektivem Gesang eher kommentierend, das Geschehen wertend: Welchen Unterschied ein Tag ausmacht! Wie sich die Dinge plötzlich entwickeln können! Lola und Manni sind kriminell geworden und auf der Flucht ...
Ähnlich wirkt das klassische Stück „The Unanswered Question" (Charles Ives, 1908) wie ein inhaltlicher Kommentar zum Geschehen: die unbeantwortete Frage
Lolas Tod, ihr Sterben in Zeitlupe, wird durch die absteigende Tonfolge des Stücks unterstrichen. Die Streicherklänge sind dabei ein musikalischer Topos für Trauer. Der klassische Ernst der Musik steht in scharfem Kontrast zum lebendigen Soundtrack und unterstreicht den Schock des Zuschauers, wenn nach nur 30 Minuten Spieldauer die Protagonistin des Films stirbt.
b) In beiden Szenen bekommt der Ton etwas Befremdliches. Die Schaufensterscheibe zwischen Lola und Manni verliert ihre materielle Existenz; mit leiser Stimme tauschen die beiden ohne akustisches Hindernis ihre Gefühle aus. Ähnlich atmosphärelos klingen die roten Zwischenszenen. Hier sind ebenfalls alle Nebengeräusche getilgt.
Die Intimität zwischen Lola und Manni wird verstärkt, der/die Zuschauer/in wird zum distanzierten Beobachter, zum Voyeur.

3. Mit einem einfachen Mischpult lassen sich CD-Player und Mikrofon an einen Videorekorder anschließen. Die Tonspur eines Videobands lässt sich so durch Überspielen neu gestalten. Einfacher geht es natürlich, indem man den Ton am Monitor abdreht und einen CD-Player spielen lässt. Unterlegt man z. B. die erste Laufszene (Lola in der Spreebrücke) mit Choralmusik, so entsteht sofort ein anderer Eindruck der Szene (die Architektur der Brücke wirkt wie ein romanischer Kircheninnenraum).
Interessant ist auch die Beobachtung, dass sich schnell aufeinander folgende Bilder „verlangsamen" lassen, wenn man ruhigere, langsamere Musik unterlegt (z. B. Fotosequenzen der Nebenfiguren).

3.2 Verfilmung von Literatur

Rainer Werner Fassbinder: **Literatur und Leben** (1982) ▷ S. 468
Knut Hickethier: **Der Film nach der Literatur ist Film** (1989) ▷ S. 468

1. **Fassbinder:** Film kann Literatur nicht objektiv „übersetzen", kann sie nicht ersetzen. ▷ S. 468
Die subjektive Auslegung/Auseinandersetzung mit Literatur als „bereits formulierte Kunst" muss in der Verfilmung immer „erkennbar" sein. Verfilmung ist „Verformung" (vgl. Hickethier).
→ Die Literaturverfilmung ist als Film nicht eigenständig: Literaturverfilmung als interpretierende Adaption (vgl. ▷ S. 469)
Hickethier: Filme beziehen sich jenseits der Literatur auf eine breite Bezugsebene aus der Filmgeschichte. Ein Vergleich der Literaturverfilmung mit der Vorlage ist daher unzulässig; eine Verfilmung ist keine Verformung des literarischen Kunstwerks.
→ Die Literaturverfilmung ist als Film eigenständig: Literaturverfilmung als stofforientierte Adaption (vgl. ▷ S. 469)

2. **Literatur:** setzt die Fantasie der Leser/innen in Form von Bildern, Assoziationen, Vorstellungen frei (die Le-

ser/innen erzeugen Bilder von Personen, Umgebung etc. im Kopf): → größere Auslegungsfreiheit und damit Aktivität des Rezipienten
Film: legt die Fantasie der Zuschauer/innen durch Bild und Ton fest (zeigt Personen, Umgebung etc.): → geringere Auslegungsfreiheit und damit Passivität des Rezipienten; aber: größere Vielschichtigkeit der Informationen durch das Visuelle und Akustische

▷ S. 469 *Alexander Kluge:* **Literarische und filmische Mittel** (1964)

▷ S. 469 2. Während die Literatur auf einen mittleren Niveau zwischen Konkretion und Abstraktion bleibt, ist der Film immer ganz Anschauung und kann dennoch – im Kopf des Betrachters – Begriffe bilden.

3. Die Grenzüberschreitungen von Film und Literatur sind wechselseitig. Frühe Filmemacher der Stummfilmzeit wie Georges Méliès suchten die Nähe von Film und Theater und nutzten im Medium Film lediglich die traditionellen Darstellungsformen des Bühnenschauspiels. Bühnenraum, Theaterkulisse und still stehende Kamera bildeten den gewohnten Blick des Theaterbesuchers nach. Viele Kinobesucher konnten sich mit dem neuen Medium aber auch nur anfreunden, wenn es eine literarische Vorlage möglichst wortgetreu nachgestaltete. Bis heute gibt es Literaturwissenschaftler und Filmemacher, die von der Literaturverfilmung eine möglichst deckungsgleiche, nachahmende Darstellung im Sinne einer Illustration fordern.
Aber auch umgekehrt nutzen Schriftsteller wie z. B. Alfred Döblin in „Berlin Alexanderplatz" die Ausdrucksmöglichkeiten filmischer Gestaltungsmittel für eine neuartige Form des Erzählens, die z. B. Montagetechniken, Zeitlupe, Zeitraffer und Zoom literarisch darstellen. Manche Schriftsteller denken schon im Schreibprozess an eine mögliche filmische Umsetzung, was Auswirkungen auf die literarische Gestaltung hat.
Traditionsbewusste Literaturwissenschaftler haben den Filmemachern immer wieder vorgeworfen, dass bei der Umsetzung in Film Aspekte des Textes verloren gingen, die nicht anders als mit sprachlichen Mitteln darzustellen seien.

▷ S. 469 **Formen der filmischen Adaption von Literatur**

▷ S. 470 2. Im Rahmen der interpretatorischen Adaption kann z. B. untersucht werden, ob die Konkretion des Geschehens in einer historisierenden oder in einer aktualisierenden Umwelt geschieht. Davon ausgehend kann gefragt werden, ob der Filmregisseur die Handlung als eine überzeitlich-allgemeinmenschliche oder als eine einmalig-vergangene versteht. Je nach dem kann der Film – und damit der Text – verstanden werden als Beitrag, das Verständnis des Menschen über sich selbst oder über vergangene Zeiten zu fördern.

▷ S. 470 *Irmela Schneider:* **Aus einem Drama wird ein Film** (1990)

▷ S. 471 1. Käutner versucht Voigts kleinbürgerliche Welt zu idealisieren, die Welt des Großbürgertums und des Militärs zu karikieren. In den Eingangssequenzen des Films zeigt er, dass Voigt in der Gesellschaft nicht Fuß fassen kann.

2.

Formale Mittel	**(Inhaltliche) Wirkung**
Eingangsmusik (Übergang von Leierkasten- zur Marschmusik)	Kontrast von kleinbürgerlicher Welt und Welt des Militärs
Detailaufnahme: Soldatenstiefel	Fixierung Voigts: Er will Stiefel herstellen, will arbeiten, will einen Platz in der Gesellschaft

Siegfried Lenz: **Literaturverfilmung am Beispiel des Romans „Deutschstunde"** (1976) ▷ S. 472

1. Im Zusammenhang mit der Frage des höheren Grades an „Demokratie" muss auch die Gefahr von Text- bzw. Filmmissverständnissen thematisiert und nach Möglichkeiten gefragt werden, diese zu vermeiden. Diese Überlegungen können konkretisiert werden vor dem Hintergrund produktionsorientierter Interpretationsmethoden, wie sie z. B. das gestaltende Interpretieren darstellt (vgl. ▷ S. 112 ff.). ▷ S. 473

Arthur C. Clarke: **2001 – Odyssee im Weltraum** (1968) ▷ S. 473

1. Der britische Regisseur Stanley Kubrick drehte seinen Science-Fiction Film „2001 – Odyssee im Weltraum" in den Jahren 1965 bis 1968. Der Film beginnt mit der Morgendämmerung der Menschheit und endet mit der Geburt eines kosmischen Übermenschen. Der Film ist musikalisch unterlegt mit den Kompositionen von Richard Strauß, Johann Strauß und Aram Khachaturian. ▷ S. 474
   Stephen Baxter hat in seinem Vorwort zur Neuausgabe des Romans den Unterschied zwischen Film und Roman aufgezeigt: „Clarke selbst scheint sich – zumindest anfangs – vorgestellt zu haben, der Film würde im Wesentlichen eine dramatische Umsetzung des technischen Triumphs der Menschheit in naher Zukunft sein (...) Er gehörte zu der während des Krieges hervorgetretenen Autorengeneration, die versuchte, ein Bild unserer Zukunft in überwiegend technikfreundlichen und optimistischen Farben zu malen (...) Doch selbst in den am wortgetreuesten ausgeführten Szenen sorgte Kubrick dafür, unsere eigene Banalität in der Zukunft zu zeigen. Mit leerem Dialog, einfarbigem Essen und verwaschener Beleuchtung verwies er auf die Mängel der Menschheit im 21. Jahrhundert. (*Arthur C. Clarke:* 2001 – Odyssee im Weltraum. Heyne, München 2000, S. 8–10).

2. Schwierig zu verfilmen sind die erdgeschichtliche Datierung des Geschehens, die Umwelteinflüsse auf das Leben der Vormenschen sowie die Ahnungen und Gedanken, die Mond-Schauer hat.

3.3 Projekte

Die vorgestellten Projektvorschläge sind umfangreich und bedürfen sorgfältiger Planung und Durchführung mit abschließender Ergebnisssicherung: ▷ S. 474

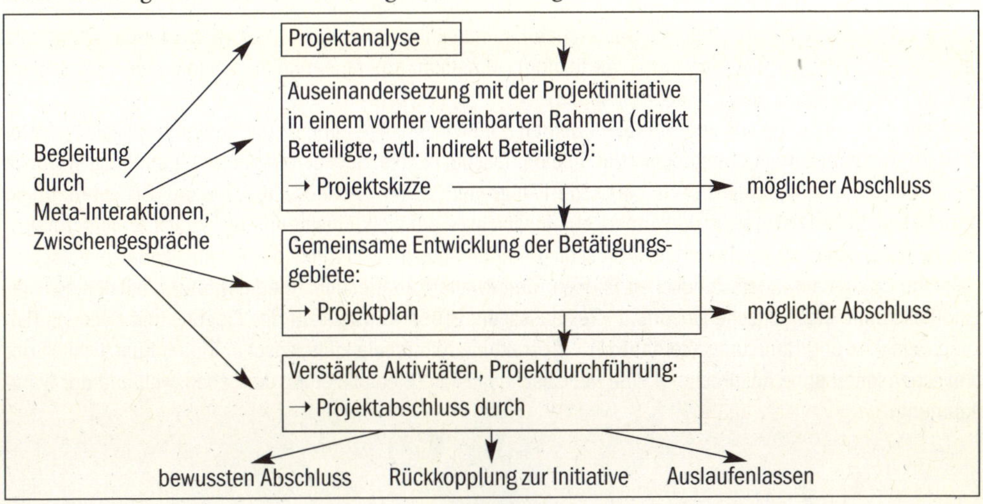

Lernerfolgskontrolle/Klausurvorschlag

Sehen Sie sich den Vorspann zu „Lola rennt“ mehrfach an und notieren Sie Ihre Beobachtungen bezüglich der Aufgabenstellung in dem Sequenzplan.

1. Analysieren Sie den Vorspann, indem Sie auf folgende Aspekte eingehen:
   - Anspielungen auf Filmgenres
   - filmisches Darstellungsmittel und ihre Wirkung
   - mögliche Bedeutung der Texte (Inserts, Off-Kommentar, Figurensprache)

2. Deuten Sie die Gestaltung und die Wirkung des Vorspanns sowie die Funktion der Texte hinsichtlich der Gesamtaussage des Films.

3. Welche Zusammenhänge sehen Sie zwischen der kulturellen Bedeutung der verschiedenen im Vorspann angesprochenen Filmgenres und dem Genre des postmodernen Films? (LK)

Für Klausuren, in denen Filmausschnitte gezeigt werden, sollte eine Verlängerung der Arbeitszeitvon ca. 1/2 Stunde beantragt werden. Der Filmausschnitt kann dann allen Schülerinnen und Schülern vor der Klausur mehrfach hintereinander auf Video vorgeführt werden.
Je nach technischer Ausstattung der Schule bzw. der Aufsichtssituation könnte auch ein mit Kopfhörer ausgestatteter Monitor (vom Raum abgewandt) während der Klausur zur Verfügung gestellt werden. Ist dies nicht möglich, sollte der Filmausschnitt zu vorher vereinbarten Zeiten (etwa Mitte und Ende der Klausurzeit) wiederholt gezeigt werden.
Arbeitsmaterial:

- Tom Tykwer: „Lola rennt“ (1998)
  Filmausschnitt auf Video: Vorspann des Films (Länge: 4:28 Min.)
- Drehbuchauszug: Zitate von T. S. Elliot, Sepp Herberger und Hans Paetsch (siehe S. 356 in diesem Handbuch)
- Sequenzplan des Vorspanns (unkommentiert; s. folgende Seite)

Erwartungshorizont

Als postmoderner Film spielt „Lola rennt“ mit Versatzstücken unterschiedlicher Genres und mit Zitaten. Schon im Vorspann werden dem/der Zuschauer/in Assoziationen zu verschiedenen Genres angeboten, die Erwartungen an bekannte Handlungsverläufe nahe legen: Problemfilm (Inserts), Horrorfilm (Uhr mit Monstermaul), Dokumentarfilm (Off-Kommentar), Märchenfilm (Stimme des „Märchenerzählers“ Hans Paetsch), Zeichentrickfilm (Lola als Zeichentrickfigur im Spiraltunnel), Kriminalfilm (Polizeifotos), Sportfilm (Fußball, Titel „Lola rennt“), Actionfilm (Extremzoom auf Lolas Telefon), Kunstfilm/Experimentalfilm (Kombination unterschiedlichster filmischer Mittel im gesamten Vorspann).
Die Genre-Assoziationen aus dem Vorspann werden z. T. im Film aufgenommen und weiterentwickelt, z. B. Motive (Uhren, Spirale, Kreis), Dingmagie (Uhr, Telefon, Tasche, Pistole, Schildkröte, Ampel), Handlungssymbolik (Märchen: drei Lösungswege, Lolas magische Fähigkeiten: zerspringendes Glas, Heilung Schusters durch Handhalten, Beeinflussung der Roulettekugel), Künstlichkeit der Welt (Einsatz unterschiedlicher Filmformate).
Das zentrale, postmoderne Thema des Films, die Determination und Offenheit des Lebens, findet im Vorspann vielfache Bezüge auf unterschiedlichen Ebenen: Genrevielfalt: Zitattechnik (Medienzitate); Vielfalt sinnlicher Eindrücke ohne erzählerische Linearität – Textaussagen: Leben als Kreislauf des Fragens und Suchens (Lösungsversuche und Handlungsalternativen) – Gestaltung: Autonomie künstlerischer Mittel, Künstlichkeit der filmischen Mittel ohne Anspruch auf eine realistische Illusion (Mediatisierung der Lebenswelt und der Wahrnehmung).

„Lola rennt“ (Auszug aus einem Sequenzplan)

Sequenz	**Dauer**	**Inhalt**	**Kamera**	**Geräusche/Musik**	**Kommentar**
1. **Vorspann**	4:28 Min.				
1.1 **Inserts**	00:00:13 bis 00:00:26	Zitate: T. S. Elliot S. Herberger			
1.2 **Uhr**	00:00:27 bis 00:01:28	Uhrpendel Schriftinserts Kamerafahrt ins Monster-maul			
1.3 **Menschen-menge**	00:01:29 bis 00:02:49	Menschenmenge Text Paetsch (Off): „Der Mensch ...“ Schuster: „Ball is rund ... und ab“ Flug mit dem Fußball Titel aus Menschen			
1.4 **Zeichentrick**	00:02:50 bis 00:03:45	Zeichentrick-Lola rennt durch den Tunnel Schriftinserts			
1.5 **Polizeifotos**	00:03:46 bis 00:04:20	Schauspieler und ihre Rollen auf Polizeifotos			
1.6 **Sturzflug der Kamera**	00:04:21 bis 00:04:28	Extremzoom auf Berlin, in Lolas Haus, auf Lolas Telefon zu			

C Sprachbetrachtung

1 Kommunikation und Sprache – Wie Verständigung gelingen kann

Konzeption des Kapitels

Bei der Verständigung im Alltag ist den Schülerinnen und Schülern ihre Sprach- und Kommunikationsfähigkeit weitgehend selbstverständlich. Aufgabe des Unterrichts ist es, den naiven Umgang mit der Sprache bewusst zu machen, um die individuellen, sozialen und kulturellen Funktionen dieses zentralen Mediums der Kommunikation zu klären. Ein solcher Reflexionsprozess strebt gleichzeitig eine Vergewisserung methodischer Kompetenzen an. Somit lassen sich bei diesem Thema in idealer Weise Basiskompetenzen der Arbeitsbereiche „Sprache und Schreiben", „Umgang mit literarischen und nichtfiktionalen Texten", „Reflexion über Sprache" und „Methodenlernen" integrieren.
Das erste Teilkapitel (**„Kommunikationsprobleme in Alltagssituationen"**) thematisiert problematisches und erwünschtes Gesprächsverhalten in unterschiedlichen Kommunikationssituationen. Gesprächsregeln für Dialoge und Gruppengespräche werden entwickelt und im Rahmen von Trainingssituationen angewendet. Die besondere Rolle der Körpersprache wird eigens in den Blick genommen. Darüber hinaus wird das Kommunikationsverhalten im Kontext sozialer und kultureller Bedingungen reflektiert. Abschließend wird Friedemann Schulz von Thuns Modell des „inneren Teams" vorgestellt.
Das zweite Teilkapitel (**„Beziehungsstörungen als Thema der Gegenwartsprosa"**) verdeutlicht die Bedeutung des Themas „Gestörte Kommunikation" für die Gegenwartsliteratur. Beziehungskonflikte und die Mehrdeutigkeit körpersprachlicher Signale stehen thematisch im Vordergrund. Gegenstand des analytischen Interesses ist vor allem die Wechselbeziehung von Thema und sprachlicher bzw. erzähltechnischer Gestaltung.
Im dritten Teilkapitel (**„Grundlegende Funktionen von Kommunikation und Sprache"**) werden wichtige theoretische Positionen der Sprach- und Kommunikationswissenschaft vorgestellt. Der Zusammenhang von Zeichenstruktur der Sprache, kommunikativer Funktion und psychologischer Dimension wird anhand unterschiedlicher Modelle reflektiert. Der dritte Teilschritt dieses Kapitels hat damit eine primär wissenschaftspropädeutische Vertiefungsfunktion.

Literaturhinweise

Heinz Klippert: Kommunikations-Training. Beltz, Weinheim/Basel 1995

Samy Molcho: Körpersprache. Goldmann, München 1996

Mündliche Kommunikation: Gesprächsforschung – Gesprächsförderung. Der Deutschunterricht, Heft 1/1995

Heidrun Pelz: Linguistik für Anfänger. Hoffmann und Campe, Hamburg [13]1994

Friedemann Schulz von Thun: Miteinander reden. Bd. 1: Störungen und Klärungen; Bd. 3: Das „Innere Team" und situationsgerechte Kommunikation. Rowohlt, Reinbek 1981/1998

Christian-Rainer Weisbach: Professionelle Gesprächsführung. dtv, München 1997

Texte/Gegenstände — Intentionen

S. 476 **1.1 Kommunikationsprobleme in Alltagssituationen**

- *Loriot:* Garderobe
- *Lutz Schwäbisch/Martin Siems:* Regeln für die Gruppendiskussion
- *Samy Molcho:* Körpersprache
- *Friedemann Schulz von Thun:* Berufsrolle und private Rolle
- *Paul Watzlawick u. a.:* Kuss ist nicht Kuss
- *Evelyn Horsch:* Das „innere Team“: Wie Selbstgespräche unsere Kommunikation steuern

Intentionen:

- Bedingungen gestörter Alltagskommunikation erkennen
- die besondere Rolle körpersprachlicher Signale für die Kommunikation untersuchen
- Regeln gelingender Verständigung in Trainingssituationen erproben
- die Bedeutung sozialer Rollen und kultureller Muster für die Alltagskommunikation erfassen
- das Modell des „inneren Teams“ im Hinblick auf seine Bedeutung für das Sprechen, Handeln und den Aufbau der Persönlichkeit reflektieren und anwenden

S. 483 **1.2 Beziehungsstörungen als Thema der Gegenwartsprosa**

- *Gabriele Wohmann:* Ein netter Kerl
- *Martin Walser:* Lebendiger Mittagstisch
- *Ilse Aichinger:* Das Fenster-Theater

Intentionen:

- Grundstrukturen menschlicher Beziehungen und ihrer Störung als exemplarisches Thema gegenwärtigen Erzählens erfassen
- den Zusammenhang von Thema, sprachlicher Gestaltung und Erzähltechnik analysieren
- einen vorgegebenen Erzähltext nutzen, um produktive und handlungsorientierte Verfahren zu erproben

S. 487 **1.3 Grundlegende Funktionen von Kommunikation und Sprache**

- Karl Bühlers Organon-Modell und seine Erweiterungen
- *Heiko Ernst:* Die Kommunikationsregeln nach Paul Watzlawick
- *Friedemann Schulz von Thun:* Die vier Seiten einer Nachricht

Intentionen:

- grundlegende sprachtheoretische und kommunikationspsychologische Positionen kennen lernen und für die Analyse von Alltagskommunikation nutzen
- durch Vergleich der Sprach- bzw. Kommunikationsmodelle von Bühler, Watzlawick und Schulz von Thun wissenschaftliche Entwicklungstendenzen erkennen

1.1 Kommunikationsprobleme in Alltagssituationen

▷ S. 476 *Loriot:* **Garderobe** (1981)

▷ S. 476 1. Das Kommunikationsproblem des satirischen Dialogs besteht in der Diskrepanz von Inhalts- und Beziehungsebene. Bei der inhaltlichen Diskussion über die Auswahl der Abendgarderobe zeigt sich bald, dass ihm das Thema weit weniger wichtig ist als ihr. Sie spricht diese Diskrepanz abschließend an, d. h. sie wechselt auf die Metaebene der Kommunikation: „Es ist dir also völlig *Wurst*, was ich anhabe!" (Z. 49 f.) Ebenfalls auf der Metaebene benennt sie die unterschiedlichen Relevanzstrukturen von Mann und Frau. Während ihr das Thema „Mode" bedeutsam ist, sind ihm andere Themen wichtiger. Das Verständnis scheitert daran, dass die Gesprächspartner sich in ihren Unterschieden nicht wechselseitig respektieren. Kommunikationsprobleme im Alltag führen zu grundlegenden Störungen, wenn wechselseitige Abwertung der Person das Kommunikationsverhalten prägt.

2. Der Vergleich mit den Thesen der Sprachwissenschaftlerin Deborah Tannen kann die Schülerinnen und Schüler zu einer offenen Diskussion über geschlechtsspezifische Gesprächsstile, Themenpräferenzen, Argumentationsweisen und kulturelle Muster anregen.

▷ S. 477 3. Das Kommunikationsverhalten von Mann und Frau in der Szene von Loriot ist durch Unterschiede auf der verbalen und nonverbalen Ebene geprägt. Um körpersprachliche und paraverbale Kommunikationsfaktoren für die Schüler/innen erfahrbar zu machen, sollten die Möglichkeiten des Rollenspiels genutzt werden. Es empfiehlt sich zunächst einen Beobachtungsbogen entwerfen zu lassen, der zusätzlich zu den Aspekten des verbalen Verhaltens nach Gestik, Mimik, Körperhaltung und Stimmführung gegliedert ist. Die Beobachter sollten sich während des Rollenspiels auf einen Aspekt konzentrieren.

4./5. Ähnlich sollte beim Durchspielen der Alltagsszene zwischen Vater und Tochter/Sohn verfahren werden. Der Streit über das nicht aufgeräumte Zimmer dürfte zunächst Verständigungsprobleme sichtbar machen. Dies sollte als Ausgangspunkt für ein Training von gelingender Kommunikation genutzt werden. Die vorgestellten Regeln für das Sprechen wie für das Zuhören sind dabei grundlegend. Sie sollten nach Möglichkeit auch genutzt werden, das alltägliche Kommunikationsverhalten im Unterricht zu reflektieren und zu verbessern.

▷ S. 478 *Lutz Schwäbisch/Martin Siems:* **Regeln für die Gruppendiskussion**

▷ S. 478 1. Ruth C. Cohns Trainingsprogramm der „themenzentrierten Interaktion" ist grundlegend für die Entfaltung der Gesprächskultur in Gruppen. Die Gesprächstechniken des Blitzlichts, des Feed-back, des körpersprachlichen Verhaltens und der Formulierung von Ich-Botschaften haben sich für das Gelingen von Gruppengesprächen äußerst bewährt. Nach den inzwischen vorliegenden Erfahrungen ist es allerdings nicht immer angebracht, Störungen den Vorrang einzuräumen. Hier muss flexibel nach Augenmaß verfahren werden, sodass subjektive Befindlichkeiten die themenzentrierte Interaktion nicht unangemessen beeinträchtigen.

2. Ein Beispiel für einen Beobachtungsbogen findet sich in Heinz Klipperts Methodenbuch „Teamentwicklung im Klassenraum" (Beltz, Weinheim/Basel 1998) auf S. 131.

▷ S. 478 *Samy Molcho:* **Körpersprache** (1996)

▷ S. 479 1. a/b) Der Thematik entsprechend wird der Zugang über eine genaue Analyse der Fotos und ein Nachspielen der vorgestellten Situationen über das Standbild-Verfahren gewählt. Auf diese Weise sehen und erleben die Schüler/innen das, was sie anschließend vertiefend untersuchen.

2.

These	Beispiel
Es gibt immer zwei Kommunikationsebenen: die verbale und die körpersprachliche (nonverbale).	Die Mutter verabschiedet das Kind mit einem freundlichen Satz, hält es aber durch ihre Gestik zurück.
Der Körper ist unfähig, nicht zu kommunizieren.	Auch jemand, der sich im Zugabteil schlafend stellt (d.h. nicht kommunizieren will), spricht durch seine Körperhaltung.
Jedes nonverbale Verhalten löst ein Feed-back aus.	Man wundert sich oft über eine negative Reaktion des Gegenübers, weil das eigene Auslöseverhalten nicht bewusst ist.
Das eigene körpersprachliche Verhalten wird in der Regel noch weniger bewusst wahrgenommen als das des Gegenübers.	Abweisendes eigenes Verhalten führt beim anderen zu einer Geste des Unmuts.
Einzelne körpersprachliche Signale gewinnen ihre Bedeutung erst im komplexen Zusammenspiel.	Jemand kommt mit strahlendem Lächeln auf mich zu, hält aber deutlich körperlichen Abstand.
Körpersignale sind situationsabhängig und somit in ihrer Bedeutung mehrdeutig.	Eine Frau lächelt dem einen Bewerber zu, während sie dem anderen die Hand auf den Arm legt.

3. a/b) Um „Doppelbindungen“ als paradoxe Kommunikationsmuster zu veranschaulichen, eignen sich besonders komplementäre Rollen, die kulturspezifisch festgelegt sind, wie z. B. Arzt – Patient, Eltern – Kind, Lehrer – Schüler. Bei diesen sozial festgelegten Interaktionsmustern sind Beziehungsfallen besonders gravierend, da sich der inferiore Part nicht so ohne weiteres entziehen kann. Der paradoxe Charakter einer Doppelbindungssituation wird durch Samy Molchos Beispiel besonders deutlich: Die verbale Äußerung der Mutter („Selbstverständlich kannst du spielen gehen!“) steht in krassem Widerspruch zur körperlichen Abwehrhaltung.
Das Kind ist der widersprüchlichen Botschaft hilflos ausgeliefert, zumal es noch nicht über die Möglichkeit der Metakommunikation verfügen dürfte. Denn dies wäre die einzige Möglichkeit, der Beziehungsfalle zu entkommen.
Es empfiehlt sich, komplementäre Strukturen in Alltagssituationen (Familie, Schule, Peer-group mit hierarchischen Strukturen) zu nutzen und im Rollenspiel wirkungsvolle Abwehrstrategien zur Auflösung der Beziehungsfalle zu trainieren. Dabei sollte unbedingt der „Feldherrenhügel“ der Metakommunikation (▷ S. 489) hinzugezogen werden.

Friedemann Schulz von Thun: **Berufsrolle und private Rolle** (1998) ▷ S. 480

1. Angemessenes Rollenverhalten ist abhängig von der jeweiligen sozialen Situation und lässt sich nicht beliebig übertragen. Private und öffentliche (z. B. berufliche) Kommunikationssituationen unterscheiden sich in der Regel deutlich im Hinblick auf Kommunikationsstile und Rollenerwartungen. Eine Übertragung von dem einen in den anderen Bereich ist deshalb besonders problematisch. ▷ S. 480

2. a/b) Kommunikationsverhalten und soziales Rollenverhalten sind zwei Seiten derselben Medaille. Das wichtige Begriffspaar „soziale Position“ und „Rolle“ erläutert der Sozialwissenschaftler Ralf Dahrendorf. Kritisch zu diskutieren ist jedoch, ob der Rollenbegriff Dahrendorfs hinreichend flexibel ist oder lediglich auf Anpassung im Sinne einer rigiden Erfüllung gesellschaftlicher Normen hinausläuft. Zu erörtern wäre vor allem der Zusammenhang von Rolle und Identität.

Ralf Dahrendorf
Soziale Position und Rolle

Zu jeder Stellung, die ein Mensch einnimmt, gehören gewisse Verhaltensweisen, die man von dem Träger dieser Position erwartet: zu allem, was er ist, gehören Dinge, die er tut und hat: zu jeder sozialen Position gehört eine *soziale Rolle*. Indem der Einzelne soziale Positionen einnimmt, wird er zur Person des Dramas, das die Gesellschaft, in der er lebt, geschrieben hat. Mit jeder Position gibt die Gesellschaft ihm eine Rolle in die Hand, die er zu spielen hat. Durch Positionen und Rollen werden die beiden Tatsachen des Einzelnen und der Gesellschaft vermittelt: dieses Begriffspaar bezeichnet *homo sociologicus*, den Mensch der Soziologie, und es bildet daher das Element soziologischer Analyse.
Von den beiden Begriffen der Position und der Rolle ist der der Rolle bei weitem der wichtigere: Die Unterscheidung beider ist dennoch nützlich. Während Positionen nur Orte in Bezugsfeldern bezeichnen, gibt die Rolle uns die Art der Beziehung zwischen den Trägern von Positionen und denen anderer Positionen desselben Feldes an. Soziale Rollen bezeichnen Ansprüche der Gesellschaft an die Träger von Positionen, die von zweierlei Art sein können: einmal Ansprüche an das Verhalten der Träger von Positionen *(Rollenverhalten)*, zum anderen Ansprüche an sein Aussehen und seinen „Charakter" *(Rollenattribute)*. Weil Herr Schmidt Studienrat ist, sind von ihm gewisse Attribute und ein gewisses Verhalten verlangt […]. Obwohl die soziale Rolle, die zu einer Position gehört, uns nicht verraten kann, wie ein Träger dieser Position sich tatsächlich verhält, wissen wir doch, wenn wir mit der Gesellschaft, die diese Rolle definiert, vertraut sind, was von ihrem Spieler erwartet wird. Soziale Rollen sind Bündel von Erwartungen, die sich in einer gegebenen Gesellschaft an das Verhalten der Träger von Positionen knüpfen.

(Ralf Dahrendorf: Homo sociologicus. Ein Versuch zur Geschichte, Bedeutung und Kritik der Kategorie der sozialen Rolle. Westdeutscher Verlag, Opladen [14]1974, S. 32f.)

▷ S. 481 *Paul Watzlawick u. a.*: **Kuss ist nicht Kuss** (1974)

▷ S. 481
1. Über die sozialen Bedingungen von Kommunikation hinaus steuern kulturspezifische (ethnologische) Einflüsse das Kommunikationsverhalten.
   Interkulturelle Differenzen sind außerordentlich konfliktträchtig, sei es, dass es sich um bewusste Gegensätze handelt, oder um Konflikte, deren Ursachen völlig außerbewusst sind. Für den letzten Fall gibt Watzlawick ein ebenso eindrucksvolles wie amüsantes Beispiel.
   Mögliche Alternative:
   Auch im eigenen Land gibt es kulturelle Schranken, an denen die Kommunikation manchmal endet. Ein Beispiel ist die jugendliche Subkultur, die sich von der Allgemeinkultur (Stammkultur) abgrenzt. Jugend-Subkulturen sind Kulturen, die sich durch Alters- und Generationsmerkmale von ihrer Stammkultur unterscheiden möchten. Beispiele aus jüngerer Zeit sind die Hippies oder die Punks. Diese Subkulturen entstehen laufend neu. Ihre Wirkung beruht nicht zuletzt darauf, dass sie für Sachverhalte des Alltags neue Bezeichnungen finden, eine Art Geheim- oder Abgrenzungssprache, mit der Mitglieder von Subkulturen ihre Besonderheit signalisieren und die Vertreter der Stammkultur oft nicht verstehen können.
   Vergegenwärtigen Sie sich eine zurzeit aktuelle jugendliche Subkultur und entwerfen Sie eine Szene, in der ein Jugendlicher einige Vertreter anderer Generationen durch ein spezielles Szenenvokabular verunsichert.

2. Als Alternative kann den Schülerinnen und Schülern die Möglichkeit eröffnet werden, eine Szene zu entwerfen, in der sich im Inland jemand in einer bestimmten Subkultur nicht auskennt und „falsch" verhält.

Evelyn Horsch: **Das „innere Team“:**
Wie Selbstgespräche unsere Kommunikation steuern (1999) ▷ S. 481

Kommunikationsverhalten wird nicht nur durch soziale Rollenerwartung und kulturelle Muster gesteuert, sondern auch durch innere Stimmen. Der Kommunikationspsychologe Friedemann Schulz von Thun hat dafür die Metapher vom „Inneren Team“ geprägt, wobei dessen Oberhaupt unser inneres Ich vertritt. Gelingende Kommunikation hängt davon ab, ob wir unsere innere Vielstimmigkeit angemessen moderieren, um dann nach außen mit einer Stimme zu kommunizieren. Anderenfalls führen doppelte Botschaften zu Verständigungsproblemen.

1. a–c) Es ist denkbar, dass sich folgende innere Stimmen zu Wort melden: ▷ S. 482

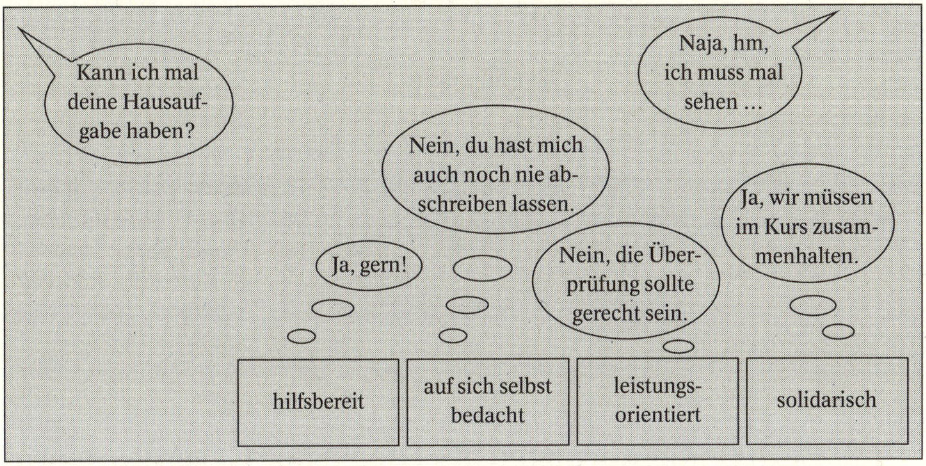

2. a/b) Doppelte Botschaften führen im Gespräch zu Konfusion und Aggression. Wenn jemand gleichzeitig seine Hilfe anbietet und verweigert, weiß das Gegenüber nicht, wie es sich verhalten soll.
   Nur wenn die innere Stimmenvielfalt für das Ich geklärt ist und der Sprecher mit einer einzigen Stimme kommuniziert, verläuft die Kommunikation unzweideutig. Über die theoretischen Einsichten hinaus sollte der richtige Umgang mit unserer inneren Vielstimmigkeit trainiert werden. Dabei sind unterschiedliche Szenarien möglich:
   – mit Hilfe von Fremden oder Beratern die innere Situation klären
   – Mitschüler/innen im geschützten Kleingruppenkreis bitten, einzelne Rollen des „inneren Teams“ zu übernehmen und einen Klärungsprozess zu führen, bis eine für das Ich zufriedenstellende Lösung erreicht ist
   – selbst die inneren Stimmen identifizieren und miteinander ins Gespräch bringen, wobei der mentale Prozess des inneren Dialogs durch das Einnehmen unterschiedlicher Positionen im Raum (z. B. verschiedene Stühle) unterstützt werden sollte.

3. Friedemann Schulz von Thuns Konzept vom „inneren Team“ basiert auf einer langen Tradition von Platon (Gleichnis von den Seelenrössern und dem Wagenlenker) über Goethes „Faust“ („Zwei Seelen“) und Freud (Ich, Es, Über-Ich) bis hin zur modernen Transaktionsanalyse (Eltern-Ich, Erwachsenen-Ich, Kind-Ich). ▷ S. 483
   Die Metapher vom „inneren Team“ hat den großen Vorzug, sehr offen und flexibel und damit für die Analyse von Alltagskommunikation besonders geeignet zu sein.
   Nach Schulz von Thun ist dann eine Kommunikation stimmig, d. h. geglückt, wenn sie sowohl den Ansprüchen der Situation (soziale Erwartungen) wie auch der Person (Authentizität) entspricht. Beides muss in eine Balance gebracht werden.

Friedemann Schulz von Thun
Das Ideal der Stimmigkeit: ein Vier-Felder-Schema

Das Ideal der Stimmigkeit fordert die doppelte Entsprechung mit mir selbst und mit dem Gehalt der Situation. In früheren Kapiteln ging es um den personalen Aspekt (Was ist mir gemäß? Wie komme ich bei innerer Pluralität und Uneinigkeit zur Übereinstimmung mit mir selbst?). In diesem Kapitel haben wir uns dem situativen Aspekt (Was ist situations- und systemgemäß?) angenähert. Nun ist es an der Zeit, beide Gesichtspunkte im Zusammenhang zu betrachten. Ich möchte dazu ein Vier-Felder-Schema vorschlagen, das (idealtypisch) die vier Möglichkeiten vorsieht:

1. In Übereinstimmung mit mir und dem situativen Gehalt (= stimmig);
2. in Übereinstimmung mit mir (authentisch), aber nicht situationsadäquat;
3. mit mir selbst nicht in Übereinstimmung, aber passend zur Situation;
4. weder mit mir selbst noch mit dem Situationsgehalt übereinstimmend.

Mir selbst \ **Der Situation**	entsprechend	nicht entsprechend
gemäß	stimmig 1	daneben 2
nicht gemäß	angepasst 3	verquer 4

(Friedemann Schulz von Thun: Miteinander reden. Bd. 3: Das „Innere Team". © Rowohlt, Reinbek 1998, S. 306)

1.2 Beziehungsstörungen als Thema der Gegenwartsprosa

▷ S. 483 *Gabriele Wohmann:* **Ein netter Kerl** (1978)

▷ S. 484

1. a) Siehe Anmerkungen zu Aufgabe 3 a/b) (▷ S. 34) in diesem Handbuch auf S. 22.
   b) Zunächst dominiert die jüngere Schwester Nanni. Sie gestaltet die Dynamik des Gesprächs und bestimmt den Ton der Unterhaltung. Während Rita eher an einer ernsthaften Gesprächsatmosphäre interessiert sein muss, weil es für sie um eine weitreichende persönliche Entscheidung geht, ist Nanni auf eine Smalltalk-Situation aus, in der es darum geht, zusammen – oder auch auf Kosten anderer – Spaß zu haben. Nanni setzt sich mit ihren Interessen durch und nimmt zunächst die superiore Rolle ein. Rita ist in der inferioren Rolle, was sich u. a. darin äußert, dass sie bald nicht mehr verbal eingreifen kann und sich weitgehend auf körpersprachliche Signale zurückdrängen lässt. Nach Z. 61 wechseln Nanni und Rita ihre Rollen. Nun zeigt Rita ein superiores Verhalten.

2. Siehe Anmerkungen zu Aufgabe 4 (▷ S. 34) in diesem Handbuch auf S. 23.

3. a) Beispiele:

Nanni (Z. 30):	... warf die Hände auf den Tisch ...	Signal dafür, dass sie am Tisch das Sagen hat.
Rita (Z. 42 f.):	Das Holz unter Ritas Fingerkuppen wurde klebrig.	Signal für die wachsende innere Unruhe und Verletztheit.
Nanni (Z. 56 f.):	... rieb sich den kleinen Bauch ...	Signal dafür, dass die Entwicklung des Gesprächs ihr gefällt („schmeckt").
Rita (Z. 61 f.):	Sie hielt den Kopf aufrecht.	Signal dafür, dass sie zum Gegenangriff übergeht.

alle außer Rita (Z. 69 f.):	... und bewegten vorsichtig Messer und Gabeln.	Signal für Beschämung und für Vorsicht (wollen keinen weiteren Fehler mehr machen).

b) Der Erzähler beschreibt die Vorgänge an einigen Stellen eindeutig aus der Perspektive Ritas und stellt sich damit auf ihre Seite. Beispiel: „Das Lachen ... türmte sich vor ihr auf, wartete und stürzte sich dann herab, es spülte über sie weg und verbarg sie" (Z. 45 ff.).

Martin Walser: **Lebendiger Mittagstisch** (1988) ▷ S. 484

1. a) Im Mittelpunkt der Szene steht der Konflikt zwischen Mutter Anna und ihrer 18-jährigen Tochter Julia. Hintergrund ist eine deprimierte Grundstimmung, da alle vier Familienmitglieder einen schlechten Vormittag hatten („... jeder war von irgendjemandem an diesem Vormittag beleidigt worden ...", Z. 18 f.). ▷ S. 485
   Die Familie ist jedoch nicht in der Lage, die allgemeine Unzufriedenheit zu klären; vielmehr eskaliert ein diffuser Beziehungskonflikt zwischen Anna und Julia. Da nimmt der Vater die Rolle des hilflosen Zuschauers, die Tochter Regina die Rolle der scheinbar Unbeteiligten ein.
   b) Der Konflikt eskaliert in mehreren Stufen (mögliches **Tafelbild**):

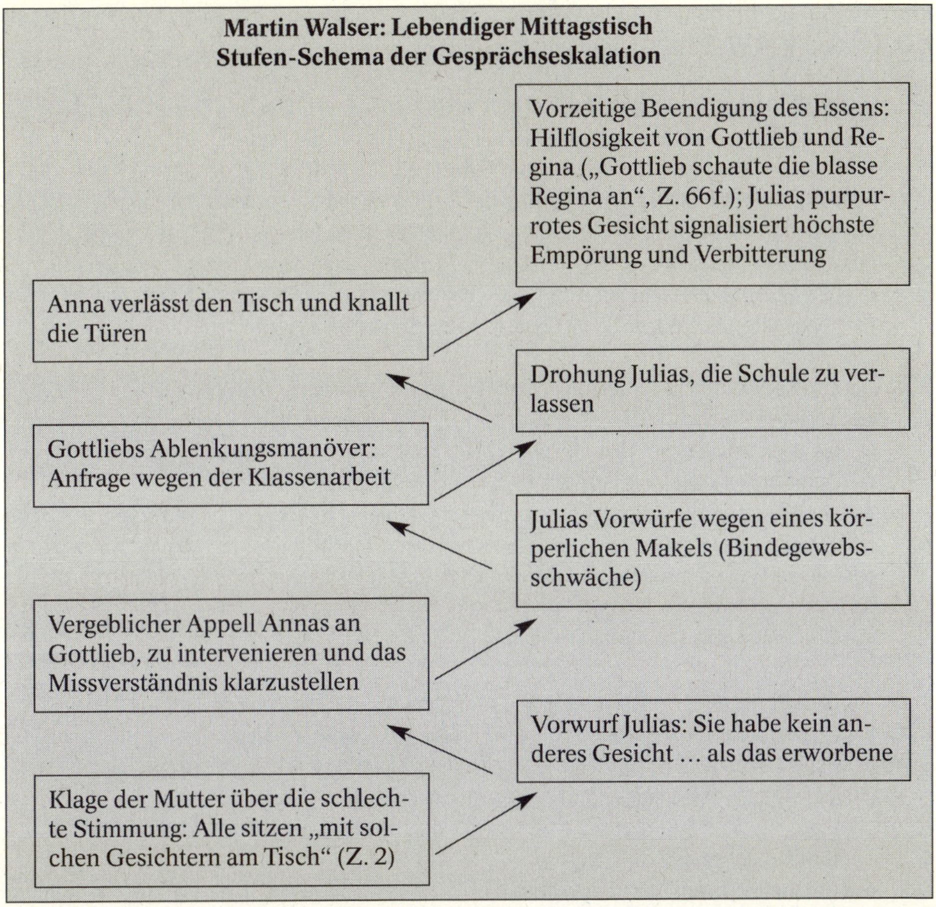

2. Die verbalen Anteile der Gesprächssituation sind wie folgt verteilt: Mutter und Julia führen im Wesentlichen den Dialog, Vater Gottlieb schaltet sich nur einmal ein; Regina schweigt durchgehend. Die innere Befindlichkeit ist ablesbar an paraverbalen Signalen, wie z. B. Tonlage und Lautstärke, oder nonverbalem Verhalten, wie z. B. Blickkontakten, Mimik, Körperhaltung und -bewegung.

3. Der Romanausschnitt ist in der Er-Erzählform geschrieben. Der Erzähler zeigt ein personales Erzählverhalten, wobei er die Perspektive des Gottlieb Zürn einnimmt. Dies wird besonders an der Passage Z. 15–27 deutlich, die der erlebten Rede sehr nahe kommt. Der Erzählstandort ist an die Position Gottliebs gebunden und zeichnet sich durch größte zeitliche und räumliche Nähe zum Geschehen aus.

▷ S. 485 *Ilse Aichinger:* **Das Fenster-Theater** (1949)

In der Geschichte „Das Fenster-Theater“ handelt es sich zu Beginn eindeutig um eine auktoriale Erzählsituation. Im dritten Satz tritt der Erzähler/die Erzählerin in einem Erzählkommentar deutlich in Erscheinung, indem er/sie die Frau am Fenster direkt charakterisiert („Die Frau hatte den starren Blick neugieriger Leute ...“). Auffallend im Folgenden ist dann, dass die auktoriale Erzählerrolle nicht mit der damit an und für sich verbundenen Allwissenheit wahrgenommen wird, sondern dass der Erzähler/die Erzählerin sich auf die Perspektive der Frau beschränkt. Allerdings wird diese perspektivische Beschränkung auch durchbrochen, so z. B., wenn der Erzähler/die Erzählerin um die Schwerhörigkeit des alten Mannes weiß (Z. 95 f.). Vorherrschende Darbietungsform ist hier der Erzählerbericht. Das Erzählen konzentriert sich auf einen Handlungsablauf und strebt einem Höhepunkt, einer Pointe, zu.

▷ S. 486 1. a/b) Die Pointe der Kurzgeschichte lässt sich am besten klären durch eine Skizze der beiden gegenüberliegenden Häuser mit den unterschiedlichen Blickrichtungen der Figuren.
Die Theater-Metapher ist vielfältig deutbar. Sie schließt die „Aufführung“ des älteren Mannes für das Kind ebenso ein wie die unersättliche Neugier der Frau. Während das kreative Theaterspiel zwischen altem Mann und Kind eine menschliche Beziehung stiftet, führt das Interesse der Frau am Sensations-Theater des Alltags zu Diffusionen und zu misslungener Kommunikation. Die Diskrepanz zwischen dem inneren Erleben der Frau und dem äußeren Geschehen entsteht dadurch, dass die Frau den von ihr wahrgenommenen Realitätsausschnitt im Sinne ihres auf Sensation ausgerichteten Interesses deutet.

2. a) Der Erzähler wählt seinen Standort in der Nähe der Frau, sodass der/die Leser/in erst zum Schluss über das objektive Geschehen informiert wird. Die Erzählfigur kommentiert sowohl direkt („Die Frau hatte den starren Blick neugieriger Leute, die unersättlich sind“, Z. 3 ff.) wie auch indirekt durch bestimmte Formulierungen des Erzählberichts („Die Frau schlich hinter ihnen her“, Z. 87 f.).
b) Während Mann und Kind sich problemlos über die körpersprachlichen Signale von Gestik und Mimik verständigen, missdeutet die Frau durchgehend das nonverbale Verhalten des Mannes. Die Ambivalenz der nonverbalen Kommunikation wird insbesondere über die Lachmetapher vermittelt. Die Theater-Metaphorik unterstreicht das Plädoyer des Erzählers für eine Öffnung des Alltags in Richtung auf eine kreative bzw. ästhetische Dimension der Kommunikation.

3. Die Kurzgeschichte erführe eine interessante Veränderung durch die Umerzählung aus der Ich-Perspektive. Gleichzeitig wird die Funktion der von Ilse Aichinger gewählten Erzählsituation für die Aussage der Geschichte sehr viel deutlicher. Durch die Wahl der Ich-Erzählform aus der Sicht der Frau wird der ästhetische Rahmen der Theater-Metaphorik notwendigerweise destruiert.

4. Es empfehlt sich folgende Schrittfolge:
   - das Geschehen in einzelne Szenen gliedern
   - für die Gestaltung der einzelnen Szenen einen Sequenzplan erstellen (▷ S. 456). Dieser Drehplan sollte den Ort des Geschehens, die Personen, deren Handlungen und Dialoge enthalten.
   - die einzelnen Szenen des Sequenzplans mit kommentierenden Hinweisen zur Darstellung der Personen und zur Kameraführung versehen
   - ausgewählte Szenen des Sequenzplans im Sinne eines Drehbuchs ausführen.

1.3 Grundlegende Funktionen von Kommunikation und Sprache

Karl Bühlers Organon-Modell und seine Erweiterungen ▷ S. 487

1. Die von Bühler im Organon-Modell dargestellten Zeichenfunktionen sind geeignet, Gesprächsformen und Textsorten zu systematisieren. ▷ S. 488

Sprachfunktionen	Gesprächsformen	Textsorten
Ausdruck	– Liebeserklärung – persönliche Mitteilung, z. B. vertraute Gespräche …	– Tagebuch – persönliche Notizen/Briefe …
Darstellung	– mündliche Referate – wissenschaftliche Vorträge …	– Protokoll – Sachbuch …
Appell	– politische Rede – Predigt …	– Werbetext – Flugblatt …

Überprüfbar sind die Funktionen sprachlicher Zeichen an folgendem Beispiel: Wenige Minuten vor Unterrichtsende („situativer Kontext") fragt der Lehrer die Schüler: „Wie spät ist es denn?"
Mögliche Bedeutungen bzw. Sinnbezüge:
a) *Darstellung:* „Es ist 12.25 Uhr, also fünf Minuten vor Unterrichtsende."
b) *Ausdruck:* „Ich bin verärgert darüber, dass einige Schüler schon einpacken, obwohl der Unterricht noch nicht zu Ende ist."
oder: „Ich befürchte heute mit dem Unterrichtsstoff nicht zu Ende zu kommen."
c) *Appell:* „Ich bitte um Aufmerksamkeit, denn der Unterricht ist noch nicht beendet.

2. Metasprachliche Funktionen liegen dann vor, wenn Erläuterungen oder Rückfragen zu sprachlichen Phänomenen formuliert werden, um das Verständnis von Zeichen, Texten und Kommunikationsvorgängen zu klären. Mithin sind alle analysierenden, interpretierenden und erörternden Schritte im Unterricht Beispiele für die metasprachliche Funktion der Sprache.
Die poetische Funktion der Sprache dominiert dann, wenn die Gestaltung der Zeichen selbst und somit die ästhetische Funktion im Mittelpunkt steht. Die poetische Funktion der Sprache lässt sich besonders gut an Gedichten bzw. kreativen Schreibversuchen der Schüler/innen verdeutlichen.

Heiko Ernst: Die Kommunikationsregeln nach Paul Watzlawick (1976) ▷ S. 488

Den Text von Heiko Ernst ergänzend sollte die fünfte Grundregel der Kommunikation von Paul Watzlawick in die Diskussion einbezogen werden:

Paul Watzlawick u. a.
Symmetrische und komplementäre Kommunikation
Zwischenmenschliche Kommunikationsabläufe sind entweder symmetrisch oder komplementär, je nachdem, ob die Beziehung zwischen den Partnern auf Gleichheit oder Unterschiedlichkeit beruht. Im ersten Fall ist das Verhalten der beiden Partner sozusagen spiegelbildlich und ihre Interaktion daher *symmetrisch.* Dabei ist es gleichgültig, worin dieses Verhalten im Einzelfall besteht, da die Partner sowohl in Stärke wie Schwäche, Härte wie Güte und jedem anderen Verhalten ebenbürtig sein können. Im zweiten Fall dagegen ergänzt das Verhal-

ten des einen Partners das des anderen, wodurch sich eine grundsätzlich andere Art von verhaltensmäßiger Gestalt ergibt, die *komplementär* ist. Symmetrische Beziehungen zeichnen sich also durch Streben nach Gleichheit und Verminderung von Unterschieden zwischen den Partnern aus, während komplementäre Interaktionen auf sich gegenseitig ergänzenden Unterschiedlichkeiten basieren. In der komplementären Beziehung gibt es zwei verschiedene Positionen. Ein Partner nimmt die so genannte superiore, primäre Stellung ein, der andere die entsprechend inferiore, sekundäre. Diese Begriffe dürfen jedoch nicht mit „stark" und „schwach", „gut" und „schlecht" oder ähnlichen Gegensatzpaaren verquickt werden. Komplementäre Beziehungen beruhen auf gesellschaftlichen oder kulturellen Kontexten (wie z. B. im Fall von Mutter und Kind, Arzt und Patient, Lehrer und Schüler) oder sie können die idiosynkratische[1] Beziehungsform einer ganz bestimmten Dyas[2] sein. In beiden Fällen muss jedoch die ineinander verzahnte Natur der Beziehung hervorgehoben werden, wobei unterschiedliche, aber einander ergänzende Verhaltensweisen sich gegenseitig auslösen.

1 **idiosynkratisch:** persönlich empfunden
2 **Dyas:** Zweier-Beziehung

(Paul Watzlawick u. a.: Menschliche Kommunikation. Formen, Störungen, Paradoxien. Hans Huber Verlag, Bern ^{10}2000, S. 69 f.)

An anderer Stelle hebt Watzlawick hervor, dass die reifste Form menschlicher Kommunikation in wechselnder Komplementarität besteht. Sein Ideal ist also nicht die durchgängige Symmetrie.

▷ S. 489 1./2. Schüler/innen schrieben dazu u. a. folgende Texte:

- *„Meine Güte, ist der schüchtern! Vielleicht muss ich ihn nach der Stunde einmal ansprechen, um herauszubekommen, ob das mit mir zu tun hat oder ob er Scheu hat, vor so vielen Leuten zu reden."*
- *„Der hat wohl wieder nichts verstanden. Wahrscheinlich ist der total überfordert und weicht meinen Blicken aus, weil er Angst hat, er müsste etwas sagen. Und dann würde er sich total blamieren. Der scheint in dieser Jahrgangsstufe fehl am Platz zu sein."*

In dem in Aufgabe 1 vorgegebenen Fall sind die möglichen Zuschreibungen des Lehrers höchst unterschiedlich und z. T. sehr weitreichend. Wenn der Schüler die Absicht hätte, beim Lehrer keinen Eindruck zu hinterlassen, sich also aus der Kommunikation auszuklammern, so würde ihm das nie gelingen. Sobald der Lehrer auf ihn aufmerksam wird und er mit dem Abbruch des Blickkontakts reagiert, setzt dieses kommunikative Signal beim Lehrer eine Reaktion in Gang. Der Schüler kommuniziert also auch ohne Worte mit dem Lehrer.

3. Der Appell des Lehrers „Äußert euch jetzt doch mal ganz spontan!" enthält eine widersprüchliche Botschaft. Auf der Inhaltsebene geht es um selbst bestimmtes spontanes Verhalten. Auf der Beziehungsebene geht es um eine Aufforderung, also um Fremdbestimmung. Die Paradoxie der Kommunikation liegt darin, dass spontanes Verhalten nicht verordnet werden kann. Der Angesprochene befindet sich in einer Beziehungsfalle. Erfolgen solche paradoxen Kommunikationsmuster zum einen über einen längeren Zeitraum hinweg, zum anderen in einer relativ starr reglementierten sozialen Beziehung, wie der Eltern-Kind-Dyas, so kann es zu erheblichen Störungen kommen.

4. Wenn zwei Personen, die sich streiten, keinen Abstand von ihrem Streitgegenstand gewinnen und ihre Lage nicht überblicken können, finden sie aus ihrem Streit nicht heraus. Erst wenn man in der Lage ist, über die Art, wie man miteinander umgeht, in Selbstdistanz zu sprechen, kommen Lösungen in Sicht.

Friedemann Schulz von Thun: **Die vier Seiten einer Nachricht** (1981) ▷ S. 489

1. a) Es empfiehlt sich, in Kleingruppen Alltagsbeispiele auszuwählen und im Rollenspiel zu präsentieren. Anschließend sollte die Auswertung im Plenum von der Gruppe moderiert werden. Dabei könnte folgendes Auswertungsraster hilfreich sein: ▷ S. 491

Die vier Funktionen einer Nachricht

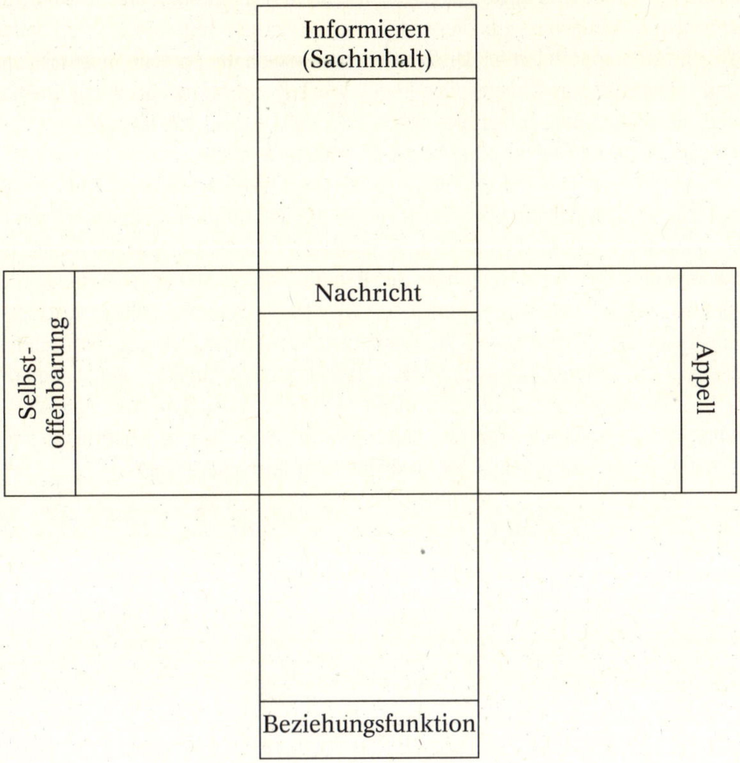

   b) Parallelen zeigen sich vor allem im Hinblick auf Watzlawicks Regel: „Jede Kommunikation hat einen Inhalts- und einen Beziehungsaspekt." Allerdings differenziert Schulz von Thun darüber hinaus die Beziehungsfunktion der Nachricht nach Ich-, Du- und Wir-Botschaften (siehe ▷ S. 490, Z. 50–97). Eine weitere Gemeinsamkeit liegt darin, dass sowohl Watzlawick wie Schulz von Thun davon ausgehen, dass jede Äußerung mehrere Botschaften enthält, d. h. verschiedene kommunikative Funktionen hat.

2. Die Illustration geht von der Annahme aus, dass der Mann eine reine Informationsfrage stellen wollte, etwa weil ihm Kapern unbekannt sind. Das Schema ändert sich, sobald eine andere Annahme erfolgt. Der Mann könnte z. B. auch die Absicht gehabt haben, seiner Frau einen Vorwurf zu machen. In diesem Fall wären die Funktionen Selbstoffenbarung, Beziehung und Appell verändert und die Reaktion der Frau müsste anders bewertet werden.
   Die Schüler/innen sollten in Kleingruppen unterschiedliche Annahmen erproben und ihre Ergebnisse in Schaubildern präsentieren.

3. Siehe die Hinweise zu den beiden Prosatexten in diesem Handbuch S. 378 f. bzw. 379 f. Die Schüler/innen sollten jeweils einen bestimmten Moment des Kommunikationsablaufs auswählen und mit Hilfe des Schemas eine dyadische Beziehungsstörung analysieren, z. B. zwischen Rita und Nanni bzw. Anna und Julia.

4. a/b) Bei diesem Beispiel wird die Vielfalt der kommunikativen Funktionen einer Botschaft besonders deutlich, vor allem die Relation zwischen „Sachinhalt", „Selbstoffenbarung" und „Beziehung".

5. a/b) Die Sprach- und Kommunikationsmodelle von Bühler, Jakobson, Watzlawick und Schulz von Thun stehen in einem wissenschaftsgeschichtlichen Zusammenhang. Bühlers Organon-Modell ist aus heutiger Sicht eine komplexe Konzeption, die zeichentheoretische, strukturale, funktionale, psychologische und kommunikationstheoretische Überlegungen impliziert. Das Hauptwerk „Sprachtheorie" (1934) des Wiener Psychologen Karl Bühler ist grundlegend für die Entwicklung von Sprach- und Kommunikationswissenschaft. Wie schon der Untertitel „Die Darstellungsfunktion der Sprache" ausweist, stellt er semiologische und textlinguistische Dimensionen in den Vordergrund seiner Forschung. Die kommunikativen Funktionen „Ausdruck" und „Appell" des Organon-Modells werden von Jakobson um metasprachliche, poetische und phatische Funktionen (Kontakt, Beziehung) erweitert.
In dieser Tradition thematisiert der Psychologe und Kommunikationswissenschaftler Paul Watzlawick zusammen mit Janet H. Beavin und Don D. Jackson die Organisation menschlicher Interaktion (Menschliche Kommunikation, 1969). Watzlawick u. a. formulieren fünf Grundregeln menschlicher Kommunikation und analysieren Strukturen, Störungen und Paradoxien zwischenmenschlicher Kommunikation.
In Anknüpfung an Bühlers Organon-Modell und Watzlawicks zentralem Axiom von Inhalts- und Beziehungsaspekt entwickelt Friedemann Schulz von Thun das psychologisch motivierte Modell der „Vier Seiten einer Nachricht" (Miteinander reden. Bd. 1, 1981). In seiner jüngsten Publikation (Miteinander reden. Bd. 3, 1998) stellt er das Modell des „Inneren Teams" vor, das Sprechen, Handeln und den Aufbau der Persönlichkeit bestimmt. In stark reduzierter Form lassen sich Gemeinsamkeiten und Unterschiede der Sprach- und Kommunikationsmodelle wie folgt tabellarisch darstellen:

Funktion	**Bühler**	**Watzlawick**	**Schulz von Thun**
Ausdruck Selbstoffenbarung	✗		✗
Darstellung Inhalt/Sache	✗	✗	✗
Appell	✗		✗
Beziehung		✗	✗
Metakommunikation		✗	✗
	Die Zeichenfunktion der Sprache steht im Mittelpunkt.	Der Beziehungsaspekt schließt weitgehend Appell und Ausdruck mit ein. Das erkenntnisleitende Interesse ist psychologisch-therapeutisch motiviert.	Ausdifferenzierung der zentralen Kategorien von Bühler und Watzlawick im Hinblick auf Trainingssituationen der Alltagskommunikation.

Lernerfolgskontrolle/Klausurvorschlag

Vorschlag 1

Gabriele Wohmann
Flitterwochen, dritter Tag

Reinhard am dritten Tag gegen fünf, auf der Bierkneipenterrasse: du wirst deine Arbeit aufgeben. Du wirst einfach kündigen. Es war fast windstill, die Luft feucht. Ich kam aber nicht ganz dahinter, ob es mir richtig behagte. Ich starrte immer weiter den Mann mit der Warze an. Reinhard hob sein Glas, trank mir zu, mit irgendeinem Trinkspruch auf unsere Zukunft. Die Warze sah wie ein Polyp aus. Reinhard schlug vor, so wie jetzt an der See auch später regelmäßig abends spazierenzugehen. Ja. Warum nicht? Schließlich: die Wohnung mit ihrer günstigen Lage. Unterm Hemd würde die Warze sich auch bemerkbar machen. Sie war mehr als einen Zentimeter lang. Seitlich vom Schlüsselbein stand sie senkrecht ab. Prost, Schatz, cheerio! Vielleicht, bei diesem Unmaß, hieß das nicht mehr Warze, was ich immer noch anstarrte. Liebling, he! Wir sind getraut! Du und ich, wir zwei – was man sich so zunuschelt kurz nach der Hochzeit. Reinhards Lieblingsgerichte, dann meine. Durch die Fangarme sah die Warze einer Narrenkappe ähnlich. Die Wohnung werden wir nach meinem Geschmack einrichten; der Garten – bloß Wildnis. Tee von Reinhards Teegroßhändler. Nett, so einig zu sein. Abwegiges Grau der See, und mein zweites Glas leer. Die Oberfläche der Warze war körnig, wie die Haut auf Hühnerbeinen. Reinhard hat noch zwei Stella Artois[1] bestellt, ich fühlte nun doch ziemlich genau, daß es mir zusagte, das Ganze, Bier, diese Witterung, dies bemerkenswerte Meer und unser Gerede über alles, zum Beispiel: Hauptsache, du bist dein blödes Büro los. Das schrundige Ding auf der Schulter, erstarrtes Feuerwerk, stand nicht zur Debatte. Reinhard schützte wiedermal ein Schiff vor und starrte durchs Fernglas runter auf den Strand. Gewitter stand unmittelbar bevor, unser Zusammenleben auch, auch Abendspaziergänge, Teebestellungen, Leibgerichte, die Warze war immer noch sichtbar nun unterm Hemd, das der Mann anzog. Antonio Gaudi[2] hätte sie geträumt haben können. Reinhard redete, und ich habe eine zeitlang nicht zugehört, weil ich – ich hätte schon ganz gern gewußt, ob das nicht wehtat, wenn mehr als nur ein Hemd auf die Warze Druck ausübte. Organisation, Schatz, sagte Reinhard, und er ist nicht nur billiger bei diesem Großhändler, es ist einfach besserer Tee. Weitere Stella Artois, die Schwüle war mir recht, das Meer lieb und wert, egal Reinhards Seitensprünge durchs Fernglas. Die leicht bekleidete Krake, der vertrauliche Vielfuß, Verruca die Warze. Freust du dich, Schatz? Reinhard war mir jetzt näher. Auf alles, Schatz? Und was man so sagt. Es war nett.

Der Mann mit der neukatalanischen Warze bezahlte. Dann verstaute er sein Fernglas in einem etwas abgeschabten Lederetui. Er stand auf. Da stand auch ich auf. Der Mann mit der Warze bahnte sich den besten Weg zwischen den Korbsesseln. ich hinterher. Er brauchte nicht weiter auf mich zu warten, ich habe kaum gezögert, er wartete, wieder mir zugekehrt, die Warze, das Wappen, er wartete, Reinhard wartete, mein Mann mit der Warze.

R

1 **Stella Artois:** belgisches Bier

2 **Antonio Gaudi:** spanischer Architekt (1852–1926), der den neukatalanischen Baustil schuf, eine spanische Parallele zum Jugendstil. Bekanntestes Werk: Kirche der Sagrada Familia in Barcelona.

(Gabriele Wohmann: Ländliches Fest und andere Erzählungen. Luchterhand, Darmstadt/Neuwied 1975, S. 61f.)

1. Analysieren Sie den Text unter besonderer Berücksichtigung des dargestellten Kommunikationsproblems.
2. Schreiben Sie in Anlehnung an den stilistischen Duktus von Gabriele Wohmann einen Erzählbericht aus der Sicht Reinhards.

Erwartungshorizont/Interpretationsskizze

Gabriele Wohmann hat in der Kurzgeschichte „Flitterwochen, dritter Tag" mittels einer raffinierten Erzähltechnik den Gesprächsablauf eines frisch vermählten Ehepaars auf der Bierterrasse eines mediterranen Urlaubsortes festgehalten. Die Banalität des Kommunikationsausschnitts erfährt durch die ästhetische Gestaltung eine mehrdeutige Dimension. Die Ich-Erzählerin skizziert den Vorgang aus der Erinnerung, wobei Standort, Rolle und Haltung der Erzählerin aufgrund der perspektivischen Mischung von Erzählzeit und erzählter Zeit ständig wechseln. Die Wertung des Vorgangs durch das sich erinnernde Subjekt ist als Anweisung an den Leser zu verstehen, die simulierte Objektivität der Aufzeichnungen – die Zitate erinnern an ein Tonbandprotokoll – wieder zurückzunehmen und die ironische einseitige Haltung der Erzählerin gegenüber ihrem Partner Reinhard zu imitieren.

Drei Aspekte fordern zur diskursiven Analyse heraus:

(1) Die Interaktion der Figuren ist gekennzeichnet durch massive Schwierigkeiten, sich gegenseitig zu verstehen. Die spezifischen Momente der Störung, die den Ablauf der kommunikativen Handlung und das Rollenspiel der Figuren charakterisieren, drängen sich dem intuitiven Leser in deutlichen Konturen auf, belassen ihn jedoch in einer Betroffenheit und Ratlosigkeit, die nach diskursiver Klärung verlangt.

(2) Die formale Anordnung der Erzählung ist am Montage- bzw. Collageprinzip orientiert. Der Unbestimmtheitsbetrag der fiktionalen Rede wird so erhöht und erzeugt seinerseits eine gesteigerte Aktivität des Lesers, die sich sowohl auf die Lösung formaler Strukturprobleme als auch auf die Klärung des inhaltlichen Kommunikationsvorgangs konzentriert.

(3) Die Rekonstruktion der Figuren, die in der erzählten Situation interagieren, wird im ersten Leseakt durch die Einführung eines vermeintlich dritten Mitspielers erheblich erschwert. (s. Z. 1 ff.)

Kaum ist dem Leser der Name des Ehepartners „Reinhard" bekannt, spricht die Ich-Erzählerin, ohne den syntaktischen Bezug zu „Reinhard" herzustellen, von „dem Mann mit der Warze". Die Konnexionsanweisungen werden von der Erzählerin entgegen der Verwendungsnorm syntaktischer Referenzmittel gesetzt, sodass der/die Leser/in eine dritte Figur annimmt, die gar nicht existiert, sondern die – wie am Schluss deutlich wird – Reinhard selbst ist. Die syntaktische Anomalie ist keineswegs formale Spielerei; ihre Bedeutung gründet vielmehr in einer aus der psychischen Situation resultierenden Dissoziation des Ekeleindrucks vom eigenen Ehemann. Die Irritation regt den Leser entscheidend zu einem zweiten Leseakt an.

Je nach Lernvoraussetzung (Stufe) und Grad des intuitiven Textverständnisses der Schüler/innen sind unterschiedliche Interpretationsansätze möglich und legitim:

– Die Schüler/innen beschreiben die Kommunikationssituation, den Ablauf des Gesprächs unter Berücksichtigung des verbalen und analogen Bereichs der Mitteilung; sie charakterisieren und bewerten das Verhalten der Partner, wobei sie die sozialen Determinanten der Situation, die Anlehnung an rigide normierte Erfahrungen (erstarrte Rollen) berücksichtigen. Die kommunikationstheoretische Unterscheidung zwischen Inhalts- und Beziehungsaspekt der Interaktion führt zu fruchtbaren Denkanstößen. Das Einverständnis der Partner auf der Inhaltsstufe ihrer Äußerungen verdeckt ihre Unstimmigkeit auf der Beziehungsstufe der Mitteilungen. Die Unfähigkeit (bzw. Nicht-Bereitschaft) zur metakommunikativen, d. h. diskursiven Auseinandersetzung über wechselseitige Beziehungsprobleme lässt die Situation ausweglos erscheinen. Die Ich-Erzählerin sieht sich in eine Doppelbindungssituation gedrängt. Reinhards Ankündigungen „Du wirst deine Arbeit aufgeben. Du wirst einfach kündigen" usw. sind unter inhaltlichem Aspekt als Vorschläge zu verstehen, die – da sachlich begründbar – eine selbstständige Entscheidung der Partnerin erfordern; die stilistische Diktion der Äußerung und die im Kontext sichtbare starre komplementäre Definition der wechselseitigen Beziehung signalisieren jedoch auf der analogen Ebene, dass die Beziehungsstufe der Kommunikation zur Inhaltsstufe im Widerspruch steht. An dieser Paradoxie muss die Erzählerin scheitern. Reinhard fordert nämlich von seiner Partnerin eine durchgängige inferiore Haltung. Seine Äußerungen sind im Sinne Watzlawicks als Beziehungsfalle zu verstehen. Die eigentliche Meinung der Sätze lässt sich etwa so umschreiben: „Orientiere dich an meinen Bedürfnissen! Akzeptiere mich als superioren Partner!"
  Aufschlussreich für die Analyse der eingefrorenen Beziehungen der Partner ist weiterhin die unterschiedli-

che Übersetzung zwischen digitaler und analoger Kommunikation. Wenn z. B. Reinhard mit Trinksprüchen die völlige Abhängigkeit der Interaktion von Normen und Konventionen akzeptabel machen möchte, so reagiert seine Frau durch protestierendes Schweigen. Sie unterschiebt der Analogiekommunikation ihres Partners eine andere Deutung. Reinhard wiederum missversteht das Schweigen seiner Frau.

- Eine rollentheoretische Analyse der Interaktion wird hervorheben können, dass das mangelnde Einfühlungsvermögen (Empathie) der beiden Ehepartner jeden aufkommenden Versuch einer Rollenübernahme im Keim erstickt, denn sie nehmen weder die Ich-Definitionen noch die vermeintlichen und wahren Bedürfnisse des anderen wahr. Gerade die spontane Identifikation des Lesers mit der Frau erfährt eine kritische Umdeutung, wenn man an den erlebnisperspektivischen Situationsreport der Erzählerin die Frage richtet: „Gelingt es der Frau, ihre Identität in der Interaktion adäquat einzubringen und vor dem Partner so zu artikulieren, dass dieser eine Chance hat, sich zu verändern?“ Fehlende Rollendistanz und mangelnde Frustrationstoleranz tragen im Übrigen zum Scheitern in der Situation bei.
- Die Untersuchung des Rollenverhaltens der Frau führt unmittelbar zur Analyse der ästhetischen Gestaltung der Erzählperspektive. Die Brechung der Perspektive durch den zweifachen „Einst“- und „Jetzt“-Horizont ermöglicht eine Entwicklung im Rollenspiel der fiktiven Erzählerin. War die Ausgangssituation durch fehlende Distanz gegenüber übernommenen Rollenerwartungen negativ gekennzeichnet, so wird die Situation durch den erzählerischen Bewusstseinsprozess, der ein ironisierendes, normenkritisches und reflektierendes Verhalten an den Tag legt, positiv verändert. Dieser Veränderungsprozess wird durch das affirmative Ende der Erzählung jedoch weitgehend zurückgenommen.

  Watzlawicks Begriff der Interpunktion erlaubt in diesem Zusammenhang genaueren Aufschluss darüber, wie die Erzählerin den vorgestellten Kommunikationsausschnitt perspektivisch interpretiert. Die Kommentare der Erzählerin erwecken den Eindruck, dass sie im Nachhinein das Geschehen auf eine andere Weise interpungiert als in der ursprünglichen Situation. Gerade aus dieser schwebenden Spannung resultiert der besondere Reiz der Kurzgeschichte.
- Eine fundierte Interpretation der Erzählung kann ohne Beachtung der ästhetischen Momente der Überstrukturierung kaum gelingen. Eines dieser Momente ist wesentlich durch die perspektivischen Leerstellen gegeben. Um sich Klarheit über die erzählerisch entwickelte Kommunikationssituation zu verschaffen, muss weiterhin das Collageprinzip der syntaktischen Anordnung entschlüsselt werden. Etwa vier Ebenen der fiktionalen Rede lassen sich unterscheiden: (1) die Ebene der szenischen Beschreibung von Handlung, Ort, Zeit und Personen; (2) die Ebene der Redeerwähnung (Zitatebene); (3) die Ebene des Kommentars (Bewertung); (4) die Ebene der metaphorischen Aussage (Warzen-Motiv).

  Die metaphorische Gestaltung des Warzen-Motivs stellt ein zentrales Leerstellengerüst dar. Das Motiv deutet auf eine Entwicklung der Beziehungsdefinition im Erinnerungsvorgang des Erzählens. Die Ästhetisierung der Warze („Antonio Gaudi“, „neukatalanisch“) und ihre Apostrophierung als „Wappen“ zeigen, dass die gestörte Interaktion durch den Vorgang der erlebnisperspektivischen Erinnerung nicht diskursiv bewältigt werden kann, sondern eher normenentsprechend harmonisiert wird.

  (*Bernd Schurf/Guido Stein:* Interaktionstheorie und Literaturdidaktik. – In: Der Deutschunterricht, Heft 3/1979, S. 46–49)

Vorschlag 2

Friedemann Schulz von Thun

Gesprächsverhalten zwischen Selbstoffenbarung und Selbstverleugnung

Die übermäßige Besorgtheit um die Selbstoffenbarung kostet seelische Energie, behindert den sachlichen Ertrag und schafft zwischenmenschliche Trennwände:

Gefahr für den sachlichen Ertrag. Natürlich: Wo die beteiligten Gesprächspartner sehr stark um ihre Geltung besorgt sind, wo die Angst vor der Missbilligung und der Wunsch, eine gute Figur zu machen, für eine steife und unschöpferische Atmosphäre sorgen, dort kann der Sachertrag nicht optimal sein. Vieles geht verloren, weil der Sender sich nicht traut, seinen Standpunkt offen zu legen, oder weil die Selbstdarstellung die Überhand gewinnt. Vieles geht auch verloren, weil der Empfänger nur mit halbem Ohr zuhört. Denn er ist vor allem damit beschäftigt, seinen eigenen „Auftritt“ zu proben.

Barriere für zwischenmenschliche Solidarität. Durch Voreinander-Geheimhalten von Schwächen, Ängsten, Problemen sowie Streben nach Überlegenheit lassen sich die Distanzen nicht überwinden, die Menschen voneinander trennen. Solidarität setzt voraus: das offene Eingestehen der ganzen Person mitsamt ihren Schwächen und so genannten Minderwertigkeiten. So erfahre ich, dass auch die anderen leiden, sich unsicher fühlen, Probleme haben, manchmal nicht ein noch aus wissen. Ich sehe: Ich bin gar nicht so allein mit meinen Problemen: Die anderen sind gar nicht so fabelhaft fit, so souverän, für wie ich sie gehalten habe, und ich kann mir all die Kraftanstrengungen sparen, die notwendig waren, um meine Unterlegenheitsgefühle zu verdecken. In der Regel aber wird alles getan, um solche Erlebnisse zu vermeiden. In gemeinsamer Kraftanstrengung schaffen wir die Isoliertheit, an der wir leiden.

Gefahr für seelische Gesundheit. Die (teilweise eingebildete) Notwendigkeit, sich nach außen anders zu geben, als einem innerlich zumute ist, führt zu einer dauernden inneren Spannung. Es kostet viel psychische Kraft und bringt stets eine latente Angst vor Entlarvung mit sich. Dies ist seelisch „unhygienisch“ und damit auch mit dem Risiko körperlicher Krankheiten verbunden. [...] Die Fassade zeigt sich in der ganzen Art sachlich und unpersönlich, abgehoben und abstrakt zu sprechen, ferner in eingeschränkter Mimik und Gestik, im abgeklärten Tonfall, kurzum: in einer sterilen Art sich zu geben, die mehr an offizielle Kommuniqués erinnert als an einen spontanen persönlichen Selbstausdruck. In einem Kontext, wo die menschliche Eigenart weniger gefragt ist als die verlässliche Erfüllung von Rollenerwartungen, garantiert ein solches Verhalten Sicherheit und – zumindest scheinbare – Reibungslosigkeit. Vor allem in der Arbeitswelt herrscht daher die Norm, alles Persönliche oder gar Gefühl „draußen vor“ zu lassen.

Eine Ich-Ferne und selbstverbergende Kommunikation zeigt sich ganzheitlich – gleichwohl gibt es einige sprachliche Symptome, an denen der Versuch, sich von sich selbst zu entfernen und sich zu verbergen, erkenntlich wird. Es handelt sich gleichsam um sprachliche Minitechniken der Selbstverbergung:

„Man-Sätze“. Gern benutzt der Sender die Man-Form, um Inhalte zu entpersönlichen. Also nicht: „Ich bin sehr wütend, weil ich so lange warten musste!“ – sondern: „Man wird wütend, wenn man so lange warten muss!“ Durch die Man-Form wird das eigentliche persönliche Erleben zu einem Spezialfall einer allgemeinen Gesetzmäßigkeit. „Man“ teilt also nichts Persönliches über sich mit, sondern etwas über die ganze Menschheit.

„Wir“. Dieselbe Funktion, nämlich das „Ich“ zu vermeiden, haben häufig Sätze, die durch „Wir“ dem Sender es gestatten, sich nicht persönlich zu exponieren, sondern sich in seinen Ansichten und Absichten in der Gemeinschaft aufgehoben zu wissen. „Wir sind offen für alles Neue, aber auch skeptisch, ob es etwas bringen wird“ – äußert ein Teilnehmer zu Beginn eines Kommunikationstrainings. – „Wir wollen jetzt ins Bett gehen“, sagt die Mutter am abendlichen Familientisch. Diese Formulierung entspricht zwar selten der Realität, hat dafür aber den Vorteil, dass sie weniger exponierend ist, als wenn sie sagen würde: „Ich möchte jetzt ins Bett gehen und ich möchte, dass ihr auch ins Bett geht!“

Fragen. Fragen haben oft die Funktion, mit der eigenen Meinung hinter dem Berg zu halten und stattdessen die Selbstoffenbarung des anderen herauszufordern. Dann sind sie kein Mittel zur Informationsgewinnung mehr, sondern eine Technik zur Sicherung der Oberhand. „Warum hast du dir das Kleid gekauft?“, bedeutet vielleicht im Klartext: „Ich kann dein neues Kleid nicht leiden.“ Hinter vielen sachlichen Fragen tarnt sich oft der Meinungsgegner.

„Es“. Das „Ich“, das einen unerschrockenen Blick nach innen erfordert, wird häufig auch ersetzt durch das unpersönliche, anonyme

„Es“. „Es war langweilig“ – durch eine solche scheinbar objektive Feststellung vermeidet der Sender seine persönliche Betroffenheit auszudrücken und Ross und Reiter beim Namen zu nennen. Wer ist dieses anonyme „Es“?
Vielleicht steht dahinter: „Ich mochte die langen Reiseberichte von Onkel Herbert bald nicht mehr hören, hatte aber auch nicht den Mut, ihn zu unterbrechen und meine Anliegen zur Geltung zu bringen.“ Die bei dieser Version notwendig werdende Auseinandersetzung mit mir selbst und mit anderen wäre zwar nicht langweilig, dafür aber riskant und unbequem. Also ist es schon besser, es langweilig zu lassen ...
„Du-Botschaften“. Eine wohl am weitesten verbreitete Technik, eine gefühlsmäßige Ich-Aussage zu vermeiden, besteht in der „Du-Botschaft“. Diese Technik besteht darin, eigenes inneres Erleben in eine Aussage über den anderen zu übersetzen.
(Friedemann Schulz von Thun: Miteinander reden. Psychologie der zwischenmenschlichen Kommunikation. Bd. 1: Störungen und Klärungen. © Rowohlt Taschenbuch Verlag, Reinbek 1981, S. 110, 115 ff. [= rororo-Sachbuch 7489])

1. Geben Sie den Argumentationsgang des Textes wieder und nennen Sie Beispiele für die im Text genannten sprachlichen Techniken der Selbstverbergung.

2. Erörtern Sie die Tragfähigkeit des Konzepts von Schulz von Thun anhand von Gesprächssituationen aus dem privaten oder schulischen Bereich.

Erwartungshorizont

1. Die zentrale Aussage des Textes ist im ersten Satz formuliert: Kommunikation könne in all ihren Aspekten beeinträchtigt sein, wenn Sender und Empfänger sich sehr stark darauf konzentrierten, Selbstoffenbarungen zu vermeiden. Damit werde einerseits die Möglichkeit eingeschränkt, sachliche Informationen darzustellen, da zu viel Energie darauf verwendet werden müsse, Einblicke in die eigene seelische Befindlichkeit zu verhindern. Andererseits schädige ein solches Kommunikationsverhalten die Beziehungsfähigkeit der Kommunikationspartner. Daraus ergebe sich eine Gefahr für ihr seelisches Gleichgewicht.
Als Beispiele sprachlicher Techniken der Selbstverbergung nennt der Autor anonymisierende Floskeln (Verwendung von „man“ anstelle von „ich“, das kollektivierende „Wir“), aus einem Aussage- einen Fragesatz zu machen, die Möglichkeiten der Scheinobjektivierung durch eine „Es“-Formulierung bzw. eine „Du“-Botschaft.

2. Die Position Schulz von Thuns ist historisch zu relativieren. Das Ideal einer Kommunikationskultur passt eher in die 70er- und 80er-Jahre des 20. Jahrhunderts mit ihren Selbstfindungsgruppen und ihren Versuchen, den in weiten Teilen der Gesellschaft bereits vorherrschenden Konkurrenzverhältnissen noch einmal intensivere Solidaritäts- und Offenheitserfahrungen entgegenzusetzen.
In der heutigen gesellschaftlichen Situation, in der auch zwischenmenschliche Beziehungen zunehmend den Marktgesetzen von Konkurrenz, Effektivität, Verkauf und Selbstdarstellung unterworfen werden, erscheint eine Position dysfunktional, die eine weit reichende Selbstoffenbarung propagiert. Die Marktprinzipien legen auch in zwischenmenschlichen Beziehungen inzwischen ein taktisches Verhalten nahe. Nicht mehr Echtheits- und Wahrheitsansprüche erscheinen wichtig, sondern ein möglichst effektives Image- und Wahrheitsmanagement im Interesse der eigenen Durchsetzungsfähigkeit. Die Effektivitätszumutungen einer mehr denn je nach dem Konkurrenzprinzip funktionierenden Gesellschaft steigern freilich die Isolationserfahrungen. Der Autor folgt seinen Idealvorstellungen von Kommunikation, ohne die gesellschaftlichen Rahmenbedingungen zu betrachten, die Kommunikationsverhalten entscheidend mitprägen.
Die gesellschaftliche Entwicklung hin zu einer möglichst effektiven Selbstinszenierung des eigenen Ich hat der Autor im Übrigen bereits selbst in der Theatermetaphorik eingefangen (s. die Formulierungen „eine gute Figur ... machen“, Z. 9, „Selbstdarstellung“, Z. 14, den „eigenen ‚Auftritt‘ ... proben“, Z. 17 f.).

2 Sprache und Rhetorik: Redeanalyse

Konzeption des Kapitels

Die Frage nach dem Zusammenhang zwischen Rhetorik und Wahrheit stellt sich bereits am Anfang der klassisch-abendländischen Tradition der Rhetorik. Das erste Teilkapitel **(„Rhetorik und Aufrichtigkeit: Der Fall Sokrates")** kontrastiert Sokrates' Kritik an der (sophistischen) Rhetorik, sie sei zwar „schön gedrechseltes und wohl verziertes Redewerk", zum Vortrag der Wahrheit genüge aber „ein schlichter Vortrag in ungesuchten Worten", mit der These von Neil Postman, für die damaligen Menschen sei die Rhetorik ein probates „Mittel zur Mitteilung von Wahrheit" gewesen, die Wahrheit müsse „in der ihr angemessenen Kleidung auftreten, sonst wird sie nicht anerkannt".

Die anschließende Textauswahl konzentriert sich auf die politisch-monologische Rhetorik ab 1933. Im zweiten Teilkapitel **(„Wahrheit und Lüge: Zwei Reden aus der Zeit des Nationalsozialismus")** folgt Otto Wels' tapferer demokratischer Gegenrede gegen Hitlers „Ermächtigungsgesetz" 1933 ein berühmt-berüchtigtes Beispiel nationalsozialistischer, demagogischer Rhetorik: Goebbels' Aufruf zum totalen Krieg 1943. Die kindliche, fiktionale Rezeptionsperspektive der Goebbels-Tochter Helga kann dazu dienen, den totalitär gewaltsamen Aspekt solcher Rhetorik durch Perspektivenwechsel zu verdeutlichen.

Das abschließende Teilkapitel **(„Leitbilder für die Zukunft: Reden der Gegenwart")** thematisiert anhand zweier Reden der ehemaligen Bundespräsidenten Richard von Weizsäcker und Roman Herzog Fragen, die sich im Gegenwartshorizont der Schüler/innen stellen bzw. stellen sollten: Wird die Menschenwürde bei uns heute gewahrt? Welche Ratschläge haben Sie für den Aufbruch ins 21. Jahrhundert? Diese beiden Reden sollten hinsichtlich der Thematik „Rhetorik und Wahrheit" kritisch betrachtet und z. B. mit den Reden von O. Wels und J. Goebbels verglichen werden.

Literaturhinweise

Rolf Bachem: Einführung in die Analyse politischer Texte. München 1979

Peter Ebeling: Das große Buch der Rhetorik. Wiesbaden [6]1988

Wolfgang Günther (Hg.): Argumente und Parolen. Politische Propaganda im 20. Jahrhundert. Reclam, Stuttgart 1993 (= Arbeitstexte für den Unterricht 9518)

Manfred Kienpointner: Metaphern in der politischen Rhetorik. – In: Der Deutschunterricht, Heft 5/1999, S. 66–78

Rüdiger Safranski: Der Tod des Sokrates. – In: Ders.: Wie viel Wahrheit braucht der Mensch? Frankfurt/M. 1993, S. 91–101 (Fischer Tb. 1097)

Walter Schafarschik (Hg.): Herrschaft durch Sprache. Politische Reden. Reclam, Stuttgart 1973 (= Arbeitstexte für den Unterricht 9501)

Georg Stötzel/Martin Wengeler: Kontroverse Begriffe. Geschichte des öffentlichen Sprachgebrauchs in der Bundesrepublik Deutschland. Berlin 1995

Gert Ueding/Bernd Steinbrink: Grundriss der Rhetorik. Geschichte, Technik, Methoden. Metzler, Stuttgart [3]1994

Texte/Gegenstände	Intentionen
S. 492 **2.1 Rhetorik und Aufrichtigkeit: Der Fall Sokrates** – *Platon:* Die Verteidigungsrede des Sokrates – *Neil Postman:* Medien und Wahrheitsfindung	– Reden unterschiedlicher Zeiten in ihrer zeitgebundenen und überzeitlichen Aussageform und -kraft analysieren und einschätzen – sich der Möglichkeiten der Rhetorik zwischen „überzeugen“ und „überreden“ bewusst werden und Stellung beziehen – über die Erkenntnis von Wahrheit durch das Medium Sprache reflektieren
S. 495 **2.2 Wahrheit und Lüge: Zwei Reden aus der Zeit des Nationalsozialismus** – *Otto Wels:* Rede zum „Ermächtigungsgesetz“ – *Joseph Goebbels:* Aufruf zum totalen Krieg S. 500 Die Sportpalastrede als Thema der Gegenwartsliteratur – *Marcel Beyer:* Flughunde	– Informationen zu den historischen Umständen ausgewählter Reden sammeln und diese für das Verständnis und die Beurteilung der Reden nutzen – unterschiedliche Reden eines Zeitraums miteinander hinsichtlich ihrer Gestaltung und Wirkung untersuchen und vergleichen – eine Beurteilungskompetenz entwickeln, die zwischen „rhetorisch gut gestaltet“ und inhaltlich-argumentativer Überzeugungskraft unterscheiden kann – ein Beispiel für die literarische Umsetzung historischer Erfahrungen kennen lernen und hinterfragen – unterschiedliche Perspektiven bei der Einschätzung einer Rede erproben
S. 502 **2.3 Leitbilder für die Zukunft: Reden der Gegenwart** – *Richard von Weizsäcker:* Mitverantwortung aller Deutschen für die Wahrung der Menschenwürde – *Roman Herzog:* Aufbruch ins 21. Jahrhundert	– durch produktives Arbeiten mit den Texten das Verständnis zeitgenössischer Reden vertiefen und ihre Wirkung in unterschiedlichen Textformen umsetzen – ein Schema zur Analyse von Reden sinnvoll auf einen bestimmten Text anwenden – die Ergebnisse einer rhetorischen Analyse in einem zusammenhängenden, strukturierten Text verschriftlichen

Vorschläge zum Umgang mit rhetorischen Texten: Der blaue Kasten (▷ S. 492) zu Beginn der Unterrichtsreihe verweist auf die notwendigen unterrichtlichen Voraussetzungen und auf Vernetzungen innerhalb des Schülerbuches.
Die Grundkategorien der Redeanalyse (in Verbindung mit ▷ S. 119 ff.: „Rhetorische Analyse: Reden untersuchen") sollten aus dem Unterricht in den Jahrgangsstufen 10 und 11 ebenso weitgehend bekannt sein wie die meisten rhetorischen Figuren (▷ S. 225 ff.). Falls dies nicht der Fall ist, könnten beide deduktiv zu Beginn der Unterrichtsreihe als Analyse-Instrumentarium im Lehrervortrag vorgegeben oder aber auch auf anderen Wegen eingeführt werden, z. B.:
- Die drei genannten unterrichtlichen Voraussetzungen für die rhetorische Analyse werden als Hausaufgaben aufgegeben oder als Referate gehalten.
- Die ausgewählten Reden werden vorgetragen, erste Eindrücke werden von den Schülerinnen und Schülern fixiert, danach erfolgt die rhetorische Analyse (als Hausaufgabe, Einzel-, Partner- oder Gruppenarbeit).
- Ggf. führt der Lehrer/die Lehrerin vorher oder nachher im Lehrervortrag in die allgemeinen Prinzipien der rhetorischen Analyse ein.
- Nach der jeweiligen rhetorischen Analyse werden die ersten Assoziationen mit den Analyseergebnissen verglichen und es wird gefragt, was eine rhetorische Analyse „bringt" bzw. wie die Situation der Rezipienten einzuschätzen ist, die im situativen Kontext keine rhetorische Analyse durchführen können (Manipulation durch Sprache).
- Im Kontext der modernen Medien werden Reden heute verkürzt auf knappe Ausschnitte, die sich im Fernsehen oder in der Zeitung wiederfinden. Ein möglicher Arbeitsauftrag wäre: Stellen Sie sich vor, Sie wären ein/e Nachrichtenredakteur/in im Fernsehen und hätten eine Minute und dreißig Sekunden Zeit: Welchen Redeausschnitt würden Sie wählen? Oder: Stellen Sie sich vor, Sie hätten hundert Zeilen auf der ersten Seite einer Tageszeitung: Wie würden Sie über diese Rede berichten?

Sinnvolle Voraussetzungen der rhetorischen Analyse sind:
- Kenntnisse des historischen Zusammenhangs (s. dazu im Schülerbuch die jeweiligen Kurzinformationen zum situativen Kontext und den Kulturfahrplan auf den ersten und letzten Seiten)
- Kenntnisse der grundlegenden Funktionen der Sprache (▷ S. 487 ff.)
- Kenntnisse der rhetorischen Mittel (▷ S. 225 ff.)
- Kenntnisse hinsichtlich der Analyse von Argumentationsstrukturen (▷ S. 72 ff.).

Falls noch nicht vorhanden, können diese Lernvoraussetzungen durch Referate oder Hausaufgaben hergestellt werden.

2.1 Rhetorik und Aufrichtigkeit: Der Fall Sokrates

▷ S. 492 *Platon:* **Die Verteidigungsrede des Sokrates** (399 v. Chr.)

▷ S. 493 1./2. a) Im Gegensatz zur gängigen Ansicht seiner Zeit sieht Sokrates in der Rhetorik die Möglichkeit, die Wahrheit zu verstellen, Lüge wie Wahrheit aussehen zu lassen, also zu täuschen. Redeschmuck ist unecht (Z. 39 f.), hat etwas Manieriertes (Z. 30 f.) und Selbstgefälliges (Z. 39 f.) an sich. Sich rhetorischer Mittel zu bedienen, zeugt nach Sokrates von mangelnder Glaubwürdigkeit und/oder mangelnder menschlich-geistiger Reife („wie ein Jüngling ...", Z. 39). Das Publikum konnte eine solche Ansicht als Affront gegen bestehende Konventionen verstehen, als Überheblichkeit oder – als ungewollte oder gewollte – mangelnde Einsicht in die Ernsthaftigkeit der Lage (vgl. dazu auch den folgenden Text von Postman).

Obwohl sich die Ankläger des Sokrates sicherlich heftig gegen den Vorwurf der Lüge gewehrt haben, kann man aus Sokrates' Worten schließen, dass sie selbst prinzipiell durchaus um die rhetorischen Möglichkeiten der Manipulation wissen. Denn sie haben selbst das Publikum davor gewarnt, sich von Sokrates' Worten täuschen zu lassen (Z. 11–13). Insofern besteht ein gewisser Konsens hinsichtlich der Frage, in welchem Verhältnis Wahrheit und Rhetorik stehen können – nämlich in einem gegensätzlichen.

2. b) Sokrates differenziert zwischen zwei Erscheinungsweisen von Sprache: einer natürlichen, wie sie jeder Mensch entsprechend seiner Herkunft lernt und im alltäglichen Leben anwendet, und einer künstlichen, die speziell für die Gerichtssituation geschaffen wurde und nur dort angewendet wird. Nach Sokrates unterscheiden sich beide Erscheinungsformen grundlegend in ihrer Aussagekraft; den Vorzug gibt er eindeutig der natürlichen Ausdrucksweise.
   Ein „schlichter Vortrag in ungesuchten Worten" ist Sokrates' Rede aber dennoch keineswegs – diese Wendung ist eindeutig ein Fall von Understatement. Schon der Anfang zeigt, dass auch Sokrates sich geschickt der Sprache bedient, um sein Publikum davon zu überzeugen, dass er die Wahrheit sagt (s. Aufgabe 2 c). Zu bedenken bleibt allerdings, dass der Leser/die Leserin hier nicht den Originalton hört, sondern Platons Version der Apologie.
   c) Rhetorische Mittel und Strategien:
   - starke Polarisierung: Gegner/Ankläger = Lüge – Sokrates = Wahrheit, Tatsachen (antithetische Formulierungen: Z. 17 f., 24–27)
   - pejoratives Wortmaterial im Blick auf die Gegner, z. B.: „entblödeten" (Z. 14), „Dreistigkeit" (Z. 19)
   - Hinweis auf das eigene hohe Alter (Z. 38, 51) → Würde, Weisheit u. Ä.
   - Analogieargument/captatio benevolentiae: das erste Mal vor Gericht → zu behandeln wie ein Fremder (Z. 49–57)
   - höflich-bittende Haltung dem Publikum gegenüber (Z. 42, 59)
   - konsensfähige Definition der jeweiligen Rollen (Z. 63–65)

3. Die Schüler/innen könnten u. a. folgende Alternativen zu Sokrates' Verteidigungsstrategie anführen:
   - Sokrates könnte sich der rhetorischen Praxis des athenischen Gerichts beugen, d. h. sich sprachlich anpassen, um seine Wahrheit den Erwartungen gemäß und dadurch überzeugend zu vermitteln.
   - Er könnte ganz darauf verzichten, die Frage der rhetorischen Vermittlung zu thematisieren und ausschließlich auf der Sachebene argumentieren.
   - Anstatt gleich zu einem Angriff gegen die Klägerseite überzugehen und diese der Lüge zu bezichtigen, könnte Sokrates zunächst das Zutreffende aus der Rede der Anklage herausgreifen, um dieses dann aber in seinem Sinne zu erläutern, zu begründen, zu interpretieren.

   Um eine eigene Version des Beginns der Verteidigungsrede schreiben zu können, wären für die Schüler/innen weitere Informationen über Sokrates und den Fortgang seiner Apologie nach Platon hilfreich. Es bietet sich daher die Vergabe eines Referats an. (Textausgabe: *Platon:* Apologie des Sokrates. Kriton. Übers. v. M. Fuhrmann. Reclam, Stuttgart 1987 [= RUB 895]).

Neil Postman: **Medien und Wahrheitsfindung** (1983)

▷ S. 494

1. Man findet in Postmans Text keine eindeutige, klare Einschätzung der rhetorischen Leistung des Sokrates. ▷ S. 494
   Vielmehr ist im Sinne des Autors zu differenzieren:
   - Aus heutiger Perspektive ist Sokrates' Redebeginn rhetorisch geschickt, gerade weil er auf die verdächtig gewordenen rhetorischen Spielereien verzichtet (Z. 19–23).
   - In seiner Zeit jedoch wendet sich Sokrates explizit gegen die Erwartungen seines Publikums. Das ist – ungeachtet aller trotzdem von ihm eingesetzten sprachlichen Finessen – rhetorisch unklug, da er damit seine Zuhörer schon durch seine Verfahrensweise gegen sich aufbringt (Z. 15–19, 45–55). Zwar blieb Sokrates, so Postman, damit sich selber treu, aber das Ziel (s)einer Apologie, nämlich der drohenden

Verurteilung zu entgehen, konnte er damit nicht erreichen – und daran gemessen war die rhetorische Leistung nicht ausreichend.

2. Postman sieht die Wahrheit, genauer: die Erkenntnis der Wahrheit in unmittelbarer Abhängigkeit von ihrer Ausdrucksform (Z. 60–63). Unausgesprochen wird vorausgesetzt, dass es nicht oder kaum darauf ankommt, dass/ob etwas wahr ist – ausschlaggebend ist, dass es als wahr (an)erkannt wird (vgl. Z. 66 f.). Dies wiederum ist davon abhängig, wie es vermittelt wird, in welcher sprachlichen oder auch nonverbalen Form also Wahrheit ausgedrückt wird. Beispiele für die von Postman genannten „symbolischen Formen" von besonderer Glaubwürdigkeit sind in unserer Kultur z. B. die Aussage unter Eid vor Gericht und der Schwur auf die Bibel.

3. In der schlichten Gleichsetzung fordert Postmans provokante Definition sicherlich zum Widerspruch heraus: Es gibt durchaus eine absolute Wahrheit, eine Wahrheit an sich, und diese ist für den Menschen zumindest manchmal auch zu erkennen und zu bestimmen – so könnten Schülermeinungen lauten. Das Verständnis von und die Zustimmung zu Postmans Aussage fällt leichter, wenn man bei dem Begriff „Wahrheit" „Glaubwürdigkeit" (vgl. Z. 71) mitdenkt: In unserer Gesellschaft haben bestimmte Medien, bestimmte Ausdrucksformen, bestimmte Personen eine größere Glaubwürdigkeit, Wahrhaftigkeit als andere: Nachrichten in einem öffentlich-rechtlichen Sender bieten eher Wahrheit als Talkshows im privaten Fernsehen, einem Wirtschaftswissenschaftler glauben wir eher als einem Politiker etc. Solche Beispiele und Konkretisierungen sollten mit den Schülerinnen und Schülern gesucht und untersucht werden, um Postmans These kritisch zu hinterfragen.

2.2 Wahrheit und Lüge: Zwei Reden aus der Zeit des Nationalsozialismus

▷ S. 495 *Otto Wels:* **Rede zum „Ermächtigungsgesetz"** (1933)

▷ S. 497 1. a) Bei dieser Aufgabenstellung bietet sich ein fachübergreifendes Arbeiten, also die Absprache mit dem/der Geschichtslehrer/in an. Falls dies nicht möglich ist, können die Schüler/innen zumindest auf Unterrichtswerke aus dem Geschichtsunterricht zurückgreifen und damit andere Informationsquellen (allgemeine Nachschlagewerke, Internet) ergänzen. Außerdem können die Partei selbst oder die Bundeszentrale für politische Bildung angeschrieben und um Material gebeten werden.

b) Von zentraler Bedeutung für diese Aufgabe ist der Abschnitt Z. 101–119, in dem Wels deutlich kritisiert, dass die Bezeichnung „sozialistisch" im Namen der Nationalsozialisten ein angemaßtes Etikett und in der Realität ein uneingelöstes Versprechen ist. Das zu untersuchende Begriffsfeld spielt aber auch an anderen Stellen des Textes eine Rolle, so, wenn Wels einerseits versucht nachzuweisen, dass auch die SPD sich für die nationalen Interessen einsetzt (Z. 14–18) und keinesfalls Vaterlandsverrat begangen hat (Z. 88–96), andererseits auf die Leistungen der Sozialdemokratie in den vergangenen Jahrzehnten hinweist (Z. 127–146, 152–160) und dabei indirekt auch erläutert, was Sozialismus und Sozialdemokratie in seinem Verständnis bedeuten.

2. a) Es sind die ersten beiden Absätze der Rede, in denen Wels nachdrücklich Zustimmung zu bestimmten Aussagen Hitlers äußert (Z. 4 f., 20 f.). Mit einer solchen Vorgehensweise stellt er sich gleich von Anfang an als differenzierter Kritiker dar, dem es nicht um eine pauschale Kritik der gegnerischen Partei, um unkontrollierten Protest angesichts der eigenen Bedrängnis geht. Eine partielle Zustimmung ist auch inhaltlich notwendig, um die SPD gegen den Vorwurf zu verteidigen, sie verträten im internationalen Spiel

der Mächte nicht die nationalen Interessen Deutschlands. Die entscheidende Wende nimmt Wels' Rede dann aber, wenn der Redner außenpolitische – von den Nationalsozialisten anerkannte – Grundsätze auch für die Innenpolitik beansprucht – also ein Analogieargument (Z. 25 ff., 50 ff.): Wels braucht den Konsens im ersten Teil seiner Rede, um im Folgenden dieser Analogie ihre Überzeugungskraft zu geben – freilich nicht, um die Nationalsozialisten damit tatsächlich zu überzeugen, sondern um sie in ihrer totalitären Unrechtspolitik zu überführen.

b) Otto Wels verknüpft außen- und innenpolitische Überlegungen zweimal durch ein Zitat miteinander: In recht provokanter Form drückt er mit seiner innenpolitischen Interpretation eines Hitler-Wortes (Z. 21–25) einerseits seine Hoffnung aus, dass die Nationalsozialisten nicht ewig an der Macht bleiben werden, und andererseits die Befürchtung, dass ihr derartiger Anspruch katastrophale Folgen für das Land haben wird. Im nächsten Abschnitt greift Wels ein Zitat aus der Nationalversammlung aus dem Jahr 1919 auf, in dem es um die Ehre Deutschlands in der internationalen Politik ging. In seiner Anwendung des Zitats will der Redner nun verdeutlichen, dass die Nationalsozialisten trotz ihrer Gewaltherrschaft der Opposition, der SPD, ihre Ehre nicht nehmen können.

3. Als weitere Strategien sind u. a. zu nennen:
   - politisch-moralische Aufwertung der eigenen Partei durch Hinweis auf die historischen Verdienste in der Regierung der Weimarer Republik, durch die Solidarität mit den „Verfolgten und Bedrängten", durch Bekenntnis zu „Grundsätzen des Rechtsstaates ..."
   - Abwertung der NSDAP durch Ausdrücke, die auf Gewalt und Destruktion hinweisen, wie „vernichten" (Z. 107), „Zerstörung von Bestehendem" (Z. 122), „Gewaltfriede" (Z. 50)
   - dennoch auch Zuversicht in das Überleben der Partei und ihrer Ideale (Z. 162, 166 f.)
   - Zusammengehörigkeitsappelle (Z. 168–172)

Joseph Goebbels: **Aufruf zum totalen Krieg** (1943)

▷ S. 497

Der vollständige Text der Rede befindet sich z. B. in: *Walter Schafarschik (Hg.):* Herrschaft durch Sprache (s. Literaturhinweise, S. 390 in diesem Handbuch). Als ergänzendes Material bieten sich folgende Auszüge aus Goebbels' Tagebuch an:

Joseph Goebbels
Tagebucheintragungen (1943)

15. Februar 1943

Gestern: [...] Die Krise an der Ostfront ist noch ständig im Steigen begriffen. Wir haben für die nächsten Tage eine Reihe weiterer Schläge zu erwarten. [...] Die Bolschewisten veröffentlichen weitere Alarmberichte von panikartigem Charakter. Für uns entsteht die schwere Frage, ob es uns in absehbarer Zeit überhaupt gelingen wird, eine neue Verteidigungsfront zu bilden. Es macht den Anschein, als hätten wir im Augenblick nicht die Möglichkeit, uns irgendwie einmal wieder festzusetzen, gleichgültig an welcher Stelle. [...] Gegen die ständigen Sorgen ist die Arbeit das beste Heilmittel. Ich beginne deshalb am späten Nachmittag meine Rede für den Sportpalast zu diktieren, die ich bis in den späten Abend hinein korrigiert vorliegen habe. Ich glaube, dass sie sehr gut gelungen ist. Vielleicht wird sie sogar eine Meisterleistung meiner bisherigen Redetätigkeit überhaupt sein. Wir können eine solche Rede auch für die öffentliche Stimmung sehr gut gebrauchen. Es ist wiederum notwendig geworden, dem deutschen Volke eine Aufmunterung zu geben. Diese Notwendigkeit zeigt sich in Krisenzeiten sehr viel öfter als in normalen Zeiten. Man möchte sich heute vermillionenfachen können, um jeden Tag das Millionenfache von dem zu leisten, was man heute leisten kann. So aber fühlt man sich als Einzelperson überbeansprucht. Die Arbeit lastet wie ein Alpdruck auf Körper, Seele und Geist. Spät in der Nacht bin ich todmüde und finde trotzdem keinen Schlaf.

19. Februar 1943

Gestern: [...] Am Nachmittag um 5 Uhr findet nun die lang erwartete Sportpalastversammlung statt. Der Besuch ist überwältigend; Schon um $^1/_2$ 5 Uhr muss der Sportpalast wegen Überfüllung gesperrt werden. Die Stimmung gleicht der einer wilden Raserei des Volkes. [...] Der Berliner stellt das politischste Publikum, über das wir augenblicklich im Reich verfügen. Fast das gesamte Reichskabinett, eine ganze Anzahl von Reichs- und Gauleitern und fast alle Staatssekretäre sind im Sportpalast vertreten; kurz und gut, diese Versammlung stellt einen Querschnitt durch das ganze deutsche Volk dar.[1] Ich bin, glaube ich, rednerisch sehr gut in Form und bringe die Versammlung in einen Zustand, der einer totalen geistigen Mobilmachung gleicht. Der Schluss der Versammlung geht in einem Tohuwabohu von rasender Stimmung unter. Ich glaube, der Sportpalast hat noch niemals, auch nicht in der Kampfzeit, solche Szenen erlebt. Das Volk ist, wie diese Kundgebung bezeugt, bereit, alles für den Krieg und für den Sieg hinzugeben.[2] Wir brauchen jetzt nur zuzugreifen. Allerdings, täten wir das nicht, so würde sich, wie ich schon verschiedentlich betonte, diese Bereitschaft in Bitterkeit verwandeln. Aber ich werde schon dafür sorgen, dass der totale Krieg nicht nur auf dem Papier stehen bleibt. [...] Magda ist auch im Sportpalast gewesen und hat Helga und Hilde mitgenommen. Helga und Hilde erleben zum ersten Mal eine so große Massenkundgebung und sind ganz tief beeindruckt. Besonders Helga hat, obschon sie nicht alles aus meiner Rede verstand, dieses Erlebnis ganz in sich aufgenommen. Ich freue mich, dass unsere Kinder schon in so jungen Jahren in die Politik hineingeführt werden. Das kann ihnen für ihr späteres Leben nur dienlich sein und vor allem werden solche Anlässe unauslöschlich in ihre Erinnerung übergehen. Sie werden sie für ihr späteres Leben einmal gut gebrauchen können. Ich bin sehr glücklich, dass die Sportpalastversammlung so verlaufen ist, wie ich das eigentlich gewünscht hatte. Besser hätte es gar nicht sein können. Die Übertragung der Sportpalastkundgebung mit meiner Rede findet abends von 8 bis 10 Uhr im Rundfunk statt. Ich glaube, dass sie im Volke den tiefsten Eindruck hinterlassen wird. Ich höre mir noch einmal die Übertragung der zehn Fragen und Antworten des Publikums an. Die Ja-Rufe und die Ovationen der Sportpalastbesucher drohen fast den Lautsprecher zu sprengen. Auch auf die Engländer wird das nicht ohne Eindruck bleiben. Sie können jedenfalls daraus entnehmen, dass in Deutschland von einer nachgiebigen Stimmung überhaupt keine Rede sein kann. Es wird vielfach am Abend die Meinung vertreten, dass diese Versammlung eine Art von stillem Staatsstreich darstellt. Wir sind einfach über die Hürden, die die Bürokratie vor uns aufgebaut hatte, hinweggesprungen. Der totale Krieg ist jetzt nicht mehr eine Sache weniger einsichtiger Männer, sondern er wird jetzt vom Volke getragen. In der Führung wird sich ihm niemand mehr entgegenstellen können. Hoffentlich wird das Wort wahr, das ich an den Schluss meiner Rede gestellt habe: „Nun, Volk, steh auf und Sturm brich los!“

1 Eben dies war es nicht, sondern, wie Goebbels selbst an anderer Stelle dieses Eintrags hervorhebt, eher ein Querschnitt durch die Reihen der fanatischsten Anhänger der Partei.

2 Tatsächlich hatte die über alle Reichssender ausgestrahlte Rede auf viele begeisternd gewirkt. Dies geht zumindest aus den Berichten der Reichspropagandaämter hervor. Die Berichte mochten geschönt sein – dennoch stand außer Frage: Dem hass- und wahnerfüllten Propagandaminister war es gelungen, einen Teil der Deutschen zur Mobilisierung allerletzter Kraftreserven anzustacheln – Menschen, die nun glaubten, angesichts der „nahenden Horden der Steppe“ ums eigene Überleben zu kämpfen, letztendlich aber dadurch den Krieg und somit ihr eigenes Elend nur verlängerten.

(Joseph Goebbels: Tagebücher 1924–1945. Hg. v. Ralf Georg Reuth. Bd. 5: 1943–1945. Piper, München/Zürich ^{2}1992, S. 1897 ff.)

1. a) Die Einleitung zur Veröffentlichung der Rede in dem oben genannten Reclam-Heft bietet u. a. einige Informationen zur Planung und Organisation der Rede sowie weitere Literaturangaben (Herrschaft durch Sprache, S. 36–39). ▷ S. 500

   b) Eine Hilfe zur Lösung dieser Aufgabe kann das Schema auf ▷ S. 58 darstellen. Besondere Aufmerksamkeit sollten die Schüler/innen dabei auf den Faktor Publikum richten, das nicht einen repräsentativen Querschnitt durch die deutsche Bevölkerung darstellte, sondern aus eingeladenen Personen bestand, die sich v. a. aus den unterschiedlichen NS-Organisationen und -Institutionen rekrutierten. Dieses „maßgeschneiderte" Publikum beeinflusste freilich mit seinen Reaktionen zusätzlich die Wirkung, welche die Rede bei ihrer Übertragung durch den Rundfunk auf die Radiohörer/innen hatte.

2. a) Besonders auffällig sind folgende rhetorische Mittel:
   - rhetorische Fragen und ihre anschließende Beantwortung (z. B. Z. 20 ff. usw.), die eine das Publikum vereinnahmende Funktion haben
   - die klare, angekündigte Gliederung in zehn Fragen (Z. 2 f.)
   - der Parallelismus der Redekonstruktion (z. B. die Fragen 1–5: „Die Engländer behaupten ... Ich frage euch ..."), der in seiner Eindringlichkeit eine „Einpeitscher-Funktion" hat
   - die häufigen Hyperbeln (z. B. Z. 21: „endgültiger totaler Sieg"; Z. 58 f.: „größer, gläubiger und unerschütterlicher" usw.)
   - die vereinnahmende Funktion des „wir" (z. B. Z. 118: „Wir alle, Kinder unseres Volkes ...") sowie die „vertrauliche" Ansprache der Zuhörer/innen (z. B. Z. 1: „meine Zuhörer")
   - die Emphase der „Einschwörung auf den Führer" (z. B. Z. 122: „wir geloben dem Führer"; Z. 149: „im Glauben an den Führer"; Z. 153: „Der Führer erwartet von uns ..."; Z. 165 f.: „Der Führer hat befohlen, wir werden ihm folgen"); vor allem an diesem Punkt können massenpsychologische und ideologiekritische Erörterungen mit Gegenwartsbezug ansetzen.

   Im Kontext des damals Üblichen ist der Einsatz rhetorischer Mittel sicherlich als gelungen zu bezeichnen. Allerdings sollte man bei der Beurteilung der Rede nicht den oben (s. zu Aufgabe 1 b) gegebenen Hinweis auf das deutlich parteiliche Publikum vergessen, das für Goebbels' Parolen sowohl inhaltlich wie sprachlich besonders empfänglich war und somit keine schwierige „Aufgabe" für den Redner darstellte. Bei der Diskussion über die Goebbels-Rede kann an dieser Stelle auch noch einmal der Bogen zurück zu Sokrates gespannt und die Frage nach dem Verhältnis von Wahrheit und Rhetorik gestellt werden: Deutlich sollte mit den Schülerinnen und Schülern herausgearbeitet werden, was von Goebbels durch die mitreißenden Parolen als „Wahrheit" verkauft wird.

   b) Grundsätzlich ist die völlig unterschiedliche Redesituation hinsichtlich des Redeortes, des Publikums und der Intention in Rechnung zu stellen: Während Otto Wels im Reichstag vor einem Publikum, das sowohl Gegner wie Parteigenossen umfasste, in einer prinzipiell verlorenen Sache die standhafte Haltung seiner Partei zur Frage des „Ermächtigungsgesetzes" sachlich begründen und verteidigen will, geht es Goebbels vor seinem Tausende von nationalsozialistischen Anhängern umfassenden Publikum um eine Emotionalisierung und dadurch Mobilisierung der Bereitschaft der Massen, sich willenlos den Befehlen des Führers zu unterwerfen. Für eine Gegenüberstellung im Einzelnen können die Ergebnisse zu Aufgabe 3 (▷ S. 497 und S. 395 in diesem Handbuch) und zu Aufgabe 2 a (▷ S. 500; s. o.) herangezogen werden.

3. Die Beschaffung des Ton- bzw. Bildmaterials kann über Bibliotheken oder Landesbildstellen erfolgen. Es empfiehlt sich aber zunächst bei den Geschichtskolleg(inn)en nachzufragen, ob bei diesen Aufzeichnungen Ausleihe möglich ist.

   a) Ohne Zweifel ist die heutige Wirkung der Rede eine völlig andere. Die Schüler/innen sollten diese Wirkung so genau wie möglich beschreiben und versuchen zu ergründen, auf welchen Faktoren des Vortrags ihre Reaktionen jeweils beruhen. Dabei sollten neben Inhalt und sprachlichen Formulierungen vor allem auch Stimmführung, Artikulation, Lautstärke u. Ä. beachtet werden.

b) Der Einleitungstext (▷ S. 497) weist bereits darauf hin, dass die vom Reichspropagandaministerium veröffentlichte Druckfassung bei den Darstellungen der Publikumsreaktionen übertreibt. Dies ist durch den Vergleich zu präzisieren.

Die Sportpalastrede als Thema der Gegenwartsliteratur

▷ S. 500 *Marcel Beyer:* **Flughunde** (1995)

▷ S. 501

1.

Goebbels Rede	**Eindrücke der Erzählerin**
Z. 54–74, 75–80	Z. 65 („... fünftens. Jetzt sechstens ...“)
Z. 81–85, 86–93, 94–101	Z. 71 („Und siebtens. Achtens. Neuntens ...“)
Z. 102 ff.	Z. 81 f. („... zehntens und zuletzt ...“)
Z. 118	Z. 84–87 („... Kinder unseres Volkes ...“)
Z. 142–147	Z. 88 f. („Etwas muss abgeschnitten werden ...“)
Z. 175	Z. 94–100 („Nun Volk ...“)

Es empfiehlt sich, sowohl weitere Passagen der Goebbels-Rede wie auch des Romans durch Kurzreferate vorstellen zu lassen. Wenn das geschieht, kann auch die Aufgabe entsprechend breiter bearbeitet werden.

2. Die Perspektive der achtjährigen Goebbels-Tochter wird von Beyer v. a. durch folgende Mittel realisiert:
   - privat-kindliche Bezeichnung Goebbels' als „Papa“
   - Kenntnis familiärer und persönlicher Umstände (z. B. Essgewohnheiten, Müdigkeit, typische Verhaltensweisen)
   - kindlich-naive Schilderung der Geschehnisse:
     - meist kurze, einfach gebaute Sätze
     - nur einzelne Fetzen aus der Rede aufgenommen, ganz ohne Verständnis der inhaltlichen Bedeutung und Zusammenhänge
     - Wirkung der Rede hauptsächlich auf das eigene körperliche Erleben (Bedrängnis, Atemnot etc.) begrenzt

   Nicht an allen Stellen wird die kindliche Perspektive hundertprozentig überzeugend beibehalten: Eine Überlegung und Formulierung wie „Papa konzentriert sich, er will die ganze Euphorie der letzten Tage bündeln“ (Z. 30 f.) ist einer Achtjährigen wohl kaum zuzutrauen. Insgesamt aber gelingt es Beyer mit seinen Mitteln tatsächlich, den/die Leser/in in die ungewöhnliche Perspektive hineinzuversetzen und damit neue und andere Empfindungen und Überlegungen auszulösen als die Goebbels-Rede selbst.

3. Bei dieser Aufgabe können die Schüler/innen auf die Ergebnisse der Aufgabe 3 a (▷ S. 500) zurückgreifen. Eine innerhalb der Fiktion adressatengerechte Lösung der Schreibaufgabe erfordert sprachlich eine sehr klare, einfache Schreibweise und inhaltlich den Einbezug, die Erläuterung historischer Erfahrungen und Einsichten, die bei der Adressatin nicht als bekannt vorauszusetzen sind. Trotz der völlig unterschiedlichen Rezeptionssituation können die Schüler/innen gewisse Momente der Wirkung durchaus mit Helga teilen, z. B. Z. 75–77: „... sei bitte bald mit deiner Rede fertig, kein Mensch kann das noch lange ertragen.“

2.3 Leitbilder für die Zukunft: Reden der Gegenwart

Die Reden der beiden ehemaligen Bundespräsidenten v. Weizsäcker und Herzog beziehen sich auf den gegenwärtigen Lebenshorizont der Schüler/innen. Sie sollten daher nicht „historisierend“ behandelt werden, sondern es empfiehlt sich eine Vorab-Assoziationsphase (auch als Hausaufgabe), z. B. mit folgenden Fragestellungen:
- Welche Verantwortung haben wir für die Wahrung der Menschenwürde auch unserer ausländischen Mitbürger/innen?
- Welche Ratschläge geben Sie für den Aufbruch in unser gegenwärtiges 21. Jahrhundert?

Richard von Weizsäcker: **Mitverantwortung aller Deutschen für die Wahrung der Menschenwürde** (1992) ▷ S. 502

Roman Herzog: **Aufbruch ins 21. Jahrhundert** (1997) ▷ S. 505

---

1. a) Nähere Informationen zu den Umständen der Rede bietet der folgende Zeitungsartikel, der auch als Vergleichsfolie zu den Texten der Schüler/innen dienen und/oder unter folgender Fragestellung bearbeitet werden kann: Vermittelt dieser Zeitungsartikel einen angemessenen Eindruck von der Rede v. Weizsäckers? ▷ S. 504

Kundgebung gegen Fremdenhass von Ausschreitungen überschattet

BERLIN. Nach einer friedlichen Demonstration von 350 000 Menschen gegen Ausländerhass und Extremismus haben gestern in Berlin rund 400 linksradikale „Autonome“ die Veranstaltung massiv gestört. Sie bewarfen Bundespräsident von Weizsäcker und Bundeskanzler Kohl mit Steinen, Eiern und Farbbeuteln. Weizsäcker, der nur mit Mühe seine Rede halten konnte, rief zur Verteidigung der Menschenrechte auf. Trotz der schweren Ausschreitungen vor Kamerateams und Journalisten aus aller Welt sprachen die Organisatoren der Demonstration, einer der größten in der Geschichte der Bundesrepublik, von einem Erfolg.

Von Weizsäcker gelang es erst nach zehn Minuten, sich auf der Abschlusskundgebung Gehör zu verschaffen. Die riesige Mehrheit der friedfertigen Teilnehmer war sichtlich schockiert über das Ausmaß der unerwartet ausgebrochenen Gewalt, die unmittelbar vor der Rednertribüne tobte. Geschützt von Polizisten und prominenten Politikern, die sich zu ihm gestellt hatten, forderte Weizsäcker etwas ganz Entscheidendes über alle Konflikte hinaus zu bewahren, „die Absage an die Gewalt und die Zusage an die Würde des Menschen“. In Artikel 1 des Grundgesetzes stehe nicht, „die Würde des Deutschen ist unantastbar, sondern die Würde des Menschen ist unantastbar“, betonte der Präsident. „Und gegen die Störer und Schreihälse werden wir uns in der ganz überwiegenden Mehrheit miteinander durchsetzen“, sagte Weizsäcker, der immer wieder von Pfiffen unterbrochen wurde.

Kohl, der am Brandenburger Tor zu einem der beiden durch Berlin ziehenden Demonstrationszüge stieß, war mit Pfiffen und Beschimpfungen empfangen worden. Als er, von Polizei abgeschirmt, den Zug wieder verließ, flogen Steine und Eier hinter ihm her. Er verurteilte die „Aktionen des rechts- oder linksradikalen Pöbels“, der versuche, das Bild Hunderttausender zu beschmutzen, die für die Menschenwürde demonstriert hätten.

In ersten Reaktionen zeigten sich Politiker aller Parteien enttäuscht und zum Teil verbittert über den Ausgang der Demonstration. Hier habe sich eine gewalttätige Minderheit „in das Licht der Medien gesetzt, um die große Mehrheit zu unterdrücken“, sagte der SPD-Vize Thierse. Der Berliner Regierende Bürgermeister Diepgen (CDU) erklärte im ZDF, das Auftreten der „Demonstrationsterroristen“ sei sehr ärgerlich gewesen und werde auch Folgen nach sich ziehen. FDP-Chef Lambsdorff hob hervor, dass die Demonstration, abgesehen vom traurigen Abschluss, ein deutliches Bekenntnis für die Verteidigung der Menschenwürde gewesen sei. Es sei deshalb kein Fehler gewesen, sie zu veranstalten.

Die Berliner Justizsenatorin Jutta Limbach (SPD) kritisierte die Polizei, die es zugelassen habe, dass sich auf dem Kundgebungsplatz so viele gewaltbereite Linksautonome lange vor Beginn der Veranstaltung versammeln konnten. Einsatzleiter Manthey erklärte, „keine Polizei und keine Taktik dieser Erde“ hätten die Steinwürfe verhindern können. Bei überstarkem Polizeieinsatz hätten „Massenpsychosen“ gedroht.

Die Kundgebung unter dem Motto „Die Würde des Menschen ist unantastbar“ stand unter Schirmherrschaft des Bundespräsidenten und wurde von einem beispiellosen Bündnis der unterschiedlichsten gesellschaftlichen Gruppen unterstützt. An den beiden Demonstrationszügen beteiligten sich Spitzenpolitiker aller Bonner Parteien (mit Ausnahme der CSU) sowie zahlreiche Prominente aus Wirtschaft und Kultur. Die Teilnehmer waren aus allen Teilen der Bundesrepublik mit Sonderzügen und rund 250 Bussen angereist. Schon am Vortag waren in mehreren deutschen Städten Zehntausende gegen Fremdenhass und Gewalt auf die Straße gegangen.

(Rheinische Post, 9.11.1992)

b) Wenn der Zusatztext im Unterricht besprochen wurde, können auch die Umstände der Rede mit in die Stellungnahme einbezogen werden. Wichtig ist, dass die Unterschiede in der Textform in Abgrenzung zu Aufgabe 1 a noch einmal bewusst gemacht und produktiv umgesetzt werden. Der Arbeitsauftrag ist auch eine Übung für die Aufgabenstellung „Kritische Erörterung des Problems“ (siehe ▷ S. 76 ff.).

2. a) Von Weizsäckers Rede ist beinahe durchgängig in der Wir-Form geschrieben. Damit soll ein intensives Gemeinschaftsgefühl vermittelt werden, das Stärke und gegenseitige Unterstützung ebenso einschließt wie Verantwortung und Verpflichtung. Diese Redeform verhindert zudem, dass der Redner in eine allzu belehrende Haltung gerät. Er schließt sich selbst in alle Aussagen mit ein. Im Einzelnen kann auf folgende Arten der Verwendung hingewiesen werden:
   - „wir“ als die vor Ort Versammelten, das Redepublikum (Z. 1)
   - „wir“ als „wir deutschen Bürger“ (Z. 17); hauptsächliche Verwendung des Pronomens in diesem Sinn
   - „wir“ als Gegensätze umspannende Gemeinschaft; die Gegensätze werden explizit aufgezählt (Z. 47–54), ausdrücklich noch einmal auf die Gemeinschaft von Ost- und Westdeutschland hin formuliert (Z. 244–248)
   - „wir“ als Christen (Z. 83)
   - „wir“ als die Menschheit generell (Z. 107 f.)
   - „wir“ in einer historischen Dimension: die Deutschen mit ihrer Geschichte im Negativen (Z. 67 ff.) und im Positiven (Z. 109 ff.)
   - „wir“, die friedlichen deutschen Bürger, in Abgrenzung zu ihnen, den „Gewalttätern“ (Z. 169)

   Abweichungen von der Wir-Form findet man z. B. in Z. 93–99, wo Weizsäcker die persönliche Ich-Form wählt, damit aber auch jeden Einzelnen meint.

   b) Im Sinne der oben skizzierten Verwendung der Wir-Form setzt von Weizsäcker vor allem auf die Vermittlung eines positiven Wir-Gefühls, bemüht sich dabei aber gleichzeitig immer um Ausgewogenheit:
   - Zugeständnisse (z. B. Z. 55–58, 185–199)
   - normative Argumentation immer da, wo er sich auf das Grundgesetz, auf die Menschenrechte etc. beruft (Z. 72–88, 104–107)
   - Appelle, die bestimmte Verhaltensweisen nahe legen wollen (z. B. Z. 22–26, 148–152, 164–178, 206 f., 265)
   - Warnungen, Mahnungen, die die Gefährdung durch die gegnerische Seite (d. h. hier: durch diejenigen, die gewalttätig sind) verdeutlichen wollen (z. B. Z. 4–21, 31–34, 167 f., 189–192)

- generell sehr einfache, aber eindringliche Sprache (z. B. sehr kurze Sätze), gelegentlich besonders prägnante Formulierungen (z. B. Z. 241 f.); häufiger Parallelismen oder Anaphern (z. B. Z. 101–103, 149–152)

3. Während von Weizsäcker das Verhältnis von Deutschland und dem Ausland hauptsächlich unter politischem Aspekt anspricht, steht bei Herzog der wirtschaftliche Vergleich unter dem Vorzeichen der Globalisierung im Vordergrund; politische Gegebenheiten fließen aber auch hier mit ein. Parallelen zu von Weizsäckers Rede ergeben sich bei Herzog v. a. im Abschnitt Z. 131–143:

von Weizsäcker	**Herzog**
Z. 38–40: Deutschland als Stabilitätsfaktor im Gefüge europäischer Demokratie	Z. 13–19: wirtschaftliches Wachstum in Asien und in den USA viel größer
Z. 117–123: Aufgeschlossenheit Deutschlands gegenüber Fremden; Aufnahme von Ausländern	Z. 131–137: Europa nicht als technische Vereinigung, sondern als Teil der politischen und kulturellen Identität
Z. 145–153: Deutschlands Ansehen in der Welt; seine Gastfreundlichkeit	Z. 138–143: die internationale Verantwortung Deutschlands für eine friedliche Weltordnung
Z. 154–163: ausländische Hilfe für Deutschland im Zuge der Wiedervereinigung	Z. 178–180: „Die Welt ist im Aufbruch, sie wartet nicht auf Deutschland."
Z. 177–184: Deutschland als reiches Land und damit Zuwanderungsland im europäischen Gefüge	

4. Von den auf ▷ S. 119 ff. zusammengestellten Leitfragen zur Redeanalyse kann der Abschnitt V („Redeweise") von den Schülerinnen und Schülern nur bearbeitet werden, wenn eine Aufzeichnung der Rede zur Verfügung steht. Dazu kann ggf. bei den Landesbildstellen, bei Rundfunksendern oder bei der Bundeszentrale für politische Bildung nachgefragt werden. Auch der Abschnitt I. „Redesituation" ist allein mit der Einleitung zur Rede im Schülerband nur begrenzt zu bearbeiten. Das Schwergewicht der Analyse wird also auf den Abschnitten II bis IV, also auf der inhaltlichen, sprachlichen und strukturellen Untersuchung der Rede liegen.

Lernerfolgskontrolle/Klausurvorschlag

Adolf Hitler
Rede vor dem deutschen Reichstag zum „Ermächtigungsgesetz“ (1933)

Die folgende Rede hielt Adolf Hitler als gerade gewählter Reichskanzler vor dem deutschen Reichstag am 23. März 1933 in Berlin. Als Einbringer des Antrages sprach er vor Otto Wels (▷ S. 495ff. und S. 394f. in diesem Handbuch).

Männer und Frauen des Deutschen Reichstags!
Im Einvernehmen mit der Reichsregierung haben die Nationalsozialistische Partei und die Deutschnationale Volkspartei Ihnen durch einen Initiativantrag ein *Gesetz zur Behebung der Not von Volk und Reich* zur Beschlussfassung unterbreitet. [...]
Es ist der aufrichtige Wunsch der nationalen Regierung, von einer Vermehrung des deutschen Heeres und unserer Waffen absehen zu können, sofern endlich die andere Welt geneigt ist, auch ihre Verpflichtung zu einer radikalen Abrüstung zu vollziehen. Denn Deutschland will nichts als gleiche Lebensrechte und gleiche Freiheit. Für diesen Geist des Freiheitswillens allerdings wird die nationale Regierung das deutsche Volk erziehen. Die Ehre der Nation, die Ehre unserer Armee, das Ideal der Freiheit, sie müssen im deutschen Volk wieder heilig werden.
Das deutsche Volk will mit der Welt in Frieden leben. Die Regierung wird aber gerade deshalb mit allen Mitteln für die endgültige Beseitigung einer Scheidung der Völker der Erde in zwei Kategorien eintreten. Die Begriffe von Siegernationen und von Besiegten können nicht als eine dauernde Basis freundschaftlicher Beziehungen der Völker untereinander gelten. [...]
Der durch die marxistische Irrlehre systematisch herbeigeführte Zerfall der Nation in weltanschaulich unvereinbare Grundsätze bedeutet die Vernichtung der Basis eines möglichen Gemeinschaftslebens. Die Auflösung ergreift alle Grundlagen unserer Gesellschaftsordnung. Die völlig gegensätzliche Einstellung der Einzelnen zu den Begriffen Staat, Gesellschaft, Religion, Moral, Familie, Wirtschaft, Eigentum reißt Differenzen auf, die zum Kriege aller gegen alle führen. Ausgehend vom Liberalismus des vergangenen Jahrhunderts als Schrittmacher der Sozialdemokratie endet diese Entwicklung der Destruktion naturgesetzlich im kommunistischen Chaos; [...]. Angefangen vom Straßenraub, der Plünderung von Geschäften, Brandstiftung und Eisenbahnfrevel bis zum Attentat erhält alles als „politische Betätigung im Dienste der kommunistischen Idee“ seine moralische Sanktion. [...]
Die theoretische Gleichheit vor dem Gesetz kann nicht dazu führen, grundsätzliche Verächter der Gesetze und der Gleichheit zu tolerieren, ja ihnen am Ende aus irgendeiner demokratischen Doktrin die Freiheit der Nation auszuliefern. Sie wird die Gleichheit vor dem Gesetz aber allen denjenigen zubilligen, die in der Frage der Rettung unseres Volkes vor dieser Gefahr sich hinter die nationalen Interessen stellen und der Regierung ihre Unterstützung nicht versagen. Überhaupt soll es ihre höchste Aufgabe sein, die geistigen Führer dieser Vernichtungstendenz zur Verantwortung zu ziehen, die verführten Opfer aber zu retten. Sie sieht, insbesondere in den Millionen deutscher Arbeiter, die dieser Idee des Wahnsinns und der Selbstvernichtung huldigen, nur die Ergebnisse einer unverzeihlichen Schwäche früherer Regierungen, die die Verkündung und Vertretung von Ideen nicht verhinderten, deren praktische Verwirklichung sie selbst aber unter Strafe stellen mussten. Die Regierung wird sich in dem Entschluss, diese Frage zu lösen, von niemand beirren lassen. Es ist Sache des Reichtags, nunmehr seinerseits eine klare Stellung einzunehmen. Am Schicksal des Kommunismus und der sich mit ihm verbrüdernden anderen Organisationen ändert dies nichts.
Unser Volk hat im Verlaufe der letzten vierzehn Jahre auf allen Gebieten des Lebens einen Verfall erlitten, der größer kaum vorstell-

bar ist. Die Frage, was überhaupt in dieser Zeit noch schlimmer hätte kommen können, ist unter Berücksichtigung der Grundwerte unseres deutschen Volkes sowie der einst vorhanden gewesenen politischen und wirtschaftlichen Erbmasse nicht zu beantworten. Das deutsche Volk selbst hat trotz seiner schweren Beweglichkeit in politischen Empfindungen und Stellungnahmen sich steigend von den in seinen Augen für diese Zustände verantwortlichen Auffassungen, Parteien und Verbänden abgewendet. Die Zahl der innerlich auf dem Boden der Weimarer Verfassung stehenden Deutschen ist trotz der suggestiven Bedeutung und rücksichtslosen Ausnützung der Regierungsgewalt am Ende nur mehr ein Bruchteil der gesamten Nation.

Es ist weiter das charakteristische Merkmal dieser vierzehn Jahre gewesen, dass, abgesehen von natürlichen Schwankungen, die Linie der Entwicklung konstant nach unten führte. Diese deprimierende Erkenntnis war mit eine der Ursachen der allgemeinen Verzweiflung. Sie förderte die Einsicht über die Notwendigkeit einer gründlichen Abkehr von den Ideen, Organisationen und Männern, in denen man mit Recht allmählich die tieferen Ursachen des Verfalls zu erkennen begann.

Die nationalsozialistische Bewegung vermochte daher trotz furchtbarster Unterdrückung immer mehr Deutsche geistes- und willensmäßig zum Abwehrkampf zu erfassen. Sie hat im Verein mit den anderen nationalen Verbänden nunmehr innerhalb weniger Wochen die seit dem November 1918 herrschenden Mächte beseitigt und in einer Revolution die öffentliche Gewalt in die Hände der nationalen Führung gelegt.

Am 5. März hat das deutsche Volk diesem Akte seine Zustimmung erteilt. Das Programm des Wiederaufbaues von Volk und Reich ergibt sich aus der Größe unseres politischen, moralischen und wirtschaftlichen Lebens. Erfüllt von der Überzeugung, dass dieser unser Zusammenbruch seine Ursache in inneren Schäden unseres Volkskörpers besitzt, ist es das Ziel der Regierung der nationalen Revolution, diejenigen Gebrechen aus unserem völkischen Leben zu beseitigen, die auch für die Zukunft jeden tatsächlichen Wiederaufstieg verhindern würden. [...]

Um die Regierung in die Lage zu versetzen, die Aufgaben zu erfüllen, die innerhalb dieses allgemein gekennzeichneten Rahmens liegen, hat sie im Reichstag durch die beiden Parteien der Nationalsozialisten und der Deutschnationalen das Ermächtigungsgesetz einbringen lassen. Ein Teil der beabsichtigten Maßnahmen erfordert die verfassungsändernde Mehrheit. Die Durchführung dieser Aufgaben bzw. ihre Lösung ist notwendig. Es würde dem Sinn der nationalen Erhebung widersprechen und dem beabsichtigten Zweck nicht genügen, wollte die Regierung sich für ihre Maßnahmen von Fall zu Fall die Genehmigung des Reichstags erhandeln und erbitten. Die Regierung wird dabei nicht von der Absicht getrieben, den Reichstag als solchen aufzuheben; im Gegenteil, sie behält sich auch für die Zukunft vor, ihn von Zeit zu Zeit über ihre Maßnahmen zu unterrichten oder aus bestimmten Gründen, wenn zweckmäßig, auch seine Zustimmung einzuholen. Die Autorität und damit die Erfüllung der Aufgaben der Regierung würden aber leiden, wenn im Volke Zweifel an der Stabilität des neuen Regiments entstehen könnten. [...] Die Regierung beabsichtigt dabei, von diesem Gesetz nur insoweit Gebrauch zu machen, als es zur Durchführung der lebensnotwendigen Maßnahmen erforderlich ist. Weder die Existenz des Reichstags noch des Reichsrats soll dadurch bedroht sein. Die Stellung und die Rechte des Herrn Reichspräsidenten bleiben unberührt; die innere Übereinstimmung mit seinem Willen herbeizuführen, wird stets die oberste Aufgabe der Regierung sein. Der Bestand der Länder wird nicht beseitigt, die Rechte der Kirchen werden nicht geschmälert, ihre Stellung zum Staate nicht geändert.

Da die Regierung an sich über eine klare Mehrheit verfügt, ist die Zahl der Fälle, in denen eine innere Notwendigkeit vorliegt, zu einem solchen Gesetz die Zuflucht zu nehmen, an sich eine begrenzte. Um so mehr aber besteht die Regierung der nationalen Erhebung auf der Verabschiedung dieses Gesetzes. Sie zieht in jedem Falle eine klare Entscheidung vor. Sie bietet den Parteien des Reichstags die Möglichkeit einer ruhigen deutschen Entwicklung und einer sich daraus in der Zukunft anbahnenden Verständigung; sie ist aber ebenso entschlossen und bereit, die Bekundung der Ablehnung und damit die Ansage des Widerstandes entgegenzunehmen. Mögen Sie, meine Herren, nunmehr selbst die Entscheidung treffen über Frieden oder Krieg.

(Karl Heinrich Peter [Hg.]: Berühmte Reden des 20. Jahrhunderts. Goldmann, München 1973, S. 38 ff.)

1. Führen Sie eine rhetorische Analyse der Hitler-Rede durch.
2. Beurteilen und bewerten Sie Hitlers Rede.
3. Vergleichen Sie Hitlers Rede mit der von Otto Wels: Wie beurteilen und werten Sie die argumentative und rhetorische Substanz beider Reden?

Erwartungshorizont

1. Als Hintergrund für ihre rhetorische Analyse sollten die Schüler/innen die im Unterricht erarbeiteten Leitfragen zur Redeanalyse (▷ S. 119 ff.) vor Augen haben. Die Kenntnis eines solchen Gerüstes sollte sich in der klaren Strukturierung des Aufsatzes niederschlagen.
   Folgende Aspekte sollten angesprochen werden:

Redesituation:
- Rede vor dem Reichstag nach Hitlers Wahl zum Reichskanzler
- Publikum = Politiker unterschiedlicher Parteien, allerdings:
  - Mehrheit von 44 % (52 % inkl. Deutschnationale) für Hitler
  - im Reichstag schon nicht mehr vertreten: die kommunistische Fraktion, gegen die sich Hitler in seiner Rede explizit wendet
- Anlass: bevorstehende Abstimmung über das „Ermächtigungsgesetz“ (= Regierung soll in den nächsten vier Jahren auch ohne Zustimmung des Reichstags die gesetzgebende und ausführende Gewalt ausüben können)

Inhalt:
- zu Beginn außenpolitische Stellung Deutschlands
- dann innenpolitische Lage: desolater Zustand Deutschlands, drohender Verfall, zu befürchtendes Chaos
  - Verantwortlichkeit dafür bei der alten Regierung und v. a. bei der kommunistisch-sozialistischen Bewegung
  - die Regierung der „nationalen Erhebung“ wird alles wieder gut- und besser machen, und zwar durch energisches und kompromissloses Vorgehen, v. a. gegen alle Widersacher (Kommunisten etc.)
  - muss dafür aber frei schalten und walten können: Notwendigkeit des „Ermächtigungsgesetzes“
- zugleich aber Beruhigung: die bestehenden demokratischen Strukturen (Reichstag, Reichspräsident, Föderalismus etc.) sollen nicht angetastet werden; Versprechen, das Gesetz nicht unbillig auszunutzen

Redeabsicht:
- Schüren der Angst vor dem „kommunistischen Chaos“, der Anarchie
- Selbstdarstellung des Redners und seiner Partei als (vom Volk selbst gewollte und gewählte) Retter der Nation
- Vereinnahmung möglichst breiter Teile des Reichtags für das geplante Gesetz, um dieses als demokratisch verabschiedet darstellen zu können
- Herunterspielen der tatsächlichen Bedeutung (faktische Entmachtung des Reichtags) durch das geplante Gesetz

Rednerische Mittel und Strategien:
- Dramatisierung (z. B. Z. 41: „Kriege aller gegen alle“; Z. 189 f.: „Entscheidung [...] über Frieden oder Krieg“; Z. 83 f.: „Verfall [...], der größer kaum vorstellbar ist“)

- scharfe negative Wertung der Gegner durch Ausdrücke wie „Irrlehre“ (Z. 31), „kommunistisches Chaos“ (Z. 45 f.), „Vernichtungstendenz“ (Z. 64), „Idee des Wahnsinns und der Selbstvernichtung“ (Z. 67 f.)
- Betonung, dass die neue Regierung vom Volk getragen ist und an die Macht gebracht wurde, v. a. durch Prägung des Begriffs „nationale Revolution“ (z. B. Z. 130 f.), vgl. aber auch z. B. Z. 90 ff. „Das deutsche Volk selbst ...“
- Aufwertung der eigenen Partei durch Rettersymbolik (Z. 65 f.: „die verführten Opfer ... retten“; Z. 131–134, 162 ff.)
- Betonung der eigenen Stärke, von Durchsetzungswillen und -kraft durch Ausdrücke wie in Z. 17 f.: „... wird die nationale Regierung das deutsche Volk erziehen“; Z. 75 f.: „... von niemand beirren lassen“; Z. 177 ff.: „... besteht die Regierung der nationalen Erhebung auf ...“ u. Ä.
- Häufung des Begriffsfelds „Volk“ (Z. 18, 21 f., 59, 81, 87, 90, 122, 124, 129, 158) und „Nation“ (Z. 9, 17 f., 19, 32, 56, 60, 100, 120 f., 130, 145, 179)

2. Bei dieser Aufgabe zeigt sich die Beurteilungskompetenz der Schüler/innen u. a. daran, ob sie in der Lage sind, zwischen „rhetorisch gut gestaltet“ einerseits und Inhalt und Argumentation und darauf beruhender Überzeugungskraft andererseits zu unterscheiden. Ohne Zweifel versteht es Hitler sehr geschickt, mit Hilfe der oben angeführten rhetorischen Mittel die bestehende politische Lage in seinem Sinne zu interpretieren und die eigene politische Richtung als Lösung aller Probleme darzustellen. Er bedient sich dabei aber zum einen einer abstoßend krassen Schwarz-Weiß-Malerei, die den Gegner verteufelt und die eigene Seite in den Himmel hebt, wobei er für Letzteres noch auf keinerlei tatsächliche Leistungen verweisen kann außer der Wahl. Hitler fordert also einen Vorschuss an Vertrauen ein, um seine Versprechungen in die Tat umsetzen zu können. Zum anderen bedient er sich an verschiedenen Stellen einer fragwürdigen Logik in der Inanspruchnahme von Recht und Gesetz, so, wenn er die Gleichheit vor dem Gesetz in Frage stellt (Z. 52 ff.) oder wenn er das „Ermächtigungsgesetz“ fordert, weil (obwohl!!) ihm doch die Mehrheit im Reichstag gewiss ist (Z. 174 ff.). Dem aufmerksamen Zuhörer konnte der absolute und totale Machtanspruch, der hinter Hitlers Rede steht, ebenso wenig verborgen bleiben, wie die Aussicht darauf, wie künftig mit politischen Gegnern verfahren würde.

3. Zur Lösung dieser Aufgabe empfiehlt es sich, den Schülerinnen und Schülern den Text der Wels-Rede in der Klausur als Kopie zur Verfügung zu stellen, da aus der Erinnerung nur eine oberflächlichere Form des Vergleichs möglich ist.
   Beim Vergleich können folgende Gesichtspunkte angesprochen werden:
   - die Haltung zu Deutschlands Stellung im internationalen politischen Gefüge
   - Hitlers Darstellung der Lage der Nation, die von Wels als Übertreibung aufgefasst wird
   - die Vorwürfe Hitlers gegen die politischen Gegner und Wels Verteidigung dagegen
     - die Misserfolge, die Hitler der alten Regierung zuschreibt, und demgegenüber die Leistungen dieser, die Wels anführt
   - unterschiedliche Auslegung und Einschätzung der bestehenden Verfassung
   - die unterschiedliche Einschätzung der tatsächlichen Bedeutung des „Ermächtigungsgesetzes“

3 Sprache – Denken - Wirklichkeit

Konzeption des Kapitels

Das Kapitel befasst sich in seinem ersten Teil **(„Der Zeichencharakter der Sprache")** mit der grundlegenden Thematisierung des Zeichencharakters der Sprache. Ziel des Kapitels ist es, die Sprache in ihrem kommunikativen Funktionieren zu erfassen und argumentativ beschreiben zu können. Es ist der linguistische Ansatz, der die Funktion und deren Bedingungen lediglich beschreibt („deskriptiv") und nicht, wie es die eher traditionelle Grammatik versteht, in Regeln das „Richtige" normativ vorschreibt („präskriptiv"; vgl. ▷ S. 41 ff.). Es geht hier darum, die Zeichennatur der Sprache zu erfassen und zu analysieren, ob oder inwieweit die gewünschte Information eines „Senders" (S) als verstandene Nachricht bei einem „Empfänger" (E) ankommt. Dafür ist folgendes Wissen notwendig:
- Wissen um die Zeichen, um die Mittel
- Wissen um deren Bedeutung
- Wissen um die Wirkung beim Empfänger.

Durch diese drei Faktoren wird erst eine Kommunikation möglich, also die bewusste Wahrnehmung und deren Reaktion auf Informationselemente.
Die zwei Gedichte am Anfang des Kapitels sind als Einstiegstexte gedacht, die es ermöglichen sollen, das Unterrichtsgespräch auf die Thematik zu lenken.
Das zweite Teilkapitel **(„Bedeuten die Grenzen meiner Sprache die Grenzen meiner Welt?")** beschäftigt sich mit einem Aspekt der umfassenden sprachphilosophischen Thematik, dem „linguistischen Relativitätsprinzip" von Benjamin Lee Whorf und seiner Kritik durch Dieter E. Zimmer auf dem Erkenntnisstand der heutigen Forschung.

Literaturhinweise

Karl Bühler: Sprachtheorie. Die Darstellungsfunktion der Sprache. Stuttgart 1982 (ungekürzter Neudruck der Ausgabe von 1934)

Eugenio Coseriu: Geschichte der Sprachphilosophie von der Antike bis zur Gegenwart. Stuttgart 1969

Charles William Morris: Grundlagen der Zeichentheorie. Ästhetik und Zeichentheorie. München 1972

Ferdinand de Saussure: Grundfragen der allgemeinen Sprachwissenschaft. Berlin 1967

Helmut Seiffert: Einführung in die Wissenschaftstheorie. Sprachanalyse, Deduktion, Induktion in Natur- und Sozialwissenschaften. Bd. 1. München 1983

Sprache und Bewusstsein. Der Deutschunterricht, Heft 4/1994

Harald Weinrich: Linguistik der Lüge. Heidelberg ^{5}1974

Ders.: Wege der Sprachkultur. München 1985

Benjamin Lee Whorf: Sprache – Denken – Wirklichkeit. Beiträge zur Metalinguistik und Sprachphilosophie. Reinbek 1963

Dieter E. Zimmer: So kommt der Mensch zur Sprache. München 1986

Texte/Gegenstände	Intentionen
S. 507 **1.1 Der Zeichencharakter der Sprache** – *Günther Anders:* Der Löwe – *Erich Fried:* Definition – Ferdinand des Saussures Theorie des sprachlichen Zeichens – *Peter Bichsel:* Ein Tisch ist ein Tisch – *Helmut Seiffert:* Die Dreidimensionalität des sprachlichen Zeichens – *Ludwig Wittgenstein:* Spiele – Versuch einer Definition	– den Zusammenhang von Sprache und Bedeutung in Alltagssituationen und Texten untersuchen und reflektieren – grundlegende Einsichten in die Struktur der Sprache gewinnen – den Zeichencharakter der Sprache erfassen; dabei die konstitutive Funktion von Ausdrucks- und Inhaltsseite sowie von Arbitrarität und Konventionalität erkennen – drei Dimensionen des sprachlichen Zeichens unterscheiden: Syntax, Semantik und Pragmatik – Wittgensteins Begriff des „Sprachspiels“ als Erklärungsmodell für die Konstitution von Bedeutung im jeweiligen Gebrauch der Sprache verstehen
S. 512 **3.2 Bedeuten die Grenzen meiner Sprache die Grenzen meiner Welt?** – *Benjamin Lee Whorf:* Das „linguistische Relativitätsprinzip“ – *Dieter E. Zimmer:* Wiedersehen mit Whorf – *Steven Pinker:* Der Sprachinstinkt	– die Reflexion des Verhältnisses von Sprache, Denken, Wirklichkeit als „Schnittstelle“ verschiedener wissenschaftlicher Disziplinen, z. B. Sprachwissenschaft und Philosophie verstehen – das Pro und Kontra der unterschiedlichen Positionen zum Verhältnis von Sprache und Denken erörtern und ein fächerverbindendes Verfahren beispielhaft überprüfen

3.1 Der Zeichencharakter der Sprache

▷ S. 507 *Günther Anders:* **Der Löwe** (1966)
▷ S. 507 *Erich Fried:* **Definition** (1964)

▷ S. 507 1. b) Die Pointe des Gedichts von **Günther Anders** liegt im Dialog zwischen der Mücke und der Henne, wo deutlich wird, dass beide jeweils in ihren eigenen, vertrauten Kommunikationsweisen befangen sind. Fremdartiges, Neues (hier: das Brüllen des Löwen) können sie nur als seltsames Extrem ihrer je eigenen Ausdrucksformen „verstehen“: die Mücke als „komisches Summen“ und die Henne als „komisches Gackern“.

Anders wirft damit ironisch die Frage auf: Was heißt „verstehen“? Seine ironisch-provokative Antwort lautet: „Verstehen“ ist „nur“ der mehr oder weniger hilflose Versuch, das Fremde, Andersartige (hier: das Brüllen des Löwen) in den eigenen Verstehens- und Lebenshorizont einzugliedern, zu assimilieren (hier: komisches Summen bzw. Gackern). Diese Art des „Verstehens“ reduziert zwar die Komplexität der Welt, sie offenbart aber auch die „Befangenheit“ in der eigenen Lebenswelt, denn sie verfehlt das Fremde in seiner Anders- und Eigenartigkeit.

Möglich ist hier der Übergang zu Whorfs „linguistischem Relativitätsprinzip“ (▷ S. 513 f.) oder zu Wittgensteins Theorie der Sprachspiele (▷ S. 511 f.) mit der Diskussion über folgenden Satz Wittgensteins: „‚So sagst du also, dass die Übereinstimmung der Menschen entscheide, was richtig und was falsch ist?‘ – Richtig und falsch ist, was Menschen sagen: Und in der Sprache stimmen die Menschen überein. Dies ist keine Übereinstimmung der Meinungen, sondern der Lebensform.“ (*L. Wittgenstein:* Philosophische Untersuchungen, Nr. 241).

Die Pointe des Gedichts von **Erich Fried** besteht darin, dass der beliebige („ein“) Hund, von dem zunächst die Rede ist, sich abschließend als Mensch herausstellt. Auf den ersten Blick scheint diese Definition des Menschen als (sich seiner selbst, seines Todes bewusster) Hund paradox, ihre Berechtigung hat sie aber in der metaphorischen Bezeichnung des Menschen z. B. als „armer Hund“.

2. a) Alltagsbeispiele, in denen Wörter/Sätze nicht eindeutig zugeordnet sind:
   - „Schau dir den armen Hund dort an.“
   - „Bei einem solchen Hundswetter geht kein Schwein vor die Tür.“
   - „Dieser Schweinefraß ist ungenießbar.“
   - „Das Unternehmen beabsichtigt bezüglich der Beschäftigten einen Aderlass.“
   - „Nach der geplatzten Verabredung war das ganze Wochenende verdorben.“

▷ S. 508 **Ferdinand de Saussures Theorie des sprachlichen Zeichens**
▷ S. 508 *Peter Bichsel:* **Ein Tisch ist ein Tisch** (1969)

Die Erarbeitung der Problematik kann anhand folgender Quelle vertieft werden:

Ferdinand de Saussure über die Unveränderlichkeit des Zeichens

Wenn die Bezeichnung hinsichtlich der Vorstellung, die sie vertrieft, als frei gewählt erscheint, so ist sie dagegen in Beziehung auf die Sprachgemeinschaft, in der sie gebraucht wird, nicht frei, sondern ihr auferlegt. Die Masse der Sprachgenossen wird in der Wahl der Bezeichnung nicht zu Rate gezogen und die von der Sprache gewählte Bezeichnung könnte nicht durch eine andere ersetzt werden. Dieser Sachverhalt scheint einen Widerspruch zu enthalten und es ist daher, als ob zu der Sprache gesagt würde: „Wähle!“ – sogleich aber beigefügt: „Dies Zeichen soll es sein und kein anderes.“ Nicht nur ein Individuum wäre außerstande, wenn es wollte, die vollzogene Wahl nur im Geringsten zu ändern, sondern auch die Masse selbst kann keine Herrschaft nur über ein einziges Wort ausüben; sie ist gebunden an die Sprache, so wie sie ist. Man kann die Sprache also nicht einfach für einen bloßen Kontrakt halten und es ist besonders lehrreich, das sprachliche Zeichen gerade von dieser Seite aus zu untersuchen; denn wenn man beweisen will, dass ein in einer sozialen Gemeinschaft geltendes Gesetz etwas Feststehendes ist, dem man wirklich unterworfen ist, und nicht nur eine freiwillig übernommene Regel darstellt, so bietet die Sprache das allerüberzeugendste Beweisstück dafür.

(Ferdinand de Saussure: Grundfragen der allgemeinen Sprachwissenschaft. Walter de Gruyter, Berlin, 1967, S. 83)

Der Prozess der Kommunikation kann durch die Erarbeitung und die anschließende Besprechung eines **„Kommunikationsmodells“** verständlich gemacht werden.
Methodisch ist die schrittweise Entwicklung der einzelnen Elemente des Modells in einem fragend-entwickelnden Unterrichtsgespräch möglich. Die Elemente können dann entweder modellhaft als Tafelanschrieb angeordnet werden oder als Begriffssammlung an der Tafel entstehen, die die Schüler/innen anschließend in Gruppenarbeit, z. B. in Meta-Plan-Technik, selbst in einem ihnen sinnvoll erscheinenden Modell entwickeln:

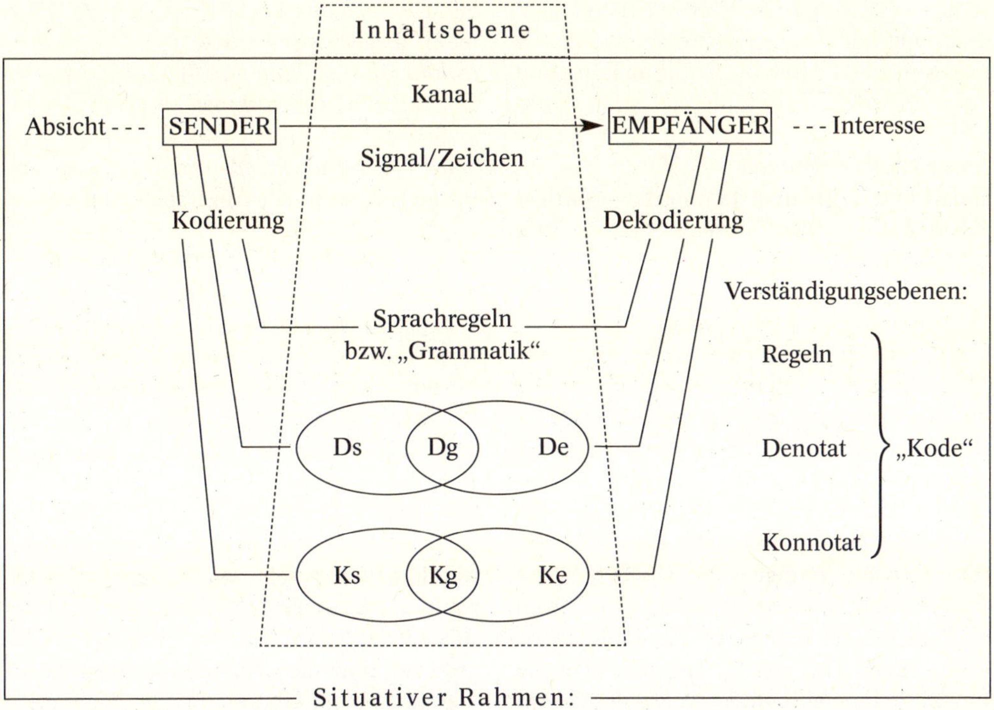

- Redekonstellation (situativ, psychologisch)
- soziale Normen
- kulturhistorische Bedingungen (bei historischen Texten)
  = Beziehungsebene

(Denotat: wertungsfreie Bezeichnung, z. B.: „Hund“
Konnotat: Bezeichnung mit immanenter Wertung, z. B.: „Köter“)

Weiterführende Literaturhinweise:
Eine knappe und für philosophische Laien verständliche Einführung in die Sprachphilosophie findet sich in der *Enzyklopädie der Philosophie.* Von der Antike bis zur Gegenwart. Hg. v. Michael Elser u. a. Weltbild Verlag, Augsburg 1992, S. 308 f. (Lizenzausgabe).
Komplexere Einführungen in die Problematik sind *Jerold J. Katz:* Philosophie der Sprache. Suhrkamp, Frankfurt/M. 1970 und *Erhard Albrecht:* Sprachphilosophie. Deutscher Verlag der Wissenschaften, Berlin 1991.
Speziell zur Problematik „Sprache – Denken – Wirklichkeit" ist *Adam Schaff:* Einführung in die Semantik. Europäische Verlagsanstalt, Frankfurt/M. – Wien 1969, S. 294–321 („Sprache und Wirklichkeit").

Texte zur Vertiefung:

Silvio Blatter
Love Me Tender

Er hatte Frau und Kind, lebte in einer kleinen Wohnung, bald in einer größeren, schließlich im eigenen Haus. Er hatte Erfolg im Beruf und verdiente viel Geld. Er fühlte sich stark, Angst kannte er nicht, und wenn er etwas hasste, dann Tränen. Da geschah es, dass seine Frau anfing, eine andere Sprache zu sprechen, und einmal verstand er tatsächlich kein Wort mehr, als sie mit ihm redete.
(Silvio Blatter: Love Me Tender. Erzählungen. Suhrkamp, Frankfurt/M. 1980)

Bianca von der Weiden
Nachrichten aus dem Jammertal. Political Correctness – Wie Sprache die Realität schönfärbt

Man stelle sich folgende Situation vor: In einem der nicht mehr ganz so erfolgreichen süddeutschen Großunternehmen trifft sich das Management zur Konferenz. Die Herren haben über dringliche Themen zu beraten. Es geht um – Zitat aus der Tischvorlage – „zeitgemäße notwendige personalpolitische Anpassungen, die zu Freisetzungen der Mitarbeiter/innen führen, denen die Möglichkeit zu einer Neuorientierung gegeben wird." Nach intensiver mehrstündiger Diskussion wird der Presse mitgeteilt, dass in einigen Fällen die Betriebsleitung erfreulicherweise den Weg in den Vorruhestand ebnen konnte. Was ist geschehen?
Im Klartext ging es bei der Sitzung um Stellenstreichungen aufgrund neuer Rationalisierungsmöglichkeiten, die zu Kündigungen führen; man könnte bei eigener Betroffenheit auch „Rausschmiss" sagen. Die „Neuorientierung" dürfte sich für die meisten eher als problematische bis aussichtslose Suche nach einem anderen Job gestalten. Und im Ergebnis wälzt die Vorruhestandsregelung die betrieblichen Kosten auf die Allgemeinheit der Steuerzahler ab.
Was ist geschehen? Neue Wörter benennen altbekannte Tatsachen, Unerfreuliches wird schöngeredet, Unpassendes verschwiegen. Die Zauberformel für derartige Sprachregelungen lautet „Political Correctness"; kurz PC, was man übersetzen könnte mit „politisch/öffentlicher Korrektheit". Mit einer Sprache, die frei von Begriffen der Diskrimierung und Diffamierung ist, soll die Wirklichkeit zum Positiven verändert werden, sollen Minderheiten geschützt werden. Was aber, wenn diese bereinigte Sprache gar nicht der Realität entspricht?
„Wo die Alten nicht mehr alt heißen, die Armen nicht mehr arm, die Blinden nicht mehr blind, da beginnt nicht das Paradies, sondern Meinungszwang und Selbsttäuschung. Was Schein ist und was Wirklichkeit, wer mag da noch unterscheiden?" Das fragt etwa der Historiker Michael Stürmer. Mit dieser kritischen Sicht von Political Correctness steht er nicht allen. Der Jounalist und Autor Klaus J. Groth übertitelt sein aktuelles PC-Buch gar mit „Die Diktatur des Guten". Mit Meinungsterror und einem einseitig erklärten Tugendkanon wür-

den Minderheiten über die Mehrheit herrschen, im Namen des vorgeblich Guten mit Anspruch auf Alleingüte. „Political Correctness bedient sich des von ihr erzeugten schlechten Gewissens, um Forderungen durchzusetzen, um nicht konforme Ansichten zum Schweigen zu bringen", urteilt Groth. Allzu eng gezogen werde inzwischen die Grenze der Meinungsfreiheit, der Zwang von PC sei längst im deutschen Alltag angekommen.

Wie nahezu alles, was mit Zeitgeist zu tun hat, stammt Political Correctness aus den Vereinigten Staaten. Linke Intellektuelle machen sich seit einigen Jahren daran, die Alltagssprache politisch korrekt umzuformulieren. Die „Neger" von einst wurden über die Zwischenstufen von „Farbigen" und „Schwarzen" zu „Afro-Americans" oder „African-Americans". Ob sich damit gesellschaftliche Benachteiligungen vermindern lassen, darf bezweifelt werden. Das heißt, politisch korrekt ist dieser Zweifel nicht: Heißt Kritik an der Wortakrobatik nicht zugleich Kritik am PC-Anspruch des positiven Veränderns?

„Wenn man einen Begriff prägt, der nicht mit der Wirklichkeit übereinstimmt, wird er sich schnell abnutzen und zum Klischee degenerieren." Der amerikanische Kunst- und Kulturkritiker Robert Hughes ist einer der vehementesten PC-Gegner überhaupt. In seiner Schrift „Nachrichten aus dem Jammertal" – auf deutsch unter dem Titel „Political Correctness oder Die Kunst, sich selbst das Denken zu verbieten" erhältlich – setzt er sich unbarmherzig mit den dogmatischen Sprachregeln der US-Linken auseinander. „Sie hat sich an den Universitäten verschanzt und will von dort aus die Welt verändern, indem sie freundliche neue Begriffe für unfreundliche alte Tatsachen erfindet."

In einem „Spiegel"-Interview war kürzlich ein harmloses, aber bezeichnendes Beispiel nachzulesen: So dürfe man in den USA eine Sekretärin nicht einfach eine Sekretärin nennen, sondern müsse sie zur „Verwaltungsassistentin" erheben. „Die Amerikaner lieben diese Art von Schön-Sprech", so Hughes. Nur die Amerikaner?, fragt man sich an dieser Stelle und denkt an die deutsche Putzfrau bzw. Raumpflegerin, an den Gastarbeiter der Sechziger und den ausländischen Mitbürger der Neunziger, an den Lehrling und den Azubi. „Political Correctness unterscheidet nicht zwischen wahr und falsch, sondern zwischen gut und böse." Das hauptsächlich werfen PC-Gegner den verbalen Tugendwächtern vor.

(Stuttgarter Nachrichten, 27.04.1996)

1. Erklären Sie, was man unter „political correctness" versteht und welche gesellschaftliche Entwicklung dahinter steht.
2. Erörtern Sie – auch an weiteren Beispielen – den Sinn dieser Einstellung.

Mirjam Mohr

BSE als Sprachverderber

Frankfurt/Main – Bei der jüngsten Entscheidung über das Unwort des Jahres haben zwei Quellbereiche der Sprachschöpfung Spitzenplätze belegt: der Jargon der Neonazis und jener der Arbeitgeber.

Als Unwort des Jahres 2000 wurde der Begriff „national befreite Zone" gewählt. Als ebenfalls kritikwürdig sah die Jury den Ausdruck „überkapazitäre Mitarbeiter" an, der Arbeitnehmer sprachlich degradiere.

Das Unwort „national befreite Zone" umschreibe auf zynische Weise Gebiete, aus denen mit terroristischen Übergriffen Ausländer vertrieben würden, erklärte die Jury. Doppelt zynisch daran sei, dass „der Nationalbegriff missbraucht und Terror mit Befreiung gleichgesetzt wird", sagte der Germanistik-Professor Horst Dieter Schlosser als Jury-Sprecher.

Auch die BSE-Krise zeige einen Niederschlag im kritikwürdigen Sprachgebrauch. „Separatorenfleisch" wurde ebenfalls in die Liste der Unwörter aufgenommen, da damit auch Abfall und gesundheitsgefährdendes Material bezeichnet werde.

Seit 1991 ruft die sechsköpfige Jury zu Vorschlägen für das Unwort des Jahres auf. Rund 70 Prozent der diesjährigen 2005 Einsendun-

gen mit 446 Vorschlägen enthielten den Begriff „deutsche Leitkultur“, mit dem Unions-Franktionschef Friedrich Merz für Unruhe gesorgt hatte. Der Begriff sei eine Luftblase mit beliebigen Assoziationsmöglichkeiten und daher kritikwürdig, räumte Schlosser ein.
Ziel der Aktion ist es, sprachliche Missgriffe ins öffentliche Bewusstsein zu bringen, die sachlich grob unangemessen sind und möglicherweise sogar die Menschenwürde verletzen. Dies sah die Jury beim Begriff „national befreite Zonen“ als gegeben an. Verwendet werde er im Osten seit einigen Jahren, erklärte Schlosser.
Die Kritik der Jury erregte auch der Slogan „Dreck weg!“. Damit hatte die CDU Darmstadt auf ihrer Homepage zum Kommunalwahlkampf neben Hygiene- auch Abwehrmaßnahmen gegen Menschengruppen wie Straftäter gekennzeichnet.
Eine Degradierung sahen die Sprachkritiker auch in dem Ausdruck „überkapazitäre Mitarbeiter“. Damit habe ein Schweizer Unternehmen zu entlassende Arbeitnehmer bezeichnet. In der Vergangenheit waren bereits „schlanke Produktion“, „Outsourcing“ und „sozialverträglicher Arbeitsplatzabbau“ als Unwörter identifiziert worden.

(Stuttgarter Nachrichten, 24.01.2001)

▷ S. 510 *Helmut Seiffert:* **Die Dreidimensionalität des sprachlichen Zeichens** (1983)

▷ S. 511

1. Betrachtet man die semantische Zeichendimension des Wortes „Mist“ in beiden Sätzen, so ergibt sich, dass es sich im ersten Fall um die Ursprungsbedeutung des Wortes (= tierische Ausscheidungen, evtl. mit Stroh etc. gemischt) handeln muss. Hier liegt die beschreibende Darstellung eines Sachverhaltes vor. Der zweite Satz dagegen ist offensichtlich als Aufforderung an einen Menschen adressiert (s. Ausrufezeichen). Der pragmatische Zusammenhang macht also klar, dass die eigentliche Bedeutung (tierische Ausscheidungen) nicht gemeint sein kann. Es findet eine semantische Veränderung, in diesem Fall eine Metaphorisierung statt: „Mist“ heißt jetzt so viel wie „Unsinn“ oder „törichtes Handeln“. Der unterschiedliche pragmatische Zusammenhang, in dem das Wort „Mist“ in den beiden Sätzen steht, führt also zu verschiedenen semantischen Festlegungen (Bedeutungen). Dieses Funktionieren der Sprache setzt voraus, dass die Wörter beider Sätze aufeinander verweisen, also syntaktisch miteinander verbunden sind.

▷ S. 511 *Ludwig Wittgenstein:* **Spiele – Versuch einer Definition** (1945)

Der in Wien geborene Philosoph Ludwig Wittgenstein (1889–1951) hat, nicht zuletzt wegen seiner Lehrtätigkeit in Cambridge 1939–1947, besonders die angelsächsische Philosophie beeinflusst („Analytische Philosophie“ angelsächsischer Prägung und „ordinary language philosophy“). Er hat zwei unterschiedliche philosophische Ansätze entwickelt:
- früher Ansatz im Anschluss an Russell und Frege: „Tractatus logico-philosophicus“ (1921)
- später Ansatz in „Philosophische Untersuchungen“ (1953, zwei Jahre nach seinem Tod erschienen), wo er im Vorwort rückblickend auf sein Frühwerk von „schweren Irrtümern“ spricht.

Im Schülerband wird die Theorie der Sprachspiele des späten Wittgenstein („Philosophische Untersuchungen“) vorgestellt.

1. Mögliche **Strukturskizze:** ▷ S. 512

	unterhaltend	*Konkurrenz der Spieler*	*Gewinner/ Verlierer*	*Geschicklichkeit/ Können des Spielers*	*Glück*
Brettspiele (z. B. Schach, Mühle)					
Kartenspiele (z. B. Skat, Patience = Kartenspiel, das man allein spielt)					
Ballspiele (z. B. ein Mädchen wirft allein einen Ball gegen die Wand und fängt ihn)	✗	✗	✗	✗	✗
Kampfspiele (z. B. Fußball)					

2. a) Gedacht ist hier z. B. an eine ernsthafte Lebenssituation für einen Menschen, an deren Ende der andere Mensch sagt: „Das war doch nur ein Spiel."
   Arbeitsauftrag an die Schüler/innen: Beschreiben Sie eine solche Situation und deren Folgen.
   b) Zu denken ist an Sätze wie „Das hast du aber schön gemacht" (evtl. ironisch gemeint) und „Da habe ich wirklich Glück gehabt."
   Arbeitsauftrag an die Schüler/innen: Beschreiben Sie eine solche Situation.
   c) Für die Fachsprache wissenschaftlicher Texte ist Wittgensteins „spielerische" Sprachauffassung wenig geeignet, da im wissenschaftlichen „Sprachspiel" die Begriffe mehr oder weniger streng definiert sind. Trotzdem werden auch hier neue Begriffe „ins Spiel gebracht", z. B. in der Physik Einsteins „gekrümmtes Raum-Zeit-Kontinuum" oder in der Philosophie Heideggers „In-die-Welt-geworfen-Sein".

3.2 Bedeuten die Grenzen meiner Sprache die Grenzen meiner Welt?

Benjamin Lee Whorf: **Das „linguistische Relativitätsprinzip"** (um 1940) ▷ S. 513

1. Das linguistische System (die Grammatik) jeder Sprache ist „nicht nur ein reproduktives Instrument zum Ausdruck von Gedanken", sondern es formt „vielmehr selbst die Gedanken", es ist „Schema und Anleitung für die geistige Aktivität des Individuums ..., für die Analyse seiner Eindrücke und für die Synthese dessen, was ihm an Vorstellungen zur Verfügung steht. Die Formulierung von Gedanken ist ... beeinflusst von der jeweiligen Grammatik ... Wir gliedern die Natur an Linien auf, die uns durch unsere Muttersprachen vorgegeben sind" (Z. 45–59). ▷ S. 514

2. Whorfs linguistisches neues Relativitätsprinzip „besagt, dass nicht alle Beobachter durch die gleichen physikalischen Sachverhalte zu einem gleichen Weltbild geführt werden, es sei denn, ihre linguistischen Hintergründe sind ähnlich oder können in irgendeiner Weise auf einen gemeinsamen Nenner gebracht werden" (Z. 95 ff.).
Diese fachübergreifende Fragestellung kann und sollte in Kooperation mit einem naturwissenschaftlichen Fach diskutiert werden. Sie erweist sich im Zeichen der gegenwärtigen „Globalisierung" als brisant: Gibt es so etwas wie eine gemeinsame „Weltsprache", mit und in der sich alle Sprachgemeinschaften verstehen, oder gibt es so viele unterschiedliche Weltsichten wie es Sprachen gibt?
Insbesondere die Problematik der Übersetzung ist hier wichtig: So gibt es z. B. für das deutsche Wort „Heimat" im Englischen (und in anderen Sprachen?) kein Äquivalent. Wie verdeutlicht also z. B. ein Deutscher im Ausland einem Anderssprachigen den gefühlsbetonten Sachverhalt: „Ich habe Heimweh, ich sehne mich in meine Heimat zurück"?
Schon innerhalb einer Sprachgemeinschaft wird ein Sachverhalt ja recht unterschiedlich erfasst und ausgedrückt:
– Der Erdtrabant Mond ist nachts hell am Himmel zu sehen, weil er von der Sonne angestrahlt wird.
– „Der Mond von einem Wolkenhügel / Sah schläfrig aus dem Duft hervor" (Goethe-Gedicht „Es schlug mein Herz ..."/Willkommen und Abschied).
Somit divergieren die präzise physikalische Fachsprache und die metaphorische poetische Sprache erheblich, denn physikalisch kann der Mond nicht „sehen". Liegt dieser unterschiedlichen Sprechweise innerhalb einer Sprache schon eine unterschiedliche Weltsicht zu Grunde?
Und was bedeutet es, dass „der" („deutsche") Mond im Italienischen „la luna" heißt, also weiblich ist (außer dem wenig erklärungskräftigen Hinweis, dass das grammatische Geschlecht mit dem natürlichen nicht übereinstimmen muss)?
Schon innerhalb Europas fällt ein unterschiedliches Verhältnis zur Zeit auf: Mit dem Sachverhalt „morgen" (der folgende Tag) verbinden viele Deutsche noch die Empfindung „Was du heute kannst besorgen, das verschiebe nicht auf morgen" (= emotionale, semantische Konnotation), während das „mañana" der Spanier oft ein „Das machen wir lieber morgen ... oder später ..." bedeutet.
Den Versuch, in die unserem Kulturkreis völlig fremde Denk- und Lebensweise der mexikanischen Yaqui-Indianer einzuführen, unternimmt der amerikanische Ethnologe und Anthropologe *Carlos Castaneda* (Vorsicht! – kann auch als „esoterische Literatur" gelten; entsprechender Hinweis für die Schüler/innen): Die Lehren des Don Juan. Ein Yaqui-Weg des Wissens. Fischer Taschenbuchverlag, Frankfurt/M. 1973 (TB 1457)

▷ S. 515 *Dieter E. Zimmer:* **Wiedersehen mit Whorf** (1986)

▷ S. 516 1. a) Dieter E. Zimmer beurteilt Whorfs „linguistisches Relativitätsprinzip" differenziert: Herangezogen werden können die Z. 78 ff. und 124 ff. Zur Begründung seiner Thesen s. die Z. 10–26, 45 ff., 101–119.
b) Zum Verhältnis der Sprachen untereinander s. Z. 10 ff., 52–65.
Zur Beziehung zwischen Sprache, Denken und Wirklichkeit s. Z. 5–25.

2. a) Whorf benennt das Problem besonders hinsichtlich der Naturwissenschaften, indem er betont, „dass nicht alle Beobachter durch die gleichen physikalischen Sachverhalte zu einem gleichen Weltbild geführt werden" (▷ S. 514, Z. 95 ff.). Zimmer hingegen sieht das Problem etwas gemäßigter und identifiziert Verständigungsschwierigkeiten als durch „Zufälle der Kulturgeschichte" (Z. 65) geformte „abstrakte Begriffe", die „Bausteine unserer Interpretationen" sind (Z. 56 f.).
Eine Diskussion könnte durch folgende Fragen angeregt werden:
– Welche Probleme ergeben sich, wenn ein von einer „kollektiv-patriarchalischen" Tradition geprägter Chinese mit einem „individualistisch-demokratisch" geprägten Westeuropäer über die Themen „Aufklärung" und „Menschenrechte" diskutiert?

– Stellen Sie sich vor, ein beduinischer Karawanenführer, ein tibetanischer Mönch und ein gestresster amerikanischer Manager diskutieren über das Problem „Ich habe keine Zeit“.

Lernerfolgskontrolle/Klausurvorschlag

Karl Löwith

Der metaphorische Charakter der Sprache

Metaphorisch reden heißt wörtlich: im übertragenen Sinne reden. Der lateinische Terminus für das griechische Wort ist translatio. Die Rede von einer übertragenen Bedeutung setzt als Ausgangspunkt voraus, dass es eine eigentliche, ursprüngliche oder doch gebräuchlicherweise feststehende Grundbedeutung gibt, von der die übertragene abgeleitet ist. In dieser Weise hat schon Aristoteles im 21. Kapitel seiner Poetik die Metapher definiert, um die poetische Bildersprache ihrer logischen Struktur nach aufzuklären. Vergleicht man die abgeleitete Bedeutung mit der ursprünglichen, dann ergibt sich, dass die metaphorische Rede eine Art abgekürztes Gleichnis ist, das sich formal auf die Form „so – wie“ zurückführen lässt. Eine solche Abkürzung ist oft drastisch und witzig. […] Als besonders geistreich und witzig gilt es, wenn man dank einer raschen Auffassungsgabe zwischen weit entfernten, unähnlichen Dingen Ähnlichkeiten und Zusammenhänge entdeckt. Und wenn Verstand, Witz, Scharfsinn darin bestehen, dass man Ähnlichkeiten entdeckt, wo stumpfere Geister nur ganz Verschiedenes sehen, und andererseits Unterschiede bemerkt, wo andere nur Gleiches sehen, dann lebt auch der philosophische Verstand oder Witz nicht zuletzt in der Metapher als einem vergleichenden Unterscheiden entfernter Ähnlichkeiten. Einfache Metaphern, die auf einem solchen mehr oder minder witzigen Vergleich von Unterschiedenem beruhen, sind viele Komposita, z. B. Worte wie Fingerhut, Türflügel, Flaschenhals. Eigentlich ist der Hut etwas, das man auf dem Kopf trägt, im uneigentlich übertragenen Sinn trägt man beim Nähen auf dem Finger gleichsam auch so etwas wie einen Hut. Solche handgreiflichen Metaphern verdeutlichen aber gerade nicht den universalen und fundamentalen Charakter der Sprache als einer metaphorischen Rede. Um bei unserem Beispiel zu bleiben: Ist nicht auch das Verbum „tragen“ eine Metapher? Aber von woher wird diese Bedeutung auf anderes übertragen? Angenommen, „tragen“ bedeute ursprünglich und eigentlich: etwas wie eine Last von einem Ort zu einem andern tragen, wie ist es dann zu verstehen, dass man auch Hüte „trägt“, und zwar gerade dann, wenn man sie nicht irgendwohin oder in der Hand trägt? Und was haben ferner ein Antrag, ein Vortrag, ein Übertrag, Zuträglichkeit und Verträglichkeit mit dem angeblich eigentlichen „tragen“ zu tun und dieses mit dem „übertragen“ im Sinn der Metapher? […] Lassen sich diese ganz verschiedenen Bedeutungen von „tragen“, die sich jeweils aus dem Zusammenhang der Rede bestimmen, als Variationen einer maßgebenden Grundbedeutung fassen? Ist etwa der Fortschritt im Vortrag unseres Gedankenganges nur ein übertragenes, leibhaftig fortschreitendes Gehen? Oder ist ein „düsterer Plan“ nur eine Übertragung der äußerlich sichtbaren Düsterkeit eines Novembertags auf die unsichtbaren inneren Absichten eines Menschen? Oder lassen sich solche Bedeutungen nur deshalb übertragen, weil sie etwas aussagen, das gar nicht auf einen bestimmten Gegenstandsbereich zugeschnitten und festgelegt ist, sondern einen beweglichen Umkreis an Bedeutsamkeit hat, der sich in ganz verschiedener Richtung und an ganz verschiedenen Erscheinungen – „äußeren“ wie „inneren“ – näher bestimmen und erfüllen kann? Das „verwitterte“ Gesicht einer alten Frau ist keine bloße Übertragung von dem Eindruck verwitterten Gesteins, sondern auch ein Gestein erscheint nur deshalb als verwittert, weil sich die Bedeutungssphäre „verwittert" auf sehr Vieles und ganz Verschiedenes bedeutungsmäßig in ähnlicher Weise beziehen kann. [...] Weil das sprachliche Weltverhältnis des Menschen nicht auf das Benennen einzelner Dinge beschränkt ist, lässt sich alles mit allem vergleichen und zueinander in eine wechselseitig erhellende Beziehung setzen. Die Metapher erstreckt sich genau so weit wie die Möglichkeit wechselseitiger Verweisung. Das gegenständlich Fernste und Verschiedenste lässt sich bedeutungsmäßig nahe bringen und miteinander vergleichen, weil das Verschiedenste denselben charakteristischen Eindruck machen kann, sodass im einen das andere anklingt und anspricht. Man kann eine Landschaft mit genau demselben Recht und derselben Richtigkeit „heiter" oder „düster" nennen wie die Gemütsart eines Menschen, und das eine ist nicht subjektiver und innerlicher oder objektiver und äußerlicher als das andere. Der Grund der so genannten Übertragbarkeit beruht darauf, dass Worte kein für sich bestehender Wortschatz sind, der sich auf Worte für Äußeres und Inneres, für Außenwelt und Innenwelt verteilt, sondern der Mensch befindet sich in einem alles umfassenden Weltverhältnis, das sich in verschiedener Richtung artikulieren kann und demzufolge alles mit allem in einem wechselseitigen Verhältnis der Bedeutsamkeit steht, das in den Wortbedeutungen zur Sprache kommt. Wie freilich den Worten von den Dingen und den Dingen von den Worten Bedeutung zuwachsen, ist so rätselhaft wie das Faktum, dass überhaupt alles etwas bedeuten kann. Vorausgesetzt jedoch, dass nichts in der Welt bedeutungslos ist, lässt sich einsehen, weshalb wir uns unmittelbar in übertragener Weise von der Welt her und diese von uns her verstehen. Wir können und müssen uns von der Welt her verstehen, weil wir die Welt auch immer schon von uns her verstehen. Die Vermenschlichung der Welt und die Verweltlichung des Menschen sind nur zwei Seiten ein und desselben Sachverhalts. Dieses prinzipiell doppeldeutige Verhältnis ermöglicht auch in der Sprache die gegenseitige Spiegelung und damit die universale Reichweite der Metapher. Im Prinzip ist darum die extrem metaphorische Sprache, etwa von Jean Paul, nicht mehr metaphorisch als die Alltagssprache und die wissenschaftliche Prosa.

(Karl Löwith: Die Sprache als Vermittler von Mensch und Welt. – In: Gesammelte Abhandlungen. Kohlhammer, Stuttgart 1960, S. 220–223)

1. Analysieren Sie den Argumentationsansatz und die Argumentationsstruktur des vorliegenden Textes und setzen Sie sich anschließend kritisch mit der dort vertretenen Position zur Metaphorik auseinander.

Erwartungshorizont

Verstehensleistung: Die Schüler/innen sollen die wesentlichen Einsichten Löwiths erkennen, so z. B. die analytische Begründung metaphorischer Strukturen auf der Basis der Analogie und des Vergleichs, die Betonung der analogiestiftenden Leistung metaphorischen Sprechens, die Bestimmung des Phänomens aus der Ingeniumtradition, die Kritik an der statischen Katachresenhypothese, den Erklärungsansatz der Vieldeutigkeit, die These von der Totalität und Universalität der Sprache und damit die Rückführung des Bedeutungsproblems und der Leistung der Sprache auf metaphorische Funktionen im Sinne der Sprache-Weltbild-Hypothese. Die Schüler/innen sollen die Argumentationsstruktur im Hinblick auf leitende Thesen und Hypothesen, wesentliche Prämissen (etwa: Substitutionsannahme, Sprache als wirkende Kraft) und Schlüssigkeit der Argumente analysieren.

Argumentations- und Darstellungsleistung: Die Schüler/innen sollen die Auffassung Löwiths im Hinblick auf Stringenz, Plausibilität und sprachtheoretische Konsequenzen erörtern; sie sollen unter Berücksichtigung sprachwissenschaftlicher Erklärungsansätze zur Metaphorik (z. B. semantische oder pragmatische Metapherntheorie) strittige Fragen der Löwith'schen Metaphorologie aufgreifen und argumentative Lösungen anstreben (etwa: Reduktion des metaphorischen Bewusstseins und des Überraschungseffekts der metaphorischen Spannung bei der Substitutionsprämisse; die sprachpsychologisch fragwürdige Ableitung der Metapher aus dem Vergleich; die Notwendigkeit einer differenzierten pragmatischen Bestimmung des Phänomens; Abhängigkeit der metaphorischen Intention von der Textart und Situation; Unterscheidung von alltäglicher und poetischer Sprache; Problematik der Totalitätsthese). Zu erwarten ist eine stringente Gliederung in einen analytischen und argumentativen Teil, eine plausible Argumentationsführung, die eine Klärung der Problemstellung anstrebt. Die Beurteilung der Position des Autors sollte aus einer klar akzentuierten Argumentation, die auch die eigene Position genau bestimmt, hervorgehen.

4 Sprache und Entwicklung

Konzeption des Kapitels

Jede Sprache ist ein historisches Produkt, das in seiner Entwicklung ständig Einflüssen und damit Veränderungen ausgesetzt war und ist. In Ansätzen sollen hier den Schülerinnen und Schülern Einblicke gewährt werden in die vielfältige Geschichte der deutschen Sprache.
Im ersten Teilkapitel (**„Sprachgeschichte“**) werden die zwei wichtigsten Schritte der Herausbildung der deutschen Sprache während der indogermanischen (bzw. indoeuropäischen) und der germanischen Phase angesprochen, und zwar mit dem Schwerpunkt semantischer Entwicklungen. Dieser Ansatz wird soziolinguistische Methode genannt. Dabei werden Zusammenhänge zwischen dem Bezeichnenden (Wort) und dem Bezeichneten (Ding, Sache, Vorgang, Wert) herausgestellt, so dass aus dem Bestand der Sprache zu einem bestimmten Zeitpunkt auf den jeweiligen Kulturstand (Lebensumstände, Stand der Technik, Werteordnung) geschlossen werden kann. Hierbei lassen sich dann auch kulturelle Entwicklungen und Einflüsse ablesen. Zudem werden die zentralen sprachgeschichtlichen Begriffe „Bedeutungswandel“ und „Lautwandel“ an Beispielen erklärt.
Anschließend steht die entscheidende Phase der Herausbildung der neuhochdeutschen Sprache während des 16. Jahrhunderts im Mittelpunkt, als Luthers Bibelübersetzung eine allgemein anerkannte Norm schuf und der Buchdruck zur Verbreitung, aber auch zur Festschreibung dieser als vorbildlich erachteten Sprache beitrug – ein Prozess, der im 18. Jahrhundert einen neuen, wissenschaftlich begründeten Ansatz erfuhr.
Dass sprachlicher Bestand und die vielfachen Einflüsse auf und durch die Sprache ein Spannungsverhältnis zwischen Sprache und Norm schaffen, wird im zweiten Teilkapitel (**„Sprache und Norm“**) beispielhaft dargestellt. Hier werden politische und gesellschaftliche Einflüsse und Auswirkungen von geschichtlich näher oder nahe liegenden sprachlichen Entwicklungen behandelt.

Literaturhinweise

zu 4.1:
Hans Eggers: Deutsche Sprachgeschichte. 2 Bde. Rowohlt, Reinbek 1986

Peter von Polenz: Geschichte der deutschen Sprache. Walter de Gruyter, Berlin 1970

Harald Weinrich: Wege der Sprachkultur. dtv, München 1988

Gerhart Wolff: Deutsche Sprachgeschichte. Athenäum, Frankfurt/M. 1986

zu 4.2.1:
Victor Klemperer: Lingua Tertii Imperii. Notizbuch eines Philologen. Reclam, Leipzig 1996

Nationalsozialismus und deutsche Sprache. Arbeitsmaterialien zum deutschen Sprachgebrauch während der nationalsozialistischen Herrschaft. Hg. v. Michael Kinne. Moritz Diesterweg, Frankfurt/M. – Berlin – München o. J.

Uwe Pörksen: Die totale Entwicklung. Zur Sprache der Kriegsberichterstattung. – In: Sprachreport. Informationen und Meinungen zur deutschen Sprache. Hg. v. Institut für deutsche Sprache, Heft 2/1991, S. 6ff.

zu 4.2.2:
Wolfgang Bechert/Wolfgang Wildgen: Einführung in die Sprachkontaktforschung. Wissenschaftliche Buchgesellschaft, Darmstadt 1991

Lisa Böcker: Sprache im Gebrauch. Vielfalt und Normierung. Cornelsen, Berlin 2001 (= Reihe „Kursthemen Deutsch")

Computer und Deutschunterricht. Praxis Deutsch, Heft 128/1994

Günther Drosdowski: Veränderungen in der deutschen Gegenwartssprache – Wandel oder Verfall? – In: Politische Studien, Heft 351/1997

dtv-Atlas zur deutschen Sprache. dtv, München 1994

Englisch – Deutsch. Praxis Deutsch, Heft 58/1983

Fischer Lexikon Sprachen. Fischer Taschenbuch Verlag, Frankfurt/M. 1987

Fremdheit in der Muttersprache. Der Deutschunterricht, Heft 6/1997

Helmut Glück/Wolfgang Werner Sauer: Gegenwartsdeutsch. Metzler, Stuttgart/Weimar ²1997

Internationalismen. Der Deutschunterricht, Heft 3/1999

Internet. Praxis Deutsch, Heft 158/1999

Willy Sanders: Sprachkritikastereien und was der „Fachler" dazu sagt. Wissenschaftliche Buchgesellschaft, Darmstadt, 1992

Eike Schönfeld: alles easy. Ein Wörterbuch des Neudeutschen. Beck'sche Reihe, München 1995

Dieter E. Zimmer: Deutsch und anders – die Sprache im Modernisierungsfieber. Rowohlt, Reinbek 1998

zu 4.2.3:
Ulrich Beck/Elisabeth Beck-Gernsheim: Das ganz normale Chaos der Liebe. Suhrkamp, Frankfurt/M. 1990

Heinrich Biermann/Bernd Schurf: Frauensprache und Frauenliteratur im Deutschunterricht. – In: Mitteilungen des Deutschen Germanistenverbandes, Heft 3/1992, S. 46–53

Differenzen – diesseits und jenseits von Geschlechterfixierungen. Der Deutschunterricht, Heft 1/1996

Differenzen: weiblich – männlich? Praxis Deutsch, Heft 143/1997

Geschlechterdifferenz und Deutschunterricht. Diskussion Deutsch, Heft 136/1994

Deborah Tannen: Andere Worte, andere Welten. Kommunikation zwischen Frauen und Männern. Campus, Frankfurt/M. – New York 1997

Senta Trömel-Plötz: Frauensprache – Sprache der Veränderung. Fischer Taschenbuchverlag, Frankfurt/M. 1982

Texte/Gegenstände	Intentionen
▷ **S. 518** **4.1 Sprachgeschichte** ▷ **S. 518** **4.1.1 Die Entstehung des Deutschen** – *Fritz Tschirch:* Das Indogermanische – *Wilhelm Schmidt:* Das Germanische ▷ S. 522 Bedeutungswandel ▷ S. 523 Lautwandel	– die Anfänge der deutschen Sprache in Ansätzen kennen lernen – Zusammenhänge zwischen Sprache und gesellschaftlichem Entwicklungsstand erkennen – sprachgeschichtliche Gesetzmäßigkeiten erkennen
▷ **S. 527** **4.1.2 Die Entwicklung des Hochdeutschen** – *Peter von Polenz:* Wirkungen des Buchdrucks – Luther und die Reformation – *Peter von Polenz:* Zur Entwicklung des Hochdeutschen seit dem 18. Jahrhundert	– Veränderungsprozesse beispielhaft nachvollziehen – Einflüsse der Neuzeit beurteilen lernen
▷ **S. 530** **4.2 Sprache und Norm** ▷ **S. 530** **4.2.1 Sprachlenkung im Nationalsozialismus** – *Wolfgang Bergsdorf:* Sprachlenkung im Nationalsozialismus	– an der politischen und gesellschaftlichen Diskussion über den Zusammenhang zwischen Sprache, Politik und Gesellschaft teilnehmen können
▷ **S. 533** **4.2.2 Anglizismen in der Gegenwartssprache** ▷ S. 533 Anglizismen im Alltag und in Fachsprachen – Das Anuga-Wörterbuch – „Wer deutsch spricht, riskiert Arbeitsplatz“ – Ärgerliche Anglizismen – *Dieter E. Zimmer:* Von Deutsch keine Rede – *Roland Kaehlbrandt:* Die verkannte Muttersprache – *Arnulf Deppermann:* Anglizismen in Skatermagazinen ▷ S. 542 Projekt: Gegenwartssprache	– den Sprachkontakt zwischen dem Deutschen und dem Englischen kritisch betrachten – die Übernahme von Wörtern englischen Ursprungs ins Deutsche nachvollziehen – die Verwendung von Anglizismen in verschiedenen Lebensbereichen untersuchen – das gesellschaftliche Konfliktpotential erkennen, das ein verstärkter Gebrauch von Anglizismen mit sich bringt – sprachpuristische Reaktionen auf die Zunahme von Anglizismen historisch einordnen – den öffentlichen Meinungsstreit um die Verwendung des Englischen in der Wissenschaft nachvollziehen und einen begründeten Standpunkt einnehmen – die häufig emotional und unsachlich geführte Diskussion über Fremdeinflüsse versachlichen – Jugendlichen ihren Anteil an der Entwicklung der Sprache bewusst machen

. 543	**4.2.3 Sprachliche Varietäten: Männersprache – Frauensprache**	
. 543	Geschlechtsspezifisches Gesprächsverhalten – *Deborah Tannen:* Warum Männer und Frauen aneinander vorbeireden – *Senta Trömel-Plötz:* Gesprächsstrategien von Frauen und Männern – *Deborah Tannen:* Andere Worte, andere Welten – *Deborah Tannen:* Verständnis ist alles	– Differenzierung der sprachlichen Kompetenz im Hinblick auf die Reflexion der sprachlichen Diskriminierung der Frau sowie Förderung der Bereitschaft, political correctness zu praktizieren – Bestimmung unterschiedlicher Positionen der Genderlinguistik und der Kommunikationsforschung – Einsicht gewinnen in den komplexen Zusammenhang zwischen sprachlichen bzw. kommunikativen Varietäten und kulturellen Mustern
S. 545	Sexistischer Sprachgebrauch – *Senta Trömel-Plötz u. a.:* Richtlinien zur Vermeidung sexistischen Sprachgebrauchs – Empfehlungen zur Gleichstellung der Frau bei amtlicher Wortwahl	– Abbau einseitig geschlechtsspezifischer Kommunikationsstile und Förderung partnerschaftlichen Interaktionsverhaltens – Fähigkeit, den Stand des Emanzipationsprozesses aus gegenwärtiger und historischer Perspektive zu bestimmen
S. 549	Projektvorschlag: Schreiben Frauen anders? – *Irmtraud Morgner:* Leben und Abenteuer der Trobadora Beatriz nach Zeugnissen ihrer Spielfrau Laura	– Sensibilisierung für eine weibliche Ästhetik und Erkennen feministischer und viristischer Tendenzen in der Literatur

4.1 Sprachgeschichte

4.1.1 Die Entstehung des Deutschen

▷ S. 518 *Fritz Tschirch:* **Das Indogermanische** (1971)
▷ S. 520 *Wilhelm Schmidt:* **Das Germanische** (1969)

Als Übersicht über die wichtigsten ide. Sprachen eignet sich ein **Folienbild**:

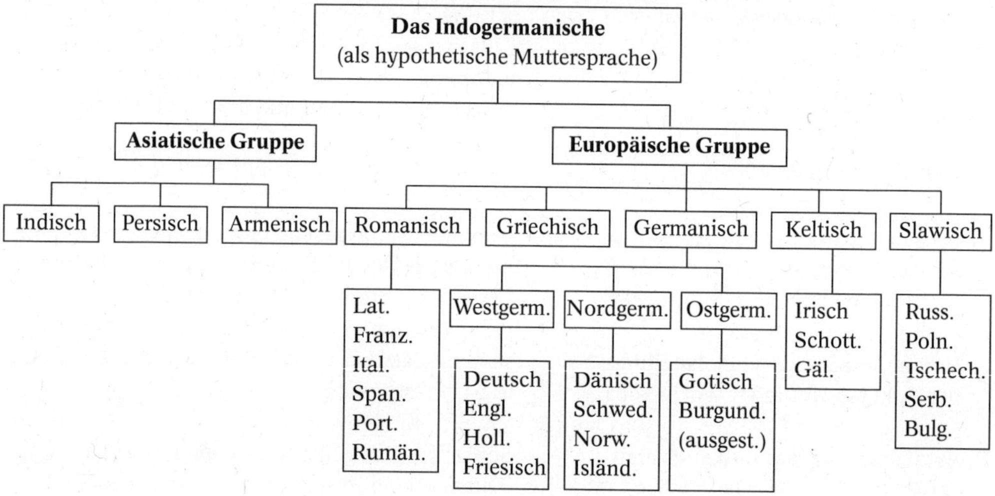

Nicht ide. Ursprungs sind: Das Finnische, das Ungarische, das Türkische und das Baskische.

Weiteres mögliches **Tafelbild**:

Die Wurzeln des Deutschen: Das Indoeuropäische bzw. -germanische

Methode: Wortgleichungen der ide. „Tochtersprachen" lassen auf eine „Muttersprache" schließen.

→ *Hypothese:* Es gibt eine ide. Ursprache (um 3000 v.u.Z.)

Urvolk? Urheimat? Kultur?	} Fragen der Sprachgeschichtsforschung und der Archäologie

→ *Ausbreitungstheorien:*

a) Wellentheorie: Abwanderungen und allmähliche Ausgliederung der Einzelsprachen

b) Substrattheorie: Im Kontakt mit anderen Völkern übernahmen diese z. T. deren Sprache, sprachen das Ide. aber mit ihrem Dialekt aus und veränderten es dabei.
Bsp.: „Französisch ist Latein in fränkischem Munde."

1. Beleg für die Annahme einer idg. Sprache als „Muttersprache" der betreffenden Sprachfamilie: sog. Wortgleichungen, d. h. phonetische Ähnlichkeiten bei Wörtern, die dasselbe bedeuten. Beispiel aus dem Text: das Zahlwort „drei". Folgerung: Sprachen, in denen solche Wortgleichungen für bedeutende Begriffe aufgestellt werden können, sind miteinander verwandt. ▷ S. 522
Der Kulturstand unserer **idg. (auch ide.) Vorfahren** war der von Viehzucht und Weidewirtschaft. Belegt wird das durch die vorliegenden Wortgleichungen für Haustiere und deren Nutzung: Vieh, Au (Schaft), Kuh, Stier, melken, sieden, Joch, Wolle, Mark, Butter, ... – Eine west-idg. Gruppe muss sich später abgespalten haben, denn nur bei ihnen (Griechen, Römer, Kelten, Slawen, Balten) kommen Begriffe einer schon weiterentwickelten Landwirtschaft vor, wie Korn, Roggen, Gerste, Grütze, Mehl, säen, ... – Die noch späteren Germanen entwickeln die Landwirtschaft weiter, denn deren verwandte Sprachen weisen Wortgleichungen auf, z. B. für Hafer, dreschen, Darre, Tenne, Sense, Spaten, ...

Kulturhistorische Indizien: (Methode: gemeinsame Begriffe ⇒ Sache = Kulturstufe)

Bspe.:	Gemein-Ide.:	Vieh, Kuh, Stier, Ziege, Schwein, Pferd, Herde, melken, Butter, Fleisch etc. ⇒ weist auf Weidewirtschaft und Viehzucht hin ⇒ offene Steppe, Grasland
	nur West-Ide.:	Korn, Roggen, Gerste, Hirse Mehl, Frucht, Halm, säen etc. ⇒ zeitlich später: Einführung der Feldwirtschaft
	nur Germ.:	Hafer, dreschen, Darre, Tenne, Sense, Spaten etc. ⇒ noch später: fortschrittliche Feldwirtschaft

Vergleichbare ide. Wortgleichungen für
- lat. domus (Haus), domare = zähmen; dt. Zimmer ⇒ zähmen = Tiere an das Haus gewöhnen
- Wand/winden ⇒ Die Wand war ursprünglich geflochten (vgl. noch mittelalterliches Fachwerk).
- Wald/wild (lat. silvaticus = wild, gefährlich) ⇒ Der Wald galt als unheimlich (vgl. Märchen), d. h. die Idg. waren Steppenbewohner und fürchteten den Wald.

Keine Wortgleichungen für Fische, v. a. Meeresfische ⇒ Idg. lebten nicht am Meer

> Mit Hilfe der linguistisch-kulturhistorischen Methode lässt sich auf die Kulturstufe des zu untersuchenden Volkes schließen.

Germanen: Fortschritte gegenüber der idg. Stufe in der Landwirtschaft (siehe Z. 48–52, 125–133); Seefahrt und Fischfang entwickeln sich weiter (vgl. Z. 56–62), in diesem Zusammenhang sind die Erfolge der Wikinger, die in römischer Zeit im Mittelmeerraum zahlreiche Siedlungsräume eroberten, zu nennen. Die zentrale Bedeutung der Germanen, die vor allem während der Unruhen der Völkerwanderung bei den Römern für Angst und Schrecken sorgten, drückt sich in vielfachen Begriffen, Namen und Wendungen für kriegerische Erscheinungsformen aus: Z. 63–77; literarischen Ausdruck fand diese kämpferische Grundhaltung auch in den germanischen und nordischen Heldenliedern und Sagenkreisen (Hildebrandslied; Walthari-Lied; Nibelungenlied; Gudrunsage; Artussage etc.); hier bietet sich die Möglichkeit an, solche Sagen – in der Regel in der Form von Jugendbüchern – als Referate mit Thematik, Inhaltsangabe, Charakterisierungen und Wertungen in der Klasse vorstellen zu lassen. Interessant erscheinen technische Fortschritte während der germanischen Zeit (vgl. Z. 51 ff., 115–124). Begriffe für das Rechts- und Staatswesen (Z. 78–85) zeugen von der Entwicklung im Sinne einer Hochkultur, auch wenn den Germanen ein wesentliches Element solcher Hochkulturen fast ganz fehlte: die Schrift. (Die germanische Form der Runenschrift hatte eher kultischen Charakter und ist deshalb nur in einzelnen Begriffen überliefert.) Vergleichbar mit den heutigen Einflüssen auf das Deutsche durch Anglizismen (▷ S. 533 ff.) sind die römischen Fremdworte im Germanischen, aus denen bald Lehnworte wurden, nachdem sie ihren befremdlichen Charakter verloren hatten (siehe Z. 104–140). Unsere Wochennamen (Z. 141 ff.) belegen ebenfalls die germanisch-römische Kulturverschmelzung, indem sie germanische und römische Göttervorstellungen miteinander in Verbindung bringen.

2. Die Rollenverteilung von Mann und Frau wurde – nach den sprachgeschichtlichen Quellen zu urteilen – ganz nach männerrechtlichen Vorstellungen der Indogermanen praktiziert. Diese Tausende von Jahren zurückliegenden Wertungen haben dann ihre Auswirkungen bis in unsere heutige Zeit mehr oder weniger behalten.

Bedeutungswandel

▷ S. 523

1. Für die Untersuchung geeignet sind:
   - Der Große Duden, Bd. 7: Duden – Etymologie. Herkunftswörterbuch der deutschen Sprache.
   - Friedrich Kluge/AlfredGötze: Etymologisches Wörterbuch der deutschen Sprache. (Neuere Auflagen bearb. v. Walther Mitzka) Berlin (ab 1967)

2. Orts- und Flurnamen sind oft sehr alt; sie sind mit den schriftlichen Verwaltungsvorgängen der jüngeren Geschichte (z. B. Katasteraufnahmen) fixiert worden, ohne dabei auf ursprüngliche Bedeutungsinhalte Rücksicht zu nehmen. Von dort fanden sie Eingang in regionale Landkarten (Wanderkarten, Fahrradkarten). Naturnamen wiesen auf gegebene Geländebedingungen hin, auf die der Mensch nicht eingewirkt hat: Im Eichert (= im Eichenwald); Geest (= sandiger Boden); Steinäcker; Fuchsloch. Kulturnamen dagegen zeugen von bestimmten menschlichen Eingriffen oder Verwendungen: Brandhau (= Brandrodung); Im Schlag (= Holz wurde geschlagen); Galgenberg (= Hinrichtungsstätte).
   Weiterführende Literaturangaben in: *Stephan Kumpf:* Flurnamen im Deutschunterricht an berufsbildenden Schulen? – In: Die berufsbildende Schule, Heft 47/1995, S. 64–67.

Lautwandel

Bei den Grafiken der germanischen (▷ S. 524) und der althochdeutschen (▷ S. 525) Lautverschiebung sollten die Pfeile, welche die Richtung der Verschiebung der betreffenden Laute angeben, besser von den untergehenden (also durchkreuzten) Lauten (p, t, k) ausgehen und nicht von den gerade aus b, d, g neu entstehenden p, t, k-Lauten.

▷ S. 525

1. Idg. Swä**h**er* → Schwa**g**er; lat. **h**omo → germ. -**g**am (Bräuti-**g**am)
   lat. sa**p**o → Sei**f**e
   germ. al**c**es → El**ch**
   germ. **d**ing → ahd. **T**ing
   lat. **p**ilum → **Pf**eil; lat. **p**onto → **Pf**und
   lat. mone**t**a → Mün**z**e

2. Der Name „Germanen" stellt einen Sammelbegriff von verschiedenen Völkern dar, die während der sog. Völkerwanderung durch West- und Südeuropa, einige bis nach Nordafrika zogen. Das den Mittelmeerraum beherrschende römische Imperium wies sie anfänglich, auch kriegerisch ab (berühmt wurde die Varus-Schlacht im Teutoburger Wald), siedelte sie aber auch nach und nach an. Trotzdem ging die Herrschaft Roms durch den unkontrollierbaren Ansturm der weit unter der römischen Zivilisation stehenden „wilden Völker" unter. Erst mit der Übernahme der römischen Caesarenwürde durch Karl den Großen im Jahre 800 wurde das römische Imperium von einem Franken (einem „freien" – frank und frei! – „Germanen") endgültig beerbt. Den anderen Teil des „Erbes" trat der Papst in Rom an. Imperium und sacerdotium waren nunmehr verbindliche Begriffe für die mittelalterliche Weltordnung (vgl. Walther von der Vogelweide ▷ S. 247). Die

Schüler/innen können sich in Geschichtsbüchern, in historischen Atlanten und natürlich im Internet über die Germanen informieren.

1. ship – Schipper – Schiff (Schiffer) ▷ S. 527
   grip – Grip – Griff
   pound – Pfund – Pfund
   sleep – — – schlafen
   tent – — – Zelt
   eat – — – essen
   week – — – Woche
   dry – dröge – trocken
   thing – — – Ding

2. a) Soll die Sammlung von mundartlichen Ausdrücken nach der spontanen und eher zufälligen Phase systematischer erfolgen, eignen sich folgende Nachschlagewerke:
   dtv-Atlas „Deutsche Sprache". Hg. v. Werner König
   Bayerischer Sprachatlas. Hg. v. Norbert Richard Wolf. Universitätsverlag C. Winter, Heidelberg

4.1.2 Die Entwicklung des Hochdeutschen

▷ S. 527 *Peter von Polenz:* **Wirkungen des Buchdrucks – Luther und die Reformation** (1970)
▷ S. 529 *Peter von Polenz:* **Zur Entwicklung des Hochdeutschen seit dem 18. Jahrhundert** (1970)

▷ S. 529 1. **Entwicklung des Deutschen seit Karl dem Großen**

8. Jh.: Christianisierung ⇒ Anfänge des Deutschschreibens (vorherrschende Schriftsprache: Latein)

↓

Um 1200: ⇒ erste Blüte weltlicher (deutscher) Sprachkultur (wertvolle Handschriften)
Epochenbezeichnung: „Staufische Klassik"

↓

Mitte 15. Jh.: Epochale Erfindung: Buchdruck (billig, massenwirksam)
⇒ „Bücherdeutsch" als Gemeinsprache entsteht

↓

16. Jh.: Buchdruck hilft der Reformation
⇒ zentrale Bedeutung: Bibelübersetzung durch Martin Luther (volkstümlich!)
charakteristische Merkmale:
- schlicht
- geradeheraus
- oft auch derb (Alltagssprache)
- trotzdem: genau
- lebendig
- reichhaltiger Wortschatz

⇒ Vorbild für die Grammatiker seit dem 16. Jh. (volksnahe Sprache als Vorbild sogar für Stürmer und Dränger und Bertolt Brecht!)

↓

18. Jh.: Aufklärung:
- gezielte Sprachlehre und -pflege
- Wörterbücher
- Tendenzen zur „Sprachreinigung" (Sprachgesellschaften!)

↓

19. Jh.: Brüder Grimm: Beginn der Wissenschaft von der dt. Sprache („Germanistik")
⇒ Sammlung des deutschen Wortschatzes („Grimm'sches Wörterbuch")

4.2 Sprache und Norm

4.2.1 Sprachlenkung im Nationalsozialismus

Wolfgang Bergsdorf: **Sprachlenkung im Nationalsozialismus** (1980) ▷ S. 530

1. a) Manipulierende und verfälschende Begriffe aus der Rede von Joseph Goebbels (▷ S. 497 ff.): ▷ S. 532
   - endgültiger totaler Sieg des deutschen Volkes (Z. 21 f.)
   - Kampf mit wilder Entschlossenheit (Z. 32 f.)
   - Schicksalsfügungen (Z. 34)
   - dem Bolschewismus den tödlichen Schlag versetzen (Z. 78 ff.)
   - mit heiligem Eid der Front (Z. 81 f.)
   - Kreis von Drückebergern und Schiebern (Z. 96 f.)

   Vielfältige Verwaltungsvorschriften sind enthalten in: Der Nationalsozialismus. Dokumente 1933–1945. Hg. u. kommentiert v. Walther Hofer. S. Fischer Verlag, Frankfurt/M. 1997
   Literarische Textbeispiele siehe ▷ S. 378 ff.

   b) Bedingungen der nationalsozialistischen Sprachlenkung ergeben sich aus dem totalitären Staatsverständnis dieser faschistischen, diktatorischen Ideologie. Der Zentralismus, ausgerichtet auf den „Führer“ Hitler, erfasste alle Lebensbereiche und kontrollierte sie. Das neu eingerichtete Propagandaministerium unter Goebbels sah seine Aufgabe vor allem darin, durch grundsätzliche politische Richtlinien und konkrete Maßnahmen das Bewusstsein der deutschen Öffentlichkeit dem System gegenüber unkritisch und begeisterungsfähig zu entwickeln. Die Reaktion der Zuhörer der Sportpalastrede stellt ein erschreckendes Beispiel für den Erfolg dieser Propagandapolitik dar. Trotzdem muss auch berücksichtigt werden, dass die Begeisterung für Hitler und seine mörderische Politik keineswegs allgemein verbreitet war. Die kritischen Stimmen wurden aus Angst nicht laut erhoben und wenn, dann äußerten sie sich nur vereinzelt, z. B. in Form von mutigen Flugblattaktionen von Widerstandsgruppen oder kaum beachteten Veröffentlichungen von Exilanten.

4.2.2 Anglizismen in der Gegenwartssprache

Anglizismen im Alltag und in Fachsprachen

▷ S. 533 **Das Anuga-Wörterbuch**

▷ S. 533 1. a/b) Beispiele
- Sport: Racing, Finish, Match, Break, Topspin, Powerplay, Champion, Team, Doping, fighten, Pole-Position, Snowboard
- Medien: Network, News, TV (Television), HiFi (High Fidelity), Display, CD-Player
- Computer: Internet, booten, Software, Hardware
- Wirtschaft: Job-Sharing, Joint Venture, InterRegio, High-Tech, Shop, Center, Body-Shop, Business
- Alltagskommunikation: recycelbar, Airport, Jet, Soft(eis), sexy, cool, checken, Coming-out, Techno-Freak, zoomen, beamen, Boss, Blue Jeans, Callgirl, Bowling, Blazer, Body Building, Baby

2.

Wort englischen Ursprungs	Zeitpunkt der Übernahme
Boot	Mittelalter
Streik	17. Jh.
starten	19. Jh.
Sport	19. Jh.
Training	19. Jh.
Tennis	19. Jh.
Lift	19. Jh.
Tunnel	19. Jh.

▷ S. 534 **„Wer deutsch spricht, riskiert Arbeitsplatz"**

▷ S. 534 1. a/b) Zum Standpunkt der Lufthansa Technik AG:

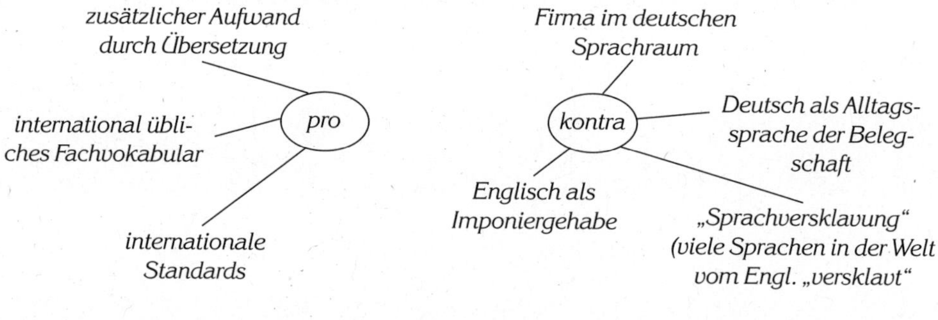

2./3. Diese kreativen Auseinandersetzungen mit der Problematik können alternativ gewählt werden. Die eindeutige, von Schülerinnen und Schülern oft auch als „einseitig" apostrophierte Meinungsäußerung (Aufgabe 3) wird auf der folgenden Seite durch eine fundierte „Ja, aber …"-Argumentation ergänzt.

▷ S. 535 **Ärgerliche Anglizismen**

▷ S. 535 1. a) Bedingung ist, dass ein Fremdwort die Verständigung bereichert.
b) Aktiv zurückgedrängt werden sollen englische Wörter nach Ansicht des Vereins,
- wenn es mindestens drei entsprechende deutsche Wörter gibt,
- wenn das englische Wort die zwischenmenschliche Verständigung behindert,

- wenn es trotzdem in der deutschen Sprache bereits verankert ist,
- wenn das englische Wort die deutsche Sprache ärmer macht.

c) Mögliche Prüfung für das Wort „Shop“:
- Es gibt entsprechende deutsche Wörter: Geschäft, Laden, Kaufhaus, (Verkaufs-)Büdchen.
- Das Wort ist alten Leuten vielleicht nicht geläufig.
- Es ist in der Alltagssprache in Deutschland trotzdem weit verbreitet.
- Wörter wie „Büdchen“ oder „Geschäft“ könnten evtl. in nächster Zeit aus dem alltäglichen Sprachgebrauch vieler Menschen verschwinden.
- Das Wort „Shop“ bereichert nicht unbedingt die Verständigung.

2. Sprachpurismus: übertriebener Eifer um die Säuberung der Muttersprache von fremdsprachlichen Elementen und Einflüssen; in Deutschland seit dem 17. Jahrhundert anzutreffen.

3. Betrachtet werden können auch Gegengründungen zur „Fruchtbringenden Gesellschaft“ wie „La Noble Acadèmie des Loyales“ und die „Acadèmie des vrais amants“, die sich für die weitere Verbreitung französischer Bildung, Kultur und Sprache in Deutschland einsetzten.
Weitere historische Vorläufer des „Vereins zur Wahrung der deutschen Sprache“: „Aufrichtige Gesellschaft von der Tannen“ (1633 in Straßburg gegründet), „Deutschgesinnte Genossenschaft“ (Hamburg 1643), „Löblicher Hirten- und Blumenorden an der Pegnitz“ (Nürnberg 1644), „Elbschwanenorden“ (Wedel bei Hamburg 1656).

Dieter E. Zimmer: **Von Deutsch keine Rede** (1996)

▷ S. 535

1. a) Zentrale Aussagen sind: ▷ S. 536
- In der internationalen wissenschaftlichen Fachliteratur verliere das Deutsche seit Jahren an Bedeutung.
- Da Publikationen in deutscher Sprache von der internationalen Wissenschaft inzwischen kaum noch wahrgenommen würden, publizierten Wissenschaftler/innen lieber in Englisch.
- Zudem entwickle sich das Deutsche nirgendwo zur Lingua franca, obwohl es unter den drei- bis fünftausend Sprachen, die es auf der Welt gebe, eine der am häufigsten gesprochenen sei; aber diese Größe sei verglichen etwa mit dem Chinesischen oder Englischen doch sehr relativ.
- In der Wissenschaft sei Deutsch noch Anfang des 20. Jahrhunderts eine internationale Verkehrssprache gewesen, und zwar besonders in Mittelosteuropa. Diese bedeutende Stellung des Deutschen sei jedoch unwiderruflich vorbei.
- Dass nach Latein im Mittelalter nun das Englische eine Lingua franca der Wissenschaftler sei, dürfe nicht als Bedrohung empfunden werden.

b) Eröffnet wird der Zeitungsartikel mit einem spektakulär wirkenden Beispiel, mit dem die Dominanz des Englischen im Wissenschaftsbetrieb eindringlich vor Augen geführt wird. Dadurch wird beim Leser/bei der Leserin sofort Interesse für ein in der Öffentlichkeit relativ wenig beachtetes Thema geweckt.
Alternativen wären z. B. gewesen:
- Definition eines Begriffs, wie z. B. „Nationalsprache“ (würde „trocken“ wirken und wäre für eine Zeitung mit breiter Publikumsansprache wenig geeignet gewesen).
- Reihe von Leitfragen, die das Thema des Artikels erschließen (würde den Leser/die Leserin gut über das orientieren, was ihn/sie erwartete, würde aber das Vorstellungsvermögen und die Emotionen der Leser/innen zunächst weniger beschäftigen).

c)/2. Es empfiehlt sich, den Schülerinnen und Schülern an dieser Stelle Möglichkeiten vor Augen zu führen, wie man sich mit einem meinungsbildenden Text kritisch auseinander setzen kann. Siehe dazu „Die vier Grundtypen der kritischen Texterörterung“ (▷ S. 77 f.).

▷ S. 537 *Roland Kaehlbrandt:* **Die verkannte Muttersprache** (1996)

▷ S. 538 3. Zur Art und Weise, wie Kaehlbrandt sich äußert, folgende Auszüge aus einem Aufsatz:

Roland Kaehlbrandt veröffentlichte 1996 in der Wochenzeitung „Die Zeit" einen Aufsatz mit dem Titel „Die verkannte Muttersprache". Darin plädiert er für ein vernünftiges Maß an Sprachbewusstsein in Deutschland.	Einleitungssatz
Damit knüpft der Autor an eine damals aktuelle Diskussion an, die bis heute nicht an Bedeutung verloren hat. Nach der Einführung des Euro als einer gemeinsamen europäischen Währung steht seit einiger Zeit auch die Frage auf der Tagesordnung, welche Sprache(n) in den europäischen Institutionen gesprochen werden sollen. Geht die Entwicklung auch im sprachlichen Bereich in Richtung Vereinheitlichung oder bleibt es bei der Vielfalt europäischer Sprachen?	Anbindung des Themas an die aktuelle Situation
Kaehlbrandt meint, in Deutschland hätten viele Probleme damit, sich für ihre Muttersprache einzusetzen, weil Sprachpflege und Sprachbewusstsein hierzulande auf Grund der jüngeren Geschichte – gemeint ist insbesondere der Nationalsozialismus – leicht unter Ideologieverdacht geraten könnten. Deshalb sei das Sprachbewusstsein in Deutschland heute unterentwickelt. Kaehlbrandt stimmt mit anderen darin überein, dass das Englische international unwiderruflich eine führende Rolle spiele. In dieser Situation ergibt sich für den Autor die Frage, ob demokratische Gesellschaften, die stark von der Wissenschaft geprägt sind, wichtige wissenschaftliche Erkenntnisse nicht allen ihren Bürgerinnen und Bürgern zugänglich machen müssen. Dies, so der Autor, erfordere eine Übersetzung in die Muttersprache. Er befürwortet eine internationale Öffnung Deutschlands, vertritt aber die Ansicht, dass das Land seine auf der Sprache basierende kulturelle Identität dabei nicht aufgeben dürfe. Diese setze voraus, dass das Land wissenschaftliche Ergebnisse und kulturelle Leistungen anderer Länder in die eigene Sprache „übersetze". Im eigenen Land müsse auch bei wissenschaftlichen Konferenzen das Deutsche verwendet werden. Wer meine, als Deutscher im Inland Englisch reden zu müssen, setze sich dem Vorwurf der Dünkelhaftigkeit aus. Der Autor vertritt weiterhin die These, dass viele Deutsche mit dem Englischen ein Lebensgefühl von Freiheit und Modernität verbänden, dass man aber andererseits provinzielle Enge des Denkens keineswegs durch Verwendung einer Fremdsprache überwinden könne.	Argumentationsansatz: Wiedergabe der zentralen Poblemstellungen und Positionen des Autors
Der Autor hat seinen Text für eine Zeitung verfasst; deshalb verwendet er teilweise eine betont anschauliche Sprache. Wenn er z. B. feststellt, dass Deutschland im 20. Jahrhundert zwischen (nationalistischem) Sprachpurismus und einer Verkümmerung des Sprachbewusstseins geschwankt habe, so drückt	Darstellung sprachlicher Mittel und der Argumentationsstruktur

er das mit Anleihen aus der Populärpsychologie und der Geografie aus: „Größenwahn oder Kleinmut: Zwischen diesen Polen irrt und wirrt es mächtig" (Z. 26ff.). In dieser Formulierung dient die Metapher „Pole" der Veranschaulichung und der journalistischen Aufbereitung. Das Vergleichsmoment ist in diesem Fall die gleich starke Anziehungskraft zweier Extrempositionen, wie sie in der Geografie und der Physik vorkommt. Der Leser kann sich das Schwanken, was das sprachliche Selbstbewusstsein in Deutschland anbetrifft, plastisch vorstellen.

Solchen Bemühungen zur Veranschaulichung steht eine bildungssprachliche, sehr differenzierte Diktion mit einem relativ hohen Anteil von Fremdwörtern und abstrakten Begriffen gegenüber (z.B. „konsonantischer Regionaldialekt", Z. 2f.; „Chauvinismus", Z. 11; „Dominanz", Z. 30; „wissenschaftsbasiert", Z. 41f.; „Anglisierung", Z. 76 etc.). Der Text setzt also einen besonderen Kenntnisstand des Lesers voraus, u.a. auch eine Vertrautheit mit den hier diskutierten Inhalten. Der Aufsatz richtet sich demnach an ein kulturell und politisch besonders interessiertes und gebildetes Publikum, bemüht sich aber dennoch um eine möglichst breite Leseransprache, wie es von einem Zeitungsartikel auch erwartet werden kann. Dazu tragen u.a. auch die vielen rhetorischen Fragen bei (siehe z.B. Z. 15ff., 33ff.).

Der Autor untermauert seine Thesen durch zahlreiche Argumente; dabei handelt es sich z.B. um verifizierbare Tatsachenaussagen. Seine Ansicht, dass das Sprachbewusstsein in Deutschland heute unterentwickelt sei, stützt er mit dem Argument, dass das Deutsche z.B. in Frankreich „auf Grund seines transparenten und ausbaufähigen Wortschatzes und seiner präzisen Ordnungsinstrumente für räumliche und zeitliche Beziehungen" (Z. 20ff.) durchaus auch heute noch angesehen sei. An mehreren Stellen seines Artikels verwendet der Autor auch Autoritätsargumente, indem er Wissenschaftler wie den Linguisten Ulrich Ammon (Z. 86ff.) oder einen amerikanischen Humboldt-Stipendiaten (Z. 149ff.) zitiert, um seine Meinung abzusichern. Hinzu kommen Beispiele, die dem Leser die Positionen des Autors plausibel machen sollen. Als Beleg für seine Annahme, dass es in der Vergangenheit in Deutschland einen extremen ideologischen Sprachpurismus gegeben habe, der die Pflege der eigenen Sprache bis heute behindere, führt er den Allgemeinen Deutschen Sprachverein mit seiner „Weltfremdheit", seinem „Chauvinismus" und seinem nationalen „Größenwahn" an (Z. 11f.) …

4. Der Text der Modemacherin Jil Sander ist ein (extremes) Beispiel für eine Ausdrucksweise, in der englische Inhaltswörter so dominant sind, dass die deutsche Sprache fast als Füllmaterial erscheint. Interessant ist, wie sich die englischen Wörter mit deutschen Wörtern oder Wortbestandteilen verbinden, was mit den grammatischen Endungen (Flexion) geschieht, wie die Bindestrichschreibung praktiziert wird und auf welche Weise die Kettenwörter überhaupt gebildet wurden, damit sie dem „Ökonomieprinzip" entsprechen. Man muss die einzelnen Phänomene also auch im Satzkontext betrachten und sollte vereinzelt auch Übersetzungen „riskieren".
Was die Person Jil Sanders angeht, so ist festzuhalten, dass sie notwendigerweise in ihrer Branche fachsprachlich mit dem Anglo-Amerikanischen zu tun hat, dass sie „polyglott" lebt und in Modedingen international agiert.
   - Wortarten/syntaktische Funktion:
     - Nomen/Komposita: (die) giving-story, (das) future-Denken, (die) hand-tailored-Geschichte, das (coordinated) concept, (die) collection, (die) audience, (der) spirit, (der/das?) voice, (das) Ladyische, (das) effortless, (das) magic
     - Adjektive/Partizipien als Adjektivattribute (z. T. als Bestandteile von Komposita): (giving), contemporary, (hand-tailored), coordinated, supported, refined
     - Verben: combinen (to combine), supported (to support), refined (to refine), appreciaten (to appreciate), searcht (to search)
   - Genauere grammatikalische Bestimmung; Wortbildung/Schreibung (z. T. Übersetzung):
     - giving-story: zusammengesetztes Nomen ohne dt. Wortbestandteil
     - contemporary sein: prädikatives Adjektiv, endungslos (auch im Deutschen; vgl. Wendung „mit der Zeit gehen, modern sein")
     - future-Denken: engl.-dt. Zusammensetzung „ohne Umstand", aber zum Zwecke der Ökonomisierung (D. E. Zimmer): eigentl. „das auf die Zukunft ausgerichtete Denken"
     - hand-tailored-Geschichte: engl.-dt. Zusammensetzung; engl. zusammengesetztes attributives Adjektiv und dt. Nomen (Kompositum) frei übersetzt: die Sache mit dem Selbst- bzw. Maßgeschneiderten
     - coordinated concept: zwei engl. Wörter (Adjektivattribut in Form eines Partizip Perfekts vor einem Nomen)
     - collection (schon eingedeutscht: die Kollektion)
     - etwas miteinander combinen können: engl. Verb „to combine" mit dt. Infinitivendung; es wird eine dt.-engl. Wendung geschaffen
     - die audience (Genus des Nomens: vgl. dt. „die Zuschauer"; gemeint: die Abnehmer/Adressaten/Zielgruppe)
     - (es hat) supported: Partizip Perfekt; engl. Schreibweise bleibt erhalten; Tempusgebrauch Perfekt (engl./dt.)
     - refined: Partizip Perfekt als Adjektivattribut (veredelt, verfeinert); engl.-dt. Wendung; vgl. im Englischen: refined quality
     - (mit) spirit: vgl. mit Esprit (Mut, Schwung)
     - (kann) appreciaten: to appreciate; engl. Verb mit dt. Infinitivendung (hochschätzen, würdigen)
     - (unser) voice: dt. Personalpronomen (mask. oder neutr.) vor engl. Nomen (gemeint: unser spezifisches Programm, unser „Ausdruck")
     - wer Ladyisches will ...: -isch ist ein deutsches Morphem, mit dessen Hilfe Nomen zu Adjektiven werden können (Kind/kindisch); das engl. Nomen „lady" erhält diese Adjektivendung; das „Gebilde" tritt im Satz als nominalisiertes Adjektiv auf; die Großschreibung ist hierauf zurückzuführen; gleichwohl entsteht auch die Verbindung zu „Lady Diana" (o. Ä.)
     - (er/sie) searcht: engl. Verb mit dt. Konjugationsendung für 3. Pers. Sg. (statt: he/she searches)
     - das effortless, das magic meines Stils: das „Mühelose" und Magische meines Stils; zwei engl. Adjektive, hier nominalisiert; für die dt. Nominalisierungsform braucht man eigentlich ein e-Suffix (Form ohne -e entspricht also dem Englischen)

5. a) Diese Aufgabe soll bei vorhandenen Englischkenntnissen ansetzen, aber nur insoweit, als über weitere Beispiele die allgemeinen Aussagen zur Morpho-Syntax aus der Tabelle weiter konkretisierbar werden können. Die Satzstellung im Englischen und Deutschen lässt sich kontrastiv betrachten, wenn sich die Schüler/innen auch an Übersetzungsschwierigkeiten erinnern. ▷ S. 539
Die Einträge in der Tabelle sind naturgemäß nur eine kleine Auswahl in Bezug auf höchst komplexe komparative Kriterien. Weitere Aspekte werden in Aufgabe 6 gestreift.
Hinweis auf leicht verfügbare Darstellungen: Fischer-Lexikon Sprachen; dtv-Atlas zur deutschen Sprache; Praxis Deutsch, Heft 58/1983
b) Die Nomen haben in der Subjekt- und Objektposition und auch als Genitivattribute keine Kasus-Endung. Das Genus zugehöriger Artikel passt sich eher der deutschen Artikelerwartung an. Die Wortzusammensetzungen, die es im Deutschen in vielfältiger Form gibt, enthalten Adjektive, Partizipien und Nomen als Bestimmungswörter. Die Grundwörter sind Nomen. Die Schreibweise der „Kombiwörter" ist ausgerichtet auf die Schreibung mit Bindestrich, die es auch im Englischen gibt. Mehrfach werden Adjektive nominalisiert; einmal gibt es das typische -isch-Morphem (s. Ladyisches). Nomen im Plural kommen nicht vor; es ist zu vermuten, dass sie am ehesten ein Plural-s hätten.
Die englischen Verben wurden z. T. nach dt. Konjugationsregeln mit Endung versehen; in der 3. Pers. Sg. taucht nicht das engl. -(e)s auf (s. er „searcht"). Es gibt keine Adjektive, an denen man feststellen könnte, ob und wie sie in attributiver Stellung flektiert werden. In prädikativer Stellung sind sie auch im Deutschen endungslos. Die Partizipien (s. o.) behalten die englische Schreibung bei.
Insgesamt kann man feststellen, dass eher selten Flektierungen, die für das Deutsche sehr kennzeichnend sind, bei der Einfügung von englischen Wörtern oder Wortbestandteilen in die deutsche Syntax vorgenommen werden. Der Satzbau des Jil-Sander-Textes ist fast vollständig an den deutschen Syntax-Regeln ausgerichtet. An einem Satz erkennt man eine „Anleihe" an eine englische Konstruktion: „Meine Idee war (fehlendes „es"), die ... zu verbinden" (Z. 3 ff.).

6. **Wortbestand:** Viele Gemeinsamkeiten sind auf den gemeinsamen historischen Ursprung und/oder auf Entlehnungen zurückzuführen. Wegen der Lautveränderungen, die entweder nur das Englische oder nur das Deutsche durchlaufen haben, sind Bestandteile eines ursprünglich gleichen Wortschatzes oft nicht mehr unmittelbar erkennbar. Was den Wortschatz angeht, ist das Englische wie das Rumänische, Türkische und Japanische eine ausgesprochene Mischsprache, d. h. die Wörter kommen aus ganz verschiedenen Sprachen.

Einige Gemeinsamkeiten D/E in der Grammatik	im Kontrast zu ...
– Unterscheidung zwischen bestimmtem und unbestimmtem Artikel	Russisch
– Präpositionen (mit komplexen grammatischen Funktionen)	Ungarisch/Türkisch
– unterordnende Konjunktionen am Anfang des Nebensatzes	Japanisch
– -er bei Komparativen (s. Aufgabe 6)	

Der flektierende Charakter des Englischen ist nur noch an den Stammformen der starken Verben erkennbar (know/knew/known), bei einigen unregelmäßigen Pluralformen (child/children) und bei einigen Pronominalformen (I/me; who/whom). „whom" wird zunehmend durch „who" ersetzt (vgl. Flexionsverfall).
Während das Türkische und das Japanische extrem agglutinierende Sprachen sind, gehört das moderne Englisch nach morpho-syntaktischen Gesichtspunkten dem isolierenden, das Deutsche dem flektierenden Typus an (vgl. zur Terminologie: dtv-Atlas zur deutschen Sprache, S. 35 f.).

7. **Nomen:** Verwendung im Plural/als Femininum

the user	Pl. the user	die User (endungslos)
	Fem. the user	die Userin (? – Endung für Femininum)
the goalkeeper	Pl. the goalkeeper	die Goalkeeper (s. o.)
	Fem. the goalkeeper	die Goalkeeperin (s. o.)

Adjektive: Verwendung in flektierter Form vor Nomen/in Steigerungsformen/als Nominalisierung cool/soft/groovy/sexy:
- der coole Typ; der softe Typ (?), ein softiges Eis (?)
- ein groovy(i)er Typ (?); die sexye/sexige Frau (?)
- cooler(er), sexier(er) (?), der groovyste Typ (?)
- die Coolheit, das Coolsein, die Coolness; der Coole (?)

Anm.: Trotz -er-Komparativs im Dt. und Engl. entstehen Varianten.

Verben: Verwendung im Präsens und Perfekt Indikativ/im Passiv
- to test/testen: ich teste; ich habe getestet, ich wurde getestet
- to beam/beamen: ich beame; ich habe gebeamt (ed), es wurde gebeamt (ed)
- to capture/capturen: ich capture, ich habe gecapturt (ed) etc.
- out ist im Engl. kein Verb! outen: ich oute mich, habe mich geoutet
- es wurde gecancelt (ed); gezoomt (ed)

Verben: Verwendung mit verschiedenen Präfixen/in verschiedenen Tempora
- to check: einchecken, abchecken, auschecken ...; abgecheckt
- to power: ich bin ausgepowered (t); er powerte dazwischen

Projekt: Gegenwartssprache

Der Abschnitt enthält unter der Gesamtthematik „Fremdwort-Übertragung in Fachsprache und Alltagssprache“ vielfältige Anregungen zum projektorientierten, z. T. auch fächerverbindenden Arbeiten sowie zur Erstellung von Referaten und Facharbeiten, die sich mit Einzelfragen und -recherchen beschäftigen. Die unter Aufgabe 1 und 2 (▷ S. 542 oben) zusammengestellten Untersuchungsschwerpunkte können entweder durch lehrgangsartigen Unterricht und/oder in Fortsetzung des Abschnitts 4.2.2 erarbeitet oder aber ganz in die Regie von über einen längeren Zeitraum arbeitsteilig arbeitenden Schülergruppen gelegt werden. Die Aufgaben sind in jedem Fall eher auf Gruppenarbeit zugeschnitten, wobei die besonderen Schülerinteressen jeweils die Gruppenbildung bestimmen sollten. Die Schwerpunktsetzung in den beiden Aufgaben bleibt beim Einfluss des Anglo-Amerikanischen auf die Lexik, erweitert aber die empirische Basis um jugendrelevante Themen wie Sport, Mode, Pop-Musik, Computernutzung etc. und schafft lernbereichsübergreifende Zusammenhänge zur Gesprächs- und Werbetextanalyse sowie zu einer fundierten Auseinandersetzung mit der „Computerspeak“ bzw. dem Computerjargon, die wiederum linguistische Kenntnisse voraussetzt.
Die Aufgabenstellungen für Projekte, Referate und Facharbeiten zum Gesamtthema „Sprachen im Kontakt“ vertiefen die Fähigkeit zur kritischen Erörterung sprachpuristischer, ggf. nationalistischer Tendenzen, die es in der negativen „Haltung zu Fremdwörtern in einzelnen Sprachgemeinschaften“ in Vergangenheit und Gegenwart gab und gibt und der jeweils unterschiedlich argumentierende „liberalere“ Positionen entgegenstehen. In der Auseinandersetzung mit solchen Positionen sollen die Schüler/innen auf ein Leben in einem zusammenwachsenden Europa und in einer international verflochtenen Welt vorbereitet werden; sie sollen interkulturelle Kompetenzen entwickeln und Beziehungen zwischen Sprachen und Kulturen besser durchschauen. Hierzu sollen sie sich multiperspektivisch mit der eigenen Meinung zu und der Erfahrung von Mehrsprachigkeit und den Hintergründen des „Sprachwandels“, der Teil der gesamtgesellschaftlichen Entwicklung ist, beschäftigen. Zukunftsrelevanz besitzt dieses Thema auch unter der Perspektive, dass Fremdsprachenkenntnisse und Offenheit im Umgang mit Fremdem die eigene berufliche und private Mobilität erleichtern und hierdurch ggf. mehr Lebenschancen eröffnen.

Fremdwort-Übertragung in Fachsprache und Alltagssprache

▷ S. 542

1. a) Es lassen sich Aufzeichnungen machen von Gesprächen im Radio (insbesondere Musiksendungen; Werbespots) und im TV („Life-Style"-Themen im Jugendprogramm; Musiksendungen; Werbespots). Sie können auch fiktiv und/oder satirisch weiterentwickelt werden.
   b) Die Printmedien (insbesondere Zeitschriften) sind eine wahre Fundgrube für Werbetexte mit Anglizismen, und zwar zu den genannten Branchen/Bereichen und darüber hinaus.

2. a) Typische Wörter in Software-Handbüchern und -Werbungen: Backup & Restore; SmartDecoy; to restore Typische Wörter in Gebrauchsanweisungen für PC (oder Drucker) finden sich in der Liste „Hundert Computerbegriffe", für die D. E. Zimmer geprüft hat, ob man sie aus dem Englischen in zehn europäische Sprachen übersetzt hat und wie dieses erfolgt ist, oder ob sie nicht übersetzt wurden (Zimmer, S. 86–104). Nach dieser statistischen Erhebung sind nur 58% der genannten Computerfachbegriffe ins Deutsche übersetzt (übertragen), 86% dagegen ins Französische (s. auch Aufgabe 1 b auf ▷ S. 542 unten). „Schlüsselbegriffe" werden fast nirgendwo mehr übersetzt.
   b) Es gibt inzwischen viele einschlägige Veröffentlichungen zum Computerjargon, zu den Emoticons und zur Chat-Sprache, sowohl von Sprachwissenschaftlern und Sprachdidaktikern als auch aus pädagogischer und mediendidaktischer Sicht. (Schulbuch-)Verlage und Verlage für pädagogische Fachzeitschriften (u. a. Computer und Unterricht; Praxis Deutsch) stellen Unterrichtsreihen für das Fach Deutsch und/oder für fächerverbindende Projekte vor.
   Für kreatives Handeln im Unterricht bietet es sich vor allem an, dass diejenigen, die Erfahrungen mit dem Chatten haben und/oder regelmäßig E-Mails versenden, von weiteren Emoticons (Smileys) berichten, das „Prinzip" der Zeichenverwendung erklären, bevor die Lerngruppe zu (vorgegebenen) Wörtern/Wendungen selbst welche entwirft.
   Erklärungen zu den Erscheinungen der Chat-Sprache:
   Das Wort „Emoticons" setzt sich zusammen aus „Emotion" und „Icon" . Emoticons bestehen aus einfachen Tastaturzeichen und werden mit nach links geneigtem Kopf gelesen. Mit ihnen teilt der Sender dem Empfänger Gefühle, Aktionen und Hinweise zum eigenen Aussehen mit.

Einäugiger	.-)	eisernes Schweigen	:-x
Brillenträger	8-)	glücklich	:-)
Zigarettenraucher	:-Q	unglücklich	:-(
Mann mit Schnurrbart	:-{	traurig	(:-(
Linkshänder	(-:	einsam	:-<
Enttäuschung	:-c	gespannt sein	:<)

   Wendungen/Fragen: Na, wie wär's? ;-)
   Zulässig bzw. üblich sind folgende Tastaturzeichen aus dem Arsenal des ASCI-Zeichencodes: einzelne Buchstaben, Ziffern; als Satzzeichen: Doppelpunkt, Punkt, Komma, Semikolon; runde, eckige, spitze und geschweifte Klammern; Schrägstriche (d. h. insgesamt die Zeichen aus der Tastatur oberhalb der Zahlenreihe); Sternchen und Kreuzzeichen. Mit den Emoticons in den elektronischen Texten werden also gleichsam Tonfall, Mimik und Gestik, die in persönlichen Gesprächen möglich sind, nachgeahmt. Sie erklären sich z. T. auch aus den hohen Telefonkosten, die „Schnelligkeit" erforderlich machen, oder aus der Notwendigkeit für „Hacker", sich ein wenig Tipparbeit zu ersparen (so genanntes Hakspeak als Kunstsprache, z. B. w8 4 me = wait for me). Diese Aspekte der Zeitersparnis spielen besonders eine Rolle bei den so genannten Akronymen. Weitere Beispiele hierfür sind: ASAP = as soon as possible; HTH = hope it helps; IMO = in my opinion; es gibt auch deutschsprachige Beispiele: MOBITEL = Moment bitte, Telefon; mfg = mit freundlichen Grüßen. (I.d.R. sind die Signale in Kleinschreibung vorgebracht.)

▷ S. 542 **Sprachen im Kontakt – Vorschläge für Projekte, Referate und Facharbeiten**

Den Schülerinnen und Schülern können als Hilfe für ihre Theorierecherchen bzw. als Quellen für konkretes Sprachmaterial folgende Literaturhinweise gegeben werden:

Wolfgang Bechert/Wolfgang Wildgen: Einführung in die Sprachkontaktforschung. Wissenschaftliche Buchgesellschaft, Darmstadt 1991
Computer und Deutschunterricht. Praxis Deutsch, Heft 128/1994
dtv-Atlas zur deutschen Sprache. dtv, München 1994
Englisch – Deutsch. Praxis Deutsch, Heft 58/1983
Fischer Lexikon Sprachen. Fischer Taschenbuch Verlag, Frankfurt/M. 1987
Fremdheit in der Muttersprache. Der Deutschunterricht, Heft 6/1997
Helmut Glück/Wolfgang Werner Sauer: Gegenwartsdeutsch. Metzler, Stuttgart/Weimar ²1997
Internet. Praxis Deutsch, Heft 158/1999
Willy Sanders: Sprachkritikastereien und was der „Fachler" dazu sagt. Wissenschaftliche Buchgesellschaft, Darmstadt, 1992
Eike Schönfeld: alles easy. Ein Wörterbuch des Neudeutschen. Beck'sche Reihe, München 1995
Dieter E. Zimmer: Deutsch und anders – die Sprache im Modernisierungsfieber. Rowohlt, Reinbek 1998
Ders.: Die Elektrifizierung der Sprache. Über Sprechen, Schreiben, Computer, Gehirne und Geist. Heyne, München 1997
Ders.: Redens Arten. Über Trends und Tollheiten im neudeutschen Sprachgebrauch. Haffmans Verlag, Zürich 1988

4.2.3 Sprachliche Varietäten: Männersprache – Frauensprache

Geschlechtsspezifisches Gesprächsverhalten

▷ S. 543 *Deborah Tannen:* **Warum Männer und Frauen aneinander vorbeireden** (1993)

▷ S. 543 1./2. D. Tannen wählt ein Beispiel für unterschiedliches Gesprächsverhalten von Männern und Frauen aus dem öffentlichen Bereich (Lehrerkonferenz) und eines aus dem privaten Bereich (häusliche Diskussion). In beiden Fällen diskutieren die Männer eher auf einer abstrakten bzw. verallgemeinernden Ebene, während die Frauen sich tendenziell stärker auf die persönlichen Erfahrungen und konkrete Beispiele beziehen.
Den Abwertungen des weiblichen Gesprächsverhaltens aus männlicher Perspektive (Z. 4 f. und 16 f.) stehen Tannens Schlussfolgerungen entgegen, dass es sich bei der Argumentationsweise der Frauen um eine andere Logik handeln könnte.
Bei der kritischen Diskussion dieser These kann bereits darauf verwiesen werden, dass Deborah Tannen an anderer Stelle geschlechtsspezifische Unterschiede im Argumentationsstil auf divergente kulturelle Muster zurückführt.

3. Der Einstiegstext von Deborah Tannen sollte genutzt werden, um die These vom unterschiedlichen geschlechtsspezifischen Gesprächsverhalten zu überprüfen und vorschnelle Wertungen möglicher Differenzen zu vermeiden. Stattdessen sollte ein breites Beobachtungsmaterial gesammelt und ausgewertet werden. Ein sinnvolles Ziel einer kritischen Auseinandersetzung läge in einem Verstehen und Tolerieren von Unterschieden und nicht in einem Nivellieren und wechselseitigem Abwerten.

Senta Trömel-Plötz: **Gesprächsstrategien von Frauen und Männern** (1982) ▷ S. 543
Deborah Tannen: **Andere Worte, andere Welten** (1997) ▷ S. 544
Deborah Tannen: **Verständnis ist alles** (1993) ▷ S. 545

1. a/b) Auf der Basis soziologischer und linguistischer Forschungsergebnisse fasst **Senta Trömel-Plötz** unterschiedliches Gesprächsverhalten von Frauen und Männern zusammen. Dabei werden bestimmte Gesprächsstrategien, wie z. B. kürzere Redebeiträge oder Stellen von Fragen, weiblichem Verhalten, andere Strategien, wie etwa das Unterbrechen des Gesprächspartners, männlichem Verhalten zugeordnet. Beide Kommunikationsweisen werden als defizitär qualifiziert: Dem männlichen Dominanzverhalten entspricht komplementär die Bereitschaft zur Ein- und Unterordnung. Im Anschluss an diesen Befund fordert Trömel-Plötz an anderer Stelle: „Wir brauchen eine neue öffentliche Sprache, in der niemand unterdrückt wird ... Frauensprache und Männersprache sind zwei Weisen zu sprechen, die beide anfällig sind für ihre eigenen Mängel und beide ausgestattet mit ihren eigenen Defiziten und deren schwerwiegenden Konsequenzen. Wir müssen sie beide ändern, sodass Frauen und Männer als Gleichwertige miteinander sprechen können" (*Senta Trömel-Plötz:* Frauensprache – Sprache der Veränderung. Frankfurt/M. 1982, S. 143 f.) ▷ S. 544
   Auch **D. Tannen** konstatiert das Dominanzverhalten der Männer. Im Unterschied zu S. Trömel-Plötz vertritt sie allerdings die Auffassung, dass die Dominanz nicht monokausal an bestimmten sprachlichen Mitteln festgemacht werden kann. Sie verweist darauf, dass ein und dieselbe Gesprächsstrategie auch gegensätzliche Wirkung haben kann. So kann z. B. Schweigsamkeit nicht nur als defensive Strategie eingesetzt werden, sondern auch in der Absicht, Überlegenheit zu demonstrieren. Dementsprechend kommt Tannen zu dem Schluss, dass geschlechtsspezifisches Gesprächsverhalten vorsichtig zu bewerten und im Kontext kultureller Unterschiede von männlicher und weiblicher Kommunikation neu zu definieren sei.

2. a/b) Die Frage nach unterschiedlichen Gesprächsstrategien von Frauen und Männern kann von den Schülerinnen und Schülern durch Beobachtungen ihres eigenen Gesprächsverhaltens im Unterricht bestens eruiert werden. Das Untersuchungsmaterial kann durch Tonbandprotokolle oder Aufzeichnungen von verdeckten oder offenen Beobachtern erhoben werden. Dabei sind sowohl verbale als auch nonverbale Kommunikationsformen zu berücksichtigen. Das Projekt sollte von folgenden Hypothesen ausgehen: Das Diskussionsverhalten von Frauen und Männern orientiert sich an geschlechtsspezifischen Kommunikationsnormen. In der Regel verhalten sich Frauen zurückhaltend, schweigsam, bestätigend bzw. entschuldigend und neigen zu Bescheidenheitsfloskeln und euphemistischer Sprachverwendung. Im Gesprächsverhalten von Männern zeigen sich oft verbale Dominanz, Neigung zum Unterbrechen und zum Themawechsel, mangelnde Aufmerksamkeit gegenüber wichtigen Gesprächsbeiträgen von Frauen sowie das Bedürfnis, den Gesprächsverlauf zu kontrollieren.

3. Die Diskussion möglicher Lösungen bewegt sich im Spannungsfeld zwischen Nivellierungstendenz im Sinne eines einheitlichen Kommunikationsstils sowie der Anerkennung und Tolerierung der Differenzen. In Anlehnung an die Argumentation von **Deborah Tannen** könnte ein dreiphasiger Lösungsweg diskutiert werden:
   - Im systemischen Verständnis von Kommunikation sind sprachliche Strategien je nach Kontext und Perspektive mehrdeutig und vieldeutig.
   - Werden Gesprächsstile in ihrer unterschiedlichen kulturellen Bedingtheit verstanden, so können sie zugleich als gesellschaftliche Ressourcen verstanden werden, die von beiden Geschlechtern gleichermaßen genutzt werden können.
   - In diesem Sinne ergibt sich eine reichhaltigere und reifere Kommunikation mit wechselnder Komplementarität von Distanz und Nähe bzw. von Dominanz und Unterordnung. Eine solche wechselnde Komplementarität ermöglicht zugleich einen produktiven Umgang mit der gesellschaftlichen „Dynamik von Macht und von Solidarität" (Tannen).

Sexistischer Sprachgebrauch

▷ S. 545 *Senta Trömel-Plötz u. a.*: **Richtlinien zur Vermeidung sexistischen Sprachgebrauchs** (1981)

▷ S. 547 1.–3. Die feministische Sprachwissenschaft geht grundsätzlich von der Frage aus: Ist die Sprache als System sexistisch oder sind die dem Sprachgebrauch zugrunde liegenden Einstellungen der Sprecher sexistisch? Führende frühe Linguistinnen wie Trömel-Plötz und Pusch beantworten diese Frage recht eindeutig und plädieren für eine Veränderung der Sprache, um die sprachliche Diskriminierung der Frau auszuschließen. Demgegenüber wird von anderen Forscherinnen und Forschern, wie aber auch von dem Wissenschaftsjournalisten *D. E. Zimmer* (s. u.) die These vertreten, dass nicht die Sprache, sondern die Einstellung der Sprecher sexistisch sei.

Diese Kontroverse lässt sich unmittelbar im Unterricht thematisieren. Die Problemexploration kann z. B. auf einer Gegenüberstellung zentraler Aussagen von Trömel-Plötz und Zimmer basieren. Die Schüler/innen sollten die Frage, ob eher die Sprache oder die Haltung der Sprecher sexistisch ist, überprüfen. Dabei empfehlen sich empirische Analyseverfahren wie z. B.: Untersuchung von Gesprächsaufzeichnungen, Meinungserhebungen, eigenständige Zusammenstellung von Materialien, die eine Untersuchung des Sprachsystems ermöglichen.

Um aus systembezogener Perspektive Aufschlüsse über das Sexismusproblem zu gewinnen, bieten sich einige interessante Untersuchungsaspekte an:

- Gibt es eine Beziehung zwischen Sexus und Genus, d. h. zwischen natürlichem und grammatischem Geschlecht?
- Sind die Gattungsbegriffe im System der Berufsbezeichnungen (wie z. B. die Archilexeme „Lehrer“ und „Kaufmann“) geschlechtsneutral oder referieren sie auf männliche Rollenträger?
- Wie ist es zu bewerten, dass die indefiniten Personalpronomen ausschließlich Maskulina sind (man, jemand, jedermann, wer .../der ... etc.)?
- Wie ist – auch vor dem Hintergrund der historischen Entwicklung – das Wortfeld „Mann/Frau“ strukturiert? Wichtige Aspekte wären etwa: Bedeutungsveränderung, Anteil pejorativer Merkmale, Gliederung nach unterschiedlichen Funktionen (juristisch, biologisch, berufsbezogen, moralisch).

Anhand der genannten Beispiele können zugleich grundlegende Kategorien der Sprachwissenschaft eingeführt und im Hinblick auf ihren Verwendungszusammenhang erörtert werden.

Erst auf der Basis eines empirischen Umgangs mit den sprachlichen Phänomenen und ihrer systematischen Analyse ist eine Diskussion und Bewertung von Vorschlägen zur Veränderung sprachlicher Normen sinnvoll, wie sie ausführlich in den „Richtlinien zur Vermeidung sexistischen Sprachgebrauchs“ von Trömel-Plötz u. a., aber z. B. auch in den „Guidelines“ für bestimmte Bereiche der amerikanischen Berufswelt entwickelt wurden.

Den Schülerinnen und Schülern ist das Problem des geschlechtsspezifischen Splittings in den Anredeformen des schriftlichen und mündlichen Sprachgebrauchs unmittelbar bekannt. Die gegenwärtige sprachliche Praxis reicht vom Ignorieren des Problems bis zur konsequenten Feminisierung etwa in den Zeitschriften „Emma“ und „Courage“. Dazwischen findet sich eine gemäßigte Position, die ein variierendes Splitting nach kontext- und situationsspezifischen Kriterien vorsieht (z. B. Kolleginnen und Kollegen, Kolleg(inn)en, KollegInnen).

Zusatztext

Dieter E. Zimmer
Die, Der, Das. Sprache und Sexismus
(1986)

Gewalt? In einem fort werde Frauen „verbal Gewalt“ angetan, schreibt die Konstanzer Linguistin Senta Trömel-Plötz, die in Forschungen, Diskussionen, Aufsätzen seit Jahren wider die Frauenfeindlichkeit der Sprache streitet. Ihr zweiter Sammelband zu eben diesem Thema führt die Gewalt gleich doppelt im Titel: „Gewalt durch Sprache – Die

Vergewaltigung von Frauen in Gesprächen“. Gewalt – ein großes Wort. Und da ich es für eine willkommene Eigenschaft der Sprache halte, Unterschiede anzuerkennen und das Bewusstsein für sie zu erhalten, mag ich inflationären Wortgebrauch nicht, der etwa den Terror, den Todesschwadronen ausüben, sprachlich mit jenem „Terror“ gleichsetzt, der angeblich von einer Anzeige für irgendeinen Konsumartikel ausgeht; oder der den Mord an einem Volk und das Witzchen über eine Volksgruppe mit der gleichen Vokabel „Genozid“ belegt. Wo die Unbill, die einer Frau durch die Anrede „Fräulein“ widerfahren mag und die sie selber vielleicht gar nicht bemerkt, ja auf die sie vielleicht sogar Wert legt, sprachlich mit der brutalsten Vergewaltigung oder Misshandlung gleichgesetzt wird, wird das Gespür für Maßstäbe verloren gegeben.

Auch herrscht in manchen dieser Polemiken gegen die Frauenfeindlichkeit der Sprache ein sonderbar naives Missverständnis: Despektierliche Äußerungen, bei denen die Sprache ein durchaus verständliches Vehikel ist, werden immer wieder mit Diskriminierungen verwechselt, die in der Sprache selber begründet sind. Dieses Missverständnis kennzeichnet auch die „Richtlinien zur Vermeidung sexistischen Sprachgebrauchs“, die Trömel-Plötz und einige Mitarbeiterinnen 1981 erließen. Die „Richtlinien“ beruhten auf dieser Diagnose: „Sprache ist sexistisch, wenn sie Frauen und ihre Leistung ignoriert, wenn sie Frauen nur in Abhängigkeit von und Unterordnung zu Männern beschreibt, wenn sie Frauen nur in stereotypen Rollen zeigt und ihnen so über das Stereotyp hinausgehende Interessen und Fähigkeiten abspricht und wenn sie Frauen durch herablassende Sprache demütigt und lächerlich macht.“ Bereits hierin lag eine gewisse Konfusion, denn im Grunde waren es gar keine Vorwürfe an die Sprache als solche, sondern an die Einstellung sexistischer Sprecher. Eine Verwechslung, die prompt zu etlichen leider nur lachhaften Vorschlägen führte. Da wurde der Schulbuchaufsatz „Schwester Christa arbeitet in der chirurgischen Abteilung“ als sexistischer Sprachgebrauch „entlarvt“; als annehmbare „Alternative“ stand ihm der Satz „Dr. Christa Seefeld leitet die Intensivstation“ gegenüber. Das aber ist nun wahrhaftig nicht dasselbe, nur anders, weniger sexistisch ausgedrückt. Der Sexismus besteht in den Verhältnissen, die die Christas häufiger als die Christians zu Krankenschwestern und seltener zu Leiterinnen von Intensivstationen werden lassen […].

Wörter wie Schreckschraube oder Klatschbase, als „degradierend“ gerügt und darum in den gleichen „Richtlinien“ zur Abschaffung empfohlen, sind nicht gerade freundlich, wohl wahr. Aber wir können und wollen und werden uns nicht daran hindern, Unfreundliches über einander zu denken. Der Menschentyp, auf den das Wort Klatschbase unzart hinweist, verschwindet nicht durch irgendwelche sprachliche Flurbereinigungen – weder durch Umbenennung etwa in „Kommunikationsfachfrau“ noch durch seine „ersatzlose Streichung“. Dass es – neben vielen anderen – auch sprachliche Injurien gibt, ist kein Beweis für den Sexismus der Sprache. Abschätzige Gedanken und Gefühle sind kein Gegenstand der Linguistik. Selbst noch im Zustand der totalsten Emanzipation werden sich weder Frauen noch Männer die Freiheit nehmen lassen, ungünstig über einzelne Vertreter des eigenen wie des anderen Geschlechts zu denken und dieses auszudrücken. Wörter wie Schreckschraube – dies der Irrtum – richten sich ja keineswegs gegen das weibliche Geschlecht als solches; sie richten sich gegen einzelne Menschen oder, noch enger, gegen einzelne menschliche Charakterzüge. Diese deutlich zu benennen, mag unter Umständen rücksichtslos und gemein sein, aber sexistisch ist es nicht, genauso wenig wie Wörter wie Hornochse, Schweinehund oder Lackaffe männerfeindlich sind (allenfalls sind sie tierfeindlich). Die feministische Forderung, sie ersatzlos zu streichen, kommt der Beteuerung gleich, dass eine Frau, da sie Frau ist, schlechterdings nie einen negativen Zug haben kann, oder dass es ungehörig ist, ihn zu

bemerken und zu erwähnen. Ein so irrealistisches Weltbild wird selbst die von ihm Begünstigten, die Frauen, niemals für sich gewinnen.
Aber davon abgesehen, dass „Gewalt“ arg übertrieben ist und dass man die Sprache nicht haftbar machen kann, wenn einem die Wirklichkeit missfällt, haben Trömel-Plötz und ihre feministischen Mitstreiterinnen schon Recht: „Unsere Sprache ist sexistisch und unser Sprachgebrauch ist sexistisch.“ Sie haben Recht jedenfalls insofern, als die meisten Sprachen, auch die deutsche, Frauen und Männer nicht gleich behandeln. Teils sind diese Asymmetrien Relikte aus Zeiten, als Frauen tatsächlich Menschen zweiter Ordnung waren. Teils spiegeln sie frühere Versuche, zu den Frauen ganz besonders nett zu sein. Diskriminieren heißt wörtlich „unterscheiden“. Ob aus Missachtung oder Hochachtung: Wir sprechen wohl oder übel eine Sprache, welche Unterschiede macht.
[…]
Die Sprachgeschichte konserviert vieles, was uns missfiele, nähmen wir es wörtlich.
[…]
Die Sprache schleppt alles dies mit und niemand stößt sich daran, zu Recht, denn der Wortsinn ist bis zur Unkenntlichkeit verblasst, und wenn die Sprache – sie wird es nicht – tatsächlich von allen diesen Missliebigkeiten gereinigt werden könnte, bliebe nur ein Gerippe, gerechter vielleicht, aber grotesk umständlich und ganz und gar ausdruckslos. Auch die tief in die Sprache eingewirkten sexistischen Elemente gehören zu dieser Geschichte, deren Kinder wir sind und gegen die wir uns auf Dauer nicht nur empören können und von deren Zukunft wir sicher nur wissen, dass sie die heutigen Wünsche und Werte einmal ebenso abwegig finden wird.

(Dieter E. Zimmer: Redens Arten. Über Trends und Tollheiten im neudeutschen Sprachgebrauch. Haffmans Verlag, Zürich 1986, S. 65ff.)

▷ S. 548 **Empfehlungen zur Gleichstellung der Frau bei amtlicher Wortwahl** (1991)

▷ S. 548 1./2. Die Empfehlungen der von der Bundesregierung eingesetzten Arbeitsgruppe regen für den amtlichen Sprachgebrauch die Verwendung sexuseindeutiger Personenbezeichnung anstelle des generischen Maskulinums an, z. B. wird eine Frau beim Eid auf die Pflichten einer „Ministerin“ festgelegt. Sind beide Geschlechter gemeint, ist das so genannte Splitting in Form der Beidnennung („Wählerinnen und Wähler“) vorgesehen. Dementsprechend sind auch für den Schulbereich die Paarformeln „Schülerinnen und Schüler“, „Lehrerinnen und Lehrer“ verbindlich festgelegt.
Aus feministischer Sicht wird der Gebrauch maskuliner Oberbegriffe entschieden abgelehnt. Das Splitting bzw. die sexuseindeutige Nennung von Personen gilt dabei als angemessen im Sinne der Gleichstellung der Geschlechter. Gegen diese Position wird häufig eingewandt, dass Formen des Splittings die Lesbarkeit von Texten beeinträchtigen, umständlich und unschön wirken und dem Gesichtspunkt der Sprachökonomie widersprechen.
Zur Beurteilung der unterschiedlichen Lösungsvorschläge kann der Text von *Friederike Braun* „Das große I und seine Schwestern“ (S. 446 in diesem Handbuch) herangezogen werden.

Projektvorschlag: Schreiben Frauen anders?

▷ S. 549 *Irmtraud Morgner:* **Leben und Abenteuer der Trobadora Beatriz nach Zeugnissen ihrer Spielfrau Laura** (1974)

▷ S. 549 1. a/b) Die Parodie entlarvt die männliche Anmache als sexistisches Verhalten. Die Frau ist in der ersten Szene ebenso Objekt der männlichen Begierde wie der Mann in der zweiten Szene zum Objekt der weiblichen Begierde wird. Perspektivische und sprachliche Differenzen ergeben sich zum einen aus dem Wechsel von der Er-Erzählform zur Ich-Form und zum anderen aus dem ironischen Unterton der Parodie.

Das produktive Weiterschreiben der beiden Erzählanfänge entlarvt in der ersten Szene den Sexismus des Mannes durch detailgetreue Wiedergabe entwürdigender verbaler und nonverbaler Verhaltensweisen. In der zweiten Szene sollten die parodistischen Mittel der Vezerrung, Steigerung und Übertreibung genutzt werden. Dieses Verfahren kann variiert und vertieft werden durch Übertragung auf analoge Kommunikationssituationen, die den Schülerinnen und Schülern vertraut sind.

Weitere Projektvorschläge: Weibliche und männliche Perspektiven in der Literatur ▷ S. 549

Unter Frauenliteratur wird im weiteren Sinne alles verstanden, was von Frauen geschrieben ist, im engeren Sinne die feministische Literatur seit 1968, dem Beginn der neuen Emanzipationsbewegung. Diese Bewegung hat sich zunächst mit zwei Fragestellungen auseinander gesetzt: Gibt es eine kontinuierliche Entwicklung einer von Frauen getragenen literarischen Kultur, die bislang bewusst verdrängt wurde? Gibt es eine weibliche Ästhetik? Die Literaturwissenschaftlerin Silvia Bovenschen fasst den Stand der gegenwärtigen Forschung zusammen: „Die Vorstellung einer historisch immer existenten weiblichen Gegenkultur sollten wir uns abschminken. Andererseits: Die so ganz andere Weise der Erfahrung, die so ganz anderen Erfahrungen selbst lassen andere Imaginationen und Ausdrucksformen erwarten“ (*S. Bovenschen:* Über die Frage: Gibt es eine „weibliche Ästhetik“? – In: Ästhetik und Kommunikation, Heft 25/1976, S. 65).
Das Problem einer verdrängten Frauenliteratur lässt sich im Unterricht untersuchen, indem Literaturgeschichten, Lexika, Lehrbücher und Überblickstabellen im Hinblick auf die Ausgrenzung von schreibenden Frauen befragt werden. Als Schwerpunkte bieten sich die Epochen der Romantik und der Moderne um 1900 an, da hier in der Tat eine Fülle von repräsentativen Texten von Autorinnen vorliegen und sich zugleich ein Bezug zu aktuellen geschlechtsspezifischen Fragestellungen herstellen lässt.
Vor dem Hintergrund der literaturhistorischen Perspektive sollte der Beitrag männlicher Autoren zur Gestaltung weiblicher Figuren nicht ausgespart werden. Dabei ist das Untersuchungsrepertoire allerdings durch feministische Fragestellungen zu ergänzen. Am Beispiel einer Unterrichtsreihe zum Thema „Frauenrollen im Drama“ zu Texten von Aristophanes (Lysistrata), Sophokles/Anouilh (Antigone), Lessing (Emilia Galotti), Schiller (Kabale und Liebe), Hebbel (Maria Magdalena) und Ibsen (Nora) könnte eine solche Aspektierung erfolgen. Zu untersuchen wären etwa das Interaktionsverhalten zwischen den Geschlechtern, die spezifische Auswahl der behandelten Themen sowie direkte und indirekte Wertungen, sei es aus der Perspektive des Autors, sei es aus der Sicht der handelnden Figuren. Eine andere Möglichkeit ist die Ausrichtung des Unterrichts an thematischen Gesichtspunkten, wie etwa: Eifersucht, weiblicher Widerstand gegen Unterdrückung, Gefühlskultur, Sprachverhalten und Kommunikationsstil, Orientierung am Nahbereich der Familie in Opposition zur Sphäre der Öffentlichkeit.
Die feministische Forschung geht von der These aus, dass Frauen die Wirklichkeit nicht nur anders erleben, sondern auch anders ausdrücken. „Gibt es eine weibliche Ästhetik? Ganz gewiss, wenn die Frage das ästhetische Sensorium und die Formen des sinnlichen Erkennens betrifft; sicher nicht, wenn darunter eine aparte Variante der Kunstproduktion oder eine ausgeklügelte Kunsttheorie verstanden wird“ (Bovenschen, S. 112f.). Zur Behandlung dieser Thematik bietet sich die Gegenwartsliteratur an, um den Schülerinnen und Schülern die Einfühlung in die weibliche Perspektive zu erleichtern. Dabei kann das Verfahren der Kontrastierung bei der Schärfung und Differenzierung der Wahrnehmung hilfreich sein. Eine Unterrichtsreihe zur Liebeslyrik bzw. zur modernen Kurzprosa könnte Texte von Autorinnen und Autoren gegenüberstellen.
Bei der Auswahl von Romanen für den Unterricht kann die unterschiedliche Formulierung von Wirklichkeitserfahrungen aus weiblicher und männlicher Sicht ein fruchtbares didaktisches Kriterium darstellen. Die feministische Prägung findet sich z. B. in Romanen von Ingeborg Bach-

mann (Malina), Christa Wolf (Kassandra) oder Irmtraud Morgner (Trobadora Beatriz). Demgegenüber zeigen sich deutlich viristische Tendenzen bei Max Frisch (Homo faber, Montauk) und Christoph Hein (Der Tangospieler).
Die Orientierung der didaktischen Fragestellung an den Ergebnissen feministischer Sprach- und Literaturwissenschaft muss durch die Berücksichtigung der sozialpsychologischen Dimension ergänzt werden. Nur so kann deutlich werden, dass die postulierte Gleichstellung der Geschlechter in der Realität noch nicht eingelöst ist, ja dass mit einer Zuspitzung des Konflikts zu rechnen ist: „Das Gegeneinander der Geschlechter bestimmt die kommenden Jahre" (Beck/Beck-Gernsheim, S. 24). Grundlegend für die Information des Lehrers/der Lehrerin und zugleich hilfreich für die Unterrichtspraxis sind die Beiträge der Soziologen Beck und Beck-Gernsheim und der Publizistin Barbara Sichtermann, zumal sie die Analyse des gegenwärtigen Zustands auf eine differenzierte historische Bestandsaufnahme gründen.
Vor dem sozialpsychologischen Hintergrund lassen sich zahlreiche Unterrichtsprojekte entwickeln:
- Die philosophische Diskriminierung der Frau in der Tradition von Augustinus und Thomas von Aquin; das Fortbestehen antifeministischer Tendenzen in der nachaufklärerischen Philosophie: Fichte und Schopenhauer
- Frau und Beruf: Widerspiegelung der Thematik in literarischen Texten (z. B. A. *Mechtel:* Katrin; *G. Wohmann:* Flitterwochen, dritter Tag) und essayistischen Beiträgen (*B. Sichtermann:* Frauenarbeit; *U. Beck:* Risikogesellschaft)
- Das Hexenthema in der Literatur: Märchen, Jugendbücher, Dramen (*F. Schiller:* Die Jungfrau von Orleans; *A. Miller:* Hexenjagd)
- Die Wiedergabe autobiografischer Erfahrungen in Tagebüchern, Briefen und Reportagen von Frauen: Tagebücher von Schülerinnen, Briefe romantischer Schriftstellerinnen (R. Varnhagen van Ense, B. von Arnim u. a.). Interviews und Protokolle (*E. Runge:* Frauen. Versuche zur Emanzipation; *M. Wander:* „Guten Morgen, du Schöne". Frauen in der DDR)
- Das Bild der Frau im trivialen Frauenroman, in den Medien und in der Werbung

Lernerfolgskontrolle/Klausurvorschlag

Vorschlag 1

Adolf Hitler
An die deutschen Frauen

Am 8. September 1934 sprach Adolf Hitler im Rahmen des NSDAP-Reichsparteitages in Nürnberg vor der NS-Frauenschaft.

Das Empfinden und vor allem das Gemüt der Frau hat zu allen Zeiten ergänzend auf den Geist des Mannes eingewirkt. […]
Das ist ja das Wunderbare an der Natur und Vorsehung, dass kein Konflikt der beiden Geschlechter unter- und nebeneinander möglich ist, solange jeder Teil die ihm von der Natur vorgezeichnete Aufgabe erfüllt. […]
Wenn man sagt, die Welt des Mannes ist der Staat, die Welt des Mannes ist sein Ringen, die Einsatzbereitschaft für die Gemeinschaft, so könnte man sagen, dass die Welt der Frau eine kleinere sei. Denn ihre Welt ist der Mann, ihre Familie, ihre Kinder und ihr Haus.
Wo wäre aber die größere Welt, wenn niemand die kleine Welt betreuen wollte? Wie könnte die größere Welt bestehen, wenn niemand wäre, der die Sorgen um die kleinere Welt zu seinem Lebensinhalt machen würde?
Nein: Die große Welt baut sich auf dieser kleinen Welt auf!
Diese große Welt kann nicht bestehen, wenn

die kleine Welt nicht fest ist. Die Vorsehung hat der Frau die Sorgen um diese ihre eigenste Welt zugewiesen, aus der sich dann erst die Welt des Mannes bilden und aufbauen kann. Diese beiden Welten stehen sich daher nie entgegen. Sie ergänzen sich gegenseitig, sie gehören zusammen, wie Mann und Weib zusammengehören.
Wir empfinden es nicht als richtig, wenn das Weib in die Welt des Mannes, in sein Hauptgebiet eindringt, sondern wir empfinden es als natürlich, wenn diese beiden Welten geschieden bleiben. In die eine gehört die Kraft des Gemütes, die Kraft der Seele! Zur anderen gehört die Kraft des Sehens, die Kraft der Härte, der Entschlüsse und die Einsatzwilligkeit! In einem Fall erfordert diese Kraft die Willigkeit des Einsatzes des Lebens der Frau, um diese wichtige Zelle zu erhalten und zu vermehren, und im anderen Fall erfordert sie die Bereitwilligkeit, das Leben zu sichern, vom Manne.
Was der Mann an Opfern bringt im Ringen seines Volkes, bringt die Frau an Opfern im Ringen um die Erhaltung dieses Volkes in den einzelnen Zellen. Was der Mann einsetzt an Heldenmut auf dem Schlachtfeld, setzt die Frau ein in ewig geduldiger Hingabe, in ewig geduldigem Leiden und Ertragen. Jedes Kind, das sie zur Welt bringt, ist eine Schlacht, die sie besteht für Sein oder Nichtsein ihres Volkes. Und beide müssen sich deshalb auch gegenseitig schätzen und achten, wenn sie sehen, dass jeder Teil die Aufgabe vollbringt, die ihm Natur und Vorsehung zugewiesen hat. [...]
Der Mann ist geistig oft zu labil, um zu diesen Grunderkenntnissen sofort den Weg zu finden. Allein in einer guten Zeit und mit guter Erziehung wird der Mann genau so wissen, was seine Aufgabe ist. Wir Nationalsozialisten haben uns daher viele Jahre hindurch gewehrt gegen eine Einsetzung der Frau im politischen Leben, die in unseren Augen unwürdig war. Mir sagte einmal eine Frau: Sie müssen dafür sorgen, dass Frauen ins Parlament kommen, denn nur sie allein können es veredeln. Ich glaube nicht, antwortete ich ihr, dass der Mensch das veredeln soll, was an sich schlecht ist, und die Frau, die in dieses parlamentarische Getriebe gerät, wird nicht das Parlament veredeln, sondern dieses Getriebe wird die Frau schänden. [...]
Wir haben deshalb die Frau eingebaut in den Kampf der völkischen Gemeinschaft, so wie die Natur und die Vorsehung es bestimmt haben. So ist unsere Frauenbewegung für uns nicht etwas, das als Programm den Kampf gegen den Mann auf seine Fahne schreibt, sondern etwas, das auf sein Programm den gemeinsamen Kampf mit dem Mann setzt. [...]
Wenn früher die liberalen intellektualistischen Frauenbewegungen in ihren Programmen viele, viele Punkte enthielten, die ihren Ausgang vom so genannten Geiste nahmen, dann enthält das Programm unserer nationalsozialistischen Frauenbewegung eigentlich nur einen einzigen Punkt, und dieser Punkt heißt das Kind, dieses kleine Wesen, das werden muss und gedeihen soll, für das der ganze Lebenskampf ja überhaupt allein einen Sinn hat. Denn: Zu was würden wir kämpfen und ringen, wenn nicht nach uns etwas käme, das das, was wir heute erwerben, zu seinem Nutz und Frommen anwenden und wieder weiter vererben kann? Wofür ist der ganze menschliche Kampf denn sonst? Wofür die Sorge und das Leid? Nur für eine Idee allein? Nur für eine Theorie? Nein! Dafür würde es sich nicht lohnen, durch dieses irdische Jammertal zu wandeln. Das Einzige, was uns das alles überwinden lässt, ist der Blick von der Gegenwart in die Zukunft, vom eigenen Menschen auf das, was hinter uns nachwächst.
(Ute Benz: Frauen im Nationalsozialismus. Dokumente und Zeugnisse. München 1993, S. 41 ff.)

1. Fassen Sie den Inhalt der Rede zusammen und bestimmen Sie Hitlers Intention.
2. Untersuchen Sie die psychologische Strategie unter Berücksichtigung der sprachlichen Mittel.
3. Beurteilen Sie, ausgehend von Ihrer Analyse, die Wirkung dieser Rede vor dem Hintergrund der historischen Situation.

Erwartungshorizont

1. Das Thema von Hitlers Rede ist die Definition der Rolle der Frau im Rahmen der nationalsozialistischen Ideologie. Die Geschlechter werden als von Natur aus verschieden, aber in ihrem Verhältnis als harmonisch definiert, wobei Unterschiede zwischen den Geschlechtern sich gegenseitig ergänzen. Das Betätigungsfeld der Frau beschränke sich auf Heim, Kinder und die Versorgung ihres Mannes. Von der Politik bleiben die Frauen ausgeschlossen, explizit vom Parlament, welches Hitler verachtet. Ihre Daseinsberechtigung erfahre die Frau in ihrer Rolle als Ehefrau und Mutter, die ihre Individualität dem Überleben des Volkes unterordnet. Hitler beabsichtigt, die Frauen durch eine Aufwertung der Rolle als Mutter an den Nationalsozialismus zu binden, sie als einen wichtigen Faktor in das nationalsozialistische Gefüge zu integrieren.

2. Durchgehend ist die Methode erkennbar, die Frau durch eine scheinbare Aufwertung auf die Rolle als Mutter festzulegen und die damit verbundene Beschränkung und Entmündigung durch eine positive Umwertung zu verschleiern. Diesem Ziel dienen die eingesetzten sprachlichen Mitte, z. B.:
   - ideologisch begründete Vereinfachungen („Welt des Mannes", „Gemüt der Frau")
   - Schlüsselbegriffe der NS-Ideologie („Natur und Vorsehung", „Kampf der völkischen Gemeinschaft", „Lebenskampf")
   - apodiktischer und emphatischer Sprachduktus
   - Vereinnahmung durch Betonung des Wir-Gefühls
   - Aufwertung/Abwertung („Gemüt", „Seele"/„die liberalen intellektualistischen Frauenbewegungen")
   - Gegensätze („kleine Welt" – „große Welt", „Heldenmut auf dem Schlachtfeld" – „in ewig geduldiger Hingabe")
   - Metaphern (Geburt als „Schlacht", „parlamentarisches Getriebe")
   - Reihung und Klimax („Kraft des Sehens, die Kraft der Härte, der Entschlüsse und die Einsatzwilligkeit")
   - rhetorische Fragen, Ellipsen

3. Die Rede auf dem Reichsparteitag 1934 hat die direkten Adressatinnen – die Funktionsträgerinnen der NS-Frauenschaft – sicherlich in ihrem Rollenverständnis bestärkt; die Rollenzuweisung fand aber auch bei vielen Frauen und Männern in Deutschland Zustimmung. Frauen konnten sich als Ehefrau und Mutter aufgewertet fühlen, die Männer wurden in ihrem traditionellen Selbstverständnis bestätigt. Andererseits konnte diese ideologische Rollenzuweisung als Verletzung des Gleichheitsgrundsatzes, als gesellschaftliche und politische Entmündigung der Frau durchschaut werden.

Vorschlag 2

Peter Bichsel
Der Charme der Brauchbarkeit

Vor Jahren traf ich in Ägypten einen koptischen Gelehrten. Er hatte eine Etymologie des Arabischen geschrieben, ein Buch über die Herkunft der arabischen Sprache. Dafür saß er jahrelang im Gefängnis. Die Fundamentalisten hielten sein Buch für Gotteslästerung, weil das Arabische keine Geschichte hat, sondern direkt von Gott kommt.
Wir in unserer Gegend sind etwas aufgeklärter und wissen, dass die deutsche Sprache eine Geschichte hat. In einer Sache aber gleichen wir jenen Fundamentalisten: Denn wir wissen zwar, dass unsere Sprache eine Geschichte hat, aber wir möchten zugleich, dass diese Geschichte nicht weitergeführt wird, dass die deutsche Sprache so bleibt, wie sie immer war – was sie übrigens nicht immer war.
Ja, ja – das Reinheitsgebot – reines Bier, reiner Salat, reines Fleisch, reine Liebe und selbstverständlich auch reine Sprache – dabei wissen wir ganz genau, dass reine Liebe, ohne Ecken und Kanten, keine Liebe ist – und dass Salat zu schmecken hat, und zwar nicht immer gleich.
Sie heißt zwar die deutsche Sprache, und so soll sie auch weiter heißen, auch wenn sie nie so ganz deutsch war, sie kam von irgendwo-

her – „Tisch“ zum Beispiel, ein biederes deutsches Wort, kommt aus dem Lateinischen, andere aus dem Griechischen, Arabischen, Aramäischen – nein, nicht Fremdwörter, sonder biedere deutsche Wörter.

Sie kommen nicht von Gott, diese Wörter – sie kommen von überall her. „Es gibt nur eine Sprache“, hat der Philosoph Franz Rosenzweig einmal gesagt. Es ist die Sprache der Menschen. Und wenn Menschen zusammenkommen, bringen sie Sprache mit. Ich versuche mir vorzustellen, wie in der Bronzezeit nordafrikanische Kupferhändler sich mit ihren Kunden verständigten. Offensichtlich gelang es ihnen, sonst hätte es gar keine Bronzezeit gegeben. Es gibt nur eine Sprache, die Sprache der Menschen, und wenn sie sich nicht mehr verändert, dann ist sie tot.

Veränderungen aber sind Reaktionen auf äußere Einflüsse. Der gegenwärtige heftige äußere Einfluss auf die Sprache unserer Gegend heißt Englisch. Für Sprachreiniger das feindliche Englisch, das imperialistische – für junge, lebendige Menschen das freundliche Englisch, die Sprache der Sehnsucht, die Sprache, die in die Welt führt. Für sie ist das Englische bereits ein Teil der Sprache unserer Gegend geworden. Unsere Sprache ist erweitert worden – und Puristen halten die Erweiterung für eine Verarmung.

Es ist zwar schon eigenartig: Es leben relativ wenige Amerikaner in unserer Gegend und viele Italiener, Türken, Spanier, Jugoslawen – und ihre Sprachen haben unsere Sprache nicht erreicht – wie zum Beispiel damals im Ruhrgebiet, als das Polnische ins Deutsche kam – Maloche zum Beispiel.

Das Französische war im 19. Jahrhundert auf dem sicheren Weg, Weltsprache zu werden, die Sprache der Diplomaten. Das Französische wäre auch geeigneter gewesen als das Englische – es ist einfacher, präziser und hat viel weniger Wörter als das Englische.

Aber die Franzosen waren nicht bereit, ihre Sprache Verballhornungen, Mühseligkeiten und Verstümmelungen auszusetzen. Wenn Französisch, dann das Echte aus Paris – jedes andere Französische waren sie nicht bereit zu verstehen.

Ich bin in Amerika vor vielen Jahren ohne Englisch angekommen. Und hie und da tut es mir Leid, dass ich es inzwischen kann. Die Amerikaner sind Meister im Umgang mit Leuten, die die Sprache nicht können. Und man kriegt dort schon für die ersten zwei Wörter Komplimente. Sicher spielt die ehemalige Weltmacht England und die Weltmacht Amerika beim Vormarsch des Englischen eine Rolle. Aber zur Zeit der Engländer war das Französische noch die Weltsprache. Erst die Amerikaner haben ihre Sprache allen zur Verfügung gestellt – auch jenen, die es nie lernen werden.

Sicher ist jede Sprache brauchbar. Aber das Englische hat den Charme der Brauchbarkeit, es drängt sich auf zum Brauchen und Verbrauchen. Und auch ein junger Amerikaner auf Reisen hat sich erst mal einzuhören in das jeweilige Englisch, das am jeweiligen Ort gesprochen wird. Es ist jeweils nicht sein Englisch, sondern ein Englisch. Er ist es auch gewohnt, das Englische immer wieder mangelhaft zu hören, und es macht ihm durchaus Spaß, es trotzdem zu verstehen.

Die Amerikaner sind keine Sprachbewahrer, vor allem auch deshalb ist ihre Sprache prädestiniert zur Weltsprache. Ihre dauernde Veränderungsfähigkeit macht sie lebendig und befähigt sie auch, sich mit anderen Sprachen zu vermischen. Englisch ist eine Sprache, die sich zur Verfügung stellt. Eigentlich ist sie schon da, bevor man sie benützt. Und ihre Benützung ist selbstverständlich.

Das Englische versucht, der Sprache unserer Gegend wieder Leben einzuhauchen.

(Sonntag aktuell. Beilage zu den Stuttgarter Nachrichten, 5. August 2001)

1. Geben Sie den Inhalt des Textes zusammengefasst wieder.
2. Nehmen Sie zu den wesentlichen Aussagen des Schriftstellers Peter Bichsel, vor allem zur Behauptung, die er im letzten Satz aufstellt, begründet Stellung.

Vorschlag 3

Friederike Braun
Das große I und seine Schwestern (1996)

Nach Sichtung der Möglichkeiten, die die deutsche Sprache zur Ersetzung des generischen Maskulinums bietet, stellt sich nun die Frage, welche Form zum Gebrauch empfohlen werden kann. Diese Frage lässt sich jedoch nur unter Berücksichtigung der Textsorte beantworten.
Für offizielle Texte, Gesetzessprache, Vorträge und gesprochene Sprache bietet sich die Beidnennung an. Sie schöpft ausschließlich aus Formen, die im Sprachsystem bereits vorhanden und etabliert sind, vermeidet Ambiguitäten und schließt Frauen explizit ein. Es ist allerdings darauf zu achten, dass die Beidnennung nicht zu unerträglich komplizierten Sätzen führt. Zur Entlastung sollte daher mit Neutralformen abgewechselt und der Satzbau so umgestellt werden, dass eine Häufung feminin-maskuliner Bezeichnungspaare vermieden wird. Kongruenzformen lassen sich vereinfachen, wenn im Plural formuliert wird (die Wählerinnen und Wähler – sie statt die Wählerin oder der Wähler – sie bzw. er).
Für Textsorten (Anzeigen, Formulare), deren Platz knapp bemessen ist, muss u. U. auf die Beidnennung mit Schrägstrichen ausgewichen werden. Sie sollte jedoch nicht als Grundprinzip geschlechtergerechter Formulierung gelten.
Für inoffizielle Texte wie Notizen, Briefe, Aushänge oder aber in den entsprechenden politischen Kontexten kann das große I eine geeignete Alternative zum generischen Maskulinum darstellen. Die Entscheidung für das große I ist weniger eine linguistische Frage, da sich die sprachlichen Probleme (wie dargestellt) lösen lassen. Die Einzelnen haben hier vielmehr die politische Entscheidung zu treffen, ob sie das, was das große I symbolisiert, vertreten und mittragen wollen. Von offizieller Seite (etwa staatlichen Institutionen) ist eine Entscheidung im Sinne des großen I bis jetzt nicht getroffen worden und für die nähere Zukunft kaum zu erwarten.
Dass Neutralformen nicht geeignet sind, Frauen sichtbar zu machen und anzusprechen, disqualifiziert die Neutralisierung als Grundprinzip geschlechtergerechter Formulierung. Als Ergänzung zu anderen Formen, insbesondere der Beidnennung, können sie jedoch eine willkommene Entlastung bewirken.
Insgesamt kann es bei sprachlicher Gleichstellung nicht darum gehen, so zu sprechen – und zu denken – wie bisher, um in einem nachgeschobenen Arbeitsgang die Maskulina durch z. B. Beidnennung zu ersetzen. Sprachliche Gleichstellung erfordert ein Umdenken schon beim Formulieren. Die sprechende oder schreibende Person ist in der geschlechtsgerechten Formulierung gezwungen, sofort zu entscheiden und kenntlich zu machen, ob Frauen (mit-)gemeint sind.
Gerade weil sprachliche Gleichstellung zunächst mühselig ist und das Formulieren unbequemer macht, wird sie zum Auslöser für einen bewussteren Umgang mit Sprache. Ob wir das Anliegen der Gleichstellung dieser Mühe für wert halten, ist jedoch letztlich eine Entscheidung, die wir nur selber treffen können.
(Friederike Braun: Das große I und seine Schwestern – eine kritische Bewertung. – In: Der Deutschunterricht, Heft 1/1996, S. 61)

1. Verfassen Sie auf der Grundlage des Textes von Friederike Braun „Empfehlungen zum Gebrauch maskuliner und femininer Personenbezeichnungen im Schulbereich“. Schreiben Sie anschließend eine ausführliche Begründung Ihrer Empfehlungen.

Vorschlag 4

Wolf Biermann
Einschlaf- und Aufwachelied (1978)

Schlaf ein, mein Lieb, sonst ist die Nacht
Vorbei und hat uns nichts gebracht
Als wirre Fragen
Gib mir dein' Arm und noch ein' Kuss
Ich muss ja durch den Schlafefluss
Und will dich rüber tragen

Wach auf, mein Lieb, du schläfst ja noch!
Komm aus den dunklen Träumen hoch
Und freu dich an uns beiden!
Die Sonne hat längst dein Gesicht
Gestreichelt, und du merkst das nicht
– das mag ich an dir leiden

(Wolf Biermann: Alle Lieder. © Verlag Kiepenheuer & Witsch, Köln 1991)

Karin Kiwus
Im ersten Licht (1976)

Wenn wir uns gedankenlos getrunken haben
aus einem langen Sommerabend
in eine kurze heiße Nacht
wenn die Vögel dann früh
davonjagen aus gedämpften Färbungen
in den hellen tönenden frisch gespannten
[Himmel

wenn ich dann über mir in den Lüften
weit und feierlich mich dehne
in den mächtigen Armen meiner Toccata

wenn du dann neben mir im Bett
deinen ausladenden Klangkörper bewegst
dich dumpf aufrichtest und zur Tür gehst

und wenn ich dann im ersten Licht
deinen fetten Arsch sehe
deinen Arsch
verstehst du
deinen trüben verstimmten ausgeleierten
[Arsch

dann weiß ich wieder
dass ich dich nicht liebe
wirklich
dass ich dich einfach nicht liebe

(Karin Kiwus: Von beiden Seiten der Gegenwart. Gedichte. © Suhrkamp, Frankfurt/M. 1976, S. 46)

1. Vergleichen Sie die beiden Gedichte von Wolf Biermann und Karin Kiwus in thematischer, sprachlicher und perspektivischer Hinsicht.
   Gehen Sie anschließend der Frage nach, ob sich in Inhalt und Darstellungsweise der beiden Texte geschlechtsspezifische Differenzen ausmachen lassen.

Redaktion: Bernhard Lutz, Regensburg
Umschlaggestaltung: Knut Waisznor
Technische Umsetzung: Verlagsbüro Bauer & Lutz, Regensburg

Dieses Werk berücksichtigt die Regeln der reformierten Rechtschreibung und Zeichensetzung.
Bei den mit [R] gekennzeichneten Texten haben die Rechteinhaber einer Anpassung widersprochen.

Cornelsen online http://www.cornelsen.de

1. Auflage Druck 4 3 2 1 Jahr 05 04 03 02

Druck: Saladruck, Berlin

ISBN 3-464-63100-1

Bestellnummer 631001

Gedruckt auf Recyclingpapier, hergestellt aus 100 % Altpapier.